Revista de Direito Tributário

92

MALHEIROS EDITORES

Revista de Direito Tributário

Publicada sob os auspícios do

Instituto Geraldo Ataliba — IDEPE — Instituto Internacional de Direito Público e Empresarial
Presidente: Prof. Aires Barreto

ISS 0102-7956

REVISTA DE DIREITO TRIBUTÁRIO
publicação trimestral de
MALHEIROS EDITORES LTDA.
Rua Paes de Araújo, 29, 17º andar - conj. 171
CEP: 04531-940 - São Paulo, SP
Tel. (0xx11) 3078-7205
Fax. (0xx11) 3168-5495
Diretor Responsável: Álvaro Malheiros
Diretora: Suzana Fleury Malheiros

Assinaturas e comercialização:
CATAVENTO DISTRIBUIDORA
DE LIVROS S.A.
Rua Conselheiro Ramalho, 928
CEP 01325-000 - São Paulo - SP
Tel. (0xx11) 289-0811 - Fax. (0xx11) 251-3756
Supervisão Gráfica: Vânia Lúcia Amato
Composição: *Scripta*
Impressão: Paym Gráfica e Editora Ltda.

SUMÁRIO

XVIII CONGRESSO BRASILEIRO DE DIREITO TRIBUTÁRIO

SESSÃO DE ABERTURA 7

CONFERÊNCIA — **CONSTITUIÇÃO DO FATO JURÍDICO TRIBUTÁRIO**
— PROF. PAULO DE BARROS CARVALHO 13

MESA DE DEBATES "A" — **TRIBUTAÇÃO E DIREITOS DO CONTRIBUINTE-I** 21

MESA DE DEBATES "B" — **CONTRIBUIÇÕES** 45

CONFERÊNCIA — **O PRINCÍPIO DA ANTERIORIDADE TRIBUTÁRIA EM FACE DA EMENDA CONSTITUCIONAL 42/2003 E QUESTÕES CONEXAS**
— PROF. ROQUE ANTONIO CARRAZZA 74

MESA DE DEBATES "C" — **ISS e LEI COMPLEMENTAR 116/2003** 87

MESA DE DEBATES "D" — **TRIBUTAÇÃO DO SERVIÇO PÚBLICO** 110

MESA DE DEBATES "E" — **CÓDIGO TRIBUTÁRIO NACIONAL, CÓDIGO CIVIL E LEI DE FALÊNCIAS** 124

CONFERÊNCIA — **A REFORMA TRIBUTÁRIA E O IMPOSTO SOBRE VALOR AGREGADO**
— PROF. JOSÉ SOUTO MAIOR BORGES 151

MESA DE DEBATES "F" — **TRIBUTAÇÃO E DIREITOS DO CONTRIBUINTE-II** 166

ENTREGA DO TÍTULO DE PRESIDENTE DE HONRA DO IGA-IDEPE AO PROF. PAULO DE BARROS CARVALHO
— PROF. AIRES FERNANDINO BARRETO 186

MESA DE DEBATES "G" — **ICMS E IPI** 188

MESA DE DEBATES "H" — **PROCESSO ADMINISTRATIVO E JUDICIAL** 205

CONFERÊNCIA — **ESTADO CONSTITUCIONAL, NEOCONSTITUCIONALISMO E TRIBUTAÇÃO**
— PROF. CLÈMERSON MERLIN CLÈVE 228

SESSÃO DE ENCERRAMENTO 240

TESES APROVADAS NO XVIII CONGRESSO

ASPECTOS DA NÃO-CUMULATIVIDADE DA CONTRIBUIÇÃO PARA O PIS/PASEP E DA COFINS

— Ciro Cardoso Brasileiro Borges 247

PRINCÍPIO DA TERRITORIALIDADE DA LEI TRIBUTÁRIA E O ISS (Sobre a Lei Complementar 116/2003 e os Potenciais Conflitos Intermunicipais)

— Débora Sotto 265

PIS e COFINS — Aspectos Constitucionais da Não-Cumulatividade

— Estevão Gross Neto 289

INCIDÊNCIA DAS CONTRIBUIÇÕES SOCIAIS SOBRE A IMPORTAÇÃO DE PRODUTOS ESTRANGEIROS - REFLEXO NO COMÉRCIO EXTERIOR

— Grace Christhine de Oliveira Gosson 304

INCIDÊNCIA DE CONTRIBUIÇÕES SOCIAIS NA IMPORTAÇÃO: ALGUMAS REFLEXÕES

— Leonardo Furtado Loubet 317

XVIII CONGRESSO BRASILEIRO DE DIREITO TRIBUTÁRIO

27, 28 e 29 de outubro de 2004

Presidente do Congresso
PROFA. MARIA LEONOR LEITE VIEIRA

Presidente da Comissão Científica
PROF. EDUARDO DOMINGOS BOTTALLO

Presidente da Comissão Executiva
PROF. ESTEVÃO HORVATH

Presidente da Comissão de Trabalhos
PROF. PAULO AYRES BARRETO

Conferencistas
PROF. CLÈMERSON MERLIN CLÈVE
PROF. JOSÉ SOUTO MAIOR BORGES
PROF. PAULO DE BARROS CARVALHO
PROF. ROQUE ANTONIO CARRAZZA

SESSÃO DE ABERTURA

PRESIDENTE DO IDEPE (PROF. AIRES FERNANDINO BARRETO) – Declaro abertos os trabalhos do *XVIII Congresso Brasileiro de Direito Tributário*, realizado pelo Instituto Internacional Geraldo Ataliba de Direito Público e Empresarial/IGA-IDEPE.

Convido para compor a Mesa a professora Maria Leonor Leite Vieira, que, com muita honra para nós, presidirá este conclave. *(Palmas)*

Peço venha compor a Mesa o também componente da Diretoria do IGA-IDEPE, professor Eduardo Bottallo. *(Palmas)* Com subida honra para nós, solicito a presença à Mesa do também Diretor do IGA-IDEPE professor Paulo de Barros Carvalho. *(Palmas)* Convido para compor a Mesa o professor Estevão Horvath, *(palmas)*, da Diretoria do IGA-IDEPE. Convido, ainda, o Diretor do IGA-IDEPE Paulo Ayres Barreto. *(Palmas)* Peço venha compor a Mesa o desembargador Wanderley Federighi, do TJSP. *(Palmas)* Convido, agora, o professor Dr. Antônio Carlos Fedegno, desembargador federal. *(Palmas)* Peço componha a Mesa a professora Dra. Eliana Bertachini, Presidente do Tribunal de Impostos e Taxas do Estado de São Paulo. *(Palmas)* Peço nos honre com sua presença a professora Elizabeth Nazar Carrazza. *(Palmas)* Quero convidar também para compor a Mesa o professor Roque Antonio Carrazza. *(Palmas)* Convido, subseqüentemente, o professor José Artur Lima Gonçalves, *(palmas)* a professora Mary Elbe Queiroz, *(palmas)* a professora Betina Grupenmacher, *(palmas)*, a professora Dra. Maria Rita Ferragut, *(palmas)* o professor Sidney Saraiva Apocalypse, *(palmas)* o professor Dr. Eurico Diniz de Santi, *(palmas)* a professora Susy Hoffmann, *(palmas)* a professora Ângela Pacheco, *(palmas)* o mestre Eugênio Doin Vieira, *(palmas)* o professor Marcelo Salomão. *(Palmas)*

Quero consignar que S. Exa. o Presidente da OAB/Seção de São Paulo, Dr. Luiz Flávio D'Urso mandou representante – mas que também teve que retirar-se, em face de um chamado urgente.

Ao concluir a instalação da Mesa – pedindo, desde logo, escusas por não chamar outros professores e as expressivas autoridades presentes –, gostaria de, na abertura do *XVIII Congresso Brasileiro de Direito Tributário*, convidar a todos para ouvirmos a Sra. Carmem Queiroz, que vai cantar o Hino Nacional. *(É entoado o Hino Nacional). (Palmas)*

Agradecemos à Sra. Carmem Queiroz. Vamos iniciar os nossos trabalhos do *XVIII Congresso Brasileiro de Direito Tributário.*

Eu pretendia falar-lhes, nesta abertura, sobre tema estritamente ligado à Ciência do Direito. Vejo-me, no entanto, obrigado a versar questão que envolve a elevação da carga tributária. É que está em vias de ser submetido ao Congresso Nacional projeto de lei que tem por chamariz a correção monetária da tabela do imposto sobre a renda, mas que procura revogar o atual critério de tributação das sociedades de profissionais (inclusive, por óbvio, a de advogados), pelo lucro presumido.

O projeto (ou eventual medida provisória) será remetido, logo após as eleições, ao apagar das luzes do exercício, com prazo curto para apreciação e discussão, pondo em risco a segurança jurídica e a previsibilidade da atuação estatal. Verdadeira armadilha, portanto, camuflada sob a enganosa "cenoura" da correção da tabela, que, longe de ser favor, é imposição do sistema constitucional e de seus princípios, nos dias atuais, tão larga e frequentemente afrontados.

A conseqüência será terrível. O aumento da carga tributária dessas sociedades se revelará insuportável – elevando-se, na média, em quase o dobro. Não podemos assistir passivamente a mais essa violência; vamos lutar para que ela não se concretize. Esperamos confiantes de que, neste conclave, o repúdio ao abuso que se avizinha seja firme e eloqüente.

Isto posto, passo a presidência dos trabalhos deste *XVIII Congresso Brasileiro de Direito Tributário* à professora Maria Leonor Leite Vieira, a quem peço uma salva de palmas! *(Palmas)*

PRESIDENTE DO CONGRESSO (PROFA. MARIA LEONOR LEITE VIEIRA) – Dr. Aires, Presidente do Instituto Geraldo Ataliba-Instituto Internacional de Direito Público e Empresarial; professor Paulo de Barros Carvalho, em nome de quem cumprimento a todos os componentes da Mesa, Srs. Congressistas, Dra. Ana Maria Ataliba, nossa amiga de sempre, que nos tem acompanhado nesse longo tempo em que aqui estudamos o direito tributário – e, por isso, pode ser considerada mesmo doutora em direito tributário. O Dr. Aires chama a atenção para um ponto que realmente nos desperta para discutirmos a matéria tributária. Decorridos 16 anos da Constituição da República de 1988, 17 anos que discutimos no decorrer deste Congresso a matéria tributária, temos percebido, ano a ano, que o exercício da competência tributária se tem afastado constantemente dos ideais plasmados naquele texto. Em sua redação original – não podemos nos esquecer – ficou conhecida como Constituição-cidadã, valorizando a cidadania, a igualdade, a liberdade, os direitos e deveres como partícipes da República Federativa. De lá, de 1988 a esta parte, temos vivido um paradoxo com o que temos presenciado e sentido, com constantes ofensas a valores e limites objetivamente inseridos na Carta Magna – como tem ocorrido, por exemplo, com a chamada "reforma tributária".

Os representantes do povo, ao invés de consagrarem a cidadania e a dignidade da pessoa humana, esforçam-se por discutir critérios de repartição de receitas tributárias e instituir novas exações, dando prevalência aos interesses de arrecadação.

Reconhecemos que o pagamento de tributos constitui dever fundamental para o Estado exercer as incumbências que lhe são próprias. Mas não é menos verdade que tal prerrogativa deve conformar-se aos princípios constitucionais, rígidos, convém refletirmos sempre.

Neste contexto de tensão entre direitos e deveres fundamentais, sobressai a dimensão cidadã do contribuinte, valor que coordena tanto o exercício da competência tributária, mediante a promulgação de leis, quanto a aplicação das receitas. E essa dualidade de intervenção deve ser concretizada, de um lado, por uma reforma tributária que simplifique o cumprimento das obrigações e diminua o valor dos tributos; e efetivamente tal reforma está por vir – este é o anseio de todos os contribuintes, e nós aqui o somos, antes de qualquer função que exerçamos; de outro lado, pela aplicação dos recursos em benefício da sociedade brasileira, traduzidos na prestação de melhores serviços públicos e na erradicação da pobreza – o que tampouco tem sido visto, tem sido sentido, em face da grande parcela do dinheiro público empregado desautorizada e desorganizadamente.

Pois bem, em momento em que vemos os interesses voltados apenas à arrecadação, com a criação de novos tributos, sem que voz alguma se levante – ou (para não ser tão radical) quando muito poucas se levantam – para, verdadeira e fiscalmente, discutir uma reforma tributária que reformule para melhorar, que reformule para cumprir de modo mais sadio, produtivo, dinâmico, comprometido, aquele traçado posto no Texto Supremo como um todo, o Instituto Geraldo Ataliba resolveu dar sua contribuição mais uma vez, discutindo a tributação e os direitos fundamentais, que ouviremos em todas as conferências e em todas as Mesas de Debates e encaminhando todas as notas às fontes normativas – que, embora com atuação ausente, ainda são representantes do povo –, trabalhando dia a dia para mudar este quadro que tem sufocado a atividade produtiva e responde por grande parte das mazelas do povo.

Enfim, façamos, todos nós, com que neste Congresso sejam discutidas e produzidas idéias mas, principalmente, que tais construções de espírito se façam valer para que o contribuinte (que, já lembrei, somos todos) seja reconhecido e tratado pelo Estado como cidadão, senhor igualmente de direitos e de deveres.

A nós cabe estudar as relações do fato com a norma e verificar o fenômeno da incidência, independentemente – conclamo e repito – da função profissional que exercemos, esmiuçando a fenomenologia da incidência tributária sob a batuta da segurança das relações intersubjetivas, para que o contribuinte saiba de antemão o que tem que pagar e não seja surpreendido a cada amanhecer – e acabei de ser surpreendida agora – com a ameaça de pagar novo tributo, taxas incidentes sobre a propriedade de aparelho de televisão (e esse é um projeto que circula, por incrível que pareça...), sobre a circulação de veículos, sobre o poste que vão colocar em nossa rua, sobre a correção monetária do imposto sobre a renda, de que lembrava agora o professor Aires.

Quero deixar consignada a honra que tive pela indicação como Presidente deste Congresso. Assumo o compromisso, Dr. Aires, de bem cumprir os propósitos deste importante acontecimento do mundo jurídico tributário, e conclamo a todos para que nos auxiliem nesta tarefa, durante três dias, traçando todos os planos para que isso seja obedecido.

E, dando por abertos os trabalhos do Congresso, tenho a satisfação de convidar a todos para ouvir a palavra do professor Eduardo Bottallo, que tem uma relevante notícia a dar aos congressistas. Não sem antes convidar para a Mesa o professor Souto Maior Borges, que compõe nosso Congresso dia a dia, não só na conferência que ele produzirá amanhã à tarde, mas que compõe e faz parte de todo o trabalho que desenvolvemos aqui, e é responsável por isto.

Muito obrigada! *(Palmas)* Dr. Eduardo Bottallo, por favor.

PROF. EDUARDO DOMINGOS BOTTALLO – Bom dia a todos! Cumprimento, na pessoa da professora Maria Leonor Leite Vieira, os participantes da Mesa e estendo minha saudação aos Colegas congressistas. Peço licença para dirigir-me, em carinhosa e especial homenagem, à querida Ana Maria, esposa do professor Geraldo Ataliba.

A comunicação que me cabe transmitir aos Colegas no início deste Congresso tem um significado muito especial e muito importante. Os Colegas devem saber que em 2005 terão decorrido 10 anos do falecimento do nosso patrono, do nosso fundador e do nosso grande Mestre, o professor Geraldo Ataliba. E o IDEPE, que ostenta o nome desse querido e saudoso Amigo de todos nós, não poderia deixar passar em branco a efeméride. Assim, a Diretoria do Instituto programou, a propósito, uma série de eventos, que agora se iniciam e que se estenderão até o próximo Congresso, cuja realização está prevista para as proximidades da data do falecimento de Geraldo Ataliba – ou seja, 15 de novembro.

O primeiro passo desta série de homenagens é dado neste Congresso, e dirige-se especificamente a jovens autores.

O IDEPE promove um concurso destinado a selecionar cinco textos de autores cuja idade máxima não ultrapasse 35 anos.

A Comissão Julgadora do Concurso é integrada por notáveis juristas que desfrutaram do convívio e da amizade de Geraldo Ataliba, a saber: professor Aires Barreto, ministro Carlos Veloso, professor Celso Antônio Bandeira de Mello, professor José Souto Maior Borges, professor Paulo de Barros Carvalho e professor Roque Antonio Carrazza. Por designação da Diretoria do IDEPE, que muito me honrou, ficará a meu cargo a presidência dessa Comissão.

Nós temos a esperança de receber obras de grande qualidade; mais do que esperança, a certeza. E também a certeza de que, daqui a um ano, teremos muita alegria e muita satisfação – em que pese aos motivos da efeméride – em divulgar o nome dos cinco selecionados e homenagear, com isso, a memória do professor Geraldo Ataliba nas áreas a que mais ele dedicou sua atividade profissional: o direito tributário e o direito constitucional.

Sem dúvida, o principal prêmio aos vencedores será terem merecido a seleção por parte da Comissão anunciada – que, não é demais repetir, representa muito do melhor que existe no pensamento jurídico brasileiro.

Peço, então, aos Colegas que ajudem a divulgar o concurso. E àqueles que se qualificam etariamente para o certame eu lanço este convite – mais que isso, este desafio –, para que possam apresentar seus trabalhos em memória daquele que foi o nosso grande orientador, grande Mestre, grande e querido Amigo, e cuja presença sempre se faz muito viva a cada momento de nossa vida pessoal e profissional e, sobretudo, quando da realização deste já tradicional Congresso de Direito Tributário.

Muito obrigado a todos! *(Palmas)*

Presidente do Congresso (Profa. Maria Leonor Leite Vieira) – Convido, então, o professor Paulo Ayres, que fará a saudação ao conferencista desta manhã, o professor Paulo de Barros Carvalho.

Prof. Paulo Ayres Barreto – Sr. Presidente do Instituto Geraldo Ataliba, professor Aires Barreto; digníssima Presidente deste Congresso, professora Maria Leonor Leite Vieira; professor Paulo de Barros Carvalho; professor José Souto Maior Borges, na pessoa de quem saúdo os demais componentes desta Mesa; minhas Senhoras e meus Senhores. Foi com enorme alegria que recebi da Diretoria do Instituto Geraldo Ataliba, da Presidência deste Congresso, o honroso convite para saudar o eminente professor Paulo de Barros Carvalho, a quem caberá proferir a conferência inaugural deste *XVIII Congresso Brasileiro de Direito Tributário*.

Paulo de Barros Carvalho é jurista de feitos incomuns, raros, verdadeiramente extraordinários. É incomum sua titulação: Doutor em Direito Tributário pela PUC em 1973, Livre-Docente pela mesma Universidade em 1981, tornou-se Titular da Cadeira de Direito Tributário da PUC/SP em 1985 e também Titular da USP na Cadeira de Direito Tributário em 1997.

Esses dois títulos colocaram o professor Paulo de Barros Carvalho na condição única de alcançar, por concurso, a titularidade de duas das mais representativas escolas de direito tributário deste país – feito que dificilmente será conquistado por outro jurista nos nossos tempos. É, ainda, Presidente do IBET e Diretor Científico do Instituto Geraldo Ataliba-IDEPE.

É inusual a dedicação à atividade docente do professor Paulo de Barros Carvalho – professor de Direito Tributário e Lógica Jurídica do Curso de Mestrado e Doutorado da PUC desde 1971; professor nos Cursos de Graduação, Mestrado e Doutorado da USP; coordenador do Programa de Pós-Graduação também da PUC desde 1993. E, ainda, digo aos Senhores que não há evento de relevo que discuta matéria tributária, neste país, no qual a presença do professor Paulo de Barros Carvalho não seja obrigatória.

Reiteradamente homenageado nesses conclaves, o professor Paulo de Barros Carvalho é reconhecido por todos como o principal expoente do direito tributário deste país, nos dias atuais. É incansável no apoio e dedicação aos seus alunos e orientandos, sendo constante incentivador e estimulador da pesquisa científica. Entre tantos afazeres, encontra tempo para, nos últimos 18 anos, liderar grupo de estudos a propósito da obra e do pensamento do professor Lourival Vilanova.

Em semana em que pude acompanhar as discussões do professor Paulo e sua secretária relativamente à sua agenda, fiquei verdadeiramente impressionado com a intensidade de sua atuação: aulas na PUC todas as noites; na USP praticamente em todas as manhãs e em alguns dias no final da tarde; presença em seminários e congressos. Além disso, é parecerista requisitadíssimo, e conduz uma das principais bancas de Advocacia deste país. E, já cansado de ouvir, perguntei a ele: "Professor Paulo, de onde vem tanta força, tanta energia, tanta disposição?". A resposta veio prontamente: "O segredo é fazer o que se gosta".

É extraordinária sua produção científica. Autor de diversas obras – *Decadência e Prescrição no Direito Tributário*; *Regra-Matriz do ICM*; *Teoria da Norma Tributária*; *Comentários ao Código Tributário Nacional*, em co-autoria com Rubens Gomes de Sousa e Geraldo Ataliba, num raro encontro de notáveis; *Curso de Direito Tributário*, que já vai na 16ª edição, e *Fundamentos Jurídicos da Incidência*, 3ª edição. Esta última obra, que lhe valeu a titularidade na Faculdade de Direito do Largo de S. Francisco, foi lançada também na Argentina, com o título *Derecho Tributario, Fundamentos Jurídicos de la Incidencia*, e na Itália, com a designação *Dirito Tributario*.

Em ambos os lançamentos, mais de 100 professores compareceram, seja em Buenos Aires, seja na Universidade de Bolonha, a mais antiga Universidade do mundo. Este ano mesmo, em Bolonha, em evento prestigiado carinhosamente por 100 professores brasileiros, que foram presenciar este feito inédito do professor Paulo de Barros Carvalho, lá ele foi recebido pelos principais catedráticos europeus.

Estiveram presentes no evento, dentre outros, Victor Uckmar, Ferreiro Lapatza, Augusto Fantozzi, Franco Gallo e Andrea Amatucci, numa demonstração inequívoca de admiração, respeito e reverência pela obra de Paulo de Barros Carvalho.

Paulo de Barros Carvalho não é jurista confinado a uma especialização científica como o direito tributário. O direito tributário é um ponto de partida para suas investigações. Suas exposições não se confinam – como verão os Senhores, hoje – aos estritos limites de uma palestra sobre matéria tributária, tal como convencionalmente é exposta. Seu discurso é preciso, incisivo, profundo. Seu estilo é inconfundível. Seus estudos sobre a linguagem têm instigado e desafiado a doutrina, abrindo um clarão imenso, uma nova visão do Direito.

Sobre estilo e palavras, Vieira, em um de seus notáveis *Sermões*, diz algo que se aplica integralmente à doutrina e ao estilo de Paulo de Barros Carvalho: "Aprendamos no céu o estilo da disposição e também o das palavras". Pergunta Vieira: "Como hão de ser as palavras?". E ele mesmo responde: "Como as estrelas, as estrelas são muito distintas e muito claras. Assim há de ser o estilo da pregação, muito distinto e muito claro. As estrelas são muito distintas e muito claras e altíssimas. O estilo pode ser muito claro e muito alto, tão claro que o entendam os que não sabem e tão alto que tenham muito que entender os que sabem".

É inegável sua condição de líder de escola jurídica. Tornou-se naturalmente – sem jamais invocar tal título – líder de sua própria escola de pensamento jurídico. Nesse sentido, o professor Geraldo Ataliba, ao prefaciar a obra *Teoria da Norma Tributária*, já vaticinava que Paulo de Barros

Carvalho personificava – e, agora, as palavras são de Geraldo Ataliba – "uma nova e entusiasmante tendência nos estudos jurídicos nacionais, qual seja, aquela que se preocupa, a cada passo, com os fundamentos do raciocínio jurídico mediante confronto assíduo e sistemático com as postulações de Teoria Geral do Direito".

Não há como negar a forte influência da produção científica de Paulo de Barros Carvalho no que se refere às decisões dos nossos Tribunais, às elaborações doutrinárias nestes eventos, congressos, simpósios e nos Cursos de Mestrado e Doutorado de todo o país.

É um privilégio para nós podermos conviver com a figura humana extraordinária de Paulo de Barros Carvalho, apreciar seu talento, sua obra, e aprender com suas lições. Vamos ouvi-lo! *(Palmas)*

CONFERÊNCIA

CONSTITUIÇÃO DO FATO JURÍDICO TRIBUTÁRIO

PROF. PAULO DE BARROS CARVALHO

Bom dia a todos! Quero cumprimentar o Sr. Presidente do Instituto de Direito Público e Empresarial-Instituto Geraldo Ataliba, professor Aires Barreto; saudar, efusivamente, Ana Maria Ataliba, presente em todos os Congressos; cumprimentar os ilustres professores, especialmente a Presidente deste evento, professora Maria Leonor Leite Vieira; e dizer que começamos mais um esforço de convívio intelectual para o engrandecimento do direito tributário.

Como já foi dito, o Instituto Geraldo Ataliba está na sua décima-oitava versão, este é o *XVIII Congresso de Direito Tributário* realizado pelo Instituto de Direito Público e Empresarial-Instituto Geraldo Ataliba.

Não pretendo fazer aos Senhores, neste momento, uma conferência, uma palestra que seja. Gostaria de colocar as ponderações que vou fazer como meras observações, como meras reflexões a respeito de um tema que vem me impressionando muito nos últimos tempos – qual seja, o da "Constituição do Fato Jurídico Tributário", aquele que o Fisco tem que formar, que constituir, para fazer valer o direito subjetivo ao tributo. Aquele que o contribuinte acompanha ponto por ponto, passo por passo, para defender seus direitos, suas prerrogativas, suas garantias constitucionais.

Com efeito, a constituição dos fatos jurídicos é um modo de se usar a linguagem do Direito. Nós usamos a linguagem do Direito para constituir os fatos jurídicos ou para desconstituí-los – o que significa dizer trabalhar, operar, na faixa da constituição dos fatos jurídicos. Quando nós lutamos para desconstituir um fato jurídico é que estamos trabalhando contra a constituição de um fato jurídico que não estava sendo levado a bom termo.

Nesse sentido, devo dizer que a problemática das provas está passando por um momento de reflexão, também. Este trabalho nada mais é que um intervalo, uma passagem por essa trajetória de reflexão, de repensamento da teoria das provas.

Se a teoria das provas é algo tão importante, que diz diretamente com a constituição dos fatos jurídicos tributários, que, por sua vez, fazem surgir as obrigações tributárias, nada melhor que meditar, que pensar, sem qualquer preconceito, a respeito dessa teoria das provas.

Eu diria – e repito – que a teoria das provas é o modo com que o jurista relata os acontecimentos com os quais ele se ocupa. Assim como contamos uma história em Inglês, em Francês, em Cantonês, nós podemos contá-la em linguagem jurídica; e está aí todo o problema, todo o desafio à nossa frente. Como a Fazenda há de relatar, de contar, em linguagem jurídica aquilo que ela pretende ver como uma sonegação de tributos? Como o contribuinte há de fazer para se munir de prerrogativas no campo tributário? Como constituir essas situações?

Pois bem, na análise desse tema, dois momentos aparecem desde logo. Um, diria eu, no nível das normas gerais e abstratas. Há um momento em que devemos realizar o princípio da tipicidade; o princípio da legalidade, da estrita legalidade, e dentro dele o princípio da tipicidade – isto é, diante dos mandamentos constitucionais, o Congresso Nacional, as Assembléias, o

Parlamento, enfim, há de extrair sua competência, e, para fazê-lo, está jungido a um regime rigoroso, aqui no Brasil. Há de observar uma série de preceitos, uma série de limites, não pode fazer de qualquer maneira, há de deixar registrado cada um dos elementos da regra-matriz de incidência tributária.

Mas esse é um problema que se situa no plano das normas gerais e abstratas. O problema da prova vai aparecer exatamente quando a norma geral e abstrata for interpretada para expedição da norma individual e concreta – ou seja, quando o Direito chega ao plano das condutas intersubjetivas.

Pontes de Miranda já aludia ao direito processual dizendo que é o direito mais rente à vida. Isto é, aquele direito que se aplica quando o Direito das normas gerais e abstratas vai ser efetivamente aplicado no campo das condutas interpessoais.

E é exatamente aí que entra a prova. Eu diria que a prova é da ordem da aplicação do Direito ao caso concreto. Cogitamos das provas quando pretendemos aplicar o direito positivo às situações concretas da vida social. É nesse momento que lidamos com as dificuldades das provas, com os problemas que as provas nos levantam.

O estudo das provas em direito tributário – assim como o de qualquer outro tema – pressupõe a adoção de um método. Nesse sentido, vamos nos valer daquele preconizado pelo professor Lourival Vilanova, denominado por ele de "construcionismo lógico-semântico", isto é, um trabalho de verificação semântica e lógica para ir amarrando os conceitos e, com isso, dar segurança ao discurso.

Pois bem, o início dessa pesquisa se dá com uma verificação no plano semântico: quais as acepções do vocábulo "prova"?

Eu fiquei muito impressionado quando, contando uma por uma, cheguei a mais de 32 acepções do vocábulo "prova", todas elas no Direito, sem contar as provas da linguagem comum, as provas da linguagem ordinária – aquelas que nós pedimos ao nosso amigo no corredor quando ele diz que fulano viajou para a Europa, e perguntamos: "Como é que você sabe? Quem contou?". Pedimos uma prova, e ele diz: "Não, isso foi Beltrano que relatou".

Pronto, já nos damos por satisfeitos, mas é uma prova. Essas provas não entram na coleção dessas elucubrações semânticas a respeito do tema; só as provas juridicamente consideradas.

E fui examinando acepção por acepção. Quando cheguei a essas 32 acepções, quando vi que havia tantas acepções dentro do Direito para o vocábulo "prova", pensei comigo: este é um campo extraordinariamente fértil para ser explorado em termos científicos. Por quê? Porque digamos que venhamos a falar dois minutos ou três minutos sobre cada uma dessas acepções; nós teremos falado uma hora e meia apenas sobre as acepções do vocábulo "prova".

E se é verdade, como dizem os epistemólogos, que "conhecer é saber expedir proposições sobre", isto é, saber falar sobre um assunto – é claro, falar com proposições procedentes –, se conhecer é poder falar sobre os objetos da nossa atividade cognoscente, eu diria que, falando uma hora e meia apenas sobre as acepções do vocábulo "prova", nós já teríamos um material muito rico de conhecimento sobre prova.

Eu quero dizer que tudo isso está sendo feito à margem das grandes construções da Teoria do Processo Civil, da Teoria do Processo Penal e da própria Teoria do Direito Civil; e também das Teorias do Direito Administrativo e do Direito Tributário, que muito bem cuidaram do tema das provas.

Apenas a famosa "doutrina convencional" é sempre tomada como um material fértil, rico, para o exercício do pensamento e para a crítica; não a crítica destrutiva, a crítica irônica, daqueles que sugerem que a construção doutrinária foi malfeita. Não, não é nesse sentido. A construção científica, no campo do processo civil e do processo penal, principalmente, deixou um material extraordinariamente rico para esse tipo de elaboração.

Então, vejam: nós teríamos iniciado pelas acepções do vocábulo "prova". Depois teríamos submetido essas acepções a cinco itens, que eu diria cinco momentos de filtragem dessas acepções: a fonte da prova, a forma da prova, o conteúdo da prova, a função da prova e a finalidade da prova. Vamos tomar *prova* como um processo de enunciação, por exemplo, e submeter esse processo de enunciação a um estudo a respeito da sua fonte, da sua forma, do seu conteúdo, da sua função e da sua finalidade.

Com isso estaremos conferindo certa estrutura a essa proposta, que – eu repito –, antes de mais nada, é uma proposta de meditação, de reflexão, de falar em voz alta, já que todos aqui somos bacharéis em Direito, somos estudiosos desses assuntos, e eu tenho certeza de que cada um a seu modo trata de a cada dia enfrentar o problema das provas para a constituição dos fatos jurídicos.

Nenhum fato jurídico se constitui a não ser pelos meios estipulados pelo Direito. E quais são esses meios? Lembro-me, nesse momento, de uma lição de Gregorio Robles, que esteve aqui no Brasil há três anos a nosso convite, fez uma série de palestras, e tem um capítulo sobre norma, procedimento e ato. Ele entende que *norma*, *procedimento* e *ato* estão imbricados de tal maneira que não há ato ou ação – ele coloca como equivalentes nominais – sem um procedimento, e não há procedimento sem norma.

Isso no Direito. Eu diria: isso se estende a vários outros campos que não o Direito. E relato sempre – muitos alunos lembram disso – que uma vez recebi num avião um papel publicitário que dava uma receita de bolo de café; e lá vinha a receita, como fazer o bolo. E eu pensei comigo: "Isto é muito parecido com o que nós fazemos no Direito, porque no Direito vem a norma que estipula um procedimento; eu cumpro o procedimento e celebro o ato". Então, há a norma ou as normas sobre adoção, por exemplo, e – eu repito, fiquei impressionado com a complexidade, nunca vi um procedimento tão complexo como o de adoção de uma criança –, seguindo aquele procedimento, eu chego à prática do ato: norma, procedimento e ato.

Pois bem, a temática das provas coloca-se exatamente no momento em que vamos celebrar o ato, cumprir o procedimento celebrando o ato e constituindo, dessa maneira, o fato jurídico, seja o fato jurídico tributário, sejam os fatos jurídicos que todos nós conhecemos e com os quais lidamos.

Mas vejam quantas possibilidades semânticas nós teríamos para a palavra "prova". *Prova* como processo de enunciação: quando o Código de Processo Civil e o Código de Processo Penal dizem do interrogatório, como deve ser conduzido o interrogatório da testemunha, estão tratando do processo de enunciação.

O interrogatório, depois, vai ser reduzido a uma folha de papel, nós sabemos que é isso que vai entrar nos autos. Aquelas duas horas e meia de interrogatório, de perguntas, de respostas, não é aquilo que entra nos autos; aquilo é da ordem da enunciação, aquilo se dissipa, aquilo se dissolve no tempo, e no espaço também. O que vai ficar retido e vai ingressar nos autos é o resultado, é o interrogatório assinado pelo depoente, pela testemunha; é isso que vai entrar nos autos. Mas isso é o produto, não é o processo. E o Código trata da prova como processo.

Esta ambigüidade processo/produto nos acompanha a cada instante. A cada instante nós nos deparamos com um contrato. Contrato como algo que está sendo feito e contrato como algo que foi produzido e sai nas mãos de um dos contratantes. Então, prova como processo de enunciação.

Em outros momentos os Códigos – tanto o Código de Processo Civil como o Código de Processo Penal – falam não mais no processo de enunciação, mas aludem ao enunciado, que é o produto do processo de enunciação. A todo processo de enunciação corresponde um enunciado. Não há enunciado sem enunciação, e não há enunciação sem enunciado também. De modo que o Código às vezes usa *prova* como enunciação; outras vezes, *prova* como enunciado.

Na verdade, a prova pode ser examinada como um ato de fala. Ninguém produz prova sem produzir um ato de fala.

Há duas teorias famosas sobre ato de fala, de John Austin e de John Searle, que hoje estão integradas no chamado "Direito como processo de comunicação", tratado magnificamente pelo professor Gregorio Robles: "o Direito como fenômeno comunicacional".

Toda comunicação começa com um ato de fala. Se não houver um ato de fala, não há comunicação. O emissor da mensagem pratica um ato de fala e passa uma mensagem por um determinado canal. Essa mensagem é recebida pelo receptor, e com isso se instala a comunicação.

A prova se dá num contexto comunicacional. Quem quiser fazer prova de alguma coisa tem que apresentar uma mensagem e pedir que ela seja aceita como prova. Um advogado, por exemplo, que requer ao juiz a juntada de um documento, um documento que vai servir para prova dos seus direitos.

Percebam como a teoria comunicacional é muito importante e útil. Eu não digo que seja necessário um aprofundamento teórico intenso, denso, sobre teoria da comunicação, mas rudimentos de uma teoria da comunicação. Isso me parece fundamental para a compreensão do fenômeno da prova, porque a prova se dá num contexto de comunicação.

Agora, a prova vai aparecer como um ato de fala, mas é preciso que se diga que a prova não subsiste por si mesma, não é um documento bastante em si – como é, por exemplo, uma sentença. Uma sentença eu posso estudá-la pelo que ela tem de veículo introdutor de normas no sistema do direito positivo. A sentença introduz normas individuais e concretas no sistema do direito positivo.

Eu posso estudar a norma introdutora e posso estudar a norma introduzida. Posso estudar aquele ato de prestação jurisdicional sob vários aspectos; enfim, posso estudar a individualidade da sentença. A sentença subsiste por si mesma; ela é, nesses termos, bastante em si. Já a prova, não. A prova existe em função daquilo que queremos provar. A prova é algo que requer um outro acontecimento – acontecimento, esse, que ela pretende certificar. É nesse sentido que nós podemos falar em prova como "a crença na verdade de um fato". É uma acepção. Entre as várias, essa é outra acepção: "prova como crença na verdade de um acontecimento".

Agora, a prova, como não subsiste por si mesma, requer um processo comunicacional em que alguém nele ingresse com o objetivo de convencer. Por exemplo, uma certidão. Eu vou a um cartório de registro civil e peço a expedição de uma certidão de nascimento para provar minha filiação, por exemplo. Quando eu peço e retiro esse documento, esse documento em si não é uma prova, é uma certidão de nascimento. Vai ser prova quando eu ingressar com esse documento em juízo, por exemplo, pretendendo convencer o magistrado de que minha filiação é aquela, deve ser reconhecida como sendo aquela.

Nesse sentido, fica claro que a função preponderante da prova é a persuasiva. Onde houver prova haverá a necessidade, haverá o impulso no sentido de convencer, de persuadir alguém de alguma coisa.

Diante disso, já podemos pensar que a prova pode ser tida como um enunciado. E a prova é um enunciado. O que se lê na certidão de nascimento? Que no dia tanto de tanto nasceu uma criança do sexo masculino, filha de Fulano e Beltrana etc. É um enunciado factual que está contido na certidão.

Agora, esse enunciado factual vai servir para provar um outro enunciado factual. É por isso que se diz: prova é sempre prova de algo. E eu diria: prova é prova de um fato. Só que a prova, nesse sentido, vai aparecer também como um fato. O fato do nascimento naquelas condições de filiação vai ser a prova suficiente – admitamos assim – para o reconhecimento de um outro fato que eu quero certificar em juízo.

Muito bem. Também nesse caminho eu teria a prova em si, mas teria aquilo que pretende ser prova, que ainda não é, não foi admitido em juízo. O advogado requer seja admitida a prova; o juiz pode aceitar, como pode não aceitar. Então, aquilo que aparece juntamente com o requerimento do advogado nós poderíamos chamar de uma "proposta de prova" ou de uma "protoprova"; aquilo não é prova ainda, não foi admitido nos autos como prova, aquilo pretende ser prova.

No momento em que o juiz despachar "Junte-se", aceitar aquele documento como prova, independentemente do valor que ele vai atribuir a esse documento (o que vai entrar na última parte desta exposição, que seria uma axiologia das provas), a partir desse momento aquele documento passa a ser uma prova, uma prova ao lado das outras, que vai receber um peso, vai receber um juízo de valor por parte da autoridade que vai decidir. Pode ser uma prova muito importante, uma prova irrelevante etc.

Aí nós temos uma protoprova, temos a contraprova (que não é a mesma coisa que a prova; a contraprova pressupõe a prova). Temos a contraprova, temos a sobreprova. Qual é a sobreprova? É aquela, digamos, que o magistrado pede como algo que autentique uma prova apresentada. Alguém entra com um documento e o magistrado pede que o documento seja autenticado, que haja uma autenticação.

Um outro exemplo: em determinado Município do Estado do Paraná houve problemas com relação a documentos de arrecadação do ITBI e as autoridades judiciárias passaram a pedir, além da prova do pagamento, uma manifestação, uma declaração, da repartição competente a respeito de ter, ou não, entrado, circulado, aquele pagamento por ali. Isso não é uma outra prova sobre o mesmo fato; é uma sobreprova, é algo que reforça a prova. Quando se pede para autenticar as firmas, isto não é uma outra prova, um fato diferente; é uma sobreprova.

Então, nós temos a protoprova, a contraprova, a sobreprova; e temos também a metaprova, quando a autoridade manda a outra parte se manifestar sobre a prova – digamos, um laudo pericial apresentado. Todas essas provas aglutinam-se para implicar um fato que se pretende demonstrar. O vínculo de implicação costuma ser dito assim: "Se ocorreu o fato 'F', então ocorreu o fato 'F1'".

A prova, então, está neste contexto, num contexto de implicação. Onde houver prova existe um outro fato que se quer provar. Não há possibilidade de existir uma prova independentemente de algum fato que se queira provar; e entre esses dois fatos se interpõe um vínculo de implicação, o implicador.

"Prova" às vezes é utilizada para se referir ao vínculo, como no caso da presunção; outras vezes, apenas para o enunciado que pretende ser a certificação daquele outro; e numa terceira possibilidade a junção dos dois, o enunciado mais o implicador.

Ingressa aí o tema das presunções. Na presunção legal nós temos o fato presuntivo e o fato presumido. Provado o fato presuntivo, dá-se por imediatamente provado o fato presumido. Por quê? Pelo vínculo de associação que a lei determinou que existisse, que a lei determinou que fosse. De modo que existe naturalmente a presunção relativa, que admite prova em contrário; mas não havendo prova em contrário a associação se mantém; dado o fato presuntivo, deve ser o fato presumido, porque não houve prova em contrário.

Há também aquela chamada "presunção humana", que é uma associação que nós fazemos em face de juízos de valor sobre elementos de prova. Isto é, diante dos fatos "F1", "F2", "F3", "F4", eu digo: "Diante desses acontecimentos, dou por certificado o fato 'F5'".

Muito bem. Prova como indício: indício é tido como algo de inferior importância. São provas indiciárias – e, com este gesto de mão, com esta linguagem coadjuvante das mãos, nós já mostramos um desvalor para os indícios; são meros indícios, ou são indícios.

Mas ocorre que, se pensarmos bem, toda prova é um indício. Não há prova que não seja indício, por uma razão muito simples: o evento já se foi: quem viu, viu; quem não viu, não vê mais. O que nós vamos obter do acontecimento que se deu é o recolhimento de resíduos, de marcas, de sinais, de vestígios.

Quer dizer, "A" mata "B". Algumas pessoas podem ter presenciado, mas quem não presenciou vai se louvar nos vestígios que aquele acontecimento porventura tenha deixado, nas marcas, nos sinais. E isto vai fazer parte daquilo que se chama "exame de corpo de delito". *Exame de corpo de delito* é um relato que se faz, um laudo que se faz sobre as condições encontradas no local do crime.

Há crimes que deixam vestígios, outros não deixam vestígios. Nos crimes que deixam vestígios o exame de corpo de delito é fundamental. E eu dou um exemplo muito prático, do caso que todos nós acompanhamos do "maníaco do parque". Além de ser condenado por 11 homicídios, ele confessou mais 3, com pormenores; só que não foi possível levantar o exame de corpo de delito, não foi possível encontrar vestígios. Resultado: não houve denúncia.

Por quê? Porque em crimes que, pela sua natureza, deixam vestígios é fundamental – sob pena de nulidade do processo – a prova chamada "exame de corpo de delito". Tal exame se manifesta num pedaço de papel, é um papel como este; é um laudo que o perito faz levantando os sinais, as marcas, as pistas, os vestígios encontrados no local onde foi praticado o delito.

Nisso eu já posso fazer uma afirmação peremptória a vocês, e faço com toda a convicção. O processo civil e o processo penal dizem que as provas podem ser materiais, testemunhais e documentais. E eu digo que todas elas são documentais; não há provas materiais e não há provas testemunhais.

As testemunhais são necessariamente reduzidas a termo, reduzidas a linguagem escrita; se não, não entram nos autos. Como é que os sons produzidos pelo depoente ou por aquele que o está interrogando poderiam ingressar nos autos? É algo absurdo. Aquilo é reduzido a escrito, lido, ele assina, pronto: é aquilo que ingressa nos autos; são os documentos, em todos os momentos, para todas as provas.

E as impressões digitais deixadas na arma do crime? Pois bem, essas impressões digitais vão fazer parte de um laudo pericial, e esse laudo vai entrar nos autos. Então, onde é que estão as provas materiais? Onde é que estão as marcas, os sinais, os vestígios? No fundo, todas as provas são indiciárias. A prova é um indício, porque o evento, mesmo, ninguém recupera.

Esta reflexão leva a um dado muito importante que está, de certo modo – eu diria –, revolucionando ou mexendo com o Direito, atualmente. É a diferença entre *evento* e *fato*, que vem da Filosofia Alemã, que está, digamos, na raiz de todas as produções do giro lingüístico, desde a metade do século passado, e que o professor Tércio Sampaio Ferraz – justiça se faça – foi aquele que introduziu no campo do Direito, com o seu livro *Introdução ao Estudo do Direito*, quando ele diz que uma coisa é o evento, aquilo que nossos sentidos, que nossa intuição sensível, percebe, isso é o evento.

Por exemplo: César atravessa o Rubicão. Estou vendo César atravessando o Rubicão, isso é um evento. Agora, quando eu encontrar "César atravessou o Rubicão", isso é um fato. Isto é, fato é o relato *em linguagem* dos eventos.

Nós sabemos que no Brasil, nesses últimos 500 anos, muitas coisas aconteceram, muitas situações se deram. E será que estão todas num livro de História do Brasil, no mais volumoso livro de História do Brasil que nós possamos encontrar? Será que ele traz todos os eventos? Eu tenho certeza absoluta de que não. É claro que D. Pedro I espirrou várias vezes, tropeçou, gaguejou aqui, gaguejou ali, e isso não mereceu registro histórico; então, isso não mereceu ser elevado à categoria de *fato*. Fato é o relato *em linguagem* de um evento.

E entra, neste momento, um tipo de estudo que vai ser fundamental para a compreensão de tudo isso: é uma Teoria dos Enunciados. O que é um *fato*? O fato é um tipo de enunciado. Uma pergunta não é um fato, uma exclamação não é um fato, uma ordem não é um fato. O fato é um enunciado que tem o verbo no pretérito e que tem os marcadores, os dêiticos de espaço e de tempo devidamente fixados; isso é um fato.

Se eu disser que a professora Maria Leonor Leite Vieira abriu, como Presidente deste Congresso, juntamente com o professor Aires Barreto, que é o Presidente do Instituto, ambos abriram, hoje, neste local, o *XVIII Congresso Brasileiro de Direito Tributário*, isso é um fato. É um fato, está posto em linguagem, em linguagem intersubjetiva.

É claro que o Direito pretende que a linguagem dê estabilidade às suas instituições, e é por isso que toda linguagem do Direito é escrita; não há linguagem oral, a não ser como preparatória de uma linguagem escrita. A voz-de-prisão que alguém dá depende de um documento que seja preenchido na delegacia; é por isso que a pessoa é conduzida à delegacia, e lá será feito um auto de prisão. Aí, está preso o cidadão. Antes disso ele vai reclamar do quê? Ele vai entrar contra que medida? Contra que autoridade?

Assim o interrogatório. O interrogatório também é um procedimento que vai ganhar expressividade para o Direito quando for reduzido a escrito. Aí ele vai ter *status* suficiente para entrar nos autos.

Dentro dessa linha, envolvendo todos esses elementos pelos quais eu estou passando com uma certa rapidez – evidentemente, para dar uma noção de tudo aquilo que está sendo pensado nesse campo –, a prova será sempre um indício, ainda que o direito positivo e a doutrina tratem o indício de uma forma subalterna ("mero indício", "isso é um simples indício"). Aquilo é prova, e isso é indício. Qual é a diferença? Qual é a diferença que há entre a prova e o indício? O indício é uma prova, e a prova é um indício.

Mas, vejam: eu posso estudar o indício, posso estudar o sinal, posso estudar a marca, posso estudar o vestígio, posso estudar a pista, posso estudar a suspeita – tudo isso como modo de se estudar a prova.

Existe uma distinção também, que não se sustenta, entre *prova direta* e *prova indireta*. Toda prova é indireta, porque o fato que eu quero provar já ocorreu em termos de evento – e, portanto, ninguém recupera mais. Ninguém recupera mais, de modo que é sempre indireta a prova, não há essa distinção de prova direta e indireta. Os autores dizem que o que qualifica a prova indireta é que ela é feita por meio de indícios. Ora, se toda prova é indiciária!

Bom, de prova como conjunto de marcas, sinais, vestígios etc., exemplo bem característico é o exame de corpo de delito. No corpo de delito o perito levanta aquele conjunto de marcas, sinais, vestígios, pistas etc.; tudo que ele encontra no local do crime, como resíduo que tenha ficado daquele acontecimento, coloca no laudo.

O professor Frederico Marques, que foi meu professor e a quem eu reputo um grande jurista, grande processualista civil, penal, conhecedor de direito penal, direito administrativo, direito constitucional – enfim, um jurista na expressão da palavra –, diz, num certo momento das suas *Instituições de Direito Civil*, que algumas vezes o laudo não precisa ser escrito; ele não diz que pode ser oral, diz que não precisa ser escrito.

E aquilo me assustou imediatamente, porque viria abaixo toda essa expectativa de conduzir o assunto dessa maneira. Mas logo em seguida ele diz: "Exemplo dessas situações é aquela em que o agente, entendendo muito simples o que tem que relatar, deixa para fazê-lo no auto da diligência". Então, pronto: ele não faz um laudo separado, mas registra aquele evento no auto da diligência – o que já me tranqüilizou, porque continua na mesma linha.

Prova como norma: não seria o caso de desdobrar o assunto, aqui; mas não é difícil provar que a prova tem a estrutura ou pode ter a estrutura de uma norma jurídica. Principalmente se nós atinarmos para a circunstância de que o antecedente de uma norma individual e concreta é o fato. O fato é sempre o antecedente de uma norma individual e concreta.

Dado que "A" matou "B" (é o fato), então, ele deve ser apenado com tantos anos de reclusão. Vejam: *dado que "A" matou "B"*, esse é o fato que foi reconhecido pelo juiz e é o antecedente dessa norma individual e concreta.

Muito bem, há provas casuais, provas pré-constituídas... Tudo isso é um material muito interessante para nós pensarmos, para nós mexermos, remexermos e refletirmos, diuturnamente, sobre questões que nunca se esgotam, porque o sentido das palavras, por definição, é inesgotável – como ensina o mestre Raimundo Bezerra Falcão.

MESA DE DEBATES "A"

TRIBUTAÇÃO E DIREITOS DO CONTRIBUINTE-I

PRESIDENTE DA MESA: PROF. AIRES FERNANDINO BARRETO
MEMBROS DA MESA: PROFS. ESTEVÃO HORVATH, MISABEL DERZI, EURICO DE SANTI E JOSÉ ARTUR LIMA GONÇALVES

PRESIDENTE DA MESA (PROF. AIRES FERNANDINO BARRETO) – *(Truncamento da gravação)* **[Passa a palavra ao professor Estevão Horvath]**

PROF. ESTEVÃO HORVATH – O tema de que vou tratar, à primeira vista, pode parecer mais de cunho político que jurídico. Entretanto, às vezes o Direito traz para dentro de si aspectos dessa ordem, que merecem e devem ser analisados com os instrumentos pertinentes à Ciência do Direito. Vou procurar, portanto, fazer com que minha intervenção se torne científica e jurídica.

A tributação e a cidadania: acho que hoje em dia nós não podemos, evidentemente, nos cingir a entender o cidadão como aquela pessoa portadora de título de eleitor. O cidadão é mais que isso, o cidadão é o sujeito que habita a *polis*. Nós habitamos esta grande e diversificada *polis* que é o Brasil, e o Brasil é uma República. E muito bem lembrava o professor Geraldo Ataliba que o princípio republicano é (se não o mais) dos mais importantes princípios da nossa Constituição – até porque, para quem gosta de fazer interpretação "geográfica", vem exposto logo no art. 1º da CF.

Um dos fundamentos da República Brasileira é a *cidadania*. E o que nós temos visto hoje em dia, na realidade, acontecer em matéria jurídica, especialmente em matéria jurídico-tributária, é exatamente tudo aquilo que nos países civilizados não se considera cidadania.

Então, o que é o cidadão em uma *res publica*? O cidadão é o dono da coisa pública. Como dizia o professor Geraldo Ataliba, na *res publica* o Estado vive em função do cidadão, até porque o Estado é criação do cidadão. Não tem cabimento pensar-se que a criatura passe por cima do criador. E é mais ou menos isso o que nós vemos acontecendo, hoje em dia, aqui no nosso Brasil.

O chamado *Estatuto do Contribuinte* seria, talvez, em matéria tributária, o que nós poderíamos dizer que o art. 5º é em termos de direitos fundamentais em geral. Ele se aplica, evidentemente, a todo cidadão, não só o cidadão enquanto contribuinte, mas especialmente enquanto tal.

É o desrespeito a esse Estatuto que nós vemos acontecendo diariamente na nossa vida profissional, acadêmica, jurídica, de advogados, de procuradores, seja do que for, mas principalmente enquanto cidadãos. Vemos acontecer o excesso de carga tributária, de que cada dia mais se fala, uma carga tributária elevada; e sua contrapartida é mais ou menos invisível, pelo menos aos olhos do cidadão comum. Quer dizer, tanta carga tributária para quê?

E nós vemos um embate que acontece de um tempo para cá, já faz algum tempo, entre a Economia e o Direito. Ou seja, razões da Economia preponderando sobre as instituições, sobre o Direito propriamente dito. Nós vemos o quê? Alterações no texto constitucional quase que semanais. Não que se pretenda uma Constituição engessada definitivamente; o que nós não podemos admitir, parece-me, é essa quantidade imensa de alterações constitucionais, especialmente em matéria tributária, muitas delas dadas à luz – se é que se pode dizer assim –, ao cair da noite, se é que existe isso.

Nós somos surpreendidos a cada dia, a cada período de tempo – curto, infelizmente –, com emendas constitucionais que alteram às vezes profundamente o sistema tributário. E normalmente atribuímos essa situação ao Governo Federal, normalmente esta é a nossa desculpa: o Governo Federal fez isso, fez aquilo e fez aquilo outro. E claro que – se é que se pode dizer assim – ele tem sua parcela de culpa. Mas não podemos nos esquecer de que uma emenda constitucional, para ser aprovada, precisa de votação pelas duas casas do Congresso Nacional, em dois turnos e por maioria de 3/5. Quer dizer, nossos representantes, os representantes nossos na *res publica*, laboram contra seus criadores, seus representados, que somos nós todos, na calada da noite. E o que nós vemos são vozes isoladas de indignação, aqui e ali.

Nós, do IDEPE, pretendíamos que este evento, nestes três dias, consistisse pelo menos em mais uma voz para mostrar a indignação quanto a esse estado de coisas. E pretendemos, na verdade, que sejam essas vozes trazidas por pessoas que se dedicam ao estudo do direito tributário, que têm uma familiaridade maior com a matéria e que podem servir como veiculadores disso na sociedade, para que isso ressoe por toda a sociedade, manifestando essa indignação.

Ontem mesmo, participando de uma Banca Examinadora, o professor Paulo de Barros Carvalho mencionou que alguém já disse – algum filósofo já disse – que a indignação é um dos sentimentos mais nobres, talvez o mais nobre do ser humano, porque enquanto ele se indigna com alguma coisa é porque está disposto, normalmente, a tentar consertar essa coisa, a reparar, e a tentar fazer o que nos interessa, aqui: *justiça*. E *justiça tributária*, significando o que também vai ser provavelmente tratado pelo professor Eurico, não só na parte de cobrança dos tributos, como também, e especialmente, na parte do gasto do dinheiro público. Quer dizer, de nada adianta haver uma justiça – se é que se consegue obter isso – na parte de arrecadação dos tributos se não houver justiça na distribuição dos recursos arrecadados.

Por outro lado, nós vemos um excesso de instituição de novas contribuições. Contribuições em geral são a nova panacéia, especialmente as contribuições de intervenção no domínio econômico. Isso até está autorizado pelo texto constitucional de 1988, a cobrança de contribuição. Mas não é só. Parece evidente que ela tem que ter suas finalidades, as finalidades para as quais a Constituição autoriza sua cobrança; só assim pode-se cogitar de as instituir. E isso implica que o produto da sua arrecadação tem que ser destinado àquelas finalidades, para fazer frente àquelas finalidades.

Nós também diariamente vemos, ouvimos falar, ficamos sabendo do desvio do produto da arrecadação dessas contribuições para outras finalidades que não as suas próprias, constitucionalmente designadas – normalmente, como se pode imaginar, para pagar a dívida imensa que o país tem.

É esta uma situação generalizada, cujo outro exemplo é dado pela extensão das substituições tributárias, a responsabilização de qualquer pessoa vizinha daquele que praticou o fato imponível, já pode ser responsabilizada pelo pagamento do tributo. A generalização das substituições tributárias (o que também será tratado pelo professor José Artur) em matéria de ISS, de INSS, da COFINS etc. e tal significa um passo a mais naquilo que muito sugestivamente, numa determinada época, o professor espanhol Ferreiro Lapatza escreveu em artigo com o título: "Privatização da gestão tributária".

O que eu sinto, hoje em dia, é exatamente que isso está atingindo um nível praticamente insuportável. Quer dizer, tudo que antes era classicamente função do Estado está sendo delegado para o cidadão, sem a correspondente contrapartida.

Não nego que haja necessidade de se pensar na praticabilidade da arrecadação. Ou seja, se existe por parte do Estado a possibilidade de arrecadar, têm que haver meios, pelo menos os necessários para que essa arrecadação possa ser levada a bom termo. Mas delegar todas as funções que antes eram próprias do Fisco para o cidadão, até o ponto em que tem chegado isso, significa, no meu modo de ver, praticamente e inclusive, a delegação da própria fiscalização, em certa medida, para o cidadão.

Na hora em que se diz que o sujeito passivo do tributo não é mais o contribuinte (ou quase nunca mais é o próprio contribuinte), no sentido do art. 121 do CTN, se está dizendo que o tomador do serviço, por exemplo, na prestação de serviços, é que vai ser o fiscal do pagamento daquele tributo – e, portanto, o fiscal da arrecadação.

A generalização dos autolançamentos, dos lançamentos por homologação, o excesso de medidas provisórias, a generalização da delegação de funções administrativas para o cidadão, tudo isso faz com que nós comecemos a pensar qual o sentido de existir o Estado. Não consigo imaginar a sociedade sem o Estado, parece-me que ele sempre existirá, mas temos que pensar no papel que queremos do Estado. Afinal, o Estado é uma criatura nossa, ou o Estado foi criado para passar por cima de nós?

A tributação – acho que todos percebem isso, intuitivamente até – é uma forma de desapropriação do patrimônio privado. Ela deve ser consentida. Por isso mesmo é que se exige a legalidade, o que se chama, no direito tributário, de princípio do consentimento à tributação; ela é consentida tendo em vista a realização, pelo Estado, do interesse comum, o interesse maior, o interesse público mais relevante. É por isso que – teoricamente, ao menos – nós, por meio dos nossos representantes, consentimos em ser tributados.

No entanto, isso tem limites. Ou seja, a própria carga tributária teria o limite do princípio do não-confisco. É evidente que a simples expressão "não-confisco" já é um daqueles conceitos vagos, indeterminados e praticamente (alguns dizem "até") indetermináveis.

Agora, um sentido tem que ter essa expressão. Claro que é difícil saber, numa Federação, principalmente como é o caso do Brasil, qual seria o limite do confisco, considerando a carga tributária de todos os tributos, não somente dos impostos federais ou dos estaduais. A partir de que tributo a carga tributária teria passado a ser excessiva – e, portanto, confiscatória?

São questões que podem se confundir com o político, e não questões estritamente jurídicas. Mas me parece que o jurídico está intimamente ligado a isso. De fato, uma interpretação sistemática da Constituição leva a que nos insurjamos contra esse estado de coisas. E contra isso acontecer por parte do Poder Executivo – o que é uma tradição não só no Brasil, mas no Brasil talvez mais acentuada; o Executivo usando e abusando de medidas tributárias (não estou dizendo só das medidas provisórias) para agir no interesse do Fisco.

Vejam, diferente do que pode parecer à primeira vista, principalmente ao leigo, o interesse do Fisco não é necessariamente o mesmo que o interesse comum. E hoje em dia nós vemos o Executivo fazendo o papel de representante simplesmente dos interesses do Fisco; e o próprio Poder Legislativo, quando corrobora essas atitudes do Poder Executivo.

E a nossa grande esperança (eu, pelo menos, tinha uma esperança tremenda) no Poder Judiciário depois da Constituição de 1988, principalmente, depois do término da ditadura? Porque, antes, se atribuía a culpa de tudo à ditadura. Agora, a quem atribuir a culpa, o próprio Poder Judiciário sendo conivente com essas aberrações perpetradas pelo Executivo e pelo Legislativo? Ou seja, onde é que nós vamos parar?

Creio que isso é uma questão de conscientização. E foi muito bem lembrado pelo professor Paulo de Barros Carvalho, no final da sua conferência, que, se o professor Geraldo Ataliba estivesse vivo, com certeza, pelo menos alguns dos ministros do STF não agiriam, não votariam como têm ultimamente votado, e este estado de coisas não teria chegado ao ponto em que chegou. Parece-me que isso é mais ou menos evidente.

De qualquer maneira, isso significa o seguinte: não consigo conceber um Estado, que é criado pelo cidadão, agindo de má-fé, agindo, portanto, contrariamente à boa-fé, sem que o cidadão possa ter previsibilidade da atuação desse Estado, sem que haja a segurança jurídica assegurada ao cidadão.

O direito administrativo, na verdade, surgiu até historicamente procurando coibir o poder do Estado em detrimento do cidadão, quer dizer, procurando tornar mais forte a possibilidade de reação do cidadão contra os desmandos do Estado, contra a arbitrariedade do Executivo. A Humanidade levou séculos para conseguir a alteração desse estado de coisas, e hoje em dia nós vemos o contrário acontecendo. Minha impressão – e tenho conversado com alguns colegas que têm a mesma impressão, ainda que traduzida em outras palavras – é que nós não temos mais a quem apelar.

É uma questão de mentalidade, de conscientização da sociedade, porque a sociedade permanece silente, não consegue às vezes nem se indignar, porque não sabe contra o quê se indignar, não sabe exatamente o que está ocorrendo. Nós, enquanto técnicos especializados nessa matéria, temos o dever de cidadãos, antes de tudo, de nos insurgir contra esse estado de coisas. E, como eu disse, creio que algumas dessas palavras podem sair deste Congresso, deste evento, e nós tornarmos pública nossa indignação quanto a esse estado de coisas.

Na verdade, quando estava preparando essas poucas palavras, essas observações, eu relembrei o grande livro do professor Geraldo Ataliba, *República e Constituição*, e me deu vontade de simplesmente chegar aqui e ler o livro em voz alta (é claro que não teríamos tempo para ler o livro inteiro), porque o que ele escreveu consta aqui que foi em 1985, mas parece que foi na semana passada. Provavelmente ele tinha até pensado isso alguns anos antes, mas ficou documentado em 1985. Eu grifei alguns parágrafos, que vou me permitir ler, peço a permissão dos Senhores para ler, porque acredito que podem expressar com muito mais eloqüência, como sempre acontecia, do que eu poderia falar.

"Panorama Atual" – este é o título dessa seção que está na introdução do livro *República e Constituição.* Atual em 1985, prestem atenção!

"A República é a instituição publicística central do nosso Direito, e entre as suas postulações e exigências e a nossa prática efetiva há uma distância abissal. Nesse espaço grassam indiferença, acomodação, omissão, ignorância, complacência e conformismo. Como conseqüência, os direitos expressivos da liberdade jurídica são postergados, negados, condicionados, sufocados e anulados pelo Executivo.

"O Legislativo assiste às usurpações aparentemente impotente, descrente da força que há de haurir na representação de que é titular. As classes jurídicas desanimaram da luta pela valorização das instituições, renunciando à sua missão, salvo honrosas exceções. **[é o caso da OAB na época, que é um caso específico]** O povo parece já não crer na restauração dos valores constitucionais.

"O Judiciário tolerante, quando não conivente, não se preocupa mais com o cunho sacro da sua missão precípua de assegurar a supremacia da Constituição. Nos centros de estudos jurídicos limitam-se docentes e discípulos a cultivar uma destreza técnica pedestre e mesquinha, como se fosse possível aos pedreiros ignorar que a perfeição de uma parede depende visceralmente dos alicerces sobre que a mesma repousa.

"E nesse clima morno dissolvem-se as instituições construídas a tão duras penas ao longo do tempo de modo tão árduo."

Penso que, como eu disse, não precisava ler o resto do livro: panorama atual em 1985, panorama atualíssimo em 2004. Infelizmente, é isso que nós estamos sentindo.

Eu não perco as esperanças, acho que nós podemos reverter esse estado de coisas, mas nós temos que nos mexer. Então, o que me parece é que nós temos que procurar encontrar um equilíbrio entre os interesses do Fisco e os interesses do contribuinte. Não como vem acontecendo, cada um esperneando do seu lado, sem procurar que haja um consenso. O interesse do Fisco e o do contribuinte, em verdade, significam, em última análise, um interesse comum da sociedade, e é isso o que se tem que perseguir.

O professor Michel Bouvier, da Universidade Sorbonne, de Paris, em um congresso em Minas Gerais coordenado pelo professor Sacha e pela professora Misabel, em agosto, trouxe algumas notícias. Hoje não só existe esta discrepância entre os interesses do Fisco e os interesses do cidadão, do contribuinte, mas também divergências entre os entes que compõem o Estado. Aqui no Brasil, entre os entes federativos. Muita coisa, nós sabemos, não passou na reforma tributária porque Estados e Municípios não concordaram; outras coisas que passaram foi porque eles concordaram.

Então, há brigas não só do Fisco com o contribuinte, mas também dos Fiscos dos diversos entes da Federação. Então, vejam, parece-me que, se o particular pode agir de determinada maneira, de má-fé, é desculpável, é humano para certas pessoas. Não pode (ou não deve), evidentemente; mas, se age de má-fé, ele é particular, a sociedade de alguma forma vai encontrar um modo de sancionar, em algum momento, seu comportamento. O que me parece inconcebível é o Estado agir de má-fé contra seu criador, que somos nós, os cidadãos.

É em razão disso que conclamo a todos que pensemos, meditemos nisso, e externemos (quem estiver concorde com meu pensamento) essa indignação perante a sociedade, contribuindo – ainda que seja com um trabalho de formiga – para que essa ordem de coisas se altere.

Muito obrigado! *(Palmas)*

PRESIDENTE DO IDEPE (PROF. AIRES FERNANDINO BARRETO) – Quero cumprimentar o professor Estevão pela sua explanação, em que mostrou que o bom professor consegue efetuar exposição densa, de conteúdo significativo, ainda que o tempo seja escasso.

Passo a palavra, a seguir, à ilustre professora Misabel Derzi.

PROFA. MISABEL DERZI – Muito obrigada! Quero saudar a todos os componentes desta Mesa na pessoa do ilustre professor Aires Barreto, Mestre de todos nós, e agradecer a oportunidade de compor esse painel tão interessante sobre direitos fundamentais do contribuinte e tributação. Saúdo a todos os Congressistas que aqui neste momento se encontram.

Ouvindo o professor Estevão Horvath nós encontramos os fundamentos contemporâneos que devem presidir a tributação e a cidadania. Igualmente, ao invés de lhes falar apenas sobre capacidade contributiva de forma isolada, praticidade e eficiência na arrecadação, eu gostaria de prosseguir na mesma linha da exposição do professor Estevão, utilizando a capacidade contributiva como um grande limite constitucional para o exercício da praticidade e da eficiência na arrecadação.

Os Senhores sabem que a praticidade é um nome que se dá, em geral, a todas as práticas e a todas as técnicas de que se socorrem o legislador e o administrador para tornar as leis exeqüíveis e para tornar eficiente a própria arrecadação.

Nesse contexto, as palavras do professor Estevão vêm exatamente ditar os pressupostos da jurisprudência contemporânea em toda a Europa e nas grandes Cortes Constitucionais. Esses pressupostos, aliás, decorrentes das decisões da Corte de Justiça da Europa, na aplicação do Direito Comunitário, vêm provocando conflitos, que se aproximam de um verdadeiro "choque de identidade" entre Estados-membros diferentes.

Se somos cidadãos, se já nos consideramos cidadãos, se já nos formamos cidadãos, sabemos que existe um longo processo para essa formação de nossa identidade. Mas sabemos que, como toda identidade, ela também muda, ela é mutante, sem deixar de ser ela mesma – este é o paradoxo das identidades.

Dá-se que, às vezes, as alterações, impostas por uma Corte Superior, em nome do Direito Comunitário, esbarram nas tradições de um povo. Tomemos como exemplo a doutrina e a jurisprudência dos franceses em face de duas grandes influências contemporâneas. Primeiro, a "americanização" do Direito, que se dá em toda parte, por força da qual dizemos que os princípios não se negam, não se contradizem, mas só se pesam e se balanceiam caso a caso. Ou seja, há uma espécie de "judicialização" do Direito, de modo que na discussão dos casos em juízo é que nós vamos tornando concretos os princípios, especialmente os constitucionais. Esse fenômeno é chamado de "americanização" do Direito, por um lado.

Por outro lado, os franceses estão muito impactados com o fato de que a Corte de Justiça da Europa, que constrange o Direito interno, está sob a influência da doutrina e da jurisprudência alemãs e suíças.

Então, as palavras do professor Estevão vieram exatamente a calhar. Estamos falando de proteção da confiança, que inclui a boa-fé objetiva, já conhecida nossa no Código de Defesa do Consumidor e agora expandida no novo Código Civil, e os princípios da proporcionalidade e da razoabilidade. O grande princípio da proteção da confiança inclui em um braço a boa-fé objetiva, e em outro braço a proporcionalidade.

Pois bem, honra, respeito, lealdade à palavra empenhada, cumprimento das promessas, o conhecimento do outro e da diferença em relação ao outro e o respeito ao outro no exercício dos nossos direitos, os cuidados com o outro, o dever de informar e colaborar com o outro – o outro contratante num determinado contrato... Como diz o jurista Clóvis do Couto e Silva, "a boa-fé é o dever de consideração para com o outro, com a outra parte". Menezes Cordeiro, em Portugal, com sua obra notável sobre o tema da boa-fé, e, no Brasil, Judith Martins Costa... Todos esses temas, valores e princípios estão, agora, impactando o direito administrativo e o direito tributário.

Ou seja, além do conteúdo clássico das relações jurídicas (e agora estamos falando das relações tributárias), existe uma série de outros deveres que estão ali implícitos e que são considerados deveres anexos ou paralelos: de informar, de colaborar, de avisar e de cuidar do interesse do outro, que está no outro pólo da relação jurídica. Ou de limitar – segundo ponto – o exercício abusivo de qualquer direito subjetivo antes até considerado lícito.

Ou seja, nós temos, em todas as relações, por força desses princípios, o dever de otimização dos comportamentos das partes. E isso volta como interpretação e reinterpretação das relações, em especial das relações tributárias.

A proibição de *venire contra factum proprium* é invocada em todos os quadrantes no momento atual, não para os contratos de direito privado apenas, mas para a Administração Pública e, ainda, para o direito tributário. Não pode o administrador fazendário criar um fato em determinado momento em seu benefício e depois se voltar, em determinada relação tributária, contra o próprio fato que ele mesmo gerou, que ele mesmo criou, em prejuízo do contribuinte, que confiou naquele fato.

Assim devemos olhar as consultas que os contribuintes fazem à Administração

Pública, e por isso mesmo é que elas obrigam. Não pode a Administração se voltar contra um fato próprio. Assim devemos encarar as relações que os contribuintes normalmente encetam nos seus negócios entre si, de modo que, se estamos operando em um determinado momento com uma empresa que formalmente aparenta ser absolutamente idônea – ou seja, se ela é registrada como pessoa comercial com toda a documentação correta –, se está inscrita, se tem CNPJ concedido pela própria Receita, se emite suas notas fiscais com aparência de regularidade, não pode vir, depois, a Fazenda alegar irregularidades em relação àquele cliente do contribuinte e desautorizar toda a escrita, autuando-o em relação aos atos praticados. A própria Fazenda ajudou a criar a aparência de legalidade, a aparência de correção; não pode ela, depois, investir contra o próprio fato que criou, em detrimento do contribuinte.

A chamada *stoppel* anglo-saxônia tem merecido plena acolhida nos nossos Tribunais, especialmente no STJ. É um instituto anglo-saxão segundo o qual se a parte – no caso, o Estado – alegou não acolher a perícia, porque não merecia fé, exigindo nova perícia judicial – diz o STJ, em um caso concreto –, depois não pode vir a pretender contar o prazo prescricional a partir da perícia feita pela outra parte, que ela não aceitava. Nesse momento essa parte entra em contradição no processo, e passa a exigir que o prazo prescricional comece a correr a partir da primeira perícia. Nessa hipótese, a prescrição começa a correr a partir da nova perícia judicial. É o *stoppel*, em outras palavras, em nosso Direito. E isso nos foi relatado pelo ministro Rui Rosado no REsp 18.045.73, originário de São Paulo.

Institutos que são desdobramentos do princípio da proteção da confiança e da boa-fé chegam-nos em novas roupagens, a *surretio* e a *supressio*. Se a Fazenda, na *supressio*, deixa de exercer um direito por reiterados anos – direito que a ordem jurídica lhe conferia –, criando uma legítima expectativa para os contribuintes do seu não-exercício, pode ela, de repente, surpreendê-los? Ou, na *surretio* (em que se dá o oposto), se a Fazenda vem agindo ou se comportando durante muito tempo em determinado sentido, ainda que inexistindo lei expressa a lhe ditar a conduta como obrigatória, posteriormente, sobrepondo-se nova interpretação mais correta do ordenamento, pode a Fazenda surpreender aqueles contribuintes que se pautaram no comportamento fazendário, autuando-os para trás?

Já temos no nosso Código Tributário Nacional a boa-fé objetiva, embora sem a utilização das denominações *surretio* e *supressio*, quer de forma abstrata, quer no caso individual. Sabemos que o art. 100 protege o contribuinte em relação às práticas reiteradas da Administração Fazendária, em seu parágrafo único. E sabemos que o art. 146 dispõe que a Fazenda pode modificar de ofício os lançamentos, mas com base em uma decisão administrativa ou judicial. Ela não pode de ofício mudar os critérios jurídicos que utilizou para um lançamento, a não ser para os fatos geradores futuros; jamais para os fatos geradores anteriores, se o contribuinte já tinha sido notificado do lançamento, efetuado com base nos critérios anteriores. Então, no caso a caso, temos uma repercussão imediata da confiança e da lealdade no campo do direito tributário em norma escrita no nosso Código Tributário Nacional.

Por que estamos a lhes dizer isso? Porque, na verdade, quando se diz que estamos numa sociedade mutante, isso não significa que não há mais princípio estabelecido. É verdade, estamos numa sociedade mutante, nossos conceitos alteram-se continuamente, a norma jurídica é muito mais descoberta e sacada ao longo do tempo. Ela não vem pronta, isto é uma realidade. Nós também mudamos, é da natureza humana, nossa identidade não é uma identidade fixa. Não obstante, certas questões ligadas à lealdade e ao mínimo daquilo que é direito têm que persistir.

Niklas Luhman, há muito tempo, já dissertava: "Direito é expectativa". Se nós temos uma ordem jurídica, o que significa? Significa apenas que nós temos condições de acalmar as expectativas; e temos Direito na medida em que garantimos as expectativas que se levantam de forma legítima e objetiva.

Por isso mesmo, precisamos erradicar o quanto antes da nossa fala – aí, já na linha do professor Estevão Horvath e do nosso querido professor Geraldo Ataliba – a questão do vício de se falar em irretroatividade das leis. Não é o que diz a nossa Constituição, e não é o que dizem os Tribunais contemporâneos. A irretroatividade é do Direito. Se a interpretação muda, nós temos é compromisso com aquela norma, aquela leitura possível da lei – não só com os enunciados lingüísticos, mas com aquela leitura possível da lei que se cristalizou num determinado momento, quer por força da jurisprudência administrativa, quer por força da jurisprudência dos nossos Tribunais.

Portanto, a irretroatividade é do Direito. Ela obriga o legislador; e, se ela obriga o legislador, aquele que tem mais discricionariedade, com muito mais razão obriga o administrador público e obriga o juiz.

"Previsibilidade", disse o professor Estevão. Exatamente isso é fundamental: *previsibilidade*. Portanto, como diz Luhman, a diferença entre o legislador e o juiz está em que o legislador não tem compromisso com sua exposição de motivos, nem com seus fundamentos. Ele faz aprovar uma lei, supervenientemente faz outra lei com fundamentos contraditórios. Por enquanto nós não temos tido razoáveis argumentos para confrontar uma lei com a outra em razão apenas da exposição dos motivos que as embasam ou em decorrência dos argumentos que motivaram a aprovação junto ao Parlamento. Mas com o juiz passa-se coisa diferente. O juiz faz justiça caso a caso; e, se não fundamentar a sentença – diz a Constituição –, dá-se nulidade. Por quê? Por que é nulidade não fundamentar a sentença? Porque o juiz está preso aos pressupostos que norteiam a decisão. Em nome da segurança jurídica e da isonomia, o Poder Judiciário deve decidir de forma igual em todos os casos idênticos, ou seja, em todos os casos que se enquadram nos mesmos pressupostos.

Daí os anglo-saxões e seus precedentes judiciais. Daí a não-improvisação, ou seja, a não-frustração das expectativas.

No Brasil, ao contrário do que sucede no Continente Europeu, a segurança jurídica e a proteção da confiança são amplamente reforçadas no campo do direito tributário. Assentam-se na legalidade formal e material (especificidade conceitual determinante), consagradas nos arts. 5º e 150, I, da CF; reforçadas pela exclusividade da lei que concede subsídio, isenção ou outro benefício fiscal (art. 150, § 6º, da CF de 1988); são minuciosamente explicitadas pelo art. 97 do CTN; confirmadas e reconfirmadas pela proibição da analogia (art. 108, § 1º, do CTN) e, conseqüentemente, das presunções; pela rejeição da interpretação econômica (art. 110) e da cláusula geral antielisiva (art. 109); pelo caráter estritamente vinculado dos atos administrativos de cobrança do tributo (arts. 3º e 142 do CTN); desenvolvem-se, ainda, na proibição da surpresa e da imprevisibilidade, por meio da vedação constitucional da irretroatividade do Direito em geral (art. 5º, XXXVI), do direito penal (art. 5º, XL) e do direito tributário em especial (art. 150, III, "a"); no princípio da anterioridade e da espera nonagesimal (art.150, III, "b" e "c"). Finalmente, complementa-se a proteção da confiança com a vedação do confisco e a observância da capacidade econômica (art. 150, IV, e § 1º do art. 145 da CF).

Ora, como se sabe, muitas Cartas Constitucionais, exceto em relação à legalidade, não consagram qualquer dos citados princípios expressamente, havendo, não obstante, algumas que elegem a irretroatividade apenas para os delitos e as penas (Constituições da Alemanha e dos Estados Unidos), e outras que estabelecem a irretroatividade só para as leis sancionatórias, além do princípio da capacidade contributiva (Constituição da Itália). A fragilidade do princípio da irretroatividade, do ponto de vista do direito constitucional, tem marcado a tolerância, em outros países, com relação a certa retroatividade da lei no imposto sobre a renda – isto é, aplicando-se a lei nova, vigente em dezembro do ano-base, a todo o período já decorrido. Trata-se da retrospectiva dos alemães, ou da "pequena" retroatividade dos franceses.

Não obstante, a força e a tradição de outros princípios constitucionais – os princípios da proteção da confiança e da boa-fé objetiva, ao lado da proporcionalidade –, classicamente operantes na doutrina e na jurisprudência germânicas, passaram a influenciar decisivamente, nos últimos anos, as decisões da Corte de Justiça Européia no direito tributário, de onde se projetaram para todo o Direito Europeu contemporâneo. Portanto, nada mais anacrônico em um mundo globalizado, esforçado em atrair investimentos, em um contexto em que a segurança é fator decisivo de concorrência, que ressuscitar a velha e superada Súmula 584 do STF.

Sílvia Calmes, em obra de Doutoramento na França, dá notícia dessas profundas transformações e, especialmente, das reservas com que vê as transposições desses princípios dos Direitos Alemão e Comunitário à ordem jurídica francesa, embora não se mostre em desacordo com os resultados de sua aplicação, que poderiam ser alcançados, segundo aquela autora, pela invocação de outros princípios, tradicionais na ordem jurídica francesa (cf. *Du Principe de Protection de la Confiance Légitime en Droits Allemand, Communautaire et Français*, Paris, Dalloz, 2001). Vendo nessa influência um fator de risco para as tradições jurídicas francesas, ou a possibilidade de petrificação geral do Direito, em razão do fortalecimento da segurança e do Estado de Direito, a autora, não obstante, acaba reconhecendo a necessidade de implementação de mudanças na ordem jurídica de seu país, em pelo menos três aspectos: a) na necessidade de se estabelecer uma obrigação geral de respeito aos termos fixados, aos prazos legais (nas isenções, por exemplo), quer pelo legislador, quer pelo administrador. Essa obrigação não precisa derivar do princípio da proteção da confiança, mas pode derivar do velho *pacta sunt servanda*, do direito adquirido ou da teoria da propriedade. Havendo desrespeito ao termo fixado, caberia uma indenização, hoje inexistente naquela ordem jurídica; b) na necessidade de se criar a obrigação geral de não-retroatividade no direito tributário, inclusive no imposto sobre a renda. Como se sabe, as Constituições Européias não consagram a irretroatividade para o Direito em geral, mas expressamente apenas para o direito penal ou sancionatório. Ora, não apenas o legislador deve estar proibido de retroagir, mas também a jurisprudência não pode atingir situações já constituídas no passado. As reviravoltas jurisprudenciais têm para o cidadão os mesmos efeitos que as modificações legislativas retroativas; c) finalmente, as mudanças do legislador, quando necessárias, devem se alimentar do princípio da proporcionalidade (que também é francês), instalando-se uma obrigação geral de adoção de medidas transitórias, aplicáveis às situações em que, embora não se possa falar em direito adquirido, em decorrência do não-preenchimento de todos os requisitos legais, as expectativas são fortemente criadas, pelo decurso do tempo (como pode ocorrer nas alterações realizadas no Estatuto do Funcionário Público ou da Previdência Social) (cf. pp. 550-562).

Estou terminando a minha fala. Senhores, nosso problema também é de identidade. Importamos aqui, recentemente, nos últimos anos, livros e livros, contextos e textos que fragilizam a segurança jurídica tal como a temos compreendido em nossa Constituição. Alguns juristas, inadvertidamente, querem nos dizer que a legalidade e a segurança não existem mais. O que se dá é exatamente o inverso. Todos os grandes juristas e as grandes Cortes Constitucionais estão mergulhando na Democracia. E, partindo do Estado Democrático de Direito, nós temos alguma coisa irreversível: o respeito ao outro, o cuidado com o interesse do outro.

É inadmissível, se a boa-fé e se a proteção da confiança invadem o direito privado (como disse o professor Estevão e como diz o STJ), é insuportável, que elas não obriguem a própria Administração Pública – e, no caso, a própria Administração Fazendária. O respeito às diferenças e ao outro pressupõem, na Democracia, a discussão, a comunicação e o melhor argumento.

Por isso, sem dúvida alguma, surpreendeu muito, nos deixou chocados, a jurisprudência do STF em relação à substituição tributária para a frente. Depois de longos anos coibindo as pautas de valores e, portanto, criando uma expectativa, num certo sentido, para todos os contribuintes, o STF surpreendeu. Poderia até ter decidido nesse sentido, mas que o fizesse com medidas transitórias, que o fizesse para a frente. Não poderia tê-lo feito sem antes se justificar à luz da lealdade, à luz da confiança, à luz da palavra empenhada e à luz dos pressupostos a que aquela Corte está vinculada.

Muito obrigada aos Senhores! *(Palmas)*

PRESIDENTE DO IDEPE (PROF. AIRES FERNANDINO BARRETO) – Agradeço à professora Misabel Derzi. Em poucos minutos se pôde constatar quão elevada é a sua cultura jurídica e ímpar o seu didatismo.

Passo, agora, a palavra ao professor Eurico de Santi, que falará sobre "Direito Tributário e Direito Financeiro (Desvinculação de Receitas e Impostos, Contribuições Sociais e Contribuições de Intervenção no Domínio Econômico)". Com a palavra o Professor da PUC/SP, Dr. Eurico de Santi.

PROF. EURICO DE SANTI – **[Texto sem revisão do Autor]** Professor Aires, muito obrigado! Professor Estevão Horvath, professor José Artur, professora Misabel Derzi, professora Maria Leonor Leite Vieira, que preside este Congresso, agradeço o convite e também o tema!

Eu sempre me incomodei e ficava perplexo com certas crenças e fés, como aqueles selos que existiam atrás de alguns automóveis, dizendo assim: "Eu acredito em duende". E, com o tempo, eu mesmo me achava cético perante o Direito, com dificuldade de acreditar no Direito. Até, certa vez, dando uma aula, acompanhado pela presença incômoda do professor Bottallo (que sempre faz questão de assistir às minhas aulas, e eu sempre fico nervoso com a participação dele), perguntei: "Professor Bottallo, existe alguma coisa no que diz respeito ao Direito, existe alguma coisa no que diz respeito à Justiça, isso serve para alguma coisa?".

Acho que, com o tempo, fui amadurecendo um pouco – já fiz 40 anos, e estou começando a acreditar no Direito. Ou seja, acho que existe alguma coisa, o Direito existe, serve para alguma coisa, (...). *(Truncamento da gravação)* (...) eu lembro que em 1992, quando entrei no Mestrado da PUC, eu já havia tido a oportunidade de participar de uma conferência aqui (foi meu primeiro Congresso, o VI Congresso – hoje estamos no XVIII), falando justamente sobre contribuições sociais, destinação, reflexibilidade e me lembro, estudando o tema e retomando essas lições que eu aprendi nesse Congresso, em que pela primeira vez conheci o professor Geraldo Ataliba, o professor Aires. Eu fazia Mestrado na PUC e vinha aqui para participar do meu primeiro Congresso.

Propostas para desenvolver aqui, nesta exposição: se existe efetivamente uma autonomia entre o direito tributário e o direito financeiro, ou se isso é uma ficção, que acaba criando problemas para nós; se a destinação é efetivamente relevante na classificação das espécies tributárias; e se o critério da destinação é relevante no controle da competência tributária das contribuições especiais.

Num contexto factual, o que queria deixar bem claro, é uma perspectiva econômica, dois dos maiores economistas do século passado, Sean Peter e Keynes, acreditavam na despolitização das decisões governamentais. Eles entendiam que a Democracia é, de alguma forma, um obstáculo à boa decisão econômica.

Keynes dizia: "Confiemos na inteligência responsável dos técnicos". E professava a desejável autonomia dos técnicos da Economia perante o sistema político e, por condições reflexas, também em relação ao sistema jurídico. Ou seja, a Política e o Direito atrapalham as decisões econômicas.

Os economistas já provaram que isso foi um equívoco empírico, um equívoco histórico. Ficou constatado pela própria Economia que desde a segunda metade do século XX os países mais desenvolvidos são os que têm as acepções democráticas profundamente desenvolvidas. Então, não basta competência técnico-econômica para designar os destinos do Estado.

Um outro aspecto que decorre dessa idéia de supremacia técnico-econômica sobre as instituições democráticas, sobre a Política e o Direito: a isenção dos técnicos econômicos de prestar contas sobre suas decisões. Temos isso na história do Brasil, muito forte. Também decorrência disso é o enfraquecimento do controle da sociedade sobre o Estado; e, ainda, o enfraquecimento do Direito como forma de controle de transparência das decisões dentro do Estado.

Trazendo isso para um contexto histórico-jurídico, que decorre justamente desse esforço que houve no decorrer desses anos todos – desde Rubens Gomes de Sousa, com o professor Ataliba, Bandeira de Mello, Becker, professor Paulo, todos os Professores deste Congresso – no que diz respeito a romper com reflexos condicionantes que advieram da Ciência das Finanças e acabavam comprometendo a própria compreensão do direito tributário. Conceitos econômicos que entravam no direito tributário e dificultavam justamente o exercício das competências tributárias, dificultavam justamente o exercício do controle.

Houve, então, uma consciência do que é o direito tributário, começou a se aprimorar essa idéia de ciência do direito tributário e se delimitou o direito tributário como um estudo tendente a cuidar da incidência, da fiscalização, até a extinção dos tributos – nosso esforço praticamente se encerrou, o art. 156 do CTN disse que extingue o crédito tributário: extinguiu, então acabou, não interessa mais ao direito tributário, acabou se tornando um problema residual de direito financeiro, é como que "não é conosco, isso é um problema de direito financeiro".

Em decorrência desse desenvolvimento do professor Ataliba no que diz respeito aos princípios, creio que uma outra teoria muita importante foi do professor Paulo, a da regra-matriz, que, esquartejando a lei, permite um controle muito maior da legalidade, implanta, implementa muito mais a legalidade. O professor Souto Maior Borges também, trabalhando com isenção, ligando à legalidade, ligando às regras gerais de direito tributário... Ou seja, toda a doutrina de direito tributário ofereceu e trabalhou muito no que diz respeito ao controle da legalidade, propiciando cada vez mais a implementação, o reflexo, dentro do Estado, da legalidade.

Contudo, o que aconteceu? Essa doutrina foi absorvida pelo Estado, pelos juízes e pelos tribunais, mas com o tempo entrou em um círculo vicioso, que é um círculo político: eu tenho muitas despesas, tenho que ter receita. E vários secretários de Estado perceberam que, se você aumenta os tributos, aumenta a receita; e, se aumenta a receita, aumenta a despesa; e, se aumenta despesa, tem que aumentar a receita também. Então, até hoje nós temos acompanhado um aumento gradativo das receitas e um aumento gradativo das despesas – porque, se há receita, eu aumento também as minhas despesas.

E, com isso, esse jogo democrático fez com que o Estado absorvesse as regras do jogo, e começou a instituir tributos através das emendas constitucionais: EPMF, Emenda Constitucional 3; CPMF, Emenda 12; COFINS, Emenda 20; ICMS nas importações, Emenda 33; iluminação, Emenda 39; inativos, Emenda 41... Eu vou até a Constituição e boto na Constituição. E aí? Eu tenho que aceitar, perante a Constituição, que aquilo é legal. Ou seja, acabou ocorrendo uma banalização da legalidade no direito tributário; tudo vai para a Constituição, tudo vai por emenda constitucional.

O professor Estevão escreveu sobre não-confisco. O não-confisco acaba sendo fático: aí, eu só não pago mais quando não dá mais para pagar, quando eu não pago mais porque a legalidade me permite, as emendas constitucionais e até a Constituição, a cada vez cobrar, cobrar e cobrar mais.

Eu participei no último ano de várias discussões sobre reforma tributária, e percebi que o problema não é o sistema tributário, o problema é o sistema financeiro, todo mundo esbarra no mesmo problema: *gastos*. O José Artur e o Estevão participaram também, tivemos uma palestra do Raul Veloso... Toda a questão fundamental é despesa pública. Por que nós temos que arrecadar? Porque temos que pagar uma série de despesas públicas.

Então, o problema não está no direito tributário. O direito tributário vai bem. Ao meu modo de ver, de certa forma, até muito bem, obrigado! O problema está na despesa pública, está no orçamento público.

[*O orador passa a expor com o auxílio de projeções, o que por vezes pode provocar a indefinição do texto.*]

Um quadro só: 1987/2003. O que está em amarelo são as chamadas *contribuições especiais*, que representavam 4,9% das receitas em 1987, e em 2003 representam quase 40%. São importantíssimas, só que elas têm uma destinação específica; e aí o interesse delas, que todos vocês já conhecem.

Contribuições especiais e o problema da destinação: a questão da destinação para o direito tributário. Para o direito tributário é irrelevante, não importa por que extinguiu a obrigação, aí não é mais nosso problema. Para o direito financeiro também é irrelevante, porque, segundo os técnicos de direito financeiro, o orçamento é posto em lei, mas não é impositivo.

Um exemplo técnico foi dado pelo Raul Veloso, que é um grande especialista em direito financeiro. O montante arrecadado pela CIDE e não gasto no exercício orçamentário anual entra para o orçamento subseqüente como receita financeira comum, sem qualquer carimbo específico. E ele colocou que não há qualquer dispositivo que exija que isso seja revinculado ao gasto específico designado pela Constituição. Ou seja, temos uma lei orçamentária que não é respeitada, simplesmente.

Um reflexo disso: gastos de transporte e arrecadação de CIDE. Vocês vêem que de 2002 a 2004 a arrecadação de CIDE é monstruosa e o investimento no setor de transporte, no Ministério dos Transportes, é muito baixo; o dinheiro não vai para o Ministério dos Transportes, simplesmente isso.

Juridicidade e controle da despesa pública: há várias reflexões de economistas no sentido de que até a efetiva igualdade não se realiza na arrecadação; realiza-se através do gasto público, através de uma justiça redistributiva – o que me parece algo muito coerente.

Uma proposta para talvez controlar isso é criar mecanismos de controle da despesa pública. Voltar toda a nossa parafernália que cuidou desde da instituição da norma, incidência, lançamento, agora para a despesa pública. Constituir uma regra-matriz da despesa pública, tornar o ato de desempenho, que é um ato administrativo, ou o ato de liquidação, que é um ato administrativo, um ato controlável. Subsumir a regra-matriz posta no orçamento, e com isso eu faço com que a legalidade reine também sobre a despesa pública. Ou seja, nós temos que buscar um efetivo controle jurídico da despesa pública, da destinação, pelo menos, dessas contribuições.

Retomo, aqui, para construir a tese, a classificação dos tributos. Esse foi um trabalho que eu fiz em 1998 (e ao mesmo tempo o Márcio V. Marques, colega de escritório e sócio do José Artur, também produziu algo no mesmo sentido), definindo que as taxas são tributos vinculados com destinação; contribuições de melhoria são simplesmente vinculadas; empréstimos compulsórios têm destinação e têm restituição, mas não são vinculados; as contribuições não são vinculadas, porque dizem respeito à hipótese de incidência. Ou seja, eu simplesmente pago folha, isso não é vinculado em termos de hipótese, mas é vinculado quanto à destinação. E os impostos não têm vinculação quanto à hipótese de incidência, nem destinação, nem restituição.

Então, a partir daí eu começo a analisar essas espécies, analiso essas características desses tributos, e chego a algumas conclusões.

Normas de competência de imposto: eu tenho o imposto e tenho a regra-matriz. A regra-matriz diz que, realizado um dado fato, que é da esfera do contribuinte, ele é obrigado a pagar imposto; aferiu renda, paga imposto. É algo muito simples.

Taxa: eu recebi um benefício, uma contraprestação, sou obrigado a pagar a taxa.

Contribuições de melhoria também: realizei a hipótese de valorização de uma obra pública, tenho um imóvel que percebeu valorização decorrente de obra pública, então, pago contribuição de melhoria.

Com as *contribuições especiais* é um pouco diferente: além de ter a hipótese do tributo, eu tenho a hipótese da destinação, que é exigida para configurar a espécie jurídica da contribuição especial.

Além disso, os *empréstimos compulsórios* têm um adendo, que é uma regra: a de que, para caracterizar como imposto, tem que prever a destinação; se não, não é empréstimo compulsório.

Retomando, então, a questão das contribuições especiais, para me preocupar com a construção dessa regra e o controle da validade das contribuições, no que diz respeito à sua instituição, que eu chamaria "destinação legal", que vai configurar a própria contribuição especial, e no que diz respeito à aplicação dos seus recursos, que eu chamaria de "validade formal".

Normas de competência para as contribuições especiais: existe uma norma que, para instituir contribuição, exige que eu tenha uma hipótese material que é livre, praticamente qualquer; o Estado hoje em dia tem usufruído de total liberdade para isso, ele só é vinculado no que diz respeito a definir uma destinação específica.

Começa a ficar um pouco interessante uma análise que retoma até o professor Ataliba. Na análise do professor Ataliba, as contribuições tinham uma atuação estatal específica... Para relembrar o Mestre, o exemplo que ele usava na hipótese de incidência. José Artur, lembra deste exemplo, aqui? Está aqui no quadro, igualzinho ao do professor Ataliba... Tem uma atuação estatal específica, uma situação intermediária, voltada ao contribuinte.

Reanalisando esse quadro, até reinterpreto o Ataliba, que, na verdade, tinha as contribuições como tributos, mas que tinham um *plus*, que é essa destinação específica, que envolvia essa atuação estatal mediatamente referida ao contribuinte.

E começo a tirar algumas conclusões interessantes. O Código Tributário Nacional veio antes da Constituição de 1988 e veio antes das contribuições. Então, dentro do Código Tributário Nacional, que é da década de 1960, quando penso no art. 3º, que dá a definição de tributo – prestação pecuniária instituída em lei e *cobrada* mediante atividade administrativa plenamente vinculada –, esse "cobrada" realiza justamente a hipótese de incidência; aliás, a hipótese não: a conseqüência.

Dado o fato de auferir renda, sou obrigado a pagar imposto. Ou seja, essa cobrança vinculada realiza a hipótese do imposto. Da mesma forma realiza a hipótese da taxa, da mesma forma realiza a hipótese da contribuição de melhoria. Ou seja, são normas que definem fatos e determinam a obrigação; e há uma vinculação no que diz respeito à aplicação dessas regras.

Mas, quando que entra a Constituição de 1967 e depois a de 1988, isso começa a mudar um pouco mais. Então, a tese é: com a Constituição de 1988 mudou também o conceito de tributo no Código Tributário Nacional. E nada mais tranqüilo: eu tenho uma lei ordinária que foi reescrita por lei complementar, a Constituição definiu novas competências. E o próprio Ataliba falava que existia um conceito de tributo dentro da Constituição; ele se projetou dentro do Código Tributário Nacional.

Eu pelo menos posso defender com tranqüilidade que a partir da Constituição, como regra das contribuições, existe uma regra-matriz que cobra o tributo e outra regra é da destinação; para realizar a legalidade dessas duas regras é fundamental que o tributo seja uma prestação pecuniária compulsória cobrada através de um ato vinculado e também destinada através de um ato vinculado.

E por que não tinha antes? Porque não existiam as contribuições. Ou seja, a partir da Constituição, como existe essa figura dúplice, de um lado eu tenho a instituição da regra de tributação e do outro lado a destinação. Não basta eu só estar vinculando a cobrança; eu tenho que vincular também a destinação desses gastos, que me parece é uma exigência do próprio Código Tributário Nacional, da própria Constituição.

E mais: o art. 156 do CTN, que foi formulado dentro dessa concepção também, e dentro de uma concepção que ao mesmo tempo fez com que o direito tributário esquecesse o direito financeiro, extinguiu a obrigação com o pagamento; aí, não é mais tributário.

Então, parece que eu posso romper com essa perspectiva também, e mudar até o conceito de acompanhamento do crédito para um conceito exposto pelo professor Lourival Vilanova, que é o de *causalidade jurídica*, que diz o seguinte: o contribuinte pagou – mas o direito não acabou aí; porque pagou, sou obrigado a destinar, tenho a obrigação de estar empenhando essa despesa pública, determinar sua liquidação; o direito continua, nesse plexo de causalidade, e a hipótese para destinar é justamente a realização da extinção do crédito. Ou seja, o direito continua, nós não temos que parar aí.

Com isso, fica um ponto interessante. Trabalhando esse processo de positivação, podemos dizer que o direito tributário se preocupou com fato gerador, lançamento, até o pagamento, mas a Constituição, em função dessa mutação desses conceitos das próprias espécies tributárias, exige também que: extinguiu o crédito aqui, tudo bem, mas a história continua. Eu tenho que ter uma previsão, uma regra-matriz de orçamento, tenho que ter uma realização de um ato administrativo de execução desse orçamento, um empenho, uma liquidação, e até a liquidação financeira desses gastos; e tenho que acompanhar isso do começo até o fim, que é o que todo mundo fala.

Professor Aires, eu juro que cumpro o tempo, estou contando aqui, mais quatro minutos e termino; é um Congresso de direitos fundamentais, então eu vou cumprir meu tempo.

Controle da validade das contribuições especiais: tenho norma de competência, e essa norma de competência exige, para configuração da espécie tributária de contribuições, pelo menos duas regras – uma regra-matriz do próprio tributo, que é a regra fria que põe como hipótese o fato de pagar folha de salário, o fato de ter faturamento, o fato de vender combustíveis; e uma regra que determina a destinação; dada essa circunstância, tenho que destinar a dado fundo, a dado órgão, a dada finalidade.

posso pensar (discuti isso com o Tasso Lacerda, que escreveu sobre CIDE) num controle da validade da CIDE em função de ela estar prevendo esses aspectos. Ou seja, se eu tenho uma regra de CIDE que não previu destinação, isso não é contribuição; é um imposto, não uma contribuição;

houve um problema na competência, aqui. Então, eu ataco materialmente a validade da regra, em função do desrespeito a essa cláusula constitucional que é a previsão da destinação.

Mas, e se eu tenho a chamada *destinação legal*? E é o que acontece, normalmente. Eu só simplesmente não realizo a destinação efetiva, e aí tudo bem; é um problema de direito financeiro.

Então, o que eu proponho, na verdade? Existe um controle, que é o da validade da regra, da lei da CIDE. A lei tem a previsão? Sim, ela é válida. Mas eu tenho um outro controle, que é justamente da realização dessas regras. E a CIDE não exige só que se pague o tributo, a CIDE exige constitucionalmente, em razão da sua competência, em razão da sua espécie, em razão do seu regime jurídico, que se destine para um dado fim, para um dado órgão. Ou seja, além do controle da previsão de destinação legal, existe um controle da destinação efetiva.

Com isso eu não construo uma teoria de finalidade "finalística". A validade vai ser dada em função desse aspecto formal, mas eu exijo, porque é a regra abstrata, ali, de destinação e cobrança, que não só a cobrança seja vinculada, mas a destinação seja vinculada também. Quer dizer, eu vou estar controlando simplesmente os atos de aplicação, os atos de vinculação que de certa forma vão atuar sobre a legitimidade daquela cobrança.

Daí eu me defronto com um grande problema, que é entrar justamente nessa "caixa preta" que é o direito financeiro. E é "caixa preta" mesmo, porque estou tentando pesquisar isso faz tempo, e não consigo encontrar resposta, não consigo encontrar legislação, não encontro técnico que resolva isso, é tudo muito complicado – o dinheiro entra e se perde, então tem alguma coisa errada, aí.

Para o dinheiro entrar há todo um regime muito específico, muito claro, de lançamento público, processo administrativo, lei, fato gerador, prova, auto de infração, está tudo lindo. Depois que entra, o dinheiro desaparece. Ou seja, há algum problema nisso. E eu creio que é um problema muito claro: não há interesse, simplesmente, em que nós estudemos direito financeiro, não há interesse no controle do gasto e da despesa pública. Há interesse em controlar quem deve pagar, mas não há interesse em controlar como eu devo gastar.

Então, é um problema muito claro que temos, que envolve Tribunais de Contas, envolve os políticos, envolve todo o sistema de gastos. Ou seja, por que não? Essa é a grande questão. *(Palmas)*

Em suma, *regra de destinação*: obriga a destinar. Usando o professor Paulo de Barros Carvalho, é uma equação muito lógica – e pelo menos a lógica serve para isso, espero estar dando um fim útil à lógica. Se sou obrigado a destinar, é possível destinar. E, se é possível destinar, tenho que ter um controle possível dessa destinação, deve ser possível controlar a destinação.

O que está acontecendo? Eu não tenho como controlar a destinação. Então, aplicando a regra do conseqüente, sem falácia, eu digo: "se *P* então *Q*, *P* então *Q*, se *P* então *Q* e não-*Q* então não-*P*". *(Risos)* Se eu tenho a regra de destinação, e com isso é possível destinar, e eu posso controlar a destinação, é isso que tem que acontecer. Mas, se eu não posso controlar a destinação – e eu não posso, hoje em dia –, não tem como (falei com vários técnicos: "Tem como controlar?"; "Não, não tem, porque é tudo muito difícil, é um problema"), a coisa é muito simples. Se eu não tenho como controlar a destinação, então, eu não posso ter uma regra de destinação. Não tem sentido, eu não tenho como controlar a destinação. Como é que há uma regra no sistema que me obriga a destinar, se eu não tenho como controlar esse destino?

O Direito serve para isso: prescrever e controlar. Se eu não tenho como controlar, a regra fica sem sentido. Ou seja, se não é possível controlar a destinação, não há sentido em obrigar a destinação. O STF já está sinalizando nesse sentido, controlou... Houve uma previsão em lei orçamentária de desviar os fins da CIDE, e o STF vetou esse desvio, está nessa ADI 2.925.

Em suma, voltando à situação-problema, existe autonomia entre direito tributário e direito financeiro? A resposta é *não* – e é o que todos os nossos professores têm dito, desde o professor Ataliba, o professor Paulo, o professor Souto. A chamada *autonomia* é didática e é uma autolimitação, hoje em dia, nossa, que não encontra justificativa no nível do Direito. O Direito é uno, e cindi-lo implica mutilar sua inerente complexidade. Ou seja, estamos criando um problema para nós mesmos. Podemos ir além da destinação.

A destinação é relevante na classificação das espécies tributárias? Sim, ela configura consciência de outras normas que explicam a complexidade das contribuições especiais e justificam sua exigência perante a Constituição Federal.

O critério da destinação é relevante no controle da competência tributária das contribuições? Sim, enquanto a destinação legal justifica a competência material, eu controlo a regra-matriz das contribuições especiais, a destinação efetiva realiza concretamente esse diferencial específico que justifica a existência das contribuições.

A inexistência de controle da destinação efetiva desqualifica a necessidade da destinação legal. Se não há destinação efetiva, se eu não posso controlar, não há necessidade, é um absurdo, é ridículo falar em destinação legal. Se eu não falo em destinação legal, não tenho mais contribuições: eu tenho impostos sem previsão constitucional.

Em suma, a competência para configurar, para cobrar essas contribuições especiais, só se justifica perante o controle da sua realização. Se não há controle da realização, não posso estar cobrando. "Mas não dá para controlar, porque ...". Dá para controlar, é só criar leis orçamentárias mais claras, abrir esse processo orçamentário, fazer uma reforma no que diz respeito a isso. É um direito do contribuinte, e é uma obrigação do Estado. Ou seja, estão sendo cobradas coisas com fundamento na destinação, mas só que não se cumpre a destinação.

O grande problema aí, efetivamente, é alertar o Estado, é advertir o Estado. Você quer exercer uma competência? Tudo bem, não tem problema. Pôs na emenda constitucional? É legal, é previsto, é constitucional. Agora, exige-se, para fazer valer essa competência, que se vincule não só a cobrança; que se vincule também estritamente a destinação, para dar plena publicidade de como estão esses gastos e, com isso, fazer uma grande linha de aproximação entre direito tributário e direito financeiro. E também uma grande linha de cidadania, na medida em que as pessoas vão pagar os tributos, e vão pagar mais reconfortadas, porque vão saber para onde vai esse dinheiro.

Creio que tudo se quer, tudo se espera, dentro do Estado de Direito.

Muito obrigado! *(Palmas)*

PRESIDENTE DO IDEPE (PROF. AIRES FERNANDINO BARRETO) – É com justa razão que o professor Eurico de Santi tem sido chamado, carinhosamente, de mestre audiovisual. *(Risos)*

Agradecendo ao professor Eurico de Santi pela sua excelente exposição, eu quero, antes de passar a palavra ao professor José Artur Lima Gonçalves, lembrar que o auditório pode formular perguntas, por escrito, aos expositores.

Tenho o prazer, a satisfação e a honra de passar a palavra ao professor José Artur Lima Gonçalves, que, como os Senhores verão, tem uma capacidade expositiva extraordinária. No Recife, sobre matéria que não comportava mais que cinco minutos, ele conseguiu, "tirando leite de pedra", fazer daquele o tema dos temas. E vai repetir, seguramente, isso, hoje. *(Risos)*

PROF. JOSÉ ARTUR LIMA GONÇALVES – É, tenho que fazer uma queixa, aqui: corre a boca miúda que foi o professor Estevão que pediu para eu falar sobre "Regime Jurídico das Substituições Tributárias". Lá em Recife a professora Mary Elbe me pediu para falar sobre "Retenções na Fonte na Constituição". Quer dizer, sobre tudo aquilo que eu odeio *(risos)* e mais desprezo como norma jurídica posta, eles estão a todo momento me desafiando, me testando, para ver se dá para falar alguma coisa sobre esse tipo de tema. Lá ainda deu para falar de maneira menos enérgica, porque a Constituição Federal fala de "fonte" (e só fala uma vez, e não fala de "retenção exclusiva na fonte").

Há alguns colegas nossos que, com base no arts. 157 e 158, pretendem encontrar fundamento constitucional para a hipótese de incidência de retenção de imposto sobre a renda na fonte em caráter definitivo. Então, vocês, interlocutores deste cidadão pouco esclarecido, vão lá, ao arts. 157 e 158, e vão poder fazer a verificação de que a Constituição não fala em retenção na fonte em caráter definitivo. Nunca falou, e espero que não venha a falar por meio de emenda – o que não é impossível, em face da nossa experiência recente.

Acho muito importante a chamada, o enfoque, que o professor Eurico deu à sua participação aqui, porque o que ele está fazendo, na verdade, é puxar nossa orelha científica no sentido de ir na linha do que o professor Osíris Lopes comentava conosco no ano passado. Ele dizia: "Eu não agüento mais vir aqui ficar dissecando cadáveres para fazer autópsia jurídica". Nós temos que verificar o que é que não está funcionando, e partir para proposições construtivas, no sentido de fazer com que as coisas funcionem.

Muito bem, parece que essa proposta do professor Eurico é proativa, no sentido de encontrarmos uma maneira de controlar o uso e o desempenho da ação de tributar. Para isso, vamos ter que entender o que é a *ação de tributar*. Para isso, temos que entender como a ação de tributar foi por nós inserida neste texto constitucional, porque este texto constitucional é um produto da nossa vontade. Nós colocamos alguém que, sob nosso mandato, foi exercer esta competência legislativa. Em tudo que passar, em toda manifestação, em toda atuação que extrapolar os poderes do mandato que eu dei para alguém exercer esta competência, esta norma estará com problema de validade. Estará sendo produzida teoricamente sob meu mandato, porém extravasando os limites do mandato conferido.

Quando a Constituição – que é algo nosso, que é algo que vem formulado por nossa vontade – distribui competências legislativas e administrativas, ela, obviamente, prevê a necessidade de instrumentalizar os recursos necessários a que o Estado organizado possa desempenhar essas funções administrativas e legislativas nos termos em que nós pusemos ali, na Constituição. Então, a organização do Estado é feita por nós, por meio da Constituição – o que pressupõe que ela própria garanta ao Estado assim organizado um meio de desempenhar essas funções legislativas e administrativas.

Muito bem: que meio é esse? O meio utilizado é conferir uma possibilidade ao Estado de exercer a ação de tributar. A *ação de tributar* é sempre um meio assecuratório da possibilidade de exercício, pelo Estado, das funções legislativas e administrativas que nós mesmos colocamos ali na Constituição como sendo de responsabilidade desse Estado organizado de acordo com nosso mandato; nada além, nada aquém.

Então, *tributação* nunca é fim. A ação de tributar é um meio necessário para dar o instrumento de que o Estado precisa para desincumbir-se destas capacidades, destas competências administrativas e legislativas. Isto já é uma primeira observação, que é muito importante.

Apenas para fazer um contraponto ao que o professor Eurico disse, quando dei meu mandato para meu legislador constituinte instituir uma categoria chamada "contribuição de intervenção", delimitei o poder de ele conferir essa norma tributária, sim, à existência de um regime de legalidade prévio de destinação a uma dada atuação estatal.

Não é possível cogitar de contribuição de intervenção se já no arcabouço legal da norma de tributação eu não for capaz de encontrar esse requisito – que é o *plus* em relação às demais espécies tributárias –, de evidenciar qual é a destinação final daquele produto assim arrecadado a título de exercício da competência tributária impositiva de instituição de contribuição de intervenção.

Se não encontrar essa destinação já pressuposta na regra de incidência tributária, eu tenho, sim, a possibilidade de questionar a validade da norma que instituiu aquela suposta contribuição de intervenção.

Recordo que em outro Congresso a professora Mary Elbe convidou um amigo dela, que ocupou um cargo importante na Administração Fazendária, e ele fez, ali, uma manifestação antes da minha, com cara de menino maroto, dizendo: "Ora, óbvio que nós inventamos o negócio de utilizar contribuição de intervenção desvinculada de qualquer finalidade, porque nunca passou pela nossa cabeça dar a finalidade que a gente estava alegando supostamente naquela norma, nunca passou pela nossa cabeça usar este produto de arrecadação para atingir aquela finalidade. Nós instituímos essas contribuições porque essas contribuições não são alcançáveis pelos fundos de participação de Estados e Municípios".

Então – para confirmá-lo é só pegar o *video tape* da manifestação daquela pessoa –, basta instruir uma ação ordinária dos Estados e Municípios contra a União para sustentar que eles estão sendo lesados, porque de caso pensado foi exercida uma competência tributária com desvio de finalidade; vício que é estudado em direito administrativo mas que pouca gente – com exceção do Caio Tácito – estuda em matéria de exercício do Poder Legislativo. Não se pode usar uma competência legislativa se desviada da finalidade para a qual ela foi constitucionalmente outorgada ao agente.

Esse estado de coisas – já que estamos todos, aqui, reclamando, vamos dar mais uma "reclamadinha" – é culpa nossa, mesmo. É culpa nossa, porque nós tratamos a Constituição, nós tratamos o Supremo, nós tratamos a União, como se fossem entidades com as quais nós não temos relação. Não, quem fez isso tudo aqui fui eu, quem fez esse aglomerado de símbolos escritos em Português fui eu; meu mandatário foi lá e fez isso. Então, eu tenho a obrigação de ensinar para quem está ocupando esses cargos públicos o que ele pode e o que ele não pode fazer.

À medida que eu criei um sistema teoricamente (do ponto de vista normativo) harmônico, unitário, de elementos para viabilizar a institucionalização do Estado de forma equilibrada, não posso deixar que os agentes que estão ocupando os cargos "A", "B" ou "C" compactuem com o dinamitar, a destruição, dos princípios mais comezinhos de organização da estrutura disto que eu quero que seja o Estado Brasileiro.

A vontade, aqui, é minha, a vontade não é de ninguém, não há terceiro; o Estado sou eu, a coisa é pública, a coisa pertence a mim. E esse gerente que eu pus lá por acaso, durante um tempo, sob responsabilidade pessoal etc. e tal, tem que usar suas competências nos limites que eu, por meio da Constituição, dei a esse gerente de plantão que está lá. Se foi lá para fazer outra coisa, ele está descumprindo a atribuição de competência que eu lhe dei ao conferir um mandato para a elaboração de uma Constituição Federal.

O Estado não é um ente abstrato que nasceu do nada e que pode vir como se fosse titular de um poder que contrasta com o meu, de cidadão. O Estado de Direito é aquele (o Baladore Pallieri dizia, citado por Geraldo Ataliba) onde o cidadão e o Estado comparecem perante o Judiciário em plena igualdade de condições.

Agora, se nós formos ao Judiciário, e, para não perder tempo com a primeira, a segunda e a terceira instâncias, se formos àquele órgão, que é o guardião da Constituição, temos que exigir isto. Está escrito nesta Constituição que eu fiz, que vocês todos fizeram (e temos que ensinar para a doméstica, ensinar para o filho, ensinar para o taxista, ensinar para a moça da loja etc.). Nós temos que ensinar que é este o limite, este é o quadrante dentro do qual o Estado tem que operar. E para operar nós pusemos um guardião. Tem que ter alguém, aí, cuidando para que estas competências sejam exercidas nos moldes previstos nesta Constituição.

Aí, inventou-se o "negócio" chamado "Supremo Tribunal Federal". E o que o STF faz, hoje? Ele simplesmente desconsidera todos os fundamentos que iluminam e que possibilitam a construção de um sistema harmônico e unitário de elementos, a partir da absorção desses elementos traduzidos em Português; e isso exige uma interpretação, isso exige um método de organização, para que se possa entender o que é o Estado Brasileiro.

Aí, vamos ao STF para dizer: "Sr. Supremo, está certo ou está errado este determinado exercício de uma competência tributária impositiva?". Por exemplo, quando o cidadão vai lá e diz: "Não, nós estamos fazendo essa CIDE para não chamar de imposto sobre a renda na fonte, porque se for chamar de imposto sobre a renda na fonte temos que dar parte para os Estados e Municípios. Então, o Senhor poderia reconhecer que esta CIDE tem um vício de formação, porque ela resulta de um desvio de competência tributária impositiva?". E o STF diz: "Não, está tudo muito bonitinho, não tem problema algum, acho que está tudo certo". E assim por diante. Ou seja, o guardião da Constituição não está guardando a Constituição.

Então, estamos vivendo um ambiente onde esta estrutura de direitos fundamentais do contribuinte – a que se referiu o professor Estevão –, esta necessidade de termos instrumental para ir verificar no lado da despesa o que efetivamente acontece com o dinheiro arrecadado a título de tributo – como referiu o professor Eurico de Santi – e esta boa-fé da atuação do Estado – como relembrou a professora Misabel Derzi – simplesmente estão ausentes. Nós não temos uma República, nós não temos um Estado Democrático de Direito e nós não temos o Poder Judiciário, que está aí para curar os nossos interesses, no sentido de fazer com que isto aqui, que eu mandei construir desta maneira, seja respeitado pelo legislador e pelo executivo de plantão, que está lá durante um prazo determinado de tempo, com uma competência previamente estabelecida.

Muito bem, essa substituição... Não dá nem para falar sobre esse tema, porque é tão barroco, é tão cheio de rococós... Mas, só para não dizer que não falei, a Emenda Constitucional 3 acrescentou o § 7º ao art. 150, dizendo o seguinte: "O legislador pode instituir tributo, imposto, sobre fato que ainda não ocorreu; mas, olha, como sou muito bacana, eu garanto que o Estado vai te devolver caso esse fato não venha a ocorrer".

Acho que foi no VIII ou no VII Congresso nosso, do Instituto, que o professor Geraldo Ataliba disse: "Está bem, eu vou concordar com isto aqui, desde que a gente faça uma outra emenda constitucional dizendo: pode prender o cidadão antes de ele cometer o crime. Se aceitar essa, eu aceito esta daqui, porque o que está dito aqui compromete estruturalmente toda a sistemática constitucional brasileira".

A repartição de competência tributária impositiva em matéria de impostos usou, adotou, a referência à materialidade da hipótese de incidência de cada um desses impostos. Essas materialidades das hipóteses de incidência dos impostos (portanto, tributos não-vinculados) necessariamente estão atreladas a manifestações de capacidade contributiva.

Manifestação de capacidade contributiva é algo que eu vou encontrar no plano dos eventos, e daí eu construo um fato jurídico a partir de uma linguagem competente, como diz o professor Paulo de Barros Carvalho; eu construo, a partir deste evento econômico, um fato jurídico, e depois passo a verificar a eventual ocorrência de uma subsunção, ou não, a uma antecedência de regra-matriz de incidência tributária.

Se não for capaz de encontrar esta capacidade contributiva naquele evento econômico, não posso constituir validamente – porque o princípio da validade material vai me impedir de fazer isso – um fato jurídico que me possibilite fazer a proposição, o juízo lógico de subsunção entre conceito de fato e conceito de direito.

É simplesmente impossível fazer a verificação de existência, ou não, de capacidade contributiva onde eu não for capaz de encontrar um evento. E aqui está dito justamente o contrário. Esse § 7º diz que, mesmo que não haja evento, faz-de-conta que ele existe, vai lá e afere uma dada capacidade contributiva de alguém que não titula algo (que é a capacidade contributiva) simplesmente porque esse evento econômico não existe.

É um descalabro, é uma insensatez, é uma "avacalhação", realmente. E o que acontece? As pessoas vão ao Supremo, dizer: "Não, certamente desta vez o Supremo não vai aceitar uma sandice dessa". E, quando chega no Supremo, ele aceita e diz: "Não, não tem problema algum essa substituição para a frente, a Emenda 3 é perfeitamente constitucional...".

Até no acórdão, relatado pelo – já aposentado – ilustre e de mente profunda Ilmar Galvão, o relatório dele diz que esse fato gerador presumido é um fato definitivo, que ele existe, mesmo. E, portanto, como fato presumido, não hão de ser considerados consertos neste mecanismo de substituição futura, porque o que se discutia na época era: se o valor da operação subseqüente pelo substituído for maior ou menor, eu (Estado) posso cobrar a diferença, ou tem o contribuinte direito de reaver o que recolheu a maior? E ele diz: "Não, isto aqui é um fato definitivo, por si mesmo considerado, assim quer a Constituição, não tem problema algum; salvo se o fato não ocorrer".

Quer dizer, aquele fato definitivo que para ele ... *(truncamento da gravação)* ... era definitivo, ele próprio dizia: "Salvo se não ocorrer esse fato que eu estou pressupondo como fato definitivo".

É um negócio engraçado. Mas, enfim, está aí, e nós temos que lidar com ele. Só estou abrindo o parêntese de ir à jurisprudência do Supremo porque eu, com minha vontade, dei uma procuração para alguém ir lá e criar este órgão com a capacidade de controlar o que o Executivo e o Legislativo estariam fazendo. Então, sou obrigado a olhar para essas manifestações do Supremo.

Passada esta primeira etapa – esses brilhantes relatório e acórdão do STF –, os Estados falaram: "Opa, já que (é aquele negócio de reforma de casa: já que está mexendo aqui na cozinha, vamos dar uma mexidinha também na copa, e assim por diante – e a reforma não acaba nunca) está acontecendo isso e o fato, portanto, é definitivo, como diz o Supremo, não vamos devolver coisa alguma que tenha sido paga sob regime de substituição".

Assim, obrigam o contribuinte a mais uma vez entrar no Judiciário: contratar advogado, gastar dinheiro, sofrer com a má-fé da atuação estatal, sofrer com a imprevisibilidade da atuação estatal, e assim por diante. Eles vão dizer: "Está escrito na Constituição que, se o fato não ocorreu, temos direito à restituição". Se o fato ocorreu em intensidade financeira menor, é a mesma coisa que não ter ocorrido, porque a intensidade financeira menor é a base de cálculo; base de cálculo é a perspectiva da materialidade da hipótese de incidência.

Se a intensidade financeira é menor, portanto a relação posterior foi efetuada em um valor menor, aquele *plus* que se pensava pudesse ser objeto de tributação naquele fato futuro, que ainda não existe – o fato futuro que eles chamam de definitivo, mas que pode não ocorrer, como admite o próprio ilustre Ministro –, então, não vou devolver coisa alguma. Os contribuintes começaram a discutir esta matéria: "Está bem, Sr. Supremo. Já que o Senhor diz que vale, tudo bem; mas, se eu for capaz de lhe mostrar que a base de cálculo foi menor na operação subseqüente, então, quero uma restituição, porque essa base menor equivale a uma inocorrência daquele *quantum* que diz respeito ao cálculo da base presumida anteriormente, da base fictícia anterior com a base efetivamente ocorrida".

E, por outro lado, os Estados passaram a pretender o seguinte: já que "está mexendo na cozinha", e pode fazer esse tipo de cobrança, quando a base presumida for menor, vamos querer cobrar um complemento contra o contribuinte substituído. Dizendo: "Olha, se sua base subseqüente foi maior, então, queremos cobrar a diferença de tributo relativamente àquele número ficto anteriormente estabelecido".

Depois de várias discussões, há duas ações diretas de inconstitucionalidade lá, que são a ADI 2.675/PE e a ADI 2.778/SP, onde está sendo avaliada a possibilidade de rediscutir essa catástrofe que foi feita na ADI 1.851. Depois de brigarem, lá, como galos de rinha – "que são lugares nobres para serem freqüentados por pessoas de primeiro calibre" *(risos)* –, depois de ... Até perdi o raciocínio! *(Risos)* Depois de discutirem a preliminar e brigarem porque um Ministro não queria deixar rediscutir a matéria, porque o Veloso tinha sido vencido naquela outra votação – Veloso, Celso de Mello e Marco Aurélio tinham sido vencidos naquela ADI 1.851 –, então, eles querem rediscutir isto aqui, para ver se não dá para dar uma "acertadinha" no que se tem hoje como opinião definitiva do STF.

A maioria decidiu que deveria haver a rediscussão, e eles estão, portanto, rediscutindo esta questão, porque entendem que a operação lógica de imputação exige um fato jurídico; e fato jurídico, em matéria de tributo não-vinculado, só pode surgir a partir da descrição lingüística de um evento econômico, porque ele (fato jurídico) pressupostamente na Constituição é um fato manifestador de capacidade contributiva.

Então, não tenho o menor constrangimento em dizer que o que está no § 7º do art. 150 da CF é inválido; se eu tiver que dar valor a ele, entendê-lo como algo juridicamente válido, tenho que abandonar todo o sistema constitucional tributário brasileiro, assim como o sistema penal tributário brasileiro também. Ao passo que, se eu enxergá-lo, interpretá-lo e construir proposições descritivas que o limitem de alguma maneira, que façam com que eu não comprometa toda a unidade de sentido, a coerência interna de sentido, do sistema constitucional tributário brasileiro, então, vou deixá-lo quietinho aqui, e quando preciso vou dar uma "explicaçãozinha", assim meio a contragosto, sobre o teor desse § 7º inserido pela Emenda 3, que trata de dizer que se pode prender o bandido hoje porque ele está com cara de quem vai praticar o crime amanhã.

Agradeço a paciência dos Colegas, agradeço aos integrantes da Mesa. Está na hora do almoço, então fico à disposição. Muito obrigado! *(Palmas)*

PRESIDENTE DO IDEPE (PROF. AIRES FERNANDINO BARRETO) – Vocês viram que eu tinha razão...

(Truncamento da gravação) **[sem identificação]** – (...) para isso. Diante desse panorama atual, em que as relações entre Legislativo, Executivo e Judiciário, da forma como vêm ocorrendo, pondo em risco valores fundamentais consagrados pela Constituição, como direitos e garantias individuais, segurança jurídica, o próprio Estado de Direito e a tripartição de Poderes, não seria interessante que os setores organizados da comunidade jurídica, tais como OAB, IDEPE, IDAPI, IPET etc., publicassem um manifesto de repúdio a essa inaceitável conduta do Poder Público no Brasil?

Evidentemente, eu acho que seria um outro trabalho a ser feito, que podemos pensar, e já vou encaminhar à Presidência do nosso Instituto Geraldo Ataliba, para que também pense encarecidamente em tomar essa providência.

PRESIDENTE DO IDEPE (PROF. AIRES FERNANDINO BARRETO) – Professora Misabel Derzi!

PROFA. MISABEL DERZI – A primeira pergunta: "Quais são os limites, no seu entendimento, impostos ao administrador e ao Poder Judiciário na interpretação e aplicação de tributos cujas bases de cálculo tenham conceitos de significação vaga?".

Bom, temos que distinguir, dentro da categoria dos conceitos vagos ou aparentemente indeterminados, aqueles conceitos que o são apenas do ponto de vista de certa abertura, mas que são perfeitamente preenchíveis, porque são de caráter técnico. Por exemplo, estamos acostumados com a base de cálculo "valor da operação", no ICMS; "valor de saída do produto industrializado", no IPI. Que valor pode ser esse? Qualquer um: isso vai depender das leis de mercado, do momento em que se concretizar a hipótese de incidência.

E para isso nós temos algumas presunções jurídicas. Presumimos a legitimidade dos atos administrativos, mas presumimos também a legitimidade dos contratos e dos negócios jurídicos. De modo que, de acordo com nossa ordem jurídica e com o Código Tributário Nacional, a escrita do contribuinte, os documentos que ele emite, suas notas fiscais, que estão lastreados por contratos e por negócios jurídicos, são aparentemente legítimos. Sem identificar irregularidades, a Fazenda Pública não pode afastar, pôr de lado, a escrita do contribuinte e arbitrar valor. Isso é absolutamente ilegal entre nós, e inconstitucional.

Essa é uma presunção, a presunção da forma de que nos valemos. Então, esta base de cálculo é aparentemente aberta, mas é tecnicamente fechada.

Outra pergunta, do Dr. Alfredo Portinari: "Que adaptações teríamos que fazer nos princípios que conhecemos de boa-fé objetiva para aplicá-los aos vínculos não-contratuais entre os Estados? O fato de estes vínculos estarem petrificados na Constituição Federal não é prejudicial?".

Bom, quanto ao problema de estarem petrificados na Constituição Federal, não sendo contratuais estes vínculos, certamente o Dr. Alfredo se refere ao federalismo propriamente dito, não é? E se não seria, isto, algo prejudicial.

Eu não acredito. Ao contrário, atrás do federalismo, o que existe? Existe uma presunção de lealdade e de solidariedade entre os Estados Federados. Nós temos que colocar isso em prática aqui, internamente; e depois tentarmos isso no Mercosul. Nós, Estados internos, vivemos em guerra entre nós; e, se não resolvermos esses problemas de solidariedade entre nós, dificilmente poderemos ingressar no Mercosul.

O fato é que muito da nossa guerra fiscal é absolutamente fictício. Ou seja, nós tínhamos que distinguir, dentro da renúncia tributária, aquilo que de fato é incentivo fiscal e aquilo que de fato decorre da mera estrutura do tributo.

Como nós cumprimos muito mal a Constituição, não sabemos até hoje o que é o princípio da não-cumulatividade. Nós concedemos aqui, os Estados concedem, de forma legítima ou ilegítima – ou seja, à revelia do CONFAZ –, muitos incentivos ou acordos que, na verdade, são mero cumprimento do princípio da não-cumulatividade. Concedemos como se fossem favores aquilo que nossos concorrentes europeus, que cumprem o princípio da não-cumulatividade, concedem dentro da própria estrutura do IVA. Então, por exemplo, aqueles contribuintes que não recebem os créditos a que têm direito porque são exportadores, como é o caso da Vale do Rio Doce em relação ao Estado do Pará, tiveram que fazer um acordo com o Estado do Pará para que este pudesse realizar esses créditos a que o contribuinte tem direito, e que é norma constitucional entre nós.

O problema dos grandes atacadistas no Brasil, que cumulam crédito nas operações internas... É o famoso caso do Distrito Federal, dos atacadistas sediados em Uberlândia. Tiveram que fazer acordos que foram questionados em juízo, e isso foi objeto de um grande escândalo nacional – fenômeno que não existiria na Europa, porque os Estados, lá, atuando de boa-fé, honram os créditos e capitalizam suas empresas com a devolução desses créditos em dinheiro quando há saldo positivo em favor do contribuinte.

Então, vejam bem os Senhores – aqui, o nosso tempo é exíguo, não dá para prosseguir –, muito daquilo que tratamos como isenção (e até benefício ilegítimo) seria decorrência da mera estrutura do tributo, se observássemos o texto da Constituição.

Finalmente, uma pergunta da Dra. Maria Alice: "Qual é sua opinião em face da posição do professor Eurico em relação às contribuições? Já que não é possível fiscalizar o destino, vamos deixar sem destino...".

Eu estou inclinada a seguir a opinião do professor José Artur, que já a colocou abertamente; e, portanto, reenvio às palavras daquele professor.

Muito obrigada! *(Palmas)*

PRESIDENTE DO IDEPE (PROF. AIRES FERNANDINO BARRETO) – Obrigado, professora Misabel. O professor Eurico recebeu várias perguntas; eu pediria que ele selecionasse duas para responder, e respondesse às outras pessoalmente aos Congressistas – em face do adiantado da hora. E, tal como o professor José Artur, o fizesse "telegraficamente". Com a palavra o professor Eurico de Santi.

PROF. EURICO DE SANTI– **[Sem correção do Autor]** Bom, "telegraficamente": há perguntas do Nélson Trombini, da Priscila Cunha, creio que dá para sintetizar com o seguinte argumento: o problema fundamental do Direito (Ferreiro Lapatza disse isso para a gente, e o José Artur) é que, por de trás de conceitos vagos, confusos, de uma legislação complexa, esconde-se o poder da autoridade. E essa autoridade é que decide. E fica o argumento da autoridade, porque faz coisa julgada, porque faz ato administrativo, tem presunção de validade, cria uma cultura naquele sentido de aplicação. Eu creio que a forma de resolver isso é romper com essa autoridade, e isso requer uma revogação.

Mas um outro caminho é a Universidade denunciando de forma mais clara, através de pesquisas, através de uma atividade constante, STF, órgãos públicos. E o que acontece com o que diz respeito a despesa pública, na verdade, é um desrespeito às regras, como colocaram aqui, da Lei de Responsabilidade Fiscal, da lei orçamentária, de vários dispositivos que são leis antigas, antiquadas; aplica-se até hoje a Lei 4.320/1964, de quando eu nasci, sobre orçamento público.

A sociedade mudou, a gente se preocupa muito em estar formalizando... Um exemplo clássico é o do Código Tributário Nacional. No Código Tributário Nacional, para cobrar o crédito tributário, eu tenho dezenas de dispositivos que explicam como formalizar o crédito, e devo ter quatro ou cinco que explicam quais são meus direitos quanto à restituição do indébito tributário. É tudo complexo, o art. 168, como eu faço para devolver...

O caminho é mais ou menos esse. É muito iluminado o caminho para o dinheiro entrar, e é muito pouco iluminado o caminho por onde esse dinheiro é gasto dentro do Estado. Creio que nossa preocupação é fazer com que seja mais claro, seja mais objetivo, exigir. Penso que o Estado tem a obrigação de estar informando como isso acontece. É só através dessa pressão – e eu creio que um grande pólo para isso é a Universidade – se vai conseguir obter essa realização.

PROF. JOSÉ ARTUR LIMA GONÇALVES – "Telegraficamente" (as duas questões não estão identificando seus autores), eu recomendo a leitura da ADI 2.778, porque há um extenso debate de matéria processual a respeito da possibilidade de o STF rever uma posição que ele próprio (Supremo) tenha adotado anteriormente.

O que o Colega vai encontrar lá, nesta discussão da ADI 2.778, é que, uma vez que não houve reconhecimento de inconstitucionalidade, mas sim de constitucionalidade, de uma norma, poder-se-ia abrir novamente uma questão sobre o próprio mérito. Esta é a conclusão a que eles chegaram; mas isso é matéria de direito processual, da qual eu quero passar o mais longe possível.

Agora – apesar da minha tenra idade –, a pessoa que perguntou isso deve ser jovem, um pouco mais jovem que eu, mas o STF já disse que Fundo de Garantia não era tributo, já disse que PIS não era tributo, já disse que contribuinte de imposto de renda na fonte em remessa de juros de importação financiada era o pagador do juro, porque existia um decreto-lei que dizia "é contribuinte de imposto sobre a renda aquele que remete o juro" – quando, obviamente, o que manifesta a capacidade contributiva pelo recebimento desse juro é o credor desse juro no exterior –, e assim por diante.

Então, não é privilégio nosso estar presenciando esse tipo de produto intelectual do STF. No passado já houve outras hipóteses nas quais o produto era assim de menor qualidade. Depois ele mesmo vai-se corrigindo, e isso é um pêndulo jurisprudencial normal, que tem que existir, e existe em todas as Nações civilizadas. Então, não se surpreenda se ele mudar de idéia, até porque já mudou, em tantos casos.

A outra pergunta – que deve ter sido feita por algum amigo meu, também – é sobre a tributação exclusiva na fonte para não-residente, se esta tributação também não seria inconstitucional.

Aqui explico a minha opinião por outras razões constitucionais: é uma exceção à regra de incidência exclusiva porque outros princípios – da generalidade, da pessoalidade e da possibilidade de elemento de conexão para aplicação desse tributo na fonte, numa relação de Direito Internacional – possibilitam esta incidência específica.

É uma exceção constitucional à regra de que fonte não pode ser exclusiva. Mas o fundamento é muito longo, e envolve outros critérios, que não tenho tempo de desenvolver aqui. De toda forma, é a única exceção que conseguiremos validamente encontrar. *(Truncamento da gravação)*

MESA DE DEBATES "B"

CONTRIBUIÇÕES

PRESIDENTE DA MESA: PROF. EUGÊNIO DOIN VIEIRA

MEMBROS DA MESA: PROFS. SACHA CALMON NAVARRO COÊLHO, JOSÉ EDUARDO SOARES DE MELO, SUZY GOMES HOFFMANN E FABIANA DEL PADRE TOMÉ

PRESIDENTE DA MESA (PROF. EUGÊNIO DOIN VIEIRA) – Damos prosseguimento aos trabalhos do Congresso, com as exposições de nossos ilustres palestrantes referentes ao tema "Contribuições". Cada um deles disporá de aproximadamente 30 minutos para fazer sua exposição. Serão aceitas perguntas por escrito.

E desde logo vamos passar a palavra ao primeiro palestrante, professor assaz conhecido em todo o nosso mundo jurídico, o professor Sacha Calmon Navarro Coêlho, que fez brilhante carreira na Magistratura e hoje é o líder dos profissionais liberais em Minas Gerais e em todos os Estados próximos, onde ele domina com sua cultura, com sua competência.

Parecerista emérito, tem dado contribuição expressiva à formação da jurisprudência em nosso país. E, com as peculiaridades do seu pensar e do seu dizer, é sempre um autor muito aplaudido.

Com a palavra o Dr. Sacha Calmon Navarro Coêlho.

PROF. SACHA CALMON NAVARRO COÊLHO – Boa tarde a todos! Quero, inicialmente, agradecer, na pessoa do Doin Vieira – grande poeta, encerrador constante dos nossos Congressos com o brilhantismo de suas falas –, meus Colegas de Mesa. Meus Senhores e minhas Senhoras, o tema específico que consta do programa ao meu tratamento diz respeito a "Emendas Constitucionais e Direito Adquirido em Matéria Tributária".

Este é um tema da Teoria Geral do Direito. O direito adquirido, a coisa julgada, o ato jurídico perfeito, são intocáveis, no próprio dizer constitucional. Mas, trazendo o tema para o bojo das contribuições, e tendo em vista recentes acontecimentos judiciais em nosso país, me vem à mente que esse tema está mais ligado à tributação dos inativos na ação direta de inconstitucionalidade que discutiu amplamente este assunto em relação à novel tributação que passou a incidir sobre os aposentados e pensionistas do setor público.

Sendo assim, é possível fazer ligeira crônica, ligeira crítica, desse acórdão muito recente, para depois, com base nas observações que farei, entrarmos no mérito das contribuições especiais.

E devo dizer aos Senhores, inicialmente – porque, quando se vai expor, é preciso de antemão dizer o que se vai fazer –, que me chocarei de frente, decisivamente, com as conclusões do professor Eurico de Santi, há pouco expostas.

O professor Marco Aurélio Greco, que é um dos corifeus da validação finalística dos tributos – meu amigo pessoal –, tem dito, com certo ar jocoso, que os tributaristas do passado achavam que o direito tributário começava com o fato gerador e terminava com a extinção do crédito tributário. Em recente acontecimento em São Paulo eu disse que qualquer jurista ajuizado concordaria comigo: de fato, o direito tributário começa com a ocorrência do fato gerador e termina com a extinção do crédito tributário.

Depois disso, o que se faz com o dinheiro arrecadado entra no capítulo segundo do direito financeiro, que é o capítulo da despesa pública. Em terceiro lugar, a despesa pública assim como a receita encartam-se naquele outro que os dois compagina, que é o orçamento. E o crédito público, nas suas diversas modalidades, compõe a quarta disciplina do direito financeiro.

Creio eu que a destinação ou predestinação dos recursos públicos, quando algum imposto ou tributo tenha finalidade e causa, seja causal e finalístico, é um problema do gestor, e a destinação ou a predestinação pode ocasionar, sim, a responsabilidade civil, até criminal, e o crime de responsabilidade do gestor; mas não implica, de forma alguma, a inconstitucionalidade do tributo – a menos que uma regra de despesa pública ou orçamentária diga: "Tributo arrecadado com a finalidade 'x' não utilizada implica a devolução do que não foi gasto"; ou: "Está sujeito à pena de 'x' o gestor que destinar os recursos do tributo tal a este ou àquele fim".

Mas essas são regras de direito orçamentário e regras de despesa pública; não são regras de direito tributário. E a finalidade tampouco compõe a regra-matriz de qualquer tributo no sistema tributário nacional.

Mas isso são apenas as conclusões a que chegarei ao depois da minha palestra, depois de um exame sistemático de vários dispositivos da Constituição, porque, tendo uma regra que proíbe a afetação da receita de impostos a órgão, fundo, programa ou despesa, ter outra regra que permite a criação de um milhão de impostos ligados a finalidades específicas realmente é um contra-senso, é um absurdo, é um paradoxo jurídico.

O Estado só tem finalidades. Se ele pode ter um fato gerador que não implique qualquer atuação específica do Estado relativamente à pessoa do pagante e tem apenas uma finalidade, ele pode criar 10, 20, 100, 500, 500 mil contribuições, que nada mais serão que impostos afetados a finalidades específicas.

O exemplo claro disso é a CIDE-*Royalties*. Quem paga a CIDE-*Royalties*? Quem remete para o exterior pagamentos a residentes no exterior a título de assistência técnica e compra de tecnologia. Quem recebe os recursos? Uma outra clientela: institutos acadêmicos, centros de pesquisa. Isso é uma contribuição? É imposto cujo fato gerador nada tem a ver com algo que o Estado preste ao pagante; ele apenas remeteu para o exterior, e por isso está pagando. E a destinação dos recursos é fomentar a pesquisa tecnológica e científica. Assim o Estado pode criar mil impostos com o nome de contribuição.

Então, não basta o controle da finalidade. É preciso que haja o outro elemento. É que a clientela que sofre a intervenção deve arcar com ela. Esta solução de controle da finalidade não resolve o problema criado com a "gula" fiscalista da União, que descobriu na carreira das contribuições um modo fácil – e, agora, com as bênçãos daqueles teóricos da validação finalística – de aumentar suas rendas tributárias.

Mas voltemos ao ponto de partida. É possível fazer uma ligeira crítica à decisão do STF, que admitiu poder o Governo validamente, com espeque na Constituição, na Emenda 41, cobrar contribuição previdenciária dos inativos e de seus pensionistas.

Não creio eu que a defesa do direito adquirido seja válida, nunca me pareceu que esta fosse a melhor tese para ser contraposta à tentativa do Governo ao fazer a Emenda Constitucional. Essa questão do direito adquirido surgiu por força de uma súmula do próprio STF relativa ao direito previdenciário, que dizia mais ou menos o seguinte: o aposentando tem direito ao regime jurídico vigente ao tempo em que completou todos os requisitos necessários à aposentação, ainda que ao tempo em que requerida a aposentadoria dita lei já esteja revogada.

Então se dizia que o aposentando tinha direito ao regime jurídico vigente ao tempo da aposentação. Portanto, ele tinha direito adquirido contra regime jurídico futuro. Essa súmula existe, tem plena aplicabilidade no direito previdenciário. Eu, como Juiz, a apliquei muitas vezes, e os Tribunais a referendaram milhares de vezes, à exaustão.

Mas é uma súmula que fala em direito adquirido, regime jurídico vigente ao tempo da aposentação, em termos de direito previdenciário. Não pode por suposto, creio eu, existir direito adquirido de não ser tributado; esse direito não existe – e, portanto, a colocação dessa tese perante o STF sempre me pareceu equivocada.

Os votos vencidos tiveram muitos elogios. Eu me lembro de críticos desta decisão a dizer que Helen Gracie merecia o título de precisão conceitual, que o ministro Carlos Aires Brito expressou muito bem a ética na tributação, que o ministro Marco Aurélio foi o arauto da indignação cívica, que o ministro Celso de Mello, no seu longo e fundamentado voto, tinha feito ver ao mundo jurídico a tese da supremacia da Constituição.

Tudo bem, mas o fato é que esses quatro votos saíram vencidos e, de uma certa maneira, adotaram a tese do direito adquirido. Mas me parece que o fundamento mais sério naquele julgamento foi o da ministra Helen Gracie, relatora do processo. Segundo ela, aquela tributação não era de uma contribuição, mas de um adicional do imposto de renda, porque havia paga sem benefício; não havia o sinalagma, não havia a retribuição.

Portanto, calhava muito bem à situação dos aposentados e dos pensionistas a descrição de imposto constante do art. 16 do CTN – tributo cujo fato gerador independe de qualquer atuação estatal específica relativamente à pessoa do obrigado. Quer dizer, o pensionista e o aposentado pagavam, dos seus proventos, uma determinada quantia sem que esta paga revertesse em favor deles, já que eles tinham situação jurídica definida de aposentados. Até porque – dizia a Ministra – "os aposentados do regime geral estão imunes a este tipo de tributação", o que, naturalmente, fere o princípio da isonomia.

Sendo assim, vou aprofundar o voto da Ministra, para tentar chegar a um conceito de *contribuição especial* no Direito Brasileiro, e que pode ser extraído de um conjunto de dispositivos constitucionais – sem desmerecer, é claro, a destinação constitucional.

Na *quaestio juris* das contribuições especiais, o ponto de partida, a pedra fundamental, para qualquer raciocínio lógico-jurídico, sistemático, constitucional, é o art. 167, IV, da CF, que diz ser vedada a vinculação da receita de impostos a órgão, fundo, despesa, programa. Este dispositivo (art. 167, IV) joga muito bem com as informações do constituinte originário, ao tracejar as regras de repartição de competências tributárias no sistema tributário nacional, porque o sistema tributário nacional está baseado, sem dúvida alguma, na premissa teórica, no marco teórico dos tributos vinculados, ou não, a uma atuação estatal relativamente à pessoa do contribuinte.

Tanto é assim que os impostos são divididos por lotes entre as pessoas políticas. O constituinte simplesmente disse: "União, vou lhe dar tais e tais impostos, e só você pode exercer a competência para instituí-los, vedado a Estados e Municípios penetrar na área privativa de sua competência" O mesmo fez em relação a Estados e fez em relação a Municípios. Porque "ter renda", que é um fato do contribuinte, poderia estar à disposição de quaisquer entes tributantes, como nos Estados Unidos, onde, em determinadas situações, União, Estados e Municípios tributam a renda, porque nos Estados Unidos não existe essa regra de repartição de competências constitucionais.

Então, ao distribuir os impostos, o constituinte tinha em mente que seu fato gerador é um fato da vida, revelador de capacidade contributiva, de relevância econômica na esfera privada do contribuinte, e que pode servir de suporte à incidência do imposto. Daí que ele teve que nominálos, enumerá-los e atribuí-los privativamente à competência de cada ente político.

Ao tratar das taxas – sejam as taxas de polícia, baseadas no regular exercício do poder de polícia, sejam as taxas de serviço, de utilidades públicas específicas e divisíveis atribuíveis ao pagante – e também quando tratou da contribuição de melhoria, o constituinte não se preocupou em dizer: "As taxas da União são estas, as taxas dos Estados são estas, as taxas dos Municípios são estas". Ele simplesmente disse: "Se o Estado for competente para conceder passaporte, ele cobrará taxa de expediente". Por quê? Porque ele prestou um serviço específico e divisível, baseado no seu poder de polícia, relativamente à pessoa do obrigado; o camarada requereu um sobreesforço estatal, o Estado satisfez sua pretensão e cobrou uma taxa pelo feito. Se é a Prefeitura que dá o alvará para a construção do prédio, é a mesma coisa.

Então, a competência, aí, é comum, porque os fatos geradores das taxas e da contribuição de melhoria não são fatos que se colocam no mundo do contribuinte, mas são fatos da esfera do Estado: a prestação de um serviço público específico e divisível, o exercício regular do poder de polícia, a realização de uma obra que redunde em valorização do imóvel do particular. Há, portanto, na contribuição de melhoria, numa primeira aproximação com as outras contribuições, um fato que é do Estado – obra pública – e uma repercussão relevante na esfera do pagante – a valorização do seu imóvel.

Indiretamente – para relembrar Ataliba –, a atuação do Estado repercute e justifica a contribuição de melhoria. Todavia, Geraldo Ataliba e quaisquer outros, ao tratarem das contribuições, só encontraram duas em que há o fato misto (fato do Estado mais fato do contribuinte): nas contribuições pessoais para o seguro social no mundo inteiro e na contribuição de melhoria, seja ela baseada no modelo alemão, seja ela baseada no modelo inglês.

Quer dizer, a contribuição implicaria um fato gerador misto, porque haveria, primeiro, uma atuação do Estado e, segundo, uma repercussão benéfica na pessoa do pagante ou no grupo pagante.

Realmente, nas contribuições para o seguro social pagamos a contribuição para termos segurança no futuro contra o infortúnio. Queremos benefícios, aposentadorias e pensões quando as forças nos faltarem. Na contribuição de melhoria há uma atuação do Estado que repercute e valoriza o imóvel particular.

Todas as demais contribuições pesquisadas aqui e acolá se revelaram impostos afetados a finalidades específicas, mormente aquelas arroladas pelo "Inventário Schumann" logo depois da II Guerra Mundial. Portanto, não é tema novo, não é novidade no mundo jurídico, a finalidade constando do desenho de um imposto. Vários países têm impostos afetados a finalidades específicas. A França tem um imposto chamado "de solidariedade", baseado na capacidade contributiva, onde todas as famílias contribuem com suas forças para a manutenção da Seguridade Social, sob a égide do princípio axiológico da solidariedade social.

Portanto, parece-me tardio ou *nonsense* nós dizermos que a Constituição de 1988 inovou uma experiência jurídica que o mundo conhece sobejamente que se põe no pretérito.

Esse art. 167, IV, da CF, qual é seu fundamento axiológico? O princípio da separação dos Poderes. O que se quis dizer foi que, para combater os orçamentos rabilongos, as emendas parlamentares, as caudas orçamentárias, se quis o seguinte: a função do legislador é fazer a norma abstrata, impessoal e obrigatória. Não cabe ao legislador predeterminar ao Poder Executivo onde ele vai gastar a receita de impostos. Portanto, proíbe-se a afetação da receita de impostos a órgão, fundo, programa, despesa, exceto tais exceções. Quais? Aquelas que a Constituição quis: atribuição das partes passou aos Estados, despesas com educação, saúde; até excluíram também o IPI dos bens ditos supérfluos para uma alíquota de "x" para formar o Fundo de Combate à Pobreza. Quer dizer, o IPI tem uma parcela dele próprio, por exceção ao art. 167, afetada ao Fundo de Combate à Pobreza.

Vem o 149 da CF e permite à União criar contribuições para atender às necessidades das entidades de classe – o que é, evidentemente, uma inspiração fascista, mussoliniana, onde se substituiu o jogo dos partidos democráticos pelos interesses de classe, e por ali se achou uma maneira de a sociedade toda contribuir para manter as entidades de classe. Então, para atender à manutenção das entidades de classe, cria-se um tipo de contribuição, que é o imposto afetado.

Para atender às necessidades da Seguridade Social, o que fez o constituinte? No art. 195, III, declinou os fatos geradores a cargo dos empregados e dos empregadores sobre receita de prognósticos – ou seja, sobre o jogo, porque "receita de prognósticos" é eufemismo –, e atribuiu essas receitas à Seguridade Social, que compreende saúde, educação e assistência. E recepcionou umas tantas contribuições ditas sociais *lato sensu*.

Quer dizer, o art. 149 é uma continuação das exceções do art. 167. Tanto é que somente a contribuição do segurado para a Previdência tem caráter sinalagmático. O empregador que paga sobre sua folha de salários, o empregador que paga sobre seu faturamento ou sobre seu lucro, contribuição social sobre o seu lucro, COFINS e PIS, tem como fato gerador o fato de ter faturamento, o fato de ter lucro, o fato de pagar salários – portanto, fato gerador de imposto, base de cálculo de imposto, só que afetado a uma finalidade específica. Ou seja, houve uma permissão constitucional para que isso ocorresse.

As contribuições a que acabei de me referir, corporativas, têm essa finalidade. Paga-se para que a OAB defenda nossas prerrogativas, para que o sindicato organize a categoria frente aos empregadores, para que os empregadores construam a FIESP. Tudo isso está na Constituição.

E as interventivas? Basta a finalidade? Não há que haver algo mais que a finalidade? Aquilo que Ataliba chamava de *referibilidade*? Se nós voltarmos ao passado, veremos que a intervenção do Estado em determinadas situações se fazia em prol de uma categoria, e a categoria arcava com essa intervenção. Assim era com a contribuição do IBC, assim era com a contribuição do IAA, assim era com o antigo AFRMM (adicional ao frete para renovação da marinha mercante), que era pago pelos armadores; a do IBC pelos cafeicultores, a do açúcar pelos do setor sucro-alcooleiro.

Sempre houve essa relação: a intervenção do Estado se faz em determinado ponto em prol de determinado grupo, que arca de alguma forma com os benefícios e os ônus dessa intervenção.

Mas não: ao admitir apenas a finalidade, sem a referibilidade, nós estamos tornando absolutamente inúteis o art. 167 e suas exceções, para que prevaleça apenas o art. 149. Quer dizer, o arcabouço das barreiras tributárias ao poder de contenção de União, Estados e Municípios fica jogado ao léu. Todo aquele arcabouço que disse: "União, além dos impostos que eu estou lhe dando, além da restrição do art. 167, você só pode criar imposto novo por lei complementar, que seja não-cumulativo, que não tenha fato gerador nem base de cálculo iguais aos existentes e que, ainda mais, seja partilhado com Estados e Municípios".

É muito difícil ultrapassar a barreira da competência residual, é quase impossível. O que bem prova que essas contribuições têm natureza de imposto.

Essas duas regras nada mais valem, nem para deter contribuição social nova além daquelas recepcionadas e previstas no próprio texto constitucional (art. 195), nem para evitar a proliferação de contribuições de intervenção, que nada mais são que impostos com destinação específica, na medida em que a clientela que paga não é a mesma que recebe.

Posso até controlar a destinação através de uma regra de orçamento ou de despesa. Mas, e daí? O que eu quero impedir é o exercício da competência tributária, o que eu quero impedir é a proliferação desordenada e massiva de impostos afetados a finalidades específicas. De repente, a Constituição mais ampla do mundo torna-se a mais leniente.

O Becker já dizia: "No empréstimo compulsório não há segredo; há imposto na arrecadação do dinheiro, há regra financeira de devolução (na promessa de restituição)". Existe uma relação jurídico-tributária que arrecada o dinheiro, o fato gerador pode ser perfeitamente de imposto, e tem sido comprar combustível, comprar passagem, adquirir automóvel, consumir eletricidade (empréstimo compulsório em favor da Eletrobrás), e uma regra de despesa, de orçamento, de obrigatoriedade, uma regra financeira que diz o seguinte: "O Estado fica obrigado a restituir".

Então, as contribuições que ostentam fato gerador de imposto e são exigidas segundo determinada finalidade não passam de impostos afetados a finalidades específicas. Se não houver a referibilidade, o cerco obrigando a que o pagamento delas recaia sobre o setor sob intervenção, o resultado claro e nítido é que, com controle ou sem controle da finalidade, o que pode ser feito com regras orçamentárias e relativas a despesa pública, significa que a União tem imensa facilidade, não precisa de competência residual alguma para exercer seu poder de tributar, enquanto Estados e Municípios não têm essa prerrogativa, desbalanceando por completo a organização federativa do Brasil, que é de um federalismo cooperativo, com a participação no produto da arrecadação de outros e tendendo à autonomia financeira de todos os entes que vivem na Federação.

Nós estamos diante de uma anomalia constitucional se não pudermos extrair do art. 167 e do art. 149 a regra constitucional da referibilidade nas contribuições de intervenção no domínio econômico, porque, aí, basta alardear o fim. De tal maneira que não me parece que se deva apenas perseguir, embora louvável, o controle da finalidade.

O controle da finalidade pode ser feito com regras de direito orçamentário, de direito financeiro, relativamente à despesa, inclusive responsabilizando o gestor. Mas em termos de direito tributário o que cumpre dizer é que nas contribuições nós temos imposto vinculado a uma atuação estatal relativamente a um grupo de pagantes.

A contribuição tem que ser um imposto vinculado a uma atuação estatal relativamente à pessoa dos pagantes. É isso que postula a Teoria do Tributo, desenvolvida pelo prógono de todos nós, que foi o professor Geraldo Ataliba. Quaisquer desvios no desenvolvimento de sua teoria vão redundar num desastre completo da tributarística nacional.

Muito obrigado! *(Palmas)*

Presidente da Mesa (Prof. Eugênio Doin Vieira) – Muitíssimo obrigado ao professor Sacha Calmon, que, se ultrapassou ligeiramente o tempo, o fez com o brilhantismo e com a competência habituais.

Vamos, agora, ouvir o Dr. José Eduardo Soares de Melo, que nos falará sobre "PIS-Importação e COFINS-Importação, Natureza Jurídica e Inconstitucionalidades". O professor José Eduardo Soares de Melo também é freqüentador habitual das mais altas tribunas tributárias do país. É Mestre, é Doutor, é Livre-Docente em Direito, é professor associado da PUC/SP, é professor de cursos de especialização em quase todos os Estados deste país, tem nove livros publicados sobre direito tributário e é um dos mais laboriosos estudiosos do direito tributário no Brasil.

Vamos ouvi-lo, a seguir.

Prof. José Eduardo Soares de Melo – Em primeiro lugar, quero dizer que combinei com o Eugênio que, se ele não fizesse a referência bibliográfica, eu não ia falar aqui. *(Risos)* E realmente é fruto da generosidade do Eugênio, eu agradeço muito. Agradeço, mas sou Diretor do IDEPE, então eu mesmo me convidei.

Quero cumprimentar a Maria Leonor, a nossa querida Presidente; o Eugênio – não diria o decano: o mais experiente aqui da Mesa; o Sacha, meu amigo há mais de 30 anos, esse "baiano-mineiro", como ele se intitula, um jurista aqui consagrado; e os novos talentos jurídicos, a Suzy e a Fabiana, que também muito me honram e com quem aprendo bastante.

Vejam o seguinte: o tema do PIS na importação e da COFINS na importação é deste ano, um tema novo, e que tem ensejado diversos questionamentos judiciais. Muita coisa é do conhecimento de vocês, não só pelos repertórios de doutrina e até de jurisprudência. E meu objetivo, aqui, não é propriamente firmar posições. Nós todos estamos estudando direito tributário, e ninguém é dono da verdade. O que eu pretendo fazer aqui, com vocês, nesta meia hora, é alguma reflexão, alguma meditação sobre pontos que existem, e sempre mostrando ou procurando mostrar os dois argumentos, seja aquele relativo à constitucionalidade ou à injuridicidade das contribuições na Constituição.

Em primeiro lugar, essa matéria está regrada ou veio a ser disciplinada pela Emenda Constitucional 42. A Emenda 42 alterou um tópico do art. 149, o § 2º, passando a dizer que as contribuições sociais e as contribuições de intervenção no domínio econômico (as CIDEs) incidirão também sobre a importação de produtos estrangeiros ou serviços, enquanto também acrescentou ao art. 195 o inciso IV, dispondo que é contribuinte o importador de bens ou serviços do exterior ou quem a ele se equiparar. E também a Emenda Constitucional 42 traçou uma nova regra, dispondo sobre a não-cumulatividade relativamente à COFINS.

Esse é o plano normativo, o plano constitucional. E a legislação ordinária inicialmente tratou da matéria na Medida Provisória 164, de janeiro deste ano, que foi convertida na Lei 10.865, do final de abril, e atualmente é regulada por uma complexa instrução normativa, a Instrução Normativa 436/2004.

Então, esse é o plano normativo em que devemos examinar essas duas novas figuras, essas contribuições.

A meu ver, quais são os pontos que se destacam e que poderemos estudar? Em primeiro lugar, o aspecto formal dessas contribuições. Sempre que é editada uma nova figura impositiva, nós examinamos: será que é necessária uma lei complementar? Basta ser uma lei ordinária? Ou, ainda: será que tem cabimento a medida provisória?

Nesse âmbito da lei complementar eu creio que o Judiciário, de longa data, certo ou errado, já firmou uma posição, uma jurisprudência; embora certas contribuições tenham sido veiculadas por lei complementar – como é o caso da COFINS, que foi criada pela Lei Complementar 70/1991, ela foi instituída por uma lei complementar –, o STF já deixou bem claro que esse veículo normativo (lei complementar) não é da essência dessa figura jurídica e que, embora tenha assim rotulado, não há necessidade de *quorum* qualificado.

O professor Sacha colocou muito bem a questão da competência residual, que está prevista no 154 da CF, e que diz que as novas fontes de custeio – estas, sim – não podem ser cumulativas e têm que ser expedidas e introduzidas no ordenamento jurídico pela lei complementar.

Meu ponto de vista é o seguinte: na medida em que a Constituição Federal traçou o perfil, o arquétipo, a fisionomia jurídica, dessas contribuições, não vejo necessidade alguma de se tratar, de se instituir, de haver uma previsão em lei complementar, porque não é uma nova fonte de custeio que pode decorrer do texto constitucional; é o próprio texto constitucional que já assentou a possibilidade jurídica de se criar a figura tributária.

Segundo lugar: quando o art. 146 da CF confere competência à lei complementar no tocante aos impostos – não fala das contribuições, mas o Sacha bem colocou, também, que nós temos nas contribuições, vamos dizer, uma fisionomia, uma feição de impostos, pelo menos nas suas materialidades –, quando assim diz o 146 da CF, é evidente que basta ler a Constituição, tanto nessa mudança do art. 149 como do art. 195, para verificar que ali eu já encontro os elementos principais da obrigação tributária.

Quando fala da importação de produtos, importação de bens ou importação de serviços, a lei complementar nada mais faz que repetir o que está no texto constitucional. Até, quanto à figura do sujeito passivo, que não é comum na Constituição, no âmbito do art. 195 da COFINS-Importação já se fala que é o importador.

Então, esse argumento da existência da lei complementar é um argumento surrado, e que não mais deve prosperar.

O segundo tópico no que se refere ao aspecto formal dessas novas figuras impositivas é o que diz respeito à medida provisória convertida em lei. Nós sabemos que o art. 246 da CF disciplinou que não poderiam ser objeto de regulação constitucional pela via da medida provisória aquelas novas figuras até a edição da Emenda Constitucional 42.

Como a Emenda Constitucional 42 foi promulgada ao final do ano passado, parece-me que não entraria nessa vedação, na proibição propriamente dita da medida provisória. Então, tenho a impressão de que nós podemos ultrapassar... É claro que, como advogados, como operadores do Direito, nós devemos sempre nos preocupar com o aspecto formal, se o instrumento normativo é o adequado.

E o que podemos examinar no que diz respeito às materialidades, à base de cálculo e até à não-cumulatividade e outros princípios que possam ser aplicados a essas contribuições PIS e COFINS?

Em primeiro lugar, num âmbito material, basta a simples leitura da Emenda Constitucional 42 e nós vamos verificar que essa instituição do PIS e da COFINS nada tem a ver com o PIS e a COFINS que já existem.

Quanto ao PIS-PASEP, que foi criado pelas Leis Complementares 7 e 8, de 1970, e que foi alçado a uma dignidade constitucional (art. 239 da CF), embora sua destinação tenha uma implicação para o seguro-desemprego que vai beneficiar o empregador, sua materialidade, sua base de cálculo, nada tem a ver com a nova figura impositiva.

Então, de um lado, já temos um PIS tradicional que trata da receita, que trata do faturamento; e, agora, um novo PIS, chamado "PIS-Importação", da Emenda 42, que toca, que cria, que acrescenta um preceito ao art. 149. E no art. 149, como já mencionei a vocês, se trata das contribuições sociais e de intervenção no domínio econômico. E, pelo fato de termos um novo PIS, temos que pensar qual é o princípio que norteia a anterioridade. Seria a anterioridade nonagesimal – ou seja, a lei que foi convertida da medida provisória tem sua eficácia a partir de 90 dias, segundo a regra do 195 –, ou ela só passaria a produzir efeitos a partir do primeiro dia do exercício seguinte, e ainda considerando aquela regra nova da Emenda Constitucional 42?

Parece-me que, nesse caso, editada em 2004 a lei que instituiu a nova contribuição PIS-Importação, ela só passaria a ter eficácia em 2005, porque no regime jurídico tributário das contribuições sociais as CIDEs e as de categorias profissionais estão enquadradas no art. 149, que segue o regime normal da anterioridade, e não o regime do art. 195 – isso no que diz respeito ao PIS-Importação.

No que toca à COFINS-Importação, aí, sim, a base é o art. 195; é uma extensão, é uma complementação, da COFINS, com destinação à Seguridade Social, e temos, então, que aplicar o período nonagesimal.

Há também uma distinção sob o aspecto da materialidade. Quando mencionei a vocês a novidade do art. 149 e a nova regra do art. 195, ressaltei que o art. 149 fala da importação de produtos ou serviços, enquanto o art. 195 estipula bens ou serviços.

Bens, de acordo com a Teoria Geral do Direito, com o direito privado, apresentam uma abrangência muito mais significativa – tanto os bens corpóreos como os bens incorpóreos, os bens virtuais –, ao passo que *produto* representa uma espécie de bens que decorre de determinada atividade.

Poderíamos até entender (e isto não é um preciosismo acadêmico) que o legislador constitucional não quis exercer toda sua competência. E pensamos o seguinte: se fazemos a leitura dessa nova lei, a Lei 10.865, ela tem características assemelhadas ao Imposto de Importação, tem algumas características pertinentes ao ISS e algumas delas até ao IPI.

O que nos interessa em termos de bens, em termos de serviços? Lendo diversos preceitos dessa nova lei, relativamente à importação de bens ou importação de produtos – e aqui não se toca em mercadoria –, verificamos que a materialidade, o fato gerador, seria a importação desses bens ou produtos e que o fato ocorre quando há o registro da declaração de importação via SISCOMEX na repartição aduaneira.

Mas a Lei 10.865, embora fale que o fato gerador será a entrada dos bens e que isso ocorre na data do registro, estabelece, ainda, que, se esses bens forem extraviados – vamos supor que eles venham via navio, constem do manifesto de carga e ocorra o extravio –, incidirá também o tributo. Embora essa Lei 10.865, quando alude, no art. 33, ao prazo de recolhimento, diga que as contribuições, relativamente à importação de bens ou produtos, serão pagas na data do registro. Ora, se há um extravio do bem, embora se cogite de um fato gerador, não há necessidade de se efetuar o pagamento.

O problema começa a surgir quando examinamos o que significam os serviços. É evidente que não podemos tomar de empréstimo aqueles serviços que estão arrolados em anexo à Lei Complementar 116, do ano passado, relativamente ao âmbito do ISS. Por quê? Porque esses serviços tributados pelo Município, que são "definidos" em lei complementar, têm outro alcance.

É claro que amanhã, no período da manhã, teremos a oportunidade de examinar a questão do ISS, e pela simples leitura dessa relação anexa se constata que existem inúmeras figuras que não representam serviços: o arrendamento mercantil, a cessão de direitos, o *factory*, o *franchising*, e tudo o mais.

Isso também se reflete em PIS e COFINS-Importação. Ou seja, se algo que está sendo realizado no exterior não representa efetivamente um serviço, uma obrigação de fazer – isto segundo as nossas normas de direito privado, as regras do Direito Civil –, não podemos cogitar de incidência de PIS.

Vou dar exemplos diferentes, para verificarmos até onde temos a facilidade em que haja a incidência, ou não, de PIS e COFINS-Importação.

Empresa brasileira celebra contrato de assistência técnica com empresa da Alemanha. Ela quer fabricar determinado produto, mas não detém a tecnologia, o *know-how*. Contrata a empresa alemã, a empresa elabora essa tecnologia, fornece para a empresa nacional serviço produzido no exterior e executado no país. Aí, sim, estamos diante de serviço técnico, e há incidência de PIS e COFINS-Importação.

Num outro momento essa empresa contrata a aquisição de um bem a título de arrendamento mercantil e o pagamento dos valores correspondentes. Nosso problema é o seguinte: embora esteja tipificado na legislação do ISS que o *leasing*, o arrendamento mercantil, é fato gerador do ISS, sabemos que se trata de figura complexa, que envolve uma parte de financiamento, outra até de locação ou de cessão e uma terceira, se houver opção de compra, até a parte mercantil. Mas é uma figura complexa, não pode ser bipartida. Já poderíamos questionar o pagamento de PIS/COFINS-Importação relativamente à locação, que até o STF diz que não é serviço, e arrendamento mercantil.

A Susy estava me contando, há pouco tempo, que ela chegou do Japão alguns dias atrás e lá foi fazer uma "escova japonesa" no seu cabelo. Houve uma prestação de serviço no exterior. Se formos ver a Lista nacional, encontramos os "serviços de estética", e esses serviços pagam ISS. Ela terá que recolher o ISS? Terá que recolher o PIS/COFINS-Importação? Embora o serviço seja executado no exterior, ele vai ter seu reflexo, ele vai ter seu resultado no país – que é a sua presença, aqui, no Congresso.

Se a Fabiana é convocada por uma empresa para fazer um curso no exterior e vai a uma Universidade americana, fica lá por três meses e aprende, há um serviço de ensino; volta aqui para o Brasil, trabalha numa empresa e vai ensinar algumas técnicas de administração. Eu pergunto: é um serviço prestado no exterior e o resultado é no país?

Então, essas características tornam difícil a aplicação de PIS e COFINS-Importação.

Há um outro segmento, também – que eu sei que não interessa a muitos, mas é sobremodo importante: é o dos serviços de telecomunicações.

A Lei Geral das Telecomunicações estabelece uma conexão, um partilhamento das redes internacionais. A tecnologia distingue entre o tráfico "entrante" e o tal do tráfico "sainte". Ou seja, serviços que são iniciados no país: algum de nós quer fazer uma chamada, uma ligação telefônica; a operadora nacional conecta-se a uma rede no exterior, há um partilhamento, e a utilização dessa rede permite que se faça a conexão com alguém no exterior, e vice-versa.

Nessas atividades tem-se discutido em alguns simpósios se haveria a incidência do PIS e da COFINS-Importação – serviços realizados no exterior. E eu tenho, neste momento, que distinguir efetivamente qual o negócio jurídico celebrado. Ou seja, é a locação de um satélite, é a cessão de um direito à utilização de um satélite? Dessa forma eu estaria afastado do âmbito de incidência do ISS.

Caminhando para um ponto nevrálgico dessa nova tributação, aquele que diz respeito à base de cálculo. A legislação federal é clara. Como é que se calcula PIS e COFINS na importação de produtos ou bens? Eu considero o valor aduaneiro, o acréscimo do ICMS incidente no desembaraço e o valor das próprias contribuições.

Nós sabemos que há um respeito muito grande (até do próprio STJ, recentemente) pelas figuras e conceitos de direito privado que estão colocados na diretriz do 110 do CTN. Se nossa legislação interna recepcionou regras de tratado internacional e, pelo art. 98 do CTN, elas são de observância obrigatória, se essa cláusula de valor aduaneiro representa o valor do bem, o custo do seguro e transporte, não se poderia, para efeitos tributários, adicionar outros valores, incluir na base de cálculo outros tributos, como fez essa nova legislação, a Lei 10. 865.

Então, parece-me que pode ser reputada inconstitucional essa lei, porque desvirtuou o modelo da importação, ao fazer acréscimos ao valor aduaneiro. E é um cálculo terrível, dificílimo, porque manda acrescentar à base de cálculo o ICMS incidente e também o valor das contribuições. Ora, eu só sei o valor das contribuições depois; e como é que vou enxertar na base de cálculo um valor que ainda não é conhecido?

Relativamente à chamada "importação de serviços" também se determina a observância, a inclusão, do próprio ISS. Essa técnica não tem fundamento constitucional, por um simples motivo: a Constituição Federal em apenas duas situações previu a inclusão na base de cálculo de outros tributos. Quais são? O IPI dentro ou fora do ICMS, se há uma destinação a comercialização, industrialização ou consumo; e o próprio ICMS, por força da Emenda Constitucional 33.

Tirantes essas hipóteses, qualquer outra inclusão é aquilo que o Roque fala: eu estou tributando tributo, quando deveria tributar, fazer recair a carga tributária, sobre um negócio jurídico.

E, aqui, como me restam cinco minutos, quero considerar também o aspecto da não-cumulatividade. Vejam o seguinte: essa Lei 10.865 estabelece que o contribuinte, quando paga o PIS e a COFINS, recolhe esses tributos. Só que esse valor não é perdido. Quando for recolher PIS e COFINS por suas operações no mercado interno, calculados sobre a totalidade das receitas ou do faturamento, ele poderá abater, poderá descontar, os créditos. Aquele valor que recolheu, ele poderá abatê-lo nas operações no mercado interno; ou seja: aproveita, só que não pode fazê-lo de forma integral.

Quer dizer, se esses bens importados forem destinados a revenda, o PIS e a COFINS que recolheu na importação ele poderá utilizar integralmente, praticar esse tipo de não-cumulatividade. Se, ao contrário, esses bens ou produtos forem destinados ao seu estabelecimento, ao seu imobilizado, ele só poderá fazê-lo relativamente a 1/48, imitando o exemplo da Lei Complementar 87 no que toca aos créditos do ICMS para os bens do ativo.

Essas restrições, e outras que estão previstas, ao PIS/COFINS-Importação parecem-me constitucionais. E há uma outra situação curiosa: será que o PIS e a COFINS-Importação devem ser regrados pelo princípio da não-cumulatividade?

Não encontro na Constituição dispositivo algum dizendo que ao PIS-Importação deva ser aplicada a não-cumulatividade. Por quê? Porque ele foi previsto no art. 149 da CF, e no art. 149 nada se fala da não-cumulatividade. Apenas o art. 195, no § 12, que foi introduzido pela Emenda Constitucional 42, diz que, se for prevista a não-cumulatividade, pode haver uma diferenciação em razão da atividade econômica, e – eu sei que brilhantemente a Susy vai expor – isto precisa ter uma motivação e uma fundamentação.

E realmente, concluindo meu tempo, eu só faço uma última chamada: essa cobrança de contribuições na importação – além da menção que o Sacha já fez ao AFRMM – não é novidade, porque a Emenda Constitucional 33 já havia criado, instituído, a CIDE-Combustíveis pelo art. 149, que falava que poderia incidir na importação ou comercialização de produtos derivados de petróleo, e tudo o mais.

Eu pensei que com a nova redação da Emenda Constitucional 42, que modificou o art. 149, tivesse desaparecido essa CIDE. E a surpresa é que ela continua sendo regulada e aplicada. Então, passamos a ter PIS e COFINS na importação de bens, produtos e serviços, e também a previsão da CIDE na importação dos combustíveis.

Quero dizer a vocês que, realmente, esses pontos todos foram levantados mais para nós refletirmos na nossa vida profissional e acadêmica. E agradeço a atenção e a paciência de vocês. *(Palmas)*

Presidente da Mesa (Prof. Eugênio Doin Vieira) – Colegas congressistas, sem dúvida que é um prazer presidir uma Mesa com Mestres tão competentes e tão concisos quanto esses que temos aqui. Eu imaginaria o sofrimento do Presidente da Mesa se o IDEPE tivesse convidado, por exemplo, o comandante Fidel Castro para expor sobre a tributação em Cuba! *(Risos)* Provavelmente teríamos que chamar o Exército e a Polícia para tirá-lo da tribuna.

Foi prazeroso ouvir o professor José Eduardo Soares de Melo, com a competência e a concisão habituais. E nós nos regozijamos pela sua participação.

Vamos, agora – não é culpa nossa, é culpa da Presidente do Congresso –, abrir mão de espaço para o eleitorado feminino. *(Risos)*

Em primeiro lugar, vamos ouvir a professora Susy Gomes Hoffmann, que falará sobre "A Não-Cumulatividade do PIS e da COFINS". A professora Susy é Advogada militante da praça de São Paulo, formada pela PUC/Campinas e diplomada como Mestra e Doutora pela PUC/SP. Professora de Direito Constitucional, tem dois livros publicados sobre o direito tributário brasileiro, é membro da Junta de Recursos da Prefeitura de Campinas e é um dos valores novos que surgem na constelação dos tributaristas nacionais.

Passamos a palavra, neste momento, à professora Susy Gomes Hoffmann.

PROFA. SUSY GOMES HOFFMANN – Muito obrigada! Inicialmente, gostaria de cumprimentar o Presidente da Mesa, professor Eugênio Vieira, pela gentileza das palavras; cumprimentar a Presidente deste Congresso, professora Maria Leonor Leite Vieira; cumprimentar o professor Sacha, que fez já uma brilhante explanação; meu querido Mestre, Dr. José Eduardo Soares de Melo, que sempre nos ensina muito e que também já deu, aqui, sua grande contribuição; a querida colega Fabiana, que hoje estréia neste Congresso. E dizer que, para mim, é uma imensa alegria e satisfação participar desse *XVIII Congresso Brasileiro de Direito Tributário*.

O tema que me coube – "A Não-Cumulatividade do PIS e da COFINS" – é muito desafiador, em vista das novas legislações relativas à matéria e em vista da promulgação da Emenda Constitucional 42. É tema que tem desafiado muito a doutrina.

Vejam que eu estou com um livro, aqui na minha frente, que tem 830 páginas, falando sobre PIS/CONFINS – vamos dizer que eu li umas 400, para elaborar esta pequena fala –, e realmente com pontos de vista e enfoques diferentes. Registro, porém, que todos os autores lidos foram importantes para eu formar minha convicção.

Importante salientar que, no convite que recebi, fui chamada à atenção para o tema central deste Congresso – a saber, "Tributação e os Direitos Fundamentais" –, e no convite havia o pedido para que, na medida do possível, o desenvolvimento do tema da palestra considerasse o tema central do Congresso.

Então, vou tentar desenvolver o tema nesse sentido, e aí já caminho para a escolha da abordagem do tema, porque eu poderia falar sobre a legislação, sobre os temas relativos à legislação infraconstitucional propriamente dita, ou enfrentar a questão da não-cumulatividade, se ela tem um texto ou um contexto constitucional.

Parece-me que, frente ao tema central do Congresso, ficou mais fácil a minha opção. Não que eu a ache mais fácil ou mais difícil, acho que as duas abordagens são difíceis.E aqui me propus analisar se a não-cumulatividade da COFINS e do PIS tem natureza constitucional; e, se tem, qual seria.

Já alerto que parte da doutrina entende que não tem, que não teria essa natureza constitucional.

Devo confessar que minha intuição – e aqui não se trata de "intuição feminina", mas daquele conhecimento prévio sobre temas de direito constitucional e de direito tributário – indicava, intuitivamente, que a não-cumulatividade do PIS e da COFINS, a partir do momento em que vem a ter natureza constitucional, precisa encontrar nesse contexto constitucional seu significado, não podendo ficar ao alvedrio do legislador ordinário impor essa técnica como bem entender.

Mas só a intuição não basta, é preciso construir um caminho metodológico para se concluir dessa forma, ou de outra forma que esse caminho indicar. E foi isso, realmente, o que tentei fazer para trazer, aqui, para os Senhores.

A primeira questão colocada foi a seguinte: até o advento da Constituição de 1988 já havia o PIS, a legislação do PIS, que vem de 1970, e do antigo FINSOCIAL, que foram recepcionados pela Constituição. Tanto o PIS como o FINSOCIAL, e depois COFINS, eram tributos cumulativos. Foram recepcionados pela Constituição, acatada essa recepção pelo STF. Então, naquele contexto constitucional da Constituição Federal de 1988, de toda a tributação, do sistema tributário que foi colocado lá, era permitida a cumulatividade do PIS e da COFINS.

Mesmo depois, quando veio a legislação nova da COFINS, já no início de 1990, também temos que lembrar que algumas vozes da doutrina já se levantaram, questionando se a nova legislação da COFINS não estaria – entendendo, aí, que poderia ser imposto residual, que teria que cair no art. 154, I – ferindo a Constituição, por ser um imposto cumulativo.

Na época, o STF julgou constitucional a COFINS, e a questão não foi enfrentada.

Então, quando falamos da legislação do PIS, que veio em 2002, da COFINS, que veio em 2003, trazendo um sistema que as legislações denominaram de não-cumulatividade, se fôssemos fazer a abordagem em cima de cada legislação, veríamos que é uma não-cumulatividade que traz, na verdade, um abatimento parcial de créditos.

Vejam, não há qualquer óbice constitucional direto para esse tipo de não-cumulatividade. Podemos falar que o aumento da alíquota foi em função de um sistema não-cumulativo, e, na verdade, não havia essa "não-cumulatividade"; e aí se poderia fazer um questionamento por esse âmbito. Mas vou fazer um corte metodológico neste momento, e, se der tempo, voltamos ao assunto.

A verdade é que tanto a Lei 10.637 como a Lei 10.833 trouxeram uma sistemática que foi denominada "não-cumulatividade". Ocorre que, depois da promulgação dessas leis, em 19.12.2003 foi promulgada a Emenda Constitucional 42, que acrescentou ao art. 195 (e o professor José Eduardo já lembrou que o art. 195 é o fundamento da COFINS, mas não é o fundamento do PIS; então, temos que ter esse parâmetro) os §§ 12 e 13. E o § 12 diz, expressamente: "A lei definirá os setores de atividade econômica para os quais as contribuições incidentes na forma dos incisos I, 'b', e IV do *caput* serão não-cumulativas".

Então, havia um cenário até 19.12.2003, e esse cenário se alterou com a Emenda Constitucional 42. Há um cenário, agora, há um contexto constitucional, uma Constituição que diz que o legislador vai definir, sim, que a COFINS será não-cumulativa para alguns setores da atividade econômica.

A partir dessa Emenda eu teria três perguntas (poderíamos até ter mais, eu elenquei, aqui, três perguntas): a) Qual é o conteúdo semântico dessa não-cumulatividade prevista na Emenda Constitucional?; b) Essa previsão fere o princípio da isonomia, quando fala que é para alguns setores da atividade econômica?; 3) O sistema equivocadamente chamado de não-cumulativo, pela legislação anterior do PIS e da COFINS, pode ser enquadrado nessa não-cumulatividade da Emenda Constitucional 42/2003, ou se torna inconstitucional a partir dessa Emenda?.

Perguntas que realmente não são fáceis de responder, e eu vou tentar, aqui, dar minha opinião. Entendo que se pode começar a costura do tema da não-cumulatividade com o tema central do Congresso, que é "Tributação e Direitos Fundamentais".

Essa dita não-cumulatividade foi introduzida pelo poder constituinte derivado no texto constitucional. Nosso texto constitucional, nossa Constituição, traz de forma expressa o sistema constitucional tributário, que, de um lado, trata do poder de tributação, a competência tributária, e, do outro, dos direitos do contribuinte.

Ou seja, esse poder de tributar, essa competência tributária, encontra limites no texto constitucional. E um desses limites é a forma de imposição de alguns tributos. Por exemplo, para o ICMS e para o IPI: "Legislador ordinário, quando você for instituir esse imposto, terá que instituí-lo de forma não-cumulativa"; esse é um direito do contribuinte. E, agora, trazendo: "Legislador ordinário, você terá que optar para quais setores da atividade econômica a COFINS (e a COFINS-Importação, aqui) será não-cumulativa".

Então, creio que não podemos deixar de interpretar e de levar em consideração esse dado importantíssimo, até porque nós estamos em um Estado de Direito. Nossa Constituição, que traz esse sistema tributário de maneira rígida, é uma Constituição que criou um Estado de Direito, um Estado Democrático Social de Direito, dentro de uma forma republicana de Estado e de Governo.

Num Estado de Direito temos a supremacia da Constituição, a superioridade da lei; numa República há o governo de iguais. Então, já se vai formulando uma resposta para a questão da isonomia e da necessidade de que os cidadãos republicanos briguem para que todos os direitos e garantias sejam respeitados, para que os Poderes instituídos sejam realizados na conformidade da Constituição e da lei, sob pena de esse Estado de Direito diminuir, de se deixar de ter esse Estado de Direito.

Então, se, de um lado, temos que o Estado precisa de receita – lógico que precisa, principalmente um Estado que tem objetivos sociais; e aí se explica toda a questão da Seguridade Social –, temos também, de outro lado, todas as garantias do contribuinte, que devem ser respeitadas.

Nesse contexto, que já traz uma série de garantias ao contribuinte – que são a legalidade, a irretroatividade, a anterioridade –, temos também uma série de outras garantias. E aí há, para alguns tributos específicos, o princípio da não-cumulatividade. E eu pergunto (eu e muitos, e a doutrina): é possível encontrar um sentido uniforme para essa não-cumulatividade em toda a Constituição, ou há um sentido para ICMS e IPI e outro sentido para os outros casos?

Vejam, eu encontrei quatro vezes em que a Constituição fala em "não-cumulatividade" ou "não-cumulativo" no artigo que se refere ao ICMS, ao IPI, ao imposto residual – o art. 154, I, e, agora, o parágrafo 12 do art. 195.

Não posso acreditar que nessas quatro vezes dentro da Constituição, para cada vez que se fala "não-cumulativo" ou "não-cumulatividade", se tenha uma interpretação. Parece-me que se tem um significado mínimo uniforme para essa não-cumulatividade.

Aqui talvez seja importante entender que há o princípio da não-cumulatividade e há técnicas de não-cumulatividade. Para o princípio da não-cumulatividade eu vou tomar emprestado o conceito que a professora Fabiana Tomé trouxe em um artigo dela que está aqui (que é um conceito também baseado no do professor José Eduardo Soares de Melo), em que ela coloca que esse princípio "é um princípio constitucional que tem a finalidade de evitar a superposição de cargas tributárias, impedindo a incidência de um mesmo tributo mais de uma vez sobre valor que já serviu de base à sua cobrança em fase anterior do processo econômico".

É um princípio. Alguns podem dizer: "Ah, mas para o ICMS é uma coisa, e para a COFINS é outra". Não! Aí, o que vou ter? Esse princípio está evitando a superposição da carga tributária. É por meio desse princípio que entendemos que o tributo deve ser cobrado só sobre aquele valor agregado, aquele valor que se foi agregando dentro do processo econômico, dentro da cadeia econômica (não vou falar de cadeia produtiva, porque é realmente mais para ICMS e IPI).

Agora, dentro desse princípio pode haver métodos, sistemas diferentes, que estão colocados no trabalho já citado da professora Fabiana, em que ela cita também o trabalho do professor Alcides Jorge Costa. E aí, sim, se tem que enxergar uma diferença: eu tenho no IPI e no ICMS um tributo, um imposto sobre operações, e eu tenho na COFINS e no PIS um tributo sobre a receita; são diferentes.

Então, não dá para querer que essa não-cumulatividade seja idêntica, mas o princípio é o mesmo. O princípio é: não haverá superposição de cargas tributárias. Entendo que o conteúdo semântico, como um direito fundamental do contribuinte, é o mesmo nas quatro vezes em que isso foi colocado no texto constitucional.

Agora, dependendo do tipo de tributo, se é sobre uma operação, se é sobre a receita, aí, essa sistemática será diferente. Mas sempre fazendo prevalecer o quê? Que a incidência do tributo seja, sempre, só sobre aquele valor agregado.

É óbvio que para COFINS e PIS vamos ter que trabalhar com crédito e tudo o mais, dentro das várias sistemáticas. E é aí que foi colocado: tem o imposto sobre imposto, base sobre base; mas aqui eu acho que o que é importante é entender que esse conteúdo semântico existe. Então, não é porque PIS e COFINS não incidem sobre operações propriamente ditas que eu não posso falar em não-cumulatividade; parece que, aí, seria minimizar muito a questão e falar "olhe, eu não posso usar".

Parece-me que a primeira pergunta está respondida (se se encontra um conteúdo semântico na Constituição). Creio que sim, e que é este: impedir a superposição de cargas tributárias, impedindo a incidência de um mesmo tributo mais de uma vez sobre valor que já serviu de base à sua cobrança em fase anterior no processo econômico.

Muito bem. A segunda pergunta: esse parágrafo 12, que é fruto de uma Emenda Constitucional, poderia ferir o texto constitucional originário, com relação ao princípio da igualdade?

Nesse ponto eu entendo que age o trabalho do intérprete. Em regra ele não está ferindo, porque fala que a lei vai definir os setores da atividade econômica para os quais as contribuições serão não-cumulativas. Agora, veja-se bem: para o legislador ordinário fazer essa opção ele tem que estar motivado, porque nós estamos numa República, uma República é formada por iguais e, em tese, todos têm que ser tratados igualmente.

Para que haja tratamento desigual é preciso haver uma motivação. E aí há as lições conhecidíssimas do professor Celso Antônio Bandeira de Mello, em seu *O Conteúdo Jurídico do Princípio da Igualdade*. Se eu tenho um elemento discriminador, esse elemento discriminador tem que estar relacionado com o que se quer discriminar, que tem que ter fundamento constitucional. O legislador originário não pode falar: "Para o setor de autopeças, que fez um *lobby* aqui no Congresso Nacional, eu dou a não-cumulatividade; para o setor de eletrodomésticos, que não fez o *lobby*, eu não dou".

Bem, não é essa a escolha. A escolha teria que ser fundamentada. E, se ela for benéfica, parece-me que para o legislador originário vai ficar muito difícil fazer essa opção: ou será para todas as atividades, ou, então, se a escolha recair em determinada atividade econômica em que a cadeia é menor, o legislador terá que optar por trabalhar com alíquotas diferentes, em razão de a cadeia econômica ser maior ou menor. Mas essa discriminação, essa eleição, tem que ser motivada, conhecida, e os motivos têm que estar explanados, para que se possa fazer essa verificação, se esse elemento discriminador encontra fundamento constitucional, sob pena de ferir realmente o princípio da isonomia.

E aí já posso dizer que a Lei 10.833 não está adequada ao § 12 do art. 195, porque a escolha não está por atividade econômica, está por forma de apuração de lucro, uma das escolhas: se é lucro real, pode ir para esse sistema dito "não-cumulativo"; e se é lucro presumido, não pode ir. E, então, pode-se considerar que existem contribuintes que não estão querendo ir, e ficam fazendo a conta, se não vale a pena ficar no lucro presumido, de tão ruim que está esse "sistema não-cumulativo".

Creio que o § 12, por si só, não fere a isonomia. Mas o legislador infraconstitucional terá que, se fizer a eleição, fazê-lo de maneira muita expressa. Muito expressa, muito motivada, colocando qual foi realmente esse elemento discriminador e demonstrando a natureza constitucional da escolha.

E hoje a legislação ordinária do PIS e da COFINS encontra fundamento constitucional?

Veja, quanto ao PIS – o professor José Eduardo Soares de Melo já lembrou –, ele não está incluído nesse § 12, segundo o qual "a lei definirá os setores de atividade econômica para os quais as contribuições incidentes nas formas dos incisos I, 'b', e IV do *caput* serão não-cumulativas". O inciso I, "b", refere-se à contribuição sobre a receita e faturamento. "Ah, mas o PIS incide sobre a receita e faturamento." Mas ele está expressamente previsto no art. 239, e não no art. 149.

Então, salvo melhor juízo (creio que, aqui, nós podemos discutir e ponderar), o fundamento do PIS me parece que não está no art. 195, e que a discussão sobre a não-cumulatividade dele teria que ser na legislação. Ou seja, a partir do momento em que se fala que se está criando um sistema não-cumulativo, que podem ser abatidos os insumos – e aí vem toda a restrição do que são os insumos –, a discussão pode ser nesse sentido; mas não nesse confronto com o texto constitucional de uma maneira tão expressa como é para a COFINS.

Parece que, se essa Lei 10.833 tinha uma validade, encontrava seu fundamento de validade na Constituição. A partir de 19.12.2003 ela não encontra mais. E aí se tem que estudar o fenômeno da recepção – o texto constitucional mudou. E, mudando o texto constitucional, o que prevalece? O texto constitucional. E aí, lembrando aquelas regras tão bem trazidas pela doutrina, relembrando Jorge Miranda, como ficam as leis infraconstitucionais? Aquelas que forem expressamente contrárias a esse texto constitucional, agora reformulado pela Emenda Constitucional 42, ficam revogadas; e aquilo que não for contrário automaticamente fica recepcionado.

Então, se o art. 1º da Lei 10.833 fala em não-cumulativo, e antes eu podia ler "não-cumulatividade como sistema de abatimento parcial de créditos", agora eu teria que ler a não-cumulatividade no contexto constitucional. E se os artigos seguintes não demonstram essa não-cumulatividade no mesmo conteúdo semântico da Constituição – que é evitar a superposição de cargas tributárias –, essa forma está inconstitucional.

Esse é o meu entendimento. Como eu falei, dentro desse livro com 831 páginas, das quais eu li umas 400 páginas, há posicionamentos diversos. Minha proposta, aqui, meu objetivo, era realmente só trazer essas questões à consideração dos Senhores, e estas são as respostas que eu encontrei dentro da minha experiência, do meu estudo, para as perguntas que eu mesma me fiz sobre a não-cumulatividade.

Agradeço muito a atenção! *(Palmas)*

Presidente da Mesa (Prof. Eugênio Doin Vieira) – Gratíssimos à professora Susy Gomes Hoffmann. Pedimos bastante atenção dos Colegas porque, ao final, nós vamos fazer um "ibope" para ver quem se saiu melhor, se as senhoritas ou os cavalheiros. *(Risos)* Em termos de estilo telegráfico e concisão, elas, por enquanto, estão ganhando.

Vamos também ouvir, agora, um dos valores nobres desta tribuna, a professora Fabiana Del Padre Tomé, formada pela Universidade Federal de Mato Grosso (isso talvez explique até a origem do nome), Mestre em Direito Tributário pela PUC/SP, Doutoranda em Direito Tributário pela PUC/SP, Professora de Cursos de Especialização, Advogada em São Paulo. E tem, inclusive, uma obra publicada sobre *Contribuições para a Seguridade Social à Luz da Constituição Federal.*

Nós não conhecemos a idéia, a manifestação, a competência da professora Fabiana Del Padre Tomé. Por isso mesmo, estamos curiosos para ouvi-la. Passamos a ela a palavra.

Profa. Fabiana Del Padre Tomé – Quanta responsabilidade! Inicialmente gostaria de cumprimentar a todos, muito boa tarde, agradecer ao Presidente do Instituto Geraldo Ataliba, professor Aires Barreto, e à Presidente deste congresso, professora Maria Leonor Leite Vieira, pelo convite realizado, por esta oportunidade.

Estou aqui pela primeira vez para expor meu posicionamento, fazer algumas considerações e, aí, me submeter à avaliação do Presidente desta Mesa, professor Eugênio Doin Vieira. Gostaria de cumprimentar também o professor José Eduardo Soares de Melo, a professora Susy Gomes Hoffmann, o professor Sacha Calmon – meus Mestres, sempre. A professora Susy, inclusive, participou da minha Banca Examinadora de Mestrado, que teve por objeto o tema das contribuições. Então, estou aqui, por isso, sob a avaliação deles, que são meus Mestres, referências necessárias em todo trabalho que me proponho a desenvolver.

E, nesta oportunidade, com tamanha responsabilidade e sendo avaliada por esses grandes Professores e pelos Senhores – uma platéia tão seleta, vinda de todo o Brasil, com advogados, acadêmicos, servidores públicos, pessoas de toda a área jurídica, com diversas formas de pensamento –, vamos discutir um pouco sobre o tema que me foi atribuído, que são as "Contribuições de Intervenção no Domínio Econômico", as famosas "CIDEs" – carinhosamente ou pejorativamente, não sei ao certo ainda, mas as chamamos de "CIDEs".

O tema é tão relevante que hoje já foi referido por dois professores. Hoje, que é o primeiro dia do Congresso, o professor Eurico de Santi, na sua brilhante exposição, referiu-se às CIDEs no que diz respeito à destinação, à aplicação efetiva do produto arrecadado. Nesta Mesa, também o professor Sacha Calmon fez importantes considerações sobre o assunto, que, apesar consistirem em pontos de vista diversos, são de grande interesse, todas relevantíssimas. E eu vou procurar, aqui, colocar, humildemente, um ponto de vista a mais sobre o assunto.

Fazendo um corte metodológico, não vou tratar da destinação específica, consistente na aplicação prática, efetiva – se o dinheiro vai, ou não vai, para onde estipula a prescrição legal. Vou voltar minha atenção para os requisitos constitucionais relativos à hipótese de incidência, à regra normativa de destinação, à finalidade que motiva, que justifica, a instituição das CIDEs.

Recordo-me de que em Congressos anteriores já se discutiu muito sobre esse tema, sempre se comentou muito sobre a CIDE, especialmente quando a União descobriu esse filão. Assim refiro em virtude de que, embora a Constituição seja de 1988, nós tínhamos, até pouco tempo, esparsas CIDEs. Mas, de repente, de uma hora para outra, vieram leis e mais leis, umas atrás das outras, criando novas CIDEs. Ficamos até meio perdidos, num primeiro momento. Mas o que é isso? Pode? O que justifica? Para que serve? Quanta coisa! E há três, quatro anos, quando começou essa produção legislativa em larga escala, já se comentava sobre o tema aqui neste Congresso, já existia um receio relativo a como a competência legislativa para a criação de contribuições seria utilizada.

O art. 149 está na CF desde 1988 prevendo os requisitos para a instituição das várias contribuições, dentre elas a de intervenção no domínio econômico. Mas quais seriam esses requisitos? Como poderíamos interpretar aquele dispositivo? Já que ele não descreve as materialidades – como acontece com os impostos –, será que teria dado um "cheque em branco" para o legislador? Será que, a pretexto de instituir CIDEs, o legislador simplesmente passaria a criar novos impostos? E, aí, teríamos duplicidade, triplicidade ou – como referiu o professor Sacha – 500 mil incidências tributárias sobre uma mesma materialidade?

Infelizmente, hoje vemos que esse receio tinha sentido, tinha uma razão de ser, e está sendo concretizado. Então, aproveito para manifestar minha indignação, tentando estabelecer quais seriam os limites competenciais.

Existem limites, ou será que realmente há um "cheque em branco" conferido pelo texto constitucional? Nada há de explícito no art. 149 sobre quantas contribuições podem incidir sobre a mesma materialidade, sobre qual seria essa materialidade, sobre a necessidade de destinação para uma situação ou outra. Esse dispositivo refere-se, simplesmente, a três situações, que são três finalidades. Mas isso seria delimitador da competência, ou não? Examinando esse dispositivo constitucional em harmonia com os demais, com a sistemática como um todo, verificamos que sim: há limitações, e há muitas limitações. Nossa Constituição – analítica, tão minuciosa, tão detalhista – não iria simplesmente atribuir uma competência de forma livre, aberta, quase que infinita. Ela deve ser considerada no contexto constitucional, no contexto das repartições de competências e no contexto, até mesmo, das finalidades.

É por esse ponto que começo a discorrer sobre os requisitos para a criação de CIDEs. A palavra-chave dessa espécie de contribuição é a *finalidade*. E ao falar, aqui, em *finalidade*, já esclareço que não estou querendo dizer que essa finalidade pode ser qualquer uma – e, portanto, deixar aberta a possibilidade de o legislador fazer o que bem entender. Não! Nós temos, aqui, finalidades específicas referidas no art. 149. São finalidades sociais, para as contribuições sociais; intervenção no domínio econômico, para as interventivas; e interesse das categorias profissionais ou econômicas, para as corporativas. Essas finalidades já vão servir como delimitações. E mais, ainda: não basta que o legislador institua a contribuição com afirmações do tipo "estou instituindo essa contribuição para atingir certa finalidade, que é intervir em determinado setor econômico" – e pronto, acabou. Não. A Constituição vai além. No art. 149 ela impõe que essas contribuições sirvam como instrumento de atuação da União na respectiva área.

Se o legislador pretende instituir uma contribuição social, além da finalidade social ele tem que efetivamente prever, pelo menos em uma norma jurídica, que o valor arrecadado vai ser aplicado para aquela finalidade social. Se ela é interventiva, a aplicação tem que ser para uma intervenção no domínio econômico. A destinação decorre exatamente dessa finalidade, que, por sua vez, está intrinsecamente relacionada à materialidade, que está intrinsecamente relacionada à sujeição passiva. Do dispositivo constitucional em exame consegue-se construir uma rede analítica, um campo limitado de atuação do legislador.

Apesar de eu partir da premissa de que a contribuição é diferente de um imposto, exatamente porque ela tem essa destinação específica, porque ela tem essa finalidade, não podemos ignorar que sua materialidade é típica de imposto. Mas isso não significa que a contribuição pode apresentar qualquer materialidade de tributo não-vinculado. O legislador não pode, por exemplo, determinar, simplesmente, que fica eleita a renda como materialidade da contribuição, que será destinada a intervir em determinado setor econômico. Não. A Constituição nos dá regras rígidas que limitam a criação de contribuições, dentre elas as CIDEs. E é nesse sentido que a primeira consideração deve ser feita. Já que a finalidade é a intervenção do domínio econômico, que é essa intervenção? Quando ela se opera? Que tipo de intervenção justifica a instituição de uma CIDE?

Na verdade, se essas finalidades forem consideradas de uma forma muito ampla, muito abrangente, tudo o que o Governo fizer, tudo o que o Estado realizar, irá acabar interferindo, ainda que indiretamente, em alguma esfera de atuação privada. Tratando-se de intervenção no domínio econômico, por exemplo, verificamos que qualquer aumento ou redução de tributo opera conseqüências na economia – e, portanto, implica interferência em algum setor econômico, em algum domínio econômico.

A criação do PIS e da COFINS incidentes sobre a importação, a instituição do regime da não-cumulatividade para o PIS e para a COFINS, tudo isso que estamos discutindo aqui, neste Congresso, está intervindo na situação econômica do país, nas empresas, caracterizando uma espécie de intervenção no domínio econômico. Mas será que é a essa espécie de intervenção no domínio econômico que se refere o texto constitucional quando autoriza a União a instituir uma CIDE? Ao que parece, não. Ao efetuar uma interpretação sistemática, devemos recorrer ao capítulo "Da Ordem Econômica" para identificar o que o constituinte entendeu por "ordem", por domínio econômico.

A ordem econômica apresenta-se como o conjunto das normas que regem o domínio econômico, o qual, por sua vez, abrange as atividades de produção e de circulação de riquezas. E como é que o Estado pode interferir nessa situação? Nós vamos para o art. 173 e para o art. 174 da CF e vemos os limites da competência do Estado ao disciplinar e agir no campo da intervenção econômica.

O art. 173 prescreve que a atividade econômica é assegurada ao particular: ela é da livre iniciativa do particular. Por quê? Porque o texto constitucional assegura que a atuação do Estado só irá ocorrer nos casos expressamente previstos na Constituição ou por imperativos de segurança nacional ou relevante interesse coletivo. Ou seja, excepcionalmente o Estado pode atuar de forma participativa, ele próprio exercendo aquela atividade econômica. E, nessa hipótese, quando o próprio Estado pratica a atividade econômica, o que ele cobra é preço: essa vai ser sua remuneração. O Estado estará atuando como se um particular fosse. Então, essa espécie de atuação já está fora do que se pode considerar intervenção do domínio econômico.

Resta-nos, ainda, examinar o art. 174 da CF, que eu faço questão de ler: "Como agente normativo e regulador da atividade econômica, o Estado exercerá, na forma da lei, as funções de fiscalização, incentivo e planejamento, sendo este determinante para o setor público e indicativo para o setor privado". Quer dizer, ou o Estado atua, ele próprio, naquelas situações excepcionais referidas pelo art. 173, em forma de ação participativa, ou ele age como mero agente normativo e regulador. Nesse caso, o Estado observa as atividades econômicas sendo desenvolvidas pelos particulares e tenta direcioná-las de alguma forma. E como ele pode direcioná-las? Três são as possibilidades referidas pelo art. 174: *fiscalização*, *planejamento* e *incentivo*. Para quaisquer dessas hipóteses é necessário prévia legislação que fundamente e regulamente a atuação estatal.

No âmbito da fiscalização o Estado vai atuar intervindo de certa forma. Isso também é uma intervenção: o Poder Público intervém, de modo que o particular, ao exercer a atividade econômica, deve agir de forma determinada, e não de outra, respeitados certos requisitos, certos princípios constitucionais.

Mas *fiscalização* não caracteriza intervenção no domínio econômico motivadora da instituição de CIDE. Por quê? Porque *fiscalização* é efetivo exercício do poder de polícia, que, segundo o art. 144, II, do texto constitucional, é fato jurídico tributário da taxa. Então, pela fiscalização, o que o Estado pode cobrar é uma taxa.

Além disso, temos no art. 174, ainda, a figura do *planejamento*. O Estado pode planejar como ele quer ver o desenvolvimento de determinadas atividades dentro da Nação: "Esta aqui eu quero que siga por esse caminho, aquela por esse outro" – e faz suas opções políticas e metodológicas. Esse planejamento é determinante para o setor público, mas para o setor privado é indicativo. Ele vai servir como um norte, como uma orientação. Por isso, além de existir no plano meramente normativo e indicativo – e, portanto, não implicar efetiva atuação que gere despesa e que precise ser custeada por uma CIDE –, esse planejamento não autoriza a instituição de CIDE.

O que autoriza a instituição de CIDE é o *incentivo*, terceira forma de intervenção no domínio econômico, que está referido no art. 174. Para incentivar determinado setor da economia, determinado setor do direito privado, um âmbito econômico que se considere interessante, que se queira ver desenvolvido, pode a União criar uma CIDE. Essa CIDE há de ter uma finalidade, que vai ser a de intervir no domínio econômico incentivando aquele setor. E, do mesmo modo, deve ser destinado o produto da sua arrecadação para implementar aquele incentivo pretendido, ou seja, servir como efetivo instrumento de atuação naquela área.

Daí por que discordo veementemente da posição que considera possível a instituição de uma CIDE para fins de indução negativa, ou seja, para desestimular. Exemplo de contribuição desestimuladora seria, por exemplo, a instituição de CIDE sobre a fabricação de cigarros, com a finalidade de inibir essa atividade produtiva e destinando o produto da arrecadação ao custeio do tratamento das vítimas de câncer no pulmão causado por cigarro. Tal modalidade interventiva não se enquadra no conceito constitucional. Se o legislador deseja desestimular uma atividade, como a industrialização do fumo, ele tem em mãos outros meios de fazê-lo: pode fazer uso do IPI, com base no critério da seletividade; ou, sendo um bem importado, existe o imposto de importação, mediante o qual pode regular as alíquotas em caráter extrafiscal. O legislador tem, portanto, outros métodos extrafiscais para desestimular aquela atividade.

Para fins de instituição de CIDE é necessário que se esteja diante de intervenção no domínio econômico realizada mediante incentivo. Até mesmo porque, se eu falar que é possível instituir uma CIDE para desestimular, ficaria prejudicado o critério da destinação. Isso porque, ainda que o legislador prescreva que o produto da arrecadação será revertido em benefício das vítimas do câncer de pulmão etc., essa destinação não estará intervindo, ela própria, no domínio econômico, pois o cigarro continuará a ser fabricado, independentemente de o valor arrecadado ser aplicado para financiar o tratamento das vítimas. E, sendo fabricado, o cigarro será utilizado, e vamos ter mais câncer; etc.

Não estou querendo fazer, aqui, propaganda contra fumo, não é isso. Tais considerações se devem apenas ao fato de que há um projeto de lei – não sei nem se ainda está em tramitação – pretendendo instituir CIDE nesse sentido. Por isso estou utilizando, aqui, o exemplo.

Conclusão: qual é a intervenção no domínio econômico que autoriza a União a instituir uma CIDE? É essa atuação positiva de incentivo em determinado setor da economia.

Agora, passamos a uma segunda questão, de extrema relevância: a dos *sujeitos passivos*. Esse aspecto está relacionado com a finalidade de que falamos, posto que a intervenção se refere a um específico setor da economia. Então, para instituir a CIDE, a regra-matriz que vai autorizar a incidência desse tributo precisará delimitar qual o setor que se irá incentivar. E, ao delimitar o setor que se pretende incentivar, delimitam-se, também, os sujeitos passivos, o grupo de contribuintes.

Apesar de partirmos de premissa diversa de outras já expostas aqui nesta Mesa, a conclusão a que se acaba chegando é a mesma: é preciso haver um grupo de contribuintes, que é o setor da economia no qual se quer intervir. Ou seja, o legislador não pode simplesmente instituir uma contribuição para toda a coletividade. Por quê? Porque, aí, não se estará intervindo no domínio econômico.

A contribuição em exame é diferente de uma contribuição social, em que a finalidade – como o próprio nome diz – é social, e o "social" interessa a toda a coletividade; daí a solidariedade das contribuições a que se refere o próprio texto constitucional. Na intervenção a situação é diversa, a finalidade é diversa. Por isso, é imprescindível a limitação do grupo de sujeitos passíveis de serem tributados por essa exação.

Há estrita relação entre a intervenção, a finalidade, a destinação, os sujeitos passivos e, mais, a materialidade. Para eleger um grupo de sujeitos passivos, necessário se faz escolher uma materialidade que seja por eles praticada, pois para tributar determinada pessoa, determinado contribuinte, é preciso relacionar como hipótese de incidência uma materialidade que represente fato signo-presuntivo de riqueza e que aquela pessoa que se deseja tributar tenha relação com o fato signo-presuntivo de riqueza. Portanto, a materialidade escolhida vai ter que ser uma materialidade específica daquele determinado setor da economia, porque só aí teremos aquela relação entre intervenção, finalidade, destinação, materialidade e sujeição passiva. Só nesse caso teremos preenchidos os requisitos constitucionais para instituição desse tributo.

Agora, partindo dessas premissas, partindo desses conceitos, desses requisitos competenciais – sem eles a competência não é exercida de forma constitucional –, vamos examinar duas CIDEs que existem no ordenamento jurídico e que, por coincidência, já foram referidas aqui nesta Mesa.

Uma delas é a chamada "CIDE-Combustíveis". Apesar de nós termos desde 1988 – repito – a previsão constitucional no art. 149 para a instituição de CIDEs, a Emenda Constitucional 33 adveio para especificar uma delas, prescrevendo que poderia ser instituída uma dessas contribuições sobre a importação de combustíveis, e indicando a quais finalidades ela se destinaria. À primeira vista, poder-se-ia pensar que essa Emenda é inócua, ela nem precisaria existir, porque já havia previsão constitucional. Só que, na verdade, essa Emenda, se olharmos bem, criou uma figura esdrúxula ao determinar algumas finalidades que não são, efetivamente, interventivas. Uma delas é o subsídio a preços e transporte de combustíveis; outra delas é o financiamento de projetos ambientais relacionados com a indústria do petróleo e do gás. Até aí se pode entrever certa ligação com os princípios econômicos. Mas a terceira finalidade não tem escapatória: a terceira destinação que está ali prevista diz respeito a programas de infra-estrutura de transportes. Essa finalidade, portanto, não é intervenção em específico e delimitado setor da economia.

Daí a necessidade dessa Emenda Constitucional. Agora conseguimos entender por que ela foi editada: sem ela seria certeiro o argumento de que a finalidade da exação não se apresenta interventiva. Mas agiu o poder constituinte derivado criando, dessa forma, uma outra competência. Porque, diante da sua finalidade diferenciada, a chamada "CIDE-Combustíveis" não é uma contribuição de intervenção no domínio econômico, não é social, não é corporativa: ela é uma outra coisa.

Em vista disso, surgem indagações até acerca da constitucionalidade dessa Emenda, dependendo do conceito que cada um tenha do que sejam as cláusulas pétreas, do que sejam aqueles direitos e garantias fundamentais do contribuinte, se o contribuinte tem direito de ser tributado só por aqueles tributos que originalmente estão previstos na Constituição, se podem ser criados outros etc. Mas essa é outra questão, que vai muito além. Poderíamos ficar mais um dia inteiro falando sobre isso. O ponto que eu ressalto, aqui, é que foi criada mais uma competência constitucional para uma finalidade que não é interventiva.

Examinando, agora, a conhecida CIDE–*Royalties*, que também foi referida nesta Mesa, a materialidade, na forma inicialmente instituída pela Lei 10.168/2000, era a detenção, por parte de pessoa jurídica, de licença ou a aquisição de conhecimentos tecnológicos, assim como assinatura de contratos que implicassem transferência de tecnologia. Essa contribuição visava ao desenvolvimento ou à implantação de pesquisas para desenvolvimento tecnológico no país. Olhando as referidas destinação e finalidade, consideradas em conjunto com os arts. 218 e 219 da CF, até diríamos que realmente é uma finalidade interventiva, porque os arts. 218 e 219 apregoam a autonomia tecnológica do país e o incentivo ao desenvolvimento científico.

Então, haveria, ali, uma autorização para essa finalidade, para essa destinação.

Mas, para complicar a situação – que aqui no país nunca pode ser fácil –, adveio a Lei 10.332 e alterou aquela materialidade, ampliando-a. Agora não é só essa transferência de tecnologia, essa importação de tecnologia, que é tributada. A materialidade, atualmente, abrange a aquisição, do exterior, de quaisquer serviços técnicos, quaisquer serviços de assistência administrativa, ou a realização de remessas de valores como forma de pagamento ou de crédito. Se a pessoa jurídica envia *royalties* a qualquer título para o exterior, está obrigada a pagar a contribuição ora analisada.

Observa-se, desde logo, que essa materialidade, em si, nada tem a ver com aquela finalidade interventiva, com aquele setor da economia no qual se pretende intervir. Referida contribuição é exigida da coletividade como um todo. Toda e qualquer pessoa jurídica que um dia, eventualmente, tome uma atitude dessas (envio de *royalties* ao exterior) vai ser abarcada pela contribuição. Por isso, tem-se a incompatibilidade com o grupo de sujeitos passivos, assim como da materialidade com a destinação que se pretende dar a essa contribuição.

Por fim, farei uma última referência a peculiaridades das CIDEs. Uma delas diz respeito à materialidade que pode ser eleita. Porque aí vem aquela discussão: "E a União, quando vai escolher que fato vai colocar na hipótese de incidência da regra-matriz de uma CIDE, tem liberdade para escolher qualquer fato?". Infelizmente, o STF, ao julgar o adicional ao frete para renovação da marinha mercante (AFRMM), que tem hipótese de incidência semelhante à do ICMS, disse que sim. Mas nós, aqui – graças a Deus! –, estamos numa discussão científica, realizada com base no texto constitucional, e podemos, apesar de argumentos de ambos os lados, adotar posição em sentido diverso.

Vou fazer uso, inclusive, de dois grandes nomes do Direito para respaldar meu posicionamento. Um deles, que está presente neste Congresso, é o professor Eduardo Bottallo, que faz referência ao princípio das reservas das competências tributárias. Segundo ele, a Constituição repartiu aquelas competências entre os Estados, o Distrito Federal, os Municípios e a União, e relativamente aos impostos indicou especificamente quais sejam. Com relação às taxas e à contribuição de melhoria, por se tratar de atividade vinculada implicitamente na Constituição, também encontramos essa repartição. E com relação às outras contribuições – no caso em exame, as CIDEs – teríamos que nos restringir àquela divisão de competências feita relativamente aos impostos. Ora, se o constituinte faz essa repartição, indicando quais fatos vão ser tributados por quais entes, ele está fazendo uma repartição das competências. E, se as contribuições têm hipóteses de incidência semelhantes às dos impostos, então, elas estão adstritas àquelas materialidades.

Como dizia Geraldo Ataliba – outro grande jurista em que me fundamento –, se entendêssemos de forma diversa iríamos chegar à conclusão de que as competências tributárias não são exclusivas, de que a repartição das competências não é rígida, ou até mesmo de que a contribuição não é um tributo. O que, segundo nosso ponto de vista, não seria admissível.

Essas são as breves considerações que eu teria a fazer sobre o assunto, apenas para aguçar ainda mais eventuais discussões em relação ao tema.

Agradeço a atenção de todos aqui presentes. Muito obrigada! *(Palmas)*

Presidente da Mesa (Prof. Eugênio Doin Vieira) – Dizem que fevereiro é o mês em que as mulheres falam menos! *(Risos)* Outubro deve ser o mês em que elas falam mais depressa! *(Risos)*

Colegas, estamos rigorosamente dentro do nosso tempo e do nosso horário. Eu queria fazer uma rápida observação: aprendemos com o professor Paulo de Barros Carvalho que Direito é linguagem. Há um comando, e nós obedecemos conforme interpretamos. Quando o Presidente da Mesa diz "vamos passar às questões", uma parte do Plenário escuta, e diz: "Está na hora de tomar um cafezinho". *(Risos)* Não é bem isso. Vamos passar às questões. São poucas, são necessárias. E, para elas, sim, os Professores estão convidados a utilizar o "estilo telegráfico".

Passo, inicialmente, pela mesma ordem dos conferencistas, a palavra ao professor Sacha Calmon Navarro Coêlho.

PROF. SACHA CALMON NAVARRO COÊLHO – Minhas perguntas são poucas, responderei em poucos minutos. Mas eu não poderia deixar de louvar as palavras rápidas, porém conscienciosas, da Fabiana. Você estava falando e eu estava anotando, aqui. Se a Constituição fala que taxa não pode ter base de cálculo nem fato gerador de imposto, se fala que para criar novos impostos federais é preciso uma série de restrições, se criar o imposto extraordinário de guerra, aí, sim, pode invadir competência estadual ou municipal, porque de outro modo não pode. Não pode, só em caso de guerra.

Se diz que é proibido afetar receita de impostos a determinadas finalidades, se obriga à afetação das contribuições às finalidades, se proíbe a invasão de competências, como o Bottallo disse, como é que nós vamos admitir impostos finalísticos afetados e invasivos, como são as CIDEs, mesmo com fundamento constitucional?

Essa é uma questão em que eu gostaria que mulheres como a Misabel, você e a Susy, com assento no Supremo, dessem lições aos homens que lá estão. *(Palmas)*

Bom, as perguntas são rápidas. "Pela sua exposição, seria correto inferir que a criação de competência para instituição da contribuição do importador é inconstitucional, por afrontar o princípio da separação de Poderes, de vez que tais contribuições não têm referibilidade, não estando autorizadas?"

Minha resposta é a seguinte: toda vez que uma contribuição invadir área já reservada ao Estado, ela incide em inconstitucionalidade. Agora, o que nós estamos vendo nessa CIDE-Importação é que ela se sobrepõe a vários impostos e se recompõe sobre várias bases de cálculo. Outro dia a Misabel me chamou a atenção, mas eu insisto: "No bordel tributário tudo é possível". *(Risos)*

A segunda pergunta é a seguinte: "Tendo o Supremo decidido que é constitucional a incidência sobre inativos e tendo o inativo morrido antes da Emenda, os pensionistas herdam?".

Tenho a impressão, infelizmente – uma coisa que me deixou muito triste foi essa decisão do STF –, de que a pensão não tem essa ligação umbilical com os proventos. Os pensionistas são atingidos pela tributação independentemente de o aposentado ter morrido antes. No momento em que se decidiu que, a partir de tal data, pensões e proventos estão sujeitos a um adicional do imposto de renda, porque é um adicional discriminatório, que só uma subclasse paga, não há como socorrer, a meu ver, os pensionistas. Infelizmente.

PRESIDENTE DA MESA (PROF. EUGÊNIO DOIN VIEIRA) – Muito obrigado, professor, inclusive pelo "estilo telegráfico".

PROF. SACHA CALMON NAVARRO COÊLHO – Eu queria... *(Risos)*

PRESIDENTE DA MESA (PROF. EUGÊNIO DOIN VIEIRA) – Mais um telegrama? *(Risos)*

PROF. SACHA CALMON NAVARRO COÊLHO – Eu queria só fazer uma menção. Essa questão da CIDE foi tratada no Curso de Pós-Graduação da UFMG e gerou um texto de um novo Código Tributário Nacional. Então, essa questão das contribuições foi tratada, foi inclusive adaptada à Constituição vigente. Quem quiser dar uma olhada, o *site* é *www.sachacalmon.com.br* – não esquecendo que é com "ch", por causa da filha da Xuxa. *(Risos)*

Porque eu ouço assim: "Ele só fala, fala, e não faz". Nós fizemos. Tem uma solução legislativa. Eu sei que não é para agora, mas pode ensejar base legislativa para uma solução, não sei quando virá, a respeito das contribuições de intervenção. Eu só acho que nós temos que resistir bravamente à proliferação dessas contribuições.

PRESIDENTE DA MESA (PROF. EUGÊNIO DOIN VIEIRA) – Terminados os comerciais, *(risos)* passamos a palavra ao professor José Eduardo Soares de Melo.

PROF. JOSÉ EDUARDO SOARES DE MELO – Também quero cumprimentar a Fabiana pela estréia maravilhosa, e fazer um adendo: se a própria contribuição seria de intervenção, ela só poderia ser editada, instituída e aplicada naquele domínio particular que estivesse totalmente desorganizado.

No caso do adicional ao frete, um brilhante parecer do Sacha infelizmente não vingou – mas esse não é o problema, ou seja, o sistema portuário deveria estar caótico. Então, o Governo vem, cria uma instituição, arrecada dinheiro, vai reorganizar, e se afasta. Ele não pode intervir se é uma área – já não vou dizer – do seu domínio, mas já de sua esfera privativa, como no caso da CIDE-Petróleo. E, ademais, tem que ser temporária, porque senão essa intervenção será definitiva e usurpará a competência do particular.

A pergunta que me foi formulada é se esse valor aduaneiro é um instituto de direito privado ou se seria um instituto de direito tributário ou Direito Internacional. E a grande pergunta é se poderia ocorrer a criação ou o conceito de valor aduaneiro para o fim de incidência das contribuições previstas no art. 195.

Lembro, aqui, a posição firmada pelo STF há uns oito anos atrás, quando discutiu a contribuição previdenciária sobre a folha de salários. O Supremo (rel. ministro Marco Aurélio) disse que esses conceitos são conceitos de direito privado. Quando o legislador federal quis ampliar a contribuição para abranger também os autônomos, os avulsos e os sócios das empresas, ele estava extrapolando o conceito de *salário*.

Então, já não é mais, aqui, a questão do valor aduaneiro. Quando a Constituição trata de lucro, renda, salário, faturamento, são conceitos hauridos do direito privado, porque o direito tributário é um direito de superposição; ele vai colher esses institutos e conceitos pelo 110 do CTN.

Minha resposta é a seguinte: não se trata propriamente de um conceito próprio; é conceito que decorre de um tratado internacional, integrou o nosso ordenamento jurídico, e ele não pode ser manuseado.

E concluindo, aqui, a "mensagem telegráfica", não posso entender que mercadoria para o ICMS é aquele bem do 191 do CComercial, e o ISS pode entender que aquele bem corpóreo não é mercadoria para fim de ISS.

PRESIDENTE DA MESA (PROF. EUGÊNIO DOIN VIEIRA) – Obrigado, professor José Eduardo. Passamos a palavra à Dra. Susy Gomes Hoffmann.

PROFA. SUSY GOMES HOFFMANN – A primeira pergunta que me foi formulada é se o princípio da não-cumulatividade, tanto para os impostos como para as contribuições, é norma de eficácia limitada.

Eu entendo que não. O professor José Eduardo Soares de Melo já escreveu a respeito no livro dele sobre não-cumulatividade, e eu compartilho totalmente do entendimento dele. É uma norma de eficácia plena, não precisa de qualquer outra norma para ser aplicada. Eventualmente pode ser regulamentada, mas é uma norma de eficácia plena, do meu ponto de vista.

O Dr. André, de Ribeirão Preto, perguntou com relação ao princípio da isonomia, § 12 do art. 195 da CF, se quando o § 12 se refere a "setor de atividade econômica" nós teríamos que lembrar da conceituação de "atividade econômica" para empresário, que está no art. 966 do CC, que considera "empresário" quem exerce atividade econômica organizada para produção ou circulação de bens ou de serviços; e que, então, só haveria três setores de atividade econômica, que seriam indústria, comércio e serviços.

Eu, particularmente, entendo que não. Que, apesar de termos que usar os conceitos dos outros ramos do Direito, isso é especificamente, ou de maneira mais específica e mais forte, para a limitação da competência. E aqui me parece, salvo melhor juízo, que o § 12 vai falar realmente de eleger setores de atividade econômica diversos; ele não estaria preso, aqui, ao art. 966 do CC.

O Dr. José Luís Vigna, Procurador do Estado de Campinas, de maneira bem firme, como lhe é peculiar, traz a seguinte questão: se o STF já não tem entendido o princípio da não-cumulatividade como uma técnica, em especial em razão da decisão sobre o parcelamento do crédito referente à aquisição de bens para o ativo permanente.

Veja, eu não conheço o voto que fundamentou tal acórdão. Parece-me que, ainda que ele tenha admitido a constitucionalidade, o princípio da não-cumulatividade, como um sistema de aproveitar a operação anterior, não foi atingido de maneira direta. Não conheço o voto; então, aparentemente, creio que ele não fez essa opção. Quero acreditar que não fez essa opção, mas vou ler o voto –, pelo seu jeito, acho fez a opção. Agora, talvez tenhamos que mudar esse posicionamento.

E uma última pergunta, cujo autor não foi nominado, diz: "A possibilidade de deduções na base de cálculo da COFINS anterior à Emenda Constitucional 42 constituiu favor legal ao contribuinte, já que o princípio da não-cumulatividade só é referido à COFINS após a referida Emenda?".

Veja, entendo que não é favor legal, primeiro porque o legislador não pode dar um favor. E, aqui, quando o legislador falou em não-cumulatividade – e por isso temos que lembrar que ele aumentou a alíquota de 7,6%, e para mim houve realmente um efetivo aumento, tanto que se vê que mês a mês a Receita Federal tem batido seus recordes de tributação –, o fez trazendo um sistema não-cumulativo, possibilitando uma série de abatimentos de créditos.

Então, entendo que, por mais que essa não-cumulatividade da Lei 10.833 não esteja fundamentada na não-cumulatividade constitucional prevista na Emenda Constitucional 42 (até porque na época não havia essa Emenda), quando a lei se refere a um sistema de não-cumulatividade ela tem que trazer um sistema que permita um aproveitamento total dos tributos pagos nas operações econômicas anteriores.

Esse é um posicionamento, e por isso eu quis fazer a costura entre o tema da não-cumulatividade e o tema da tributação dos direitos fundamentais. Ou seja, tenho que buscar, como cidadão, que os direitos fundamentais continuem sendo respeitados pelo legislador, pelo administrador tributário, e toda vez que isso não for respeitado ir à Justiça, ainda que digam: "Ah, essa posição não vai pegar no STF".

Creio que nossa parte é ser cidadão; e ser cidadão é questionar, fiscalizar e fazer realmente prevalecerem esses direitos fundamentais, para que continuemos num Estado de Direito.

Então, se a lei da COFINS previa um sistema de não-cumulatividade, não é favor algum, é um dever do legislador permitir esse abatimento de créditos. E, inclusive, é um dever nosso nos insurgirmos contra essas instruções normativas (como é, creio, a de n. 404 de 2004) que querem diminuir a possibilidade de abatimento desses créditos, dando um tratamento de insumos para a COFINS, igual ao que é do ICMS – e aí, sim, fazendo a confusão. Um é tributos sobre operações, e o outro é sobre receitas, completamente distintos, aí o equívoco da Receita Federal.

Enfim, não foi tão "telegráfico", mas são estas as respostas.

Presidente da Mesa (Prof. Eugênio Doin Vieira) – Obrigado, professora Susy!

Prof. Sacha Calmon Navarro Coêlho – Susy, posso falar um pouquinho?

Presidente da Mesa (Prof. Eugênio Doin Vieira) – Outra vez? *(Risos)*

Prof. Sacha Calmon Navarro Coêlho – Como você decidiria a seguinte questão: geradora de energia elétrica funcionando a gás (é 98% do insumo dela) ficou no regime não-cumulativo, 9,25 PIS/COFINS. A Receita baixou a alíquota do gás para 0, ela ficou sem crédito. Quer dizer, a teoria do paradoxo: ela está no *não-cumulativo cumulativo*.

Profa. Susy Gomes Hoffmann – Mas é por isso que eu creio que esse sistema não está adequado. Ou seja, parte-se talvez da técnica da não-cumulatividade do ICMS e do IPI sem respeitar, aí, a questão...

Prof. Sacha Calmon Navarro Coêlho – Tem que dar um crédito, pelo princípio da proporcionalidade.

Profa. Susy Gomes Hoffmann – Tem que dar um crédito, se não fica num sistema completamente distorcido.

Presidente da Mesa (Prof. Eugênio Doin Vieira) – Mas quem vai dar o crédito? *(Risos)*

Profa. Susy Gomes Hoffmann – O legislador tem que criar uma sistemática viável, dentro da não-cumulatividade, dentro das possíveis metas da não-cumulatividade, para que seja possível a tomada de crédito. Ou, nos casos em que a cadeia é única, prever um outro tipo de tributação, talvez com uma alíquota menor, porque aí realmente é tratar de uma maneira uniforme situações completamente distintas.

Presidente da Mesa (Prof. Eugênio Doin Vieira) – Terminaram?

Profa. Suzy Gomes Hoffmann – Terminamos.

Presidente da Mesa (Prof. Eugênio Doin Vieira) – Vamos ouvir a voz que veio de Mato Grosso. Tem a palavra a professora Fabiana.

Profa. Fabiana Del Padre Tomé – Vamos lá, são três "questõezinhas". Rapidinho, "telegraficamente". A primeira indagação: se é possível instituir CIDE sobre o faturamento das indústrias tabagistas cuja destinação seja a propaganda antitabagista, para diminuir o consumo de cigarros e, dessa forma, intervir no setor econômico. A pergunta é do Clayton.

Sobre o assunto já me manifestei no sentido de que não vejo a possibilidade de se instituir CIDE com finalidade de desestimular uma atividade. Essa contribuição há de ser criada para arrecadar valores que serão aplicados para implementar, incentivar, um setor da economia. Para tentar reduzir o consumo de cigarros outras medidas podem – e devem – ser tomadas, tais como regulamentação da quantidade de nicotina empregada na sua fabricação, imagens ou mensagens inibidoras nos maços do produto etc. Quer dizer, é possível que a União intervenha no setor procurando desestimular o consumo, mas nem por isso se autoriza a instituição da CIDE na hipótese, por não preencher os requisitos constitucionais de que falamos.

A segunda indagação refere-se à destinação do produto da arrecadação da chamada CIDE-Combustíveis. Perguntam-me se, pelo fato de ser essa CIDE destinada, numa das hipóteses, à infra-estrutura de transportes, tal destinação não acarretaria maior consumo de combustíveis, de petróleo, de pneus etc. – e, portanto, isso não justificaria um incentivo caracterizador da intervenção.

Não. A meu ver a CIDE é utilizada para incentivar aquele setor, mas servindo como forma de atuação efetiva naquele domínio econômico. Aqui, utilizando as palavras do professor José Eduardo Soares de Melo, o setor precisa daquele incentivo, e, portanto, vamos instituir a CIDE para destinar o produto de sua arrecadação para ele, para incentivá-lo, implementá-lo, melhorá-lo. Mediante a infra-estrutura de transportes, na verdade, beneficiam-se vários setores, toda a coletividade – o que deve ser feito com a receita dos impostos.

E, por fim, a questão do Dr. Raimundo Vermelho, sobre se é lícito requerer a repetição, por parte do contribuinte, quando o Estado não aplica a arrecadação da CIDE na sua destinação, e como fica a situação das verbas que sobejam ao fim do exercício: que destinação é dada a essas verbas?

Efetivamente, essas verbas não devem ser destinadas a fazer superávit, por exemplo. É isso, infelizmente, o que vem acontecendo. Mas não deveria. Suponhamos que se trate de uma CIDE que não esteja maculada por inconstitucionalidades, mas que logo no primeiro exercício de sua vigência haja uma arrecadação que não é aplicada em sua totalidade. O que deve acontecer? Deve ser repetido aquele valor pago? Não chego ao ponto de afirmar isso, de falar que naquele exercício a exação foi inconstitucional e, portanto, deve ser devolvida. Mas para o exercício seguinte, já se tendo verificado que não houve necessidade daquela exação, ou que ela foi excessiva e, por isso, não foi aplicada, ou sobraram verbas, então, é imperativa a redução das alíquotas, ou a extinção da CIDE, porque não estará havendo necessidade de intervir naquele domínio econômico, já que o produto arrecadado não está sendo aplicado.

Essas as minhas conclusões sobre as questões. *(Palmas)*

PRESIDENTE DA MESA (PROF. EUGÊNIO DOIN VIEIRA) – Muitíssimo obrigado aos professores Sacha, José Eduardo, Susy e Fabiana!

Peço a atenção para dois avisos importantes, um virtual e um real. Virtual: o IDEPE promove amanhã, especialmente para os Congressistas, às 22:15h, um eclipse total da lua. *(Risos)* Estão todos convidados a assistir; não há necessidade de ingresso, basta apresentarem o crachá. Real: dentro de 15 minutos teremos a palestra do professor Roque Antonio Carrazza, conhecidíssimo de todos nós. Falará sobre "O Princípio da Anterioridade Tributária e a Emenda Constitucional 42/2003 e Questões Conexas".

Agora, uma instrução a ser obedecida literalmente: encerrado o expediente, vamos tomar um cafezinho.

PRESIDENTE DO CONGRESSO (PROFA. MARIA LEONOR LEITE VIEIRA) – *(Truncamento da gravação)* (...) professor Veloso, professor Paulo de Barros Carvalho, professor Roque Antonio Carrazza, professor Aires Barreto e professor Celso Antônio Bandeira de Mello, presidida pelo professor Eduardo Bottallo.

A última linha foi cortada, eu peço escusas, mas a nova versão já foi distribuída a vocês. E nosso segundo pedido de escusas vem em relação à apostila que está na pasta e que se refere aos trabalhos apresentados pelos Congressistas, que serão discutidos amanhã, no início da tarde. Em dois trabalhos, no índice, constam "PIS e COFINS – Aspectos Constitucionais da Não-Cumulatividade", este de autoria do Dr. Estevão Gross Neto, e o segundo, "Incidência de Contribuições Sociais na Importação – Algumas Reflexões", do Dr. Leonardo Furtado Loubert, em que os dois saíram com o nome do Dr. Estevão Gross. Então, por favor, corrijam no índice e também na p. 95, que o segundo é de autoria do Dr. Leonardo Furtado Loubert, a quem já pedimos nossas desculpas.

Feito isso, gostaria de passar a palavra ao professor Eduardo Bottallo, que fará a saudação em nome do Instituto ao professor Roque Carrazza. Por favor, Professor!

PROF. EDUARDO DOMINGOS BOTTALLO – Professora Maria Leonor Leite Vieira, demais componentes da Mesa, ilustre e querido amigo professor Roque Carrazza, Colegas congressistas. Todos nós assistimos, hoje de manhã, à brilhante saudação que o professor Paulo Ayres Barreto fez ao nosso primeiro conferencista, o professor Paulo de Barros Carvalho. Ao ouvir aquela primorosa fala, senti um pouco de pena do professor Roque, pensando que ele não foi agraciado com o privilégio de ser saudado por alguém tão eloqüente e com uma fala tão concatenada e organizada como o professor Paulo. De qualquer forma, como se trata de uma honrosa missão que a Diretoria do IDEPE me atribuiu, vou procurar dela me desincumbir da melhor maneira possível.

Eu tive a felicidade de pertencer à primeira Turma de Mestrado da PUC/SP, organizada pelo professor Geraldo Ataliba. Era um grupo muito especial, integrado por colegas que mais tarde vieram a se destacar nas áreas a que se dedicaram. Eu cito, entre outros, a professora Lúcia Figueiredo, a professora Diva Malerbi, o professor Américo Lacombe, o professor Marco Aurélio Greco, a professora Sônia Corrêa, a professora Elizabeth Nazar, o professor Renan Lotufo, alguns queridos amigos que já se foram – como o professor Pérsio Oliveira Lima, o professor Kléber Giardino e o professor Francisco Otávio de Almeida Prado – e outros, ainda, que, absorvidos pela Advocacia, afastaram-se da vida acadêmica, como o professor Agostinho Sartin e o professor Pedro Luciano Marrey Jr.

Só por essas menções, meramente exemplificativas, os presentes podem constatar a extensão do privilégio que foi pertencer a essa Turma, orientada por um corpo docente, organizado pelo professor Ataliba, de singular qualidade: o professor Celso Antônio Bandeira de Mello, o saudoso professor Celso Bastos, o professor Tércio Sampaio Ferraz, o professor Franco Montoro; sem contar os professores convidados, Antônio Roberto Sampaio Dória, Rubens Gomes de Sousa e Lourival Vilanova.

Dentre os alunos dessa primeira Turma havia um, bem novo, recém-saído do Curso de Bacharelado, o professor Roque Carrazza.

O professor Roque Carrazza foi o benjamim dessa primeira Turma, com meros 22 anos. Mas logo se impôs, destacando-se pela sua grande capacidade intelectual, pelo enorme poder de comunicação com os outros colegas, todos mais velhos, mais experientes e já encaminhados em suas carreiras.

Então, os Senhores podem perceber quão antiga é a nossa relação, e como ela é especial, pelo fato de haver surgido em um ambiente verdadeiramente mágico cuja lembrança até hoje nos comove – entre outras razões, pela paixão com que o professor Ataliba nos exortava a defender a supremacia da Constituição, numa época em que ela era obrigada a viver amancebada com o AI 5.

De lá para cá o professor Roque Carrazza fez uma carreira brilhante, marcada por sucessivos êxitos, mas sem perder as virtudes que sempre o diferenciaram: a preservação de sua "carinha de criança" *(risos)* e a extraordinária afabilidade em seu relacionamento com alunos e colegas – o que lhe granjeou um grande círculo de amigos e admiradores.

Obteve os títulos de Mestre, Doutor e Livre-Docente e tornou-se um dos mais jovens professores titulares da história da PUC/SP, na Cadeira de Direito Tributário, que hoje ocupa nos Cursos de Graduação e de Pós-Graduação. É, ainda, Chefe do Departamento de Direito Público na mesma Universidade, trilhando brilhante trajetória acadêmica, sempre com largos e indiscutíveis méritos.

No que diz respeito à sua obra científica pouco precisaria ser dito, já que se trata de produção assaz conhecida. O professor Roque Carrazza é autor de centenas de trabalhos jurídicos, incluindo capítulos de livros, ensaios, pareceres, artigos e traduções.

Seu livro sobre *ICMS* caminha rapidamente para a 10ª edição, e seu *Curso de Direito Constitucional Tributário* é um verdadeiro campeão de vendas. Eu até brinco, às vezes, com o professor Roque Carrazza, dizendo que ele é a versão do Paulo Coelho no campo do direito tributário. *(Risos)* Mas isso só na quantidade de livros vendidos, porque, no que diz respeito ao conteúdo, a justificativa pelo sucesso extraordinário dessa obra, que já está na sua 20ª edição, reside na segurança científica, clareza de exposição e, sobretudo, extraordinária sistematização de temas constitucionais desenvolvidos em associação com o estudo do sistema tributário.

O desempenho profissional do professor Roque Carrazza é singular. Sua capacidade de trabalho, absolutamente fora de série. Impossível de ser acompanhada.

Eu acredito que não exista hoje, no país, uma só Capital de Estado que não tenha recebido o professor Roque Carrazza em conferências, congressos, cursos, palestras e outros eventos científicos. E ele tem essa generosidade de jamais recusar um convite, de estar sempre presente e ter uma paciência fantástica em atender aos alunos, ex-alunos, colegas, amigos e, às vezes, até desconhecidos.

Eu li recentemente a biografia de um dos grandes compositores musicais do século XX, Arnold Schöemberg, figura muito interessante sob o ponto de vista humano e muito controvertida sob o ponto de vista artístico. O tipo de música a que ele se dedicou não é de fácil aceitação; e, portanto, ele se tornou, como compositor, personagem extremamente polêmico.

Mas havia um lado da personalidade de Schöemberg em relação ao qual as opiniões eram praticamente unânimes: ele era um extraordinário professor. E é curioso que ele aceitava esta condição não com soberba, mas também sem falsa modéstia. Ele tinha a perfeita noção da medida de seu valor como mestre, e atribuía seu sucesso nessa área ao lema que dizia ter seguido durante toda sua vida de magistério: "Ensinar é transmitir incertezas".

De fato, o verdadeiro professor não é aquele que esmaga seus alunos com o peso de seus conhecimentos e de suas convicções, que considera sagradas, acima de qualquer discussão. O verdadeiro professor é aquele capaz de estimular o senso crítico de seus alunos, provocando-lhes a reação em face das idéias que transmite. Bem pesadas as coisas, é muito mais difícil ser um professor de "incertezas" que ser um professor de óbvias "verdades".

Eu já assisti muitas vezes ao professor Roque Carrazza em aulas, conferências e exposições. E vejo nele exatamente a virtude de ser um grande transmissor de incertezas – o que põe à mostra seu talento também nesta área.

Portanto, ouvir as lições do professor Roque é uma experiência que se renova sempre com grande prazer. Experiência, essa, que agora eu convido todos a compartilhar. Ouçamos, então, o professor Roque.

Muito obrigado! *(Palmas)*

CONFERÊNCIA

O PRINCÍPIO DA ANTERIORIDADE TRIBUTÁRIA EM FACE DA EMENDA CONSTITUCIONAL 42/2003 E QUESTÕES CONEXAS

PROF. ROQUE ANTONIO CARRAZZA

Exma. Sra. professora Maria Leonor Leite Vieira, digníssima Presidente do Congresso e desta Mesa; Exmo. Sr. professor Eduardo Domingos Bottallo, meu fraternal amigo, em cuja pessoa peço vênia para saudar a todos os demais integrantes da Mesa; minhas Senhoras e meus Senhores; Colegas congressistas. Antes de tudo, agradeço aos organizadores deste *XVIII Congresso Brasileiro de Direito Tributário* pela gentileza de me haverem convidado a dele participar, na condição de conferencista. E o faço na pessoa do eminente professor Aires Fernandino Barreto, ilustre Presidente do prestigioso Instituto Geraldo Ataliba-IDEPE e grande responsável por mais esse evento vitorioso.

Gostaria, igualmente, de render minhas homenagens à professora Maria Leonor Leite Vieira, Presidente deste Congresso, que alia aos vastos conhecimentos científicos uma grande experiência no trato das questões constitucionais tributárias.

Agradeço, por fim, ao professor Eduardo Domingos Bottallo, esse excepcional jurista e amigo incondicional, pelas palavras amáveis e altamente elogiosas com que me apresentou.

Conforme anunciado, fui incumbido de falar-lhes sobre "O Princípio da Anterioridade Tributária em Face da Emenda Constitucional 42/2003 e Questões Conexas".

Para levar a bom termo minha tarefa, procurarei fugir das interpretações literais, caudatárias do lugar-comum e apoiadas em padrões expositivos rotinizados. Meu propósito é fazer com que as idéias circulem livremente por este egrégio Plenário, carregadas de força criadora e de verdade. Verdade, diga-se de passagem, que, em Ciência, nunca é plenamente alcançada, pois se, por um lado, cada descoberta traz algumas certezas, por outro, abre espaço a um número ainda maior de dúvidas.

Mas querem-se curtas as introduções. Por isso, sem mais preâmbulos, lembro meteoricamente que as normas jurídicas de mais alto grau encontram-se na Constituição. A Constituição não só cria o Estado, seus poderes, o modo de adquiri-los e exercitá-los, como elenca e garante os direitos fundamentais das pessoas, quer físicas, quer jurídicas.

A Constituição, por sem dúvida, é a Lei Maior, é a Lei Suprema, é a Carta Magna do país. É – como queria Kelsen – a matriz de todas as manifestações normativas do Estado. De fato, as leis, os decretos, as portarias, os atos administrativos, valem, em última análise, porque desdobram comandos constitucionais.

Até aí, nenhuma novidade. Qualquer estudioso da Ciência Jurídica sabe disso. O que nem sempre é dito é que as normas constitucionais não têm, todas, a mesma importância. Por quê? Porque algumas veiculam simples regras; ao passo que outras, verdadeiros princípios.

As normas constitucionais que veiculam princípios são muito mais importantes que as que veiculam regras. Tanto que a eventual desobediência a um princípio constitucional acarreta conseqüências muito mais danosas ao "edifício jurídico" que a eventual desobediência a uma regra constitucional.

Peço aos Colegas congressistas que não me interpretem mal. Não estou, aqui, apregoando que disposições constitucionais podem ser desobedecidas. Apenas estou dizendo que se, por acaso, um princípio constitucional for desacatado, o fenômeno causará conseqüências mais graves ao chamado "edifício jurídico" do que se uma regra constitucional for posta em olvido.

E isso por uma razão muito simples: os princípios são os *alicerces* do "edifício jurídico". Nele, como sabemos, tudo está disposto em sábia arquitetura. O jurista, contemplando-o, imediatamente percebe não só a ordem na aparente complicação, como seus "alicerces".

Muito bem, com as cautelas que as comparações impõem, esses "alicerces" são os princípios jurídicos. Penso que a analogia é boa, porque, de fato, num edifício tudo tem sua importância: as portas, as janelas, as luminárias, os alicerces. Mas não são necessários conhecimentos mais aprofundados de Engenharia para discernirmos que muito mais importante que uma porta é o alicerce. Tanto que, se num edifício retirarmos uma porta, ele sofrerá um abalo estético – reparável, diga-se de passagem –, mas continuará de pé. Pelo contrário, se dele subtrairmos os alicerces, fatalmente ruirá.

Mas, em termos mais técnicos, o que vem a ser um *princípio constitucional*? Tenho para mim que *princípio constitucional* é uma regra básica, implícita ou explícita, que, por sua grande generalidade, ocupa posição de preeminência no mundo do Direito, e por isso vincula o entendimento e a boa aplicação seja dos simples atos normativos, seja dos próprios mandamentos constitucionais.

Algumas observações a respeito dessa definição: *princípio* é uma regra básica, implícita ou explícita. Não importa se o princípio é implícito ou explícito, mas se existe ou não existe. Se o princípio existe, o jurista, com o instrumental teórico que lhe é fornecido pela Ciência do Direito, tem condições para trazê-lo à tona, para trazê-lo à clara luz do dia.

Exemplifico: não há qualquer dispositivo na Constituição que proclame, com todas as letras, serem a União, os Estados, os Municípios e o Distrito Federal juridicamente isonômicos. Em vão buscaremos na Carta Magna um artigo que disponha: "Inexiste hierarquia jurídica entre as pessoas políticas".

Todavia, se levarmos em conta a Constituição como um todo, maiormente seus princípios federativo, da autonomia municipal e da autonomia do Distrito Federal, facilmente discerniremos a existência, em nosso ordenamento, do princípio da isonomia (da igualdade jurídica) das pessoas políticas. Esse princípio, conquanto implícito, existe, e é dos mais relevantes de todos quantos nossa Constituição alberga.

Aliás, a propósito, o eminente professor José Souto Maior Borges tem uma frase interessantíssima: "Para o jurista todos os princípios são explícitos". Por quê? Porque o jurista não se limita a ler, o jurista interpreta e, justamente por meio do labor exegético, consegue discernir a existência de princípios que escapam à argúcia do leigo simplesmente alfabetizado.

Continuando: *princípio* é uma regra básica que ocupa posição de destaque no mundo do Direito e vincula o entendimento e a boa aplicação de todos os atos normativos, até dos mandamentos constitucionais. Sempre que uma norma constitucional tiver pluralidade de sentidos, deve ser interpretada e aplicada em consonância com o princípio que lhe for mais próximo.

Não raro, uma norma constitucional aceita duas, três, quatro interpretações. Qual delas haverá de prevalecer? *A priori*, respondo: aquela que estiver em compasso com um princípio constitucional. Os princípios constitucionais são vetores para soluções interpretativas; ou, se preferirmos, pontos normativos de apoio à boa aplicação do Direito.

Não é à toa que na análise de qualquer problema jurídico, por mais trivial que ele seja, deve o jurista alçar-se ao altiplano dos princípios, a fim de verificar em que sentido apontam. Positivamente, nenhuma interpretação será havida por jurídica (e, portanto, por boa) se fizer tábua rasa de um princípio constitucional.

Alguns dos Colegas poderiam observar, com toda razão, que um princípio constitucional não passa de uma norma. Concordo: é uma norma; uma norma que, por ter um âmbito de validade maior, orienta a interpretação de outras normas, inclusive as constitucionais.

O princípio exerce função axiologicamente mais importante no sistema jurídico que a regra, mesmo a constitucional. Abro um rápido parêntese para dizer que Axiologia é a ciência dos valores. Portanto, o que estou tentando expressar é que o princípio tem um valor maior que a regra, mesmo a regra constitucional.

O que estou lhes dizendo patenteia-se quando contrapomos, por exemplo, o art. 5º, com seu inciso I, da CF ao art. 87, parágrafo único, III, do mesmo Diploma Magno. Observem: são dois dispositivos constitucionais. Para o leigo, ambos têm a mesma importância. Se for dado a gracejos, talvez até especule: "O art. 87 deve ser mais importante que o art. 5º, porque se presume que foi escrito depois, quando o constituinte estava mais 'aquecido', mais 'preparado', para sua tarefa". *(Risos)*

Nós, porém, sabemos que, pelo contrário, o art. 5º, com seu inciso I, é muito mais importante, pois veicula o *princípio da igualdade*, pelo qual todos são iguais perante a lei – o que impede distinções entre as pessoas em razão de raça, sexo, credo político, credo religioso, e assim por diante. As leis devem ser editadas e aplicadas de conformidade com a isonomia. Editadas, bem entendido, pelo Poder Legislativo; aplicadas seja pelo Poder Executivo, seja especialmente pelo Poder Judiciário. Engana-se quem supõe que o princípio da igualdade tem por destinatário apenas o Poder Legislativo; no mínimo, ele se endereça a todos os Poderes do Estado.

O que adiantaria a lei ser igual para todos se, no momento de sua aplicação, entrassem em jogo fatores como o sexo, a raça, o credo político das pessoas? Bem precária seria a garantia que o princípio da igualdade lhes conferiria, se fosse tão fácil bloqueá-lo. Então, ele tem por destinatários também os Poderes Executivo e Judiciário.

Aliás, estou convencido de que o princípio da igualdade irradia efeitos sobre todas as pessoas que estão sob a égide do ordenamento jurídico nacional. Com efeito, por que uma empresa não pode discriminar sua freguesia em razão de raça? Alguém, menos avisado, poderia responder: "Porque existem leis federais (por exemplo, o Código de Defesa do Consumidor) que proíbem tal discriminação". Mas, volto a indagar: e se estas leis federais não existissem, uma empresa poderia impedir que pessoas de uma determinada raça ingressassem em suas dependências? Apresso-me em responder que *não*, em decorrência só do princípio da igualdade.

Transplantando essas noções, apenas bosquejadas, para o campo tributário, todos são iguais perante a lei tributária. A lei tributária, também ela, deve ser editada e aplicada de conformidade com a isonomia. Pessoas que estão na mesma situação jurídico-econômica devem receber idêntico tratamento fiscal. Em contranota, pessoas que estão em situação jurídico-econômica diversa devem ser diversamente tratadas, na medida de suas desigualdades.

Apenas para dar fecho ao raciocínio, o precitado art. 87, parágrafo único, III, da CF estatui que, ano a ano, o ministro de Estado deverá apresentar um relatório circunstanciado das atividades do seu Ministério, ao Presidente da República. Em rigor, esse dispositivo nem deveria figurar na Constituição. Essa não é matéria a ser versada em nível constitucional. É claro que o Presidente da República, como chefe supremo da Administração Pública Federal, pode determinar aos seus auxiliares imediatos – aí incluídos os ministros de Estado – que lhe apresentem relatórios, já nem digo anuais, mas semestrais, mensais, semanais; e essa determinação pode até ser feita de viva voz.

Assim, positivamente, a Constituição não precisaria ter cuidado desse assunto, que considero infralegal. Como dele cuidou, é óbvio que esse art. 87 há de ser considerado, mas sempre com aquela certeza de que, no contexto geral do sistema jurídico pátrio, ocupa posição muito menos importante que a ocupada pelo pré-falado princípio da igualdade.

Tanto que, se, amanhã, um ministro de Estado deixar de fazer o relatório anual – ou porque nada fez, ou porque o que fez não pode ser colocado no papel (já que isso implicaria confissão) –, nem por isso o edifício jurídico aluirá. Todavia, se, amanhã, pessoas forem sistematicamente tributadas de modo diverso em razão de raça, de sexo, de credo político, de credo religioso, e – o que é pior – se o Poder Judiciário, chamado a acudi-las, omitir-se, aí, sim, sem dúvida, todo o edifício jurídico cairá por terra, porque dele terá sido retirado um alicerce: o alicerce da igualdade.

Pois bem. Assim agremiados, podemos começar a cuidar do princípio da anterioridade tributária, que é um princípio exclusivamente tributário; é um princípio que começa e termina no campo da tributação – ao contrário, por exemplo, do princípio da legalidade, que, como sabemos, espraia-se sobranceiro sobre todos os quadrantes do Direito, embora incida de chapa no campo da tributação. O princípio da anterioridade, insisto, é eminentemente tributário.

O perfil jurídico deste princípio deve ser buscado nos arts. 150, III, "b" e "c", e § 1º, e 195, § 6º, todos da CF. Engana-se quem supõe que o princípio da anterioridade está delineado apenas no art. 150, III, "b", do Diploma Magno. Na verdade, é da conjugação de todos esses dispositivos – e não de cada um deles, isoladamente considerado – que se extrai a catadura do princípio constitucional ora em estudo.

E, ao dizer isso, acode-me à mente um episódio envolvendo o saudoso e já legendário professor Geraldo Ataliba, há pouco invocado pelo professor Eduardo Bottallo. Corria o ano de 1973 e estava começando, como seu aluno, o Curso de Mestrado em Direito Tributário, na PUC/SP. Logo na primeira aula, o Mestre formulou-nos a seguinte pergunta: "Onde está regulado o ICM, na Constituição?". Esclareço que, à época, o tributo era o ICM (não o ICMS), pois vigorava a Carta de 1967/1969.

Logo, um incauto, que poderia ter sido eu (eu teria dado a mesma resposta), se apresentou: "O ICM está estruturado no art. 23, II". Esse era o artigo que, na Constituição então em vigor, tratava especificamente do ICM.

O professor Geraldo Ataliba tripudiou: "Errado! O ICM está estruturado no art. 1º, que estabelece ser o Brasil uma República Federativa; no art. 2º, que consagra o princípio da tripartição do Poder; no art. 153, que veicula os direitos fundamentais e suas respectivas garantias; enfim, o ICM está estruturado em toda a Constituição".

Agora percebo que o Mestre, com sua extraordinária didática, queria ensinar-nos que a solução de qualquer problema jurídico nunca é encontrada num único artigo de lei, ainda que da Lei Maior. Pelo contrário, há de ser buscada no ordenamento normativo como um todo considerado. Daí a importância, nunca negada, da interpretação sistemática.

Fixadas essas premissas, dispõe o art. 150, III, "b", da CF: "Sem prejuízo de outras garantias asseguradas ao contribuinte, é vedado à União, aos Estados, ao Distrito Federal e aos Municípios: (...) III – cobrar tributos: (...) b) no mesmo exercício financeiro em que haja sido publicada a lei que os instituiu ou aumentou". Simplificando, é vedado às pessoas políticas cobrar tributos no mesmo exercício financeiro em que haja sido publicada a lei que os instituiu ou aumentou.

Permitam-se registrar, de caminho e às rápidas, que no Brasil o exercício financeiro coincide com o ano civil: ambos começam em 1º de janeiro e terminam em 31 de dezembro de cada ano.

Estamos percebendo que, no Brasil, a lei que cria ou aumenta um tributo, ao entrar em vigor, fica com sua eficácia suspensa até o início do próximo exercício financeiro, quando finalmente incidirá. Exemplifico: se uma lei criar um tributo em 10 de março de 2005, essa lei só incidirá sobre fatos que vierem a ocorrer a partir do dia 1º de janeiro de 2006.

Portanto, o princípio da anterioridade veda a aplicação da lei instituidora ou majoradora do tributo sobre fatos ocorridos no mesmo exercício financeiro em que entrou em vigor. Nesse sentido, tolhe o agir não só da Administração Fazendária, como do próprio Poder Legislativo, já que o impede de editar leis com estas características – isto é, que incidam no mesmo exercício financeiro em que editadas.

Observo, ainda, que o princípio da anterioridade não se limita a estabelecer que a cobrança do tributo novo dar-se-á no próximo exercício financeiro. Não. O princípio da anterioridade exige que a incidência da lei instituidora ou majoradora do tributo só se dê no próximo exercício financeiro.

Digamos que em 2005, finalmente, seja criado, pela União, o imposto sobre grandes fortunas. Se isso acontecer, o fato "possuir grande fortuna" continuará sendo em 2005 um fato tributariamente irrelevante. "Possuir grande fortuna" só será o *fato imponível* (o fato gerador *in concreto*) do novel imposto a partir, no caso, de 1º de janeiro de 2006.

Estamos percebendo que, pelo princípio da anterioridade, a lei que cria ou aumenta um tributo deve entrar vigor em um exercício financeiro para somente se tornar eficaz no próximo. Isso para que o contribuinte tenha segurança jurídica. Por trás do princípio da anterioridade está o princípio da segurança jurídica, que não quer que o contribuinte se veja, da noite para o dia, obrigado a suportar nova exigência fiscal.

A idéia é essa: o contribuinte tem o direito de planejar, ano a ano, sua vida econômica. No curso do exercício financeiro as regras do "jogo tributário" não podem ser alteradas para pior, ou seja, para agravar-lhe a situação econômica.

Aproveito o ensejo para dizer aos Colegas congressistas que uma lei que isenta, uma lei que diminui uma alíquota e uma lei que perdoa um débito tributário não têm que obedecer ao princípio da anterioridade. O princípio da anterioridade existe para favorecer os contribuintes; nunca para prejudicá-los.

Deveras, a lei tributária benéfica pode até retroagir, quanto mais produzir efeitos assim que editada.

Já, lei que revoga uma isenção, essa, sim, deve obedecer ao princípio da anterioridade. Por quê? Porque recria o tributo; ou, se preferirmos, cria novamente o tributo. Logo, se cria novamente o tributo, deve obedecer ao princípio da anterioridade.

O art. 150, III, "b", da CF irradia efeitos não só sobre o Poder Executivo, como também sobre o Poder Legislativo. O Poder Legislativo não poderá editar leis que, criando ou aumentando tributos, incidam no mesmo exercício financeiro. Deste modo, permite-se que o contribuinte (pessoa física ou jurídica), conhecendo, com razoável antecedência, os gravames tributários que o aguardam, tenha a tranqüilidade de poder programar suas atividades, sem ser colhido de surpresa com novas incidências fiscais no exercício financeiro em curso. Dentro dessa perspectiva, o princípio da anterioridade traz em seu bojo o da *não-surpresa*, ao mesmo tempo em que reforça o da *segurança jurídica*.

Mas o perfil do princípio da anterioridade tributária também vem traçado no art. 195, § 6º, da CF, que, em outras palavras, estabelece que a lei que cria ou aumenta uma contribuição social para a Seguridade Social só poderá incidir 90 dias após publicada. Não é que as contribuições sociais para a Seguridade Social não precisem obedecer ao princípio da anterioridade. A rigor, precisam. Apenas obedecem a uma anterioridade especial, a uma anterioridade de curto alcance, a uma *anterioridade nonagesimal*. Há quem fale em *princípio da nonagésima*; outros, em *anterioridade mitigada*; outros, ainda, de maneira mais prosaica, simplesmente em *noventena*.

Saliento que a anterioridade das contribuições sociais não leva em conta o exercício financeiro, mas simplesmente este interregno de 90 dias.

Portanto, se, amanhã, uma lei criar contribuição social para a Seguridade Social, essa lei incidirá dentro de 90 dias. Não convém falemos, como fazem alguns, "3 meses", porque há meses que têm 30 dias, há meses que têm 31 dias – isso para não falarmos no mês de fevereiro, que, de ordinário, tem 28 dias e, bissextamente, 29. O melhor, no caso, é repetir a dicção constitucional: 90 dias.

Muito bem. Antes do advento da Emenda Constitucional 42, de 19.12.2003, na prática acontecia o seguinte fenômeno: dependendo da época do ano, o contribuinte era melhor protegido pela anterioridade nonagesimal que pela anterioridade propriamente dita (pela anterioridade *lato sensu*). Se não, vejamos.

Se uma lei criava ou aumentava contribuição social para a Seguridade Social no dia 31 de dezembro, só iria incidir, por força do disposto no art. 195, § 6º, da CF, sobre fatos que viessem a ocorrer a partir do próximo dia 1º de abril – vale dizer, 90 dias após.

Já, se uma lei criasse ou aumentasse, neste mesmo dia 31 de dezembro, tributo submetido ao princípio da anterioridade *lato sensu*, incidiria no dia seguinte. Por quê? Porque o dia seguinte já seria o próximo exercício financeiro.

E, aí, ficava difícil sustentar que por trás do princípio da anterioridade estava a idéia de que o contribuinte tem o direito de, ano a ano, planejar sua vida fiscal. Nem Demóstenes, com toda sua eloqüência, caso tornasse à vida, conseguiria demonstrar esta tese, porquanto, literalmente, o contribuinte, de hoje para amanhã, via-se compelido a suportar nova exigência fiscal.

E tudo isso com uma agravante: nem sempre o *Diário Oficial* datado de 31 de dezembro circulava no próprio dia 31 de dezembro. Convenhamos, o dia 31 de dezembro é um dia de festa, é um dia de confraternização. Mesmo as pessoas que trabalham na Imprensa Oficial estão trocando votos de "Feliz Ano Novo", "bebericando", jogando papel picado pela janela (que este não falta, naquelas dependências). Então, no mais das vezes, o *Diário Oficial* com data de 31 de dezembro circulava lá pelo dia 5 ou 6 de janeiro.

E aí se indagava se o que valia era a data em que o *Diário Oficial* circulou, ou a data em que o *Diário Oficial* apontou. Eu nunca tive dúvidas: valia a data em que o *Diário Oficial* efetivamente circulou. Do contrário não teríamos mãos a medir. Amanhã, o *Diário Oficial* com data de 31 de dezembro circularia no dia 25 de maio, e o tributo seria exigido desde o anterior 1º de janeiro, atropelando não só o princípio da anterioridade, como o próprio princípio da irretroatividade.

Mas até aí o Poder Judiciário havia chegado. Houve várias decisões no sentido de que, se o *Diário Oficial* com data de 31 de dezembro circulava no começo de janeiro, o novo tributo só poderia ser exigido a partir de fatos verificados no exercício financeiro seguinte.

Essas corretas decisões fizeram com que, há uns seis anos, o Governo Federal se empenhasse em fazer circular no próprio dia 31 de dezembro o *Diário Oficial da União* que publicava lei majoradora de tributo. Mas vejamos como os fatos ocorreram (tudo foi filmado): eram, em Brasília, 22h e chovia; um caminhão da Imprensa

Oficial parou ao lado de uma banca de jornais e dele foram descarregados 10 exemplares do *Diário Oficial da União*.

Instantes após, apresenta-se um "contribuinte"; já deviam ser umas 22:15h, e continuava chovendo. O "contribuinte", no meio daquele mar de publicações – algumas bem interessantes –, resolve adquirir logo um exemplar do *Diário Oficial da União*. E, não satisfeito, apesar da chuva, começa a folheá-lo, até encontrar a lei majoradora do tributo. E, nesse momento, sorri, feliz, para as câmeras. *(Risos)*

De duas, uma: ou se tratava de um ator contratado, ou de um deficiente mental. *(Risos)* Pois bem, o Governo Federal sempre sustentou que houve a publicação no dia 31 de dezembro. Mas será que realmente houve? Eu penso que não. A meu ver, houve, sim, um arremedo de publicação. A verdadeira publicação deu-se quatro ou cinco dias após, quando o *Diário Oficial* finalmente chegou às mãos dos assinantes, às repartições públicas, aos lugares de costume.

Ou será que alguém em sã consciência ousaria admitir que era humanamente possível que 170 milhões de pessoas estivessem naquela noite, naquela praça, naquela banca de jornais, disputando aqueles 10 exemplares do *Diário Oficial da União*? É só fazer uma operação matemática simples: seria 1 *Diário Oficial* para cada 17 milhões de contribuintes. Apesar de tudo, o STF decidiu que houve a publicação no dia 31 de dezembro, e que, portanto, o tributo podia ser exigido já no dia seguinte, 1º de janeiro.

As coisas estavam nesse pé: na prática, a lei criava ou aumentava o tributo no dia 31 de dezembro e o tributo era exigido sobre fatos ocorridos a partir do dia seguinte.

Foi quando se levantou a voz autorizada do professor Eduardo Bottallo, propondo algo elementar em Direito: uma interpretação sistemática.

Ensinou o mestre Bottallo que, quando o princípio da anterioridade estava veiculado em uma única disposição constitucional (isto na Carta de 1967/1969), talvez fosse sustentável a idéia de que ele, em cada exercício financeiro, começa forte e robusto, mas, na medida em que o ano avança, vai-se depauperando, até terminar seus dias de maneira melancólica, de modo a permitir que o tributo seja criado no dia 31 de dezembro e exigido no dia seguinte.

Mas, agora, existe outra anterioridade, uma anterioridade de curto alcance: a *anterioridade nonagesimal*, que incide sobre as contribuições sociais para o custeio da Seguridade Social. Ora, é paradoxal que, dependendo da época do ano, a anterioridade de curto alcance proteja mais e melhor os contribuintes que a anterioridade de longo alcance. E o Direito não se compadece com paradoxos.

Daí o professor Eduardo Bottallo haver proposto a seguinte interpretação: se a anterioridade nonagesimal garante ao contribuinte uma espera de 90 dias para experimentar novo gravame fiscal, a anterioridade *lato sensu* lhe há de garantir uma espera de, pelo menos, 91 dias.

Tais ensinanças, posto corretíssimas, infelizmente não calaram no espírito do Poder Judiciário. Mas parece que ecoaram no Congresso Nacional, porque este, no exercício do chamado "poder constituinte derivado", houve por bem editar a Emenda Constitucional 42, de 19.12.2003, que – exceto num ponto – atendeu às preces do professor Eduardo Bottallo.

Atendeu em que sentido? Inserindo uma alínea "c" no art. 150, III, da CF. Essa linha "c" estabelece ser vedado às pessoas políticas cobrar tributos antes de decorridos 90 dias da data em que haja sido publicada a lei que os instituiu ou aumentou, observado o disposto na alínea "b".

Tirante o fato de que o professor Bottallo ensinava – a meu ver, com toda razão – que o prazo era de 90 dias, no mais, suas lições foram captadas e bem traduzidas na alínea "c" do art. 150, III, da CF. De sorte que, agora, para que uma lei instituidora ou majoradora de tributo produza efeitos em

1º de janeiro, é preciso que esteja em vigor há, no mínimo, 90 dias – isto é, desde, pelo menos, o dia 2 de outubro do ano anterior. É que – contas feitas – 90 dias separam o dia 2 de outubro do dia 1º de janeiro.

Há, porém, uma nova dificuldade a superar: e se tal lei instituidora ou majoradora do tributo entrar em vigor no período compreendido entre 3 de outubro e 31 de dezembro, a partir de quando será eficaz?

A meu ver, a partir do dia 1º de janeiro seguinte ao exercício financeiro em que se completou a noventena. Isso para que entre esses dois marcos temporais (entre 3 de outubro e 31 de dezembro) a anterioridade *lato sensu* não coincida com a anterioridade *stricto sensu*.

Registro, no entanto, que há mais duas interpretações possíveis. A primeira, literal: a lei que criar ou aumentar um tributo entre 3 de outubro e 31 de dezembro será eficaz no próximo exercício financeiro, bastando que aguarde o período de 90 dias, a que alude a alínea "c" do art. 150, III, da CF. Assim, por exemplo, se uma lei criar tributo no dia 20 de novembro, a exação será exigível a partir do dia 18 de fevereiro – ou seja, 90 dias após.

A segunda interpretação, que conta com o sempre prestigioso abono do professor Eduardo Bottallo: a lei instituidora ou majoradora do tributo será eficaz sempre a partir do próximo dia 1º de abril, mesmo que estiver em vigor antes de 2 de outubro do ano anterior.

Mudando um pouco de rumo, mas ainda dentro do tema, permitam-me dizer-lhes que, mesmo que se aceite que medida provisória possa criar ou aumentar tributos – esta não é a minha opinião, mas eu me curvo à da maioria e ao próprio entendimento do Poder Judiciário –, este ato normativo, a meu pensar, só será eficaz no exercício financeiro seguinte caso tiver sido convolado em lei, no mínimo, 90 dias antes do término daquele em que editado. Chego a essa conclusão fazendo uma interpretação conjunta do art. 62, § 3º, e desse art. 150, III, "c", do mesmo Diploma Supremo.

Continuando, eu pergunto: há exceções ao princípio da anterioridade? Há. E onde estão? Na Constituição. E nem poderia ser de outro modo. Se o princípio da anterioridade tem sede constitucional, eventuais exceções ao princípio da anterioridade só poderiam, mesmo, estar na Constituição.

Realmente, alguns tributos não precisam obedecer ao princípio da anterioridade. São eles os apontados no art. 150, § 1º, da CF, a saber: o imposto sobre a importação de produtos estrangeiros; o imposto sobre a exportação, para o exterior, de produtos nacionais ou nacionalizados; o imposto sobre produtos industrializados; o imposto sobre operações de crédito, câmbio e seguro, ou relativas a títulos ou valores mobiliários; os impostos lançados por motivo de guerra; e os empréstimos compulsórios para atender a despesas extraordinárias decorrentes de calamidade pública, guerra externa ou sua iminência.

Esse § 1º foi reescrito pela Emenda Constitucional 42/2003. Mas, até esse ponto, a Emenda só merece elogios. Vejam: em sua redação originária o aludido § 1º não mencionava o empréstimo compulsório para atender a despesas extraordinárias decorrentes de calamidade pública, guerra externa ou sua iminência. Todavia, a melhor doutrina era unânime em proclamar que também ele passava ao largo do princípio da anterioridade, isto é, não precisava ficar na aguarda do próximo exercício financeiro para só então ser exigido. Isto em função de uma interpretação *a contrario sensu* do art. 148, II, da CF, que, tratando dos empréstimos compulsórios no caso de investimento público de caráter urgente e de relevante interesse nacional, determinava: "observado o disposto no art. 153, III, 'b'" (ou seja, observado o princípio da anterioridade). Raciocinava-se assim: se os empréstimos compulsórios mencionados no art. 148, II, da CF devem obedecer ao princípio da anterioridade, os referidos no art. 148, I, do mesmo Código Máximo a ele não estão submetidos.

De sorte que, neste particular, a Emenda Constitucional 42/2003, ao dar nova redação ao art. 150, § 1º, da Lei Maior, apenas explicitou o que se encontrava implícito em nosso ordenamento jurídico.

A propósito, observo não ser dado a uma emenda constitucional dilargar o rol de tributos que não precisam obedecer ao princípio da anterioridade. Do contrário, a golpes de emendas constitucionais, este princípio ficaria reduzido a frangalhos ou, quando muito, ficaria acantonado a um ou dois tributos sem maior expressão econômica – como, por exemplo, o imposto sobre transmissões *causa mortis*, que, literalmente, é exigido uma vez na vida, outra na morte. *(Risos)*

Entendo que a anterioridade é direito fundamental do contribuinte – e, como tal, cláusula pétrea, impossível de ser amesquinhada por emenda constitucional.

O STF já se pronunciou a respeito desse assunto. Resumindo, a Emenda Constitucional 3/1993 permitia que a União cobrasse o IPMF passando ao largo do disposto no art. 150, III, "b", da CF – ou seja, sem atender às injunções do princípio da anterioridade. Contribuintes mais zelosos bateram às portas do Poder Judiciário, que, por sua Corte mais elevada, decidiu, por maioria de votos, que o princípio da anterioridade é irremovível por meio de emenda constitucional.

Todavia, apesar desse precedente alvissareiro, o constituinte derivado, na Emenda Constitucional 33/2001, não se pejou em percorrer a mesma trilha ao permitir, no art. 155, § 4º, "c", do Diploma Excelso, que as alíquotas do ICMS incidente sobre operações com lubrificantes e combustíveis sejam reduzidas e restabelecidas, "não se lhes aplicando o disposto no art. 150, III, 'b'". Também tenho por inconstitucional a "exceção" criada por esta mesma Emenda quando, no art. 177, § 4º, I, "b", da CF, "permitiu" que a contribuição de intervenção no domínio econômico relativa às atividades de importação ou comercialização de petróleo e seus derivados, gás natural e seus derivados e álcool combustível tenha sua alíquota "reduzida ou restabelecida por ato do Poder Executivo, não se lhe aplicando o disposto no art. 150, III, 'b'".

Retomando o fio do raciocínio, o art. 150, § 1º, da CF, com a redação que lhe foi dada pela Emenda Constitucional 42/2003, arrola as exceções ao princípio da anterioridade tributária. E, até o ponto que acabo de analisar, não merece censuras.

Mas eu tenho um amigo que costuma dizer: "Você percebe que não existe o Senhor do Bomcomeço; só existe o Senhor do Bonfim?". *(Risos)* Por que será? Porque as coisas invariavelmente começam bem: um negócio, uma amizade, um relacionamento amoroso. Nem sempre, no entanto, as coisas terminam bem. É por isso que as pessoas oram para o Senhor do Bonfim, para que terminem bem. *(Risos)*

Aonde eu quero chegar? O § 1º do art. 150 da CF começou bem, mas num certo momento descambou, e terminou muito mal. Descambou em que sentido? Ele prossegue estatuindo que a vedação do inciso III, "c", não se aplica aos tributos previstos nos arts. 148, I, 153, I, 153, II, 153, III, 153, V, e 154, II, nem à fixação da base de cálculo dos impostos previstos nos arts. 155, III, e 156, I.

O que está aí estabelecido? Vamos tratar de traduzir isso em linguagem mais adequada: que o período de 90 dias, a que alude o art. 150, III, "c", da CF, não precisa ser observado em relação ao imposto sobre a importação, ao imposto sobre a exportação, ao IOF, ao imposto lançado por motivo de guerra e ao empréstimo compulsório para atender a despesas extraordinárias decorrentes de calamidade pública, guerra externa ou sua iminência.

A meu ver, essa ressalva não era necessária. Se esses tributos não precisam obedecer ao princípio da anterioridade, é claro que a lei que os instituir ou aumentar não terá que aguardar a fluência desse prazo de 90 dias para só então incidir. Houve, aí, uma demasia, uma colocação redundante, desnecessária.

Se o constituinte derivado tivesse parado por aí, poderíamos invocar tranqüilamente a vetusta parêmia *quod abundat non nocet*, e prosseguir em nossas elucubrações.

Infelizmente, porém, ao ressalvar da alínea "c" os mencionados tributos, o constituinte derivado deixou de mencionar o IPI. Assim, penso eu, é sustentável que a lei que aumentar os parâmetros desse tributo (isto é, suas alíquotas mínimas e máximas) só poderá incidir 90 dias após publicada – o que significa que, agora, o IPI deve obedecer à anterioridade nonagesimal (tanto quanto as contribuições sociais para o custeio da Seguridade Social). Isto provavelmente não estava nos desígnios do constituinte derivado; mas, entre a *intentio legislatoris* e a *intentio constitutionis*, é esta que deve prevalecer.

Mas o § 1º do art. 150 da CF (com a redação dada pela Emenda Constitucional 42/2003) prossegue, estatuindo que a ressalva da já estudada alínea "c" não se aplica ao imposto sobre a renda, nem à fixação da base de cálculo do IPVA e do IPTU.

No caso do imposto sobre a renda, a ressalva mal esconde o propósito de perpetuar a tese fazendária consagrada na Súmula 584 do STF, que tem por enunciado: "Ao imposto de renda calculado sobre os rendimentos do ano-base aplica-se a lei vigente no exercício financeiro em que deve ser apresentada a declaração".

Melhor esclarecendo, tem prevalecido a idéia – muito do agrado das autoridades fazendárias – de que o fato imponível do imposto sobre a renda ocorre no último átimo do dia 31 de dezembro de cada ano.

Na realidade, o fato imponível do imposto sobre a renda ocorre ao longo do exercício financeiro, e leva em conta a "disponibilidade de riqueza nova" obtida pelo contribuinte no período compreendido entre 1º de janeiro e 31 de dezembro de cada ano.

Assim, a lei que majora este tributo – como bem o demonstraram Luciano da Silva Amaro, Alberto Xavier, Aires Barreto, Eduardo Bottallo, Misabel Derzi, Sacha Calmon, Paulo de Barros Carvalho e outros nomes exponenciais do direito tributário brasileiro – só pode incidir num exercício financeiro se, no anterior, tiver sido publicada 90 dias antes de seu término.

Exemplifico: a meu ver, a lei aplicável para o IRPF/ano-base 2004 é a que estava em vigor em 2 de outubro de 2003; não a que eventualmente majorar o tributo e entrar em vigor em 31 de dezembro de 2004. E isso a despeito da ressalva feita pela Emenda Constitucional 42/2003 na parte final do § 1º do art. 150 da CF. Do contrário – penso eu – restará atropelado não só o princípio da anterioridade, como o próprio princípio da segurança jurídica, que leva à irretroatividade das leis tributárias.

Já no pertinente ao IPVA e ao IPTU a restrição em exame encerra lamentável erro de técnica, pois confunde a base de cálculo *in abstracto* com a base de cálculo *in concreto* desses tributos. A base de cálculo *in abstracto* destas figuras exacionais – como, de resto, de qualquer tributo – deve ser fixada por meio de lei, em razão do princípio da legalidade tributária. Já, a apuração da base de cálculo *in concreto* diz respeito ao ato administrativo de lançamento, sendo, assim, tarefa privativa do Poder Executivo.

Ora, sob pena de violação do princípio da anterioridade, a lei que majora a base de cálculo desses tributos também só pode incidir em dado exercício financeiro se observado o disposto na alínea "c" do inciso III do art. 150 da CF (que veio explicitar o que já se encontrava implícito na alínea "b" do mesmo dispositivo). Apenas os atos administrativos – por exemplo, a *planta genérica de valores* – que concretizam os comandos contidos nessa mesma lei poderão ser aplicados sem a observância da alínea "c", ora em exame.

Ademais, não me parece que a *planta genérica de valores* (mero regulamento) precise ser ratificada por lei para que possa produzir seus regulares efeitos. Como se sabe, a faculdade regulamentar encontra respaldo diretamente na Constituição. Destarte, o Executivo não depende do aval do Legislativo para que seus regulamentos possam valer.

Colegas congressistas, já caminhando para o final de minha exposição, permitam-me, ainda, observar que o princípio da anterioridade não deve ser confundido com o princípio da anualidade.

O princípio da anualidade vigorou no Brasil durante a Constituição de 1946, que, em seu art. 141, § 34, estabelecia que nenhum tributo podia ser cobrado sem prévia autorização orçamentária. A lei orçamentária era (parafraseando a doutrina francesa) um "ato-condição" à regular cobrança do tributo.

Não bastava que o tributo tivesse sido instituído há 1, há 2, há 5, há 20 anos. Não. Para que ele fosse validamente cobrado era preciso, à época, que, ano a ano, o Poder Legislativo, via lei orçamentária, autorizasse o Poder Executivo a movimentar a máquina fiscal. Sem este aval a exigência do tributo era indevida, suscitando repetição.

Nos anais do STF há uma decisão interessante a respeito do princípio da anualidade. Corria o ano de 1950, e a lei orçamentária do Município de Garça (um Município do Interior do Estado de São Paulo) literalmente se esqueceu de autorizar o Executivo a cobrar o IPTU – IPTU que, por hipótese, lá existia há 50 anos.

Contribuintes mais zelosos de seus direitos constitucionais bateram às portas do Poder Judiciário e invocaram, em seu favor, o princípio da anualidade. Pois bem, o Poder Judiciário, representado pela mais alta Corte do país, deu ganho de causa a esses contribuintes, decidindo que, em relação ao exercício de 1950, tinham o direito de nada pagar a título de IPTU. Por quê? Porque não fora observado o princípio da anualidade.

Só que o princípio da anualidade teve vida efêmera. Durou até o advento da Emenda Constitucional 18/1965; durou, pois, 19 anos. A partir da Emenda 18/1965 o princípio da anualidade cedeu passo ao princípio da anterioridade, sob cuja égide continuamos vivendo.

É uma pena, porque o princípio da anualidade protegia mais e melhor os contribuintes. Como assim? A lei orçamentária começa a ser discutida e votada no dia 1º de julho, e essa discussão há de estar concluída até o dia 30 de novembro, justamente para que possa vigorar no próximo exercício financeiro. Sabemos que a lei orçamentária vigora de 1º de janeiro a 31 de dezembro. Daí ser também chamada de "lei ânua".

Muito bem, se a lei orçamentária começa a ser discutida no dia 1º de julho, à época em que vigorava o princípio da anualidade tributária nenhum tributo que não tivesse sido criado ou aumentado até o dia 30 de junho podia ser exigido no próximo 1º de janeiro. Como a lei orçamentária ia aprovar a cobrança de um tributo que ainda não existia, ou de um tributo que ainda não fora aumentado?

Então, o que de pior podia acontecer, à época, ao contribuinte era o tributo ser criado dia 30 de junho, para só ser exigido a partir do próximo 1º de janeiro. Aí realmente dava para falar em *planejamento da vida econômica do contribuinte*, em *segurança jurídica*, em *confiança na lei fiscal*.

Isto não significa que durante a vigência do princípio da anualidade tributária nenhum tributo podia ser criado ou aumentado após 30 de junho. Claro que podia. Podia ser criado ou aumentado até no dia 31 de dezembro; apenas, como a lei orçamentária a ele não havia feito menção, não seria exigido no exercício seguinte, mas apenas no próximo, quando a nova lei orçamentária a ele se referisse.

Nesse sentido, o princípio da anualidade representava um *plus*, um patamar mais elevado que o ocupado pelo princípio da anterioridade. Só que, infelizmente, não temos mais o princípio da anualidade tributária, mas apenas o da anterioridade tributária.

Uma questão que se coloca é a possibilidade de o constituinte decorrente inserir esse princípio no âmbito dos Estados, dos Municípios e do Distrito Federal. Creio que essa possibilidade existe. Nada impede que a Constituição do Estado, a Lei Orgânica do Município ou a Lei Orgânica do Distrito Federal instituam o princípio da anualidade tributária, no âmbito local.

Aliás, houve até um precedente histórico. A Constituição Mineira de 1969 previa a anualidade em relação aos tributos do Estado de Minas Gerais, e houve um Governador que questionou a constitucionalidade desse dispositivo. Levou a questão ao STF, argumentando: "Eu, como Governador, tenho que obedecer apenas ao princípio da anterioridade tributária; não ao princípio da anualidade tributária". Pois o STF decidiu – para gáudio dos constitucionalistas – que nesse particular a Constituição Federal concede aos contribuintes uma garantia mínima, nada impedindo que o constituinte decorrente conceda, aos mesmos contribuintes, garantias adicionais, como a da anualidade tributária.

Reitero que desapareceu o princípio da anualidade em matéria tributária. Mas ele, a exemplo dos Titãs, continua esmurrando a superfície do direito tributário brasileiro. Os Colegas que gostam de Mitologia Grega sabem que época houve em que a Terra era dominada pelos Titãs, gigantes imortais, que não tinham grande inteligência, mas apenas força bruta. Um dia, os deuses desceram do Olimpo e conseguiram encarcerá-los no interior da Terra; matá-los não, porque os Titãs, repito, eram – e são – imortais. Assim, os Titãs, segundo a Mitologia Grega, vivem embaixo da Terra e se manifestam algumas vezes esmurrando-a, o que produz os terremotos e os maremotos. Vejam como os antigos gregos explicavam de maneira poética fenômenos que, na época, não sabiam explicar.

O princípio da anualidade realmente foi banido das hostes do direito tributário pela Emenda Constitucional 18/1965. No entanto, ele continua ecoando, continua produzindo efeitos, em relação aos tributos que se renovam periodicamente. É o caso do imposto sobre a renda, é o caso dos impostos sobre o patrimônio (do IPVA, do IPTU, do ITR). Esses impostos, como bem o demonstrou a professora Misabel Derzi, só podem ser exigidos uma vez por ano, uma vez em cada exercício financeiro. É o *princípio da anualidade*, que, embora sepultado, continua se manifestando, continua produzindo efeitos nos quadrantes tributários.

Muito mais, Sra. Presidente, Colegas da Mesa, Colegas congressistas, eu teria para falar-lhes acerca do princípio da anterioridade tributária. Mas é soada a hora de caçar as velas do discurso. Absolutamente não desejo que digam: "Além de tudo, não parava mais de falar". *(Risos)*

Registro que não quis esgotar o assunto, mas, apenas, espancar alguns equívocos, que passeiam por aí afora como verdades absolutas. Se fui bem-sucedido nessa tarefa, os Colegas dirão. Afinal, todos aqui estão habilitados a arriscar os mesmos abismos, intercambiando comigo o papel de produzir ciência do direito tributário.

Aos eventuais críticos de minhas posições, respondo com o célebre economista John Kenneth Galbraith: "Há divergências a respeito, o que é bom, porque, se não existissem, sempre haveria o risco de todos estarem errados".

Muito obrigado! *(Palmas)*

PRESIDENTE DO CONGRESSO (PROFA. MARIA LEONOR LEITE VIEIRA) – Como nós vimos, o professor Eduardo Bottallo tem toda razão. A fala do professor Roque é tão perfeita, tão concatenada, tão organizada, provoca tantas idéias, provoca que tomemos muito cuidado com a construção dos sentidos e provoca para que procuremos novos caminhos para alcançar de forma segura e procurar de forma segura a obediência ao texto constitucional.

Eu diria, mais, professor Eduardo Bottallo – como diz o professor Pedro

Luciano Marrey Jr., já citado aqui –, que o professor Roque é um dos raros professores que falam por escrito; a gente tem tudo concatenado, perfeito.

Muito obrigada, professor Roque!

Antes de encerrar os trabalhos desta tarde, eu gostaria de convidar a todos os Congressistas para o lançamento – agora, durante o coquetel que o IDEPE oferece a todos – de dois livros: *Controle de Constitucionalidade da Norma Tributária*, do professor Robson Maia, que, como diz o ministro José Delgado, tem características de ser uma obra clássica sobre o assunto, onde o Dr. Robson examina o controle de constitucionalidade da norma tributária, decadência e prescrição de maneira primorosa; está sendo lançado pela Editora Quartier Latin, para localizar melhor onde estará o professor Robson para a tarde de autógrafos. Além deste, também o livro *Questões Controvertidas em Matéria Tributária*, coordenado pelos professores Aristóteles Moreira Filho e Marcelo Jatobá Lobo, em homenagem ao professor Paulo de Barros Carvalho, onde encontramos artigos interessantíssimos dos professores Alberto Xavier, Ângela Pacheco – alguns aqui conosco, nossos amigos de sempre –, professor Aristóteles, professor Eduardo, professor Heleno Tôrres e vários outros, que estão aqui mencionados. Está sendo lançado hoje, pela Editora Fórum.

Além disso, eu gostaria de comentar com os Senhores que agora em dezembro teremos mais um Congresso para estudarmos a matéria tributária, nos dias 15, 16 e 17, que é o *I Congresso Nacional de Estudos Tributários*, organizado pelo IBET. Hoje os Senhores também estarão recebendo o *folder* (se não hoje, amanhã pela manhã), em cada uma das suas cadeiras.

Então, agora, passando a esses eventos todos e ao coquetel de congraçamento do Congresso, eu também deixo a convocação para amanhã às 8:30h – e tentando, amanhã, realmente obedecer ao horário mais de perto –, para a Mesa onde serão discutidos vários pontos acerca do ICMS, a primeira Mesa.

Muito obrigada e boa tarde a todos! Até amanhã! *(Palmas)*

MESA DE DEBATES "C"

ISS E LEI COMPLEMENTAR 116/2003

PRESIDENTE DA MESA: PROF. SIDNEY SARAIVA APOCALYPSE

MEMBROS DA MESA: PROFS. MARIA RITA FERRAGUT, ANNA EMÍLIA CORDELLI ALVES, BETINA TREIGER GRUPENMACHER E AIRES FERNANDINO BARRETO

PRESIDENTE DA MESA (PROF. SIDNEY SARAIVA APOCALYPSE) – Srs. Congressistas, bom dia! Como já é do conhecimento dos Senhores, observaremos nesta sessão a mesma dinâmica das reuniões ocorridas ontem. Hoje, só para relembrar, haverá sessão com apresentação dos trabalhos que foram selecionados para debate, e que contará com a presença dos Senhores em salas especiais arranjadas para que esses temas sejam proficuamente debatidos.

Diante disso, enfatizo a todos a necessidade da entrega deste formulário que lhes foi distribuído, indicando a tese de sua preferência para assistir, porque desta forma a organização conseguirá estabelecer o número de pessoas que poderá participar em cada sala em que estiver ocorrendo o debate de cada uma das cinco teses.

Ao final desta sessão voltarei a enfatizar, mas peço aos Senhores que entreguem a uma de nossas recepcionistas esse formulário, indicando, no lugar apropriado, a tese de sua preferência. Repetindo, isso tem por finalidade arranjar espaço adequado e conveniente para que todos tenham acomodações confortáveis, de forma a debater com qualidade as teses deste Congresso.

Dando início, propriamente, a esta Mesa de Debates, quero apresentá-la como um todo, com a presença do professor Aires Fernandino Barreto, da professora Anna Emília Cordelli Alves, da professora Maria Rita Ferragut e da professora Betina Treiger Grupenmacher.

Iniciando a exposição desta manhã, contaremos, agora, com a mais nova Doutora em Direito pela PUC, Doutora já desde os bancos de Bacharelado, mas que agora se vê reconhecida na comunidade acadêmica com a aprovação de sua tese sobre *Responsabilidade Tributária* – que abrange temas da unidade do Direito, a despeito do foco em responsabilidade tributária. Refiro-me à professora Maria Rita Ferragut, Advogada, Professora do IBET, dos Cursos de Especialização do COGEAE, e que desde anteontem obteve o reconhecimento da comunidade científica, conferindo à Dra. Maria Rita Ferragut o grau de Doutora em Direito.

Então, para iniciar os trabalhos desta manhã, convido a professora Maria Rita Ferragut a tratar do seu tema ("Responsabilidade Tributária"), que também foi objeto de sua tese de Doutoramento. Maria Rita, por favor.

PROFA. MARIA RITA FERRAGUT – Bom dia, Senhoras e Senhores! Sr. Presidente, caros Colegas de Mesa. Eu gostaria inicialmente de dizer que para mim é uma honra compor uma Mesa com todos vocês, e em especial com a pessoa que mais entende de ISS no Brasil, o professor Aires Barreto.

Fiquei muito feliz quando fui convidada para participar do Congresso e, além disso, para tratar do tema da responsabilidade, porque, em função da introdução que até o Dr. Sidney já fez, é inconteste que esse tema me fascina.

A responsabilidade tem, para mim, duas vertentes importantes. A primeira, científica, provoca diversas discussões extremamente interessantes, e vou procurar, na medida do possível, apresentar algumas delas no decorrer dessa exposição. A responsabilidade traz, hoje em dia, um grau de importância muito grande, porque no ordenamento jurídico brasileiro essas regras estão existindo cada vez em número mais elevado, e existe uma contraposição de valores que precisa ser muito bem avaliada. De um lado eu tenho o interesse do Fisco em arrecadar; é necessário que se garanta a arrecadação, é fundamental para a manutenção do Estado de Direito; e de outro lado eu tenho os direitos e as garantias dos contribuintes. Então, como sopesar esses dois valores – que não podem ser desconsiderados, de forma alguma – dentro de um sistema jurídico que se propõe a ser justo, correto, a garantir a manutenção do Estado e também a preservar os direitos dos contribuintes?

Assim, de um lado, o Fisco, que, em virtude do – infelizmente – crescente número de sonegadores, precisa de instrumentos legais para impedir a sonegação. A responsabilidade é um meio legal extremamente hábil para que isso diminua, para que o Fisco realmente garanta a arrecadação e cumpra sua função de arrecadar. Através da responsabilidade tributária, o Fisco consegue evitar que tributos deixem de ser pagos de forma fraudulenta. Para mim, isso parece indiscutível. Realmente, a proliferação das normas de responsabilidade objetiva diminuir a sonegação. Este é um ponto que imputo como sendo extremamente relevante, e deve ser preservado pela sociedade brasileira.

Mas existe o outro lado, que diz respeito aos direitos do contribuinte. Os contribuintes vivem, hoje, uma situação indigna, decorrente do crescimento constante das normas de responsabilidade, que cada vez mais imputam deveres instrumentais a esses sujeitos. Então, há 10 anos, a pessoa tinha que emitir uma nota fiscal; hoje ela tem que emitir uma nota fiscal Série A, Séria B, Série C, além das diversas declarações (DIRF, DACON, DIPJ, DCTF).

Na esfera federal são diversas as declarações que têm que ser feitas. As pessoas erram em função da complexidade das declarações, não por má-fé. É extremamente difícil entender o que a legislação determina.

Então, nós nos encontramos em um momento histórico em que a proliferação de normas de responsabilidade parece não ter fim, como se o interesse público justificasse qualquer tipo de intromissão na iniciativa privada, como se não fosse importante respeitar os direitos individuais, respeitar o direito que o contribuinte tem de trabalhar e de usufruir dos frutos desse trabalho.

A temática da responsabilidade encontra-se exatamente nesse contexto. Precisamos sopesar o interesse público da arrecadação com o direito que o contribuinte tem de poder trabalhar e poder cumprir normas que sejam justas e respeitosas.

Infelizmente, não é o que observamos atualmente na legislação brasileira. Existe hoje uma situação de indignação total dos dois lados – Fisco e contribuinte –, e o objetivo desta exposição é tentar trazer para vocês algumas idéias que possam minimizar esses problemas.

Antes de entrar em alguns importantes casos práticos, gostaria de iniciar com uma distinção que se encontra no Código Tributário Nacional, que guarda fundamento na Constituição e que é importante para as conclusões que construirei mais a seguir.

O CTN, em seu art. 121, define o sujeito passivo em duas classes: *contribuintes* e *responsáveis*.

Quem é *contribuinte*? É aquele sujeito que praticou o fato jurídico tributário, praticou o fato gerador, e que, além disso, encontra-se no pólo passivo de uma relação jurídica tributária. A única forma que enxergo para que um sujeito possa ser considerado como sujeito passivo é encontrando-se numa relação jurídica.

O Direito não reconhece outra forma de obrigar as pessoas. Por isso, se o sujeito praticou o fato jurídico mas não é obrigado a entregar dinheiro ao Estado, ele não é, no meu entendimento, contribuinte. Ele é o sujeito que praticou o fato jurídico, e tem que ser considerado, porque suas características são relevantes para se determinar como a tributação poderá ocorrer, e até mesmo se vai existir (porque, eventualmente, se o sujeito for isento, ele não terá que pagar).

A característica do sujeito que praticou o evento tem que ser, sim, considerada, mas isso não significa que ele seja sujeito passivo de uma relação tributária. O substituído, por exemplo, pratica uma operação de circulação de mercadoria, mas a legislação imputa ao substituto o dever de pagar. Portanto, para mim, ele não é contribuinte, ele é apenas o sujeito que realizou o fato jurídico.

A segunda classe de sujeição passiva é do *responsável*. Como eu o defino? Como sendo um sujeito qualquer, um terceiro, que não está vinculado ao fato jurídico tributário mas que, por força de uma previsão legal, foi colocado no pólo passivo dessa relação. Então, ele é obrigado a pagar tributo por conta de fato jurídico praticado por um terceiro, e com base em lei. E foi justamente a responsabilidade tributária a grande idéia que o Legislativo teve para diminuir a sonegação. Então, ou o terceiro retém, ou ele se reembolsa, mas leva o dinheiro para o Estado. É muito mais fácil garantir a eficácia da arrecadação dessa forma.

Limites para a identificação de um sujeito como sujeito passivo? Existem. Para mim não existe previsão constitucional de quem deva ser o sujeito passivo, eu não consigo identificar sequer uma norma na Constituição Federal que diga que o adquirente do imóvel deva pagar o ITBI, que o proprietário deve ser o único a pagar o IPTU. Para mim, não existe. O que a Constituição prevê são materialidades.

Podemos excepcionar o direito de propriedade? Sim. De que forma? De uma forma que não incorra em confisco. Pode existir responsabilidade tributária desde que ela não seja confiscatória e não fira o princípio da capacidade contributiva.

Então, quem é esse terceiro que pode figurar no pólo passivo dessa relação quando ele não tiver praticado o fato jurídico? É um terceiro qualquer que se vincule indiretamente ao fato, porque, se o vínculo for direto, ele será contribuinte; ou direta ou indiretamente com o sujeito que realizou o fato gerador. Por quê? Porque é necessário que o sistema jurídico garanta, assegure, para aquela pessoa o direito de se ressarcir daquilo que foi pago por conta de um fato gerador praticado pelo realizador do evento. E de que forma?

Becker fez uma distinção que eu considero muito feliz, ao tratar das normas de repercussão. Ele diz que o terceiro pode figurar no pólo passivo desde que seja conferido a ele, por meio da retenção ou do reembolso, o ressarcimento daquilo que foi pago em função do fato praticado por terceiro.

Na substituição, se eu devo pagar 10 para meu prestador de serviço, mas pago 9 e retenho 1 daquele pagamento, e esse 1 é transferido ao Estado, eu, responsável tributário, não suportei financeiramente o ônus fiscal. Então, não vejo afronta ao princípio da capacidade contributiva, e nem ao do não-confisco, porque o responsável teve obrigação de levar dinheiro ao Estado, mas não teve obrigação de retirar de seu patrimônio o dinheiro a ser pago.

Se por meio da substituição existir uma forma de se garantir que o responsável não suporte economicamente o tributo, a norma é constitucional. Por outro lado, se também existir uma forma de garantir o reembolso – ao tratar do diferimento, por exemplo, em que o responsável paga o tributo lá na frente, quando já recebeu o respectivo valor pecuniário envolvido, por força das operações anteriores.

Já, na solidariedade mais de um sujeito passivo é obrigado ao pagamento do tributo. Um deles paga, e a ele é assegurado o direito de se ressarcir daquilo na parte ideal dos demais, em uma relação de natureza não-tributária.

Portanto, sendo garantido o ressarcimento, por meio da substituição ou do reembolso, entendo que as normas de responsabilidade são constitucionais.

Mas esta conclusão não significa admitir que não existam problemas na legislação brasileira. Existem vários. Eu gostaria de colocar alguns para vocês, posteriormente procurando apresentar alguma solução. Passemos a alguns pontos negativos atualmente presentes na legislação.

Primeiramente, o excesso de deveres instrumentais, que provoca um aumento de erros não-intencionais por parte dos contribuintes. Todas as pessoas aqui presentes, que militam com o direito tributário, devem ter conhecimento de como é difícil, hoje em dia, conseguir cumprir com todos esses deveres. Cada nota fiscal errada, R$ 100,00 de multa, o preço da operação etc. Isso é uma afronta, não poderia ser dessa forma.

Além disso, diversas normas que são publicadas pela manhã e vigoram a partir do mesmo dia da publicação. Isso aconteceu no Estado de São Paulo há aproximadamente um mês. Foi publicado um decreto cuja vigência iniciou-se no mesmo dia da publicação. Mas qual o tempo que o contribuinte teve para se preparar para cumprir com o comando normativo? Nenhum, Senhores e Senhoras.

Considero tal prática extremamente desrespeitosa. Acredito que o excesso de deveres instrumentais está passando do limite do razoável, e as pessoas que têm o poder de mudar a legislação deveriam fazer alguma coisa de bom com relação a isto, porque esse tipo de procedimento não atende ao interesse público e desrespeita o contribuinte.

Um outro ponto que considero importante é a transferência, ao contribuinte, da responsabilidade de fiscalizar. O que hoje se faz? Com a substituição tributária, o realizador do fato jurídico sofre a retenção. Em alguns Municípios também existe a solidariedade desta pessoa com o substituto, o que é muito delicado, pois o prestador não tem meios reais de exigir, de seu cliente, determinadas condutas, sob pena de não ser mais contratado.

Com isso, ou o substituído assume o risco – que é o que normalmente acontece –, ou paga duas vezes pelo mesmo fato jurídico tributário – o que é inconcebível –, ou arrisca-se a perder o cliente.

E qual a alternativa razoável para essa situação? O dever de fiscalizar é do Fisco, não é do substituído. Se a substituição tributária é instrumento eficaz contra a sonegação, que, então, ela seja implantada, mas apenas o substituto submeta-se a eventuais sanções relacionadas ao não-recolhimento do tributo retido.

Sabemos que o custo para o controle, pelo substituído, dos recolhimentos que deveriam ser realizados pelo substituto é extremamente elevado. Se o controle fosse menor, provavelmente teríamos menores despesas – o que aumentaria a base de cálculo da CSLL, do IRPJ. Teríamos mais dinheiro para investir no desenvolvimento do negócio, na mão-de-obra. Portanto, não vejo vantagem na criação excessiva de normas que dispõem sobre esta espécie de deveres instrumentais.

Um outro ponto maléfico diz respeito à escassez do prazo para pagamento de tributos. Temos hoje um exemplo, que é a retenção de 11% do INSS. Deve-se pagar até o segundo dia útil do mês posterior ao da prestação do serviço. O prestador de serviço emite a nota até o final do mês para respeitar o período de competência, encaminha ao cliente a nota no dia 1º, e no dia 2 o cliente já tem que recolher o tributo. Mas, imaginem vocês, como isso pode ser operacionalizado dentro de uma sociedade de grande porte? Por que a legislação não estabeleceu o dia 10, ou 15, ou qualquer outra data que permitisse o cumprimento da obrigação? Por que esta indiscutível ausência de razoabilidade?

O que acontece, então? As pessoas emitem as notas fiscais, posteriormente corrigem seus erros, entregam REDARFS, alteram DCTFs etc. Mas teremos, provavelmente, problemas na obtenção de certidões negativas, na correção de algumas notas fiscais (como ocorre no Município de São Paulo após o encerramento do período de competência). E tudo isso por quê? Apenas em virtude do fato de que a legislação estabeleceu tão-somente dois dias úteis para o recolhimento do INSS. Insisto: por que não 10 dias úteis, ou 8, ou 15? Mas dois é inconcebível, é muito pouco.

E pontos positivos na responsabilidade, existem? Para mim, sim; e são dois: diminuição da inadimplência e diminuição da necessidade de fiscalização.

Trabalhemos com um exemplo. A retenção do PIS, COFINS e CSLL, no montante de 4,65%. Para muita gente a retenção não é problemática; mas para o sujeito que tem prejuízo é, porque ele sofrerá retenção de CSLL e não terá como compensar durante o exercício. E poderá, por hipótese, compensar com a COFINS? Sim, desde que apure essa contribuição pelo regime não-cumulativo e o que tiver que pagar seja superior a 3%. Caso contrário não conseguirá compensar esse crédito, e terá que pedir restituição, e esperar um longo tempo até o dinheiro ser devolvido.

Essa regra respeita os direitos do trabalhador, a sociedade que está produzindo? Não. Minha idéia diante de todo esse contexto é a seguinte:

Primeiro, uma menor complexidade e maior clareza da legislação. Quando Kelsen escreveu a *Teoria Pura do Direito*, já naquela época ensinava que os comandos normativos só podem ser cumpridos se forem compreendidos. E quanto tempo os Senhores levaram para entender as regras pertinentes à não-cumulatividade da COFINS, se é que podemos dizer que as compreendemos? Como o administrador de uma sociedade qualquer, de pequeno ou médio porte, entenderá essa legislação?

Ela é altamente complexa. Não haveria necessidade de criar todo o sistema da não-cumulatividade, em que algumas coisas geram créditos, outras não; algumas regras vigoram até julho, outras não. Para que complicar tanto? Não seria muito mais fácil – e produtivo – se a legislação fosse mais simples?

Também defendo também a idéia do aumento dos prazos de pagamento como forma de permitir ao sujeito passivo que cumpra com suas obrigações fiscais.

Finalmente, diminuição nesses deveres instrumentais, desobrigando o contribuinte de fiscalizar as pessoas físicas e jurídicas quando não houver meios reais para essa fiscalização, e ampla divulgação dos contribuintes inidôneos.

São essas as minhas considerações. Eu gostaria de desejar-lhes um ótimo Congresso e de agradecer a atenção de todos. Muito obrigada! *(Palmas)*

PRESIDENTE DA MESA (PROF. SIDNEY SARAIVA APOCALYPSE) – Agradecendo a essa primeira manifestação da professora Maria Rita Ferragut, tenho o prazer de anunciar a próxima intervenção. A próxima intervenção será da professora Anna Emília Cordelli Alves, também Professora da PUC, que, como Procuradora do Município, deu muito trabalho aos advogados que aqui militam. E, pontuando com seus trabalhos na Procuradoria, ocupou o cargo de Secretária dos Negócios Jurídicos, também no Município de São Paulo.

A professora Anna Emília Cordelli Alves falará a respeito de aspecto do imposto de serviço que hoje em dia, em função da chamada "Nova Legislação", cuida da figura da importação de serviços.

Professora Anna Emília, use da palavra, por favor!

PROFA. ANNA EMÍLIA CORDELLI ALVES – Muito bom dia a todos! Agradeço as palavras do professor Sidney. É um prazer estar aqui com o professor Aires Barreto, com as professoras Maria Rita e Betina. É sempre um prazer estar aqui com vocês todos, debatendo sobre tributos municipais e tentando analisar um pouco as novas questões jurídicas que surgiram a partir da Lei Complementar 116/2003.

O tema que me foi proposto diz respeito ao "ISS Incidente nas Importações de Serviços". Quando começamos a analisar o assunto, que é novo – introduzido pela Lei Complementar 116 –, num primeiro momento ficamos perplexos. Quer dizer, isso mexe com todas as categorias com que estamos acostumados a lidar em matéria de ISS. Como é que vamos justificar que uma operação de importação seja tributada por uma ordem municipal, por um imposto municipal?

Nesse sentido, então, busquei aprofundar um pouco o estudo da hipótese de incidência do ISS posta constitucionalmente, em todos os seus aspectos; isto é, busquei analisar uma única realidade sob os mais variados aspectos – como nos ensinava Geraldo Ataliba, os aspectos material, espacial, temporal e pessoal.

Então, quando analisamos o aspecto material da hipótese de incidência, a regra-matriz constitucional do ISS, vamos verificar que, em verdade, quando a CF cria o ISS, no art. 156, III, atribui aos Municípios competência para criar imposto sobre serviços de qualquer natureza desde que não sejam aqueles sujeitos ao imposto estadual sobre serviços de comunicação, sobre transportes interestaduais e intermunicipais, e desde que sejam serviços arrolados em lei complementar. Portanto, o aspecto material da hipótese de incidência do ISS é a prestação, por particular, de serviço arrolado em lei complementar, mediante remuneração.

Decorre do próprio aspecto material o aspecto pessoal da hipótese de incidência do ISS. Qual é o aspecto pessoal? Evidentemente que, se tenho como aspecto material a prestação de serviço por particular, serviço constante da Lista anexa à lei complementar, o sujeito passivo do ISS será, necessariamente – isso está implícito na Constituição –, o prestador do serviço. *(Truncamento da gravação)*

(Truncamento da gravação) Quando analisamos a matriz constitucional do ISS, constatamos que a Constituição pretendeu – e o disse com todas as letras, muito embora isso decorra dessa análise – que o ISS é o imposto incidente sobre a prestação do serviço, e não sobre o consumo ou a fruição do serviço. Isso é importante, a ênfase é dada na prestação do serviço.

Misabel Derzi, em trabalho recentemente (2004) publicado na *Coleção de Direito Tributário*, vol. 2, sob a coordenação do Dr. Heleno Taveira Tôrres, cuida desse assunto. Inclusive, eu tive o privilégio de também contribuir, nesse compêndio, na análise do ISS da Lei Complementar 116.

A professora Misabel Derzi diz o seguinte: a Constituição procurou delimitar um campo de incidência do ISS, onde fosse possível aferir a capacidade contributiva. E a Constituição optou pela capacidade contributiva do prestador de serviço. Quer dizer, ela encontrou na percepção de um valor pela prestação desse serviço o fato presuntivo de riqueza – portanto, dando ênfase ao prestador de serviço. E, ainda, ela diz, nesse mesmo trabalho, que, hipoteticamente, a Constituição poderia ter considerado a aquisição de serviços sob o ângulo do usuário, do consumidor de serviço, porque aí também há um signo presuntivo de riqueza; mas, na verdade, não o fez. A opção da Constituição foi pelo ângulo do prestador do serviço, e não pelo ângulo do consumidor ou do usuário do serviço.

O professor Aires Barreto também, no seu *ISS na Constituição e na Lei*, sua brilhante obra a respeito do ISS, afirma que o sujeito passivo necessário posto pela Constituição é o prestador de serviço. E deixa expresso que não acolhe a posição de que o legislador é livre para eleger, como sujeito passivo, quer o prestador, quer o tomador de serviço. Então, ele diz: pela dicção constitucional, o contribuinte, o sujeito passivo, é necessariamente o prestador do serviço.

O que significa isso? Significa que a Constituição adotou o critério, o princípio, da origem. O que autoriza a criar o ISS é o *princípio da origem*. Ou seja: a prestação do serviço, o estabelecimento prestador – e, portanto, a capacidade contributiva do prestador do serviço.

Todas as legislações complementares que vieram na seqüência obedeceram e respeitaram esse princípio da origem. Assim o Decreto-lei 406/1968, em seu art. 12, quando, na verdade, consagra como aspecto espacial da hipótese de incidência o local do estabelecimento prestador. Veja-se o critério da origem, de novo; o aspecto espacial é relativo ao local do estabelecimento prestador, muito embora – os Senhores devem lembrar – exista uma decisão, uma jurisprudência, do STJ em que ele afasta o critério da origem e diz que, na verdade, o que prevalece é a vigência territorial da lei, dizendo que se considera ocorrido o fato gerador, aspecto espacial, no local da prestação do serviço.

Muito se escreveu sobre isso. Na verdade, essa decisão do STJ declara implicitamente a inconstitucionalidade do art. 12 do Decreto-lei 406/1968; mas, a meu ver, ela está equivocada. Por quê? Porque, na verdade, considera como regra única o local da prestação do serviço, desconsiderando o princípio da origem, posto constitucionalmente, porque a ênfase deve ser dada ao prestador, ao estabelecimento prestador, à origem do serviço.

É bem verdade que o aspecto espacial – como demonstra Paulo de Barros Carvalho – nem sempre coincide com a vigência territorial da lei. Paulo de Barros Carvalho diz o seguinte: muitas vezes o aspecto espacial é identificado com o próprio plano da eficácia territorial da lei. Porém, o critério espacial da hipótese de incidência e o campo de eficácia da lei são entidades ontologicamente distintas.

Um exemplo claro é o do IPTU. Na verdade, muito embora a lei municipal tenha vigência em todo o território do Município, zona urbana e zona rural, o IPTU colhe exclusivamente a zona urbana no Município. Portanto, a vigência territorial não coincide com o aspecto espacial da hipótese. É assim no caso do IPI, e é assim no caso do ICMS.

Nós temos, por exemplo, casos de serviços mais complexos, que são prestados ou em etapas ou à distância – hoje, nós temos o computador. Com a modernização dos serviços, evidentemente, fica mais difícil identificar o efetivo aspecto espacial da prestação. Então, em serviços que sejam formados por etapas que em tese possam ser tributadas por mais de um Município, a questão é a seguinte: qual ordem jurídica vai captar o fato tributário? E nesse sentido é que veio o art. 12, colocando regra geral, o princípio da origem, que está lá na Constituição, estabelecimento prestador, e excepcionalmente, para alguns serviços de maior visibilidade – como construção civil, por exemplo –, o local da prestação do serviço.

Na verdade, esse critério da origem só se confirma quando analisamos a tributação das exportações. Por quê? Porque, quando vamos ao art. 156, § 3º, II, da CF, está previsto que é possível ao legislador complementar excluir da incidência do ISS as exportações de serviços destinados a tomador ou usuário residente, domiciliado ou sediado fora do Brasil. Tanto é possível a incidência na exportação de serviços, que a Constituição prevê a possibilidade de isenção.

Nós temos, aqui, também contemplado o princípio da origem – ou seja, se o serviço é prestado aqui e exportado, não importa que o tomador esteja no estrangeiro. Exatamente pelo princípio da origem, ele pode, sim, ser tributado pelo ISS, porque o prestador está em território brasileiro, tanto assim que está prevista a isenção. O regime jurídico atinente à exportação confirma o princípio da origem, o critério da origem, previsto na Constituição.

E, assim, com essas colocações, vamos entrar diretamente, agora, na questão do ISS na importação de serviço.

O § 1º do art. 1º da Lei Complementar 116 prevê que o imposto incide também sobre o serviço proveniente do exterior do país, ou cuja prestação se tenha iniciado no exterior do país. Nós temos duas hipóteses, portanto: o serviço é totalmente realizado por pessoa física ou jurídica estrangeira, em solo estrangeiro, e consumido por tomador ou usuário brasileiro; segunda hipótese, o serviço é realizado parcialmente em solo estrangeiro e parcialmente em solo brasileiro.

Então, vamos pegar um exemplo do primeiro: empresa brasileira com sede em São Paulo contrata empresa estrangeira pedindo um projeto de construção ou remodelação de sua sede. O projeto é totalmente desenvolvido e concluído em solo estrangeiro e remetido para a empresa brasileira, que paga por ele. Portanto, o serviço todo é elaborado no estrangeiro.

A mesma empresa brasileira, na segunda hipótese, contrata uma empresa para elaborar o projeto e refazer a reforma da sua sede, executar aquele projeto.

Temos um serviço complexo, a primeira etapa se desenrola no estrangeiro e a segunda etapa se complementa aqui no Brasil.

Qual o regime jurídico aplicado nessas hipóteses, de acordo com a Lei Complementar 116? A Lei Complementar 116 diz que o ISS incidirá em ambas as hipóteses figuradas, de acordo com o art. 1º, § 1º.

Vamos analisar essa solução legal. Primeiro, a lei complementar, ao assim dispor, segue os desígnios constitucionais, o tal princípio da origem. Por quê? Porque na primeira hipótese o ISS estará, em verdade, onerando o consumo. O serviço foi prestado por prestador no estrangeiro, completamente terminado no estrangeiro, e – justifica a lei complementar – se está tributando o quê? O usuário ou o tomador do serviço. Portanto, contrariando o princípio da origem.

De acordo com a Constituição Federal, como nós vimos, não seria possível tributar essa prestação de serviço integralmente ocorrida fora dos lindes do território. Aí se poderia argumentar no seguinte sentido: mas, na hipótese, a lei complementar teria criado um aspecto espacial próprio no caso de importação, ela teria mantido o critério da origem como regra geral, e para a importação ela teria adotado o critério do destino.

Aí, eu pergunto: a lei complementar está autorizada a adotar o critério do destino, muito embora a Constituição dê o critério da origem?

A própria professora Misabel, no trabalho anteriormente mencionado, entende que a lei complementar evoluiu em relação ao Decreto-lei 406 e que se aproximou mais do modelo adotado na Comunidade Européia, em que a VI Diretiva abre exceções em favor do território onde o destinatário esteja localizado. Ela menciona também Alberto Xavier, que, comentando essa VI Diretiva da Comunidade Européia, afirma que a Comissão Européia está fazendo uma consulta às partes interessadas com o objetivo de redefinir essa circunstância espacial quando se trate de empresas situadas em países diferentes, mas ambas contribuintes do IVA.

Então, vejam: nós estamos falando de dois contribuintes situados em países diferentes – que não é o caso, porque aquele prestador que está lá fora não é contribuinte do ISS. Temos que tomar com reservas esta analogia com a VI Diretiva da Comissão da Comunidade Européia.

Diz Alberto Xavier que a meta é abandonar o princípio da origem e adotar o princípio do destino, onde está o estabelecimento tomador, até porque, em geral, é o estabelecimento tomador que vai arcar com o ônus desse tributo.

Diz, mais, que o princípio do destino é característica de mercados não-integrados, o que, na verdade, é mais isonômico. Por quê? Porque acaba dando tratamento igualitário a serviços importados e serviços brasileiros; não faz distinção, trata de maneira mais isonômica.

A professora Misabel ressalta que, se nós não tributarmos a importação, estaremos prejudicando os prestadores de serviço localizados no território nacional – e isso é verdade, do ponto de vista econômico-financeiro. Mas acontece que, muito embora eu concorde com a preocupação dos professores no sentido de que há necessidade de adoção de mecanismos que viabilizem a integração de mercados, continuo ressaltando que o princípio da origem da tributação na prestação de serviço, e não no consumo, é constitucional, e não legal, e esse é o impedimento.

Então, há necessidade de integração? Há. Mas não é a edição de uma lei complementar que vai possibilitar essa alteração.

O Decreto-lei 406/1968 era coerente, ele mantinha integralmente o critério da origem. Agora, a Lei Complementar 116 se mostra incoerente e incompatível, e a incoerência é interna, na verdade. Por quê? Porque A Lei Complementar 116 diz, no art. 1º, que o fato gerador é a prestação dos serviços constantes da Lista. Mantém o critério da origem. Diz que o Município competente para exigir o tributo, em regra, é aquele do estabelecimento prestador. Mantém o critério da origem. Depois diz que o contribuinte do ISS é o prestador do serviço; ela não abre exceção, está lá no art. 5º, é o prestador do serviço.

Aí vocês vão dizer: não, na verdade, o art. 6º da lei complementar, com relação ao tomador ou intermediário de serviços importados, elege como responsável o tomador, mas na verdade o tomador nacional não é responsável de coisa alguma. Por quê? Porque, se a ordem jurídica nacional não pode alcançar o prestador do serviço fora do país, na verdade, ele é um verdadeiro contribuinte. Por quê? Porque não pode existir um responsável se não existir previamente uma relação jurídica entre o poder tributante e o contribuinte. Então, a lei chama de "responsável" quem, na verdade, é o verdadeiro contribuinte.

Alguns problemas se colocam. Lineu de Albuquerque Mello, em trabalho também publicado na mesma obra antes mencionada, diz o seguinte: o art. 3º, I, da lei complementar considera que o imposto será devido no local do estabelecimento tomador, no caso de importação, ou intermediário do serviço. A lei complementar não está dirimindo conflito de competência. Por quê? Qual é o aspecto espacial, isto é, no caso de importação, onde se reputa ocorrido o fato gerador, no Município do tomador ou no Município do intermediário do serviço? Porque podemos estar falando do intermediário localizado no Município e de tomador localizado em outro Município. Como é que se vai resolver esse conflito? A lei complementar cria novo conflito.

Heleno Tôrres, quando analisa o tema, diz o seguinte: a Lei Complementar 116 só reconhece como contribuinte o prestador de serviço, e se o contribuinte for um sujeito não-residente sua atividade só vai poder ser colhida pelo ISS se aquele serviço guardar alguma conexão com o território do respectivo Município. Então, na verdade, o professor Heleno entende que só é possível essa tributação se parte do serviço for executada no território brasileiro. Portanto, os sujeitos não-residentes – segundo o professor Heleno – não podem ser tributados no Brasil por fatos praticados no exterior, por absoluta falta de conexão.

José Eduardo Soares de Melo, também na mesma obra, analisando a questão, diz o seguinte: a tributação da importação não tem fundamento de validade no ordenamento constitucional, porque cria uma esdrúxula obrigação tributária, que não tem contribuinte. Não existe o contribuinte, não há como colher o não-residente que executa o serviço lá fora. Portanto – diz ele –, a questão da extraterritorialidade é possível? É possível, sim. Mas toda vez que se pretendeu a extraterritorialidade isto ficou expresso na Constituição Federal. E mais: há necessidade de firmar tratados de tributação, para que se evite a bitributação. Então, existem casos, sim – o do imposto de renda é um –, de extraterritorialidade, só que no caso do ISS a Constituição não prevê essa extraterritorialidade.

Portanto, temos, com relação ao serviço prestado exclusivamente no exterior, que não haveria possibilidade, porque não há qualquer conexão possível do território com o prestador de serviço, em homenagem ao princípio da origem, previsto na Constituição.

Com relação à segunda hipótese mencionada – o serviço é em parte prestado no exterior e em parte prestado no Brasil, empresa estrangeira inicia a prestação no exterior e conclui o serviço em território nacional –, como nós vimos, há duas soluções possíveis. Podemos entender que há conexão material entre o não-residente e o Município localizado no território brasileiro, como quer o professor Heleno, porque, se o serviço é em parte realizado no Brasil, conseguimos ter uma conexão – e, portanto, seria possível a incidência do ISS. E uma segunda posição – que é a do professor José Eduardo Soares de Melo – no sentido de que não há amparo constitucional para se exigir o ISS mesmo em relação a serviço iniciado no exterior e aqui concluído. Por quê? Porque a extraterritorialidade só pode ser adotada em situações peculiares, e constitucionalmente.

Concluindo, o critério constitucional da origem determina que o contribuinte será sempre o prestador do serviço – o que está expresso no art. 5º da lei complementar –, e, no caso, o não-residente não pode ser colhido pela legislação brasileira.

A questão, aqui, não está atrelada ao aspecto material, porque, na verdade, o fato de o serviço ser executado no exterior não é o ponto. O ponto é o seguinte: a questão diz respeito ao aspecto pessoal, isto é, não há possibilidade de se eleger como contribuinte alguém que esteja fora dos limites territoriais brasileiros.

Nesse sentido, entendo que não basta que a lei complementar – como o fez – preveja a tributação na importação. Se tal é efetivamente em razão da necessidade de integração de mercados, isso só será possível com uma alteração na Constituição, na matriz constitucional do ISS.

Era isso o que eu tinha a dizer. Muito obrigada! *(Palmas)*

PRESIDENTE DA MESA (PROF. SIDNEY SARAIVA APOCALYPSE) – Muito obrigado, professora Anna Emília! Sem mais delongas, mas lembrando que o Congresso é brasileiro – e, como tal, se orgulha de receber representantes do Norte do País, Nordeste, do Centro, como Mato Grosso, de Pernambuco –, e agora se compraz em receber um representante do Sul do país, a paulista, exportada para Curitiba, professora Betina Treiger Grupenmacher. Carrega no nome a Alemanha de Santa Catarina, mas como Advogada em Curitiba e Doutora pela PUC vai nos falar a respeito dos "Conflitos de Competência e Local de Prestação de Serviços".

Betina, por favor, a palavra.

PROFA. BETINA TREIGER GRUPPENMACHER – Bom dia a todos! Mais uma vez gostaria de agradecer ao IDEPE, na pessoa do professor Aires, seu Presidente, pelo convite que me foi feito para estar presente neste Congresso.

Gostaria, igualmente, de registrar a honra e a satisfação que tenho em compor uma Mesa ao lado de tão ilustres juristas, em especial do professor Aires, que – todos nós sabemos – é autoridade em ISS no país.

Tenho 20 minutos para falar, e vou procurar ser o mais breve possível, até porque alguns dos pontos que vou abordar já foram aqui levantados pela professora Maria Rita e pela professora Anna Emília. Enfim, para evitar a repetição.

Fui incumbida de lhes falar sobre a questão dos conflitos de competência em matéria de ISS. Esse é um tema que até parecia já estar solucionado, inclusive no âmbito dos nossos Tribunais. No entanto, com o advento da Lei Complementar 116/2003 – lei, esta, que tem sido objeto de inúmeras reflexões, simpósios, cursos; enfim, muito já se refletiu e já se escreveu sobre as novas regras introduzidas pela Lei Complementar 116 –, todos os dias surgem novas questões a serem discutidas no pertinente ao disposto na referida lei. Poucos são os pontos incontroversos da Lei Complementar 116/2003. A cada exame que dela fazemos nos deparamos com a dura realidade de uma atividade legislativa inconstitucional por parte dos nossos parlamentares. Eventos dessa natureza objetivam apontar essas falhas e procurar soluções – se é que temos o poder de alcançar tal desiderato, como já disse a professora Maria Rita.

Como dizia, a questão sobre o local da prestação de serviços não é controvérsia recente. A identificação do local em que se reputa ocorrido o fato imponível é tema que já tem sido bastante discutido. Iniciou-se com a edição do Decreto-lei 406/1968, que já continha uma regra que estabelecia o local em que era devido o ISS.

A regra contida no Decreto-lei 406/1968 – precisamente, seu art. 12, "a" – determinava que, não havendo estabelecimento prestador no local da prestação, o serviço deveria ser pago no domicílio do prestador. De imediato os juristas e demais operadores do Direito começaram a se insurgir em relação a essa regra, que era de inquestionável inconstitucionalidade. A matéria foi reiteradamente levada aos Tribunais Superiores, e por muito tempo mantida da maneira como estava posta no Decreto-lei 406 – ou seja: os Tribunais não reconheciam qualquer inconstitucionalidade ou impropriedade na determinação de que o pagamento do tributo deveria ocorrer no domicílio do prestador; e, não havendo estabelecimento prestador, no local da prestação de serviço.

Felizmente, esse entendimento dos Tribunais, especialmente no caso do STJ, mudou. E há pouco tempo o STJ entendeu que, de fato, essa regra não seria adequada ao arquétipo constitucional do tributo, determinando que o imposto fosse pago no local em que se ultima a prestação.

Aqui aponto minha primeira conclusão, e creio que esse deveria ser também o entendimento de nossos dirigentes, em especial dos agentes da Administração Fazendária Municipal: o ISS é efetivamente devido no local em que se conclui a prestação de serviço. Lá ocorreu o fato imponível, o fato jurídico tributário, de maneira completa; e é lá, portanto, que, de acordo com a Constituição, é devido o imposto.

Quando se fala em "local da prestação de serviço" se está referindo o aspecto espacial da hipótese de incidência – utilizando a terminologia proposta por Alfredo Augusto Becker e, posteriormente, pelo professor Geraldo Ataliba. É o local em que se reputa ocorrido o fato imponível.

Esse local está predeterminado na Constituição. Ainda que de maneira implícita, lá está dito que o serviço é devido no local em que ele é prestado, ou seja, no local onde é ultimado. Ignorando essa diretriz constitucional, essa regra constitucional, o legislador que editou o Decreto-lei 406/1968 emitiu norma – como mencionei, de constitucionalidade duvidosa – estabelecendo o domicílio do prestador como o local em que é devido o tributo.

Com as decisões do STJ que passaram a reverter a matéria, que desde 1968 vinha sendo levada à apreciação dos Tribunais Superiores, imaginamos que a lei complementar traria uma nova normatização do tema, consentânea com as referidas decisões, no sentido de que o ISS é devido no local da prestação.

Ledo engano. A Lei Complementar 116, ao invés de resolver, agravou o problema: manteve a regra tal qual estava no Decreto-lei 406/1968, e o fez no art. 3º, que diz que o serviço considera-se prestado, e o imposto devido, no local do estabelecimento prestador ou – e aí o que nos interessa, precisamente –, na falta do estabelecimento, no local do domicílio do prestador. Ou seja: a redação é absolutamente a mesma. A inconstitucionalidade já reconhecida anteriormente foi mantida, com todas as suas letras.

É fato – e devemos admitir – que, ao contrário do que acontece com o ICMS, não temos nas estradas postos fazendários, e, por esta razão, não sabemos quem vai prestar serviço e em que local. Esse controle é, efetivamente, difícil. Integrei o Conselho de Contribuintes no Município de Curitiba por cerca de 10 anos. Certa feita, um colega integrante da Fazenda Pública indagou: "Betina, tudo bem, isso é inconstitucional, mas como vamos resolver a questão? A gente não sabe para onde as pessoas estão indo, não tem controle". Ao que respondi: "O meu problema como jurista é cumprir a Constituição. O seu, como administrador tributário, é achar a solução. Eu não vou lhe dar solução. Eu vejo uma inconstitucionalidade nessa regra, que deve, por esta razão, ser eliminada do sistema. Vocês, que têm solução para tudo, certamente vão encontrar uma solução para esse problema. E, se não encontrarem, apenas cumpram a Constituição, pois cumprindo a Constituição estarão observando os direitos fundamentais do contribuinte, o que julgo ser mais importante que viabilizar essa cobrança da maneira como a Fazenda Municipal está pretendendo fazer".

As leis complementares – assim como o Decreto-lei 406 – integram, no caso do ISS, nosso sistema, para prevenir e solucionar conflitos de competência a partir do que está determinado no art. 146 da CF. No entanto, tanto o Decreto-lei 406/1968 como a Lei Complementar 116/2003 não foram aptos a alcançar tal desiderato. Nem o Decreto-lei 406 nem a Lei Complementar 116 solucionam ou previnem conflitos de competência em matéria de ISS; ao contrário, agravam esses conflitos de competência – e, ao agravá-los, como vou demonstrar, representam risco ao pacto federativo, porque desencadeiam uma guerra fiscal entre os Municípios.

Nossas leis complementares nunca nos auxiliaram na tarefa de prevenir e solucionar conflitos de competência em matéria de ISS. Essa incumbência ficou relegada aos operadores do Direito, advogados, juízes – enfim, a todos nós que atuamos na área tributária, que interpretamos a norma e a aplicamos no dia-a-dia. E de que maneira nós procuramos solucionar esses conflitos, se a lei não alcançou esse desiderato? Através da aplicação sistemática do texto constitucional e, fundamentalmente, do que foi falado aqui, da aplicação do princípio da territorialidade, que é princípio constitucional geral.

Além de o art. 3º ter estabelecido que o domicílio do prestador é o local onde deve ser pago o tributo, e que, não havendo o estabelecimento prestador, o tributo deve ser pago no local da prestação do serviço, houve uma novidade na Lei Complementar 116, que, no seu art. 4º, estabeleceu, definiu, o que é *estabelecimento prestador* – e, ao fazê-lo, abarcou todas as hipóteses possíveis e imagináveis do que poderia ser considerado *estabelecimento prestador* para fins de cobrança de ISS, aumentando sobremaneira a arrecadação dos Municípios.

Então, o art. 4º estabeleceu, na sua redação, que "considera-se estabelecimento prestador o local onde o contribuinte desenvolva a atividade de prestar serviços de modo permanente ou temporário, e que configure unidade econômica ou profissional, sendo irrelevante para caracterizá-lo a denominação". Pode ser sede, filial, agência, posto de atendimento, sucursal, escritório de representação ou contato ou quaisquer outras que venham a ser utilizadas.

Essas duas regras devem, a princípio, ser interpretadas conjuntamente, para que obtenhamos soluções em relação a essa questão do conflito de competências.

O que o art. 4º fez foi definir o que é *estabelecimento prestador* – e, com isso, como acabei de ler, ampliou o âmbito de incidência do tributo, viabilizando a cobrança em qualquer unidade econômica da empresa.

É fato que o que o legislador fez no art. 4º foi estabelecer, na verdade, uma definição em relação ao *estabelecimento prestador*, criando regra interpretativa. Essa regra era absolutamente desnecessária, porque o próprio direito comercial já havia dito que *estabelecimento prestador* é a unidade econômica que realiza as atividades de empresa. Não precisávamos dessa regra na lei complementar. No entanto, ela está aí, para nos ajudar – ou nos atrapalhar – a encontrar o local em que deve ser pago o ISS.

A regra do art. 3º, aquela que estabeleceu o domicílio do prestador – e aí as críticas que temos que fazer em relação a ela –, fere o princípio da territorialidade e, com isso, agride o pacto federativo, sendo, portanto, no meu entendimento, inoperante. Temos que observar, em relação ao ISS, a lei do Município em que o serviço foi prestado.

Segundo o princípio da territorialidade, a lei tem que irradiar efeitos dentro do espaço territorial do qual promana. O princípio aplica-se não só aos Municípios como aos Estados, inclusive em relação à Nação Brasileira de maneira geral, exceto nas hipóteses que a professora Anna Emília levantou.

Temos, aqui, uma grave afronta ao pacto federativo, porque estamos permitindo, com o art. 3º, que a lei de um Município qualquer irradie efeitos sobre fatos ocorridos em outro Município – e, portanto, desencadeando a relação jurídico-tributária e trazendo para si o direito subjetivo de arrecadar. Quer dizer, é situação absolutamente esdrúxula perante o texto constitucional.

Dois Municípios podem cobrar ISS sobre a mesma prestação de serviço? Não, não podem – é óbvio. Nós conhecemos o Estatuto do Contribuinte, e sabemos perfeitamente que essa é uma cobrança que afronta o princípio da capacidade contributiva, o princípio da vedação do confisco, além do próprio princípio da territorialidade.

Temos aí uma lei complementar que, a exemplo do que aconteceu com o Decreto-lei 406/1968, subverte as regras constitucionais, notadamente no que diz respeito ao aspecto espacial e também, em algumas hipóteses, no que diz respeito ao aspecto temporal da hipótese de incidência.

Como eu disse, então, essa solução nos cabe. A solução desse conflito fica relegada ao operador do Direito, que, através da aplicação do princípio da territorialidade, vai procurar solucionar essa situação.

As hipóteses de extraterritorialidade, como disse a professora Anna Emília, são absolutamente excepcionais no nosso sistema, e só se aplicam em situações em que a soberania do Estado Brasileiro está envolvida. Como ela mencionou, em situações de bitributação internacional que envolvem o imposto sobre a renda podemos admitir a extraterritorialidade em função de uma situação de globalização que está acontecendo, pois só assim passaremos a integrar o concerto internacional das Nações em situação de igualdade com outros Estados.

Mas a admissão da extraterritorialidade é, como disse, absolutamente excepcional se a soberania é que está em jogo. Estamos falando em Municípios – portanto, estamos falando em autonomia. E *soberania* é mais que *autonomia*. Quando falamos em Município não podemos admitir a extraterritorialidade da lei como a admitimos no âmbito internacional.

A adoção do domicílio do prestador como local em que deve ser pago o serviço, além de ferir o princípio da territorialidade, fere também o pacto federativo, porque, no meu entendimento – e isso não é unanimidade, eu sei –, os Municípios, no nosso modelo federativo, integram a Federação. Além de o princípio da territorialidade estar sendo violado, há uma descaracterização da materialidade da hipótese de incidência. Ou seja, o aspecto material da hipótese de incidência deixa de ser a prestação de serviço, e passa a ter como enfoque o domicílio do prestador. Cria, portanto, ficção jurídica, que não é, em regra, admitida no direito tributário e que, por si só, afronta o princípio da legalidade. Ou seja, há uma alteração do aspecto material da hipótese de incidência, desautorizada pela Constituição.

Pelo balizamento constitucional, então, há que se observar o princípio da territorialidade, e cada um dos Municípios da Federação só é competente para instituir e arrecadar ISS com referência a fatos imponíveis ocorridos dentro do seu território.

E aí, já caminhando para o encerramento, vou entrar em uma questão abordada pela professora Maria Rita, que é relativa ao art. 6º da Lei Complementar 116/2003. Este, sim, realmente aumentou o problema que já existia em relação ao local em que é devido o tributo, ao estabelecer hipóteses de responsabilidade tributária.

Referido dispositivo atribuiu a responsabilidade a terceira pessoa vinculada ao fato gerador da respectiva obrigação, excluindo a responsabilidade do contribuinte, ou seja, do destinatário constitucional tributário, daquele que praticou o fato imponível e que tem o ônus de pagar o tributo. Então, excluiu a responsabilidade do contribuinte e atribuiu essa responsabilidade ao mesmo, em caráter supletivo, do cumprimento total ou parcial da referida obrigação, inclusive no que se refere à multa e aos acréscimos legais.

Essa regra deve ser interpretada sistematicamente com o art. 4º, porque apenas assim teremos condição de obter um panorama definido do conflito de competência ao qual estamos nos referindo. A lei complementar estabelece normas gerais, e, ao fazê-lo, determina que os Municípios que assim entenderem conveniente poderão incluir, nas suas leis, regras que determinem que o utente do serviço, aquele que contratou o serviço, na qualidade de responsável tributário, retenha o valor do ISS antes de pagar a remuneração.

O que acontece é o seguinte – usando, aqui, uma linguagem figurativa: há Capitais, grandes Municípios (e temos, hoje, quase 5.500 Municípios na Federação), que são, vamos dizer assim, "exportadores de serviços". Os pequenos, que não têm grande estrutura ou estrutura suficiente para cobrar todos os tributos de sua competência, sobrevivem mais às custas dos repasses que propriamente de arrecadação própria. Fazendo uso da prerrogativa estabelecida no citado preceito da Lei Complementar 116/2003, passaram a estabelecer que os utentes do serviço devem reter o valor do ISS. Esses pequenos Municípios são os chamados "importadores de serviços", porque não têm muitos prestadores de serviços neles sediados.

Assim, as empresas que forem prestar serviços em Municípios que têm legislação com essa regra – ou seja, Municípios que determinam que o ISS seja retido – vão se encontrar num impasse.

Vou utilizar o Município de Curitiba como exemplo. Estou em uma Capital onde se observa a regra segundo a qual, se não houver estabelecimento prestador no local da prestação, o ISS deverá ser pago no domicílio do prestador. A título de exemplo, mencionemos as empresas de segurança, que são muito comuns hoje em dia, cujo domicílio está em determinado Município e elas se deslocam para vários outros no intuito de realizar serviços de segurança de empresas, residências etc. O serviço opera-se no local em que a segurança é efetivamente realizada. No entanto, o Município de Curitiba quer cobrar o tributo no domicílio do prestador, porque no local onde foi realizado o serviço de segurança a empresa não tem estabelecimento prestador.

A regra do art. 6º veio agravar a situação. Como já decidiu o STJ que o tributo deve ser pago no local em que se ultima o serviço, as legislações municipais podem estabelecer uma regra de responsabilidade tributária e determinar que seja retido o valor do ISS no local em que é prestado o serviço.

Naturalmente que as empresas ficam num impasse, e vêm nos questionar, na Advocacia: "Mas, Doutor, onde é que eu pago o ISS? Curitiba quer que eu pague aqui, porque o meu domicílio está aqui, mas eu prestei o serviço em um Município onde há uma lei com base no art. 6º da lei complementar, dizendo que eu devo reter o ISS lá". De duas, uma: ou não presta serviço nesse Município, se não for imprescindível – a empresa vai, lógico, abrir mão de uma receita, se ela puder fazer isso –, ou vai acabar depositando judicialmente, e vamos levar, mais uma vez, essa questão para apreciação dos Tribunais Superiores – o que é uma incoerência, porque a matéria já foi objeto de decisão pelo STJ, que entendeu que o ISS deve ser pago no local em que foi prestado o serviço.

No entanto, o STJ vai ser provocado a se manifestar novamente, e creio eu – tenho absoluta tranqüilidade, inclusive tenho até me manifestado por escrito em relação a isso – que o STJ vá manter, por coerência, o que já decidiu anteriormente. Aliás, penso que nem deveria ser provocado a se manifestar novamente, porque já o fez.

Não é razoável que o STJ seja provocado a se manifestar novamente sobre matéria já decidida à exaustão. No entanto, é o que os Municípios pretendem que ocorra: um novo julgamento em face da Lei Complementar 116. Isso, na verdade, é sintomático no Brasil. O objetivo das Administrações Fazendárias é arrecadar cada vez mais. A fúria arrecadatória é desencadeada por uma atividade legislativa inconstitucional, que faz com que nós todos acabemos arcando com esse problema de dupla incidência – em que, no caso, não sabemos se vamos pagar o imposto no domicílio do prestador ou, efetivamente, no local da prestação do serviço.

Os arts. 4º e 6º, interpretados de maneira sistemática, geram um conflito de competência. Entendo que há uma incompatibilidade entre os arts. 3º, 4º e 6º. Imagino que o operador do Direito vá resolver esse problema através da chamada "interpretação conforme". E, aqui, tomo a liberdade de citar o professor Fernando Osório de Almeida Jr., que diz que, segundo a interpretação conforme o intérprete, diante das interpretações possíveis de uma mesma lei, deverá optar por aquela que lhe revele conformidade com a Constituição, excluindo-se, assim, todas as demais formas de interpretação.

Quem sabe uma "interpretação conforme" possa nos ajudar a levar aos Tribunais essa resposta, afastando normas interpretativas, como é o caso desse art. 4º, que interpreta o que é *estabelecimento prestador* – o que, *a priori*, é vedado pelo sistema, não obstante a autorização do art. 106, I, do CTN –, porque interpretar é tarefa do intérprete, e não da lei, e é isso que o art. 4º faz.

Então, na verdade, apenas para concluir, creio que nós todos, aqui, estamos bastante cansados dessa atividade legislativa inconstitucional praticada pelo Poder Legislativo, em regra desencadeada por mensagem do Poder Executivo, que aquele acaba aprovando, por motivos políticos ou de qualquer outra natureza. E o que imagino que nós devemos fazer numa situação como essa é utilizar eventos como este, ou outros dessa natureza, para deles extrair conclusões que cheguem de alguma forma aos ouvidos dos dirigentes dos Poderes constituídos, e que eles saibam que a Constituição existe, e está aí para ser cumprida.

O que me causa mais indignação em todas essas inconstitucionalidades é que vivemos, hoje, em um total estado de imprevisibilidade – e, portanto, de insegurança jurídica.

Diria que, na verdade, não me importo de pagar impostos, desde que eu tenha a contraprestação em serviços públicos que sejam realizados a contento. Tantos outros países têm tributação como a nossa, mas têm serviços que atendem satisfatoriamente às necessidades do contribuinte.

Concluo utilizando, aqui, uma frase de um filósofo, Bertrand Russel, que diz o seguinte: "Só há segurança jurídica em um país quando as decisões dos Tribunais Superiores são revestidas de previsibilidade". Então, não temos segurança jurídica, diante da imprevisibilidade das decisões do Poder Judiciário.

Estamos caminhando a passos largos para um Estado de Poder, ao invés do almejado Estado Democrático de Direito.

Agradeço a atenção e encerro aqui. Muito obrigada pela atenção de todos! *(Palmas)*

Presidente da Mesa (Prof. Sidney Saraiva Apocalypse) – Betina, muito obrigado!

Eu vou puxar da memória. Na década de 1970, no início dos anos 1970 – os *Beatles* já estavam se retirando, os *Rolling Stones* resistindo, estão aí até hoje –, exatamente no início da década de 1970, eu preferi largar a guitarra e entrei em uma sala, tal qual alguns dos Senhores entrarão, no dia de hoje, para defender suas teses. Tinha lá uma pretensiosa monografia – se é que posso assim chamar – para cuidar de contribuição de melhoria. Então, havia escrito sob um título "marketólogo", acho que o Duda Mendonça gostaria dele: "Contribuição de Melhoria – O Dever Político de sua Cobrança". A edição está esgotada; não é porque compraram; simplesmente saiu do prelo...

Naquele dia eu ingressei numa pequena sala para disputar com a minha tese, com esse título, a aprovação congressual e disputar com dois outros Senhores, tão jovens quanto eu, naquela época. Um era co-autor também do tema "Contribuição de Melhoria", com – se eu não me engano – um texto que eu chamaria de multidisciplinar, elaborado em parceria com um engenheiro. E de outro lado estava nada mais nada menos que o professor Geraldo Ataliba.

O professor Geraldo Ataliba entrou para esse evento, naquela oportunidade, com um texto sobre contribuição de melhoria que era, na realidade, um anteprojeto para a instituição da contribuição de melhoria.

Esses dois outros Senhores – Henrique Fingerman e Aires Fernandino Barreto–, então penso que saindo da Diretoria de Rendas Imobiliárias da Prefeitura de São Paulo, apresentavam uma obra absolutamente singular para traçar critérios para cobrar aquele tributo – que, ao que se sabe, jamais foi corretamente cobrado no país.

Eu tremi, e ao tremer me senti com vontade de voltar à guitarra. Mas senti, ao mesmo tempo, que naquele instante algumas decisões poderiam ser tomadas para a minha própria vida. O professor Geraldo e o professor Aires se adiantaram e resolveram 90% do assunto, oferecendo para a Mesa, que iria apreciar as três teses, um conjunto; harmonizaram os três trabalhos em uma só proposta.

Naquele dia eu conheci o professor Aires Fernandino Barreto, que também estava apresentando seu trabalho, em início – eu diria – da sua vida acadêmica. Eu sou apenas uma testemunha daquele tempo, trago nesta memória que não se apaga – porque ela não está no cérebro, mas no coração – a vivência com essas pessoas, a vida cotidiana, a participação em eventos como este. E pude testemunhar, ao longo desses anos todos – e lá se vão 30 –, o crescimento, a solidificação, a imposição, pelo argumento daquilo que se construía na década de 1970.

É com muita alegria que eu presencio, hoje, como testemunha ainda desse tempo e já no século XXI – Quem diria! Sou capaz até de dizer que eu era um homem do século passado... –, o professor Aires Fernandino Barreto, que gentilmente pede que eu o avise se extrapolar o tempo na sua exposição, mas a quem nós pedimos que ele nos fale com a infinitude do nosso interesse.

O professor Aires com a palavra, por favor! *(Palmas)*

Prof. Aires Fernandino Barreto – Eu fui recentemente operado do coração, senão não iria agüentar a emoção de ouvir as palavras tão generosas, tão carinhosas, do professor Sidney Saraiva Apocalypse – ele, sim, distanciado que estava de qualquer atuação no Poder Público, um grande pioneiro do difícil tema "Contribuição de Melhoria", porque pouco estudado. No mais das vezes o que se vê são afirmações no sentido de que contribuição de melhoria é inexeqüível – o que significa desconhecimento dessa espécie tributária. Faz-me lembrar, sempre – tenho referido isso em outras oportunidades –, a reação da minha filha, a quem eu trouxe de Cuiabá uma compota que me deram, como sendo de fruto da terra. Ela, olhando para aquela compota, disse: "Não gosto". "Mas você não experimentou" – retruquei. "Não experimentei, mas não gosto." Idêntico tratamento se dá à contribuição de melhoria.

Tema vasto, gostoso e instigante, a contribuição de melhoria devia ser melhor estudada.

Mas não é essa a minha missão de hoje. Fui incumbido de analisar algumas questões relativas ao ISS.

Mas, antes de falhar-lhes sobre o ISS, peço licença para salientar o que me disse o Paulo Ayres, meu filho, o professor Paulo Ayres Barreto: "Pai, você vai participar da Mesa do futuro, porque o professor Sidney é o Presidente, não é debatedor, e você só tem debatedoras". "Eu, por minha vez – dizia ele –, tenho três debatedoras e um só debatedor". E arrematava: "As mulheres estão ocupando todos os postos, toda a área científica, o homem nesse mister é um processo em extinção". *(Risos)*

O meu tema é "A Nova Lista de Serviços: Itens Polêmicos". Eu diria: polêmicos são todos – e, como são mais de 200, não há como abordá-los aqui, nesta oportunidade, senão pinçando alguns, começando por salientar que essa indigitada Lei Complementar 116/2003 traz, na verdade, a enumeração de uma série de atividades, muitas que serviços não são.

Souto Maior Borges disse: a lei complementar não é como o rei Midas, que tudo que toca vira ouro; a lei complementar não pode dizer que é serviço aquilo que serviço não é. A lei complementar não é uma carta em branco, a lei complementar tem que haurir e explicitar o conceito de *serviço* que está na Constituição, e não importar as lições do Mercado Comum Europeu. Os Senhores sabem que o Mercado Comum Europeu foi criado por seis países: Itália, Alemanha, França, Bélgica, Holanda e Luxemburgo. Desses seis países, cinco são unitários, só a Alemanha é uma Federação; mas uma Federação que em nada se confunde, que em nada se parece, com a nossa Federação.

Dizia o professor Geraldo Ataliba que o art. 77 da Constituição Alemã estabelece que o exercício da competência pelo Governo Central corta, interrompe, paralisa, a competência do ente descentralizado. Já se vê que a Constituição Alemã em nada se parece com a nossa. Apesar disso, a doutrina brasileira, ao invés de procurar estudar nosso texto constitucional, preferiu transplantar tudo aquilo que vigorava no Mercado Comum Europeu – e, com isso, veio essa indigitada *Lista de Serviços*. Mas o Município, penso eu, em face da competência que recebeu da Constituição, pode tributar todo e qualquer serviço – exceto, por óbvio, os de transporte interestadual ou intermunicipal e os de comunicação, que foram atribuídos à competência dos Estados.

Os itens polêmicos são tantos, que é até possível agrupá-los em função de alguns aspectos. Por exemplo, itens que prevêem a incidência de ISS sobre obrigações de dar. Penso não ser preciso que eu insista nisso: o ISS só pode alcançar as obrigações de fazer. É sabido que o ISS não incide sobre contratos, mas sobre fatos – embora os fatos sobre os quais incide o ISS sejam iluminados pelos contratos em que se assentam. Esses contratos haverão de ter subjacentemente, sempre, uma obrigação de fazer. Não estou afirmando que toda obrigação de fazer implica incidência de ISS; estou apenas dizendo que para haver ISS é preciso que se esteja diante de uma obrigação de fazer, nunca de uma obrigação de dar.

Basta correr os olhos por esta Lista para encontrarmos uma série de situações onde estão presentes nítidas obrigações de dar, da qual a mais conspícua é a locação de bens móveis, felizmente – ainda que por pequena maioria – tida pelo STF como inconstitucional.

Corrobora para a ampliação dos equívocos o entendimento esposado por alguns no sentido de que a estremação entre ISS e ICM(S) deve dar-se segundo o critério econômico da predominância. Incidirá ICM(S) quando predominar a mercadoria – expressão equivocada, que deveria significar "material" –, e ISS quando predominar o serviço. Enfim, pretende-se resolver os problemas do Direito mediante critérios econômicos, porque "predominância" é nítido critério econômico.

Isto me leva sempre a suscitar um exemplo: se o critério de predominância pudesse resolver os problemas jurídicos, no caso de fornecimento de refeições em um restaurante de luxo – no *Macksoud*, no *Massimo*, no *Fasano*, e em tantos outros – haveria de incidir ISS, porque ali o que predomina é o serviço, é o aparato, o talher de prata, a toalha de linho, o garçom servindo à francesa (diferentemente do servidor de mesa do botequim da esquina). Em contrapartida, no restaurante simples haveria de incidir ICM, sem o "S", porque ali predomina o valor dos materiais, o valor dos ingredientes necessários ao fazimento da refeição. Nós poderíamos chegar, até, a situações caricatas. No restaurante comum, simples, o prato de macarrão, por hipótese, implicaria incidência de ICM, mas outro, de fazimento mais trabalhoso, ficaria sujeito ao ISS. Nós não mais teríamos os pratos chamados pelos nomes comuns, mas o prato seria "buchada de bode ao ISS", *(risos)* ou "galinhada cuiabana ao ICM"! *(Risos)*

Vêem o absurdo a que conduz o afastamento de um critério jurídico, para optar por um critério econômico, visando a distinguir a incidência do imposto "A" ou do imposto "B"? O que fica evidente, na verdade, é a necessidade de utilizar um critério jurídico: "obrigação de dar", para ICM, e "obrigação de fazer", para ISS. Nenhum outro critério pode sobrepor-se a essa distinção. Muitos dos erros que estão na Lei Complementar 116/2003 decorrem da inobservância desse critério. É esse equívoco que leva à pretensão de tributar serviços como os descritos no item 3, "serviços" prestados mediante locação, "serviços" de fornecimento de andaimes, locação de andaimes, aluguel de capela, arrendamento mercantil, e tantos outros.

Os Senhores sabem que a diferença entre "dar" e "fazer" é que a obrigação de dar consiste na entrega de algo preexistente, enquanto a obrigação de fazer resulta de um fazimento, de um ato do devedor – de uma prestação de serviços, enfim. De sorte que esse é o único critério para estremar ISS de ICM, e nunca o critério da predominância. Não confundam esse critério da predominância, a que me referi, com o que está disposto no art. 1º da Lei Complementar 116/2003, que fala que pode incidir ISS, independentemente da predominância dos serviços. O que lá está dito é outra coisa; lá está dito que, a despeito de determinada empresa, por exemplo, dedicar-se 95% a uma atividade de natureza industrial e 4% a uma atividade de natureza comercial, dedicando à prestação de serviços apenas 1%, não fica afastada a incidência do ISS (o que está absolutamente correto).

Um outro grupo de itens prevê a incidência de ISS sobre atividades de natureza securitária. O que nós temos – eu lhes pergunto – em face do dispositivo que cuida dos chamados planos de saúde? Vejam, vamos comparar planos de saúde com seguro de automóvel. No seguro de automóvel, ocorrido o dano, verificado o sinistro, eu me dirijo a uma oficina credenciada pela empresa de seguros, que vai me indenizar pelo dano sofrido. No caso de ocorrência de um evento futuro e incerto, de natureza mórbida, eu vou a um hospital, valho-me de laboratórios, de médicos, pago-os, e depois sou indenizado pelos gastos havidos. Tudo, tudo, igual ao que ocorre no seguro de autos. É absolutamente visível que se tem atividade de natureza aleatória, é dizer: a obrigação de uma das partes é absolutamente incerta. De fato, há situações em que o pagamento de "planos de saúde" foi apenas de duas, três prestações, e já pode causar um enorme dispêndio, uma vultosa indenização, de milhares e milhares de reais, à seguradora (a empresa de "planos de saúde"). Inversamente, pode ter sido pago o prêmio (a mensalidade) por 1, 2, 3, 4, 5, 10 anos, sem que se necessite recorrer a hospital algum, médico ou laboratório, sem causar qualquer dispêndio à empresa de seguros (o chamado "plano de saúde").

Vê-se, pois, nitidamente, a presença de álea, própria dos contratos de seguro e incompatível com a prestação de serviço, que é sempre comutativa.

Ademais disso, há norma específica – o Decreto-lei 73/1966 – que trata rigorosamente daquilo que se contém nos chamados "planos de saúde", designado "seguro-saúde". Mas vem a Lei Complementar 116/2003, já repetindo o que dizia a Lei Complementar 56/1987, e prevê subitem relativo a "outros planos de saúde que se cumpram através de serviços de terceiros". Ora, são terceiros que prestam os serviços? Então, não são as empresas "de planos" que os prestam! Ou seja, cria-se uma descrição absurda, ilógica, cheia de contra-sensos, para pretender a incidência de ISS sobre atividade absolutamente dele distante, só suscetível de ser submetida ao IOF.

E assim também ocorre com outras atividades: financeiras, bancárias – entre as quais as relativas a cartões de crédito: pretende-se, pura e simplesmente, que a atividade envolvendo cartão de crédito seja prestação de serviço, que a administração de cartão de crédito seja prestação de serviço. Processo simplista, porque pretende reunir, num só, contratos absolutamente distintos em que se desdobra o fato "administração de cartão de crédito". Há um contrato entre o titular do cartão e a administradora; há um contrato entre o estabelecimento filiado e a administradora; há um contrato entre o titular do cartão e o banco que eventualmente financia e que concede empréstimos.

Mas, ao invés de se analisar cada um desses fatos, amparados nos contratos, pura e simplesmente se os enfeixa num só, afirmando que se trata de prestação de serviço. E, para não ir mais longe, financiamento vira prestação de serviço, sujeita ao ISS, descartando-se – contra a Constituição – o IOF.

Embora valham os conteúdos, e não os rótulos, no caso, o próprio nome é confirmado pela essência: o cartão é *de crédito*, ele significa que eu gozo de um certo prestígio, uma certa confiança, até um determinado valor. O cartão me confere um crédito. É moeda alternativa, por isso já se disse que o cartão de crédito é "dinheiro de plástico".

Eventualmente pode haver algum serviço, mas acidentalmente, perifericamente, acessoriamente. Por exemplo, ao titular de um cartão é conferido o direito de adquirir, por intermédio da administradora, um ingresso para assistir à peça mais recente em Nova York. Isso é prestação de serviço. Mas a essência seguirá sendo o fornecimento de garantia, a prestação de garantia de crédito que permite (com aquele cartão) comprar na loja "A", na loja "B", na loja "C", sem questionamentos, cadastro etc.

Podem dizer: "Mas é agenciamento". Agenciamento de quê, e para quem? E, na hora em que se faz essa pergunta, começam as perplexidades, porque não há qualquer tipo de agenciamento, a não ser que se cogitasse do contrato celebrado – este, sim – entre o administrador de cartão de crédito e o estabelecimento. A ele, sim, eu posso dizer: "Além de uma prestação de garantia, estou proporcionando também um agenciamento para seu estabelecimento" – e, portanto, aí, há alguma prestação de serviço.

Pretende-se ainda, haja incidência de ISS em relação a cartões de crédito quanto a fiança e aval. *Fiança* e *aval* são prestações de garantia – não sou eu apenas quem o afirma, isso está escrito em Savigny, isso é o que assevera Clóvis Beviláqua. Não há, aí, obrigação de fazer, não é aquele esforço mínimo que caracteriza a atividade, senão a garantia, que um terceiro assegura, de que, se "A" não pagar, "B" o fará.

Nada obstante, nós vemos com freqüência a aceitação de que a atividade relativa a cartão de crédito é prestação de serviços.

O mesmo se dá com relação à franquia, que não é serviço. Tenho visto muita doutrina dizendo que na franquia existem obrigações de dar, de fazer e de não-fazer. Mas essa é uma visão global do contrato de franquia, envolvendo obrigações do franqueador e do franqueado. O franqueado, sim, pode desenvolver obrigações de fazer e obrigações de não-fazer; mas o franqueador não, o franqueador proporciona só e exclusivamente obrigações de dar. Portanto, a franquia não pode ser alvo de ISS, porque é obrigação de dar, é mera licença para explorar marca, não suscetível de incidência de ISS.

Nós podíamos agrupar outros itens que prevêem a incidência de ICMS sobre o valor dos materiais, fruto de um equívoco – que, penso eu, vem-se perpetuando –, de não distinguir *mercadorias* de *materiais*. Os Senhores sabem que o ser mercadoria não é fruto da ontologia da coisa considerada, o ser mercadoria decorre do destino que se dá a essa coisa. A garrafa que está sobre esta mesa é objeto de mercancia; no bar, no restaurante, na loja de conveniência, é mercadoria, porque se destina exatamente à compra e venda. Mas aqui neste evento esta garrafa de água não é mercadoria, senão nítido material necessário à prestação do serviço, até porque – já sinto que a minha voz se esvai aos poucos – a água é o requisito, é o insumo, a permitir que eu continue a exposição.

A ausência de distinção entre *mercadoria* e *material* leva à exigência, na Lista, de uma série de ressalvas, prevendo equivocadamente a incidência do ICMS. É porque não se toma em conta essa distinção, e não se toma em conta o fato de que, para haver prestação de serviço, no mais das vezes, se tem que empregar materiais.

Isto fica mais claro diante da classificação dos serviços.

Os serviços, excepcionalmente, são puros. A consulta verbal do advogado é serviço puro, ou o serviço prestado pelo cantor para o qual basta sua voz. Mas essas são exceções. A regra é que a prestação de serviço se dê acoplada ao emprego de materiais ou com utilização de instrumentos, equipamentos, utensílios, máquinas, ou ainda, eventualmente, numa quarta modalidade, na conjugação dessas duas coisas – ou seja, atividade que exige a aplicação de materiais e que, concomitantemente, requer a utilização de equipamentos, instrumentos, utensílios, máquinas etc.

Eu refiro sempre, em relação a materiais, o exemplo do engraxate – exemplo que utilizava, com muita freqüência, com o mestre Geraldo Ataliba –, para dizer: o engraxate não é vendedor de graxa, mas ele não pode engraxar sapato se não aplicar o material *graxa*. E o dentista, pode realizar seu mister sem a utilização de resina, amálgama, ouro? Nós, advogados, podemos realizar nosso mister sem empregar papel? Espero que ninguém aqui se atreva a dizer que somos vendedores de papel, que utilizamos e que vendemos mercadorias.

Em suma, *materiais* são requisitos da prestação dos serviços.

Também configuram requisitos os instrumentos, equipamentos, máquinas, utensílios etc. Esses requisitos – agora, retomando o exemplo do dentista – não podem ser desconsiderados, porque o dentista não pode prestar seu mister sem utilizar toda aquela parafernália que ele chama de "equipo", todo aquele instrumental necessário ao exercício de sua atividade. Dificilmente se pode realizar um serviço de transporte sem a utilização de veículos. Enfim, uma série de atividades só pode se revelar eficaz se houver ora a aplicação de materiais, ora a utilização de equipamentos, instrumentos etc., e, no mais das vezes, a conjugação dessas duas coisas. Não são mercadorias, não são coisas objeto de mercancia – e, portanto, não podem ser retiradas da base de cálculo do ISS.

São inválidas, destarte, todas essas restrições postas na Lei Complementar 116/2003, como as que já existiam na Lei Complementar 87 e no Decreto-lei 834, no Decreto-lei 406. Lastimavelmente, a doutrina nunca se empenhou no sentido de demonstrar que essa é uma aberração, que essa é uma afronta à natureza jurídica, ao regime jurídico de um e de outro imposto.

É necessário cuidar, ainda, de itens em que se está pretendendo a incidência (absurda) sobre atividades-meio. Nós vamos encontrar um item, por exemplo, de coleta de sangue. É claro, se houver – mas isso é a exceção da exceção – uma empresa que se dedique tão-só à coleta de sangue, haverá, nesse caso, incidência de ISS; mas a regra, o comum, é que se realize a coleta como meio para examinar o sangue das pessoas. Então, a coleta deixa de ser atividade–fim, para ser atividade-meio. Coleta-se para examinar, colhe-se o sangue para que ele seja objeto de análise, e não para o fim de coletar, que é atividade-meio, não suscetível de incidência do ISS.

Nós vamos encontrar na Lei Complementar 116/2003 o subitem 16.01, "Serviço de Transporte de Natureza Municipal"; no subitem 15.06 nós vamos encontrar "Emissão, Reemissão, Fornecimento de Aviso, Coleta, Entrega de Documentos, Bens e Valores"; e, no subitem 26.01: "Serviço de Coleta, Remessa ou Entrega de Correspondência, Documentos, Objetos, Bens ou Valores". Primeiro, foi uma idiotice da lei complementar separar atividades "em função da categoria de quem presta o serviço". Pouco importa. Mas, deixando essa questão de parte, o que se pretende, erroneamente, é que a atividade, por exemplo, das empresas de transporte de valores passe a ser enquadrada como "serviço de coleta e entrega de valores" – como se a coleta não fosse o marco inaugural, etapa inafastável e necessária, assim como a entrega o marco final, do contrato de transporte.

É preciso que leiam Pontes de Miranda, é preciso que leiam Washington de Barros Monteiro, é preciso que leiam Clóvis Beviláqua. Coleta e entrega, pelo transportador do bem, ou pessoa a ser transportada, são partes integrantes do contrato de transporte. Então, por que os Municípios adotam esse comportamento? Por que pretendem transmudar o contrato de transporte em outro, de coleta e entrega? É que, com essa descaracterização, afastam, inclusive, a competência dos Estados (contra a Constituição Federal).

No Município de São Paulo há uma portaria dizendo que o transporte de valores é serviço de transporte. Mas na Administração há quem diga: "Não é essa a interpretação que nós damos à portaria". Ora, se assim não for, não se estará dando interpretação alguma, porque para dizer que não é serviço de transporte é porque não estudou o contrato de transporte, é porque não atentou para o fato de que *coleta* e *entrega* são meras etapas do contrato de transporte.

Vejam, não é possível que se adote atividade-meio para pretender a incidência do ISS. O ISS só pode incidir sobre a atividade-fim. Eu não posso deixar de ver nessas situações nítido contrato de transporte. Mas há Municípios que, por erro, pretendem enquadrar o fato como serviço de coleta de bens ou valores. E, como vimos, nesse caso não há incidência de imposto estadual, mesmo que se trate de coleta e entrega de âmbito intermunicipal ou interestadual, porque ele, Município, descaracterizou como transporte – e o transporte, os Senhores sabem, interestadual e intermunicipal, é de competência dos Estados. E, com isso, elegendo a atividade-meio, esses Municípios invadem flagrantemente o campo de competência dos Estados.

Há itens que prevêem a incidência de ISS sobre serviço público. Mas não vou falar sobre isso, porque a Mesa subseqüente é a que cuida desse tema. Gostaria apenas de lembrar que o professor Geraldo Ataliba e nós construímos um conceito que foi acolhido por grande parte da doutrina, no sentido de que *serviço tributável* é o "esforço humano a terceiros, com conteúdo econômico, sob regime de direito privado", o que afasta desde logo o serviço público – não bastasse o art. 150, VI, "a", da CF, que prevê a chamada *imunidade recíproca*.

Gostaria ainda, Sr. Presidente, de salientar um aspecto referente não a problema de item da Lista, mas a questão relativa à não-cumulatividade do ISS. E nisso eu peço licença para parafrasear o professor Rubens Gomes de Sousa, que, ao me receber em seu escritório, quando era o Presidente do IBET, entre uma baforada e outra do seu inseparável cachimbo, disse: "Aires, eu rasguei tudo que escrevi e estou reescrevendo tudo que rasguei".

Obviamente, eu não pretendo me ombrear a Rubens Gomes de Sousa, mas gostaria de dizer-lhes que também estou na fase de rasgar muito daquilo que escrevi, porque no passado, há 20 anos, disse que o ISS era um imposto cumulativo. Não no sentido de débito/crédito, que caracteriza o IPI ou o ICMS, mas no sentido de que eventuais subempreitadas poderiam não ser objeto de dedução. Na oportunidade, escrevi que o ISS é um imposto cumulativo, ou, mais rigorosamente, é um imposto de múltipla incidência econômica.

Na verdade, deixei de parte, naquela ocasião – penitencio-me, e o faço já há algum tempo –, um excelente trabalho escrito pela professora Elizabeth Nazar Carrazza, que já então mostrava que havia no caso das subempreitadas uma única prestação de serviços, nada obstante pudessem existir vários contratos de prestação de serviços. O que é tributável – dizia a professora Elizabeth – não é o contrato de prestação de serviço, senão o fato material da prestação de serviço. O ISS não pode incidir sobre a relação jurídica de prestação de serviço, independentemente da existência da própria prestação de serviço, até porque – dizia ela –, se assim for, a Lei Maior estará sendo ofendida.

Meditando sobre essas lições, concluí – embora tardiamente – que, efetivamente, sempre que houver a possibilidade de subempreitada, seja na construção civil, seja em qualquer outra atividade, não se haverá de falar na impossibilidade de dedução, na impossibilidade de abatimento desses valores. Além disso, confortado estou por ter lido o que escreveu Anna Emília Cordelli Alves, o que escreveu Hugo de Brito Machado, o que escreveu Clélio Chiesa. Todos me mostraram, claramente, que nas subempreitadas impõe-se, pelo fato de existir uma única prestação de serviços, a dedução do valor respectivo.

Portanto, a despeito de ter havido um veto presidencial à possibilidade de dedução das subempreitadas, ela se impõe, porque isso decorre não de uma visão restrita da base de cálculo, senão da verificação da materialidade da hipótese de incidência, que é exclusivamente a prestação de serviços, e não a relação jurídica que nela se contém.

Mas, ademais disso, isso permitiu que eu vislumbrasse uma outra situação que se impõe considerar como um único fato – que de fato é: as muitas hipóteses de compartilhamento. Não há subempreitada, mas há compartilhamento, quando, por exemplo, uma empresa que se dedica à intermediação de bens imóveis, para viabilizar eficazmente a aproximação entre vendedor e comprador, precisa recorrer a um corretor autônomo, para a viabilização do negócio.

No compartilhamento há apenas uma intermediação, apenas um fato intermediação, a despeito de para ela terem concorrido vários prestadores de serviços. Em tais casos não é correto pretender uma incidência pelo valor global, a cargo da imobiliária, e mais uma incidência do corretor autônomo, que participou desse compartilhamento.

Só cabe cogitar de múltipla incidência se estivermos diante de serviços diferentes.

Há algum tempo havia uma "guerra" entre as empresas que se dedicavam à fotografia e havia quiosques em todos os cantos da cidade, ou seja, uma série de pessoas agenciando para determinada empresa fotográfica a coleta de filmes a serem revelados (aqui, sim, a coleta era fim). Havia agenciamento nesses quiosques de revelação, serviço diferente dos prestados pelos laboratórios. Aí, sim, duas incidências, porque eram dois serviços diferentes, dois fatos diferentes, duas prestações de serviços diferentes.

O importante é ter presente que, se se tratar do mesmo serviço, impõe-se a dedução, com ou sem norma expressa. Diante de serviços diversos, aí, sim, é possível a dupla incidência econômica, sem ofensa à Constituição.

A revogação, como eu disse, é desnecessária, com ou sem revogação impõe-se a observância dessa possibilidade de dedução. Notem que o argumento do veto é o da perda significativa da base tributária; ou seja, não é uma argumentação jurídica, é uma argumentação de perda da arrecadação, que não pode ser tomada em conta quando ela afronta a Constituição.

Já vai longa a minha fala. É hora de encerrar o discurso. E, ao fazê-lo, faço-o com tristeza. Tristeza por prever que, apesar de tudo que lhes disse nessa questão da subempreitada, apesar daquilo que lhes disse acerca dos vários itens que afrontam a Constituição, porque pretendem tributar obrigação de dar ou porque confundem material com mercadoria, ou porque implicam tributar o serviço público, enfim, apesar das variadas razões a evidenciar o descabimento de ISS, a tendência, infelizmente, é a de que nossos Tribunais venham a acatar essa Lista de Serviços, porque partem do raciocínio de que a lei complementar é uma lei supraconstitucional. Se ela disse que alguma atividade é serviço, é serviço; se amanhã ela disser que não é serviço, não é mais serviço. Ou seja: serviço, para nossos Tribunais, é o que estiver disposto na lei complementar. Ela é tida como uma norma supraconstitucional.

Essa é a má notícia que eu tenho para trazer-lhes.

Espero que esse quadro se modifique. E que, doravante, nossos Tribunais, nessa matéria, contrastem a lei complementar com a Constituição, lembrando, sobretudo, que para a lei complementar listar é preciso que se trate de serviço, à luz da Constituição.

Obrigado a todos! *(Palmas)*

PRESIDENTE DA MESA (PROF. SIDNEY SARAIVA APOCALYPSE) – Os aplausos sublinham, seguramente, aquilo que era, até então, uma expectativa. A Mesa entende que as perguntas que foram feitas aos palestrantes são extremamente relevantes, mas também entende que elas poderão ser feitas pessoalmente, para não prejudicarmos o andamento do Congresso – até porque a próxima Mesa tratará de temas conexos.

Muito obrigado! Convido todos ao café, e ficamos à disposição para responder pessoalmente às perguntas formuladas. *(Truncamento da gravação)*

MESA DE DEBATES "D"

TRIBUTAÇÃO DO SERVIÇO PÚBLICO

PRESIDENTE DA MESA: PROF. AMÉRICO LACOMBE

MEMBROS DA MESA: PROFS. RÉGIS FERNANDES DE OLIVEIRA, ROQUE ANTONIO CARRAZZA E REGINA HELENA COSTA

PRESIDENTE DA MESA (PROF. AMÉRICO LACOMBE) – (...). *(Truncamento da gravação)* **[Passa a palavra ao professor Régis Fernandes de Oliveira]**

PROF. RÉGIS FERNANDES DE OLIVEIRA – Sobre essa matéria ("Natureza Jurídica da Contraprestação de Serviços Concedidos ou Permitidos") muitos tributaristas já se debruçaram, sendo que a maioria ainda entende que a remuneração de prestação de serviços públicos será sempre taxa.

Entendo que continua a remuneração por taxa quando o Estado presta diretamente a atividade ou quando transfere sua prestação a um delegatário. Entretanto, quando o Estado concede o serviço, surge uma nova relação jurídica.

Explicando melhor: quando o Estado presta diretamente o serviço temos uma relação bipolar, intersubjetiva, linear, *Estado/usuário*. Incidem sobre essa relação todos os princípios de direito tributário – legalidade, anterioridade tributária –, garantindo que no mesmo exercício em que o tributo for instituído ou aumentado ele não poderá ser exigido, embora isso já tenha sofrido algumas mitigações; na verdade, muitas. Isso de deu, também, porque o Estado parou de instituir impostos e começou a criar contribuições, e aí já quebrou em grande nível o plano das garantias constitucionais.

Aqui, faço um aparte para dizer do problema colocado pelo professor Bottallo em uma das suas posições, e nós, eu e o Roque Carrazza, estávamos juntos naquela Banca. O argumento, que nos impressionou, dizia: "Se eu tenho o imposto aumentado no dia 30 de dezembro, eu posso exigi-lo a partir do dia seguinte, a partir do dia 1º de janeiro. Entretanto, se eu tenho uma contribuição criada no mesmo dia, só vou poder exigir 90 dias depois. Tenho mais garantia na contribuição que no imposto". Propugnava esse eminente Professor que o imposto também tivesse esse espaço de tempo para ser criado e entrar em vigor somente no exercício seguinte, se criado antes de setembro. É uma tese sedutora. E, de qualquer maneira, mantém-se todo o plexo de incidência de regras tributárias sobre essa relação que se instaura entre Estado e usuário.

Voltando à relação *Estado/usuário*, a única maneira de remunerar o serviço é o tributo, restando a cobrança por taxa, respeitadas todas as garantias tributárias, com incidência exclusiva do art. 145, II, da CF.

Entretanto, o que me convence, hoje, diante de todo o sistema de concessões, é que não mais existe uma relação bipolar entre Estado e usuário. Entra um terceiro nessa relação jurídica, entra o *concessionário*. A partir daí desloca-se a incidência do texto constitucional, a incidência do dispositivo do art. 145 vai para o art. 175 da CF.

Sei que alguns autores dirão: "Nada muda, não alterou a essência, o serviço continua sendo prestado, o usuário tem que ter as garantias constitucionais". Acredito ainda – com todo respeito pelos tributaristas, especialmente aqui da Mesa –, que a relação se altera um pouco, sim.

Na medida em que há um terceiro na relação, já não existe mais uma relação bipolar, mas sim uma relação triangular, entre *Estado/concessionário/usuário*. Na relação que se instaura entre usuário e Estado, o usuário continua tendo a garantia de que o serviço tem que ser prestado, deve ser prestado, e ele pagará o "x" que estiver sendo fixado pelo próprio Poder Público. Então, esta relação continua sendo rigorosamente de direito público, não restando dúvida alguma quanto a isso. A relação *Estado/usuário* continua inalterada.

Na segunda relação, *concessionário/usuário*, o concessionário tem o dever de manter serviço adequado, tal como diz o inciso IV do parágrafo único do art. 175, e resguarda os direitos do usuário, de acordo com o inciso II do parágrafo único do art. 175 da CF.

Há, pois, um plexo de incidências de normas de direito público, ou seja, o usuário mantém o direito de ter o serviço adequado – isso se reflete também na Lei das Concessões –, de receber informações para a defesa dos seus interesses, de liberdade de escolha, de ter informações a respeito do que ocorre. Tem direito à modicidade das tarifas, como também está no parágrafo único do art. 6º da lei específica. Portanto, há um plexo de normas que incidem sobre essa relação.

Daí surge a discussão acerca da continuidade da prestação do serviço público. Alguns Tribunais têm entendido que, às vezes, o concessionário, caso o usuário deixe de pagar o valor do serviço que lhe é prestado, pode interromper o serviço. É uma posição que os Tribunais têm adotado. De outro lado, há também decisões dizendo que não; que, pelo princípio da continuidade da prestação dos serviços, o concessionário é obrigado a manter o serviço.

Bom, não entremos nessa discussão, porque, no meu modo de ver, o serviço tem que continuar sendo prestado. Aliás, recentemente examinei uma tese na PUC em que se defendia que o concessionário tinha todo o direito de fazer o que quisesse. Embora não tenhamos convencido o candidato, a Banca resistiu bravamente à tese.

De qualquer maneira, continuo entendendo que prevalece o interesse público, o concessionário não pode fazer o que ele quiser. Há outros mecanismos de bancar o usuário que não pode pagar – ainda mais no nosso país, em que as coisas se passam de maneira tão confusa na ordem pública. Imaginemos o "coitadinho" que está lá numa sociedade tão desigual quanto esta, desempregado, não tem como pagar o serviço, e vem o concessionário e ainda lhe nega a própria energia elétrica, o gás etc.

Veja-se que só o fato de se discutir se pode paralisar o serviço ou se deve continuar prestando já é uma relação de direito público, confirmando-se o que estou sustentando.

Então, volto a assentar as premissas: na relação *Estado/usuário* o relacionamento é de direito público; e na relação *concessionário/usuário* também.

Existe, por fim, uma última relação que envolve o Estado ("Poder concedente") e o concessionário. Observe-se que já não há mais aquela relação de poder exclusiva, característica da prestação de serviços pelo próprio Estado. Assim, o Poder Público, por contrato, estabelece as regras do jogo, que já não advêm diretamente da Constituição nem das leis, mas sim dos contratos. Eles estabelecem relações jurídicas não livremente pactuadas porque, na verdade, trata-se de contratos administrativos.

A peculiaridade dessa relação é ter de um lado o concessionário, buscando o lucro, e do outro o Poder Público, exigindo uma boa prestação de serviços. Uma coisa não exclui a outra: se não houver uma boa prestação de serviços, não se pode obter lucro.

E o usuário, como é que fica nisso? Ele tem, como já disse, os serviços garantidos, a boa prestação, a modicidade das tarifas; só que há um item novo nisso, que é exatamente o lucro assegurado ao concessionário. O concessionário, ao aceitar a concessão, já tem previamente garantido o retorno do seu capital mais o lucro. Então, através do contrato é que o Poder Público garante os direitos do usuário.

Assim, surge um novo elemento à relação, com a adição do concessionário, que é, justamente a obtenção de lucro. E isso dá uma nova perspectiva à prestação de serviços públicos a partir de concessões. A garantia de lucro está no equilíbrio econômico-financeiro do contrato, de modo que, se houver um desarranjo qualquer na vida comercial/empresarial do concessionário, o Estado tem que reequilibrar os pratos. Da mesma forma que o concessionário não pode chegar e dizer: "Bom, o problema é seu, se vire". Está no contrato que se tem que adequar a situação econômica a cada instabilidade econômica que possa surgir.

Desse modo, o regime tarifário não poderá guardar a anterioridade tributária, a garantia constitucional do tributo. Ele tem que se adequar a determinadas situações – inflacionárias, situação de movimentação de taxa de juros, alteração cambial. Ou, então, caso o Estado não queira alterar valores pagos pelos usuários, deverá subsidiar a atividade – o que, convenhamos, não é a melhor solução, mas serve para equilibrar os pratos da balança. A todo instante ele tem que equilibrar. Daí nasce uma fluência em relação ao valor das tarifas.

Há prejuízo ao usuário? Não, porque o Poder Público é quem vai autorizar a alteração da tarifa. Ele pode dizer: "Tudo bem, eu não vou autorizar esse ano. Vou autorizar o ano que vem, e vou aumentar". Garante até com mais eficiência. Vimos que o imposto, especialmente, pode ser aumentado no dia 30 de dezembro para viger no exercício seguinte. No contrato pode-se assegurar isso: "Tudo bem, você vai ter uma dificuldade, você agüenta a mão aí, eu em seguida vou reajustar o valor da tarifa, do preço, tanto faz, para continuar assegurando que você tenha seu lucro garantido e também o retorno do seu capital".

Pensando e repensando o regime de concessões de serviços públicos, conclui-se que, em relação à prestação direta: primeiro muda a incidência do dispositivo constitucional, saindo do art. 145 para o art. 175 da CF. Não há mais uma relação bipolar, mas sim uma relação fluida, prevista em outros dispositivos constitucionais, com outros itens que entram em composição; surge o lucro do concessionário, que tem que ser garantido.

Há de se atentar para o fato de que, com isso, nasce, então, uma maior flexibilidade por parte do Poder Público, ocasionando a perigosa possibilidade de desmandos, o que preocupa no campo dos mecanismos de controle.

No seu relacionamento com terceiros, fora da relação com o Estado, o concessionário é regido absolutamente pelo direito privado: ele compra, ele vende, ele contrata, ele admite pessoas, ele contrata terceiros. Enfim, ele tem um relacionamento livre. Ora, para quê? Para poder ter e poder prestar o melhor serviço.

O problema da qualidade, que pode ser levantado diante da má prestação dos serviços público no Brasil, encerra uma questão de falta de gerenciamento adequado por parte do Poder Público. No Brasil estamos sempre habituados a ver o pior serviço, sempre alguém querendo ganhar mais e cada vez mais, e prestando o pior serviço ao usuário. É realmente uma questão de imagem pública, de deficiência da máquina administrativa, de negligência do administrador público; não tem a ver com o mecanismo das concessões.

Finalizando, de um lado existe uma relação bipolar, uma relação de direito tributário, com todas as garantias de direito tributário; e de outro lado uma garantia regida numa relação de direito público, numa segunda relação do triângulo, também por regra de direito público; mas a terceira é uma relação diferente, em que se assegura o lucro ao concessionário. O Estado não pode deixar de garanti-lo, porque essa equação – como diz Bandeira, como dizem todos os administrativistas – é assegurada. Não se pode deixar de garantir lucro, e esse lucro já é previamente estabelecido entre concessionário e Poder Público. Então, na medida em que se altera a prestação do serviço, há de se alterar o que se paga em decorrência desse serviço.

Logo, o que se paga em decorrência de uma relação de concessão, um serviço que foi concedido a terceiros particulares, é *tarifa* ou *preço* – tanto faz, adoto os dois nomes, indistintamente. Prefiro, de certa forma, o termo "preço" a "tarifa", embora a Constituição a mencione, porque *Tarifa*, historicamente, é uma cidadezinha do Sul da Espanha onde os viajantes, quando vinham da África, passavam por ali e pagavam uma *tarifa*. Então, criou-se um rótulo. Para mim, *tarifa* é *preço* ou *taxa tabelada*. Quando há uma concessão fala-se em tarifa, porque tenho um preço tabelado ou uma taxa tabelada.

Mas, enfim, não nos percamos pela taxinomia, isso é irrelevante. O que importa é que uma relação é relação tributária, garantidora dos direitos do usuário, e a outra relação envolve um complexo de relações, alterando a incidência da regra constitucional – o que determina-se falar em *taxa* e em *preço*.

Muito obrigado! *(Palmas)*

PRESIDENTE DA MESA (PROF. AMÉRICO LACOMBE) – Dou a palavra ao professor Roque Antonio Carrazza. O Senhor tem 20 minutos.

PROF. ROQUE ANTONIO CARRAZZA – Bom dia a todos! Inicialmente, quero endereçar uma saudação especial ao eminente professor Américo Lacombe, Presidente desta Mesa, bem como aos não menos eminentes Colegas debatedores, os professores Régis Fernandes de Oliveira e Regina Helena Costa. Com todos tenho não só aprendido a fazer Ciência do Direito, como a importância da luta e do trabalho bem alicerçado para o aperfeiçoamento intelectual.

Nesse painel, que gira em torno da "Tributação dos Serviços Públicos", fui incumbido de falar-lhes sobre a "Tributação dos Serviços de Registros Públicos, Cartoriais e Notariais".

Não ignoro que, a respeito do assunto, as opiniões já se encontram firmadas, seja por convicção doutrinária amadurecida, seja pela *vis atractiva* da lei (no caso, da Lei Complementar 116/2003), seja, finalmente, pelo propósito de defender, o quanto possível, as posições fazendárias. Mesmo assim, não me furtarei de emitir minha opinião – que, evidentemente, os Colegas congressistas, com inteira liberdade, aceitarão, por boa, ou rejeitarão, por inconsistente.

Já adentrando o assunto, a Constituição prevê vários impostos sobre serviços – a saber: o imposto sobre serviços de transporte interestadual e intermunicipal; o imposto sobre serviços de comunicação; e os impostos sobre outros serviços, também chamados "impostos sobre serviços de qualquer natureza". Os dois primeiros foram reservados pela Constituição aos Estados-membros; os demais, aos Municípios.

Com efeito, dispõe o art. 156, III, da CF que compete aos Municípios instituir impostos sobre serviços de qualquer natureza, não compreendidos no art. 155, II, definidos em lei complementar. Esclareço que "os impostos compreendidos no art. 155, II", da CF são justamente o imposto sobre serviços de transporte interestadual e intermunicipal e o imposto sobre serviços de comunicação, tributáveis por meio de ICMS. Tirantes esses, todos os demais, em tese, são tributáveis pelos Municípios, por meio de ISS.

Impende notar que não são os serviços que vêm tributados por meio desses impostos, mas as pessoas físicas ou jurídicas que os prestam. Só por amor à brevidade dizemos que os impostos em questão alcançam serviços. Alcançam, na verdade, as pessoas que os prestam. Os serviços são apenas o objeto, o aspecto material da hipótese de incidência desses impostos.

Mas, avançando o raciocínio, os Municípios foram credenciados pela Constituição a tributar, por meio de ISS, não propriamente os serviços de qualquer natureza, mas a prestação onerosa desses serviços. O tributo nasce, pois, da execução de obrigações de fazer, isto é, do fato "prestar serviços".

Os serviços, em si mesmos considerados, não fazem nascer obrigação de recolher o ISS. Eles só ganham relevância jurídica, para fins de tributação por meio de ISS, quando decorrem de contratos onerosos de prestação de serviços.

Mas é o caso de, aqui, indagarmos: tirantes os serviços de transporte interestadual e intermunicipal e de comunicação, todos os demais são tributáveis por meio de ISS?

O mesmo é propor a questão que lhe dar resposta negativa.

Entendo que o ISS só pode alcançar os serviços prestados – por particulares, por empresas privadas, por empresas públicas, por sociedades de economia mista, não importa – sob regime de direito privado. Explicitando a idéia: os serviços sobre os quais incide, ou pode vir a incidir, o ISS são os postos em comércio (no mundo dos negócios), sendo submetidos, em sua prestação, ao regime de direito privado, que se caracteriza, como corre magistério, pela autonomia das vontades e pela igualdade das partes contratantes.

Portanto, nos termos da Constituição Federal, a hipótese de incidência do ISS só pode ser a prestação, a terceiro, de uma utilidade (material ou imaterial), com conteúdo econômico, sob regime de direito privado, mas não trabalhista. Esta, diga-se de passagem, a opinião respeitabilíssima do *Mestre do ISS*, o professor Aires Fernandino Barreto.

Abrindo um ligeiro parêntese, a Constituição não criou tributo algum, mas traçou a regra-matriz (o arquétipo, a norma-padrão de incidência) de todos eles. Dito de outro modo, mais técnico, a Constituição apontou, direta ou indiretamente, a *hipótese de incidência possível*, o *sujeito ativo possível*, o *sujeito passivo possível*, a *base de cálculo possível* e a *alíquota possível* de cada imposto, de cada taxa, de cada contribuição.

Assim, quando as pessoas políticas criam quaisquer tributos de suas competências, criam-nos tal como postos na Constituição; não criam tributo ideal, criam o tributo tal como posto na Constituição. No caso do ISS – para não fugirmos do tema central –, os Municípios criam-no tal como delineado na CF, em seu art. 156, III, e § 3º.

Muito bem. Graças à Constituição, nós, contribuintes, temos o direito subjetivo – se quisermos, o direito constitucional subjetivo – de só sermos tributados de acordo com esses arquétipos constitucionais.

Reitero – para que a idéia não se perca – que, por injunção constitucional, o ISS só pode alcançar as prestações onerosas, a terceiros, de utilidades, com conteúdo econômico, sob regime de direito privado, mas não trabalhista.

Esta idéia é suficientemente lata para abarcar qualquer prestação de utilidade, quer material, quer imaterial. Utilidade material: uma obra de engenharia, como, por exemplo, uma ponte, que é captável pelos sentidos. Utilidade imaterial: os serviços prestados por um profissional liberal *stricto sensu* – digamos, por um advogado.

Registro, no entanto, que refogem à tributação por meio de ISS, além do serviço público (do qual lhes falarei em instantes), o auto-serviço, o serviço sem conotação econômica e o serviço que o empregado presta ao seu empregador.

De fato, o auto-serviço, o serviço que uma pessoa presta a si própria, não enseja tributação por meio de ISS: ninguém pode ser obrigado a pagar este tributo por fazer a própria barba ou por engraxar os próprios sapatos. Isso vale também para as pessoas jurídicas: nenhuma empresa pode ser compelida a recolher ISS porque transporta seus próprios funcionários. Enfim, o auto-serviço é intributável por meio de ISS, até porque, com ser gratuito, não possui bilateralidade, um tomador e um fruidor distintos.

Também, o ISS não incide sobre o serviço sem conotação econômica, vale dizer, o serviço irredutível ao denominador comum da moeda. É o caso do serviço familiar, do serviço de mera cortesia, do serviço religioso. São serviços intributáveis por meio de ISS, até por lhes faltar base de cálculo.

Também, o ISS não pode alcançar o serviço que o empregado presta ao seu empregador. Primeiro porque se desenvolve sob um regime de subordinação: o empregado é subordinado ao empregador, nos termos da lei e do contrato de trabalho. Depois porque o salário que o empregado recebe não corresponde à contraprestação econômica do serviço prestado. Salário, juridicamente falando, corresponde a alimentos, tanto que o crédito trabalhista, todos nós sabemos, prefere a qualquer outro, tanto quanto o crédito alimentar. O próprio crédito tributário cede passo diante do crédito trabalhista, que tem essa conotação de alimentos.

Mas, já ingressando no tema central de minha exposição, o ISS também não pode alcançar o serviço público, vale dizer, a prestação de utilidade material, fruível individualmente, sob regime de direito público. Não pode alcançar por força, em última análise, do art. 150, VI, "a", da CF, que, em resumo, estatui ser vedado às pessoas políticas instituir impostos sobre o patrimônio, a renda ou os serviços, uns dos outros.

Esse dispositivo – penso eu – veda que os serviços da alçada do Poder Público abram espaço à tributação por meio de impostos, aí compreendido o ISS. Tais serviços, desde que específicos e divisíveis – é o que nos ensina o professor Régis Fernandes de Oliveira –, só podem render ensejo à tributação por meio de taxas (taxas de serviço)..

Ademais, na medida em que, nos termos do art. 145, § 2º, da CF, as taxas não podem ter base de cálculo própria de impostos, elas só podem medir atuações estatais; nunca fatos regidos pelo direito privado – como, por exemplo, as prestações de serviço livremente contratadas por particulares, mediante retribuição.

Logo, *a contrario sensu*, os impostos – aí compreendido o ISS – só podem tomar por base de cálculo o valor econômico de fatos regidos pelo direito privado; jamais o valor econômico de atuações estatais.

Volto a insistir: serviços públicos específicos e divisíveis só podem ser remunerados por meio de taxas de serviço (*ex vi* do disposto no art. 145, II, segunda parte, da CF). Observo que tais tributos não se descaracterizam ainda que, por autorização legislativa, venham arrecadados por pessoas diversas daquelas que os instituíram. Nesse caso estaremos diante do fenômeno jurídico da *parafiscalidade*, que é a delegação de capacidade tributária ativa que a pessoa política, por meio de lei, faz a terceira pessoa, que, por vontade dessa mesma lei, passa a dispor do produto arrecadado, ou seja, fica com o produto da arrecadação do tributo, utilizando-o para a consecução de seus objetivos institucionais.

Posto isto, atentemos para o estabelecido na parte final do art. 156, III, da CF: "Compete aos Municípios instituir impostos sobre: (...) III – serviços de qualquer natureza, não compreendidos no art. 155, II, *definidos em lei complementar*".

Como devemos entender esse tópico "definidos em lei complementar"? Penso que de duas maneiras.

A primeira: cabe ao Município tributar as pessoas que prestarem os serviços previamente elencados em uma *Lista*, veiculada por meio de lei complementar. É, afinal, o que literalmente dispõe o art. 156, III, *in fine*, da CF. Essa, porém, é uma interpretação gramatical, que, *data venia*, não é uma verdadeira interpretação, mas um *pressuposto* de interpretação. Simples leitura de leigos, é o ponto de partida – nunca o ponto de chegada – do labor exegético. De qualquer forma, é uma interpretação possível, até porque deflui das próprias palavras do Texto Supremo.

Há, porém, uma outra interpretação possível: os Municípios podem tributar (desde que, é claro, observem os princípios constitucionais pertinentes, como o da legalidade) as pessoas que prestarem quaisquer serviços que tenham as características há pouco apontadas, independentemente de eles estarem, ou não, arrolados em uma *Lista*, veiculada por meio de lei complementar. É outra interpretação possível, que me parece mais científica, porque rima com o princípio da autonomia municipal. Não há necessidade – penso eu – da intermediação do Congresso Nacional para que o Município possa instituir e cobrar ISS das pessoas que, em seu território, prestam serviços de qualquer natureza. Do contrário chegaríamos à conclusão – com o devido acatamento, absurda – de que, se o Congresso Nacional quiser, pode retirar dos Municípios a competência para tributar os serviços de qualquer natureza.

Deveras, hoje, a *Lista de Serviços* enumera mais de 500. Mas, e se a *Lista* fosse reduzida para 50 serviços, para 10 serviços, para 2 serviços, para 1 serviço, para nenhum serviço, o que aconteceria? O Congresso Nacional teria cassado eficácia ao art. 156, III, da CF? Como ficaria a autonomia financeira dos Municípios – autonomia, esta, que é o pressuposto inafastável da autonomia jurídica?

Segundo continuo convencido, a *Lista de Serviços* (hoje veiculada pela Lei Complementar 116/2003) não tem caráter *taxativo*. Tampouco *exemplificativo*, porquanto muitos dos "serviços" nela contidos simplesmente não são os serviços referidos no art. 156, III, da CF, já que não tipificam prestações de utilidade, fruíveis individualmente, sob regime de direito privado, mas não trabalhista.

A meu sentir, a *Lista de Serviços* é meramente *sugestiva*. Contém sugestões que, desde que constitucionais, poderão ser levadas em conta pelo legislador municipal ao instituir o ISS. Ainda que não mencionadas na *Lista*, prestações de serviços poderão ser alvo de tributação municipal.

Mas, sem embargo desta linha de raciocínio, não ignoro que tem prevalecido o entendimento – inclusive no STF – de que a *Lista de Serviços* é *taxativa*, isto é, encerra *numerus clausus*, de tal arte que os Municípios só podem tributar quem presta os serviços nela enumerados.

Mesmo assim, há um limite para isso: essa *Lista* não pode transformar em serviço tributável por meio de ISS o que prestação de serviço privado não é, por lhe faltarem as características há pouco apontadas. Serviços novos só podem ser inseridos na *Lista* se forem, em tese, tributáveis por meio de ISS. Ou, se preferirmos, a lei complementar não pode "definir" ou "arrolar" fatos intributáveis pelo ISS, que poderíamos chamar de "não-serviços".

Também a *Lista* não pode criar "serviços tributáveis" por analogia, por equiparação, por ficção, por presunção. Muito menos considerar "serviços", para fins de ISS, fatos regidos pelo direito público – como, por exemplo, os serviços públicos. Positivamente, não é dado a qualquer lei complementar transformar em serviço tributável por meio de ISS aquilo que prestação de serviço privado não é.

Tudo isso nos leva a concluir que a lei complementar definidora de serviços tributáveis não diz a última palavra quando dá à estampa a *Lista de Serviços*. Não. A última palavra a respeito já está dada na própria Constituição Federal.

Detalhando o assunto, pode acontecer de a lei complementar incluir serviços públicos no rol dos serviços tributáveis pelos Municípios. Nesse caso não há o que discutir: a lei complementar será irremissivelmente inconstitucional. É que a lei municipal, ao cuidar do ISS, não poderá, por força do *princípio da rigidez das competências tributárias*, ir além do conceito de "serviços tributáveis", constitucionalmente posto. Mesmo que lei complementar a tanto a "autorize".

Com base nessas ponderações, vejamos, agora, qual a natureza jurídica dos "serviços de registros públicos, cartorários e notariais", e se são alcançáveis pelo ISS.

Os serviços de registros públicos, cartorários e notariais são serviços públicos. Realmente, são prestados, mediante procedimento de direito público, para satisfação de interesses coletivos. Mais: são *serviços públicos específicos e divisíveis*, porque sempre se referem a alguém e podem ter sua utilização, efetiva ou potencial, individualmente considerada. E a equação não se altera mesmo sendo exercidos em caráter privado, por delegação do Poder Público; ainda assim continuam a ser *serviços públicos específicos e divisíveis*.

Ora, *serviços públicos específicos e divisíveis*, conforme vimos, só podem ser remunerados por meio de *taxas de serviços*.

O que estou tentando significar, Colegas congressistas, é que os *emolumentos* remuneratórios dos atos praticados pelos serviços notariais e de registro (serventias de notas, protesto de títulos, registro de distribuição, registro de imóveis, registro de títulos e documentos e civil das pessoas jurídicas e registro civil das pessoas naturais) têm natureza jurídica de *taxas de serviços*.

Nesse particular encontro-me na confortável companhia do professor Sacha Calmon Navarro Coêlho, de quem extraí a seguinte lição, que peço vênia para ler: "As custas e os emolumentos são taxas, pela prestação dos serviços públicos ora ligados à certificação dos atos e negócios, ora conectados ao aparato administrativo e cartorial, que serve de suporte à prestação jurisdicional".

Aliás, a natureza de *taxas de serviço* dos emolumentos remuneratórios dos atos praticados pelos serviços notariais e de registro encontra-se pacificada por força de uma série de decisões do STF. Como o tema é incontroverso e conta com o prestigioso abono da jurisprudência da Suprema Corte, não vou, aqui, desenvolvê-lo.

Diante do exposto, segue-se que a Lei Complementar 116/2003, a pretexto de veicular a *Lista de Serviços* tributáveis por meio de ISS, não poderia ter alterado a natureza jurídica de *taxa de serviço* dos emolumentos remuneratórios dos atos praticados pelos serviços notariais e de registro.

De fato, a *Lista de Serviços*, em seu item 21 e em seu subitem 21.1, estabelece serem tributáveis por meio de ISS os "serviços de registros públicos, cartorários e notariais". Tais itens, salvo melhor juízo, são inconstitucionais. É que os serviços em questão são serviços públicos específicos e divisíveis, tanto que remunerados por meio de *taxas de serviço*. Daí inferirmos que as serventias que os prestam não podem, nem mesmo com base em lei complementar definidora de serviços, ser compelidas a recolher ISS.

Como todos sabemos, o *nomen iuris*, em si mesmo, nada significa. Vai daí que estas atividades de registros públicos, cartorárias e notariais não se transformaram em serviços privados só porque a Lei Complementar 116/2003 assim o quis.

Estou sendo avisado – não pelo Deus Chronos, mas pelo Presidente da Mesa – de que meu tempo está escoado. Assim, finalizo enfatizando que, a despeito do que estabelece a *Lista de Serviços* veiculada na Lei Complementar 116, de 31.7.2003, os serviços de registros públicos, cartorários e notariais não podem abrir espaço à tributação por meio de ISS. Qualquer lei municipal que disponha nesse sentido será inconstitucional, e o Poder Judiciário, chamado a acudir aos contribuintes, seguramente restabelecerá o primado da Constituição.

São essas as idéias que submeto à douta apreciação desse egrégio Plenário. Obrigado! *(Palmas)*

PRESIDENTE DA MESA (PROF. AMÉRICO LACOMBE) – Prosseguindo, dou a palavra à professora e desembargadora Regina Helena Costa.

PROFA. REGINA HELENA COSTA – Muito bom dia a todos! Gostaria de cumprimentar meus doutos professores – professor Américo Lacombe, professor Régis Fernandes de Oliveira, professor Roque Carrazza –, cujas lições são preciosas para todos nós, e rapidamente passar ao assunto de que devo tratar, que vem a ser "Tributação de Serviços Públicos Concedidos ou Permitidos".

Trata-se de tema difícil e muito pouco tratado pela literatura especializada. Então, já de antemão aviso que farei uma abordagem muito singela desse tema, mais para provocá-los a refletir a respeito do assunto que, propriamente, para apresentar um posicionamento fechado e conclusivo a respeito.

Esse tema, sem dúvida, será cada vez mais lembrado, na medida em que a Lei Complementar 116, de 31.7.2003, que dispõe sobre o imposto sobre serviços de qualquer natureza (ISS) – lei que já vem sendo tão debatida e combatida também –, traz um dispositivo que não havia no ordenamento jurídico anterior, o contido no § 3º do seu art. 1º, que diz, textualmente, o seguinte: "O imposto de que trata esta Lei Complementar incide ainda sobre os serviços prestados mediante a utilização de bens e serviços públicos explorados economicamente mediante autorização, permissão ou concessão, com o pagamento de tarifa, preço ou pedágio pelo usuário final do serviço".

Então, dentre aqueles que já pensaram sobre o assunto, alguns se manifestaram a respeito, e entendem que esse dispositivo está autorizando a instituição, pelos Municípios, do imposto sobre serviços públicos. Seria, aí, uma categoria; não é uma hipótese nova, "imposto sobre serviços públicos".

Pois bem, para contextualizar bem a análise que pretendo fazer, vou pedir vênia aos meus Colegas congressistas para relembrar o teor do art. 175 da CF, bem como do art. 150, VI, "a", e § 2º, que penso sejam os preceitos a partir dos quais poderemos fazer uma apreciação adequada. O art. 175 diz que "incumbe ao Poder Público, na forma da lei, diretamente ou sob regime de concessão ou permissão, sempre através de licitação, a prestação de serviços públicos". O parágrafo único prossegue preceituando que a lei disporá sobre – inciso III, que nos interessa especialmente – "política tarifária".

Esse dispositivo é o que estabelece o que é o serviço público, quem realiza serviço público; portanto, é preceito cuja análise é indispensável. Os Professores que me antecederam já falaram do conceito de *serviço público*, e não vou pretender entrar nessa seara. Apenas gostaria de lembrar que se trata de conceito equívoco, conceito muito polêmico, mesmo entre os especialistas em direito administrativo. Praticamente, cada autor fornece uma definição do conceito de serviço público algo diferente do outro. Logo, é conceito extremamente difícil de ser analisado.

Mas o que se pode observar das definições doutrinárias do conceito de *serviço público* é que todas elas contam com três elementos comuns – e, portanto, nisto não há dissensão, ao que parece, entre os especialistas: o serviço público sempre ostenta um elemento de natureza material, um elemento de natureza formal e um elemento de natureza subjetiva.

O *elemento subjetivo* é: o serviço público é sempre uma atividade de incumbência do Estado. Quando falamos em serviço público isso é indiscutível, trata-se de uma atividade que cabe ao Poder Público prestar à coletividade. Então, é sempre o Poder Público o titular do serviço público.

O *elemento material* significa o tipo de atividade que pode ser inserida no conceito de serviço público. Trata-se, necessariamente, de atividade de interesse coletivo. Portanto, serviço público nunca vai ser uma atividade de interesse de um grupo de pessoas apenas, ou de uma categoria de pessoas. Não, cuida-se de atividade que abrange e que tem como destinatários todos os integrantes da coletividade.

E o *elemento formal*, que também integra o conceito de serviço público, diz respeito ao regime jurídico que se aplica a essa atividade. Quando falamos em serviço público já sabemos que o regime jurídico – vale dizer, a disciplina normativa dessa atividade – é o direito público; portanto, aquele regime jurídico que se distancia do chamado regime de direito privado, já que este último tem por objeto a disciplina das relações jurídicas entre particulares. Diversamente, o regime de direito público vai ter por objeto a disciplina das relações entre os particulares e o Estado; portanto, outorgando a este, por conta disso, prerrogativas, de um lado, e impondo-lhe sujeições, de outro.

Assim, o conceito de *serviço público* vai abrigar esses três aspectos, seja qual for a definição doutrinária que se adote.

Pois bem, o parágrafo único do 175 da CF preceitua que lei regulamentará esse dispositivo, e isso realmente acabou acontecendo, com o advento da Lei 8.987/1995, a chamada "Lei Geral das Concessões". Essa lei trata de disposições gerais sobre concessão e permissão de serviço público. E mais: trata a concessão e a permissão de serviços públicos como contratos. Então, hoje, o direito positivo estabelece – sem entrarmos na questão relativa a isso ser constitucional, ou não, mas, enfim, hoje isso tem funcionado assim – serem a concessão e a permissão de serviços públicos modalidades contratuais.

O art. 150 da CF, como todos sabem, traz uma porção de limitações ao poder de tributar, e seu inciso VI, "a", vai tratar exatamente das chamadas "imunidades", as exonerações constitucionais à exigência de impostos. Portanto, é vedado às pessoas políticas instituir impostos sobre patrimônio, renda ou serviços uns dos outros. Estamos a tratar da imunidade recíproca. E o § 2º do mesmo dispositivo trata de estender estas imunidades às autarquias e fundações instituídas e mantidas pelo Poder Público – obviamente, no que se refere ao patrimônio, renda e serviços dessas pessoas, vinculados às suas finalidades essenciais ou às delas decorrentes.

Diante desse quadro, o que nós podemos extrair, numa análise bastante breve, a respeito desse tema da tributação dos serviços públicos concedidos ou permitidos? Ficou claro da dicção da Constituição que a execução do serviço público pode se dar de maneira direta ou indireta. Quando a execução do serviço público é feita diretamente – ou seja, os próprios entes públicos executam as atividades assim qualificadas pelo ordenamento jurídico –, quando isto acontece, nós não temos dúvida com relação ao regime tributário que se aplica. Por quê? Porque a Constituição é clara em dizer quanto ao regime tributário em relação a impostos – aqui, estou focalizando a questão à vista do ISS –, o regime tributário é indiscutível, porque a Constituição diz que há imunidade em relação a impostos no que tange aos serviços das pessoas políticas, aos serviços que elas venham a executar.

Se o Poder Público, por meio desses entes, executa serviço público, evidentemente, diretamente, então, o regime é de imunidade recíproca; se o serviço público é executado por entes da Administração descentralizada – vale dizer, autarquias e fundações –, também está expresso no texto constitucional, no § 3º do 150, que o regime é de imunidade tributária. Nessas hipóteses não há a menor dúvida no sentido de que não se pode cogitar da exigência de ISS.

Também uma outra possibilidade cujo entendimento já ficou assentado na doutrina é a prestação do serviço público agora não por autarquia ou fundação, mas por outra categoria da Administração descentralizada – qual seja, as empresas estatais. Quando uma empresa estatal é delegatária de serviço público, vejam só, não é a pessoa política que vai executá-lo diretamente, mas uma empresa estatal por ela criada vai executar esse serviço. Nessa hipótese, portanto, de execução indireta do serviço público, mas execução delegada por meio de lei a uma empresa estatal, a doutrina, de uma maneira até predominante, diz que o regime também é de imunidade.

Vejam que isso não está expresso na Constituição, mas trata-se de interpretação sistemática, teleológica, de todos esses dispositivos que mencionei. E penso que seja muito tranqüilo chegar a essa conclusão, já que a delegação se dá, por lei, a ente instituído pelo Poder Público, que vai dedicar-se exclusivamente a uma atividade qualificada como serviço público pelo direito positivo. Então, aqui também se chega à impossibilidade de exigência de ISS, por conta da imunidade recíproca.

Portanto, onde é que vai existir a polêmica? A polêmica vai se situar justamente na hipótese de execução indireta de serviço público por empresas privadas, por meio de vínculos contratuais de concessão ou permissão de serviço público. A questão é: se o serviço público for executado por empresa criada pela iniciativa privada, por meio de concessão ou por meio de permissão, é possível ao Município exigir o ISS?

Vejam que isso está claramente posto na Lei Complementar 116. O § 3º do art. 1º, que li há pouco, o diz expressamente, pois está autorizando os Municípios a instituir, por meio de suas leis, este imposto chamado "imposto sobre serviço público". E é nessa situação – ou seja, quando empresas privadas estão executando serviços públicos, por meio de concessão ou permissão.

Penso que, do pouco que se escreveu até o momento, possam ser apontadas duas vertentes, duas correntes de pensamento, que são diametralmente opostas. E é justamente lembrando os aspectos essenciais de cada pensamento que quero provocar a reflexão de todos os meus Colegas neste Congresso.

A primeira hipótese seria a de se afirmar que sim – ou seja, cabe a tributação por meio de ISS das empresas privadas concessionárias e permissionárias de serviços públicos. Para defender essa tese, quais são, singelamente, os argumentos que se alinhavam? Essa tese parte daquela conhecida lição de que a atividade econômica é um gênero que comporta duas espécies: de um lado, o serviço público; e, de outro, a atividade econômica em sentido estrito, ou atividade econômica propriamente dita.

Ou seja, essa conhecida lição doutrinária insere o serviço público dentro do contexto da ordem econômica; e isso tem respaldo constitucional, porque o art. 175, que mencionei, está situado exatamente no título da Constituição que trata "Da Ordem Econômica". O serviço público está no contexto da atividade econômica, mas sem dúvida se contrapõe à exploração de atividade econômica, que tem regime diferenciado, que a Constituição também distingue quando a trata nos arts. 173 e 174.

Quem defende a tese de que é possível aos Municípios exigir ISS na prestação de serviços públicos concedidos ou permitidos afirma: primeiramente, o serviço público está dentro da atividade econômica, ele é uma modalidade de atividade econômica; e, em segundo lugar, quando há concessão ou permissão de serviço público, o que o Poder concedente busca? Busca maior eficiência na execução desse serviço. Busca, também, não fazer o investimento que seria necessário para poder oferecer essa atividade à coletividade.

Trata-se de modalidade de execução de serviço público muito interessante, primeiramente para o Poder Público, que não vai precisar fazer investimento – e todos sabem que o investimento para poder oferecer um serviço público normalmente é um investimento de alta expressão econômica, não é um investimento de poucos recursos. Delegando a execução desse serviço a particular, à empresa privada, esses recursos serão aplicados pelo empresário particular, e, com isso, se exime o Poder Público de fazê-lo. Em segundo lugar, é claro que o particular só virá para esta seara se estiver efetivamente convencido de que pode obter lucro, de que vai poder recuperar o investimento que fez e ter lucro.

Quem defende essa tese diz: se o particular vem atraído pela busca de lucro – e nesse sentido o professor Régis Fernandes de Oliveira já se manifestou –, evidentemente que é preciso admitir a tributação por via do ISS, porque as empresas que buscam lucro em outras atividades, evidentemente, são tributadas pelo ISS. Todas as empresas que prestam serviços são contribuintes de ISS. Então, não faria sentido ver uma empresa privada, ainda que explorando o serviço público, estar alcançada pela imunidade. Por quê? Porque ela explora economicamente o serviço público, ela vai buscar o lucro através dessa atividade que, por delegação via contratual, o Estado lhe deu. Esse é o argumento central de quem defende essa tese.

Estamos falando da exploração econômica do serviço público. O Estado, quando o executa diretamente, não explora economicamente o serviço, porque o Estado não tem objetivo de lucro; mas a empresa privada tem.

No entanto, obviamente, vamos ter uma outra vertente. Para esta é absolutamente intributável a prestação do serviço público – e, portanto, descabida a exigência do ISS – ainda quando se tratar de prestação de serviço público executada por empresa privada. Quem diz isso, enfim, vai concluir que esse § 3º do art. 1º da Lei Complementar 116 é inconstitucional, pelo menos no que tange a esse aspecto.

Quais são os argumentos para defender essa segunda orientação? O argumento, basicamente, é o seguinte: o serviço público, como eu antecipei, é atividade de interesse público cuja responsabilidade de execução é do Estado, e que é disciplinada pelo direito público. O direito público, portanto, outorga prerrogativas, estabelece limitações; enfim, o direito público é um "pacote" ao qual vêm atrelados aspectos tributários.

Serviço público não se tributa – diz a Constituição, quando ela proclama a imunidade recíproca. Portanto, se a execução do serviço público a empresa privada não desnatura o serviço público em si mesmo – isto é, continua sendo serviço público, embora executado por empresa concessionária ou permissionária –, o regime tributário é o de serviço público. E qual é o regime tributário de serviço público? Imunidade. Não se pode instituir imposto sobre serviços das pessoas políticas.

Bom, se é assim, prevalece o regime de direito público também no que tange a essa questão tributária, e se afasta, de qualquer modo, a exigência do ISS. Há um argumento muito importante, aqui, para sustentar essa tese, que é o seguinte – e pensem comigo: se o serviço público for executado diretamente, obviamente que o Poder Público não vai exigir o ISS, não se poderá exigir ISS, porque o serviço é prestado diretamente. Agora, se houver a delegação a empresa privada, por meio de concessão ou permissão, e se admitir a exigência do ISS, vamos ter que concluir, claro, que o usuário do serviço vai ser onerado financeiramente, porque terá que pagar por um serviço cujo custo embute o lucro e também o ISS que a empresa concessionária ou permissionária será obrigada a pagar.

Em última análise, o serviço público executado por empresa concessionária ou permissionária vai ficar mais caro para os usuários do serviço público – que somos todos nós – do que se esse serviço fosse prestado diretamente pelo Estado. Vejam, a vantagem é para quem? Se é lição dos administrativistas que a concessão e a permissão dos serviços públicos são vantajosas na medida em que se busca mais eficiência na execução do serviço e que, portanto, se busca atender melhor ao usuário do serviço público?

Mas, se se admitir a exigência do ISS, o usuário do serviço público não vai gostar, e nem vai ficar satisfeito de pagar mais por um serviço que, caso executado diretamente pelo Estado, seria menos caro para ele.

Esse argumento parece, a mim, bastante veemente no sentido de sustentar que a imunidade recíproca também alcança empresas privadas concessionárias e permissionárias de serviço público. Um argumento de peso.

Mas alguém poderá dizer: "Espere aí, como é que uma empresa privada pode ser detentora da imunidade?". Creio seja interessante recordar que a imunidade recíproca tem, evidentemente, como destinatárias imediatas as pessoas políticas, suas autarquias, fundações; mas a destinatária imediata das imunidades tributárias é a própria coletividade. E na imunidade recíproca isso parece ficar muito claro: quem, na verdade, vai se beneficiar da desoneração dos serviços públicos da exigência de impostos, do ISS, somos nós, que vamos ser instados a pagar por serviços públicos – e, aqui, sem entrar na polêmica sobre se a natureza jurídica da remuneração é de é taxa ou tarifa, porque já foi devidamente tratada –, nós pagaremos menos pela prestação desses serviços públicos.

A idéia, como vocês percebem, é a seguinte, segundo esta tese: quando se fala em serviço público, se o regime é de serviço público ele vale para tudo, ele vale para a disciplina da atividade, ele vale para o regime tributário. E também quem defende essa tese, portanto, se distancia da opinião do professor Régis Fernandes de Oliveira, e sustenta que é taxa sempre, ainda que seja atividade de serviço público executada por empresa privada.

Agora, a empresa concessionária prestadora do serviço não seria contribuinte do ISS, por extensão desta imunidade recíproca à vista da atividade em si. Então, o que determina quem é imune é a atividade de serviço público, o serviço público executado por quem quer que seja: Poder Público, execução direta, autarquia, fundação, empresa delegatária, empresa privada, concessionária, permissionária. Enfim, se é serviço público, o regime é de imunidade.

Assim, de um lado, temos serviço público, regime de direito público e imunidade tributária; de outro lado, temos atividade econômica, incidência de regras de direito privado e regime tributário – até porque lembrem-se que o art. 173 da CF, quando trata de atividade econômica propriamente dita, deixa claro que as empresas que exploram atividade econômica, inclusive empresas estatais que explorem atividade econômica, como está posto no art. 172, estão sujeitas ao regime tributário. O § 2º do art. 173 prescreve: "As empresas públicas e as sociedades de economia mista não poderão gozar de privilégios fiscais não extensivos às do setor privado". Logo, as estatais, quando exploram atividade econômica, estão sujeitas ao regime tributário. Diversamente, as empresas privadas, quando prestam serviço público, estão sujeitas ao regime público, ao regime tributário dos entes públicos – o que significa imunidade recíproca.

Enfim, eu só queria, mesmo, provocá-los, com isso. Penso que o tema é extremamente tormentoso. Devo confessar que já em trabalho de alguns anos – não especificamente sobre a tributação pelo ISS do serviço público – cheguei a me manifestar no primeiro sentido, ou seja, no sentido de admitir a tributação. Mas nas últimas semanas, meditando sobre o tema que deveria vir abordar aqui, devo confessar que fiquei algo balançada nessa minha posição, e tendente a admitir que não se pode exigir o ISS das empresas privadas concessionárias e permissionárias de serviço público – portanto, já antipatizando com o § 3º do art. 1º da Lei Complementar 116.

Agradeço a atenção. *(Palmas)*

Presidente da Mesa (Prof. Américo Lacombe) – Vamos dar início, então, às perguntas que foram dirigidas aos palestrantes. Professor Régis Fernandes de Oliveira, acho que V. Exa. tem duas perguntas.

Prof. Régis Fernandes de Oliveira – Entendo que há um problema se o lucro do concessionário, embutido na tarifa, descaracteriza a modicidade que lhe é peculiar, pois ou se paga o lucro ou não se tem uma boa prestação de serviços.

Na composição da tarifa tem-se um item que é para a melhoria da prestação do serviço, outro item que é para a remuneração do capital, outro item que é para assegurar o lucro, outro que é para pagar tributo, seja imposto incidente, seja taxa, seja contribuição de melhoria, outro para pagamento dos empregados ou servidores. Enfim, há um complexo de valores que incidem sobre a tarifa, que vai compor seu resultado final. Então, o lucro também está embutido no valor da tarifa. Agora, se vai se tornar uma tarifa módica ou não, ou se ela vai ser garantida, isso depende do que o Estado vai disciplinar. O Estado pode entender que o estabelecido onera demais o usuário, e, portanto, não deixa aumentar o valor cobrado. Com isso nasce a obrigação de subsidiar a prestação dos serviços, como prevê a Lei 4.320, que cuida do sistema orçamentário e financeiro.

Então, o lucro está, com certeza, embutido. Agora, se vai envolver o encarecimento da prestação do serviço, o Estado tem outro (...). *(Truncamento da gravação)*

MESA DE DEBATES "E"

CÓDIGO TRIBUTÁRIO NACIONAL, CÓDIGO CIVIL E LEI DE FALÊNCIAS

PRESIDENTE DA MESA: PROFA. SÔNIA CORRÊA DE ALMEIDA PRADO

MEMBROS DA MESA: PROFS. RENATO LOPES BECHO, MARY ELBE QUEIROZ, PAULO CÉSAR CONRADO E ROBERTO QUIROGA MOSQUERA

PRESIDENTE DA MESA (PROFA. SÔNIA CORRÊA DE ALMEIDA PRADO) – *(Truncamento da gravação)* (...) o Dr. Paulo César Conrado à minha esquerda. O Dr. Paulo César Conrado tem sempre participado conosco do Congresso. Juiz Federal, também Professor Doutor pela PUC/SP e Professor no COGEAE e no IBET, nos vários cursos que têm sido proferidos. E o Dr. Roberto Quiroga Mosquera, Advogado brilhante, atuante, é Professor Doutor na PUC e na FGV.

Nós estamos, aqui, bem representados: Magistratura, Advocacia, Magistério. Passo a palavra, primeiro, ao Dr. Renato Lopes Becho, que vai nos falar sobre "Desconsideração da Personalidade Jurídica e Responsabilidade dos Sócios e Administradores".

PROF. RENATO LOPES BECHO – Boa tarde a todos! Dra. Sônia Corrêa de Almeida Prado, ilustre Presidente desta Mesa, meus Colegas de Mesa, professora Mary Elbe, professor Roberto Quiroga, professor Paulo Conrado. Gostaria de agradecer principalmente à Presidente do Congresso, Dra. Maria Leonor Leite Vieira, pela honra muito grande de estar aqui presente, hoje. É uma satisfação para mim estar neste Congresso, porque a professora Maria Leonor foi a primeira relatora de um trabalho que eu apresentei em um congresso como este. Ela não me permitiu dizer o ano, *(risos)* mas eu apresentei uma tese nesse Congresso, como os Colegas fizeram agora há pouco, defenderam nas Mesas agora há pouco. Eu também fiz isso há poucos anos atrás. E estar, hoje, em um Congresso como este, presidido por ela, que relatou meu trabalho, tem um valor todo especial para mim.

Esse laço que me une à professora Maria Leonor é que também justifica ela ter sugerido esse tema: "Desconsideração da Personalidade Jurídica e Responsabilidade dos Sócios e Administradores", porque objeto da minha Tese de Doutorado, livro publicado, e um aspecto que eu vivencio na prática, diuturnamente. Hoje de manhã, no Fórum de Execuções onde eu estava antes de vir para cá, despachei várias vezes em vários processos sobre esse tema que vamos trabalhar aqui. Então, é um tema que realmente está na ordem-do-dia.

O Congresso tem o título "Tributação e Direitos Fundamentais". Eu perguntaria, de antemão, para os Colegas: será que existe um direito tão fundamental como o de não ser cobrado por uma dívida que não é sua? Creio que esse é o primeiro aspecto. Vindo para cá fiquei imaginando a angústia das milhares de pessoas que hoje estão com seus patrimônios bloqueados porque a pessoa jurídica da qual elas faziam parte de alguma maneira não recolheu determinado tributo.

O que tem acontecido, hoje, na prática? Como eu já ouvi de alguns representantes da Fazenda Nacional, eles entendem que não há separação jurídica entre a pessoa e seus administradores, num conceito o mais lato possível, diante do Fisco. Quer dizer, para o Fisco, hoje – entendem as Procuradorias em geral –, só existe separação de personalidade jurídica se o tributo tiver sido pago em dia, corretamente. Não foi, não existe separação de personalidade jurídica.

Vou procurar fazer a minha análise, aqui, em um sentido jurídico, em um sentido normativo. O que será que nós temos de normas, neste aspecto? Do título desta Mesa, "Código Tributário Nacional, Código Civil e Lei de Falências", só não vou falar da Lei de Falências, porque o professor Roberto Quiroga Mosquera vai falar daqui a pouco.

Em relação ao Código Civil é conhecido de todos o art. 50, que hoje positivou entre nós, de maneira irrefutável, a desconsideração da personalidade jurídica. Nós já tínhamos essa desconsideração como uma construção doutrinária, reconhecida pelos Tribunais. Depois tivemos sua positivação a partir do Código de Defesa do Consumidor e em leis ambientais. E vem o Código Civil e consolida o perfil da desconsideração da personalidade jurídica, no meu modo de ver sem grandes novidades, pelo que nós já conhecíamos das construções do passado.

Além disso, no meu ponto de vista, o Código, no art. 50, trabalhou com conceitos mais abertos. Numa Tese de Doutorado esta semana na PUC/SP até se aventou se o art. 50 do CC traria *numerus clausus*. Entendo que não. Ele trouxe duas modalidades: se há uma confusão patrimonial ou se há, digamos, uma proteção da pessoa jurídica, aliás, da "casca" da pessoa jurídica, para a prática de ilícitos, nós teríamos a desconsideração.

Num certo momento também, na nossa experiência como professor, estivemos em um curso de especialização, e conversando, depois, com o coordenador, ele ainda falou: "Ah, tem tido muito exagero essa questão da desconsideração da personalidade jurídica". E, num dado momento, ele me disse: "Pois é, os pequenos e médios empresários nem sempre têm bem caracterizada sua divisão patrimonial. Às vezes eles pegam o talão de cheque da pessoa física e pagam uma conta da pessoa jurídica, pegam da pessoa jurídica e pagam da pessoa física". E eu: "Então, aquilo que nós falamos 15 minutos atrás, da confusão patrimonial, está caracterizado. Se o dono da empresa não separa sua personalidade como cidadão da personalidade de dono da empresa, não espere que o Fisco faça. Se o dono não sabe distinguir, por favor, não vamos impor isso ao fiscal!".

Aí os Colegas já devem estar percebendo que estou fazendo um elo entre o Código Civil e o direito tributário, porque ainda estou dentro do art. 50 e dei um exemplo do direito tributário.

Um outro aspecto, ainda dentro do Código Civil, em matéria tributária: o contribuinte deixa de pagar praticamente todos os tributos, ou seja, ele realmente pratica um crime, à luz dos arts. 1º e 2º da Lei 8.137. Ou seja, não foi uma eventualidade, não estamos diante de uma impossibilidade momentânea pelo fluxo de caixa, não estamos diante de uma discussão em que muitos deles dizem: "Eu tenho um dinheiro. Ou eu pago o salário dos meus empregados ou eu pago o Fisco".

Não, não é disso que eu estou tratando, estou tratando daquele empresário que não paga tributo. Esse eu entendo também que está encaixado numa das tipologias do Código Civil. Se vai ser necessário, ou não, que um órgão julgador que tenha jurisdição – ou seja, se um membro do Poder Judiciário – declare essa desconsideração, como ocorre para o direito privado na relação com o Fisco, já não sei, já tenho as minhas dúvidas.

Eu imagino que aqui, sim, a separação entre o direito público e o direito privado fica bem evidente e que nós temos condições de construir um entendimento no sentido de que a autoridade administrativa, imbuída das funções típicas da jurisdição, mas sendo um servidor da Administração

– naquela composição do Renato Alessi –, entendo que é possível, sim, o Estado identificar e construir uma norma individual e concreta demonstrando que aquele contribuinte reiteradamente descumpre seus deveres tributários e, por isso, é razoável supor a desconsideração da personalidade jurídica, à luz do Código Civil.

Bom, entrando no Código Tributário Nacional. Temos o dispositivo da norma geral antielisiva ou norma geral anti-simulação – que é a corrente a que me filio, seguindo o professor Alberto Xavier, o professor Sacha Calmon, o professor Roque Carrazza, e tantos outros que vêm identificando no parágrafo único do art. 116 uma norma geral anti-simulação, ao contrário da não acolhida Medida Provisória 66/2002.

O parágrafo único do art. 116 tangencia nosso tema. Entretanto, entendo que ele não trata de desconsideração da personalidade jurídica, ele trata da desconsideração dos efeitos de certos hábitos ou negócios, e não de toda a sociedade.

Será, então, que temos uma norma no Código Tributário Nacional que autoriza a desconsideração da personalidade jurídica diante do Fisco? Entendo que não. O que no foro tem acontecido? As Fazendas Públicas argumentam, diante da não-localização da pessoa jurídica ou da não-localização de bens, à luz dos arts. 134 e 135 do CTN, que a execução fiscal deve ser redirecionada para os sócios.

Então, vejam bem, a execução ser redirecionada para os sócios, no meu modo de ver, não é a mesma coisa que desconsideração da personalidade jurídica. É um efeito muito mais processual, com repercussões materiais, que a desconsideração da personalidade jurídica, que é – digamos – a "retirada do guarda-chuva" e fazendo valer os efeitos diretamente sobre os atos.

Para mim, o que corrobora a idéia de que não estamos diante de uma desconsideração da personalidade jurídica no Código Tributário Nacional? Porque as Fazendas Públicas ou as Procuradorias não estão pedindo redirecionamento das execuções apenas para os sócios. Assim como o tópico aqui no *folder* demonstra, "responsabilidade dos sócios e administradores". Bom, responsabilizar administradores não é o mesmo que realizar desconsideração da personalidade jurídica.

E mais, não no sentido do direito penal, ou não no sentido usado pela professora Misabel Derzi na sua Tese de Doutorado – "Direito Tributário, Direito Penal e Tipo" –, as pessoas identificadas nos arts. 134 e 135 vão muito além dos meros sócios. Os Colegas hão de se recordar desses artigos, que falam tanto dos pais respondendo pelos tributos devidos pelos filhos menores, como dos empregados e dos prepostos, mandatários, representantes. Ou seja, um representante comercial está, hoje, de alguma forma previsto no art. 135. Um gerente de loja, mesmo que a cadeia tenha uma centena de lojas, em tese, está lá como um gerente; não precisa ser um gerente-geral, não precisa ser um diretor financeiro.

Hoje, o que as Procuradorias têm feito, no mais das vezes? O primeiro nome que passar pela frente eles colocam nas execuções fiscais. E na vivência do Fórum, o que temos visto? Gerentes – como um que eu vi recentemente, que juntou cópia da Carteira de Trabalho com as anotações de férias, 13º salário, aumento de salário... O TRF mandou manter o nome deste homem no pólo passivo da execução fiscal. Então, é um empregado.

E aí – para não dizer o nome da empresa –, dou um exemplo com uma empresa que está sempre na mídia, somos bombardeados e sempre lembramos. Um gerente de uma loja dessa empresa, por exemplo, pode ter todo seu patrimônio bloqueado, principalmente na 3ª Região, e ter esse patrimônio bloqueado para responder por uma dívida da pessoa jurídica, até que o STJ resolva identificar que ele não tem responsabilidade objetiva. Porque hoje o TRF da 3ª Região e os demais – exceto o da 4ª Região – mantêm pelo menos uns 98% de todas as pessoas indicadas para compor o pólo passivo. Então, essas pessoas vão ter seu veículo, uma eventual aplicação financeira, um quadro na parede, penhorados. Vão ter esse patrimônio bloqueado por alguns anos, até que se identifique que elas realmente não tinham poder para decidir se o tributo ia ser pago ou se ia ser distribuído como dividendos para os acionistas.

Agora, o que está, no meu modo de ver, nos arts. 134, 135 e 137 do CTN? Vou pedir licença para não trabalhar lendo os artigos, para não perder muito tempo, já que o nosso, aqui, é tão estreito. Eu vejo no art. 134 do CTN uma norma processual, uma norma que demonstra o quê? Que o contribuinte não tem condições de se fazer representar em juízo.

Exemplo do tópico primeiro – os pais, pelos tributos devidos pelos filhos menores: uma criança de seis meses de idade pode ser contribuinte, e aí é seu pai quem vai estar nos autos, representando aquela criança.

E, para não dar vários exemplos, a massa falida. O síndico representa a massa falida, isso está no inciso IV ou V do art. 134. Será que alguém tem dúvida de que o síndico da massa falida não responde com seu patrimônio pessoal pelos tributos não recolhidos pela massa? Haver tributo não recolhido pela massa falida é natural. Se tivesse dinheiro para pagar todo mundo, o Estado e os demais credores, não teria necessidade de falência.

Obviamente, não cabe ao síndico responder com seu patrimônio pessoal, ele está ali representando a pessoa jurídica – até porque a pessoa jurídica, como acabei de dizer, na verdade não existe; ela existe como massa falida, uma personalidade própria de massa falida, onde os bens de seus dirigentes foram bloqueados pela decisão judicial na falência. E cabe, então, a ele representar a massa, contratar o advogado, com a prova que no Judiciário se vai pedir para identificar quem tem poderes para assinar a nomeação do advogado. A decisão judicial é que nomeou o síndico, não foram os diretores, nem o presidente da companhia.

A prova, para mim, para refutar qualquer outra dúvida de que o art. 134 é uma mera representação processual, está no parágrafo único desse dispositivo, que determina a exclusão das penalidades quando se aplicar o art. 134.

Vejam bem, algumas pessoas sugerem que o art. 134 é um artigo sancionatório e que traria uma culpa levíssima. Tive a oportunidade de debater na Federação do Comércio com um professor titular de muita representatividade, e houve um choque intransponível entre a minha posição e a dele, porque ele sustentava haver, ali, culpabilidade, nem que fosse uma culpa mínima. No meu entendimento, não. Não há culpa alguma, é só uma questão de representação processual. E aí o parágrafo único, já que é uma questão de representação, manda excluir a multa. Por quê? Porque, se não, essa multa vai ser paga com o patrimônio do filho menor, vai ser paga com o patrimônio da massa falida, quando eles não levaram àquela situação de não-recolhimento aos cofres públicos.

E o art. 135? O art. 135 começa dizendo: "São pessoalmente responsáveis pelos créditos (...)" – enfim, se a responsabilidade é pessoal, significa que nós vamos excluir as demais pessoas, ou seja, vamos excluir o contribuinte. E, aí, no art. 135 estamos diante de algum ilícito. Agora, não de uma infração.

Creio que vamos ter que enfrentar uma melhor categorização das infrações relativas ao Direito Tributário. O que eu quero dizer com isso? Deixar de recolher tributo é uma infração à legislação, como "furar" um sinal de trânsito é uma infração à legislação, estacionar em fila dupla, emitir um cheque sem fundos... Só que essas infrações – eu nem quero usar a expressão "de pequeno potencial ofensivo", não é isso – são infrações de direito administrativo. Nós não estamos tratando de um ilícito tipificado como crime ou qualquer figura no direito penal, nós estamos diante do direito administrativo.

Realmente é contra a lei não recolher tributo no dia correto. O que acontece no dia seguinte? Se nós formos recolher o tributo no dia seguinte, vamos sofrer a incidência de uma multa. Essa multa é que foi retirada do parágrafo único do art. 134, vai ser cobrada no art. 135, eventualmente, se ficar caracterizado que houve alguma das condutas de omissão etc., como previsto no seu *caput*.

E mais: qual é a lei que se infringiu para que se atingisse a situação do art. 135? Porque lá no seu *caput* diz: "pelas infrações de lei". A lei, ali, para mim, é a lei que rege a conduta das pessoas que estão sendo mencionadas. Então, é o Código Civil, para o pai que deixou de administrar bem o patrimônio do seu filho, à luz do art. – se eu não me engano – 1.678, II, num dos deveres do pai, que é administrar os bens do seu filho.

No caso da infração de lei para o síndico da massa falida é o que estiver tipificado como ilícito na Lei de Falências e Concordatas.

Agora, no art. 137, sim, temos o início da penalização do ilícito em matéria tributária, ou seja, a Lei 8.137, para mim, tem uma residência na lei complementar, justamente no art. 137. E por isso o art. 137 menciona as circunstâncias de dolo, de culpa etc.

Eu sei que meu horário já está sendo esgotado, e eu não quero receber o "bilhetinho" – que é necessário, porque eu já presidi Mesa e sei como é isso. Então, vou concluir dizendo para os Colegas: no meu modo de ver não existe norma no Código Tributário Nacional que preveja a desconsideração da personalidade jurídica. Entretanto, se o Fisco, o procurador, o agente do Estado quiser, ou identificando a prática de ilícitos que não justifique a manutenção da figura da personalidade jurídica, ele deve, no meu modo de ver, no mínimo mover um processo administrativo, jamais redirecionar as execuções fiscais contra qualquer pessoa.

Felizmente o STJ atualmente decide nessa nossa linha. Ao contrário do que mencionei relativamente aos TRFs, na Justiça Estadual não tem esse tipo de problema, e em breve creio que esse tema vai ser superado. E, aí, os direitos fundamentais dos contribuintes vão ser melhor restabelecidos.

Agradeço a atenção de todos e devolvo a palavra à Dra. Sônia. Muito obrigado! *(Palmas)*

PRESIDENTE DA MESA (PROFA. SÔNIA CORRÊA DE ALMEIDA PRADO) – Agradeço a participação do Dr. Becho. Realmente, esse é um assunto que está sempre na pauta. Lembro que no ano passado quem se manifestou foi a Dra. Regina Helena Costa, e também fez observações bastante importantes. Mas, ainda assim, sempre há considerações interessantes e inovadoras, como essas colocadas pelo Dr. Becho, que nos levam a pensar bastante num assunto que é tão importante para nossos clientes.

Vamos alterar um pouquinho, a pedido dos componentes da Mesa. Na segunda parte vamos passar a palavra para a Dra. Mary Elbe, que vai falar sobre "Microempresas e Empresas de Pequeno Porte: Definição de Tratamento Diferenciado, Favorecido e Simplificado. A Busca da Isonomia e Justiça Fiscal. A Exegese do art. 146, III, 'd', da Constituição Federal".

PROFA. MARY ELBE QUEIROZ – Boa tarde a todos! Mais que um prazer, é uma felicidade enorme estar aqui novamente com vocês, todos os anos! É como o Carnaval, nós ficamos esperando a época do Carnaval, a época do Congresso do IDEPE, porque é sempre bom estar aqui e encontrar amigos.

Quero cumprimentar a nossa Presidente e comentar que este ano o Congresso tem uma particularidade: a felicidade de termos uma Presidente, a Dra. Leonor, competente, um dos nossos exemplos. Apesar de termos a mesma idade, ela é um parâmetro para nós.

E este ano o tema dos direitos fundamentais é muito mais sedutor e muito mais empolgante e instigante, e anda muito relegado. A ânsia do Fisco em arrecadar faz com que os direitos fundamentais sejam esquecidos, sob a justificativa de que o Fisco precisa ter mais recursos para aplicar, para gastar, para atender a seus objetivos. E vemos que, na prática, nenhum objetivo está sendo atendido.

Se o Direito fosse violado mas, pelo menos, fosse atendido o objetivo social, não estaria justificado, mas estaria explicado. Mas nada se justifica, porque, na prática, não é isso que vemos.

O que eu vou abordar para vocês considero que foi um avanço e um ganho nesse sentido. Tive a oportunidade de participar ativamente na reforma tributária – que, na realidade, virou uma "desilusão tributária" –, e este foi um dos poucos pontos em que houve um avanço e uma busca de melhor realizar a justiça fiscal com relação às micro e pequenas empresas.

1. Fundamento constitucional

Em um Estado Democrático de Direito os valores consagrados pela sociedade que ela deseja que sejam preservados e respeitados são juridicizados mediante princípios esculpidos na Constituição Federal. Esses princípios, revelados sob a forma de direitos e garantias fundamentais, têm por objetivo motivar o atuar do Estado, impor limites e proteger os cidadãos contra o excesso no exercício do poder.

Dentre essas garantias constitucionais encontram-se os direitos sociais e individuais, o bem-estar, o desenvolvimento, a igualdade e a justiça com vista à paz social. De acordo com a Magna Carta, ainda, o Estado Brasileiro tem por objetivos fundamentais assegurar: a isonomia, os valores sociais do trabalho e da livre iniciativa, a garantia do desenvolvimento nacional, a erradicação da pobreza e da marginalização e a redução das desigualdades sociais e regionais, buscando a segurança jurídica, possibilitando a todos a existência com dignidade humana.

No sentido de promover o desenvolvimento nacional, no campo da ordem econômica foram consagrados como princípios gerais, conforme os ditames da justiça social, entre outros, a valorização do trabalho humano, a livre iniciativa, a busca do pleno emprego e um tratamento favorecido, diferenciado e simplificado para as microempresas e as empresas de pequeno porte.

Para que esses princípios constitucionais sejam efetivados, porém, é imprescindível que na sua aplicação eles sejam visualizados em conexão com a realidade social que pretendem proteger; do contrário serão esvaziados.

Na busca de dar concretude aos ditames constitucionais, todavia, exsurgem aparentes conflitos entre vários princípios aplicáveis aos casos fáticos da vida real, que exigem ponderação na sua aplicação. Nessa operacionalização deve-se buscar sopesar os princípios que gravitam em torno de cada hipótese, na esteira do pensamento de Dworkin e Alexy, para que a opção recaia sobre aquele valor que revele maior grandeza, a fim de que a ordem jurídica seja preservada.

O campo tributário encontra-se impregnado de valores que aparentam ser de difícil conciliação: o interesse público frente ao interesse privado; a necessidade do Estado de arrecadar frente à liberdade patrimonial e de iniciativa; o interesse coletivo ínsito ao crédito tributário e a proteção aos direitos fundamentais e à autonomia de vontade; a isonomia frente à necessidade de serem corrigidas distorções a fim de minorar as desigualdades econômico-sociais.

Diante dessa suposta tensão de princípios, agravada pela alta carga tributária que onera a produção e as rendas, é imprescindível que sejam harmonizados os interesses da Fazenda Pública e os interesses dos cidadãos. Com esse objetivo manifestam-se claramente a supremacia e a necessidade de ser prestigiada a isonomia como um dos valores fundamentais de um Estado Democrático de Direito, na busca de serem garantidos o sobreprincípio da segurança jurídica e a convivência social organizada.

A isonomia, contudo, não deve ser visualizada de modo absoluto, e sim relativo, como já era entendida por Aristóteles e tão bem definida por Rui Barbosa, na sua *Oração aos Moços*: "A regra da igualdade não consiste senão em aquinhoar desigualmente os desiguais, na medida em que se desigualam (...). Tratar com desigualdade a iguais, ou a iguais com igualdade, seria desigualdade flagrante, e não igualdade real".

O Estado tem entre seus objetivos essenciais o de impulsionar o desenvolvimento econômico-social, a fim de captar recursos para atendimento dos seus fins e possibilitar a existência digna das pessoas, como consagrado no próprio texto constitucional. É inegável, porém, que no Brasil existem grandes disparidades sócio-econômicas entre as pessoas e entre as regiões brasileiras, que demandam uma política de desenvolvimento nacional voltada para a redução dessas desigualdades. É essa verdade cristalina que justifica a adoção de ações públicas afirmativas que busquem minorar tais diferenças sem que seja afrontado qualquer princípio constitucional.

O legislador constitucional, como forma minorar as desigualdades e realizar a isonomia entre a livre iniciativa e a concorrência entre as empresas, e reconhecendo a importância do pequeno empreendedor na economia do país, assegurou, nos arts. art. 170, IX, e 179 da Carta Magna, um tratamento favorecido, diferenciado e simplificado a ser concedido à microempresa e à empresa de pequeno porte (MPE), a fim de lhes dar maior competitividade, para que possam enfrentar os mercados.

Todavia, na prática, as disposições inseridas na Magna Carta não foram suficientes para produzir o efeito desejado, de estimular o crescimento dos pequenos negócios em níveis satisfatórios, haja vista o alto índice de informalidade e de mortalidade das MPEs no país.

Tal constatação revelou ser imprescindível que novos comandos fossem colocados no texto constitucional, dotados de maior efetividade, para alcançar todos os entes federativos e todas as esferas de Poderes da União, dos Estados, do Distrito Federal e dos Municípios, sem mitigar as respectivas competências, a fim de buscar harmonizar e uniformizar exigências e cobranças de obrigações que têm efeitos predatórios sobre o segmento das MPEs, tão frágil, carente de estímulos e soluções macroeconômico-fiscais.

Com a finalidade de criar um ambiente favorável no qual as MPEs possam desenvolver-se, novamente, na chamada "reforma tributária" do ano de 2003 buscou-se encontrar soluções mais eficientes e duradouras, a fim de minorar os efeitos da alta carga tributária e do excesso de burocracia como fatores impeditivos do crescimento dos pequenos negócios.

Após um trabalho árduo das entidades representativas do segmento das MPEs, de técnicos e consultores externos do Serviço Brasileiro de Apoio a Micro e Pequenas Empresas/SEBRAE, junto ao Governo e ao Congresso Nacional, no qual tivemos oportunidade de ter uma participação efetiva,[1] conseguiu-se a aprovação, no capítulo relativo ao sistema tributário nacional no texto constitucional, de um comando direcionado especificamente a conferir um tratamento, no campo tributário, favorecido, diferenciado e simplificado para o segmento das MPEs.

1. Nos anos de 2002 a 2004 estivemos prestando consultoria ao Serviço Brasileiro de Apoio à Micro e Pequena Empresa/SEBRAE-Nacional, juntamente com o Dr. Ricardo Tortorella, coordenando a ação de outros consultores, exatamente com o objetivo de formular uma proposta na reforma tributária de 2003 que pudesse atender às necessidades, aos anseios, e reduzir os problemas enfrentados pelas MPEs no Brasil. No ano de 2004, ainda no SEBRAE, participamos, também, da elaboração da proposta de anteprojeto da Lei Geral das Micro e Pequenas Empresas (proposta de lei complementar).

Importa observar que as disposições constantes na Magna Carta até então – arts. 170, IX, e 179 – encontravam-se inseridas no capítulo "Da Ordem Econômica e Social" e, segundo as Fazendas Públicas, não obrigavam os entes federativos a dar tratamento favorecido, diferenciado e simplificado às MPEs, ficando dentro do seu poder discricionário estabelecer, ou não, esse tratamento.

Em decorrência, por meio da Emenda Constitucional 42/2003, foram introduzidos na Constituição Federal a alínea "d" do inciso III do art. 146, bem assim o parágrafo único do mesmo artigo e o art. 94 do ADCT.

As novas prescrições tiveram por objetivo delegar à lei complementar o poder para estabelecer normas gerais referentes à criação de regimes especiais ou simplificados de obrigações e de tributação no âmbito da União, dos Estados, do Distrito Federal e dos Municípios. Para tanto, abriu-se a possibilidade constitucional de ser instituído regime unificado e centralizado de arrecadação dos impostos e contribuições das três esferas de governo, assegurada a imediata partilha de recursos para as mesmas.

Igualmente, foi criada a possibilidade de ser adotado cadastro nacional unificado de contribuintes, com o compartilhamento pelos entes federados das competências de arrecadar, fiscalizar e cobrar o cumprimento das obrigações relativas ao novo sistema. No art. 94 do ADCT foi assegurada a manutenção dos atuais regimes de incentivos fiscais para as MPEs enquanto não for aprovada a citada lei complementar.

Ressalte-se que na Magna Carta, no art. 37, XXII, no capítulo relativo à Administração Pública, foi introduzida, também, a possibilidade de as Administrações Tributárias das três esferas políticas compartilharem os respectivos cadastros e informações fiscais – o que somente vem ratificar o fundamento constitucional acerca da unificação dos cadastros para inscrições de empresas junto às Fazendas Públicas, que a lei geral pretende implantar para as MPEs.

Tais disposições constituíram um verdadeiro avanço no sentido de realizar a isonomia em busca de uma maior justiça fiscal e social, pois os maiores problemas que afetam o segmento dos pequenos negócios são exatamente a alta carga tributária, a cumulatividade de incidências tributárias e exigências burocráticas de todos os órgãos e Poderes das três esferas de governo, que criam distorções e afetam a concorrência das MPEs.

2. Diagnóstico das MPEs

No universo econômico-social brasileiro as MPEs exercem papel de enorme influência no tocante ao desenvolvimento de regiões carentes, à absorção de mão-de-obra excluída do mercado trabalho e a uma maior distribuição de renda. Desse modo, além de indutoras do crescimento econômico, elas se revelam como instrumento social de inclusão de grande importância, uma vez que detêm a capacidade de gerar grande número de empregos.

Segundo pesquisa do Banco Mundial (2004), o Brasil ocupa o sexto lugar em empreendedorismo no mundo (atrás, apenas, de Uganda, Venezuela, Argentina, Chile e Nova Zelândia), e 98% desses empreendedores atuam em pequenos negócios.

A importância das MPEs pode ser claramente constatada quando se observa que elas representam 98% do total de empresas e 93% dos estabelecimentos empregadores no país, respondendo por 60% dos empregos gerados. As MPEs produzem 20% do PIB Brasileiro e respondem por 12% das exportações (dados FUNCEX), participando com 43% da renda total dos setores industrial, comercial e de serviços.

Nos últimos 5 anos esse segmento gerou 20 vezes mais empregos que a média e a grande empresas, segundo dados da RAIS (Ministério do Trabalho). Entre 1995 a 2000 o saldo líquido de novos postos de trabalho gerados foi de 1.429.652, sendo que 1.400.000 foram originados, apenas, nos pequenos negócios (BNDES, 2002).

No campo da formalidade, segundo os dados oficiais da Secretaria da Receita Federal (DIPJ 2002 – declaração de tributos apresentada pelas pessoas jurídicas),[2] encontram-se 2.899.088 empresas, cujas formas de tributação foram: 71% pelo SIMPLES, 23% pelo lucro presumido e 6% pelo lucro real. No tocante à geração de receitas tributáveis os números se invertem, pois as empresas estão assim distribuídas: 84% são do lucro real, 10% do lucro presumido e 6% do SIMPLES.[3]

Porém, os números de MPEs que hoje se encontram na informalidade, fora de qualquer registro oficial, são alarmantes, correspondendo a 40% da renda nacional. Observe-se que Brasil ocupa a quarta posição entres aqueles com maior grau de informalidade. Segundo dados do IBGE (1997),[4] encontram-se mais de 10 milhões de pequenos empreendedores na informalidade, à margem de quaisquer cadastros oficiais, sem falar no mercado informal que também se desenvolve ao seu redor e no número de famílias e pessoas a eles ligadas.

Consoante dados do IBGE, existem mais de 12 milhões de trabalhadores ligados a esse setor informal. Essa informalidade tem efeitos perversos não só para essas MPEs, mas também para os respectivos empregados, que ficam à margem da previdência oficial, bem assim para a economia como um todo, haja vista que produzem uma concorrência desleal com aqueles que estão formalizados, cumprindo todas as obrigações e arcando com um alto ônus tributário e burocrático.

No tocante ao ciclo de vida, o índice de mortalidade dos pequenos negócios chega a 50% nos três anos subseqüentes à respectiva abertura (em São Paulo o índice é de até 75%, segundo pesquisa do SEBRAE/SP) – o que revela a necessidade de que sejam adotadas medidas no sentido de apoiar e fomentar a iniciativa dos pequenos empreendedores, para que eles sobrevivam e possam crescer.

Outros fatores que prejudicam as MPEs formalizadas, como também são indutores de informalidade, são o excesso de burocracia e as obrigações acessórias impostas sobre as empresas em geral,[5] que se tornam mais agravantes com relação aos pequenos negócios, que não dispõem dos mesmos recursos das médias e grandes empresas para manter um aparato com o fim de atender ao cipoal de exigências.

No ano de 2004 o Banco Mundial (*Doing Business*) realizou uma pesquisa monitorando 130 países, na qual constatou um quadro nefasto da excessiva burocracia brasileira. Relativamente a esse item, o Brasil ocupa o penúltimo lugar entre 31 países pesquisados pelo Banco Mundial (GEM 2004), atrás, apenas, da Índia, no quesito "Barreiras à Entrada no Mercado – Custos, Concorrência e Legislação". No Brasil são gastos, em média, 155 dias para ser aberta uma empresa e ela iniciar suas atividades, em decorrência da necessidade de serem cumpridos, no mínimo, 15 procedimentos para o correspondente registro em mais de 12 órgãos. No *ranking* mundial dos países com maior burocracia, o Brasil coloca-se entre as piores posições: 73º lugar para a abertura e 47º lugar para o fechamento de uma empresa.

2. Os dados de 2002 são os últimos dados oficiais informados pela Secretaria da Receita Federal/SRF, e podem ser acessados pelo *site www.receita.fazenda.gov.br*.

3. O SIMPLES é o sistema de pagamento unificado de tributos e contribuições federais das MPEs criado pela Lei 9.317/1996. O lucro presumido é uma forma de tributação opcional para a pessoa jurídica com receita bruta inferior a R$ 48.000.000,00. Já o lucro real é obrigatório para as empresas com receita bruta superior a R$ 48.000.000,00 ou atividades que exijam maiores controles, com vista à proteção dos sócios ou acionistas e submetidas à fiscalização do Banco Central ou da Comissão de Valores Mobiliários/CVM.

4. Foram utilizados dados do ano de 1997, tendo em vista que esse foi o último ano em que houve pesquisa oficial sobre o tema.

5. Somente para a SRF têm que ser apresentados 36 tipos diferentes de declarações pelas pessoas jurídicas, na dependência do ramo de atividade.

Os órgãos das três esferas de governo criam exigências repetidas, às vezes descabidas, para que seja procedida a inscrição de uma empresa nos diversos cadastros oficiais, sob a justificativa da necessidade de controle. Essas exigências acumulam-se e têm que ser cumpridas antes que a empresa possa abrir suas portas e iniciar suas atividades, independentemente do seu tamanho. Se tais obrigações são pesadas para a média e a grande empresas, elas se tornam infinita e profundamente mais prejudiciais para as MPEs. O controle, muitas das vezes ineficiente – mesmo com as desmedidas obrigações impostas –, não pode gerar ônus para as empresas e criar dificuldades, pois poderá causar o efeito contrário ao desejado, e contribuir para a informalidade ou mortalidade dos empreendimentos.

Se abrir uma empresa é difícil, independentemente do seu tamanho, encerrar as respectivas atividades é mais complicado ainda, pois as exigências são muito maiores – o que resultou no fato de que hoje existem mais ou menos 3.707.000 empresas que estão inativas há mais de cinco anos ou que nunca funcionaram, que não conseguem encerrar suas atividades, por estarem impedidas de dar baixa nos registros oficiais.[6] Tal dificuldade tem reflexo, inclusive, sobre a informalidade, tendo em vista que os sócios de uma empresa que não dá baixa na sua inscrição nos registros oficiais não conseguem abrir outra empresa, mesmo que a anterior nunca tenha funcionado. As obrigações impostas para o "fechamento" de um negócio são muito maiores que as colocadas para a abertura. Na pesquisa, ainda, foi apurado que no Brasil leva-se pelo menos 10 anos para a finalização de uma falência.

No quesito "regulamentação" o excesso constitui verdadeira Babel inflacionária de edição de atos normativos. Por ano são editados, pelo menos, 55.000 artigos entre leis, decretos, portarias, instruções normativas etc., sendo a legislação atualizada a cada 24 horas pelas três esferas políticas de governo.

Aliado a tais fatores perversos pode-se acrescentar, ainda, o pesado ônus das obrigações trabalhistas e o excesso de regulação da relação de emprego.

Em conseqüência de tudo que foi dito, pode-se concluir que as dificuldades enfrentadas pelas empresas em geral, e especialmente pelas MPEs, são imensas, afetando sua rentabilidade e competitividade, com reflexos sobre o crescimento da economia em geral – o que demanda a adoção de políticas de governo direcionadas para a correção desses graves problemas, que podem assim ser resumidos: a) a complexidade do sistema tributário; b) a elevada carga tributária dividida nos três âmbitos de governo e incidente sobre a produção (47% distribuídos entre o IPI, o ICMS, o PIS, a COFINS, o ISS, o imposto sobre a importação etc.), aliada à correspondente má qualidade, ao grande número de tributos (74) e à "guerra fiscal"; c) o excesso e a complexidade da burocracia para abertura, funcionamento e encerramento das empresas; d) a burocracia e o excesso de normas para a exportação; e) a cumulatividade e o excesso de legislação decorrentes da repartição de competência legislativa sobre tributos e obrigações entre os vários níveis de governo: União, 26 Estados e um Distrito Federal e 5.561 Municípios; f) a complexidade da legislação e os encargos trabalhistas que oneram, sobremaneira, a folha de pagamento; g) as dificuldades de acesso e o custo do crédito; h) os obstáculos para o acesso à inovação tecnológica; i) a grande informalidade; j) a pirataria, a falsificação de produtos e documentos e o contrabando; l) os desvios, a sonegação, a evasão de tributos e a corrupção; m) a falta de controle do gasto público; etc.

3. *Antecedentes histórico-legislativos*

3.1 Antes da Constituição Federal de 1988

No cenário mundial de há muito se identifica uma preocupação no sentido de

6. Dados fornecidos no ano de 2002 pelo Departamento Nacional de Registro do Comércio/ DNRC.

serem desenvolvidas políticas públicas específicas direcionadas para as MPEs, em reconhecimento à relevância sócio-econômico que elas representam. O Código Alemão, em 1897, foi o primeiro ordenamento jurídico a introduzir um regime especial para os pequenos comerciantes. No sentido de buscar promover e impulsionar o desenvolvimento das MPEs, porém, foi o Direito Italiano, com a *piccola impresa*, que melhor sistematizou e legislou sobre um regime diferenciado para os pequenos negócios.

Em todos os países que priorizam as MPEs podem ser identificadas ações governamentais voltadas para esse segmento da economia, que são justificadas pela necessidade de serem concedidos estímulos para que os pequenos negócios possam florescer. Tais estímulos são implantados por meio da simplificação e da redução de custos para as MPEs, que terminam por produzir resultados positivos também para as próprias Administrações Tributárias, no tocante a aspectos tanto de eficiência econômica quanto de isonomia e eqüidade.

Quanto à isonomia e à eqüidade observa-se que as pequenas empresas enfrentam possíveis deseconomias de escala e imperfeições de mercado. Esse setor sofre com o ônus da pesada carga tributária, tem um alto custo fixo, padece com a falta de qualificação do empresário e dos trabalhadores, enfrenta dificuldades para obter crédito e o respectivo custo etc. – fatores, esses, que podem prejudicar o alcance dos benefícios decorrentes da competição no livre mercado. Portanto, é inegável que as MPEs suportam um custo desproporcional, sobretudo no cumprimento de suas obrigações legais e burocráticas, que as deixam em desigualdade de condições quando comparadas às empresas de maior porte.

Com o fim da II Guerra Mundial, em 1946, a microempresa surgiu como uma alternativa para absorver toda a mão-de-obra oriunda da disputa de mercados. A crise do petróleo (1973) e a queda do Muro de Berlim (1989), igualmente, contribuíram para o grande crescimento das MPEs.

No Brasil, acompanhando-se a evolução legislativa, constata-se que há uma preocupação do legislador em buscar atenuar os grandes problemas que afligem as MPEs, embora nem sempre a edição de leis seja a garantia da efetividade da sua aplicação e da produção de resultados práticos que se reflitam em estímulos para o crescimento do setor.

A legislação do imposto sobre a renda das pessoas jurídicas/IRPJ sempre tratou de forma diferenciada as pessoas jurídicas consideradas como de reduzida receita bruta. Identifica-se que desde o ano de 1964 já existiam diplomas legais tratando da concessão de incentivos às MPEs. Exemplo disso são as Leis 4.506/1964 e 4.357/1964, que concediam isenção para as pessoas jurídicas com receita bruta de até Cr$ 5.000.000,00 (milhões de Cruzeiros).[7] Esse disciplinamento esteve vigente até o ano de 1977, quando a Lei 6.468 aumentou o limite de isenção. Essa lei também foi modificada pelo Decreto-lei 1.780/1980, que alterou o respectivo limite de isenção para 3.000 ORTNs.[8]

No ano de 1984 foi assinada a Lei 7.256, com a pretensão, igualmente, de conferir tratamento especial para a MPEs enquadradas como de reduzida receita bruta.

3.2 Após a Constituição Federal de 1988

Na Constituição Federal de 1988, conhecida como a "Constituição-cidadã", de fundamento social democrático, foi introduzido, no Capítulo "Da Ordem Econômica e Financeira", o art. 179, que previa que a União, os Estados, o Distrito Federal e os Municípios dispensariam às MPEs tratamento jurídico diferenciado, visando a

7. Não há como identificar a atual correspondência em Reais do valor de Cr$ 5.000.000,00 em 1964, tendo em vista que Cr$ 2.750.000.000.000.000,00, hoje, representariam, apenas, R$ 1,00.

8. Atualizando-se o valor de 3.000 ORTNs em 1980, verifica-se que ele representaria Cr$ 2.120.100,00, e em Reais não há como fazer a correspondência de valor (v. nota de rodapé 7).

incentivá-las, pela simplificação de suas obrigações administrativas, tributárias, previdenciárias e creditícias, ou pela eliminação ou redução destas por meio de lei.

Com a Emenda Constitucional 6/1995 foi acrescentado o inciso IX ao art. 170 (também no Capítulo "Da Ordem Econômica e Financeira"), que previu tratamento favorecido para as empresas de pequeno porte constituídas sob as leis brasileiras.

3.3 O Estatuto da MPE

Na tentativa de regulamentar as disposições constitucionais foi editado o primeiro Estatuto da MPE, em 1994, por meio da Lei 8.864.

No ano de 1999 entrou em vigor o atual Estatuto das MPEs (Lei 9.841), que considerou os seguintes limites para enquadramento no respectivo conceito:[9] para microempresa o valor de R$ 433.755,14; e para empresa de pequeno porte o valor de R$ 2.133.222,00.

Como as regras do Estatuto não são aplicáveis para fins tributários, as mesmas nunca alcançaram o objetivo pretendido, tornando-se inócuas e totalmente ineficientes, pois nem mesmo são considerados os limites nelas previstos para enquadramento no conceito de MPE, que são superiores aos do SIMPLES Federal.

3.4 O SIMPLES Federal

Por meio da Lei 9.317, no ano de 1996, foi criado o SIMPLES Federal (Sistema Integrado de Pagamento de Impostos e Contribuições de Microempresas e das Empresas de Pequeno Porte). Como o próprio nome já indica, o sistema diz respeito apenas aos tributos federais. De acordo com esse sistema, as pessoas jurídicas com receita bruta de até R$ 120.000,00 e R$ 720.000,00 eram originalmente consideradas, respectivamente, como microempresa e empresa de pequeno porte, beneficiárias dos incentivos fiscais de recolhimento unificado e reduzido dos tributos federais. No ano de 1998, com a Lei 9.732, o limite para enquadramento no SIMPLES como empresa de pequeno porte passou a ser R$ 1.200.000,00, sem qualquer outra alteração relativamente às outras faixas.

Embora o SIMPLES Federal tenha obtido grande êxito no momento em que foi criado, haja vista a grande quantidade de MPEs que a ele aderiram, com o passar do tempo – pois já são decorridos oito anos da sua implantação – os respectivos limites ficaram desatualizados, como conseqüência da inflação. As limitações impostas a determinadas categorias para que pudessem optar pelo sistema e as recorrentes exclusões das MPEs do sistema por atos unilaterais da SRF, igualmente, revelaram distorções que findaram por tornar o sistema defasado; o que impõe sua urgente adequação à nova realidade sócio-econômica atual.

As distorções hoje existentes no SIMPLES, inclusive, podem ser apontadas como uma afronta ao princípio constitucional da isonomia, um vez que a Carta Magna em nenhum momento fixou critérios direcionando o estímulo previsto nos arts. 170, IX, e 179 apenas para as MPEs do segmento comercial ou industrial, pois foi vedado o direito das empresas prestadoras de serviços de optar pelo sistema. Outras categorias também foram impedidas de adentrar o SIMPLES – como por exemplo, instituições financeiras, indústrias de armas e bebidas etc. –, sob fundamento da necessidade de maior controle pelos órgãos públicos tanto para proteção da economia como para fins de arrecadação e para a sociedade em geral. Todavia, impende salientar que não existem justificativas plausíveis para que determinados segmentos, como as empresas prestadoras de serviços, não possam ingressar no sistema – o que somente demonstra que a escolha está a cargo, tão-somente, do poder discricionário da Administração, pois para essas nem

9. Valores atualizados pelo Decreto 5.028/2004.

mesmo a necessidade de controle justifica a exclusão.

A importância da implantação do SIMPLES pode ser constatada mediante a visualização do impacto por ele causado sobre a formalização de empresas, do aumento da arrecadação e da geração de novos empregos formalizados, conforme publicação da própria SRF, na qual são expostos os fundamentos que motivaram a criação do sistema,[10] de acordo com trechos a seguir transcritos:

"A implementação do SIMPLES, além de racionalizar a utilização dos recursos físicos e humanos disponíveis para a AT, atende à recorrente reivindicação dos micro e pequenos empresários de simplificação e redução dos custos fiscais. É importante notar que, subjacente à concepção do regime simplificado, estão as seguintes premissas:

"a) A MPE possui um baixo potencial arrecadatório e, portanto, não deve constituir um ônus excessivo nas atividades de controle exercidas pela Administração; (...).

"b) O regime simplificado destina-se a buscar um ambiente mais competitivo entre grandes e pequenas empresas e não a conceder privilégios a determinado grupo. (...).

"c) Dada a importância da MPE (geração de empregos, inovação tecnológica, competição no mercado etc.), o custo de cumprimento das obrigações tributárias para esse segmento deve ser minimizado, de modo a não comprometer sua sobrevivência.

"(...). A unificação do pagamento de seis tributos (considerando apenas os tributos devidos ao Governo Central) em um único documento reduziu em cerca de 60 milhões a quantidade de Documentos de Arrecadação de Receitas Federais (DARFs) que seriam entregues e processados pela SRF, em 1999. Em decorrência, a SRF manipulou, em 1999, apenas 14 milhões de DARFs das empresas optantes pelo SIMPLES. Considerando que, na ausência do SIMPLES, cada contribuinte teria que preencher e entregar um DARF para cada tributo a pagar (ou seja, teria que preencher e entregar outros cinco documentos de arrecadação), e computando os custos envolvidos na recepção e processamento de cada documento, estima-se que, apenas nesse quesito, houve uma economia de cerca de 90 milhões. Ou seja, equivalente a 2,3% do valor arrecadado pelas empresas do SIMPLES no mesmo período. Quando se estende a análise para considerar todo o período desde a implementação do SIMPLES, pode-se estimar que a SRF economizou 235 milhões simplesmente porque unificou o documento de pagamento de tributos.

"(...). Em primeiro lugar, a diminuição das obrigações acessórias dos contribuintes também implica a redução, para a AT, de custos relativos ao processamento, manuseio e armazenamento de papéis, fitas magnéticas e outros meios utilizados no controle dos contribuintes. (...). De fato, verificou-se que a implementação do SIMPLES ajudou a reduzir o custo da SRF em alguns aspectos.

"(...). Em suma, o Governo Federal optou por oferecer tratamento simplificado (Lucro Presumido e SIMPLES) para cerca de 93% de seus contribuintes, liberando recursos e mão-de-obra para o controle dos 7% dos contribuintes responsáveis por cerca de 81% da receita bruta agregada gerada do país."

Ainda com base na citada publicação da SRF, pode-se contatar um aumento do número de contribuintes logo no ano de 1997, ano em que começou a vigorar o SIMPLES criado pela Lei 9.317/1996. No ano de 1996 as empresas com receita declarada equivalente àquela considerada para fins do SIMPLES representavam 67,16% da quantidade do total de empresas contribuintes para a SRF, enquanto no tocante à receita das mesmas essa correspondia, ape-

10. A Experiência Brasileira na Tributação das Micro e Pequenas Empresas, trabalho publicado pela SRF, que poderá ser consultado no site *www.receita.fazenda.gov.br/estudostributarios*. A sigla "AT" significa "Administração Tributária".

nas, a 3,37% desse total. No ano de 1997 pode ser percebido um considerável acréscimo, pois as empresas optantes pelo SIMPLES passaram a representar 70,23% (2.035.891) do total de contribuintes da SRF (2.898.840), ao passo que sua receita declarada foi de 7,87% do total informado pelas empresas à SRF.

Com relação ao impacto na arrecadação verifica-se, de acordo com o aludido estudo, que houve uma pequena queda em relação ao ano de 1996, que era R$ 4.470.680,00, e passou para 3.439,12 (valores considerados no ano de 1997). Contudo, nos anos posteriores constata-se um crescimento no sentido da recuperação da arrecadação, pois no ano de 1999 a arrecadação das empresas do SIMPLES já foi de R$ 3.893,74. Apesar da aparente queda de arrecadação em relação às empresas optantes pelo SIMPLES, a arrecadação total de tributos federais no mesmo período aumentou, não resultando a implantação do SIMPLES em qualquer desequilíbrio no Caixa do Tesouro Nacional.

O SIMPLES demonstrou ser, na verdade, um grande instrumento destinado à criação e formalização de vínculos empregatícios. Consoante a referida publicação da SRF, no final do ano de 1996 existiam 773.208 empregados nas empresas com receita bruta equivalente àquelas do SIMPLES, e um ano após, no ano de 1998, já existiam 1.314.874, representando uma variação positiva de 541.664 novos vínculos empregatícios após a implantação do sistema.

3.5 Estímulos fiscais para as MPEs nos Estados, Distrito Federal e Municípios Brasileiros

Todos o Estados Brasileiros, de alguma forma, têm concedido incentivos fiscais para as MPEs com referência ao ICMS. Sendo importante ressaltar que os Estados de São Paulo e Paraná têm as maiores isenções de ICMS para as empresas em geral, respectivamente, nos valores de R$ 150.000,00 e R$ 180.000,00.[11] No Estado do Paraná foi adotada, ainda, a progressividade na incidência, a fim de amortizar a transposição da fase de isenção para a de tributação, possibilitando a todas as empresas comerciais usufruírem o estímulo por meio da exclusão do valor do limite de isenção em todos os casos, antes de aplicar a alíquota correspondente ao ICMS.

No tocante ao ISS dos Municípios podem ser identificadas atitudes isoladas e de pouca repercussão.

4. A Lei Geral das MPEs

A globalização econômica, os grandes avanços tecnológicos e o peso dos encargos sociais e sobre o trabalho tiveram reflexos diretos na expulsão de parte da massa trabalhadora das indústrias e do mercado formal. Tais fatores foram decisivos para revelar a necessidade de serem encontrados novos instrumentos econômicos a fim de solucionar a problemática emergente da absorção dessa população excluída, bem assim reduzir a carga tributária, a burocracia e a informalidade.

Reconhecendo a importância do segmento na dinâmica da economia, devido à sua alta capacidade de inovação, capilaridade e flexibilidade, em praticamente todas as economias modernas há cada vez mais incentivos à abertura de pequenas empresas como forma de serem corrigidas as distorções regionais, inclusive, advindas de outros setores. Quase todos os programas governamentais têm como razão principal: a implementação de um ambiente institucional favorável e regulatório que seja compatível com o tamanho e os custos das MPEs, de forma que elas possam enfrentar uma justa competição de mercado com as grandes empresas.

O apelo social contido na grande quantidade de pessoas e empresas do setor é

11. O limite de R$ 180.000,00 permaneceu até 31.12.2004, pois a partir de 1.1.2005 o limite do Paraná foi aumentado para R$ 212.000,00.

considerável e exige a adoção de ações efetivas, inclusive como forma de atender aos anseios dessa relevante parcela da sociedade. Quaisquer medidas implementadas resultarão diretamente em combate ao desemprego, com a absorção da mão-de-obra excluída dos mercados formais, redução da marginalidade, introdução no mercado de novos profissionais (por exemplo, universitários), desenvolvimento de regiões carentes, distribuição de renda, diminuição das desigualdades sociais, a fim de aplicar-se, em definitivo, os propósitos do legislador constitucional no sentido de realizar os primados da pessoalidade, da capacidade contributiva e da isonomia.

No ano de 2003 foi realizada no Brasil mais uma "reforma tributária", gerando expectativas diversas, que depois foram frustradas. Do lado dos entes federativos (União, Estados, Distrito Federal e Municípios) havia o anseio de que houvesse um aumento de arrecadação, como em todas as outras reformas; do lado dos contribuintes esperava-se a simplificação do sistema, a redução do número de impostos e do ônus tributário por eles suportados diante da carga tributária brasileira, que chega a 36,45% do PIB.

Deve-se reconhecer que o Estado necessita de recursos para que possa cumprir seus objetivos fixados constitucionalmente, bem assim assumir seus compromissos, por exemplo, com o pagamento dos juros da dívida pública. Ressalte-se que as atribuições do Estado foram exacerbadas após a Constituição de 1988, a chamada "Constituição Social". Daí por que era imprescindível que houvesse equilíbrio fiscal entre as receitas e as despesas do Estado, inclusive por meio da redução dos respectivos custos, acompanhado do combate aos desvios e à sonegação, entre outras medidas.

Entretanto, a "reforma tributária", na verdade, foi uma grande desilusão para os contribuintes, pois quase tudo que foi aprovado resultou apenas em medidas de aumento do ônus tributário para todos.

Um grande avanço que pode ser identificado na "reforma tributária" que resultou na Emenda Constitucional 42/2003, contudo, foi dirigido aos pequenos negócios, por meio da introdução do parágrafo único e da alínea "d" no inciso III do art. 146 do texto constitucional, no sentido de que uma lei complementar passasse a reger a vida das MPEs.

O objetivo que motivou a mudança constitucional foi a possibilidade de que esse novo comando fosse dotado de força suficiente para solucionar em definitivo os problemas, atender às necessidades e fomentar o crescimento das MPEs no Brasil, no sentido de que fossem criados novos empregos, ampliada a competitividade do segmento, reduzida a informalidade, incentivado o crescimento dos pequenos negócios, bem assim fosse gerada e distribuída melhor a renda, com vista a uma maior inclusão social.

As alterações do art. 146, em conexão com as previsões que já existiam nos arts. 170, IX, e 179 da CF, vão permitir que surja um novo marco regulatório para as MPEs, que alcance amplos aspectos que afetam o segmento empresarial, com vista a possibilitar a implantação de um sistema realmente diferenciado, favorecido e simplificado para ele.

Esse novo marco regulatório que passará a reger a vida das MPEs deverá ser normatizado por meio de lei complementar, a chamada "Lei Geral das Micro e Pequenas Empresas", cuja proposta do anteprojeto de lei foi montada por técnicos e consultores externos do SEBRAE, depois de amplo debate e de serem ouvidas sugestões de mais de 6.000 empresários do segmento das MPEs em todo o Brasil.

A pretensão é de que ele seja instrumento que possa ter reflexos diretamente sobre as MPEs, permitindo a simplificação burocrática, a redução dos seus custos e a desoneração tributária no seu dia-a-dia. O desejo é que essa meta seja alcançada por meio da criação de um sistema único, simplificado, diferenciado e favorecido colocado dentro de um regime especial de recolhimento de tributos, bem assim pela instituição de cadastro nacional unificado que abranja os órgãos de todos os Poderes da União, dos Estados, do Distrito Federal e dos Municípios.

A proposta amplia a possibilidade de opção pelo sistema para todas as MPEs, independentemente do tipo de atividade – inclusive para as prestadoras de serviço, para as quais hoje é vedada a opção pelo SIMPLES Federal. Foi mantido, porém, o impedimento apenas para as atividades que exigem maior controle e maior proteção do acionista minoritário. Outro benefício que se observa é a ampliação do limite para enquadramento com base na receita bruta: para microempresa o valor de até R$ 480.000,00, e para empresa de pequeno porte R$ 3.600.000,00. Tais limites deverão ser atualizados todos os anos, de acordo com a variação nominal do PIB (Produto Interno Bruto), para que não seja reduzido o estímulo com o correr do tempo.

O anteprojeto ainda contempla outras propostas no sentido de tentar reduzir as dificuldades que afligem as MPEs, incentivando o aumento da sua produtividade e competitividade, possibilitando a criação de novas oportunidades que resultem benéficas para a economia do país e uma maior proteção e inclusão social.

Na busca de alcançar esse objetivo, foram colocadas regras que podem estimular o crescimento do segmento no tocante: ao estímulo à formalização de empresas; à redução do excesso de burocracia para abertura e fechamento de empresas; às obrigações acessórias no âmbito previdenciário e nas relações de trabalho; ao acesso aos mercados interno e às exportações; à facilitação do acesso ao crédito, com redução do respectivo custo; ao estímulo à inovação tecnológica; à introdução de regras de associativismo entre as MPEs; à preferência nas compras públicas; ao estímulo para serem encontradas soluções dos conflitos por meio de mediação e arbitragem, bem assim para facilitar o acesso aos processos administrativos e judiciais.

Na busca de dar igualdade de tratamento a todas as pessoas jurídicas, existem regras que permitirão às MPEs parcelar seus débitos em atraso nas mesmas condições das médias e grandes empresas – o que hoje lhes é vedado. Outro estímulo, com vista à formalização, é no sentido de possibilitar que o grande número de MPEs que se encontram inativas há mais de cinco anos possam dar baixa nas suas inscrições nos cadastros oficiais, retornando à legalidade a empresa e os respectivos sócios. Ainda, procurando evitar que surjam dificuldades na constituição de empresas e no exercício da respectiva atividade, foram propostas alterações das regras civis e empresariais, bem assim relativamente às regras de recuperação judicial e de falência.

Para que não exista qualquer prejuízo com a implantação das novas regras com a edição da lei complementar, foi garantido para as MPEs o direito de continuarem usufruindo dos benefícios fiscais hoje existentes até a implantação definitiva do novo sistema.

A discussão do anteprojeto já levou a questionamentos acerca da possibilidade de ele estar ferindo o pacto federativo. Contudo, tais questionamentos são infundados, uma vez que ele não afeta a competência dos Estados, do Distrito Federal, nem dos Municípios. As respectivas competências permanecem absolutamente íntegras, inclusive com relação ao poder de fiscalizar, pois elas são mantidas nos mesmos moldes hoje existentes, visto que as normas gerais do ICMS e do ISS são veiculadas por meio de lei complementar. Vale salientar que, por determinação constitucional, o novo regime a ser aplicado às MPEs deverá ser, igualmente, veiculado por lei complementar, a Lei Geral das MPEs.

5. Conclusão

Apesar de a Carta Magna de 1988, nos seus arts. 170, XI, e 179, haver determinado a concessão de tratamento diferenciado para o pequeno empreendedor, bem assim, posteriormente, terem sido editadas várias leis ordinárias com o objetivo de regular tais dispositivos constitucionais, até hoje pouco se fez no sentido de serem implementadas medidas efetivas no tocante as regras tributárias, previdenciárias, trabalhistas e de desburocratização dirigidas para o segmento das MPEs.

Igualmente, foram escassas as providências com vista a eliminar e a reduzir adequadamente a burocracia e a carga tributária, a fim de concretizar o tratamento favorecido, diferenciado e simplificado previsto constitucionalmente para esse setor, como era desejo do legislador constitucional originário, que resultasse, na prática, em estímulos para que as MPEs pudessem de fato crescer e revelar todo seu potencial econômico.

É imperioso reconhecer a necessidade de ser criado um ambiente favorável para as MPEs, mediante a adoção de medidas que possam produzir resultados concretos para estimular o crescimento dos pequenos negócios no Brasil. É nesse sentido que se ressalta a importância e a necessidade de que seja aprovada a Lei Geral das MPEs.

A simples observação dos fantásticos números de pessoas e empresas que estão envolvidas e ligadas ao segmento revela que é imprescindível que tais medidas tenham forças suficientes para ser implementadas, a fim de contribuírem para a formalização e o crescimento das MPEs, com reflexos sobre a geração de emprego, distribuição de renda, a economia e a sociedade em geral.

Paralelamente, pode-se visualizar um ganho também para as próprias Administrações Tributárias, que, igualmente, terão seus custos reduzidos e poderão atuar de modo mais eficiente, voltando toda sua máquina fiscalizadora para contribuintes com maior potencial arrecadador. Isso não significa que as MPEs não possam ser controladas, visto que podem existir artifícios no sentido de que empresas que não se enquadrem no limite de opção pelo sistema possam beneficiar-se de modo ilícito dos benefícios.

Os resultados decorrentes da implantação do SIMPLES Federal no ano de 1996 apontam para a necessidade do seu aperfeiçoamento e sua ampliação, inclusive para que ele possa abranger outros segmentos empresariais, outras esferas de governo e todos os órgãos que de alguma forma exercem controle e detêm competência para legislar e criar exigências a serem cumpridas pelas MPEs.

O anteprojeto ainda precisa ser apresentado para o Congresso Nacional para que se transforme em projeto de lei e possa ser aprovado, sancionado e implantado em definitivo. Para tanto, é indispensável que haja uma mobilização e sejam adotadas ações pró-ativas por todos que tenham interesse ou estejam de alguma forma vinculados às MPEs, para que se alcance o objetivo de ser aprovada a Lei Geral das MPEs.

Com certeza, o anteprojeto da lei geral ainda requer aperfeiçoamentos para que possa alcançar a pretensão de criar um ambiente favorável para as MPEs, por meio de um tratamento diferenciado, simplificado e favorecido, como consta nos desígnios constitucionais, a fim de que elas possam sobreviver, crescer e ter maior competitividade, interna e externamente.

É imperioso, contudo, reconhecer que as diferenças econômico-sociais das MPEs e daqueles que gravitam ao seu redor demandam uma política governamental diferenciada e especial, pois o desenvolvimento dos pequenos negócios é mais um instrumento para que seja realizada a capacidade contributiva e a isonomia, na busca da dignidade humana e de uma maior justiça fiscal e social para todos.

Obrigada! *(Palmas)*

PRESIDENTE DA MESA (PROFA. SÔNIA CORRÊA DE ALMEIDA PRADO) – Agradeço a participação sempre brilhante da Dra. Mary Elbe, contando-nos a respeito de um problema iminente. Então, vamos todos pensar juntos a respeito.

Em seguida, Dr. Paulo César Conrado, que vai falar, mudando a programação, sobre "Exceção de Pré-Executividade em Matéria Fiscal, Certidão Negativa de Débito e Oferecimento de Bens à Penhora".

PROF. PAULO CÉSAR CONRADO – Boa tarde a todos os Congressistas! Cumprimento-os, assim também os membros desta Mesa, fazendo-o na pessoa da sua Presidente, Dra. Sônia. Renovo neste preâmbulo minha gratidão pelo convite e de estar participando de evento tão importante para todos que nos dedicamos ao estudo do Direito, especialmente do direito tributário.

Eu tenho a missão, talvez um pouco ingrata, de "processualizar" a Mesa. Pretendo, todavia, não cansá-los em demasia, até porque o tempo exíguo não permitirá. Mas, enfim, nós temos a proposta de trabalhar com o problema da exceção de pré-executividade em matéria fiscal.

Nesse particular, gostaria de chamar a atenção de todos sobre um problema que temos: de definição desse específico instrumento processual, na doutrina do direito processual civil reconhecido como uma "construção da jurisprudência", como uma "construção da doutrina" – o que em si mesmo nos parece uma proposição falaciosa; em rigor, convenhamos, tudo poderia ser definido como "construção da jurisprudência" ou construção do que quer que seja. Essa colocação, que se vê freqüentemente na Teoria do Direito Processual Civil, encontra um obstáculo gravíssimo, nos parece, quando a questão diz com matéria fiscal, quando estamos, por conseqüência, dentro da Lei 6.830 – que, vejam os Senhores, é de 1980. Essa lei, já na sua raiz – não se trata de modificação superveniente –, prevê o instituto. Não usa a expressão "exceção de pré-executividade", mas, de toda sorte, prevê o tema, prevê a proposta: uma forma alternativa de defesa do executado.

O art. 3º da Lei 6.830 diz que a dívida ativa regularmente inscrita goza de presunção de certeza e liquidez. Até aí, nenhuma novidade. Parágrafo único desse art. 3º: "A presunção a que se refere este artigo é relativa e pode ser elidida por prova inequívoca a cargo do executado ou de terceiro a quem aproveite". Vejam os Senhores: a presunção de que se reveste o título executivo fiscal pode ser elidida por prova inequívoca a cargo do executado.

Partindo da questão geográfica que não é a mais impactante, mas desde logo já se põe, o art. 3º alojado está no preâmbulo da Lei 6.830, muito antes de se começar a falar de embargos. Os embargos começam a ser disciplinados no art. 16. Vejam os Senhores, portanto, que a Lei 6.830 veicula, observado o ciclo de normatividade do processo, a possibilidade de se atacar a presunção do título, usando o vocábulo "o executado". Quem vai atacar é o executado, não o embargante – quando a lei quis chamar o devedor de "embargante" (portanto, dentro do ambiente dos embargos), chamou como tal. Nesse momento, todavia, chama de "executado". Significa dizer, em última análise, que aquilo que se chama – eu confesso para os Senhores, não sei por quê – de "construção" disso ou daquilo, da jurisprudência, da doutrina, do Fulano, do Beltrano, aquilo que é "construção" em qualquer outro lugar não é construção de outra ordem no campo fiscal que não da própria lei. Nós não estamos falando de um instrumento de defesa que se põe atrelado a conjecturas de autor "A", de autor "B", de julgador "A", de julgador "B". É instrumento de defesa que foi previsto legalmente, ratificando a idéia, já em 1980, que vem aprisionada na Constituição de 1988, a idéia de ampla defesa que se põe dentro das execuções especificamente fiscais.

Agora, há uma particularidade: o parágrafo único desse art. 3º da Lei 6.830 diz que o sujeito que for se defender neste específico ambiente processual, no ambiente executivo, tem que ter prova inequívoca nas suas mãos. Vale dizer, a matéria que ele for alegar ou é de direito – porque, aí, não se subordina à prova – ou, então, é matéria fática acompanhada de prova documental incontrastável, num regime jurídico que é muito semelhante ao do mandado de segurança, onde se fala em direito líquido e certo. Vejam, com isso, que nós nos deparamos com mais um problema severíssimo (situado na doutrina de direito processual civil e "transgenicamente" passado para o direito tributário): essa forma de defesa pode ser utilizada pelo devedor, desde que a questão por ele veiculada seja matéria de ordem pública. Aqui, faço eu com os Senhores um testemunho de que até hoje não descobri o que venha a ser "matéria de ordem pública", senão aquilo que se convenciona de acordo com a vontade local chamar-se de tanto. No meu sentir, *matéria de ordem pública* é a que está alojada num específico dispositivo do Código de Processo Civil, art. 301, matérias que podem ser conhecidas de ofício. Estas são matérias que eu diria "de ordem pública". Não obstante isso, na doutrina do direito processual civil – que é trazida, como eu lhes disse, por essa via sub-reptícia de alguma mutação genética para o direito tributário – se fala que questões como pagamento, questões como prescrição, como decadência, poderiam ser reconhecidas em nível de exceção de pré-executividade. Essas matérias, parece-me, não são matérias de ordem pública. Eu não sei exatamente como é o sistema da China, mas eu suponho que também na China não sejam matérias de ordem pública, a não ser que a autoridade julgadora tenha uma bola de cristal no lugar do cérebro. Como é que ela faz para conhecer de ofício o pagamento? Vejam os Senhores que nessa questão nos parece, com todo respeito que se possa ter, que a doutrina do direito processual civil faz aquele movimento da cobra que vai morder a própria cauda, engolindo-se: diz que em exceção se conhece matéria de ordem pública e, excepcionalmente, pagamento, prescrição, decadência, compensação etc. etc. etc. A lista de exceções é tão grande, que nós ficamos perplexos. Qual é, então, a vocação da exceção de pré-executividade quando menos em matéria fiscal? Concluímos: não é conhecer matéria de ordem pública, senão exata e precisamente aquilo que vem previsto no art. 3º, parágrafo único, da Lei 6.830. Nesse tipo de instrumento articulam-se matérias eventualmente fáticas que venham atestadas por prova inequívoca. Absolutamente tudo que não demanda dilação probatória é, portanto, cognoscível dentro do processo de execução. E vejam os Senhores que a questão, aqui, se articula do ponto de vista exclusivamente formal. Eu não penetraria nem na Constituição para desvendar o cabimento de exceção de pré-executividade, porque o princípio da ampla defesa é princípio, precisa, portanto, de "técnica" para ser realizado, e a "técnica" da ampla defesa realiza-se, dentre outras possibilidades, por essa via, garantindo-se àquele que não vai dilatar o processo a possibilidade de ver conhecida sua defesa dentro do ambiente mais singelo, dentro do procedimento executivo. Sem prejuízo da convicção que tenho, aqui, de que exceção de pré-executividade em gênero veste-se desta característica, há uma outra, absolutamente inquestionável: se verificarmos a questão histórica, vamos constatar que é exatamente nas execuções fiscais que a exceção de pré-executividade nasce e se desenvolve, não por outro motivo senão porque o título executivo da Fazenda Pública (a CDA) é construído mal e porcamente. Os processos administrativos geradores do título executivo – posso lhes dizer pelo menos sob a ótica federal – são absolutamente ridículos, quase todas as informações são objeto de declaração do contribuinte. Nada se certifica, o contribuinte apresenta uma retificação, a retificação é jogada num ralo, e nunca mais é revisitada. Enquanto isso, não importa se o botequim da esquina declarou que apurou um bilhão de Reais! Não importa, porque ninguém avalia se aquilo é razoável ou não é razoável. Declarou e não pagou, inscreve-se na dívida ativa, e pronto! Ora, vejam, seria um desplante pretender que a defesa fosse condicionada nesses ambientes à prestação de garantia. Agora, vejam, essa não é uma questão que se resolve por mera razoabilidade, avaliando-se se é desplante, ou não. É, de fato, uma questão é legal; a lei prevê: o sujeito que tem prova inequívoca que infirme a presunção que reveste o título executivo tem a garantia da defesa dentro da própria execução fiscal. E é precisamente isso que devemos destacar: nos momentos em que o legislador respeitou a ampla defesa, não podemos desmerecê-lo, dizendo que tal ou qual instrumento é mera criação da doutrina ou da jurisprudência – curioso que, quando o legislador abusa, faz uma lei porca, o intérprete o malha, dizendo que os princípios "A", "B", "C" ou "D" foram violados; no mínimo, nós é que temos, agora, que parar, botar os cotovelos sobre a mesa, abrir a lei, ler e aplicar aquilo que está posto e aquilo que é útil, aquilo que reflete os desígnios da Constituição. E nos parece que nesse particular da exceção de pré-executividade isso é claríssimo e está desde 1980.

Eu não vou extrapolar o tempo, Sra. Presidente. Muito obrigado pela atenção de todos! *(Palmas)*

Presidente da Mesa (Profa. Sônia Corrêa de Almeida Prado) – Muito obrigada, Dr. Paulo Conrado, como sempre brilhante e enriquecendo a palestra com a experiência na qualidade de Juiz Federal, que nos traz uma visão bem interessante a respeito do tema, inclusive recolocando sob o ponto de vista legal um instituto que vem sendo considerado como criação da jurisprudência! E inclusive reconhecendo, em função disso, a eficácia suspensiva da execução, que é um ponto primordial para o executado, para as atividades normais do executado.

Por último, vamos passar a palavra ao Dr. Roberto Quiroga, que vai nos falar sobre "Reflexos na Nova Lei de Falências no Direito Tributário".

Prof. Roberto Quiroga Mosquera – Boa tarde a todos! Pedi à Sônia quer me permitisse expor no final a questão da Lei das Falências, que, ainda como projeto de lei, tramita no Congresso, especificamente na Câmara dos Deputados. Esse projeto, por implicações políticas, vem gerando grandes discussões; diz-se, até, que talvez seja um dos temas mais importantes no segundo semestre de 2004. Na verdade, como se trata de uma questão ainda "pré-legislativa", entendi que fosse necessária uma breve exposição no final. Não temos grandes alterações, mas alguns pontos específicos devem ser analisados; por isso solicitei falar no final.

Diferentemente do Paulo, não falarei sobre o tema de minha Tese de Doutorado; diferentemente da Mary, que falou de seus estudos na área de microempresas, e do Renato e do Paulo, que nos brindaram com seus trabalhos na área processual, como Juízes Federais, embora não seja um advogado falido nem de clientes pré-falidos, meu tema será sobre a Lei de Falências, que provocou a necessidade de se mexer na área tributária. Por quê? Devido ao enorme crescimento, no final da década de 90 e início de 2000, o país enfrentou um grave problema: os grandes entraves que as questões fiscais causavam nas aquisições de empresas brasileiras por organizações internacionais.

Na Advocacia paulista fizemos um esforço enorme no sentido de tentar alterar temas relacionados com a sucessão e responsabilidade tributárias, uma vez que investimentos estrangeiros no Brasil sempre esbarravam em questões de sucessão patrimonial. Normalmente, quando uma empresa estrangeira adquire empresas brasileiras (e, se pensarmos um pouco, concluiremos que muitas grandes empresas brasileiras têm capital estrangeiro), o maior entrave é que o estrangeiro não quer assumir responsabilidades passadas. Uma das alternativas que muitos propunham, então, era que o comprador não adquirisse apenas a empresa, mas que, eventualmente, assumisse também os ativos da massa falida. Tal discussão teve grande repercussão na Advocacia paulista e na de todo o país. Surgiu, então, a necessidade de um projeto de lei, oriundo da atividade privada, que tentasse alterar questões de responsabilidade fiscal na Lei de Falências e até no próprio Código Tributário Nacional.

Inicialmente, todo esse esforço teve continuidade: tivemos várias discussões no Congresso sobre essa possibilidade, e as tentativas da atividade privada culminaram no Projeto de Lei 4.376, que hoje tramita na Câmara dos Deputados. Mas, como poderão verificar, praticamente o projeto não altera ponto algum que diga respeito à responsabilidade fiscal ou à preferência de créditos tributários em comparação com outros tipos de créditos.

Recapitulemos: quais são os princípios ou regras básicas que regem a questão de créditos tributários ligados a processos de concordatas ou de crises de insolvência, estados de insolvência pré-falimentar ou até deflagrados?

Basicamente o *primeiro princípio* é que todo o patrimônio da massa falida ou do grupo em processo falimentar ou pré-falimentar ou, ainda, como hoje se diz, em concordata responde pelos créditos tributários. A universalidade do patrimônio é o primeiro princípio que rege nossa lei atual, em termos de falência.

O *segundo princípio*, importante, que trata da questão das insolvências de pessoas jurídicas, é que em qualquer alienação de patrimônio há presunção de fraude. Ou seja: durante um processo falimentar, ou durante um processo em que existe insolvência corporativa, a alienação de bens existentes decorre de uma presunção de fraude. Com exceção na hipótese de esse patrimônio existir e ser mais que suficiente para suprir a eventual perda de patrimônio necessário.

Tivemos em outros processos de moratória no Brasil, como no REFIS e no PAES, a necessidade de arrolamentos que hoje talvez sejam um dos itens mais utilizados pelo Governo; em termos de legislação de insolvência que assegure créditos tributários para o Governo, esse é o segundo princípio que temos presente – a presunção de fraude no caso de alienação de patrimônio.

O *terceiro princípio* que rege todo e qualquer processo desse tipo é a preferência do crédito tributário. Além da universalidade do patrimônio e da presunção de fraude nas alienações, temos o critério da preferência do crédito tributário. É um princípio apenas preterido pelos créditos trabalhistas. Como norma complementar, dentro do Código Tributário Nacional e das leis ordinárias, o crédito tributário contempla o princípio de preferência em relação a qualquer outro crédito (exceto os laborais).

O *quarto princípio* a ser observado ao tratarmos de eventuais alterações na Lei de Falências é a ordem de preferência: os créditos tributários têm preferência sobre todo e qualquer crédito de natureza privada. Não se confunde com a preferência relacionada no terceiro princípio, pois, na verdade, traduz uma subordinação: todo crédito de natureza tributária está acima (sentido vertical) de qualquer crédito de natureza privada.

Há também um *quinto princípio*: uma *preferência horizontal* entre as unidades políticas – União, Estados, Municípios e Distrito Federal. Há, hoje, grande discussão sobre essa ordem de preferência horizontal, questionado se o Código Tributário feriria, ou não, a autonomia dos Municípios. Mas este não é o tema de que devo tratar. Estou simplesmente enumerando os princípios que deveriam ser observados por uma nova lei relacionada a esse instituto civil.

Por último, temos ainda um *sexto princípio*: todos os encargos ou todas as despesas de uma massa falida respondem, obviamente, no processo falimentar; porém, os tributos eventualmente existentes e vincendos durante um processo falimentar são extraconcursais – ou seja, ainda que em falência, são separados e devem ser adimplidos no momento adequado.

Seriam estes, basicamente, os seis princípios que devem nortear qualquer processo de alteração de leis relacionadas com a insolvência civil. Assim acontece em nosso país; assim em outros países, e em absoluta coerência com o sistema atual, seja na Federação, seja em outro que venha a ser adotado. São princípios absolutamente coerentes e análogos a qualquer outra legislação semelhante à brasileira.

Então, o que efetivamente muda? Qual o projeto? Qual é a idéia? Quais princípios são observados nessa nova legislação de falências no Brasil?

Minha primeira observação é sobre a linguagem, a nomenclatura; devemos nos acostumar a que não se trata apenas de mais uma Lei de Falências, mas vamos falar de uma lei relacionada com a recuperação judicial, referente à recuperação judicial de empresas, de empresas em recuperação extrajudicial, de empresas em processo de falência.

Assim, surge a possibilidade de termos três regimes de recuperação corporativa: o primeiro atribuído ao nível judiciário; o segundo, extrajudiciário; e, por último, o processo falimentar propriamente dito, que é a liquidação, a pena de morte da corporação eventualmente insolvente.

Nesses três regimes, o que muda? O que o projeto coloca como possibilidade de alteração legislativa? Basicamente, nada é alterado, nada muda.

O primeiro ponto importante a ser observado: as execuções fiscais não são afetadas; as existentes e até aquelas que venham a surgir durante o processo de recuperação judicial, extrajudicial ou de falência não se alteram.

Prazos não se suspendem, nem se interrompem, sejam eles decadenciais ou prescricionais. Portanto, não há mudança no tocante a prazos relacionados com a perda de direitos.

Por fim, nessa nova Lei de Falências nada é alterado quanto a encargos relacionados à obrigação principal. Questões relacionadas a penalidades – ou seja, multas ou juros compensatórios (SELIC etc.) – também não sofrem alterações na lei (ou, pelo menos, no projeto de Lei de Falências que tramita no Congresso) de recuperações judiciais e extrajudiciais.

Então, o que muda, na verdade? Muda uma pretensão do Governo, estipulando uma ordem nos créditos em processos de recuperação judicial, extrajudicial ou falimentar. Qual ordem? Os laborais, os créditos trabalhistas, continuam tendo prioridade total. Em segundo nível colocam-se os créditos tributários (aí, como uma novidade), junto com os créditos que têm garantia real até o limite da garantia, do bem garantido. Ou seja: hoje temos um grau de preferência em que os laborais ficam em primeiro plano, e em segundo plano os créditos tributários juntamente com os créditos garantidos com algum ônus real.

No terceiro item entra aquilo que Mary Elbe comentava comigo no início: hoje existe um terceiro critério de crédito: o dos *créditos especiais*. Há hoje um *lobby* muito grande para colocar esses créditos especiais, ligados ao sistema financeiro, ou outros créditos semelhantes, que estão antes dos créditos quirografários, considerados uma quarta hipótese.

Existe a tentativa de colocar certos créditos da atividade econômica como créditos prioritários aos créditos quirografários; mas sempre os tributários estarão acima desses outros créditos especiais. Mary Elbe tinha sido chamada recentemente para discutir sobre essa preferência de créditos de natureza financeira. Todos conhecem a força do *lobby* na área financeira; mas isso não altera nossa questão tributária: a prioridade do crédito tributário está assegurada.

Portanto, o projeto de Lei de Falências, de recuperação judicial, de recuperação extrajudicial, aprovado na Câmara dos Deputados com várias emendas, e que será examinado e aprovado nos próximos meses ou quinzenas, não altera substancialmente, a meu ver, o sistema hoje vigente.

Primeiro, respeita o princípio da universalidade de patrimônio; depois, respeita o princípio de preferência de ordem, a que nos referimos; prestigia a chamada presunção de fraude, justamente para que não exista dilapidação de patrimônio e que, portanto, a Fazenda Pública não possa recuperar o patrimônio por créditos tributários existentes. Assim sendo, não desnatura o que seria desejável em uma mudança legislativa, no caso de insolvência civil.

Então, brevemente – talvez ganhando cinco minutos de crédito para o próximo Congresso *(risos)* –, encerro minha participação. Obrigado! *(Palmas)*

PRESIDENTE DA MESA (PROFA. SÔNIA CORRÊA DE ALMEIDA PRADO) – Muito obrigada, Dr. Quiroga! Vou antecipar o convite para o próximo Congresso, para vir falar, porque, aí, realmente a coisa já deve ter avançado, e nós vamos ter mais novidades.

Agora submeto à consideração de todos, acho que poderíamos eventualmente distribuir cinco minutos para cada conferencista para responder às questões que julguem mais interessantes ou mais abrangentes.

Vou passar a palavra ao Dr. Becho, para escolher uma questão, e depois as outras serão encaminhadas individualmente.

PROF. RENATO LOPES BECHO – Ok, Presidente. Dessas que me foram encaminhadas, uma trata da desconsideração da personalidade jurídica na falência fraudulenta. Tem um elo com a palavra do professor Quiroga. Pergunta se essa desconsideração é essencial para a efetivação da penhora dos bens dos sócios na hipótese de ter havido falência fraudulenta.

Costumo reputar que um ponto muito importante na questão do redirecionamento da execução é a ausência ou a existência de um título jurídico hábil. Quando o STF aceitou redirecionamento da execução fiscal sem o nome do novo executado na CDA, o que ele admitiu? Ele admitiu uma execução sem título. Então, aquela regra geral que nós temos, digamos, no mundo ocidental, de que se executa a partir de um título, que é judicial ou extrajudicial, e da mora, que se caracteriza pela citação, no Brasil sofre um corte violentíssimo. No Brasil nós executamos sem título. Na verdade, no Brasil, o título (mais ou menos um título) vai ser construído depois da própria penhora, quando nos embargos o Estado espera que o embargante prove que não é executado. Porque o Fisco não vai provar, nem em embargos, que existe responsabilidade.

Agora, no caso de falência fraudulenta vamos ter esse título no processo falimentar. Ele só não vai ser automático dentro da execução fiscal. Aqui eu creio que no processo falimentar, como juízo universal, é que vai haver a criação desse título, através da comprovação da existência de uma fraude que levou à falência, uma falência fraudulenta, e não no aspecto automático.

Até, por sinal, recentemente tenho discutido isso com a minha equipe de assessoria. A Fazenda Pública está executando os sócios após o encerramento da falência. Quer dizer, na falência, ou seja, o encerramento regular da pessoa jurídica, ou através do seu fechamento regular, ou através da sua extinção judicial, baixam-se todo o tipo de registro. Se o Fisco não recebe no encerramento regular judicial falimentar, a Fazenda Pública quer executar o bem patrimonial do sócio. Aí eu pergunto: existe, então, responsabilidade limitada no Brasil, se depois da falência se pode redirecionar o patrimônio? Depois da falência, depois da sentença de encerramento da falência, ou seja, a pessoa depois de morta pode se levantar e ir diante do juízo e defender seu patrimônio? Se é que sobrou algum patrimônio. Para uns e outros pode ter sobrado, mas provavelmente não vai estar em território nacional.

A outra questão, do nosso colega Nélson Trombini Jr., que eu não vejo desde a época da sua defesa de Mestrado, trata do abandono da pessoa jurídica – se isso implica frustração da citação e caracterização de solução irregular.

Vou fazer a ponte das duas questões. Repetindo, então, nós cumprimos a legislação quando encerramos regularmente toda pessoa jurídica, num evento que vai ser muito mais difícil que aqueles 152 para criar. Mas quando, enfim, o contribuinte pagar todos os seus débitos públicos ou privados e baixar todos os seus registros, acabou a pessoa jurídica. Agora, se ele não fez isso, está descumprindo a legislação comercial – e aí, nesse aspecto da chamada "dissolução irregular" da sociedade, ou seja, se a sociedade foi criada juridicamente, se passou por todos os empecilhos apontados aqui, ela não pode ser encerrada simplesmente com o fechamento das portas.

Agora, o que vai se fazer, nesse caso? Simplesmente invadir o patrimônio do sócio? Entendo que mesmo nesse caso ele tem que ser chamado para comprovar o que aconteceu, onde está o capital social, qual era o tipo de responsabilidade que ele tinha, quem eram seus sócios, enfim. Creio que mesmo assim é necessária uma investigação prévia, só que já há o indício, no meu modo de entender, grave, ao demonstrar a dissolução irregular da sociedade. E aí a jurisprudência, mesmo do STJ, é mais firme ao dizer: na dissolução irregular, o sócio tem que vir responder sobre tudo o que aconteceu com a pessoa jurídica.

Obrigado!

PRESIDENTE DA MESA (PROFA. SÔNIA CORRÊA DE ALMEIDA PRADO) – Obrigada! Professora Mary Elbe.

PROFA. MARY ELBE QUEIROZ – **[Sem correção da Autora]** Com relação à falência eu até que lutei bastante para, após os créditos falimentares, entrar esse crédito das "micrinhas". Com as "micrinhas", o que acontece? Elas têm o aspecto falimentar. Foi uma emenda que nós não conseguimos colocar na lei, apesar de que alguns (...) *(Truncamento da gravação)* conseguiram com relação à questão dos livros. Mas não perdi a esperança, ainda.

O outro colega Conrado falou sobre a questão do meu "botequinho". O "botequinho" não é meu, não, é do "seu" Zezinho. O meu é um *pub*, que é mais chique. *(Risos)*

O colega Dr. Antonio de Sá, do Rio de Janeiro, está preocupadíssimo com a lei do Super Simples, disse que o projeto de lei do Governo Federal dos 36 mil não é o Super Simples. Realmente, não é o Super Simples. Por quê? Porque o Super Simples é para micro e pequena empresa, e seria um sistema unificado de recolhimento de tributos. O que está sendo colocado aí é o projeto da "micromicro", para tentar formalizar o ambulante etc. – e, por sinal, não abrange nem o prestador de serviços, a cabeleireira, não abrange o sujeito da oficina, o marceneiro etc. Não sei como isso vai adiantar alguma coisa.

Realmente, o Super Simples de que estão falando aí, o projeto que vai ser encaminhado e ainda não foi, não sei por que, já foi assinado. Há algo estranho no ar. Mas não é o mesmo.

Ele diz: sua proposta de Super Simples mantém tributação de ISS e de ICMS com uma única alíquota incidindo sobre o faturamento total da empresa, e não sobre, respectivamente, a parcela do faturamento do ISS e do ICMS. Na proposta pretende-se sejam recolhidos o ISS e o ICMS por conta da partilha, até porque – como ele colocou – não seria inconstitucional que ele recolhesse apenas o ISS se ele também vende mercadorias. Isso poderia representar, inclusive, uma sobrecarga.

A outra questão também colocada por ele diz respeito à preocupação com o cadastro único centralizado, que teria que começar pelos Municípios, pois o cadastramento de empresa tem reflexos nos ditames do plano diretor e do direito de vizinhança. Ninguém tem plano diretor, só as grandes cidades; e pouquíssimas das grandes cidades.

Aí, o que acontece? A cidade não tem plano diretor – que deveria ter, para cumprir a Lei de Responsabilidade Fiscal. Por conta disso, se eu quero abrir um estabelecimento comercial, ela não sabe se eu posso abrir, ou não, onde eu quero. Aí, eu dependo de uma licença prévia, fica dependendo de uma vistoria. Como não há funcionários em número suficiente para fazer a vistoria, eu fico aguardando de oito meses a um ano para abrir minha empresa.

Eu até estava discutindo com o pessoal da Prefeitura. Veja, você exige a licença prévia e a vistoria prévia. Isso não quer dizer que quando o fiscal da Prefeitura saia eu não desobedeça a todas as regras. Então, ela me impede de funcionar, porque eu fico dependendo de uma vistoria, mas quando a fiscalização sai eu posso desobedecer. Se não fosse assim, os prédios lá em Recife não caíam, como estão caindo.

Quer dizer, não é essa vistoria prévia que dá segurança à coletividade e que dá garantia. Creio que seria muito mais viável que fosse dada a possibilidade de funcionamento, com assinatura de termo de responsabilidade pelo que acontecer posteriormente. E a empresa fica na dependência de uma fiscalização incerta a qualquer momento; se chegar alguém lá e não tiverem sido cumprido as regras, a empresa não vai poder funcionar.

Se o Município não tem plano diretor, não é problema de quem está abrindo uma empresa. Se a Administração Pública é ineficiente, ela que vá se organizar, e não impedir o exercício da atividade econômica. Creio que o cadastro único tem que começar unificadamente para todos. E vamos informatizar essas Prefeituras, minha gente! Em pleno 2004, em plena era tecnológica – nós, que somos modernistas, com *notebook* e tudo a que temos direito –, não se admite mais que ainda se funcione com papeladas e mais papeladas.

Acredito que o cadastro único deve existir, efetivamente. Não se admite mais no Brasil que haja 200 mil órgãos para abrir e para fechar empresa, porque para abrir se gasta 152 dias, para fechar leva 10, 15 anos, e nunca fecha. Só para vocês terem uma idéia, o DNRC tem mais de 3 milhões e 707 mil empresas que nunca funcionaram, e não consegue dar baixa nos cadastros, porque tem multa da Receita Federal, da Secretaria da Fazenda, do INSS, do Ministério da Previdência, certidão negativa de todo mundo. Ele não consegue. E tais empresas nunca funcionaram, porque, se tivessem funcionado, teriam dinheiro, teriam pago e não teriam fechado, não teriam deixado de funcionar. E lá estão elas sem funcionar, mas onerando os controles, porque o DNRC tem que manter esses arquivos etc.

Acredito que está faltando racionalidade de quem aplica, está faltando moralidade e está faltando eficiência aos órgãos da Administração Pública.

Obrigada! *(Palmas)*

PRESIDENTE DA MESA (PROFA. SÔNIA CORRÊA DE ALMEIDA PRADO) – Dr. Paulo Conrado.

PROF. PAULO CÉSAR CONRADO – Algumas perguntas me parece que podem ser respondidas rapidamente.

A primeira delas, sobre a possibilidade de se enquadrar o problema da responsabilidade que o professor Renato Becho tratava, no conceito de *prova inequívoca*. Em sua literalidade, a pergunta diz: "O contrato social onde conste a participação do sócio minoritário meramente como cotista, isto é, sem poderes de gerência, se enquadra como prova inequívoca para ensejar e viabilizar a exceção?". Parece-me que sim, esse problema da responsabilidade tributária não é demonstrável por outro veículo senão pela prova documental. Portanto, é tema que comporta o veículo da exceção de pré-executividade, porque não se prova responsabilidade tributária pela via testemunhal, pela via pericial, por inspeção judicial ou qualquer outra coisa. É prova documental, o sujeito que argúi ou tem prova documental de tanto, ou nada feito. De tal sorte que a exceção é perfeitamente cabível nesse caso – inclusive, me parece, em sentido "preventivo", porque o art. 3º, parágrafo único, da Lei 6.830 fala que esta prova pode ser produzida pelo executado ou por terceiro. Pegando o exemplo emblemático do INSS, que promove a ação de execução, em função da respectiva legislação de regência, contra a pessoa jurídica e contra todos os sócios. Existem determinados órgãos judiciários que, com o intuito de relativizar a contundência dessa pretensão, determinam em princípio a citação só da pessoa jurídica, deixando para citar depois o sócio, embora ele já esteja lá na petição inicial, a ação já foi proposta contra ele. Não foi citado ainda. De uma certa forma a criatura se apresenta ali como um terceiro, ele pode ir perfeitamente a juízo, levando esse documento – o contrato social. Do contrário cabe à autoridade pública constituir o fato jurídico da responsabilidade, desdizendo aquilo que o documento diz. Salvo essa condição especificamente, parece que seria possível de fato.

Há uma questão a respeito do problema formal, sobre se a exceção de pré-executividade implicaria a formação de outro processo. Parece-me que não, peremptoriamente não: não estamos tratando nem mesmo das exceções previstas no art. 16, § 3º, da Lei 6.830. O art. 16, § 3º, da Lei 6.830 diz que aquele que ofertar defesa o fará – tirante o problema da exceção de incompetência, de suspeição, de impedimento – sempre dentro dos próprios embargos. Não me parece que a exceção seja preliminar de embargo, a exceção é um sucedâneo dos embargos, é instrumento equivalente aos embargos, internado nos autos da execução.

Uma última colocação, Dra. Sônia, agora sobre a prescrição. Indagam-me se a prescrição não é matéria de ordem pública – e, portanto, não poderia ser argüida em exceção. Pode ser argüida em exceção, mas o que eu devo ressaltar aos Senhores é que essa questão de ser de ordem pública é irrelevante. O que é relevante é aferir se a matéria é suscetível de ser provada de plano, e a prescrição é suscetível de ser provada de plano. Em alguns casos pode ser até conhecida de ofício, se a CDA estiver marcada de informações a tanto suficientes.

PRESIDENTE DA MESA (PROFA. SÔNIA CORRÊA DE ALMEIDA PRADO) – Obrigada! O Dr. Becho pede a palavra rapidamente, porque depois nós vamos encerrar com a manifestação do Dr. Quiroga, antes da palestra do professor Souto.

PROF. RENATO LOPES BECHO – Eu realmente pedi 30 segundos porque meu tema e o do professor Paulo Conrado são muito ligados – a nossa amizade também, e há o fato de estarmos no mesmo Fórum.

Foi perguntado a ele sobre a questão do sócio minoritário e da exceção. Só para os Colegas ficarem bastante atentos, se o procurador pede a inclusão com base no art. 135, não importa se é sócio majoritário, minoritário, se é sócio-gerente, se é gerente com poderes de gestão, se é empregado, se é representante. Porque muitas vezes os Colegas vêm com uma petição para o juiz e dizem: "Mas é sócio minoritário!". Só que o procurador diz: "Eu não pedi a inclusão dele como sócio, eu pedi porque ele era diretor, porque ele era empregado (...)".

Então, creio que a questão não está em ser sócio majoritário ou sócio minoritário, e sim em conhecer o conteúdo do artigo. E eu adiro a todas as questões de exceção de pré-executividade, como o Paulo sabe disso.

Obrigado!

PRESIDENTE DA MESA (PROFA. SÔNIA CORRÊA DE ALMEIDA PRADO) – O que para nós, advogados, é muito auspicioso. Dr. Quiroga.

PROF. ROBERTO QUIROGA MOSQUERA – O colega Murilo Rodrigues pede-me para tecer breve comentário ao acórdão do STF em que se diz existir inexigibilidade da multa administrativa que refletiria no montante da massa, em vista de um artigo do RIR que diz que os créditos da Fazenda Nacional decorrentes de multas ou penalidades pecuniárias, aplicadas até a data da decretação da falência, constituem incurso da massa falida.

Não tenho o acórdão, mas acho que deve referir-se basicamente a multas administrativas, talvez até não-tributárias. Para terem uma idéia: existe uma grande discussão sobre se os encargos de multas relacionadas com a preservação ambiental atingem, ou não, a questão da massa falida. Imagino que seja isso.

Também está em discussão a questão da multa tributária isolada: até que ponto ela reflete, ou não, no crédito tributário. E, ainda, no Código Tributário, a discussão do conceito de crédito tributário para efeito da massa falida. Pela ementa que o Colega cita, talvez seja essa a discussão; mas creio não ter elementos suficientes para responder.

Presidente da Mesa (Profa. Sônia Corrêa de Almeida Prado) – Obrigada! Quero agradecer a participação de todos aqui na Mesa. Não é o objetivo, nós sabemos, resolvê-las, mas pensar as questões de direito tributário, e acredito que vamos sair daqui com vários aspectos interessantes e uma abordagem bastante específica a respeito de cada um dos temas.

Estou recebendo um bilhete para observarmos o horário. Então, vamos fazer agora um intervalo de 15 minutos. Eu pediria aos Senhores que fossem realmente pontuais, para em seguida nós ouvirmos a palestra do professor Souto Maior Borges.

Obrigada! *(Palmas)*

CONFERÊNCIA

A REFORMA TRIBUTÁRIA E O IMPOSTO SOBRE VALOR AGREGADO

PROF. JOSÉ SOUTO MAIOR BORGES

PRESIDENTE DA MESA (PROF. ROQUE ANTONIO CARRAZZA) – *(Truncamento da gravação)* (...), professora Maria Leonor Leite Vieira, professores Misabel Derzi, Sacha Calmon e Elizabeth Nazar Carrazza. Teremos a oportunidade, a partir de agora, de ouvir o professor José Souto Maior Borges, que nos falará sobre "A Reforma Tributária e o Imposto sobre Valor Agregado". Antes, porém, para proceder à saudação de S. Exa., fará uso da palavra a professora Maria Leonor Leite Vieira.

PROFA. MARIA LEONOR LEITE VIEIRA – Sras. e Srs. Membros da Mesa, Sr. Presidente, professor Roque Carrazza, em nome de quem cumprimento a todos, Sras. e Srs. Congressistas. Minha incumbência, neste instante, é especialmente honrosa e me enche de júbilo – espinhosa e cheia de responsabilidade, embora.

Incumbida que fui de apresentar o professor José Souto Maior Borges, que dispensa – pela atuação e presença sempre muito marcante neste Congresso de Direito Tributário – qualquer referência a seu vasto currículo como Professor Honorário da PUC/SP, Coordenador de foi do Curso de Pós-Graduação na Faculdade de Direito da UFPE, Secretário de Administração do Governo de Pernambuco, auto de várias obras, entre as quais destaco poucas: *Isenções Tributárias*, *Imposto sobre Serviços*, *Lei Complementar Tributária*, *Lançamento Tributário*, *Ciência Feliz*, *Ciência Geral da Isenção Tributária*. Foi Procurador da República Municipal do Recife, foi Diretor da Faculdade de Direito de Recife, Advogado sempre militante na área tributária.

Merece o professor Souto de nossa parte – membros do Instituto Geraldo Ataliba, expositores e congressistas – nosso muito obrigado pelo exemplo de vida como poeta, como filósofo, brilhante advogado e provocador de idéias, exatamente por sua inquietude intelectual e cultural. Sempre buscando novos rumos, preocupado com a Filosofia para incrementar o Direito, de vasta cultura hermenêutica e humanística. Homem de valores morais dos mais elevados, em um mundo em que tanto necessitamos de líderes, professor Souto.

Eu disse há pouco que o professor Souto é um homem intelectualmente inquieto. Realmente, ele não só estuda os grandes filósofos, mas relê, constante e novamente, suas obras, nelas buscando explicações para os fatos da vida, passando por Heidegger, Kant, Popper, Hegel, pelo seu interesse intelectual e cultural quase compulsivo, como disse o professor Paulo de Barros Carvalho no "Prefácio" que fez ao *Ciência Feliz*, de autoria de nosso convidado conferencista de hoje.

O Dr. Souto procura sempre o inexplorado, o velado, investigando profundamente as teorias, sem passar por elas como mero forasteiro. Longe está o nosso conferencista de hoje da estagnação intelectual. Sua inquietude não permite que se canse de experimentar novos rumos, novos sentidos, sem qualquer resquício ou medo de errar.

É o autor que nem de tudo duvida, nem em tudo crê, porque sabe que essas duas são fórmulas igualmente cômodas de não refletir. E é isso também que ele faz conosco, que reflitamos sempre. Por isso mesmo, ele está sempre na vanguarda.

Os estudiosos da Filosofia e da Psicologia, ao examinarem a figura do grande homem, a figura do herói, dizem que, exatamente por ser um herói, a criança já vem ao mundo com duas virtudes inerentes à sua condição e natureza: a honorabilidade pessoal e a excelência, a superioridade em relação aos outros – o que o predispõe a gestas gloriosas desde sua mais tenra infância.

Heracles – conta-se –, estudando a Filosofia Grega, aos oito meses estrangulou duas serpentes enviadas por Hera contra ele e seu irmão Híficles. O jovem Arthur, e somente ele – o filme nós vemos sempre –, foi capaz de arrancar a espada mágica de uma pedra.

O herói inclui suas proezas comuns no mundo de todos os dias, até chegar a uma região de prodígios onde se defronta com forças fabulosas e acaba por conseguir um triunfo decisivo. Ao regressar de suas misteriosas façanhas, completa sua aventura circular, o herói acumula energias suficientes para ajudar e outorgar dádivas inesquecíveis.

O herói é aquele que se exaure em sua missão, vive para sua causa, é um provocador de transformações, dotado de forte carga emocional, de grande carga potencial transformadora, trazendo vida nova e fertilizando a consciência, enriquecendo e amadurecendo para enfrentarmos as infinitas possibilidades de evolução humana.

Nesse sentido, sem qualquer medo de exagero, professor Souto, é que identificamos no Senhor um dos heróis do nosso tempo, que implanta modernamente no nosso meio a moral espiritual, a palavra, a coerência, o sacrifício do vazio, para atingir um alto objetivo – a busca do outro lado das coisas, da outra face, dos lados singelos negados ou não desenvolvidos na consciência pessoal e coletiva –, levando-nos a procurar o sentido das coisas jurídicas – no nosso caso – no mais recôndito dos caminhos, e não entregando-se a uma teoria pronta e acabada, que não mais exija aprofundamento. É aquele que usa a Ciência para fazer a intersecção entre a teoria e a prática, como ensina Lourival Vilanova, pois que reconhece que a Ciência sem consciência não passa de ruína da alma.

Prestemos atenção, caminhemos na profundidade da Ciência entregando-nos e embrenhando-nos nos caminhos seguros a que o professor Souto nos levará.

Professor, sem dúvida, a Ciência é feliz em tê-lo como seu expressivo estudioso. Nós, que o agradecemos por isso, estamos curiosos em ouvi-lo. Obrigada! *(Palmas)*

PRESIDENTE DA MESA (PROF. ROQUE ANTONIO CARRAZZA) – Após essa erudita e eloqüente saudação da professora Maria Leonor Leite Vieira, que traçou um retrato primoroso do nosso ilustre Conferencista, tenho a honra de passar a palavra ao eminente professor José Souto Maior Borges! *(Palmas)*

PROF. JOSÉ SOUTO MAIOR BORGES – Exmo. Sr. professor Roque Carrazza, Exma. Sra. professora Leonor Leite Vieira, demais membros, todos os meus amigos integrantes desta Mesa, por felicidade minha reduzidos à professora Elizabeth Nazar, ao professor Sacha Calmon e à professora Misabel Derzi, de modo que não perco muito tempo com referências de ordem pessoal. Essa é a licença que têm as relações de amizade.

Meus caros Congressistas de ambos os sexos, eu costumo dizer sempre que a amizade anestesia o senso crítico. A bela e comovedora apresentação da professora Leonor, pela qual sou grato, é uma demonstração cabal da procedência desta minha ponderação. Mas, para que as coisas sejam colocadas nos seus devidos termos, no que toca à avaliação dos meus méritos e deméritos, fale a exposição mesma. E é desta que eu devo tratar com o maior esforço de demonstração possível e o melhor desempenho que me seja viável nesta oportunidade.

Não me exime, entretanto, esta prudente ressalva do dever elementar de agradecer a forma carinhosa com que sou introduzido perante este Plenário e com que sou recebido não apenas nesta oportunidade, mas diante de todas as circunstâncias em que me vejo envolvido no meu relacionamento com os Congressistas ao longo dos corredores, em Plenário, nos restaurantes, dependências do Congresso etc. Enfim, em todas as oportunidades de relacionamento humano. Fico-lhes sinceramente grato, e isso marca muito positivamente meu retorno à participação congressual.

O tema central da minha exposição é "A Reforma Tributária e o Imposto sobre Valor Agregado". Vou desdobrá-lo em duas seções distintas, para efeito de esclarecer bem a exposição e tentar uma comunicação razoável em termos de compreensão da intencionalidade mesma da exposição. O fim a que a própria exposição visa.

A primeira parte versará sobre as vicissitudes da reforma tributária; a segunda tratará do IVA e sua eventual implantação em um quadro amplo de tributação que se queira informada por critérios de racionalidade sistemática.

No tocante à primeira parte deve-se observar que peculiares circunstâncias históricas explicam em grande parte aquilo que se poderia denominar a *occasio legis* da Constituição. Trata-se da recomposição dos momentos em que a Constituição Federal surgiu em 1988 como sucedâneo de um regime de arbítrio, de pura discricionariedade política, do qual todos somos conhecedores – ou seja, os motivos pelos quais, numa recomposição histórica dessas circunstâncias, nós poderíamos chegar à conclusão de que não restou ao constituinte de 1988 senão optar por uma Constituição rígida e pormenorizada, mesmo desconsiderando-se as circunstâncias de ordem física, a diversidade territorial imensa do Brasil, tão característica da nossa Pátria. A conclusão que se deve extrair de todo esse quadro – e que, a assim dizer, subjaz à introdução da Constituição de 1988 – é que não restou ao constituinte de então qualquer outra alternativa senão a opção por uma Constituição caracterizada como sendo extremamente pormenorizada. É dizê-la, para usar a linguagem convencional, uma Constituição "analítica", e não "sintética".

Uma excursão pelo método comparativo explica o que pretendo transmitir, e que consiste precisamente no confronto entre a Constituição Americana e a nossa Constituição de 1988. A Constituição Americana é informada por um mínimo de princípios essenciais, estruturais do sistema federal: o elenco de direitos e garantias fundamentais; e o mais a Constituição deixa para os fios condutores da legislação ordinária. Por isso ela se vê beneficiada pela ação do tempo, e resistiu incólume a todo esse período de vigência – o que nos encanta e ao mesmo tempo nos desconforta, porque nossa Constituição é um modelo precisamente contrário, praticamente "engessou" a vida nacional como um todo, na medida em que tudo cabe dentro da Constituição de 1988 – sem lhe negar as imensas virtudes, sobretudo no campo dos direitos e garantias individuais, na disciplina constitucional do meio ambiente etc.

Mas essa é a mesma Constituição que abrigou – como foi mostrado na exposição do professor Carrazza – dispositivo sobre competência de ministros de Estado para apresentar relatório de atividades do seu Ministério ao Presidente da República, e outras irrelevâncias desse tipo; proibição de juro real superior a 12% ao ano – norma que teve o pior dos destinos que poderiam revestir uma norma constitucional ou, mesmo, qualquer norma infraconstitucional, ou seja, a pura e simples desaplicação, a absoluta desconsideração prática de seu conteúdo normativo. É o pior dos destinos da norma. Uma norma que nada, efetivamente, regula não passa de aparência de norma.

Agora, quem tudo regula, praticamente regula nada. É como aquele preceito da Constituição Federal de 1967 que prescrevia que todos somos responsáveis pela segurança nacional. Eu digo: isso é ótimo para as liberdades civis, porque, a rigor, onde nós todos somos responsáveis, ninguém o é. Falta, em tal nível de generalidade, a individualização que determine o responsável pela norma sobre responsabilidade.

Na medida em que se chega a um nível de pormenorização desses, o resultado é simplesmente a inefetividade, como aconteceu com essa norma. O STF, quando se viu diante dela – e me permitam uma linguagem pouco técnica, mas que dá para se entender, porque ela é expressiva –, proclamou: "Ah, sim, juros de 12% ao ano, mas essa lei é de eficácia incompleta, exigindo, portanto, integração. É necessária uma lei complementar disciplinando essa matéria, porque senão essa disciplina não terá efetividade alguma". Isso era na época da inflação galopante; não é hoje, não, que a coisa está mais ou menos sob controle.

Então, esse transfundo histórico explica por que surgiu a Constituição com essa estruturação tão pormenorizada. Ela não tinha alternativa alguma para ser diferente, ou seja, uma Constituição que se limitasse apenas a anunciar a clássica tripartição de Poder, a estruturação dos Poderes do Estado, os direitos e garantias fundamentais, e praticamente deixasse tudo o mais à função integrativa das leis complementares e ordinárias – consoante prevê o próprio sistema constitucional. Uma Constituição menos vulnerável à ação do tempo.

Mas nada disso foi feito, e nós entramos nessa pormenorização que cobra um magno preço – isto é, esse desgaste da Constituição Federal pela ação do tempo. Nós vemos a Constituição ser modificada, via emendas constitucionais, com persistência inquietante. E parece que alterá-la, via emendas, o tempo todo, é o mais estranho modo de preservar as instituições constitucionais, como ocorre no Brasil. Tudo é pretexto para reformar a Constituição Federal.

Como é possível consolidar as instituições constitucionais, se não temos nem garantia de uma persistência de sua vigência no tempo? O que é hoje não será, necessariamente, amanhã. Nenhuma Constituição resiste a essa vulnerabilidade.

Falar-se em segurança jurídica, mas nos termos em que hoje essa segurança é posta no Brasil, é tratar de algo que entra em um grau de inefetividade superlativo. Por isso, dificilmente será objeto de uma contenção conceitual rigorosa.

Por trás dessa situação está um condicionamento que eu diria ser uma forma de *causalidade social* – extrajurídica, portanto. Esse problema de reforma tributária não é um problema de dogmática jurídica. É preciso que respeitemos os direitos dos campos de especialização, aquela fundamental necessidade de *demarcação* em cada objeto de investigação científica. Sou uma pessoa dedicada à dogmática jurídica, e pretendo respeitar os direitos da política jurídica, que representa outro campo de investigação e sindicância teórica.

O jurista – já dizia Kelsen – pode legitimamente aproximar-se e apropriar-se de uma visão crítica do sistema, mas não pode fazê-lo em nome da Ciência do Direito; aí, já é ideologia política que vai informar esta aproximação e esta peculiar abordagem teórica.

Portanto, não estamos, aí, imersos em uma causalidade jurídico-dogmática de direito positivo, informada pelo princípio da *imputabilidade*, que todos conhecem, diferente da causalidade natural; mas, sim, diante de uma causalidade que se especifica por ser diferente da das ciências jurídico-dogmáticas como o direito tributário ou o direito constitucional. É uma causalidade sócio-política e econômica, não é uma causalidade jurídica *stricto sensu*. O sentido dessa categoria, a causalidade, no campo do direito tributário positivo é distinto do que lhe emprestam as outras ciências sociais.

Dir-se-á, então, numa primeira ordem de objeções à exposição – a que o professor Souto é tão permeável, graças a Deus: "Mas, se o Senhor trata de um tema extrajurídico num Congresso de Direito Tributário, posto seja este tema de política tributária, o Senhor incorre em uma certa inconsistência e impropriedade de argumentação, porque se desvia do objetivo fundamental do jurista, que é a análise do direito positivo". Eu diria que, em um Congresso como este, a principal função que se tem que exercer – já que não se dispõe, no geral, de poder político de mando, de poder de gestão da coisa pública – é o exercício da cidadania. Esse exercício se legitima na medida em que nós participamos da vida jurídica nacional e propomos para nossa Pátria o modelo de estruturação que uma engenharia política adequada venha a mostrar o mais racional e o mais indicado para a modernização e racionalização das instituições jurídicas nacionais.

Este é o grande objetivo deste Congresso, não é apenas um objetivo qualquer. Na ordem de hierarquia de valores, será sua principal destinação, aquela mais originária, a que irá informar a estrutura constitucional do país, de acordo com aquilo que nós todos almejamos: uma arquitetura constitucional que seja efetivamente mais racional e simplificada. E não apenas racional e simplificada na ordem da retórica superficial. Mas ao tema voltarei, logo em seguida.

A reforma tributária, por conta deste caráter analítico da Constituição, é um tema corrente, é um tema recorrente e intercorrente na vida nacional. Vivemos sob um estado de reforma permanente. Quantas emendas já não suportou a Constituição! Todas afetando, em maior ou menor grau – e para reduzi-los –, o campo dos direitos individuais.

Eu fico, então, pensando: quando é que isso vai ter um paradeiro? Nós não instituímos o imposto sobre grandes fortunas, não sem razão; não esgotamos o sistema tributário todo, mas reforma tributária é, a torto e a direito, experimentada, a qualquer pretexto. Nenhuma coerência, portanto, na ação governamental.

Agora, pensem no seguinte: há um estranho fenômeno – que não é também de dogmática tributária, é de *psicologia financeira* – que me aguça a sensibilidade, a consciência crítica: por que toda reforma tributária é saudada com as melhores expectativas, como se ela fosse instaurar o paraíso fiscal na Terra? E, no fim, toda reforma tributária acarreta frustração, todas implicam certo grau, maior ou menor, de frustração institucional. Por que os contribuintes em geral – nós, os cidadãos – nos comportamos desse jeito é algo que, para mim, representa um mistério. Problema de *psicologia financeira*, só um especialista pode se aventurar nesses tormentosos meandros, porque eu simplesmente não entendo disso.

Qual é o estatuto constitucional que nós temos vigorando no Brasil? Fala-se muito – insisto – em racionalização do sistema, em simplificação do sistema. Chamo a atenção para esses pontos porque os epistemólogos, aqueles que estudam a Teoria da Ciência, alertam que é muito fácil nós estarmos de acordo com generalidades. Se eu disser para vocês, aqui, "é preciso racionalizar o sistema", e lançar o repto "quem estiver em desacordo, que me conteste", dificilmente sofrerei uma contestação. Outro exemplo: é preciso melhorar as relações ou otimizar – para usar uma linguagem muito em voga – as relações entre a União, os Estados, o Distrito Federal e os Municípios. Alguém ousaria contestar uma afirmação dessa? Mas ela não tem efetividade alguma. Só serve para jogo retórico de políticos descomprometidos com o mínimo de seriedade, porque, quando nós lançamos à discussão um problema concreto, uma solução tópica, aqui e agora, *hic et nunc*, aí, sim, se instaura o reino da discordância, da polêmica, da discussão. E por isso mesmo se instaura o reinado da racionalidade crítica na Política. É esse que nós pretendemos venha a informar qualquer discussão séria sobre uma reforma tributária no Brasil.

Vejam vocês, por exemplo: qual é o quadro que eu tenho, aqui, diante de mim, no sistema constitucional brasileiro como um todo e no subsistema constitucional tributário como uma parte desse sistema nacional? O sistema, como está, não tem remédio, e o ponto mais crítico de todo o sistema está no imposto sobre operações relativas à circulação de mercadorias, o ICMS. Por quê? Porque a circulação de mercadorias, econômica e fisicamente, é fenômeno que não é só municipal, não é transmunicipal, não é estadual apenas, não é interestadual, não é regional – no sentido, por exemplo, das Regiões Metropolitanas, ou no sentido da Região Nordeste em contraposição à Região Sul. Não estanca sequer diante das fronteiras nacionais. E sua tributação está inserta na competência tributária privativa dos Estados-membros, pulverizando critérios diversos de tributação, com implicações negativas até na ordem interestatal.

A circulação de mercadorias se dá, evidentemente, não apenas num espaço comunitário – como, por exemplo, operações de ordem comercial no âmbito do Mercosul. Mas se prolonga até países que não integram um bloco econômico setorializado e integrado por normas de Direito Comunitário – o chamado, por isso mesmo, Direito de Integração.

Pois bem, o imposto estadual que recaia sobre circulação de mercadorias, suas operações, obviamente teria que se ressentir dessas circunstâncias: sendo a circulação um fenômeno nacional e transnacional, o imposto é estadual. Portanto, cada Estado dispõe a seu bel-prazer do modo como vai usar sua competência tributária, que é um instrumental, em termos constitucionais, da sua autonomia política. Não há exagero em se afirmar que se instaura, aí, o caos tributário.

Agora, faço eu esta perguntinha inocente: o que é que se esperava do Estado-membro, no legítimo exercício de suas atribuições constitucionais, senão um sistema de incentivos fiscais, um sistema de redução do valor do ICMS em certas operações, de sorte que se instaurasse a muito mal-denominada, e irresponsavelmente denominada – até porque esse nomear só serve para render dividendos políticos –, "guerra fiscal"? O que se esperava, além dessa "guerra fiscal", com o imposto na mão dos Estados com essa característica?...

Imposto de circulação de mercadorias vai ser pretexto e objeto, enquanto ele existir no sistema brasileiro, de reforma atrás de reforma, de remendo atrás de remendo. E nunca terá solução. Se nós vamos estudar uma reforma tributária com essa estrutura atual, eu posso, até com certa irresponsabilidade – porque não estou investido de autoridade alguma para isso –, convidar vocês para virem discutir aqui, no próximo Congresso, a reforma ... da reforma tributária. Porque ela, certamente, não pára, é um *moto contínuo*, não tem ponto terminal. É um alfa sem ômega, não tem ponto de estancamento. Tem ponto inicial, porque vamos procurar e o situamos, mais ou menos, até antes da Emenda Constitucional 18 à Constituição de 1946. A reforma mais originária é a Emenda Constitucional 5 a essa Constituição. A Constituição de 1967 reforma a Constituição de 1946. A Constituição de 1969 é um "Emendão", muda toda a Constituição de 1967. A de 1988 altera todo o sistema tributário anterior. E o que nós vemos, ao longo do tempo? É emenda atrás de emenda mexendo no sistema tributário. A Emenda Constitucional 5 eclodiu na época das chamadas "reformas de base", e eu, então, já preconizava o estudo das "bases da reforma". Mas estas nunca eram levadas a sério.

Alguém aqui se considera beneficiado por essas reformas constitucionais? Se nós fizermos um exercício de fenomenologia, o que nós concluiríamos seria obtido a partir da indagação: o que é que constitui a essência de uma coisa? A essência de uma coisa é constituída por aquilo que nela é invariável, é a invariância (permanência) na variedade. Tudo muda nela, mas uma coisa permanece. Portanto, é, por definição, sua essência, no sentido fenomenológico, aquilo que persiste nas várias formas, permeando as multiformes reformas tributárias.

Eu diria que qualquer discussão a respeito provoca um problema muito sério, porque sempre a reforma tributária descamba no aumento de tributo. Aumento de tributo não é problema dogmático, mas é um problema dramaticamente importante quando se considera, no plano sócio-político, uma questão como a da reforma tributária. Essa majoração da carga tributária é invariável ao longo do tempo, nas sucessivas reformas tributárias empreendidas entre nós. Sob esse aspecto, a essência da reforma tributária é a majoração da carga tributária – a única coisa que persiste. Não conheço qualquer reforma que não tenha implicado, de uma forma ou de outra, aumento da carga tributária – não obstante as cândidas manifestações do Poder Público no sentido de que nenhum aumento iria ocorrer.

Aliás, só se pode dizer uma coisa: com a auto-referência de que se está tratando de uma opinião pessoal, o sistema tributário brasileiro, mantido o ICMS, por exemplo, do jeito que está, é um problema sem remédio, pura e simplesmente insolúvel. Se eu estiver errado, não faço a menor questão de que se demonstre isso para mim, porque eu e o erro não temos relações menos cordiais, ao longo do tempo. Eu tenho procurado conviver com ele de maneira bastante razoável e tranqüila.

Mas eu acrescentaria o seguinte, nesta brevíssima análise do sistema tributário brasileiro: já Aliomar Baleeiro advertia, no seu tempo – se não o escutamos é porque não temos ouvido atento para as palavras das nossas origens: "Não há fórmula cientificamente adequada para repartir competência tributária entre três esferas diferentes de governo, União, Estados e Municípios, sem contar com o Distrito Federal". Eu vou dar de barato que essa lição do ministro Baleeiro esteja correta e represente uma síntese adequada do nosso sistema tributário. De tal sorte, *reforma tributária* é conceito multiforme, multifuncional e plurívoco – que tudo entra nela, tudo cabe ali dentro, como bolso de palhaço –, são diversificadas as várias reformas tributárias nacionais, não é possível aproximar-se da reforma tributária com uma pré-noção ou uma pré-compreensão. Ou seja, não há um conceito prévio do que seja *reforma tributária*. Nós falamos dela, porém não sabemos exatamente do que estamos falando.

"Conceito" é algo que tem sentido semântico muito forte, e nós podemos até invocar sua significação. Por exemplo, no Alemão, "conceito" é termo da mesma raiz etimológica de *Begriff* ou de *greifen*. Isso é admirável, porque é uma metáfora e tanto: *greifen* significa "agarrar", "apreender". O conceito apreende a realidade, como uma ave de rapina apreende sua presa.

Ora, não há apreensão conceitual de algo que não tenha uma demarcação conceitual adequada. O conceito afirma, assim, sua identidade e nega o que lhe é diverso. A não ser assim não se teria uma significação que se possa converter em objeto de uma elucubração teórica mais controlada e precisamente demarcada. Essa é a saga da reforma tributária no Brasil: não é possível demarcá-la, tudo cabe ali dentro. Então, isso é ótimo para o Governo; mas para nós, cidadãos, eu acredito que não seja, lá, tão bom...

Então, eu lançaria também uma outra ponderação fundamental para que já agora se comece a enfrentar as diversas perspectivas na abordagem da reforma, campos de referência diversos. Se, pelo caminho até agora utilizado pela indução, o método indutivo, o futuro tende a ser como o passado, e a experiência passada de reforma se mostrou precária, deve-se tentar uma outra via. Ora, se as reformas se comportaram desse jeito até agora, as reformas futuras tenderão a se comportar do mesmo jeito, embora inelutavelmente não se comportem assim, não devam se comportar assim.

Mas a lição a ser extraída é a seguinte – e esta é fundamental, e quem nos ensina são os pedagogos, como Henry Guitton, que faleceu há pouco tempo na França, em idade avançada; ele dizia: "Se você quer obter o mesmo resultado que se obteve até hoje numa determinada atividade, continue fazendo exatamente como todo mundo fez. Mas se, ao contrário, você quer se desviar, para obter um resultado diferente, tem que adotar um caminho diferente, um outro caminho para o pensamento, ousar pensar até o impossível". Eis a consigna.

Então, sob essa perspectiva, nós deveríamos examinar este problema da reforma tributária sob um ângulo inteiramente diferente. É como se eu tivesse uma projeção na tela, uma foto numa tela, centrada exclusivamente nas relações internas, e precisasse, doravante, substituir esta foto por uma outra, centrada em outra ordem de relações, em outro espaço juridicamente relevante. Ou seja, nós saímos da ordem intraestatal para penetrarmos na ordem das relações interestatais.

Não pensem que isto é uma divagação ociosa, porque não existe problema jurídico que não se revista da necessária dignidade, digamos, institucional e teórica; o que há são intérpretes que não estão à altura da sua magna investidura e do seu elevadíssimo mister – isto é, descrever em profundidade a ordem jurídica.

Que é a soberania? *Soberania* é conceito que, desde suas origens mais vetustas, sempre teve uma conotação política e ideológica, na medida em que serviu sempre aos interesses de um enclausuramento, de um auto-encapsulamento estatal, de sorte que o Estado soberano se definia como um Estado que não recebia qualquer limitação, quer de ordem interna, quer na ordem das relações internacionais. De tal sorte que a soberania de um Estado, por exemplo o Estado Brasileiro, na ordem das relações internacionais, toparia com a soberania da Argentina, do Uruguai, do Paraguai – e, sob essa perspectiva, simplesmente não se viabilizaria, a rigor, qualquer Direito Internacional, e muito menos Direito de Integração Comunitária.

Não é à toa que imemorialmente as relações entre Estados sempre foram relações consideradas sob o prisma da mera política. Era a soberania um conceito fundamental, porque entre Estados soberanos não poderia haver vinculação obrigatória alguma, e sim uma simples coordenação. Havia juristas eminentíssimos – como Anzilotti – que sustentavam que o Direito Internacional recebia seu fundamento de validade da ordem interna estatal. Misabel sabe disso muito bem, e – graças a Deus! – ela está balançando afirmativamente a cabeça. Eu fico até muito aliviado...

Precisamos manipular os conceitos sem irresponsabilidade. Pelo contrário, com profundidade teórica. Existe um conceito de soberania sócio-político, sim, senhor. Mas existe um conceito *jurídico* de soberania. É um conceito constitucional o mais eminente dos conceitos jurídicos no plano da semântica e sintaxe jurídica. Ele é fornecido por um princípio fundamental da Federação Brasileira, no qual se integra – "Dos Princípios Fundamentais", Título I, art. 1º, I: a República Federativa do Brasil funda-se na soberania.

Meu problema é o seguinte: não existe, absolutamente, conceito jurídico algum com âmbito de validade ilimitado, seja ele (a) o âmbito de validade *material*, a matéria sobre a qual recai a norma, a conduta que ela regula, ou, sob o outro ponto de vista, (b) o âmbito *pessoal*, as pessoas alcançadas pela norma. Não existe preceito juspositivo em caráter absoluto. Tampouco são ilimitados o âmbito espacial e o âmbito temporal de validade das normas.

Se os conceitos jurídicos fossem absolutamente ilimitados, não tivessem âmbito de validade demarcado, uma norma brasileira valeria para o território argentino, por exemplo, e vice-versa. Seria o caos institucional e interestatal. Mas não é assim.

Agora, pergunto: se todo conceito jurídico é limitado, como é que nós podemos admitir, sem contradição interna na argumentação, sem inconsistência intra-sistemática, que o conceito de *soberania* no Brasil, dado pela CF, art. 1º, I, é absoluto, ilimitado, não podendo ser objeto de delegação alguma, todas aquelas características que informam a soberania concebida ao modo tradicional?

Vamos, então, para as relações internacionais – isto é, doravante, enfrentar as implicações internacionais dessa situação problemática. Se vocês examinarem antes o que significa a soberania do Brasil, vão ver que em todas as hipóteses previstas na Constituição Federal está disciplinado o exercício da soberania como um atributo da ordem jurídica nas *relações internas*. Portanto, a soberania tem uma identidade, que é o ser referente à ordem jurídica interna; e ela *nega* – de forma clara – aquilo que transcende essa ordem interna, ou seja, as relações interestaduais; porque, se elas fossem reguladas pelo Estado soberano ao modo tradicional, isso simplesmente inviabilizaria a programação que a própria Constituição estabelece para o relacionamento do Brasil na ordem internacional com os outros Estados (CF, art. 4º, *caput*, e seu parágrafo único).

A CF, art. 4º, I – princípio igualmente fundamental –, prescreve que, nas relações internacionais, o Brasil se rege não pela soberania; ela preceitua, aí, algo diferente: pela *independência estatal*. É nítida a diferenciação de regime jurídico, até porque a soberania de um país toparia com a soberania de outro país – e, portanto, se inviabilizaria a inserção do Brasil em um Estado integrado numa comunidade latino-americana das Nações, o que está programado clara e expressamente no art. 4º, parágrafo único, do texto constitucional. E mais: o Brasil se rege, no plano internacional, pela igualdade entre os Estados, de tal sorte a isonomia permeia a Constituição Federal toda, como uma linfa, na ordem dessas relações internacionais, pelo princípio da igualdade entre os Estados (art. 4º, V).

Como seria possível igualdade entre Estados soberanos se, por definição, "soberania", concebida no modo tradicional, seria a negação da igualdade, a predominância de um Estado sobre outro? O que a Constituição menciona é a *independência nacional*, autogoverno, condição *sine qua non* para o *autos-nomos*, governo de si próprio; e não regência por uma legalidade alheia, como indica a etimologia grega do termo "autonomia". Este requisito isonômico manifesta-se, com toda sua força de expansão, nas relações interestatais.

Começo a ficar inquieto, porque o tema é de tal sorte amplo e complexo que estou preocupado, porque o auditório já está bastante cansado – fim de festa, último período de trabalho, e a impaciência do auditório seria perfeitamente explicável e justificada. Sem embargo, é preciso que façamos, ainda, algumas observações que são fundamentalíssimas com relação a esse tema. Por isso, não há como ilidi-las.

A primeira é a seguinte: chegado a este ponto, o Brasil precisa integrar-se, porque está na programação constitucional, numa comunidade latino-americana. Portanto, levar em conta esse programa constitucional não é exercitar simplesmente uma opinião de doutrinador – por hipótese, do Dr. Souto Borges; é exigência de um programa constitucional. E norma programática – não vamos recair em exercícios de superficialidade – tem três funções (pelo menos) identificadas pela doutrina. Primeira, ela revoga a legislação anterior incompatível com o programa estabelecido no texto constitucional. A segunda função: ela inibe a legislação subseqüente, no sentido de que esta não deverá dispor de modo antitético com relação ao programa constitucional preestabelecido. E há a terceira e última função da norma programática, apontada sobretudo pelos autores italianos – e valeria a pena discutir aqui, também: todo retrocesso na execução do programa constitucional envolve inconstitucionalidade, porque se está contrapondo a um desiderato da própria Constituição. É incompatível, pois, com a Constituição Federal a integração em marchas e contramarchas, avanços e recuos.

Quando se coloca a questão sob esse aspecto, o problema não consiste em uma opção meramente teórica e, de certa forma, irresponsável de um expositor qualquer, uma ideologia que ele traga para análise do sistema. Mas tem implicações jurídico-positivas que condicionam toda a perspectiva de uma abordagem crítica do sistema.

Qual é a aporia fundamental, o impasse que se apresenta e se interpõe diante do estudioso neste ponto, impasse teórico e prático, e que tanto dificulta a introdução de uma reforma tributária que efetivamente corresponda às mais legítimas aspirações nacionais? Cuido que será a circunstância de que aquilo que é viável, politicamente viável, não é aquilo que superiormente interessa ao Brasil. Ou seja, é a manutenção do sistema como está, atendendo a apelos autonomistas de Governos Estaduais, Municipais e até, eventualmente, do Governo Federal; e tudo fica como dantes, contanto que nada mude, nada se modifique.

Ou, então – e aí está a aporia fundamental –, se evolui para um outro caminho, como se indicou nas recomendações da Epistemologia, para atingir um resultado diferente, acaso mais consentâneo com as aspirações nacionais. Se a descentralização exacerbada provocou esses males, não vamos render homenagem ao "bezerro de ouro" dessa descentralização, porque a autonomia estadual e a autonomia municipal têm que ser entendidas com cautela, com um grão de sal, na medida em que elas se coloquem nesse contexto mais amplo em que hoje a Constituição Federal as insere.

E é exatamente uma certa incompreensão em torno do papel dos Municípios e dos Estados nessa ordem internacional que permite se sustentar "enormidades" como nesse tópico. Os tratados internacionais – diz-se – não têm competência para dispor sobre isenções e reduções de impostos estaduais e municipais.

Ora, é curioso como no Brasil se colocam admiráveis premissas de ordem muito geral, com as quais todos estão de acordo, inclusive eu. Agora, com a mesma facilidade se extraem conclusões nada consentâneas com as premissas pré-estabelecidas. E com isso estou em total desacordo.

O que é a Federação, no Brasil? Se eu disser que a interpretação literal é apenas um primeiro estágio de interpretação, a grande interpretação é a interpretação sistemática, todo mundo estará de acordo. Eu também estou em concordância com isso, embora não ache que a interpretação sistemática seja a única forma de interpretação cabível em Direito.

O direito tributário tem uma forma de interpretação que não é estudada, sequer apercebida: a *hermenêutica histórica*, que não é a histórico-evolutiva – eu não posso falar nela, aqui –, mas tão importante uma quanto a outra. O que eu quero acentuar é que todo mundo está de acordo em que a interpretação literal é um primeiro estágio de interpretação, e não dispensa outros critérios de interpretação.

Agora, eu estou em desacordo quando, praticando-se menos que a interpretação literal, muito menos que a interpretação literal – o que é espantoso –, se afirma que a União não pode isentar de impostos estaduais e municipais em tratados internacionais, numa ordem de relações que nada tem a ver com relações internas. Nas relações internas vigora a proibição de a União conceder isenção de tributos estaduais e municipais (CF, art. 151, III). Agora, nas relações internacionais vigora a *autorização* para celebrar tratados internacionais. Quem é o destinatário dessa autorização? A União? Nada disso! É a República Federativa do Brasil – art. 5º, § 2º. Literalmente, esse dispositivo menciona a República Federativa do Brasil – e não a União, também literalmente excluída do seu âmbito.

Que está dito no texto constitucional? Está dito no art. 5º, § 2º: a enunciação dos direitos e garantias do texto constitucional não exclui outros direitos decorrentes do regime que a Constituição adota e – parte final do dispositivo (é aqui que eu me apego) – dos tratados internacionais em que a *República Federativa do Brasil* seja parte. Está aqui, à mão, o art. 5º, § 2º, do texto constitucional, quem quiser é só pegar e ler. Não é a União seu único destinatário, mas também o são os Estados, Distrito Federal e Municípios.

A União não é uma entidade estatal descentralizada, mas sim uma ordem jurídica parcial central – como dizia Kelsen –, diversa do Estado Nacional Federal, que envolve, no Brasil, a União, Estados-membros, Distrito Federal e Municípios, ordens parciais descentralizadas. Federação é o que a Constituição Federal diz que é (conceito jurídico-positivo). Ora, está dito no art. 1º da CF que a Federação é isso, é um gênero que inclui as seguintes espécies: União, Estados, Distrito Federal e Municípios – é isso a Federação Brasileira. O art. 18 repete isso mesmo quando trata das autonomias administrativas e políticas dessas pessoas constitucionais.

Professor Sacha Calmon, o que estou a criticar é menos que a interpretação literal. Agora, imagine a enormidade a que leva a hipótese criticada. Nós aprendemos nos bancos acadêmicos, nos primeiros balbucios de aprendizagem, que as leis são feitas para aquilo que normalmente acontece (*quod plerumque fit*). Imagine-se o seguinte: reúnem-se os Ministros das Relações Exteriores do Brasil, da Argentina, do Uruguai e do Paraguai para celebrar ato discriminatório contra o Município de Petrolina, no Estado de Pernambuco, dispondo, por exemplo, num tratado internacional sobre remoção de lixo domiciliar, em contrário ao peculiar interesse desse Município. Pode?

Esse campo de referência nada tem a ver com aquela proibição do art. 151, III – é vedado à União conceder isenção de impostos estaduais e municipais –, precisamente porque não é da União que se trata. O Governo Federal é bifronte. O Presidente da República ora vai ao ato internacional como Chefe de Estado, ora como Chefe do Governo Federal. Pode dispor o tratado, por exemplo, sobre verbas em financiamento do Governo Federal, construção de estradas federais. A União pode assim consegui-las em um tratado internacional, ou o tratado instituir isenção, por exemplo, do IPI para um produto industrializado porque ela – a União – precisa adotar essa medida por uma razão qualquer, com base na reciprocidade, que é fundamental para a preservação da isonomia nas relações interestatais. Agora, outra classe de tratados, fundados no art. 5º, § 2º, da CF, lida com matéria estranha à competência federal, porque se trata de uma competência subjetivamente *nacional* (União, Estados, Distrito Federal e Municípios), e não restrita e específica da União – ou seja, *federal*.

Quando o Presidente comparece para celebrar tratado internacional que envolve interesse dos Estados e dos Municípios, estes últimos – para usar linguagem nunca por demais mencionada, porque é muito expressiva de Pontes de Miranda – não estão "representados" ali; estão "presentados" pelo Presidente da República. Órgão não é representante, ele presenta, não representa – insistia Pontes. Nós, hoje em dia, não mais estudamos Pontes de Miranda. Ele é irrelevância. Nós temos coisa melhor que ele. Ele só fez escrever 60 volumes de um *Tratado de Direito Privado*, uns 15 ou 20 de *Direito Processual Constitucional*, e por aí foi... Não vale, porém, nada, é velho. É aquilo que Maritain nomeou de "preconceito cronólatra". Lamentável sintoma de decadência teórica essa atitude diante dos nossos predecessores. Ato de autofagia intelectual, porque não poderemos esperar melhor sorte que o nosso próprio esquecimento pelos nossos sucessores.

E o IVA, qual é o problema? O problema é o seguinte: o IVA envolve uma reversão dessa tendência dispersiva. Se efetivamente implantado ele fosse, nós sairíamos do império retórico de Caim Perelmann e entraríamos no reino da efetividade institucional, porque o IVA no Brasil teria que ser: (a) um imposto substitutivo do imposto federal sobre produtos industrializados (IPI) e, eventualmente, (b) de contribuição social incidente sobre faturamento das empresas. Tudo depende da extensão que a própria reforma lhe dê; nós não podemos fixar *a priori*. Ele também seria substitutivo – aí, sim, seria a grande revolução – (c) do ICMS, porque não tem jeito para continuar na competência tributária privativa estadual; e seria o IVA, finalmente, (d) substitutivo também do ISS municipal. Chamase a isso "simplificação tributária e racionalização do sistema".

Aí, veja-se bem, temos que ter a plena consciência de que o mundo marcha inexoravelmente em um processo de globalização tecnológica planetária e, conseqüentemente, relembrar o que respondeu Heidegger à indagação sobre o que é que nós podemos contra a expansão planetária da técnica: "Nós nada podemos contra ela, só um Deus poderá salvar-nos". É este o título-síntese, aliás, de sua famosa entrevista: "Só um Deus poderá salvar-nos". E eu diria: a alternativa para a globalização é o retorno à Idade da Pedra Lascada; o que nós vemos, porém, são capitais internacionais voláteis, e vão continuar voláteis, nós vamos ter a dinamização das relações econômicas internacionais. É sobretudo por via da economia que essas relações se internacionalizam, porém não é exclusivamente por meio dela, porque o processo depende do nível de integração, que é diversificada em cada espaço de regionalização comunitária. Envolve aspectos políticos, sociais etc.

No Direito Europeu, Direito de Integração Comunitária, os juristas são tão ciosos de que só existe Direito Comunitário na Europa, que Direito Comunitário, lá, se chama "Direito Europeu" (*Europarecht* – dos alemães). Existem não sei quantos livros de Direito Comunitário com o título *Direito Europeu*, como se só existisse integração comunitária na Europa. Eu nunca vi referência por um autor europeu ao Mercosul; até hoje, nunca vi.

Pois bem, isso deve incomodar-nos, porque não é possível que o que é bom para a Alemanha, para a Inglaterra, Itália, para todos os países cultos da Europa (o IVA), nada tenha de aproveitável para o Brasil.

Na Europa tem-se uma Constituição Comunitária, na Europa tem-se moeda única, na Europa tem-se um processo de livre circulação não apenas de fatores da produção, capital e trabalho, mas livre circulação até de turistas. É uma coisa surpreendente ver-se como se penetra de um país para outro sem qualquer exigência alfandegária, qualquer entrave burocrático... O progresso efetivo da integração entre países. Isso não é bom? É bom que se continue exigindo, toda vez que se vai à Argentina, Paraguai ou Uruguai, passaporte brasileiro? E vice-versa? Que visão mesquinha! Sob essa perspectiva, nosso sistema não é nem moderno, nem antigo: ele é retrógrado.

Eu gostaria que vocês vissem, por exemplo, as críticas que fazem juristas estrangeiros ao sistema brasileiro. Para o brasileiro, criticar o sistema é uma coisa; a perspectiva do jurista estrangeiro é outra coisa, completamente diferente.

Ficamos discutindo com a Argentina a tributação de eletrodomésticos. Para mim, nessa briga do Brasil com a Argentina, ou os dois têm razão, ou nenhum dos dois lados envolvidos a tem. Se se for analisá-los, os argumentos de cada um têm relevância. Agora, nós ainda estamos brigando por protecionismo, numa hora dessas? É você virar as costas para o futuro e dizer "eu estou muito bem", como se vivesse na Idade da Pedra Lascada. E vamos continuar assim; nada há que fazer para reverter esse estado de coisas. Nada deve ser feito nesse sentido. A desconfiança mútua entre os países penetra o processo de integração sul-americana.

Então, o que é politicamente viável não é tecnicamente a melhor solução; o que é politicamente dificultoso – para não dizer inviabilizado; eu não sei, porque não sou futurólogo – é, paradoxalmente, o que deveria ser feito, a introdução do Brasil no sistema de tributação do tipo IVA. Os países da Europa conhecem isso, todo mundo diz "é o imposto comunitário por excelência", é o IVA europeu. O *veredelte Umsatzsteuer* é o imposto de vendas enobrecido.

Essa classificação de imposto real e imposto pessoal, veja-se bem, é uma classificação que todos nós conhecemos na ordem doutrinária. É aqui que entra minha discordância com relação a certas posições doutrinárias. E é uma discordância de princípio. Por quê? Porque, se eu disser que existem dois sistemas jurídicos (vou usar a linguagem do professor Vilanova), (a) o sistema da linguagem-objeto, que é o sistema das proposições prescritivas de condutas obrigatórias, proibidas e autorizadas, é o sistema das normas jurídicas, o das proposições prescritivas de pautas de comportamento; e (b) o sistema da Ciência do Direito, que se volta sobre esse objeto de conhecimento, e cujas proposições não são como as do objeto, prescritivas de conduta alguma; são esgotantemente proposições descritivas e explicativas, e, portanto, verdadeiras ou falsas (regra do terceiro excluído), todos estão de acordo que só existem essas duas classes de proposições descritivas: ou a proposição é verdadeira, ou a proposição é falsa. Não existe uma proposição relativamente verdadeira, uma proposição relativamente falsa. Isso não existe, todo mundo está de acordo. Alguém está em desacordo? Se estiver, pode dizer, não tem problema algum. *(Pausa)*

Agora, quando se estuda as proposições classificatórias, que são proposições doutrinárias, aí se diz: "Proposições classificatórias, não" – como se elas não fossem proposições descritivas. Diz-se, em equívoco, que as classificações doutrinárias são apenas operativas ou não, úteis ou inúteis.

Quero somente ponderar que não existe norma jurídica vocacionada para efetivar o valor "utilidade" ou o contravalor "inutilidade", dependendo da sua eficácia. Isso não existe. Portanto, há uma inconsistência no âmbito dessa argumentação, no interior dela mesma, porque se teria que explicar como são possíveis proposições que são descritivas, que integram aquele universo das proposições doutrinárias, e que são simplesmente operativas, ou não. Por essa via imuniza-se *ad hoc* a teoria da utilidade ou inutilidade das classificações – e aí outra grave contra-indicação epistemológica: toda proposição científica classificatória deve abrir-se à refutação que lhe demonstre eventual erro.

Eu, aqui, de manhã, ouvi o professor Paulo de Barros Carvalho, em admirável conferência que fez, falar que toda classificação da ciência do processo a respeito das provas – provas materiais, provas testemunhais e ... *(Pausa para o expositor relembrar a classificação)*

PROF. ROQUE CARRAZZA – Documentais.

PROF. JOSÉ SOUTO MAIOR BORGES – Documentais. Muito obrigado, professor Carrazza, porque, nessa altura, a idade *versus* o cansaço dão resultados lamentáveis, e a memória nos trai...

Mas vejam bem o seguinte, no exercício daquela admirável função que é, na ciência, unificar as hipóteses, Paulo disse: "Toda prova em Direito se reduz à prova documental". Isso implica, porém, implicitamente, o reconhecimento de que a classificação estava errada. Na verdade, outra classificação equivocada. Não existe norma jurídica, qualquer que seja seu conteúdo material – seja ela tributária, administrativa ou constitucional –, que não tenha quatro âmbitos de validade: material, pessoal, espacial e temporal.

Portanto, está juridicamente errada essa classificação financeira de impostos em reais e pessoais, se transposta para o Direito. Imposto real é aquele que predominantemente é disciplinado por uma referência expressa ou implícita, o âmbito material de validade da norma. O imposto pessoal, não; este faz menção às pessoas envolvidas com a conduta que a norma prescreve. Por exemplo, o ICM, na sua versão original, em relação ao qual a Constituição Federal dizia: "Compete aos Estados instituir imposto sobre operações relativas à circulação de mercadorias, *(âmbito de validade material da norma)* realizadas por produtores industriais e comerciais" *(âmbito de validade pessoal da norma)*. Então, colhe-se, aí, o âmbito pessoal do ICM. Se ela nada disso dissesse, pelo fato de incidir sobre a circulação econômica de bens esse tributo já teria que recair sobre as pessoas envolvidas nesse processo circulatório.

Quer dizer, esta classificação, quando penetra no âmbito jurídico, migra da Economia e da Política para o Direito. O resultado é simplesmente catastrófico, e nós continuamos explicando o tributo desse jeito, pela menção reiterada a essas categorias econômicas.

Na realidade, estamos diante de uma perspectiva, algo que se abre para nossa meditação, nossa responsabilidade institucional e o exercício da nossa cidadania. É que, doravante, nós vamos ter que pensar mesmo na integração do Brasil no espaço comunitário, porque se tem que fazer isso, até para aprender a negociar no futuro, nesse âmbito de atuação.

Estamos em vésperas de discutir efetivamente o Tratado da ALCA, e é uma coisa preocupante que o país não se prepare para isso e não esteja integrado no bloco econômico, de maneira a que fosse discutir com os Estados Unidos mais preparado para esse tema, que é da maior transcendência. Não é preciso que se saliente isso, seria um exercício de obviedade. Preconizo, assim, que se deve discutir com melhores condições de ordem econômica e, portanto, melhores condições políticas também, porque, se formos para a discussão falando uma linguagem unificada, uníssona no âmbito do Mercosul, teremos muito mais força política. Entretanto, ficamos pensando, como se nos fosse absolutamente indiferente o que acontece com nossos vizinhos aqui do Mercosul – Argentina, Uruguai, Paraguai –, suas vicissitudes. Essa mentalidade mesquinha é responsável pelo atraso nas relações de integração na América Latina e pelo distanciamento incômodo dos nossos vizinhos. Creio que é um vexame institucional esse estágio incipiente de integração no Mercosul, diante do nível que se alcançou na União Européia.

Pensem o seguinte: os países mais cultos e avançados do mundo com moeda única, cidadania unificada, Constituição unificada – coisa espantosa e impensável há pouco tempo, há poucos anos atrás. E nós ficamos, aqui, discutindo tributação de eletrodomésticos com a Argentina... Tenham paciência! Não dá, realmente não dá para levar essa discussão muito a sério.

É tempo de concluir. Agradeço sinceramente a atenção com que me ouviram, a paciência e, de certa forma, até um exercício de masoquismo intelectual, a essa altura dos acontecimentos. Diria, mesmo, com toda sinceridade: durante todo este ano foi o primeiro compromisso a que eu pude atender, em decorrência de circunstâncias de saúde e problemas de ordem pessoal. Quero lhes dizer, ainda, que não se trata realmente de frase que conforta – porque meu problema de saúde está praticamente solucionado –, mas durante todo esse período eu me abstive de qualquer contato científico, inclusive com as minhas origens intelectuais mais caras, que estão aqui neste Estado de São Paulo.

Eu me sentia – recordando a linguagem dos poetas, que tanto nos ensinam quando nós não temos a alma pequena do jurista meramente convencional e praxista – como uma planta tenra em um vaso raso. Ou seja, eu não tinha possibilidade de crescimento pessoal. Na medida em que me transportei de novo para a Pátria da origem, a quem eu devo toda a minha formação intelectual, me foi possível este reencontro, que é também um crescimento, e a planta deitou em solo fértil (Manuel de Barros). Por isso, sou muito grato por esta oportunidade, que me serve também para renovar minha fé nas instituições constitucionais.

A grandeza e a racionalidade de um povo medem-se em grande parte pelas instituições constitucionais. Portanto, procurar introduzir na Constituição Federal aqueles critérios de modernização, no melhor dos sentidos – que é aquele que compromete o atual quadro com a perspectiva de futuro que está logo à nossa frente –, é só questão de saber vê-lo, é uma das mais eminentes aspirações que podem legitimar, inclusive, um Congresso deste porte.

De sorte que cabe-me agradecer a oportunidade que me é dada com tanta generosidade pelos promotores deste evento, a paciência com que fui ouvido e, sobretudo, a circunstância do retorno. Um grande romancista nordestino, José Américo de Almeida – e, por mais absurdo que possa parecer, no Nordeste também se pensa –, ensinava: "Voltar é uma forma de renascer, e ninguém se perde no caminho da volta". Não seria eu o primeiro descaminho, na minha volta à terra natal do meu pensamento, que soa como um renascimento.

Por isso, agradeço a todos a oportunidade. Muito obrigado! *(Palmas prolongadas)*

PRESIDENTE DA MESA (PROF. ROQUE ANTONIO CARRAZZA) – É sempre um prazer e um privilégio poder ouvir o professor José Souto Maior Borges, que, pela sua criatividade, seriedade científica e poder de comunicação, figura, sem favor algum, no rol dos maiores juristas brasileiros de todos os tempos. Tenho certeza de que falo por todos, proclamando que saímos desta sessão intelectualmente muito enriquecidos.

Ao mesmo tempo em que felicito o professor José Souto Maior Borges por essa sua magnífica conferência, convoco a todos para estarem aqui amanhã, às 8h30min, para a primeira sessão de trabalhos, que girará em torno do tema "Tributação e Direitos do Contribuinte". A Mesa será presidida pela professora Helga Klug Doin Vieira.

E – se me permitem – aproveito esse momento de comunhão espiritual para concitar os Colegas congressistas a permanecerem, amanhã, até o encerramento dos trabalhos. No final da tarde haverá a sessão de aprovação de moções, que, de tão importantes, serão levadas ao conhecimento do Congresso Nacional. Também será outorgado o título de "Presidente Honorário do Instituto Geraldo Ataliba-IDEPE" ao eminente professor Paulo de Barros Carvalho. Teremos, ainda, a oportunidade de assistir à conferência do jovem e talentoso jurista paranaense Clèmerson Merlin Clève e, em seguida, na sessão magna de encerramento, de ouvir o maior orador brasileiro da atualidade, esse príncipe da palavra erudita, o professor Eugênio Doin Vieira.

Está encerrada a sessão. Muito obrigado a todos! Tenham uma boa noite! *(Palmas)*

MESA DE DEBATES "F"

TRIBUTAÇÃO E DIREITOS DO CONTRIBUINTE-II

PRESIDENTE DA MESA: PROFA. HELGA KLUG DOIN VIEIRA

MEMBROS DA MESA: PROFS. VALDIR DE OLIVEIRA ROCHA, HELENO TÔRRES, OSÍRIS DE AZEVEDO LOPES FILHO E PAULO AYRES BARRETO

PRESIDENTE DA MESA (PROFA. HELGA KLUG DOIN VIEIRA) – *(Truncamento da gravação)* (...) aos nossos trabalhos com nosso primeiro expositor, falando a respeito das "Manifestações do Contribuinte nas Relações com o Fisco". E quem vai expor esse assunto é o Dr. Valdir de Oliveira Rocha, Professor Livre-Docente da USP, Advogado e Diretor da nossa tão conhecida *Revista Dialética de Direito Tributário e Processual Tributário*. De forma que eu passo de imediato a palavra ao professor Valdir de Oliveira Rocha, para, neste momento, nos instigar a novas elucubrações a respeito dos problemas tributários que nos trazem a estes Congressos.

PROF. VALDIR DE OLIVEIRA ROCHA – Bom dia a todos! Agradeço inicialmente à coordenação deste Congresso pelo convite para mais uma vez aqui estar presente. Saúdo a professora Helga e os demais Colegas de Mesa. Vou tratar deste assunto sob um aspecto, em particular, que me parece tem sido muito preocupante nessas "Manifestações do Contribuinte nas Relações com o Fisco". Às vezes pomos em mira um problema que diz com a chamada obrigação principal; outras vezes com as chamadas obrigações acessórias; mas, neste caso, o aspecto que eu escolhi para abordagem parece dizer com as duas coisas. Centralizarei a exposição em algo que não vem sendo considerado com a devida atenção.

Farei muito mais um noticioso, aqui, que propriamente pretender incursões doutrinárias. Quero falar, em resumo, de alguma coisa chamada *certidão*. E atualmente isto tem trazido uma grande série de problemas e dificuldades para os contribuintes.

Vejam bem: nós temos muitas manifestações do contribuinte em relação àquilo que diz, por exemplo, com o pagamento do que ele mesmo quantificou. Então, ele se adianta, declara e faz o pagamento do que está declarado. Essa declaração do devido é seguida de pagamento – ou não seguida de pagamento, também. Temos um problema lateral, aqui, que diz com os débitos declarados e não pagos – e que, como sabemos, têm sido considerados como uma confissão do contribuinte. Hoje a coisa vai a um ponto em que eu, até contrariando uma parcela considerável da doutrina, admito que aquilo que foi declarado pelo contribuinte pode ser inscrito na dívida ativa, sem necessidade de se oferecer ao contribuinte a possibilidade de uma reclamação, para usar a linguagem do Código Tributário Nacional, ou o chamado *recurso administrativo*.

Mas isso é secundário; vamos deixar de lado. Só registro para colocar minha posição no sentido de que eu admito, sim, porque, se o contribuinte declarou, sabe o que declarou, e naturalmente pode, depois, mostrar que houve algum erro. É claro que não vou chegar, aqui, ao absurdo de levar em conta alguma coisa (e isso ocorre) que terceiro teria declarado em nome dele. Já vimos a hipótese, e há até uma decisão recente do Conselho de Contribuintes que a ilustra, em que relação a certa pessoa física de quem estava sendo exigida determinada importância em relação a determinado tributo que não tinha, em hipótese alguma, sido declarado. Alguém com o número do seu CPF fez uma declaração, naturalmente uma declaração daquelas bem bonitas, bem caprichadas, e falou: "Vou danar esse corintiano". Então, fez algo nesse sentido.

O contribuinte, nas suas manifestações com o Fisco, além dessas reclamações, vale-se de todo o arsenal de ordem processual-judiciária propriamente dita que está à sua volta. Nas suas manifestações, o contribuinte, quando tem dúvida – e eu quero acentuar bem essa questão de dúvida –, pode até mesmo se valer de uma consulta. Mas não vamos tratar de consulta, que isso também é um aspecto secundário, aqui.

Claro que ele pode ainda se valer de ação declaratória. E o Fisco? Bom, a declaração do contribuinte, com muita freqüência, é acompanhada de pagamento. Esse pagamento às vezes é até feito antes da própria declaração; tudo depende do prazo de recolhimento do tributo e do momento de declaração. Mas isso não traz também qualquer grande problema. E, como sabemos, o Fisco, conformando-se, homologa aquele valor declarado e pago, tácita ou expressamente.

Pode haver também a não-conformação do Fisco, e o natural seria que houvesse, então, atos tendentes à formalização do lançamento, se aqueles valores declarados não são os que o Fisco entende exigíveis, e a conseqüente abertura de prazo para a contestação do contribuinte no chamado processo administrativo.

Eu diria que há uma dúvida mesmo, e é uma outra dúvida que gostaria que vocês ouvissem "entre aspas": a dúvida do Fisco com relação aos valores declarados, devidos e pagos (e eu estou dizendo "pagos") pelo contribuinte. Pois bem. Se o Fisco tem dúvida em relação àquilo que foi pago pelo contribuinte, o natural seria convocar este para prestar os devidos esclarecimentos. Essa seria a atitude a ser esperada do Fisco, que, através dos seus agentes, agiria, então, de boa-fé.

Eu costumo mostrar que o princípio da estrita legalidade tem, na verdade, duas faces. Com muita freqüência, até nos compêndios, nos cursos, nos trabalhos didáticos mesmo, vamos encontrar o princípio da estrita legalidade da lei tributadora, da lei que exige o tributo na ocorrência de certas situações, visto apenas por um determinado ângulo: tributo só pode ser exigido se instituído, se criado por lei. Mas o princípio da estrita legalidade tem um outro lado: se o tributo foi devidamente criado por lei, tem que ser exigido pelo Fisco, até para atender à moralidade. O Fisco não vai dizer assim: "Bom, este aqui é amigo do rei, então não exigimos o tributo; aquele é adversário, vamos exigir". Não. Tributo criado tem que ser exigido.

Há um outro aspecto que precisamos ver em relação à atitude do Fisco diante do princípio da moralidade administrativa, também inscrito na CF, no *caput* do art. 37. E a moralidade administrativa pede probidade. Mas, quando se fala em probidade de um ente, que é a Administração, tal vai resultar da atitude de cada um dos agentes dessa mesma Administração.

O mesmo *caput* do art. 37 da CF refere o princípio da publicidade. E aí, então, é uma "coisa de louco". Com muita freqüência não se sabe quais os limites. Vai-se ao ponto de às vezes dizer: "Não, nisto aqui o Fisco tem que ter cuidado, porque tem que manter o sigilo, então nada vamos revelar". Não; se o Fisco tem que atender à publicidade, ele tem que abrir todas as informações.

Como é que deve ser esse comportamento? Entendo que o segredo de justiça, mesmo que seja entendido como segredo de justiça administrativa, tem que ser visto com o devido temperamento, com o devido cuidado. Há situações que podem e devem ser reveladas, mas reveladas com o exato teor com que devem ser encaradas. Observem: o Fisco tem essa possibilidade concreta de divulgar. Parece-me que o contribuinte é devedor se o é mesmo, se o débito foi definitivamente constituído. O Fisco deve divulgar também que o contribuinte tem débito aberto contra si, mas tem prazo para contestar, se for o caso. Outra situação: o contribuinte teve um valor lançado, mas entrou com recurso administrativo. O Fisco às vezes faz algumas confusões, e o contribuinte está discutindo aquilo judicialmente. De repente diz-se que o Fisco tem um ativo exigível de tantos milhões, ou tantos bilhões, e se coloca tudo numa mesma cesta; e isso, naturalmente, faz com que a confusão seja muito grande, por falta de especificação.

É preciso notar que há situações que são aparentemente menos graves, mas que são de uma gravidade talvez até maior, por conta da série de óbices que isso cria. Situações em que o Fisco tem dúvidas em relação a um débito do contribuinte. Nem precisaríamos apontar situações como essas, mas vamos supor que alguns dentre vocês não conheçam a situação. O Fisco recebe uma série de informações através daquelas declarações a que está obrigado o contribuinte, e muitas vezes o contribuinte recolhe débito que teria uma apuração mensal através de dois documentos de arrecadação, ou três, ou qualquer coisa assim, todos eles inscritos sob o mesmo código, todos devidamente configurados, vamos aqui entender que até recolhidos no prazo devido. E o Fisco tem que usar todos os recursos da Informática; mas, por conta de qualquer burrice da programação, não sabe fazer aquelas contas de somar. Aí, o que acontece? Não batem as contas do contribuinte.

Qual seria a atitude a se esperar do administrador tributário que agisse com transparência (com eficiência também, mas que atendesse à publicidade etc.)? Convocar esse contribuinte para prestar os esclarecimentos. E como é feita essa convocação? Aí é que está o grande problema. O contribuinte, num belo dia, precisa participar de uma licitação ou por qualquer outra razão obter uma certidão, e então acessa a Internet; ou mesmo um terceiro acessa a Internet para ver, através do número do CNPJ, se aquele contribuinte está com sua vida regular diante do Fisco; aí aparece lá uma informação que diz que aquilo é insuficiente, ou as informações não são bastantes para que o documento seja emitido no terminal do nosso computador. E o contribuinte não foi notificado. Ele pensa: "O que está acontecendo, aqui?". Primeira coisa: convoca quem cuida dessa documentação, contador, encarregado da área fiscal, quem quer que seja, e aí o indivíduo vai bater às portas das Delegacias da Fazenda Nacional. E é uma *via crucis* incrível, porque ele descobre que alguma coisa de determinado período estaria em aberto.

Nós temos visto situações aqui em São Paulo em que as pessoas chegam a ficar completamente iradas. Até alguns anos atrás havia filas imensas do INSS (hoje eu não sei se ainda existem; talvez existam, conforme o período, conforme o local; não sei), e começou a haver diante da Delegacia da Receita Federal. O indivíduo acaba chegando lá às 4h, 5h, de madrugada, para pegar uma maldita senha e entrar em uma fila para ser atendido sabe-se lá quando. Retorna, porque não conseguiu obtê-la; no dia seguinte chega mais cedo; no outro dia chega mais cedo ainda. Por quê? Porque esse mesmo procedimento foi adotado diante de milhares de empresas, e não há como se atender a mais que algumas centenas daquelas mesmas empresas naquele período.

Por que o contribuinte precisa dessas informações? Porque sem a certidão negativa de débito ele não poderá participar de licitações públicas; não vai poder obter determinados financiamentos, nem atender a outras situações semelhantes, que são de conhecimento de todos.

Essa emissão eletrônica de documentos, que obtemos através dos nossos computadores conectados à Internet, facilita muito a vida de todo mundo, inclusive a do próprio Fisco. Temos situações em que há uma negativa de fornecimento dessas mesmas informações, através da emissão referida, que pode acontecer não porque o contribuinte tem débito e sabe disso, mas porque o contribuinte não tem débito e ignora a "dúvida" do Fisco. Então ele tem, através daquela negativa de emissão, uma espécie de "notificação" (também entre aspas, porque não há nada disso) para comparecimento à Receita para prestar informações. É uma notificação às avessas. O contribuinte comparece e não consegue essas informações também – até porque desconhece qual é o ponto duvidoso do Fisco.

A declaração prestada pelo contribuinte tem provocado algumas desinteligências da parte do Fisco, porque este programou algum formulário qualquer e depois de algum tempo percebeu que aquilo "não bate". Podemos ouvir que o Fisco está agindo dentro de um princípio da eficiência. Ora, eu não entendo eficiência administrativa como coisa parecida. O Fisco estaria agindo de boa-fé. Aí é que está o grande problema. O Fisco pode estar de boa-fé, mas em algumas situações nós não devemos colocar isto de forma categórica, e não podemos também ser ingênuos ao ponto de ignorar que isto abre espaço para a má-fé de determinados agentes inescrupulosos. E em todas as categorias profissionais há pessoas inescrupulosas.

Diante de débito não lançado, o Fisco deve proporcionar certidões ao contribuinte. Se o contribuinte declarou e não pagou, ele não deverá ter direito a certidões. Se o Fisco tem dúvidas quanto ao débito, essas certidões ou os documentos necessários à sua obtenção não devem ser negados ao contribuinte.

Sabe-se de situação que envolveu milhares de empresas em São Paulo com notificações (aí um pouco diferente, já) emitidas pela Procuradoria da Fazenda Nacional. O contribuinte recebeu-as – e aí, sim, não poderia obter a certidão naquele período. Em seguida, um dia ou dois depois, houve a greve dos advogados da União, dos procuradores da Fazenda etc. O contribuinte, então, não tinha como se reportar à Procuradoria para mostrar que ele tinha os documentos que comprovavam o recolhimento.

O que acontecia no momento seguinte? Ele ia ao Judiciário e obtinha uma liminar. E o que ele fazia com aquela liminar? Nada, porque não tinha a quem entregá-la. Quando, por uma ginástica muito grande, conseguia ter acesso ao procurador, mostrando a ele os comprovantes, e o procurador via que tinha uma base, pelo menos, para o contribuinte argüir, iam para um setor que, salvo engano, se chamava "Empacotamento" ou "Envelopamento". Quer dizer, literalmente, não eram aqueles documentos que iam ser empacotados. Era o contribuinte que ia ser "empacotado".

Como o meu tempo se esgotou, eu paro por aqui. E agradeço mais uma vez a possibilidade de participação, de trazer algumas poucas considerações a este Congresso Brasileiro de Direito Tributário.

Muito obrigado! *(Palmas)*

PRESIDENTE DA MESA (PROFA. HELGA KLUG DOIN VIEIRA) – Agradecemos as palavras do Dr. Valdir. Realmente, estamos com o tempo um pouco curto, de forma que destinamos de 20 a 25 minutos a cada um dos nossos expositores. Como vimos, o Dr. Valdir atendeu aos desejos da Comissão Científica deste Congresso no sentido de tratar da tributação e dos direitos fundamentais. Queremos tecer nossos elogios à Presidente e à Comissão Organizadora deste Congresso, dada a importância dessa relação que se estabelece com tributação e direitos fundamentais; é muito oportuno trazer à tona esse tema.

Passaremos, em seguida, a palavra ao Dr. Heleno Tôrres. Mas antes vamos declinar a titulação do Professor, que é Livre-Docente de Direito Tributário do Departamento de Direito Econômico e Financeiro da Faculdade de Direito da USP, Professor de Direito Tributário Internacional nos Cursos de Mestrado e Doutorado da PUC/SP. Portanto, é Livre-Docente da USP, Doutor em Direito Tributário pela PUC, Mestre em Direito Público pela UFPE. Não teríamos tempo para declinar todas as titulações do Dr. Heleno. Mas, além disso, ele é Professor Convidado de diversas Universidades na Europa e membro do IBET.

Passo a palavra, com muito orgulho, ao Dr. Heleno Tôrres.

PROF. HELENO TÔRRES – Bom dia a todos! Quero dizer do meu imenso orgulho de vir a este Congresso, falar a um auditório tão expressivo. Quero também agradecer as gentis palavras da ilustre professora da PUC/SP e estimada amiga Dra. Helga Klug, saudar os Colegas que compõem a presente Mesa e dizer que este é um grande evento, que me parece superar ou suplantar os limites de um simples encontro de profissionais e docentes da área de direito tributário. É um evento de irmandade, de confraternização e também de aprofundamento.

Tenho insistido sempre na função social que nós temos – cujas atividades encontram-se mais voltadas para a docência – na implementação de rigor teórico no trato das questões, que por muitos anos foi deixado à livre e espontânea disposição de economistas e legisladores. O professor Ataliba insistiu nesse tratamento rigoroso do estudo da tecnologia tributária à luz dos princípios constitucionais, e creio que esse deva ser o paradigma de todos nós, sempre.

Bem, tratarei, na minha exposição sobre "A Relação entre Incentivos Fiscais, a Constituição e o Regime Existente no GATT". Na realidade, por muito tempo nós fixamos olhares unicamente sobre o estudo da isenção tributária, sem maior dedicação aos incentivos fiscais e suas repercussões sobre a ordem internacional, num estudo talvez mais estruturalista que funcionalista das isenções.

Precisamos ter muita consciência, na atualidade, de qual é o exato papel do incentivo fiscal na Constituição e nos tratados internacionais, em pelo menos dois sentidos bem destacados: sobre os limites do Estado para conceder incentivos fiscais, mas também sobre o direito do Estado de conceder esses incentivos fiscais; e, ao mesmo tempo, o direito que os sujeitos passivos têm – e (poderia dizer) que a sociedade tem – de reclamar o emprego desse instrumento tributário denominado "incentivo fiscal" (de natureza tributária ou financeira), a partir da Constituição, haja vista o dever do Estado de proclamar, para atingir determinadas finalidades, a necessidade de se implantar em certos setores, em certos segmentos da economia, um direito ao incentivo fiscal como estímulo ou fundamento.

Nesse particular, mister recordar que não se pode interpretar a Constituição de 1988 – especialmente em matéria tributária – à luz de um Estado Liberal de Direito, de um Estado que ficou há mais de 200 anos fundado apenas na idéia limitada de segurança jurídica sujeita unicamente às garantias de *legalidade*, para efeito de determinação de certeza do direito, e de *isonomia*, para garantir a justiça nas relações tributárias. Este é um pensamento que não se compatibiliza com um conceito de Estado Social, um conceito de Estado Social de Direito, como o que temos implantado nas sucessivas Constituições, desde aquela de 1946, a partir de toda a evolução vivenciada desde a Constituição do México, de 1917, mas especialmente daquela de Weimar, de 1919, e hoje mais ainda, porque nossa Constituição atual declara-se institutiva do Estado Social de Direito, e a interpretação da Constituição deve levar em conta o caráter programático do Estado, inclusive no seu papel intervencionista.

As competências tributárias não se prestam só a dispor um espaço material de licença ao legislador para concretização dos tributos no sistema jurídico. É muito mais. A Constituição é um conjunto, e essas competências tributárias muitas vezes vêm alinhadas com outras competências materiais. E, nesse caso, a competência tributária não se presta apenas a criar tributos. Vai muito mais além. E, em comunhão com essas competências, propõe-se efetivar um Estado nas suas mais complexas dimensões.

Isso pode parecer um pouco teórico, mas tem um efeito prático importantíssimo. Ontem o professor Souto Borges falava, aqui, das funções mínimas das regras programáticas. É verdade. A partir da edição de uma Constituição, esta traz diversas regras que são meros programas, e ao menos há um efeito dessas regras, que é o seguinte: o Estado não pode agir contra elas. O Estado-legislador nada pode fazer em sentido contrário a essas disposições, operando mediante atos que contrariem o conteúdo semântico dessas disposições. E há ainda outro efeito bem concreto: indicar que o Estado deve promover meios suficientes para atingir todas as finalidades exigidas em seu teor. Assim também o vê Canotilho.

Ora, esse caráter promocional encontrado na Constituição, em diversos momentos do tratamento que conferiu à ordem econômica, motiva-nos a observar qual é o exato campo de emprego dos incentivos fiscais, vinculados que estão a tais propósitos programáticos, em termos materiais. Dito de outro modo, é como se já pudéssemos saber de antemão quais são as áreas nas quais o Estado pode usar o incentivo fiscal, sob pena de incorrer em grave prejuízo de isonomia na relação com os respectivos contribuintes. Estes são, pois, os limites materiais para a adoção de incentivos fiscais. E, assim, encontramos na Constituição referências ao dever do Estado de estimular específicas atividades, como a cultura, o desporto, proteger o meio ambiente, o cooperativismo, e outros.

Para que o Estado possa utilizar incentivos fiscais há limites formais e limites materiais, portanto. Por exemplo, temos na nossa Constituição o princípio de uniformidade geográfica dos impostos, das contribuições, mas os incentivos fiscais podem e devem ser usados em favor de um princípio maior, meus Senhores, que sempre é esquecido no estudo do direito tributário, que é o *princípio da redução da desigualdade regional*. Deveras, o Estado tem o dever de promover o desenvolvimento nacional. Tem o dever de promover a eliminação de desigualdades regionais. Não porque Heleno Tôrres queira, mas porque está na Constituição, no art. 3º, como objetivo fundamental da República Federativa do Brasil. É um dever do Estado operar em favor do desenvolvimento nacional, para a erradicação da pobreza e a eliminação de desigualdades regionais. Ora, para esse efeito, o incentivo fiscal é um instrumento importantíssimo, imprescindível e inafastável.

Mas é um programa, o dever de atingir o desenvolvimento nacional? Sim, pode-se dizer que seja um programa, que o Estado realmente tem que envidar todos os esforços para atingir. Todos os países querem desenvolvimento nacional. Eu não sei se o Brasil quer, porque nos mais de 60 países que aplicam o IVA eu nunca identifiquei um que possua sistema tributário tão gravoso sobre a circulação de mercadorias e a prestação de serviços. Nosso sistema de tributação de valor agregado, de cadeia plurifásica, é o único no mundo que permite cumulatividade de ISS com ICMS e com IPI, que incidem sobre serviço, produção e circulação de mercadorias sem qualquer direito de crédito entre eles. É o único, porque todos admitem não só o crédito físico, mas normalmente o crédito financeiro vinculado à produção, com direito a deduzir as incidências no processo de produção para eliminar, na cadeia, resíduos e aumento do preço meramente por razões fiscais.

O incentivo fiscal, como instrumento do papel promocional que o Estado deve manter, nada tem a ver com efetivação do princípio de capacidade contributiva. Vê-se, pois, que justamente aquelas empresas que têm capacidade econômica suficiente para implementar uma atividade específica em certo setor e atingir determinados fins podem ser estimuladas mediante o emprego de incentivos, para evitar que o Estado promova gastos públicos para chegar ao mesmo resultado. Nesse ponto, o incentivo fiscal, necessariamente, está num limite muito tênue entre a justiça e a injustiça fiscal, por servir a uma desigualdade, quebrando a generalidade nas relações entre Estado e contribuintes, para atingir os objetivos estatais. Cabe ao intérprete identificar esses momentos de conflito.

No Direito Brasileiro temos diversas regras que falam sobre as diferenças do que é *subsídio*, do que é *subvenção*. Na teoria do direito tributário, José Souto Maior Borges, Paulo Barros de Carvalho e diversos outros autores que já se debruçaram com profundidade sobre o tema de uma análise estrutural da isenção fiscal trouxeram luzes para o deslinde dos nossos problemas. Mas, do mesmo modo que são tão desejados, também sobre os incentivos pairam interesses de absoluta eliminação de todo e qualquer tipo no nosso sistema. Porém, estes esquecem da Constituição e de que temos, no Brasil, que promover uma política de desenvolvimento nacional sólida e duradoura. Uma política de eliminação de desigualdade regional. Ora, como erradicar incentivos fiscais?

Ao lado disso comparece um problema muito mais sério, que eu chamaria de *segurança jurídica internacional*. Qualquer Nação pode criar incentivos no plano interno, mas desde que isso não afete os compromissos internacionais assumidos. E nós temos um compromisso internacional assumido extremamente relevante, que se impõe, para o Brasil, como uma condição de partícipe do multilateralismo, que é a aceitação do pacote de acordos do tratado GATT/1994, da "Rodada Uruguai". E aqui, neste ponto, cumpre dizer do fator de estímulo para melhor compreensão dos incentivos fiscais, o que nos leva a uma perspectiva de segurança jurídica internacional, de justiça fiscal internacional. E, se um país descumpre essas regras, vai para o órgão de solução de controvérsias da OMC, onde pode ser condenado, com o emprego de medidas compensatórias pela prática de subsídios específicos, na mesma proporção dos danos causados à indústria alheia.

Por isso, nos dias atuais, o contribuinte tem que pensar muito antes de aceitar certos incentivos fiscais, porque a perda de mercado é compartilhada por indústrias e respectivos países. E é preciso saber exatamente quais são os incentivos que podem ser concedidos e usufruídos, os que estão permitidos na sua utilização e os que estão proibidos, além daqueles que efetivamente são passíveis de recurso, para deles conhecer-se o conteúdo.

Há um princípio superno, que é o *princípio da não-discriminação internacional*. E o Brasil respeita o princípio da não-discriminação. O art. 3º da CF dispõe que no Brasil ninguém será discriminado pela origem. No art. 5º isso é renovado: a lei não criará qualquer espécie de discriminação. E o art. 150 diz que contribuintes que se encontrem na mesma situação devem receber o mesmo tratamento, equivalente. O cumprimento do GATT no Direito Brasileiro foi confirmado por inúmeras vezes pelo STJ, com prevalência sobre a legislação interna, inclusive dos Estados, como está nas Súmulas 20 e 71. E quero, aqui, renovar expressamente que acompanho a opinião do professor José Souto Maior Borges, como já fiz em vários artigos: esse absurdo jurídico que é dizer que no Brasil só quem tem compromisso com tratado internacional é a União, que Estados e Municípios podem desrespeitar os tratados, que isso nada vale para Estados e Municípios, é dos maiores equívocos perpetrados na doutrina.

No âmbito dos Estados do nosso federalismo, estes simplesmente desconsideraram a existência do Mercosul e sempre relutaram em admitir alguma aplicação dos tratados constitutivos ou das regras do Mercosul, sob a desarrazoada alegação de se ferir o impedimento de concessões de isenções heterônomas pela União (art. 151, III, da CF), além de seguirem na prática desastrosa de concessão de incentivos fiscais irregulares, sem autorização constitucional (art. 155, § 2º, XII, "g", da CF), com prejuízo das demais economias de destino dos produtos, bem como ao não admitirem a devolução de créditos de impostos decorrentes de exportações. Tudo somado, pela forte influência que o ICMS exerce no comércio exterior (o que não poderia ocorrer), viu-se surgir uma grave distorção econômica no processo de integração, cujo preço só a História poderá contar. É lamentável, mas esse "descompromisso" dos Estados com os fundamentos e objetivos nacionais (art. 4º, parágrafo único, da CF) na composição de forças do nosso federalismo não é de hoje, e suas origem e conseqüências encontram-se muito bem explicadas por Víctor Nunes Leal, no seu clássico *Coronelismo, Enxada e Voto*. A verdade é que a unidade econômica do nosso federalismo não poderia conviver com tais práticas, como sempre alertou Aliomar Baleeiro, porquanto quem exerce simples *autonomia* não pode cobrar efeitos de poderes próprios de soberania. Mas não foi só isso. Em seguida veio a cobrança de contribuições sobre faturamento (PIS/COFINS), do imposto sobre serviços e da CIDE-*Royalties* nas importações, sem que se verificasse qualquer tratamento autônomo e adequado para o território aduaneiro integrado. Tudo em desfavor do seu crescimento. O resultado é o que temos hoje, lastreado por um enfraquecimento total, com sinais nítidos de regressão de todo o caminho árduo de negociações políticas empreendidas por mais de duas décadas. Essa é a parte de culpa do nosso sistema tributário, cuja reforma há de vir o quanto antes.

Passemos ao tema da "defesa comercial". Esta tem como principal finalidade garantir a preservação do livre comércio no sistema multilateral de trocas transnacionais, protegendo a indústria dos países de destino de mercadorias contra qualquer espécie de interferência nos preços destas com a finalidade de prejudicar a concorrência no destino. E, como tais afetações podem ser fruto de atividades de particulares contra concorrentes específicos (*dumping*) ou sob influência de práticas subsidiadas por esforços governamentais (*subvenções*), fazia-se mister que se reconhecesse o direito de tais países de destino de criar medidas de proteção em favor da indústria interna, com aplicação de medidas *antidumping* (contra particulares) ou compensatórias (contra subvenções ou subsídios estatais). Regulamenta-se, assim, o direito à proteção da indústria interna (o que não é *protecionismo*) sempre e quando em presença de alguma situação jurídica que o justifique.

As medidas *antidumping* e compensatórias aplicadas, respectivamente, contra a prática de *dumping* por empresas e contra o uso de subsídios ou subvenções estatais, concedidos a empresas, são modalidades de instrumentos de *defesa comercial* que, juntamente com as chamadas *medidas de salvaguarda*, permitem a um país proteger sua indústria nacional contra eventuais prejuízos causados por preços intencionalmente inferiores àqueles de mercado do país exportador para prejudicar a concorrência no destino (*dumping*), vantagens competitivas obtidas por meio de auxílios estatais (subvenções ou subsídios) ou mesmo quando a entrada de certo produto estrangeiro é de tal ordem elevada, que a indústria nacional não tem condições competitivas para suportar sua concorrência (salvaguarda). E somente estas medidas encontram-se autorizadas na atualidade, numa espécie de condição lógica do quarto excluído. Qualquer outra que seja tomada será considerada indevida e contrária ao regime do GATT, ao garantir a plena liberdade legislativa dos países-membros para criar outros mecanismos de proteção ou de incentivo que não conflitem com tais previsões.

O que há de mais relevante nessa nova roupagem do controle sobre subsídios, contemplados no *Acordo sobre as Subvenções e Medidas de Compensação*-ASMC, é o reconhecimento da liberdade soberana dos Estados de conceder incentivos à sua indústria e às atividades econômicas, para atingir mercados alienígenas, até porque, em alguns casos, isso pode ser vantajoso para o Estado de destino das mercadorias, quando este não tem indústria relevante na área. Tudo nos limites do conceito de especificidade e da não-afetação, pela sua relevância, à indústria do país de destino. E mais, de que é preciso "investigar", em procedimento regular, que garanta a segurança jurídica dos envolvidos (Estados e empresas), para os fins de qualificar o regime jurídico da subvenção ou do subsídio concedidos, sob a modalidade de "ato comercial injusto" e, desse modo, passível de controle.

Somente podem ser aplicadas *medidas compensatórias* quando houver *prova* de prejuízo no país recorrente, uma vez caracterizada a presença de um "subsídio específico", concedido a uma *empresa* ou a um *ramo de produção*, ou a um *grupo de empresas* ou *ramos de produção*. Por conseguinte, é indene de qualquer dúvida que o "crédito-prêmio de IPI", por exemplo, pelos motivos assinalados, desde a origem, nunca manteve qualquer coincidência com as espécies de incentivos condenáveis, recorríveis ou proibidos; e, ao não se ajustar ao conceito de *especificidade* ou à qualificação de *subsídio relevante*, com prova constituída em processo regular, não pode ser objeto de perseguição ou impedimento.

O Direito Internacional resguarda, assim, o princípio de soberania nacional na concessão de isenções ou incentivos, inclusive quando aplicados à exportação. Por isso mesmo, o Acordo prevê que "o simples fato de um subsídio ser concedido a empresas exportadoras não será por este único motivo considerado como um subsídio às exportações na acepção da presente disposição".

Chegamos ao final, pelo decurso do tempo assinalado pela primorosa organização deste evento, sob a segura presidência da Dra. Maria Leonor Leite Vieira. Com isso, agradeço a gentileza da oportunidade e renovo, aqui, a satisfação de estar na presença de todos, pelo honroso convite.

Muito obrigado a todos! *(Palmas)*

PRESIDENTE DA MESA (PROFA. HELGA KLUG DOIN VIEIRA) – Nós é que agradecemos a participação do Dr. Heleno, com uma exposição extremamente oportuna, sobretudo lembrando-nos dos objetivos fundamentais da República relacionados com a questão da tributação. De forma que nós é que somos gratos ao Senhor.

Em seguida nós vamos ouvir as palavras do Dr. Osíris de Azevedo Lopes Filho sobre "Infrações e Sanções Tributárias – Proporcionalidade". O Dr. Osíris – quem tem participado destes Congressos de Direito Tributário já sabe – é um dos mais contundentes expositores, de forma que sempre nos instiga a refletir. Ele é Professor Titular de Direito Tributário da UnB, Coordenador do Curso de Pós-Graduação de Direito Econômico e Direito Tributário do núcleo da FGV em Brasília, e é Advogado.

Concedemos a palavra ao Dr. Osíris.

PROF. OSÍRIS DE AZEVEDO LOPES FILHO – Cumprimento na pessoa da Presidente os ilustres componentes da Mesa e saúdo a fiel assistência que, ano a ano, aqui comparece a este Congresso para abrilhantá-lo, correspondendo às expectativas do professor Geraldo Ataliba, que mais uma vez estará presente aqui, pelo notável desenvolvimento que o debate sobre a matéria tributária tem adquirido no nosso país, graças ao seu esforço para dar dignidade constitucional à sua disciplina.

As penalidades tributárias, infelizmente, não obtiveram a mesma intensidade e aprofundamento que outras questões ligadas diretamente à estrutura dos tributos têm merecido na abordagem dos doutrinadores do nosso Direito.

Interessante, observar que, a partir da década de 1960, nosso direito tributário sofreu, pela influência de Geraldo Ataliba e Alfredo Becker, novo enfoque, libertando-se das correntes anteriores, voltadas para sua origem ainda ligada à Ciência das Finanças.

Procura-se valorizar o estudo da disciplina tributária como ramo exclusivamente do Direito, dando-lhe o enfoque de Ciência Jurídica – portanto, expresso em normas de comportamento e organização. Nítida nessa nova orientação doutrinária a concepção de direito de Hans Kelsen, que na estrutura da norma jurídica valoriza a sanção.

Minha trajetória profissional envolveu engajamento tributário em dois campos: o da Administração Tributária, na Secretária da Receita Federal, e o acadêmico, na Universidade.

Daí que minha abordagem do tema se realizará na análise das normas que regem a disciplina das penalidades, bem como no elemento comportamental, vale dizer, na ação ou omissão do sujeito passivo infringindo a norma tributária e o ambiente que envolve esse comportamento transgressor.

Examinada nossa história tributária, ver-se-á que um dos heróis da Pátria, no período colonial, sacrificado por resistir à truculência de matriz colonial, foi Tiradentes. Embora a "Inconfidência Mineira", localizada em Vila Rica – como era denominada, à época, Ouro Preto –, seja coetânea da Revolução Francesa, do final do século XVIII, o fato que ensejou a eclosão da resistência a Portugal foi a derrama – elevação brutal da tributação sobre o ouro e pedras preciosas em 100%, passando do dízimo para o quinto do valor da exploração desses bens.

O realce dado a tal fato histórico objetiva demonstrar que, passa o tempo e muda o país, todavia, continua a existir um elemento decisivo a conspirar contra o pagamento espontâneo do tributo: a má aplicação das receitas arrecadadas a tal título, impossibilitando sinta o contribuinte uma identificação entre o que paga como imposto ou contribuição e o retorno em termos de gastos públicos para atender ao bem comum.

É que, desde a Colônia até a República, a despesa pública destinada a atender ao bem comum, às necessidades públicas, ao bem-estar do cidadão, é contaminada por um fenômeno recorrente, cuja intensidade varia, conforme a época, mas sempre presente, apocalipticamente, como se fora uma condenação permanente a castigar nosso povo, a "Trindade Diabólica": corrupção, incompetência e desperdício.

Evidente que, independentemente das técnicas arrecadatórias, dos meios de comunicação, do progresso cultural e do desenvolvimento sócio-econômica do país, esses três elementos atuam para dificultar a identificação do tributo que deve ser pago com o bem-estar que a ação governamental trará para o contribuinte na sua aplicação, mediante a prestação de serviços e a realização de obras públicas.

Carga tributária elevada, distribuída sem atender com fidelidade à capacidade contributiva dos cidadãos, constante alteração da legislação disciplinatória dos tributos, aliada a essa tradição de resistência ao pagamento dos tributos, tem-se que não amadureceu no país uma forte consciência tributária por parte dos contribuintes, pessoas naturais e empresas, dificultando, por conseqüência, o cumprimento da obrigação tributária.

Em realidade, o que efetivamente tem prosperado é a ineficácia da lei tributária, cujas formas mais agudas são a evasão e sonegação, e recentemente o planejamento tributário, forma organizada da elisão.

Em reação a esse ambiente refratário à espontaneidade da observância da legislação tributária, o legislador tem estabelecido níveis elevados de penalidades. Prevalece a teoria de que sanções draconianas às infrações administrativas à legislação tributária são indutoras à boa observância de suas regras. Aliás, essa concepção é comum aos países da América Latina. Em verdade, o que ocorre nos casos em que o Fisco consegue exigir o tributo devido pelo infrator e lhe aplica as penalidades previstas na legislação é que o crédito tributário resultante eleva-se substancialmente, tornando difícil a execução correspondente.

Daí o prosperarem as anistias, as remissões – os *blanqueos*, na fala espanhola –, que modernamente são substituídos por parcelamento ou coquetel de anistia, remissão, parcelamento, transação, compensação, do tipo Refis e PAES, como tem ocorrido nos últimos tempos.

Em realidade, predomina na definição do tipo infracional e na fixação da penalidade correspondente uma automaticidade mecânica, como se prevalecesse nessa área uma espécie de responsabilidade penal objetiva, baseada no art. 136 do CTN, que estabelece regra geral de que "a responsabilidade por infrações da legislação tributária independe da intenção do agente ou do responsável e da efetividade, natureza e extensão dos efeitos do ato".

Observe-se que tal disposição, contida no art. 136, constitui regra geral, pois há a ressalva "salvo disposição de lei em contrário", possibilitando se incorporem à legislação tributária, em matéria de penalidades, os progressos da Ciência Penal nesse setor, em especial os relativos aos elementos da culpabilidade, referentes à culpa *stricto sensu* e ao dolo, e em relação à pena de multa a fixação de pena básica, estabelecendo-se agravantes e atenuantes.

Na década de 1960, no IPI e no imposto de importação, seus diplomas legais básicos – respectivamente, a Lei 4.502/1964 e o Decreto-lei 34/1966 e o Decreto-lei 37/1966 – chegaram a prever, na aplicação da penalidade, levar em consideração os antecedentes do infrator, os motivos determinantes da infração e a gravidade de suas conseqüências efetivas ou potenciais, para determinar a quantidade de pena aplicável, só a majorando se houvesse circunstâncias agravantes ou qualificativas.

Menciona a referida legislação a previsão da pena básica aplicável à determinação da multa, em função de circunstâncias agravantes e atenuantes. Infelizmente, as alterações legislativas que se lhes seguiram não aprofundaram as possibilidades de graduação da pena prevista, considerando esses elementos necessários à sua fixação final. O que ocorreu foi o automatismo entre a definição do tipo infracional e a cominação da penalidade aplicável, de forma mecânica, por previsão legal. Constitui matéria que não evoluiu.

As penalidades na legislação existente no plano federal na década de 1960 – Lei 5.172/1965 (Código Tributário Nacional), Lei 4.502/1964 e o Decreto-lei 34/1966 (IPI) e o Decreto-lei 37/66 (imposto de importação) – abriram possibilidades de evolução científica da sua graduação, em razão da gravidade das infrações e das circunstâncias em que ocorreram e da pessoa do infrator.

A legislação posterior ignorou essas possibilidades. Aumentou o rigor das penalidades, como se tal exacerbação levasse à inibição de sua prática.

A realidade tem demonstrado que tal não ocorre. Prevaleceu de fato é a impossibilidade do pagamento do crédito tributário, se exigido com os chamados *acréscimos legais* – multas, juros de mora e correção monetária, quando estava prevista.

O que predomina efetivamente é a orientação do Poder Executivo na fixação das penalidades e dos acréscimos legais, de sorte a torná-los, no seu somatório, mais elevados que a taxa de juros no mercado.

Explico: o legislador – quase sempre, no passado, por decreto-lei, atualmente por medida provisória – faz um cálculo para tornar mais oneroso o somatório dos chamados *acréscimos legais* (multa, mais juros de mora e eventual correção monetária, inexistente na atualidade) que a taxa de juros vigorante no mercado. Não se deve esquecer que os juros de mora são atualmente calculados pela Taxa SELIC, muito superior aos 12% previstos no art. 161, § 1º, do CTN – o que torna exponencial o débito do contribuinte com o passar do tempo, sem que haja seu pagamento.

Esse tipo de fixação de acréscimo legais, em que a penalidade – vale dizer, a multa – é componente relevante, denota preocupação do legislador em induzir o eventual infrator a pagar tempestivamente o tributo, pois seu ônus pela prática da infração é superior à taxa de juros do mercado. Essa prática termina constituindo, na mutação das circunstâncias econômicas do país, expediente oportunista, temerário e, portanto, criticável, pois, variando a inflação e as condições econômicas e financeiras do mercado, muitas vezes, para sobreviver, o contribuinte, pessoa natural ou empresa, vê-se impossibilitado de cumprir oportunamente a obrigação tributária, por fatores que não pode controlar.

Se as penalidades têm suas fixações presididas por tal metodologia – que é, em realidade, a praticada –, termina ocorrendo um desencontro atentatório à determinação da gravidade da infração e do seu conseqüente nível de onerosidade previsto na lei, como multa, principalmente se a inflação está em queda, como tem ocorrido neste ano de 2004.

Daí a necessidade de uma ampla revisão da tipologia infracional, com a correspondente determinação da onerosidade a ser fixada como penalidade, superando-se a atual fase típica de épocas medievas, não contemporânea de um Estado que deseja corresponder à evolução necessária à sua atualização ao Terceiro Milênio da Civilização Cristã.

Se a reforma tributária é uma exigência nacional, a revisão da sua parte penal-administrativa deve ser prioritária na agenda governamental. Espero que o seja também nas resoluções deste Congresso.

Muito obrigado! *(Palmas)*

PRESIDENTE DA MESA (PROFA. HELGA KLUG DOIN VIEIRA) – Nós é que agradecemos suas palavras! E, aliás, hoje o Senhor foi tranqüilo, não foi contundente, desdizendo minha apresentação inicial.

Queremos informar aos Srs. Congressistas que, se desejarem formular alguma questão aos componentes da Mesa, deverão fazê-lo por escrito. E também informamos que tivemos uma alteração na nossa agenda deste dia 29, no sentido de que a entrega do título de Presidente de Honra do IDEPE vai ocorrer ao término das exposições desta "Mesa de Debates F". Então, o intervalo ocorrerá após a entrega desse título.

Passamos a palavra, em seguida, ao professor Paulo Ayres Barreto, que vai expor a respeito de "Emenda Constitucional, Lei Complementar e Anterioridade". Informamos que o professor Paulo Ayres Barreto é bacharel em Direito pela USP, formado em Administração de Empresas pela FGV, Mestre e Doutorando pela PUC/SP, Professor de Cursos de Especialização da PUC no IBET, Membro do Conselho Consultivo do IGA/IDEPE e Presidente da Comissão de Trabalhos deste Congresso – onde imagino o quanto deve ter trabalhado, uma vez que toda a Comissão merece os maiores elogios, porque tudo está correndo a contento e de forma muito proveitosa para todos.

Evidentemente que temos também que tecer nossos elogios à Presidente, professora Maria Leonor Leite Vieira, que não mediu esforços para que isso ocorresse.

Passo, então, a palavra ao professor Paulo Ayres Barreto.

PROF. PAULO AYRES BARRETO – Bom dia! Agradeço a gentil apresentação da professora Helga Klug Doin Vieira. Registro, inicialmente, em relação à presidência deste Congresso e à forma como ele vem sendo conduzido, que, há um ano atrás – tão logo termina um Congresso, começa-se a organizar o próximo –, a professora Maria Leonor Leite Vieira foi escolhida para presidir o *XVIII Congresso*, e uma das ponderações que ela fez foi a seguinte: "Eu gostaria de ter ao menos uma mulher em cada uma das Mesas de Debates desse Congresso". E assim foi feito. O sucesso da representação feminina foi tão grande este ano, que já há um movimento nos bastidores para que, no próximo ano, a ala masculina consiga emplacar um homem na presidência, e que ele consiga pelo menos um lugar em cada Mesa para os homens. *(Risos)*

O tema a mim atribuído é extenso; na verdade, são três temas – "Emenda Constitucional, Lei Complementar e Anterioridade" –, e é difícil em 20 minutos cuidar de três temas tão relevantes. Vou tentar fazê-lo de forma objetiva, em relação a cada um desses três aspectos. Evidentemente, se formos condensar esses três temas, ou vinculá-los, estaremos focando a Emenda Constitucional 42: trata-se de uma *Emenda Cons-*

titucional que cuida de *lei complementar* e do *princípio da anterioridade*. É este o percurso que pretendo trilhar.

Há uma tensão muito forte, no Brasil, já há muitos anos, sobre quais seriam os limites do poder de reforma. Essa é uma primeira questão a ser enfrentada, e que se relaciona com o tema "emenda constitucional". Há um segundo tema relevante, que diz respeito às funções da "lei complementar". Sobre ele há uma série de observações que eu pretendo fazer. A terceira questão refere-se ao alcance de um princípio, como o "princípio da anterioridade", no sistema tributário brasileiro. São essas, basicamente, as grandes indagações que enfrentaremos.

Em relação aos limites do poder de reforma algumas considerações têm que ser feitas no que concerne à estruturação da Constituição Brasileira. O legislador constituinte originário tomou uma posição: inseriu no texto constitucional todo um capítulo dedicado ao sistema tributário brasileiro, de forma absolutamente extensiva e minudente, seguindo uma tradição brasileira nessa matéria. Não trilhou o caminho adotado por outras Constituições mundo afora. Essa decisão tem reflexos jurídicos sobremodo relevantes para o exame de toda a matéria constitucional e do que pode, ou não, ser reformado.

Citando Luhmann, na 4ª feira, a professora Misabel Derzi dizia que uma das funções do Direito é acalmar expectativas. E uma forma de acalmar expectativas quanto ao poder de reforma é circunscrevê-lo, limitá-lo. O grande debate que se trava em torno desse assunto diz respeito a direitos e garantias individuais; a quais são os direitos e garantias individuais protegidos contra o poder de reforma. O STF, num primeiro momento, parece-me ter trilhado o caminho adequado com relação a esse assunto quando julgou, de certa forma ampliativamente, o sentido desta expressão, para dizer: "O princípio da anterioridade, que sequer se aplica a todos os tributos, é um dos direitos e garantias individuais protegidos pelo legislador constituinte originário". Essa foi uma primeira tendência seguida pelo Supremo.

Por outro lado, a sucessão de emendas constitucionais é fato digno de nota. O professor Osíris, há poucos minutos, no café, lembrava que, somando as revisionais e as não-revisionais, nós temos 49 Emendas. Esse número corresponde à média de uma emenda constitucional a cada três meses e meio de vigência do texto constitucional. Os interesses de caixa foram prevalecendo, e o STF, de certa forma, foi relativizando a noção de que são os direitos e garantias individuais protegidos pelo poder de reforma. Com relação ao que nós tínhamos, no passado, como imutável no texto constitucional, hoje a posição do Supremo aponta para uma amplitude maior do poder reformador.

Não se pretende, aqui – nem eu defendo –, que a Constituição Brasileira seja imutável. Mas temos que dar conteúdo a essa limitação; definir o que é *direito e garantia individual*; identificar o que é passível de ser reformado e o que não é passível de reforma, sempre lembrando a visão do professor Geraldo Ataliba, referida pelo professor Roque na sua conferência, em relação à estruturação do sistema. Ele não iria estudar o ICMS a partir do art. 155, mas a partir do art. 1º: o Brasil é uma República Federativa. Esta estruturação foi feita sistemicamente, notadamente no capítulo do sistema constitucional tributário brasileiro, de modo que, se o poder constituinte derivado desestruturar esse sistema originalmente traçado, com certeza estará indo na direção contrária àquela diretriz posta pelo legislador constituinte originário. Infelizmente, a sucessão de emendas está aí, e cabe-nos interpretá-las.

A segunda questão importante diz respeito à função da lei complementar. A doutrina digladia sobre esse assunto há muitos anos: há a posição dicotômica – segundo a qual a lei complementar teria apenas duas funções (dispor sobre conflitos de competência e limitações constitucionais ao poder de tributar) – e a visão tricotômica – com base na qual, além dessas funções, caberia à lei complementar estabelecer normas gerais de direito tributário. Eu lembro que no Curso de Especialização em Direito Tributário da PUC nós tínhamos duas aulas para esse tema. Na primeira trazíamos um defensor da corrente dicotômica, e na segunda um defensor da corrente tricotômica. Normalmente era convidado o professor Alcides, que iniciava sua exposição dizendo: "Eu não sei por que vocês ficam discutindo isso, ainda. Esse assunto já está decidido pelo Supremo há tantos anos! Para que insistir em dicotômico, tricotômico? O Supremo já decidiu: é tricotômico. O assunto perdeu o interesse".

Me recordo de uma conferência feita, há dois anos, pelo professor José Souto Maior Borges neste Congresso, na qual ele defendia uma posição, bastante sólida, de unificação da função da lei complementar, dizendo – depois de uma exposição teórica absolutamente profunda – que, verdadeiramente, nós podíamos resumir isso tudo em uma única função para a lei complementar, que seria a de *regular a legalidade*. A lei complementar assim procederia de forma plena em algumas circunstâncias, quando pudesse estabelecer enunciados prescritivos que vinculassem os três entes políticos indistintamente, como é o caso de assuntos como decadência e prescrição; e numa atuação passível de integração, quando cuidasse de fato gerador, por exemplo. O fato de existir a possibilidade de, ao assim proceder, a lei complementar afrontar o princípio federativo e o princípio da autonomia municipal – dizia o professor Souto – em nada difere do que nós temos em relação a todos os outros veículos introdutores de normas neste país; todos eles, no limite, podem, em algum momento, resultar em violação a estes princípios. E, quando o fizerem, cabe à doutrina apontar a inconstitucionalidade (esperamos que, nessas situações, o Judiciário a reconheça). Essa visão do professor Souto parece-me absolutamente pertinente e adequada, revelando-se um avanço no estudo das normas gerais de direito tributário.

A Emenda 42 traz algumas alterações, algumas novidades, em relação a este tema. Por exemplo, o art. 146 do texto constitucional, além de tudo aquilo que já previa, prevê, agora, a necessidade de lei complementar cuidar da definição de *tratamento diferenciado e favorecido para as microempresas e para as empresas de pequeno porte*. Eu diria, sobre esse assunto, que, até hoje, sequer temos uma boa construção doutrinária sobre o que é "dar adequado tratamento tributário ao ato cooperativo". Nosso Judiciário ainda não entendeu, na minha visão, o que é "dar tratamento tributário adequado ao ato cooperativo".

No que se refere ao tratamento diferenciado a microempresas e pequenas empresas, rigorosamente, a Emenda Constitucional vem dizer algo que já estava posto no próprio texto, no art. 170, IX, que já previa "tratamento favorecido para as empresas de pequeno porte constituídas sob as leis brasileiras". Cabe, agora, o controle dessa dicção constitucional, que já existia, no sentido de que, se a legislação (federal, estadual, municipal) não contiver esse tratamento favorecido, deverá ser tida por inconstitucional. Quanto ao fato de lei complementar cuidar dessa matéria, evidentemente, lei complementar que disser "as empresas de pequeno porte e microempresas devem pagar tributos federais e não devem pagar tributos estaduais e municipais" será inconstitucional. Mas, se estabelecer uma diretriz que permita aplicar tratamento benéfico em face dos três entes políticos, será cabível essa atuação da lei complementar.

Há outras dicções com referência a lei complementar na Emenda 42, como a que estabelece regime único de arrecadação de impostos. Aqui, chamo a atenção para um crescente processo, que já estava na origem de toda essa discussão, de centralização de poder na União no tocante a normas gerais de direito tributário. Aliomar Baleeiro, enquanto deputado, já tinha essa visão. A arrecadação de impostos caminha na mesma linha da federalização do ICMS e da crescente instituição de contribuições. O professor Eurico bem demonstrou o que representavam as contribuições há alguns anos atrás e o que elas representam hoje. Nós caminhamos fortemente, a passos largos, para um nível de centralização que, na minha visão, coloca em risco a própria Federação.

Há, ainda, a possibilidade de lei complementar estabelecer critérios especiais de tributação, com o objetivo de prevenir desequilíbrios da concorrência. Este é um campo possível de atuação da lei complementar, embora a prevenção de desequilíbrios seja algo de difícil positivação, no meu modo de ver.

Enfim, há um caminho possível para a atuação de lei complementar nessas matérias, sendo ponto de partida necessário que essa atuação respeite a República, a Federação e a autonomia municipal – é dizer, as grandes diretrizes que norteiam nosso sistema.

Em relação ao princípio da anterioridade o professor Roque Carrazza proferiu conferência atinente a essa matéria com a mestria e clareza que lhe são peculiares. Eu só lembraria, quanto ao tema, que todo princípio constitucional pode ser visto como um valor ou um limite objetivo, como bem coloca o professor Paulo de Barros Carvalho. Na visão dele, o princípio da anterioridade seria qualificável como verdadeiro limite objetivo. Olhe-se para a data em que a lei foi instituída, e verifica-se se esse limite objetivo foi observado.

Evidentemente, o limite objetivo tem por detrás um valor que ele pretende respaldar. Impõe-se uma conexão de normas imediatamente finalísticas quanto às limitações formais, para verificar a efetiva aplicação protetiva dessas limitações formais. Com isso, pretendo demonstrar ser fundamental examinar o princípio da anterioridade em relação ao valor que o informa; em relação à necessária proteção da confiança Fisco/contribuinte; em relação à visão de acalmar as expectativas; em relação à boa-fé objetiva; em relação aos princípios republicano – é o próprio contribuinte que atua por intermédio de seus mandatários para a regulação do sistema –, da não-surpresa, da previsibilidade da ação estatal. Ou, como diria o professor Paulo de Barros Carvalho, considerar o princípio da anterioridade tendo por foco o sobreprincípio da segurança jurídica.

É assim que haverá de ser interpretado o princípio de anterioridade. Houve efetivamente um avanço nesta matéria, um avanço que vem, de certa forma, na linha do que preconiza a doutrina. O professor Eduardo Bottallo tem interessantíssimo estudo sobre esse assunto, que foi mencionado pelo professor Roque, em sua conferência. Deu-se esse avanço provavelmente a partir das lições do professor Bottallo, o qual dizia que a anterioridade normal não pode ser menos eficaz que uma anterioridade mitigada. Logo, se estamos diante de uma situação em que a anterioridade mitigada é mais eficaz que a anterioridade formal, há algo de errado. Então, propôs o professor sua interpretação, por força da qual esses 90 dias, que agora estão positivados, já decorriam de uma interpretação sistemática do nosso sistema, a demonstrar que boa doutrina é absolutamente relevante para influenciar a produção legislativa.

A matéria foi positivada, porém com problemas. Essa nova diretriz não se aplica ao imposto sobre a renda. Como já sabemos (o professor Aires Barreto bem advertiu no início destes trabalhos), só estamos esperando o domingo passar e as eleições serem concluídas, para que o pacote de maldades tributárias surja na 2ª ou 3ª feira, alterando significativamente a legislação do imposto sobre a renda, mais uma vez. Quer-me parecer que na exceção à regra mantém-se a ofensa ao princípio da não-surpresa, da segurança jurídica, dentre outros. O processo de adaptação tem que ser muito rápido, do envio da medida provisória até o projeto de lei ser aprovado. Estamos em dezembro, começando o ano, de tal sorte que temos que abrir o *Diário Oficial* para saber exatamente qual é a "regra do jogo".

Há alguns problemas na legislação que decorrem de posições doutrinárias e jurisprudenciais equivocadas. Em virtude disso, o legislador acaba positivando algo que me parece também equivocado. Estou me referindo à questão da base de cálculo do IPVA e do IPTU, que são excepcionadas do princípio da anterioridade. Ignora-se a distinção entre *base de cálculo* e *base calculada*, como diria o professor Aires Barreto; ou entre *norma geral e abstrata* e *norma individual e concreta*, como diria o professor Paulo de Barros Carvalho. Quando a base de cálculo do IPVA ou do IPTU estabelece "valor de mercado", dizer qual é o valor de mercado é mero ato de aplicação – razão pela qual não há necessidade de lei alguma. O parâmetro já está fixado em lei; a lei já estabeleceu: é o valor de mercado. Portanto, a base de cálculo, observado o parâmetro geral, poderá ser trabalhada pelo aplicador do Direito sem problema algum.

Essas são as considerações que julguei pertinente trazer à discussão neste conclave. Agradeço a atenção de todos! *(Palmas)*

PRESIDENTE DA MESA (PROFA. HELGA KLUG DOIN VIEIRA) – Agradecemos a compreensão do professor Paulo Ayres Barreto, porque, na realidade, em virtude do adiantado da hora em que começamos, diminuímos um pouco o tempo de palestra de cada um dos palestrantes, de forma que realmente preciso pedir desculpas e agradecer pela compreensão.

A partir de agora vamos abrir cinco minutos para cada um dos palestrantes para responderem às perguntas que foram formuladas, a começar pelo Dr. Valdir de Oliveira Rocha.

PROF. VALDIR DE OLIVEIRA ROCHA – Apresentam-me uma questão apenas, de um participante que não se identificou. Ele quer conhecer minha opinião sobre se o pedido de compensação suspende a exigibilidade do tributo, e se a Fazenda pode, antes da homologação do pedido, promover a inscrição do débito e subseqüente execução fiscal. Pode ainda a Fazenda negar a expedição da Certidão Negativa de Débito/CND?

Vamos dividir um pouquinho o assunto. Se se tratar de uma compensação admitida, esta extingue a exigibilidade do tributo. Tratando-se de compensação dependente de homologação, o pedido a suspende. Sucede, entretanto, que, havendo uma negativa de homologação, o contribuinte terá direito a recorrer dessa decisão. E, se houver esse recurso (observados os prazos de recurso, obviamente), tenho para mim que há de ser considerada a suspensão.

Se suspensa, pode haver inscrição na dívida ativa? Não. Mas o Fisco pode, se for o caso, dependendo de cada situação, iniciar ou dar encaminhamento ao procedimento administrativo com vistas ao lançamento. Se foi feito o pedido e se houve recurso, mesmo diante de uma negativa, essa certidão, no meu entender, não há de ser negada. É claro que não precisa ser a CND, como coloca, aqui, o indagante. Mas pode ser fornecida, em determinada circunstância, certidão positiva com efeitos de negativa.

(Truncamento da gravação) (...) Eu tenho cinco minutos, mas não vou gastá-los. Vou ficar só com esses. *(Risos)*

PRESIDENTE DA MESA (PROFA. HELGA KLUG DOIN VIEIRA) – Agradeço a compreensão. Passo a palavra, em seguida, ao professor Heleno Tôrres, por cinco minutos.

PROF. HELENO TÔRRES – Obrigado! Temos, aqui, três perguntas. E tentarei consolidar as três, naquilo que é possível. A primeira questiona sobre qual deverá ser a postura dos produtores agrícolas diante dos maciços incentivos fiscais dados pelo peso de seus produtos – o que, por conseqüência, torna nossos produtos não-competitivos.

Bem, nesse assunto, dois aspectos devem ser de imediato ponderados. O primeiro é que todos os países reconhecem no acordo GATT o dever (e isso é muito importante) de estabelecer o regime de destino nas trocas comerciais, no comércio multilateral. Então, os países estão autorizados e devem fazer – não é somente um direito, na verdade se impõe internamente quase como um dever – uma completa desoneração das exportações, para que se tribute apenas, no regime de destino, a entrada, ou seja, as importações. Isso também se aplica aos serviços, no caso do GATT, do acordo de serviços, e evidentemente quanto às mercadorias, vigora o regime de destino.

Com isso, todos os países usam de regime de desoneração das suas exportações. Vocês podem consultar o Decreto 1.751/1995, cujo art. 4º deixa claramente expresso que subsídios ou isenções em favor de produtos destinados à exportação podem ser aplicados, nos limites daquilo que representarem para o consumo interno, desde que o valor não exceda os totais devidos – ou seja, não exceda aquilo que seria devido, porque, é claro, se exceder, ingressa no regime típico de subsídio.

Esse regime de subsídio não é o conceito de subsídio que o país tenha, como nós temos a Lei 4.320, que no art. 19 define o que é subvenção, e outras regras que definem o que é subsídio. Não é o conceito que o nosso Direito interno possua a respeito disso, mas na verdade o Direito interno complementado pelo acordo GATT. E nesse ponto o acordo sobre subsídios e compensação dispõe, no art. 7º, que será específico o subsídio que seja limitado a determinadas empresas localizadas dentro de uma região geográfica situada no interior da jurisdição da autoridade outorgante.

Quer dizer, o critério da especificidade, que foi tomado por empréstimo da legislação americana a partir de 1979, chega no acordo GATT, no art. 2º, com a definição expressa, rigorosa, de qual seja o conceito de subsídio ou de subvenção à espécie.

Creio que essa questão leva ao seguinte: como combater? No Tratado nós temos expressamente ressalvado o caso da agricultura. Infelizmente, e esse é o grande debate do comércio internacional hoje –os Senhores viram, aqui, as discussões do encontro da ONU –, e efetivamente isso ainda continua em discussão. Há uma liberdade de conceder alguns incentivos específicos à agricultura, mas infelizmente isso está em debate.

A segunda questão, muito importante, é do Dr. Marcelo Fróes, um estudioso jovem, mas muito competente, que tem a seguinte indagação: "O Comunicado do Coordenador de Administração Tributária do Estado de São Paulo n. 36/2004, ao reconhecer uma série de isenções, benefícios e incentivos fiscais de ICMS, concedidos de forma unilateral por outros Estados e Distrito Federal, não se encontra em conformidade com o disposto na alínea 'g' do inciso XII do § 2º do art. 155 da CF de 1988? Em caso afirmativo à questão anterior, estaria o Estado de São Paulo destinado a recorrer ao STF versando a manutenção do pacto federativo, então em decorrência da chamada 'guerra fiscal'? Os contribuintes paulistas de ICMS adquirentes de produtos e serviços derivados de outros Estados da Federação poderiam ser penalizados pelas vedações de creditamento existentes em tal Comunicado CAT-36/2004, se tais vedações não se adequarem às exceções constitucionais relativas ao princípio constitucional da não-cumulatividade aplicável ao ICMS?".

Tenho proferido várias palestras sobre essas questões de tributos não-cumulativos, ICMS etc., e tenho dito sempre: o grande equívoco de um debate sobre a supressão, praticamente, da legislação dos ICMS estaduais vem justificado pela guerra fiscal; agora, é uma guerra fiscal que já estava proibida desde a Constituição, porque a partir do texto constitucional (pelo menos é o que se dessume) os Estados só estariam autorizados a conceder isenção ou incentivo fiscal em um limite específico: somente veiculados por lei complementar, nos termos do art. 155, § 2º, XII, nos termos de tratados internacionais ou pelos acordos típicos, de convênios firmados por unanimidade, por decisão unânime deles. Todos aqueles unilaterais evidentemente são inconstitucionais, porque estão fora do campo de permissão constitucional.

Entendo que o Estado de São Paulo, ao reclamar seu direito legítimo de conter o uso e o abuso, nesse caso, desses instrumentos, realiza ... *(truncamento da gravação)* ...

E assim eu finalizo respondendo à pergunta da Dra. Lílian Mara Pereira sobre uma consciência fiscal tributária também do Fisco. Eu creio que sim. Nós somos ... *(truncamento da gravação)* ... levados a uma moral tributária. É a moral tributária do contribuinte e do Fisco, mas os dois contemporaneamente, porque a finalidade é realizar e concretizar o Estado Democrático e Social de Direito. Essa é a grande finalidade da Constituição.

Agora, nada adianta querermos construir um Estado onde o contribuinte não se imponha seus deveres, como também o Fisco. E eu, apesar de tantas críticas, vejo nosso sistema tributário nacional caminhando muito bem em certos momentos. Nós temos visto um esforço imenso da legislação buscando a simplificação, buscando atender a uma tributação de massa que inevitavelmente traz injustiças, mas em casos concretos; muitas vezes em casos isolados que merecem reparo, evidentemente, como mostrou o professor Paulo Ayres, como mostrou o Dr. Osíris, como mostrou o professor Valdir. Mas não creio que possamos fazer uma crítica genérica sobre o sistema à luz de casos isolados e pontuais. É corrigir esses casos e buscar o aperfeiçoamento, porque isso vem em prol, em proveito, de toda a sociedade.

Obrigado, professora Helga! Desculpe a superação do tempo.

PRESIDENTE DA MESA (PROFA. HELGA KLUG DOIN VIEIRA) – Foi pouco, dois minutos. Vamos ouvir, em seguida, o professor Osíris de Azevedo Lopes.

Informamos que ao término destes trabalhos estaremos invertendo a agenda, no sentido de que será feita a entrega do título de Presidente de Honra do IGA/IDEPE logo a seguir.

PROF. OSÍRIS DE AZEVEDO LOPES FILHO – Tenho uma pergunta de Raimundo Vermelho, de Maringá/PR: "Ainda que em face da declaração do contribuinte, como no exemplo apresentado, não raro tem o Fisco Federal aplicado multas de 225% além do tributo declarado, e não recolhido, quando autuado. Sustenta o Fisco que a multa não é tributo, não sendo, por isso, revestida de caráter confiscatório. Como resistir a essa brutalidade?".

Dizendo para o Fisco: leia a jurisprudência do STF. Há uma certa interpretação literal, porque a Constituição diz que é vedado ao tributo o efeito de confisco. Então, o sujeito vem com o conceito de "tributo". O Código Tributário diz que ele não é sanção de ato ilícito, e portanto o tributo não envolve multa. Mas o STF há mais de 20 anos considerou que a aplicação da penalidade de devedor remisso – quer dizer, que interditava à empresa negociar com bancos oficiais, realizar importações etc. – era inconstitucional, porque confiscatória – o que se aplica em relação a penalidade

Mais recentemente (até há uma pergunta relacionada à outra, aqui), uma das poucas sugestões que eu fiz quando era Secretário da Receita foi no sentido de criar uma multa para o caso de o comerciante não dar nota fiscal. Na realidade, quando o Ministro mandou a proposta de norma para o Presidente da República, para a medida provisória, a penalidade prevista era a perda da mercadoria. Quer dizer, se a pessoa transitasse na rua, com o bem que tivesse comprado, sem a nota fiscal, se não tivesse nota fiscal – como ocorre na Itália, no Chile etc. –, poderia sofrer a aplicação da penalidade de perda da mercadoria.

O Presidente Itamar – mineiro – falou: "Isso é absurdo! Jamais vou assinar uma medida provisória dessas!". Aí colocou-se o problema, e propus a multa de 300%; foi encaminhada dentro da medida provisória, depois virou lei, e o STF considerou inconstitucional. Eu tinha noção, ao encaminhar (mas era a alternativa possível), de que envolvia a idéia de confisco. Então, é melhor o pessoal do Fisco não ficar lendo literalidade, e interpretar a Constituição sistematicamente e teologicamente, não inviabilizando a aplicação dos seus princípios.

Temos uma outra pergunta, que é mais ou menos longa, vou sintetizá-la: o brasileiro é muito individualista; devia também, auxiliando a tarefa do Fisco, exigir nota fiscal no comércio. E há uma menção, aqui, aos nossos livreiros. A pergunta é formulada pelo Antônio de Sá, do Rio de Janeiro: "Participo de congressos tributários e compro livros. No entanto, para surpresa minha, algumas dessas bancas não emitem nota fiscal e os juristas clientes não a pedem. *(Risos)* Como desenvolver a consciência tributária?". *(Palmas)*

Temos um livreiro aqui... Mude o destinatário da pergunta...

Sem Identificação – Até agradeço a oportunidade. Eu acho que vocês são os meus fiscais, vocês que têm os seus. Meu pessoal sempre sai com emissor de cupom fiscal. Se alguém fizer uma venda sem emissão de cupom fiscal a vocês, por favor me contem, porque eu faço questão absoluta.

Bem, fala-se da imunidade do livro. Imunidade para os impostos. Em relação às contribuições, nós fazemos questão de pagá-las religiosamente. Se houve algum caso, vocês por favor me contem. Mas pelas outras eu não sei. Isso depende também às vezes de questão operacional, e não vou entrar no mérito, cada uma tem um jeito de pensar.

Deixem-me contar uma coisa, aqui. Numa ocasião, houve uma venda feita por um funcionário da Dialética e não houve emissão de nota fiscal. O indivíduo fez um cheque não-nominal à Dialética. Depois de seis meses ele ligou para o escritório, dizendo: "Há seis meses eu fiz a assinatura e até hoje não recebi nenhum exemplar da revista". Então, nós estranhamos muito. Fomos verificar, e realmente não tinha havido emissão de nota fiscal. O funcionário guardou o dinheiro e foi embora.

Então, eu faço questão de pagar nota, porque é do jogo. Está bom?

Prof. Osíris de Azevedo Lopes Filho – Não é uma pergunta, mas uma observação do Antônio Sá. Ele diz: "Por fim, como seu admirador, fico contente ao ver que o Senhor parece ter largado o cigarro". *(Risos e palmas)* Eu quero informar o seguinte: aos 65 anos, eu preciso de algumas muletas para andar. Essa é uma muleta psicológica, não larguei. Mas hoje resolvi não fumar aqui, porque há uns três ou quatro Congressos um sujeito me manda uma advertência: "O Senhor não devia dar esse exemplo, fumar aí". Eu falei: "Hoje vou fazer uma sacanagem com o cara que manda a advertência permanentemente: não vou fumar". E agradeço a manifestação, mas quero dizer que continuo fumando, com muita convicção! *(Risos)* Porque continuo precisando da muleta.

Presidente da Mesa (Profa. Helga Klug Doin Vieira) – É, mas, de qualquer maneira, o Senhor poderia seguir a sugestão e realmente parar de fumar. "Largar o cigarro", como diz o Colega. *(Palmas)*

Prof. Osíris de Azevedo Lopes Filho – Aí, vou prejudicar a arrecadação do IPI...

Presidente da Mesa (Profa. Helga Klug Doin Vieira) – Passamos a palavra ao professor Paulo Ayres Barreto, que também tem cinco minutos para suas considerações.

Prof. Paulo Ayres Barreto – Eu gostaria de cumprimentar o congressista Antônio Sá, que é quem me faz a pergunta e que tem participado ativamente do Congresso, seja perguntando, seja aconselhando os membros da Mesa. *(Risos)*

Ele pergunta o seguinte: "Considerando a determinação constitucional de lei complementar criando regime de arrecadação para microempresas e considerando o princípio constitucional federativo, poderá aquela lei complementar estipular alíquota e base de cálculo para o ISS, de forma impositiva, para todos os Municípios? Como fica a autonomia municipal?".

Em primeiro lugar, a base de cálculo do ISS só pode ser o valor do serviço. Então, lei qualquer que diga algo em sentido contrário haverá de ser tida como inconstitucional. Em relação à alíquota, entendo que não é papel da lei complementar fixar alíquota a ser observada por todos os Municípios. Acredito que o papel da lei complementar, nessa matéria, é tênue; está direcionado constitucionalmente. É a própria Constituição que estabelece a necessidade desse regime diferenciado para as micro e pequenas empresas. Esse papel haverá de ser aquele de fixar regras gerais, diretrizes que sejam aplicáveis aos três entes políticos indistintamente; e não essa fixação de alíquotas para Estados e Municípios, que não seria função de lei complementar.

Era só isso.

Presidente da Mesa (Profa. Helga Klug Doin Vieira) – Muito obrigada; agradecemos ao Dr. Paulo Ayres!

E, conforme havia sido programado, agora nós vamos instalar a Mesa para que ocorra a entrega do título de Presidente de Honra do IGA/IDEPE. Para tanto, convidamos a compor esta Mesa o Dr. Aires Fernandino Barreto, Presidente do IGA/IDEPE; *(palmas)* a Dra. Maria Leonor Leite Vieira, Presidente deste XVIII Congresso Brasileiro de Direito Tributário; *(palmas)* o Dr. José Eduardo Soares de Melo, um dos Diretores do IGA/IDEPE; *(palmas)* o Dr. Estevão Horvath e o Dr. Eduardo Domingos Bottallo, ambos Diretores do IGA/IDEPE. *(Palmas)* E, finalmente, convidamos o Dr. Paulo de Barros Carvalho, que será o homenageado com relação ao recebimento deste título de Presidente de Honra do IGA/IDEPE! *(Palmas)*

Eu gostaria de transferir a presidência desta Mesa para o Presidente do IGA/IDEPE, Dr. Aires Fernandino Barreto, para dar início aos trabalhos.

ENTREGA DO TÍTULO DE PRESIDENTE DE HONRA DO IGA-IDEPE

AO PROFESSOR PAULO DE BARROS CARVALHO

PRESIDENTE DA MESA: PROF. AIRES FERNANDINO BARRETO

PRESIDENTE DA MESA (PROF. AIRES FERNANDINO BARRETO)– **[Sem correção do Autor]** Srs. Congressistas, Diretores do Instituto Geraldo Ataliba, Dra. Helga Klug, que preside esta sessão. Move-me neste instante um propósito que diz muito ao meu coração. É que aqui venho para proceder, em nome da Diretoria do Instituto Geraldo Ataliba/Instituto Internacional de Direito Público e Empresarial, a uma justa e merecida homenagem. Justa homenagem a um jurista que a mereceu em razão da sua pessoa, da sua ciência, da sua atuação profissional e do seu estilo.

Quanto à pessoa, trata-se de homem reto, dedicado ao trabalho, extremamente responsável, de família bem constituída.

Quanto à ciência, não é daqueles que vivem do que não colheram e que semeiam aquilo que não trabalharam. Pelo contrário, nosso homenageado prega o que criou, divulga o que escreveu, sem se apropriar – como fazem muitos – da doutrina alheia. A doutrina alheia não nasce em casa, porque ali não foi plantada, senão copiada ou plagiada, sem até mesmo a concessão dos créditos merecidos. Daí que nela não deita raízes. E o que não deita raízes não pode dar bons frutos. *Doutrinar* não é recitar. *Doutrinar* é algo muito mais sério, que exige estudo, que exige meditação; de pôr as teses à prova são suas sólidas raízes. As alheias resultam da memória. Mas os estudiosos do Direito se convencem pela solidez do argumento, e não pela memória paradoxalmente fugidia.

A atuação profissional do nosso homenageado vem marcada pelo sucesso. Sucesso porque sabe bem sopesar seu mister, a Ciência a que se dedica. Sucesso porque sabe tecer a rede, sabe que a rede tem chumbada que vai ao fundo e cortiça que fica à tona d'água. Entre uma e outra, sabe sopesar o que merece abordagem profunda e o que só merece consideração superficial; e distingui-las só pode fazer quem sabe fazer a rede. Além disso, o Jurista que estamos homenageando não guarda para si os temas que desenvolve. Ao contrário, dissemina-os pelo Brasil afora, com a criação e coordenação de Cursos de Especialização, todos eles de primeiríssima linha. Quer que o Brasil todo lhes tenha acesso. Neles, centra-se no direito tributário. Em cada jornada, um só assunto, um só tema, uma só matéria, uma abordagem esmiuçada e profunda. E é por isso que o faz bem, já que quem levanta muita caça – dizia Vieira – e não segue nenhuma, provavelmente se recolherá de mãos vazias.

O que nosso homenageado faz é profundo no conteúdo e também primoroso na forma. Faz tudo com indelével e elegante estilo. Prima pela qualidade dos seus escritos, de linguagem erudita, nada obstante acessível. Professores e juristas de outras plagas, das mais distantes, prestam-lhe seguidas reverências. Ganhou justo e amplo reconhecimento além-fronteiras. É hoje o único jurista brasileiro traduzido para duas outras Línguas: o Espanhol e o Italiano. Não é sem razão que têm frutificado as inúmeras sementes do seu magistério. Criou toda uma constelação – a grande maioria aqui presente – de estrelas que hoje brilham ao seu redor.

É esse, Srs. Congressistas, o perfil da pessoa, do cientista, do profissional e do estilo que timbram o nosso homenageado. Por certo já o identificaram na figura do grande Mestre, do professor Paulo de Barros Carvalho. Muitas pessoas há que pedem aos demais que lhes dediquem homenagens. Outras há, porém, às quais se pede que aceitem homenagens. Paulo está entre estas.

O Instituto Geraldo Ataliba/IDEPE muito deve a Paulo de Barros Carvalho. E, em face disso, a Diretoria do Instituto Geraldo Ataliba resolveu pedir-lhe, professor Paulo, que, para satisfação, gáudio e alegria de todos nós, aceite hoje, como nossa homenagem, o posto ápice, o posto máximo, de *Presidente de Honra* do nosso Instituto! *(Palmas prolongadas)*

PROF. PAULO DE BARROS CARVALHO – **[Sem correção do Autor]** Bom dia a todos! Sr. Presidente do Instituto Geraldo Ataliba; professora Maria Leonor, Presidente deste Congresso, eu devo dizer que é com grande emoção que recebo este título de *Presidente de Honra* do Instituto Geraldo Ataliba, durante a realização deste evento, *XVIII Congresso de Direito Tributário*.

Serei breve ao dizer que isto me sensibiliza sobremaneira por muitas razões, entre elas porque fui muito amigo do professor Geraldo Ataliba. Foi por mãos de Geraldo Ataliba que ingressei no mundo do Direito. A ele devo todo o impulso, todo o estímulo, todo o entusiasmo que caracterizaram a nossa convivência e impulsionaram os meus estudos, o meu interesse e a minha carreira no direito tributário brasileiro. Convivi intensamente com o professor Geraldo Ataliba desde o Colégio São Luiz, onde ele era mais adiantado, da turma do professor Celso Antônio Bandeira de Mello, e onde existiam personalidades históricas como o professor Fábio Comparato, o professor Manoel Gonçalves Ferreira Filho... Enfim, naquela época, grande parte dos estudantes – ao menos dessa Região Sul de São Paulo – estudava no Colégio São Luiz, formação de jesuítas. E desde aquela época aprendi a admirar e a perceber a trajetória maiúscula do professor Geraldo Ataliba.

De modo que, nesse acompanhamento, fundamos – eu, o professor Michel Temer, o professor Celso Bastos e o professor José Eduardo Bandeira de Mello – um escritório de Advocacia, que se caracterizava por ter quatro advogados mas um único cliente – cliente que era disputado a ferro e fogo, em termos de atendimento. Nós disputávamos o atendimento naquele jogo do palitinho ("hoje é você, amanhã vamos ver quem é" etc.), e a causa não era muito simpática. Não era uma causa de direito tributário, era outra causa. E a verdade é que à tarde chegavam a esse escritório – que nos tinha sido cedido pelo desembargador Oswaldo Aranha Bandeira de Mello, pai do Celso Antônio e do José Eduardo – duas personalidades muito interessantes: Geraldo Ataliba e Celso Antônio Bandeira de Mello, que eram Diretores, à época, da Fundação de Amparo à Pesquisa. Chegavam às 3h da tarde ao escritório, e como nós não tínhamos a não ser aquele cliente, que não nos ocupava muito, ficávamos ouvindo, às 3 da tarde, o sol forte, todos trabalhando na rua (...). *(truncamento da gravação)*

MESA DE DEBATES "G"

ICMS E IPI

PRESIDENTE DA MESA: PROFA. ELIZABETH NAZAR CARRAZZA

MEMBROS DA MESA: PROFS. OSÍRIS DE AZEVEDO LOPES FILHO, MARCELO SALOMÃO, ALCIDES JORGE COSTA E JOSÉ ROBERTO VIEIRA

PRESIDENTE DA MESA (PROFA. ELIZABETH NAZAR CARRAZZA) – *(Truncamento da gravação)* **[Passa a palavra ao professor Osíris de Azevedo Lopes Filho]**

PROF. OSÍRIS DE AZEVEDO LOPES FILHO – *(Truncamento da gravação)* (...) Agradeço a oportunidade de vir aqui discutir um tema tão importante, na presença dos Colegas que estão na Mesa e em especial do professor Alcides, que é o "papa" do ICMS e do IVA no Brasil. O professor Geraldo Ataliba sempre o elogiou muito pelo seu esforço de trazer a contribuição da doutrina francesa e comunitária para nosso direito tributário.

Constitui escárnio falar na *federalização do ICMS*. Em realidade, pretende-se, com esse projeto enviado pelo Presidente Lula ao Congresso, destruir a Federação Brasileira. É agressiva à autonomia financeira dos Estados e do Distrito Federal a reforma constitucional que se pretende realizar no ICMS.

Mediante a reforma constitucional desse tributo, a União objetiva centralizar na sua competência legislar sobre todos os elementos integrantes da estruturação do ICMS, os básicos e os acessórios. Caso seja vitoriosa essa reforma, haverá a maior concentração de poderes tributários em um ente do Estado Nacional.

O ICMS constitui o principal tributo do país, em arrecadação e abrangência. Deverá arrecadar, em 2004, cerca de 120 bilhões de Reais, em termos globais, correspondendo a todas as negociações realizadas com mercadorias, alcançando ainda os dois serviços mais estratégicos, em país de dimensão continental: comunicações e transportes.

O Estado Nacional, de natureza federativa desde a implantação da República, vai involuir para a ambiência unitária, em que os Estados-membros perderão definitivamente sua autonomia – vale dizer, decidir acerca da intensidade desse tributo, pela fixação das suas alíquotas e da sua utilização como instrumento de política de desenvolvimento.

O projeto de reforma do ICMS proíbe, em caráter definitivo, possa ocorrer a concessão de isenções, incentivos e benefícios fiscais na área do ICMS.

Toda a política de desenvolvimento, nacional, regional e setorial, teve como um dos seus fundamentos a outorga de incentivos de natureza tributária.

Tal vedação condenará as regiões de menor desenvolvimento, Nordeste, Centro-Oeste e Norte, a se perpetuarem nas atuais condições de atraso, impossibilitadas de oferecer atrativos na área do ICMS, para compensarem as desvantagens comparativas que as caracterizam.

Uma batalha já foi vencida pela União. Conseguiu disseminar pelo país a concepção de que há uma "guerra fiscal" entre os Estados-membros, procurando atrair investimentos ou favorecer seus setores econômicos, via incentivos do ICMS. Camuflou-se a guerra da União contra os Estados-membros e Municípios.

Realmente, há alguns conflitos regionalizados, mera guerrilha de atrito entre eles. A verdadeira guerra, real e de magnitude, é o ataque realizado pelo PIS e pela COFINS, que devem saturar, com arrecadação de 80 bilhões neste ano, as bases de incidência do ICMS. É evidente que uma carga tributária global situada em cerca de 36% do PIB nacional torna difícil arrecadar todo o potencial do ICMS, pois já se chegou ao ponto de saturação da pressão fiscal. A sobrevivência das empresas está a indicar a multiplicação da patologia tributária – evasão, sonegação, descaminho e elisão tributárias. Nisso tudo, o elo mais fraco é o dos Estados-membros, incapazes de conter a resistência à tributação, cujos sinais estão evidentes.

A Constituição consagra como objetivo da República erradicar "a pobreza e a marginalização e reduzir as desigualdades regionais" (art. 3º, III), e a disciplina da ordem econômica determina "a redução das desigualdades regionais e sociais" (art. 170, VII), e há a orientação orçamentária no sentido de que o plano plurianual de investimentos, o orçamento fiscal e o orçamento de investimentos das empresas estatais terão, entre suas funções, a de "reduzir desigualdades inter-regionais" (art. 165, § 7º). São poderosos os dispositivos destinados ao combate à pobreza e à marginalização sócio-econômica e à promoção do desenvolvimento regional. Um dos meios para alcançar tais objetivos são os incentivos do ICMS.

O Sul e Sudeste – maravilha, industrializado e em desenvolvimento mais adiantado – também têm seus bolsões subdesenvolvidos: o Espírito Santo; o Vale da Ribeira, abrangendo São Paulo e Paraná; o Norte de Minas Gerais; o Sul e o Noroeste do Rio Grande do Sul; o Noroeste do Rio de Janeiro; o Oeste de Santa Catarina.

É de clareza solar – dada a relevância constitucional atribuída à erradicação da pobreza e à eliminação das desigualdades regionais – que a castração do ICMS, tornando-o um "eunuco tributário", é inconstitucional. Constitui questão vital que envolve não somente os Estados-membros menos desenvolvidos, mas também os do Sul e do Sudeste, pois a pobreza e a marginalização estão nos seus grotões.

Em verdade, tal reforma não trará o que tem sido proclamado. Debilitará ainda mais as finanças estaduais, ao propiciar a maior concentração do poder tributário nas mãos da União – coisa que nem a poderosa ditadura militar conseguiu realizar.

A unificação da legislação tributária a ser feita pela União, dispondo sobre todos os aspectos substanciais e acessórios do principal imposto do país – o ICMS –, retirará dos Estados e do Distrito Federal a capacidade de decidir sobre sua mais importante fonte de receita.

Vai-se acentuar a anemia das finanças estaduais, ao se retirar das Assembléias Estaduais a capacidade de dispor sobre a fixação de alíquotas e o estabelecimento de incentivos e isenções para atrair investimentos ou fomentar os setores econômicos e atividades que se deseja estimular.

Será um forte golpe na autonomia financeira dos Estados, do Distrito Federal e dos Municípios, eis que a estes pertencem 25% da arrecadação realizada no ICMS.

Infelizmente, a compreensão sobre o funcionamento do nosso conjunto de impostos, taxas e contribuições é muito superficial, e a enganação predomina, utilizando os meios de comunicação, cada vez mais domesticados aos interesses dos poderosos – no caso, a União, ávida de dispor da competência de legislar sobre todos os aspectos do mais importante tributo do país, conquistando a maior concentração de poder de tributar da nossa história republicana.

A União tem-se revelado inidônea para promover o desenvolvimento nacional. Não presta adequadamente os serviços públicos básicos que lhe são afetos – educação, saúde, previdência e assistência social, segurança pública. E, na área das obras públicas, não realiza o investimento elementar –

na conservação das nossas estradas, cada vez mais deterioradas, a reduzir a existência útil dos veículos e a ceifar a vida de milhares de pessoas, pelos acidentes que os buracos eternizados e o asfalto desaparecido proporcionam.

O desenvolvimento regional não é prioridade. Em verdade, as instituições que poderiam capitaneá-lo foram extintas – a SUDENE, para o Nordeste, e a SUDAM, para a Amazônia –, e as agências que substituíram essas autarquias são impotentes e inoperantes.

Não há uma política de desenvolvimento que privilegie as áreas e regiões mais atrasadas do país. A prevista proibição de concessão de incentivos, benefícios e incentivos no âmbito do ICMS significará eternização das regiões e populações mais desassistidas no seu estado atual de atraso e inferioridade em relação aos Estados desenvolvidos e industriais, de economia avançada.

Norte, Nordeste, Centro-Oeste, ficarão condenados a constituir economia primária, fornecedora de produtos da agropecuária e do extrativismo mineral e florestal; a arrecadação desses produtos será mínima, eis que serão fornecedores de alimentos (agricultura e pecuária) que terão, entre as cinco alíquotas previstas, a menos elevada. Por outro lado, os minerais e os produtos da floresta – madeira principalmente –, sendo insumos estratégicos, deverão ter alíquotas baixas, para não encarecer o sistema produtivo do país. Se esta produção destinar-se ao exterior, aí será a tragédia financeira, posto que está prevista a imunidade para os produtos exportados.

Inviabilizada a arrecadação baseada na sua produção típica, pois para ela estão previstas, pela seletividade do ICMS, as menores alíquotas entre as cinco previstas, far-se-á a arrecadação baseada na alíquota das mercadorias em geral, que inevitavelmente será a mais elevada.

É desumano e egoístico condenar constitucionalmente que a corda deva sempre romper do lado mais fraco. A Nação se constrói com base na solidariedade e na justiça e no desejo do destino comum pela garantia do desenvolvimento nacional, erradicando a pobreza e a marginalização e reduzindo as desigualdades regionais e sociais – que, aliás, constituem os objetivos fundamentais da República Federativa do Brasil, como previsto no art. 3º da nossa CF. É dever do Executivo e do Legislativo assegurar a efetivação de tais fundamentos. E não os trair, como se desenha.

Finalmente, se o objetivo efetivo é o de se pacificar a belicosidade dessa alegada "guerra fiscal", a Constituição possibilita que isso seja feito mediante a edição de lei complementar (art. 146, I), ao estabelecer que cabe a ela "dispor sobre conflitos de competência, em matéria tributária, entre a União, os Estados, o Distrito Federal e os Municípios". Além disso, se a intenção efetiva é evitar a proliferação de benefícios fiscais no âmbito do ICMS, concorrendo predatoriamente para atrair investimentos para determinados Estados, a solução é restaurar o Conselho de Política Fazendária/ CONFAZ, aos objetivos previstos no art. 155, § 2º, XII, "g", da CF, evitando a invasão de competência que se tem praticado, com a cumplicidade dos Executivos Estaduais, tratando em convênios, inconstitucionalmente, de matérias afetas às Assembléias Estaduais.

Nossa Constituição tem sido vulgarizada com cerca de 50 emendas, aí incluídas as revisionais, promulgadas ao longo da sua curta vigência. Pode ser sanados desvios e incorreções de realidade tributária do país sem necessidade de reformas constitucionais traumáticas. Basta que haja boa-fé e desejo construtivo de melhorar o que está aí. A realidade tributária é sempre imperfeita, sendo suscetível de aperfeiçoamento constante. Sem traumatismos. Basta executar o que a Constituição estabelece. Sua potencialidade possibilita se realize o aperfeiçoamento do ICMS por meio de lei complementar, sem golpismo ou objetivos imperialistas internos. Boa-fé, diálogo e "mãos-à-obra" constituem um caminho construtivo para tanto.

Muito obrigado! *(Palmas)*

PRESIDENTE DA MESA (PROFA. ELIZABETH NAZAR CARRAZZA) – Obrigada, professor Osíris! Como sempre, as observações feitas pelo ilustre Professor são oportunas e inteligentes.

Dando seguimento aos trabalhos, vou, agora, passar a palavra ao professor Marcelo Salomão, jovem e talentoso jurista, cuja trajetória brilhante venho acompanhando com viva satisfação. Hoje teremos o prazer de ouvi-lo falar sobre um dos temas de sua especialidade: "ICMS e Substituição Tributária". Tem a palavra, professor, pelo prazo de 20 minutos.

PROF. MARCELO SALOMÃO – Bom dia a todos! Bom dia, prezada professora Elizabeth, minha querida professora e ilustre Presidente da Mesa. Professor Alcides, professor Osíris, professor José Roberto, professor Aires, Presidente do IGA, professora Maria Leonor Leite Vieira, professor Paulo de Barros Carvalho, Presidente de Honra, agora, deste nosso instituto, prezados Congressistas. O prazer de estar aqui é gigantesco. Este é um Congresso em que eu sempre vim, e continuo vindo para aprender com meus grandes professores. Daí por que impossível não revelar a emoção deste aluno de estar perante os Senhores. E daí o porquê da minha retirada da Mesa. Agora, sim, voltamos a ter uma Mesa de professores, dos meus professores.

A segunda razão de eu sair da Mesa e me dirigir a este púlpito é o tema. Inicio dizendo do prazer que foi o momento em que chegou o convite do professor Aires para que eu estivesse aqui, neste lugar, neste momento. É realmente um momento emocionante, eu chegei a querer gravar o convite pelo telefone. Mas esse prazer, que dura pelo resto da vida, vem acompanhado de um peso provisório (esse dura menos, até a hora da palestra ou até pouco tempo depois), que é conseguir fazer uma palestra no nível do IGA, no padrão que o Instituto Geraldo Ataliba merece. E o tema "Substituição Tributária" é realmente intrigante, e me abala muito. Meus amigos do escritório ameaçaram me dar uma camisa-de-força para que eu viesse aqui falar-lhes sobre ele de maneira mais controlada, tamanha a ojeriza que eu lhe devoto.

Acredito que todo mundo que atua com o direito tributário – ou pelo menos a grande maioria destas pessoas – odeia a substituição tributária. Odeia porque ela destrói as premissas básicas que nós encontramos na Constituição, a garantia mínima do cidadão de que vai pagar tributo apenas se praticar um fato previsto na lei. Isso me parece garantia básica para todo contribuinte. Foi isso que o saudoso Geraldo Ataliba tanto urrou para os nossos ouvidos, e juro a vocês que continuo ouvindo.

Então me pareceu, na hora em que recebi o convite, que a idéia não era que eu ficasse aqui, efetivamente, batendo na substituição tributária com todos os argumentos que meus grandes professores já usaram – inclusive o professor José Artur, que já o fez neste próprio Congresso, com sua habilidade de sempre. Ficou claro que não era para eu reiterar o que o professor Roque, o professor José Eduardo Soares de Melo, o professor Aires, a professora Misabel, o professor Sacha, já nos disseram por diversas vezes, demonstrando o absurdo de tal instituto. Ou, ainda, o que o professor Alcides – que não gosta de ser chamado de "papa", então não o chamarei de "papa do ICMS" – me revelava quando falávamos do tema que iríamos abordar, e ele assim se manifestou: "Esse tema é pornográfico!". Eu pedi autorização para citar!

E é assim que eu o vejo, uma "pornografia tributária". Mas, depois que o STF acolheu essa "pornografia", acolheu uma Emenda que ainda não sei qual verbo utilizaram para conseguir inserir na Constituição Federal – não sei se foi "socar" ou se foi "carcar" –, porque pegaram nosso art. 150, que traz nossas maiores garantias constitucionais, relacionadas a legalidade, retroatividade e anterioridade, e disseram: "Ah, além de todas essas garantias, os entes tributários agora podem cobrar tributo sem que ocorra o fato gerador, ou pelo menos antes que ocorra o fato gerador"...

O professor Souto Maior Borges, ontem, nos chamou a atenção dizendo que quem percorre os mesmos caminhos chega sempre nos mesmos lugares. Daí o porquê da idéia de avançar, de aceitar com toda a irresignação possível esta inconstitucionalidade que hoje temos, que vigora, e que o STF aceita, para analisar o passo seguinte, que me parece extremamente oportuno, que é saber (e está em julgamento no STF) o que fazer diante desta realidade, ou seja, diante da situação atual, onde o STF reconheceu a constitucionalidade da substituição tributária para a frente. Será que há direito, ou não, para devolução do ICMS cobrado a mais em função da substituição tributária?

É inacreditável termos que discutir isso, mas é exatamente o que considero salutar fazermos neste momento, para, pelo menos, tentarmos garantir que não fique autorizada a cobrança de imposto a maior, a mais do que é autorizado pela Carta Magna.

Diante disso, consideraremos, a partir de agora, constitucional a Emenda 3/1993, em especial na parte em que constitucionaliza a substituição tributária para a frente. Analisaremos o passo seguinte: o que a Constituição ordena que se faça quando os Estados, através da substituição tributária, exigirem mais ICMS do que o que foi presumido?

O art. 150 da CF ganhou o malsinado § 7º, que diz que "a lei poderá atribuir a sujeito passivo da obrigação tributária a condição de responsável pelo pagamento de imposto ou contribuição cujo fato gerador deva ocorrer posteriormente, assegurada a imediata e preferencial restituição da quantia paga caso não se realize o fato gerador presumido".

Por essa letra, algumas coisas já ficam evidentes. Primeira: que a ordem é que a devolução seja *imediata e preferencial*. Vou tentar também não perder muito tempo aqui, porque, inacreditavelmente, nossos representantes no Congresso Nacional disseram que seria interessante alguma coisa como 90 dias para o conteúdo semântico de "imediato e preferencial". Desculpem-me, é muito difícil aceitar isso, ainda mais sabendo que na prática se faz o pedido e rarissimamente se consegue (eu desconheço casos concretos no escritório em que atuo e em vários outros com que mantemos contato) nesses 90 dias que o Estado prontamente concorde com essa devolução do que foi cobrado a maior, mesmo estando detalhadamente demonstrado e mesmo existindo previsão legal expressa determinando tal devolução.

Como é possível desvirtuar tanto o comando constitucional? "Imediato e preferencial" deve ser entendido por nossos legisladores, seja de que escalão for, como algo urgente e primordial. Chega a nos dar vontade de propor um exercício mental aos legisladores para lhes ensinar o correto sentido destas palavras, algo como eles se imaginarem sofrendo um ataque cardíaco e necessitando de socorro, e que, pedindo ajuda de forma "imediata e preferencial", descobrissem que, em termos médicos, isto equivaleria a 90 dias. Será que, aí, ficaria fácil entender "imediato e preferencial"? Será que, aí, mudaria o conceito para nossos Poderes Legislativos Estaduais?

Por que será que o professor Paulo de Barros Carvalho insiste tanto, tanto, tanto, para que nós estudemos linguagem? Provavelmente para não aceitar que alguém chame o que a Constituição chama de "imediato e preferencial" de "90 dias". Para que Estado nenhum consiga ainda aumentar, triplicar, quadruplicar, esses 90 dias, e desrespeitar essa devolução.

O passo seguinte é: a Constituição está dizendo que, quando não ocorrer o fato presumido – ou seja, aquele fato que se imaginava quando se cobrou antecipadamente o tributo, via substituição tributária –, deve ser devolvido. Mas é claro que deve ser devolvido! Isto continua sendo uma Democracia, uma República, e aqui quem pega algo a mais tem que devolver, se é de outrem. Isso não é só no tributário. E eu não sei por que, às vezes, questões que são absolutamente tranqüilas em outros ramos do Direito se complicam no tributário. E parece que, na hora em que vêm para o ICMS, complicam muito mais.

Já que temos que conviver com isso, é importante que analisemos as características da substituição tributária. E a principal delas é a transferência de responsabilidade tributária do substituído para o substituto. Só que a responsabilidade que se transfere obrigatoriamente contém uma presunção provisória de qual valor vai ser pago no fato futuro. Noutro dizer, é a autorização constitucional para que os Estados brinquem de "Mãe Dinah". Como o que foi transferido foi aquela obrigação que tem que ocorrer de verdade – exatamente aquela obrigação, e nada mais que ela –, fica claro que, se a obrigação futura não ocorrer nos exatos moldes em que se previu, o dinheiro deve ser devolvido, se foi cobrado a maior; e que se poderá cobrar a diferença, se foi exigido a menor. Não se quer ficar com coisa alguma que não seja de quem a Constituição diz que é.

O que é do contribuinte é do contribuinte; e o que é do Fisco é do Fisco.

Inacreditavelmente, o STF, numa decisão relatada pelo ministro Ilmar Galvão, primeiro vem e diz que seria absolutamente inconstitucional não se devolver aquele valor cobrado a maior. Num segundo momento o STF decide que não, que o exame daquele caso concreto (e é isso que eu vou tentar trazer aos Senhores) implicava não autorizar a devolução. E eu vou fazer, rapidamente, a análise desse caso concreto, para separar do de São Paulo. Por quê? Porque houve uma questão de ordem maravilhosa no STF. Nunca poupamos nossas críticas a algumas decisões do STF que, no nosso sentir, foram muito mais políticas que jurídicas. Inobstante estes posicionamentos, nunca deixamos de acreditar que devêssemos levar as questões tributárias constitucionais para a análise final do guardião da Constituição. Assim, acompanhando este tema de perto e seu desenrolar no STF, nos vemos obrigados a fazer os seguintes registros.

A questão em Alagoas – essa primeira ação direta de inconstitucionalidade – analisa o decreto que regulamentava o Convênio 13/1997 e que lá colocava a substituição tributária como uma faculdade. Ou seja, dava-se a opção de uma redução de base de cálculo, que geraria uma alíquota próxima de 12%; aí, sim, quem optasse pela substituição tributária teria essa redução. E mais umas condicionantes, como desistir de qualquer ação contra o Estado sobre substituição tributária, desistir de pedidos de restituição da diferença... Era, então, era uma situação concreta diferente da legislação paulista.

Lá em Alagoas, pelo convênio, expressamente não se autorizava a devolução. E é por isso que foi tão motivador verificar, na questão de ordem, o voto do ministro Cézar Pelluzo, que ficou disponível pela TV Justiça. Deixou claro o ministro Pelluzo que há uma diferença concreta dos casos; e foi por verificar esta fundamental diferença das legislações que o ministro se posicionou favorável a que o STF analisasse novamente a questão da substituição tributária. Em nosso sentir, foi espetacular esta posição, mostrando, além dessas diferenças concretas, que o STF – na lição do professor Clèmerson, que falará para nós – não pode ficar engessado. E mais: o art. 102 da CF, quando fala do efeito vinculante, diz expressamente que aquela decisão vinculará os demais órgãos do Poder Judiciário e o Poder Executivo. Não diz que o próprio STF deve ficar fixo nisso, ainda mais no momento que nós vivemos, de novos ministros chegando ao STF. Ressaltando-se, ainda, que os ministros que se aposentaram recentemente, todos sem exceção, votaram pela não-devolução.

Voltando ao caso concreto, lembramos que a legislação de São Paulo prevê expressamente a devolução do que for cobrado a maior. É dizer, impõe a lei paulista não só a devolução quando não acontecer o fato gerador, mas também a devolução daquele imposto cobrado a maior, quando se verificar, no fato que legitimou aquela cobrança antecipada, que o Estado cobrou a mais – e, portanto, está indevidamente com o dinheiro do contribuinte. Então, vejam que a situação concreta da análise do STF é realmente diferente. Aqui, o próprio Estado autoriza.

Eu vou dizer algo a vocês – e até estava contando com a presença do Secretário da Fazenda do Estado de São Paulo (que também seria palestrante nesta Mesa) para dizer o que anotei, porque achei impressionante, na Exposição de Motivos da lei paulista, qual a razão da inserção, pelo Estado de São Paulo, da cláusula de devolução. E eu fiquei encantado, daí por que me surpreender de o próprio Estado, agora, ir contra essa lei, visando à declaração de sua inconstitucionalidade. Disse o Governador do Estado: "Tornar o instituto mais democrático, ofertando aos contribuintes maior segurança jurídica". E agora é ele, o Governador, dizendo que não, que essa devolução é inconstitucional. Aquilo que foi colocado para tornar mais justo, para respeitar a segurança jurídica, agora se tenta tirar. É realmente difícil de "engolir", de aceitar, de respeitar!

Essa é a situação concreta. Esse voto foi prolatado com extrema atenção ao caso concreto e perfeita aplicação do direito positivo. Assim, por questão de justiça e para que fique claro que minhas críticas são pontuadas a algumas decisões do STF, faço questão de registrar neste momento, neste auditório, neste evento, meu elogio ao ministro Pelluzo e a importância de que os ministros tenham bons assessores em todas as áreas. Sou daqueles que não cobram que os ministros efetivamente conheçam todas as áreas do Direito, porque isso me parece absolutamente impossível. A coordenação e as decisões devem ser deles, é claro. Mas é fundamental que estejam bem, muito bem assessorados. Seus assessores devem ser altamente especializados, para que possam realmente somar, contribuindo com os ministros na difícil função de falar por último. É óbvio e peremptório que as decisões sejam proferidas pelos ministros, mas a cada dia fica mais evidente, para mim, a importância dos assessores dos ministros nos Tribunais Superiores. Estou insistindo nisto para demonstrar a importância deste Congresso, a relevância da homenagem que foi feita ao professor Paulo, porque, hoje, quem assessora o ministro Pelluzo na parte tributária é fruto destes Congressos, é fruto do IDEPE e é filho do IBET *(truncamento da gravação)* e está presente neste auditório, o Dr. Aldo de Paula Jr. Sendo assim, emocionado diante de um voto tão atento e profundo, nitidamente fruto de muita dedicação do ministro Pelluzo e seu assessor, registro meu elogio ao Dr. Aldo! *(Palmas)* Um voto como este começa a me dar esperança de que o direito tributário passa a ser cuidado por gente que efetivamente dele entenda. O ministro entende, e – sabemos todos – sempre foi cultor do direito público. Mas o que se vê são as lições deste Congresso, as lições de tributário, a Constituição, sendo levadas ao STF de uma forma que, me parece, fazia tempo que não eram levadas.

Bem, voltemos, então, ao caso concreto. Como fica São Paulo? O voto do ministro Pelluzo é no sentido de que é obrigatória a devolução, porque é característica essencial da substituição tributária, quando há a transferência dessa responsabilidade do substituído para o substituto, desse recolhimento antecipado, o *ajuste final*. E, se esse ajuste não for feito, aí, sim, podemos fazer toda aquela gritaria, em que talvez precisassem colocar camisa-de-força em mim de verdade, para dizer: é evidente que, se não se devolver, se fere mais uma vez a legalidade, a tipicidade. Vira confisco, porque não foi ICMS que foi cobrado, se criou um novo tributo.

Se a base de cálculo – como ensina o professor Paulo de Barros Carvalho – não confirmar a hipótese de incidência, qual será o imposto? Era para ser de circulação de mercadoria, mas o excesso certamente não o será. Aliás, parece que isto fica claro no voto do ministro Pelluzo, que só se admite a substituição tributária daquilo que o ente tributante possa tributar, tenha competência para tributar. Então, aquilo seria mera antecipação. Depois que acontece o primeiro fato do ciclo econômico, do qual devem, provavelmente, decorrer naturalmente outros fatos, aí, sim, se poderá falar em substituição tributária, mas desde que haja um obrigatório ajuste no final do ciclo, para que se apure se o que foi cobrado antecipadamente é o valor correto do tributo. Aquilo que foi uma antecipação, visando a facilitar a arrecadação, o controle, evitar a sonegação, não pode ser mais que o montante real do tributo devido. É dizer, jamais essas razões que "justificam" a substituição tributária vão poder permitir o enriquecimento sem causa do Estado, em detrimento dos contribuintes.

A chamada deste Congresso é para que levemos em conta os direitos e garantias individuais. Se é assim, insisto que não consigo admitir que alguém fique indevidamente com algo de outra pessoa. Seja em que ramo do Direito for, esta pessoa certamente não merecerá respeito. Pelo contrário, deverá ser punida. Eu vejo muito mal alguém que fique nesta condição, e pior quem insiste em se manter nela!

Assim é também na parte tributária; alguém que cobrar algo que, por imposição constitucional, deva ser devolvido terá obrigatoriamente que fazê-lo, sob pena de inconstitucionalidade e de nítido enriquecimento ilícito. Aliás, para que o STF possa manter sua coerência – pois assim já decidiu sobre o empréstimo compulsório dos combustíveis e veículos, ao ordenar que a União devolvesse algo que pegou para restituir –, esperamos, ansiosamente, que esta brilhante decisão do ministro Pelluzo seja vencedora, pois determina exatamente isso, ou seja, que, feito o ajuste final, encontrada diferença, seja restituída imediata e preferencialmente ao contribuinte.

Agora, a pergunta que não quer calar: como devemos tratar quem não devolve algo que tem que devolver, por ser de outrem? Quem, mesmo sabendo desta obrigação, fica esperando provocação judiciária? Não consigo imaginar outro termo que não seja *ladrão*! Quem fica com algo dos outros, sem autorização para tanto, é *ladrão*!

Ficar com algo que não é meu, contrariando a Constituição, parece algo absolutamente inadmissível numa República. Pior ainda é conceber – como foi o desabafo do professor Estevão, que me fez lembrar muito o professor Geraldo Ataliba –, imaginar, que quem esteja fazendo isso seja o próprio Estado! Viva o princípio da moralidade! Acrescento ao princípio da moralidade o princípio da eficiência, que é cumprir a Constituição, e com pressa. Com pressa, porque, neste país, deixar de devolver o tributo que foi cobrado antecipadamente e com valor a maior pode matar a empresa e quem dela vive. E o pior: mata! É a isso que estamos assistindo nos nossos escritórios.

Então, concluo – para não estourar meu tempo –, que vejo como decorrência natural, já que temos que aceitar a substituição tributária no Brasil, que é impossível juridicamente, em face da nossa Constituição, que os Estados fiquem com algo que não é seu.

A frase que me vem à cabeça para encerrar é: "A César o que é de César". Nem mais um centavo.

Muito obrigado! *(Palmas)*

PRESIDENTE DA MESA (PROFA. ELIZABETH NAZAR CARRAZZA) – Obrigada, Professor, pelas suas judiciosas considerações! Sem maiores delongas, tenho a honra de passar a palavra ao meu Mestre – aliás, Mestre de todos nós –, o eminente professor Alcides Jorge Costa, que vai discorrer sobre o tema "Questões Atuais do ICMS (Créditos e Incentivos Fiscais)".

PROF. ALCIDES JORGE COSTA – A todos os membros da Mesa, aos organizadores deste Congresso – aliás, muito bem organizado e brilhante –, meus cumprimentos! Associo-me à homenagem mais que merecida ao professor Paulo de Barros Carvalho, cuja atuação dispensa qualquer comentário; todos a conhecem. Cumprimento a todos os presentes e passo diretamente ao tema que me foi atribuído, que é "Questões Atuais do ICMS (Créditos e Incentivos Fiscais)".

Eu diria que estes próprios créditos e incentivos fiscais não são questões atuais, são questões *perenes* do ICMS. Para começo de conversa, os créditos são uma peça essencial neste imposto. E por quê? Este imposto foi ideado como um imposto sobre o valor agregado, e eu aqui quero fazer uma qualificação. Eu não vou medir, obviamente, o valor agregado em cada operação. Isto não tem sentido, nem é isto que a lei diz. No entanto, a concepção geral deste imposto baseia-se realmente na tributação do valor agregado, e isto não é alguma coisa meramente teórica; isto tem uma importância prática.

Sempre que entrego uma mercadoria ao consumidor, vejo o imposto recolhido no curso todo, e concluo que o imposto recolhido dá uma quantia maior que aquela que resulta da aplicação da alíquota à venda final; então, eu aí tive cumulatividade no meio do caminho, e é preciso evitá-la. De modo que este jogo de créditos e débitos tem uma importância absolutamente considerável; é da essência deste tipo de tributo, é essencial.

Eu diria que no Brasil colocamos na Constituição que este imposto é não-cumulativo. É uma regra constitucional. Não se trata exatamente de um princípio da não-cumulatividade, mas tecnicamente isso é uma regra constitucional. Colocamos e verificamos que é um pouco vã. Aliás, se houvesse bom senso nada seria na Constituição, porque nenhum outro país que tem este tipo de imposto tem uma regra constitucional dessa ordem.

Mas a própria Constituição diz o seguinte: *a isenção ou não-incidência, salvo determinação em contrário da legislação, não implicará crédito para compensação com o montante devido nas operações ou prestações seguintes, e acarretará a anulação do crédito relativo às operações anteriores.* Bem, isso nos leva a um outro ponto. É da boa técnica deste imposto que não haja isenções no meio do caminho, porque elas perturbam o sistema. E, a rigor, a Constituição já está perturbando o que ela mesma cria, quando diz que os créditos serão cancelados.

Não estou dizendo que a operação isenta deve dar direito a crédito. Nem estou dizendo que a venda de produto com isenção não deva provocar o estorno do crédito. Não estou dizendo isso, é outro assunto. O que eu estou dizendo é que, ainda que aquele produto seja isento, essa regra, que é aplicada com rigor pelos Estados, elimina os créditos anteriores, que já oneraram tudo aquilo – e ,portanto, se dali para a frente há pagamento do imposto, há uma claríssima cumulatividade.

Por que é que se procura evitar a cumulatividade? Pelos evidentes e claros males econômicos que ela traz, um dos quais é a perturbação do mecanismo da livre concorrência – entre outros vários, sobre os quais não cabe, agora, dissertar. Aliás, é curioso que entre nós fala-se muito da *não-cumulatividade*, e muitas vezes é invocada um pouco em vão, e não se fala na *cumulatividade*. É meio claro que, se eu vou fazer a negativa, tenho que saber exatamente o que é que estou negando; se não, fica uma coisa vaga e vazia.

Mas, de qualquer forma, aqui no Brasil a não-cumulatividade nunca foi aplicada rigorosamente. Erigimo-la em regra constitucional e depois simplesmente a desobedecemos. Isso vem desde a origem, porque, quando foi criado o ICM, embora a Constituição deixasse tudo em aberto para este mecanismo, na verdade o Brasil adotou o mecanismo da penúltima lei francesa antes da TVA; não da última, onde realmente a cumulatividade foi abolida. A lei francesa foi modificada pela gritaria geral que havia naquele país contra a cumulatividade. E nós copiamos a penúltima lei. Chegamos ao ponto final da evolução 30 anos depois, com a Lei Complementar 87/1996, que, dando o crédito de tudo, eliminou a cumulatividade. Mas foi ilusão de que chegamos ao ponto final, porque se vem adiando sucessivamente o crédito de várias coisas: o crédito de energia elétrica, o crédito de bens de consumo, isto e aquilo. Isso, obviamente, é um componente de cumulatividade deste imposto. É um componente de cumulatividade deste imposto, com reflexos vários na economia decorrentes da cumulatividade.

Então, estamos nessa situação. São freqüentes as isenções dadas no meio do caminho, e estas isenções são perturbadoras do sistema, porque também não seria fácil a apropriação dos créditos anteriores àqueles da isenção. Operacionalmente seria difícil, embora já tenha acontecido uma vez, quando existia o Instituto Brasileiro do Café. O IBC comprava o café dos produtores, e aí havia incidência do imposto. O IBC armazenava aqueles cafés, porque agia como regulador do mercado, e um dia os vendia às torrefações ou aos exportadores. Mas o IBC era governo, não estava sujeito ao imposto, de acordo com a Constituição do tempo. Hoje estaria, porque estaria praticando uma operação regulada pelo direito privado, e assim por diante, estaria cobrando o preço. Mas não estava, e ficavam aqueles créditos para trás. Os contribuintes reclamaram, e o STF decidiu que eles teriam direito aos créditos relativos àquele imposto que tinha sido pago com antecipação. Era um caso concreto em que não havia tanta dificuldade prática. Mas, de modo geral, a apropriação de créditos nestas circunstâncias é muito difícil, operacionalmente.

Todos sabemos de uma certa confusão que apareceu quando o STF decidiu (e agora parece que está voltando atrás) que as aquisições com isenção davam direito ao crédito como se o imposto tivesse sido pago. Aí veio o primeiro problema: se é isento, com que alíquota? Saiu aquela discussão: "Bom, aplica a alíquota do produto final". Também não sei se é uma boa solução, mas se decidiu assim. E agora está havendo a discussão no STF. A volta atrás, por enquanto, é maioria, mas o ministro Jobim, que lá para trás votou no sentido da concessão do crédito, agora, em vista dos argumentos apresentados pela Fazenda Nacional – estamos tratando, aqui, do IPI, mas eu saliento que o mecanismo dos dois impostos é absolutamente o mesmo, estruturalmente eles são iguais; a única coisa que os diferencia é que o IPI é cobrado só no ciclo industrial, e o ICMS é cobrado desde a produção até a entrega a consumo –, decidiu de forma muito curiosa: que o produto isento dá crédito, mas o crédito é só sobre o valor agregado por aquele que vendeu o produto isento. Agora, como é que o comprador vai saber qual foi o valor agregado pelo outro? Se é que o vendedor vai saber, em cada caso, qual é o valor agregado. Eu posso saber no fim, com o levantamento do balanço, qual foi o valor agregado daquela empresa naquele período. Já, na operação caso a caso, não; isso é praticamente impossível.

Estamos diante disto: isenções no meio do caminho são perturbadoras do processo, e aqui elas existem até em grande quantidade. Nós sabemos que essas isenções, benefícios e incentivos dependem do CONFAZ (na prática, já nem tanto, hoje em dia – mas isso é um problema a ser tratado adiante). E o CONFAZ sabemos que tem a cada ano uma catadupa de convênios dando isenção ou reduzindo a base de cálculo, o que não é isenção.

E, aqui, quero salientar o seguinte: na Constituição anterior a alíquota do ICM, ao tempo, era uniforme. E é óbvio que uma redução de alíquota era, então, uma isenção parcial; portanto, iria depender de convênio. Mudou-se a Constituição, e os Estados não tomaram conhecimento da mudança. Continuaram reduzindo as alíquotas – o que passou a ser papel exclusivo das Assembléias Legislativas. Mas isso foi absolutamente aceito, e as Assembléias Legislativas também nunca reclamaram dessa usurpação de funções, e os contribuintes beneficiados muito menos, porque quando se concede isenção ninguém vai reclamar que a isenção foi ilegal. Ninguém tem interesse nisso. Mas a verdade é que houve uma usurpação.

Tanto a redução de alíquota é uma isenção – e isso é um problema que se aprende no 1º ou 2º ano primário –, que, de uns cinco ou seis anos para cá, os Estados já nem ligam mais para isso e dizem, nos convênios: "Fica reduzida a base de cálculo de modo que a carga seja de tantos por cento". Mais claro que isso não é possível, mas continuam aplicando.

Então, tudo isso vai interferir no problema do crédito. Um outro aspecto que eu quero salientar é que aqui se fala em cancelar os créditos quando não houver incidência ou quando houver isenção. Não se menciona, aqui, a alíquota zero. E eu quero lembrar que o STF já vem decidindo de longa data, e maciçamente, que a alíquota zero não equivale à isenção. Portanto, se algum produto chega com alíquota zero, ele vai dar o direito ao crédito. Ou, se algum produto sai com alíquota zero, não se deve estornar os créditos que teve. Esta é a conclusão absolutamente lógica de tudo isso.

Agora até em matéria de IPI há lei admitindo o crédito de todo produto que é vendido a alíquota zero. Mas a alíquota zero, saliento, não é isenção, nem não-incidência. O STF assim já decidiu.

Muito bem. Há outros problemas ligados à isenção. Hoje a discussão está mais concentrada no IPI, em virtude de diferenças do texto constitucional. Mas no ICMS há outros problemas. É muitíssimo freqüente os Estados mandarem estornar créditos quando a alíquota aplicável ao produto vendido é inferior à alíquota aplicável aos insumos. Isso é inadmissível. É uma coisa muito velha, e tem nome na doutrina e tudo mais, e é unanimemente condenada. Essa regra do teto – vamos chamar assim em Português – é condenável, porque resulta em cumulatividade. Ela não pode ser aplicada, e os casos são muito freqüentes. Até atualmente existem, os Estados são renitentes nisso.

Então, esses são os problemas sempre presentes. E acrescento mais alguma coisa a respeito dessa famosa substituição tributária. Na substituição tributária o substituto paga o imposto, e dali para a frente ninguém paga mais. É claro que, se houver uma sucessão de operações com a mesma mercadoria, dali para a frente ninguém mais vai ter crédito. Do ponto de vista econômico-financeiro, e até dos reflexos legais, funciona bem se o produto ao qual se aplica a substituição é o produto final, tal como vai ser entregue ao consumidor.

Eu dou um exemplo: a cerveja está sujeita à substituição, mas uma cerveja que saia engarrafada e depois, espero, ninguém mexa nela até a entrega ao consumidor. Mas já têm havido casos de substituição aplicada a produtos que depois vão ser utilizados na fabricação de outros produtos que pagam o imposto. E aí há uma perturbação muito grande, porque, rigorosamente, este que compra alguma coisa à qual se aplicou a substituição não vai ter o direito a crédito. Algumas Administrações até admitem que, no caso, se faça o crédito daquilo que veio de trás. Mas este é um elemento perturbador. A todos os outros problemas da substituição acrescenta-se mais este.

Eu diria que isso é o mais importante, mais saliente, que existe no ICMS em matéria de créditos fiscais. Saliento que essa famosa não-cumulatividade continua não sendo aplicada. Essa regra continua não sendo aplicada até em virtude dos sucessivos adiamentos da vigência plena da Lei Complementar 87. Saliento também que dar crédito ao equipamento em 48 prestações nada tem de inconstitucional, porque o crédito a equipamento pode ser dado imediatamente, e nós vamos ter um imposto tipo *consumo*; ou pode ser dado à medida que o bem se deprecia, ou até em período mais curto, e vamos ter um imposto tipo *renda*. Os dois métodos são perfeitamente admissíveis; não há inconstitucionalidade alguma nisso.

E agora eu devo passar a outro tema, que são os incentivos. A Constituição começa falando que cabe ao CONFAZ resolver sobre isenções, incentivos e benefícios fiscais. Fazer a distinção entre *isenção* e *benefício fiscal* ou entre *incentivo* e *benefício fiscal* é meio complicado, porque eu teria que admitir, em princípio, que a isenção e o incentivo podem ser um malefício, já que estou separando as categorias. Então, fica muito complicado isso. E o que é um benefício? Aliás, na linguagem comum, embora não seja muito rigorosamente exata, fala-se muito na concessão de uma isenção como "foi concedido um benefício". O Estado parece que dispensa benefícios; as isenções devem ser dadas por outras razões. Isto é, pode causar certa perplexidade, mas que não tem tido conseqüência prática, pelo menos até agora.

Esses incentivos devem ser concedidos por unanimidade, assim como as isenções, exatamente para evitar o que está acontecendo, que é essa famosa "guerra fiscal". E por quê? Porque um dos aspectos básicos – e a neutralidade deste imposto diz respeito exclusivamente a isso, porque não existe imposto neutro em todos os aspectos –, a neutralidade deste imposto, a neutralidade a ser conseguida, é a neutralidade em relação à concorrência. E eu lembro que nossa CF consagra no art. 170, como um dos seus princípios, a livre concorrência. E por isso deviam ser concedidos por todos os Estados, mesmo porque, sendo o Brasil tão diversificado, se não fosse unânime a decisão os Estados podiam reunir-se e dar uma isenção que fosse absolutamente prejudicial a algum deles. Isso tem sido muito mal-compreendido, e eu lembro que a Organização Mundial do Comércio só toma decisões por consenso, por unanimidade também, exatamente pela mesma razão.

Esses incentivos (e não há tempo para descrever-lhes o mecanismo) com grande freqüência constituem um verdadeiro subsídio, um real subsídio àquele que goza deles. Subsídio que, obviamente, por existir e sendo aplicável diretamente à mercadoria, vai causar danos aos concorrentes – o que é muito claro. Aliás, saliento que o CADE produziu um parecer até bem alentado a esse respeito, e concluiu exatamente isto: que esses incentivos na maior parte das vezes ofendem a livre concorrência, a livre competição, de modo que são condenáveis até por isso.

Eles estão causando uma guerra, uma verdadeira (o nome é apropriado) "guerra fiscal", de modo que o Brasil, que tem um mercado comum natural, está se dividindo em 27 mercados diferentes. É um pouco como faz essa substituição no âmbito interestadual, que acaba forçando os contribuintes a se inscreverem numa porção de Estados, onde sequer nunca estiveram. Assim como há casos em que os contribuintes, premidos pelos Estados, fazem acordos; quando os Estados não têm acordo para substituição interestadual, o contribuinte faz o acordo diretamente com o Estado, e isto é extremamente condenável também, porque, se não fizer, o Estado vai cobrar o imposto na fronteira.

Esses são os males desses incentivos, tal como estão sendo praticados. Isso, obviamente, precisa de um paradeiro. E o paradeiro não é certamente o que consta da Emenda 42, que, falando aqui de uma inconstitucionalidade, daquele Fundo de Erradicação da Pobreza, diz, pura e simplesmente, que "os adicionais criados pelos Estados até a data da promulgação desta Emenda, naquilo que estiver em desacordo com o previsto nesta Emenda e na Emenda n. 31, terão vigência no máximo até o prazo previsto", que é 2010. Quer dizer, a Constituição diz, ela mesma: "Meus amigos, pratiquem as inconstitucionalidades que quiserem, que não tem a menor importância".

Bom, meu tempo se esgotou e eu não quero abusar. Já passei exatamente 30 segundos, e não quero abusar mais.

Muito obrigado a todos! *(Palmas)*

PRESIDENTE DA MESA (PROFA. ELIZABETH NAZAR CARRAZZA) – Muito obrigada, professor Alcides, pela sua – como sempre – magnífica participação nesta Mesa! É muito desagradável e penoso ter que ficar controlando o tempo das pessoas, ainda mais quando elas têm, como no caso, tanto a ensinar. Mas, como Presidente da Mesa, não tenho outra alternativa. Qualquer condescendência de minha parte acabaria prejudicando a programação da tarde, que será igualmente interessante.

Vou, agora, passar a palavra ao ilustre professor José Roberto Vieira, tributarista do Paraná, que, com sua habitual erudição, vai nos brindar com considerações acerca das "Questões Atuais do IPI (Créditos e Anterioridade)". Por favor, professor, pelo prazo regimental de 20 minutos.

PROF. JOSÉ ROBERTO VIEIRA – Eu não me sinto à vontade para lhes dar boa tarde plenamente, porque vocês ainda não almoçaram. E, como acabei de olhar no meu relógio, também não estou à vontade para lhes dar bom dia. De modo que apenas "olá" a todos!

Registro uma tripla satisfação por participar deste evento: a primeira porque, há muitos anos atrás, quando iniciava os estudos de Pós-Graduação, na PUC/SP, descobri a seriedade e a solidez dos eventos do antigo IDEPE, hoje IDEPE-Instituto Geraldo Ataliba, a quem agradeço o convite, na pessoa do professor Aires Fernandino Barreto, que preside o Instituto, e da professora Maria Leonor Leite Vieira, que preside este Congresso. O segundo motivo de satisfação é participar exatamente desta Mesa, presidida pela professora Elizabeth, que, aliás, compensa um pouco aquilo que, sem ela, seria uma feição com certeza exageradamente masculina desta Mesa. E uma Mesa composta pelo professor Marcelo, com toda a verve que ele demonstrou agora há pouco, a verve da sua juventude e da sua robustez científica; pela qualidade elevada e irrecusável, do ponto de vista científico, do professor Alcides; e pela ironia e sarcasmo característicos do professor Osíris. E deixei por último o professor Osíris porque...

PROF. OSÍRIS DE AZEVEDO LOPES FILHO – Ciência também, não é?

PROF. JOSÉ ROBERTO VIEIRA – Claro, sem dúvida. Mas o que chama a atenção é o acento, a conotação com que o professor Osíris faz Ciência. Eu estava a dizer que deixei por último o professor Osíris porque é ele o terceiro motivo da minha satisfação. Eu venho acompanhando a perseverança – que tenho admirado muito –, nos últimos anos, nestes eventos do IDEPE, de alguém do auditório que, durante a Mesa em que participa o professor Osíris, sempre manda, junto com as perguntas, uma observação acerca da sua agressão ao ambiente com o fumo desbragado que também o caracteriza. Deve ser a mesma pessoa que, desta vez, mandou o elogio mencionado agora há pouco ao professor Osíris. Mas como eu já tive a chance, em algumas outras oportunidades, de dividir a mesa com o professor Osíris, de ficar ao seu lado...

PROF. OSÍRIS DE AZEVEDO LOPES FILHO – O fumo não agride ninguém; o fumo dá resistência aos outros. *(Risos)*

PROF. JOSÉ ROBERTO VIEIRA – Essa, é claro, é a interpretação do professor Osíris. Eu, que estive ao seu lado em outras Mesas, como dizia, agradeço, aliviado, o fato de que, neste Congresso, ele venha mantendo sob controle esse hábito antiambiental. Se o hábito é passível de alguma crítica, sua atitude determinada de controle, esta é louvável!

Muito bem: "IPI – Questões Atuais: Crédito e Anterioridade".

Quanto aos créditos do IPI, escolho um tema que, neste momento, é objeto de reconsideração pelo STF – e, infelizmente, "reconsideração", pois creio que o entendimento já firmado é o melhor –, que é a possibilidade de créditos oriundos de operações anteriores beneficiadas. Eu chamaria assim genericamente – operações anteriores "beneficiadas" – porque incluo entre elas as operações isentas, as de alíquota zero, as imunes e aquelas em que houve "não-incidência".

Eu diria que todo o problema surge, aqui, em virtude do fato de que a Constituição, quando faz referência à regra – ou ao princípio, como quer o professor Alcides – da não-cumulatividade do IPI, no art. 153, § 3º, II, utiliza a expressão "*montante cobrado* nas operações anteriores"; e do fato de que o CTN, no mesmo assunto, no seu art. 49, faz uso da expressão "*imposto pago* nas operações anteriores".

São essas expressões literais do direito positivo – e vocês sabem o quanto de mal faz a força da literalidade no âmbito jurídico – que levam à interpretação hoje defendida pela Administração Tributária Federal em relação ao IPI, no sentido de que não haveria crédito de operações anteriores beneficiadas, uma vez que, nesses casos, não teria havido imposto "cobrado" ou "pago" em tais operações.

Trata-se de tese que habita o campo das impossibilidades jurídicas, pois não é possível ao industrial determinar o imposto cobrado ou pago na operação anterior. Nós sabemos que, do ponto de vista do adquirente dos insumos que foram industrializados, ele não sabe se aquele imposto que foi lançado na nota fiscal foi corretamente escriturado no livro de saídas; ele também não sabe se esse imposto foi devidamente transferido para o livro de apuração; ele não sabe, ainda, se o saldo apurado no período, na conta corrente do IPI do fornecedor, foi devedor ou credor; e, sendo devedor esse saldo, ele nem mesmo tem como saber se ele foi recolhido, ou não.

Por isso, há muito tempo Geraldo Ataliba e Cléber Giardino iniciaram a cruzada contra a interpretação literal nessa questão. Eu registraria uma primeira contribuição importante, da década de 1970, do professor Paulo Celso Bergstron Bonilha, reivindicando que nós interpretássemos o "pago" ou o "cobrado" de modo mais largo, e admitíssemos como imposto "lançado" nas operações anteriores; que depois foi superada pela interpretação de que o imposto deveria ser entendido não como "cobrado", não como "pago", não como "lançado", mas como imposto "incidente" nas operações anteriores. E aqui nós temos, além do professor Alcides Jorge Costa – no seu livro sobre *O ICM na Constituição e na Lei Complementar* –, nomes significativos da doutrina que defenderam esse entendimento, como os de Eduardo Domingos Bottallo, Ricardo Lobo Torres, José Eduardo Soares de Melo, e tantos outros.

E temos uma última interpretação, justamente aquela pela qual mais me inclino. Eu diria que se trata simplesmente do imposto "relativo" à operação anterior; o imposto – dizia o professor Ataliba – "potencialmente cabível". E é, hoje, vasta a doutrina nesse sentido: desde Geraldo Ataliba e Cléber Giardino até Hugo de Brito Machado e Paulo de Barros Carvalho, por exemplo. No entanto, para justificar esse tipo de interpretação, nós teríamos que ingressar – e vamos fazê-lo muito rapidamente, porque o professor Alcides já andou por aí – nos caminhos da não-cumulatividade, para entendermos o porquê da proposta desse tipo de interpretação.

Primeiro, há uma afirmativa – que eu também já fiz, e penso que é válida – de que o IPI, assim como o ICMS, ambos não são impostos sobre o valor agregado, do ponto de vista jurídico, porque sua base de cálculo não é o valor adicionado na última operação. Entretanto, é inevitável reconhecer que, do ponto de vista econômico, eles funcionam exatamente como impostos sobre o valor agregado; eles são impostos sobre o valor agregado, desse ponto de vista.

Vamos imaginar, por exemplo, o IVA europeu incidindo em algumas operações, com a alíquota sempre fixa de 10%, para facilitar – e, numa hora como esta, nós somos obrigados a facilitar tudo, para que seja possível o raciocínio, porque, eu não tenho ilusões, vocês não vão se alimentar intelectualmente com a nossa conversa, e eu sei que há outras necessidades chamando por vocês neste momento.

Imaginem uma primeira operação pelo valor de 100, com alíquota de 10%, totalizando 10 de IVA. Já na segunda operação, pelo valor de 200, com alíquota também de 10%, mas aqui aplicada somente sobre 100, que é o valor agregado nessa operação, teremos mais 10 de IVA. E numa terceira operação, pelo valor de 300, com alíquota outra vez de 10%, teremos novamente o imposto de 10, porque calculado apenas sobre o valor adicionado. O total do IVA a ser recolhido, nessa cadeia, é de 30. De outro lado, imaginemos o IPI. Na primeira operação, pelo valor de 100, 10% de IPI corresponde a 10 a recolher. Na segunda operação, pelo valor de 200, 10% de IPI é 20, mas são deduzidos os 10 da primeira operação, restando também 10 a recolher. Na terceira operação, pelo valor de 300, calculados os 10% de IPI, teremos 30, mas, deduzidos os 20 calculados na operação anterior, teremos outra vez 10 a recolher. O total do IPI a ser recolhido, ao fim da cadeia, é de 30 também, como no caso do IVA. Ou seja, em termos aritméticos, salvo determinadas modificações eventuais, aqui e acolá, da parte do legislador, o resultado final do IPI será equivalente ao resultado do IVA europeu.

Agora, imaginemos duas operações, sendo a primeira delas isenta. Primeiro, do ponto de vista do IVA: uma primeira operação pelo valor de 100, isenta, não há imposto algum; e uma segunda operação pelo valor de 200, com 10% de IVA, só que, como se trata de IVA, é calculado não sobre os 200, mas sobre os 100 adicionados nessa operação. Quanto de IVA é recolhido aos cofres públicos? Dez. Agora, consideremos as mesmas operações do ponto de vista do IPI: uma primeira operação pelo valor de 100, isenta, não há imposto algum, também; e uma segunda operação pelo valor de 200, com 10% de IPI, que corresponde a 20. Quanto de IPI é recolhido aos cofres públicos? A Administração Tributária Federal diz "20", porque não há imposto cobrado nem imposto pago na operação anterior.

Não lhes parece que se, nesse caso, calcularmos o IPI sobre 200, o valor da segunda operação, sem levarmos em conta o crédito relativo ao valor de 100, da operação anterior, o imposto estará sendo calculado sobre o valor acumulado?! Ou seja, sobre o valor agregado na última operação, sim, mas também sobre o valor da operação anterior – que, aliás, era isenta –, tornando o imposto absolutamente cumulativo e na contramão da determinação constitucional?! Esse é o primeiro problema relativo à recusa do crédito de operações anteriores isentas: o flagrante desrespeito à não-cumulatividade – vamos falar apenas em operações isentas, num primeiro momento.

Há, contudo, um segundo problema, que já é conhecido de todos também: é o fato de que, nesses casos, a isenção que houve na operação anterior tem sua natureza violada, tem sua natureza absolutamente vilipendiada, porque se transforma em uma postergação da incidência para a operação seguinte; transforma-se em um mero diferimento da incidência.

E há, por fim, um terceiro problema, muito bem identificado pelo professor José Souto Maior Borges, que é o fato de que, se todos os contribuintes do IPI pagam o imposto economicamente sobre o valor agregado, aquele contribuinte que utiliza insumos isentos da operação anterior acabará pagando o IPI não sobre o valor agregado, mas – isso, sim – sobre o valor acumulado! Em situação idêntica à dos demais contribuintes do IPI, este último está sendo tratado, evidentemente, de forma desigual, e o que resta nitidamente ferido, aqui, é o superior *princípio da igualdade*!

Sem ingressar em outras especulações, para as quais inexiste tempo disponível, limito-me a observar que exatamente esses mesmos problemas da recusa do crédito de operações anteriores isentas também ocorrem nos casos de negação do crédito de operações anteriores beneficiadas por imunidade, alíquota zero ou não-incidência!

Apenas para registrar, eu lembraria, ainda, mais um último argumento em favor dessa interpretação. É o fato de que, quando o texto constitucional estabelece a regra da não-cumulatividade para o ICMS, no art. 155, § 2º, I, segue-se um enunciado que veda o crédito na hipótese de isenção da operação anterior (art. 155, § 2º, II, "a"); mas, quando fixa a mesma regra para o IPI, no art. 153, § 3º, II, não volta a repetir esse enunciado restritivo. É evidente que só se pode presumir, *a contrario sensu*, que para o IPI essa vedação não tem a menor aplicabilidade e eficácia.

Faço, por fim, uma menção muito rápida à dificuldade relativa ao cálculo do crédito de IPI de uma operação anterior que foi objeto de isenção. Antes de tudo o mais, observo que isso não é um problema dos grandes, como pode à primeira vista parecer, porque em muitos casos – a maior parte, eu diria – antes da concessão da isenção havia, na Tabela de Incidência do IPI, na TIPI, hoje a aprovada pelo Decreto 4.542, de 26.12.2002, uma alíquota estabelecida. E, havendo alíquota fixada, é claro que essa deverá ser a alíquota utilizada. Já, quando não existe alíquota prevista, ou o produto era de alíquota zero, ou estamos diante das situações de imunidade ou de não-incidência, aí, sim, é que cabe a definição de um critério. Não acredito que exista, nesse caso, critério mais adequado que o sugerido pelos melhores juristas que já se debruçaram sobre o tema – como, por exemplo, pelos professores Eduardo Bottallo e Souto Maior Borges: a alíquota aplicável ao produto final. E aí vem a Procuradoria-Geral da Fazenda Nacional, no Parecer PGFN-405/2003, dizendo que é impossível a adoção desse critério porque a autoridade julgadora estaria escolhendo simplesmente a alíquota da operação seguinte, que nada tem a ver com essa, e estaria, assim, agindo como legislador positivo. É claramente falso esse tipo de raciocínio. Primeiro porque não há escolha alguma da parte da autoridade julgadora; trata-se da alíquota que o legislador escolheu. Segundo porque não se trata simplesmente da alíquota da operação seguinte; mas sim da alíquota da operação com o produto final que foi elaborado a partir desses insumos, da operação com o produto final que tem uma ligação íntima e profunda, física e corpórea, verdadeiramente visceral, com os insumos cujo IPI relativo nós estamos tentando identificar.

Estou...? **[Troca de olhares com a professora Elizabeth, que preside a Mesa, e que responde com sinal afirmativo]** É, estou mesmo! Bom, estou com o tempo bastante largo à minha vontade – a minha pergunta era essa, e assim a professora entendeu, não é? *(Risos)* Encaminho-me, então, para o final, e faço uma brevíssima observação quanto ao segundo subtema proposto, que era a anterioridade, em que acabei não tocando. *(Risos)* Mas, se disponho, ainda, de 30 segundos, Professora, eu o faço.

A Emenda Constitucional 42, de 19 de dezembro do ano passado, acrescentando a alínea "c" ao art. 150, III, estabeleceu a adição da anterioridade nonagesimal – antes prevista apenas para as contribuições sociais para a Seguridade Social – à anterioridade genérica, para os tributos em geral; mantendo o IPI como exceção à anterioridade genérica, como sempre foi, mas não o incluindo entre as exceções à anterioridade nonagesimal.

E isso foi bom, do ponto de vista do contribuinte do IPI? Sim, porque, além de seguir atendendo às possibilidades de utilização extrafiscal desse tributo, não necessitando aguardar o primeiro dia do exercício seguinte, quando houver alteração de alíquota, fica simultânea e razoavelmente protegido o direito do contribuinte à "não-surpresa", desde que ele contará sempre com o prazo mínimo de 90 dias para se adaptar às eventuais majorações do IPI.

Muito bem, e aí surge novamente uma interpretação marota e tendenciosa, que já foi veiculada no âmbito da Administração Tributária. Alega-se: naqueles casos do art. 153, § 1º, do diploma constitucional, em que se admite alteração de alíquota por decreto presidencial, para, no caso do IPI, reduzi-la até 0 (zero) ou aumentá-la em até 30 pontos percentuais (Decreto-lei 1.199, de 27.12.1971), não se aplica a anterioridade nonagesimal. E por quê? Porque a Constituição cogita apenas da "lei" que aumentou o IPI; e como, nesse caso, é um "decreto" que o está aumentando, então, não se aplicaria a anterioridade nonagesimal.

É mais do que evidente que tal raciocínio deixa enormemente a desejar. Se a lei do IPI tem que respeitar a anterioridade nonagesimal, é claro, é absolutamente manifesto, que o decreto, o "decretinho", obviamente, também tem que respeitá-la! Trata-se da mais primária e simplória das interpretações, acerca da qual dúvida nenhuma pode subsistir.

Meus amigos, encerro lembrando-os de que ambas as discussões aqui muito brevemente expostas – tanto no que diz respeito aos créditos de IPI de operações anteriores beneficiadas, quanto no que tange à sua anterioridade nonagesimal – se resumem à escolha crucial entre uma interpretação a partir meramente da literalidade, que é, mais do que pobre, paupérrima, e uma interpretação que olha para o conjunto do nosso texto constitucional, atentando para suas normas básicas e principiológicas, e que, por isso mesmo, mais do que rica, é verdadeiramente opulenta.

Muito obrigado, professora e amigos! *(Palmas)*

PRESIDENTE DA MESA (PROFA. ELIZABETH NAZAR CARRAZZA) – Muito obrigada, professor José Roberto Vieira! Como sempre, o Senhor nos encanta a todos pela sua verve e por suas oportuníssimas colocações. Vou pedir desculpas ao auditório, mas, dado o adiantado da hora, não teremos condições de passar para a fase das perguntas. Os Colegas que encaminharam perguntas à Mesa deverão procurar diretamente os palestrantes para obter suas respostas.

Por favor, estejam todos neste Plenário, às 14h, quando serão retomados os trabalhos. Agradeço a participação, nesta Mesa, dos professores Alcides Jorge Costa, Osíris de Azevedo Lopes Filho, Marcelo Salomão e José Roberto Vieira. Está encerrada a sessão.

MESA DE DEBATES "H"

PROCESSO ADMINISTRATIVO E JUDICIAL

PRESIDENTE DA MESA: PROF. JOSÉ HENRIQUE LONGO

MEMBROS DA MESA: PROFS. LÚCIA VALLE FIGUEIREDO, EDUARDO DOMINGOS BOTTALLO, MARIA LEONOR LEITE VIEIRA, DRA. ELIANA BERTACHINI E PROF. ESTEVÃO HORVATH

PRESIDENTE DA MESA (PROF. JOSÉ HENRIQUE LONGO) – *(Truncamento da gravação)* (...) ainda que no final desta jornada. Ainda mais com palestrantes do naipe dos que estão aqui ao meu lado, e que passo a apresentar: professora Lúcia Valle Figueiredo, Titular de Direito Administrativo e Coordenadora do Curso de Pós-Graduação da PUC/SP, na área de Direito Urbanístico e Ambiental, Desembargadora Federal aposentada do TRF da 3ª Região (com uma correção, aqui: que, apesar de todos conhecermos como Desembargadora, o correto seria dizer "Juíza") e Consultora Jurídica em São Paulo; professora Maria Leonor Leite Vieira, Professora de Direito Tributário da PUC/SP, Professora de Especialização do COGEAI/SP e do IBET, Diretora do IDEPE, Presidente deste Congresso, Juíza do Tribunal de Impostos e Taxas de São Paulo e Advogada; Dra. Eliana Bertachini, formada pela PUC/SP, com especialização também pela PUC/SP em Direito Tributário, Empresarial e Processual Civil, Mestranda na USP em Direito Processual Civil, exerceu a Advocacia por oito anos, atualmente Procuradora do Estado de São Paulo, exercendo a presidência do Tribunal de Impostos e Taxas de São Paulo; e professor Eduardo Bottallo, Diretor Vice-Presidente do IDEPE, Professor da USP e Advogado.

Então, seguindo a programação, eu passo a palavra à professora Lúcia Valle Figueiredo, que discorrerá sobre "O Processo Administrativo e as Decisões do Conselho de Contribuintes".

PROFA. LÚCIA VALLE FIGUEIREDO – Boa tarde para todos! Sr. Presidente desta Mesa, Dr. José Henrique Longo; Professor Eduardo Domingos Bottallo, professora Leonor Vieira e Dra. Eliana Bertachini. Foi com imenso prazer que acedi ao convite feito por este Congresso, na pessoa da sua Presidente, Dra. Leonor Vieira, e é um prazer que se tem repetido todos os anos. O tema é da minha especial predileção: o processo administrativo – e, por evidente, o processo administrativo tributário. É claro que o processo tributário tem ricas peculiaridades, mas está intimamente ligado ao processo administrativo.

Lá na sala onde estávamos reunidos antes, falei que iria pedir desculpas, inicialmente, para poder alojar as decisões do Conselho de Contribuintes à luz de um parecer da Procuradoria-Geral da Fazenda Nacional que não sei como chamar. "Malsinado"? "Nefasto"? "Nefasto" tem um caráter político, não é? É comum candidato chamar outro de "nefasto". Então, talvez evite essa nomenclatura.

Mas este parecer da Procuradoria-Geral da Fazenda Nacional de n. 1.087/2004 não poder ser considerado jurídico, consoante entendo. Para isso, tenho que começar lá atrás, vir desde o devido processo legal, como foi concebido – e vocês até vão dar risada, porque vou falar do devido processo legal concebido na época em que reinava o rei João-sem-Terra, na Inglaterra. É de 1215 a Carta Magna da Inglaterra, que depois vai passar para as Colônias Americanas e, finalmente, para a Constituição Americana.

Mas, para falar do devido processo legal, do que representou o devido processo legal na conquista de liberdades democráticas, de garantias fundamentais – e temos que lembrar que o mote deste Congresso são as *garantias fundamentais do contribuinte* –, tenho que dar essa recuada no tempo, e não só no tempo, mas também geograficamente, para ir até a Inglaterra e ver qual a razão do nascimento do devido processo legal.

Aqui (e vejam que séculos e séculos se passaram), estamos, talvez, ainda como estava lá o baronato, porque a Carta Magna aparece como defesa para os barões, que estavam um pouco cansados, um pouco fatigados, daquelas arbitrariedades do Rei, que fazia a lei e obrigava os súditos a cumprir a lei – e os súditos, em sua maioria, eram os barões –, para pagar tributos, evidentemente. Então, a Carta Magna é outorgada por João-sem-Terra como um elemento pacificador, na base de: "Vamos ver se agora eles não reclamam mais; já que têm a Carta Magna, vão ter que obedecer a essa Carta Magna". Embora fosse outorgada a Carta Magna, na verdade, pelo menos daquele ponto em diante, deveriam obedecer a ela.

O curioso nisso (e aí se vê como se atentava às garantias) é que a Carta Magna foi escrita em Latim. E por quê em Latim? Exatamente para que só servisse a uma casta, a dos barões. Os demais não tinham educação suficiente para conhecimento do Latim. Os barões conheciam o Latim, mas não o povo, a plebe. A Carta Magna, então, é escrita em Latim, pela primeira vez, e quando passa para as Colônias Americanas nós temos o *Bill of Rights*.

Não pretendo reconstruir a história toda, mas interessa assinalar que surge na Constituição Americana, sobretudo, como *devido processo legal*, nas Emendas 5 e 14. Na Emenda 14 houve grande avanço no entendimento do devido processo legal, que passa a ser não apenas garantia adjetiva, mas, também, garantia substantiva. É o devido processo legal no duplo sentido: material e processual. A igualdade não é só perante a lei, mas a igualdade deve estar também na lei.

Vejam que o devido processo legal é essencial, uma das pilastras do Estado de Direito, que não pode dele prescindir, como, também, não pode prescindir da segurança jurídica, pilastras essenciais do Estado de Direito.

E o devido processo legal entra na nossa Constituição de 1988 por meio dos incisos LIV e LV do art. 5º; mas, no que tange ao processo administrativo, no inciso LV do art. 5º. Portanto, insere-se numa declaração de direitos e garantias fundamentais. O devido processo legal é garantia fundamental do cidadão, de que o cidadão será tratado pelo Estado com aquela cláusula abrangente como foi construída pela Suprema Corte, a ponto de o *chief of justice* Holmes dizer: "O que é devido processo legal vai depender das circunstâncias". Portanto, somente à luz do caso concreto se daria a dimensão adequada ao devido processo legal.

É uma cláusula que vem sendo trabalhada pela Suprema Corte Americana de tal forma a não acanhá-la, não deixá-la realmente diminuída, mas sempre mais alargada, de forma a fazer com que essa cláusula abranja, cada vez mais e mais, a garantia do indivíduo perante as arbitrariedades do Estado.

Disse que ia começar lá atrás porque, vejam, quando nós temos a garantia, aqui no Brasil, em 1988 – digo isso porque aparece explícita, expressa, na Constituição de 1988, como devendo vigorar para os processos administrativos e judiciais, com o contraditório e a ampla defesa –, passa a ser, então, diferente, quando está expressa num texto constitucional, numa tábua de garantias, da aplicação que já, de certa forma, era feita pelos juízes, sobretudo no direito penal, mas não no processo administrativo. Era comum, por exemplo, que se negasse vista a advogado em processos administrativos e que o advogado tivesse que interpor mandado de segurança para a simples vista de um processo.

Muitas vezes, quando se pedia uma certidão de um processo, se houvesse parecer de um procurador, ou de um advogado, desfavorável para a entidade administrativa, era comum que se tarjasse o nome do parecerista, sobretudo quando era algum nome importante, para se tirar *xerox* autenticada. Ou seja, não se dava o nome do parecerista porque não se queria que, por ter sido contra a Administração Pública, pudesse ser usado pelo administrado.

Vejam, então, a importância da construção que é feita depois de 1988 no devido processo legal. E, então, devemos utilizar os princípios do processo administrativo de modo geral, que vão se espraiar também para o processo administrativo tributário. Os princípios da Administração Pública estão expressos no art. 37 da CF. Evidentemente, afora os princípios da legalidade, impessoalidade, publicidade, moralidade e eficiência, outros princípios – como o princípio da motivação, que não se encontra expresso no art. 37 da CF, porém se encontra expresso no art. 93, X, quando se fala que as decisões administrativas do Judiciário devem ser motivadas.

Pós-Constituição de 1988 a jurisprudência efetivamente já assumiu a motivação como sendo absolutamente indispensável a validar decisões administrativas. E agora há de se perguntar: mas qualquer motivação serve a validar as decisões administrativas? A minha resposta é, taxativamente, não. Quando o administrador se calca, por exemplo, no artigo tal, inciso tal, e nada explica do que fez e por que fez – e, mal-comparando, quando um juiz diz "nego uma liminar" ou "defiro a liminar nos termos do art. 7º, II, da Lei do Mandado de Segurança" –, nada disse. Isso não é motivação; isso é fundamento legal. A motivação é a explicitação das razões que levaram o administrador à prática daquele ato. Em face do fato tal, o administrador tomou a decisão tal ou qual, fundamentada na lei tal ou qual ou nos princípios tais ou quais. Então, a motivação é muito mais do que se pensa.

Por outro lado, já depois da Constituição de 1988 a construção que se fez do princípio da legalidade é muito maior. Todos os constitucionalistas, hoje – e nisso eu nos incluo, professores de Direito Administrativo e de Direito Tributário –, entendem que o cumprimento do princípio da legalidade é muito mais que legalidade formal. É necessário o princípio da juridicidade ou da constitucionalidade, a conformação da decisão não apenas àquela "leizinha" – como dizia o nosso tão querido Ataliba –, mas sim ao arcabouço normativo da ordem jurídica, ao arcabouço constitucional com seus princípios etc.

Aí nós chegamos ao processo administrativo tributário, que devo enfrentar à luz deste parecer deplorável. O processo administrativo tributário está regulado pelo Decreto 70.235/1972, que foi recebido como lei e foi modificado, depois, por lei. Então, o processo administrativo tributário vai reger as relações administrativas tributárias, as relações processuais da Administração Tributária. E lembro, também, que, na lacuna de algum dispositivo, deve-se apelar à Lei federal de Processo Administrativo, que tem artigo expresso dizendo que, no caso de lacuna de algum processo típico, nominado, deve ser aplicada subsidiariamente a Lei de Processo Administrativo. Portanto, princípios do processo administrativo que lá estão se aplicam – impedimentos, suspensões, há uma série de coisas que se aplicam, mas que não interessam, aqui, para nós.

O importante, aqui, é pensarmos que todo o processo administrativo está desenhado nesse Decreto 70.235, de forma tal que temos, segundo entendo (e, aí, adoto a posição de Alberto Xavier), duas fases: uma fase que vai até o lançamento e a outra fase, que é a impugnação do lançamento. E a impugnação do lançamento é feita perante o delegado regional. Já começamos a fase litigiosa – e, portanto, atendendo ao texto constitucional, inciso LV do art. 5º, devem se abrir inteiramente o contraditório e a ampla defesa. O delegado regional, se não aceitar a impugnação, mantém o lançamento; aceitando a impugnação, anula o lançamento.

Dessa decisão do delegado vai caber recurso para o Conselho de Contribuintes, que, de seu turno, se acatar o recurso do contribuinte (vamos supor que o delegado não acatou a impugnação), deverá recorrer de ofício à Câmara Superior de Recursos. E cabe também recurso voluntário no caso contrário, caso a decisão seja benéfica à Fazenda Pública. E cabe, apenas, em dois casos: quando houver divergência de decisões entre as Câmaras ou divergência na própria Câmara Superior de Recursos.

Todo o recurso está traçado – na lei, na legislação dos Conselhos, enfim, de toda a estruturação do Conselho – e deve obedecer a um rigoroso devido processo legal, sob pena de nulidade; nulidade a ser apontada durante o transcurso procedimental. Chegando-se à decisão final do Conselho de Contribuintes, temos o art. 45 do Decreto 70.235, que dispõe o seguinte: "No caso de decisão definitiva favorável ao contribuinte, ao sujeito passivo, cumpre à autoridade preparadora exonerá-lo, de ofício, dos gravames decorrentes do litígio".

No meu entender, nesse momento, publicada a decisão do Conselho de Contribuintes, o contribuinte beneficiado com a decisão do Conselho tem autêntico direito subjetivo: o direito de ser exonerado, como diz a lei, "dos gravames decorrentes do litígio", da obrigação tributária que estava em jogo.

Muito bem, o que fez o parecer? E hoje fomos premiados também com a portaria, que, graças à gentileza de uma colega de escritório, a Dra. Silvana, está em minhas mãos. O parecer da Procuradoria-Geral da Fazenda, Parecer 1.087/2004, é respaldado por motivações. E aqui não está nem indicada a fundamentação legal do caso, mas está respaldado pelas seguintes "causas motivadoras" – vamos chamar assim. Primeiro, diz que o Conselho de Contribuintes sempre teve um viés autoritário – falsa premissa. O que é um "viés autoritário"? Perdão, um viés pró-contribuinte! (Estou tão imbuída do sentimento de que este parecer tem um viés autoritário que, aqui, inverti! Peço perdão a todos.) Estou tão obcecada por este parecer de viés autoritário, de cujo autoritarismo estamos sofrendo já, que até inverti. Realmente, afirma o parecer que o Conselho sempre teve um viés pró-contribuinte. Bem, se isso fora verdade por estatística, obviamente se deveria procurar investigar quais as causas desse viés pró-contribuinte, uma vez que o Conselho de Contribuintes tem uma composição paritária, e o voto de Minerva, o voto de qualidade, é de seu Presidente, que integra a estrutura da Administração Pública. O Conselho de Contribuintes está abrigado na estrutura administrativa. Rejeito, pois, firmemente, tal alegação, porque "viés pró-contribuinte" não é causa jurídica de coisa alguma.

Em seguida, cita – e, infelizmente, a mim também, e absolutamente fora do contexto – a ilustre magistrada Germana Morais, quando esta alude ao professor Paulo Bonavides (pobre professor Paulo Bonavides...), dizendo que nós demos um alargamento à tutela jurisdicional, e que por esse alargamento da tutela jurisdicional, evidentemente, a Administração tem o direito de se socorrer do Judiciário para que o Judiciário reveja aqueles atos que lhe são contrários. Só que esses atos são da própria Administração.

Então, vejam: nenhuma de nós jamais falou isso – disso eu tenho certeza (conheço bem o pensamento da Germana), tanto a Germana quanto eu; e quem me conhece, quem viu meus votos, minhas aulas ou palestras, enfim, qualquer coisa que já escrevi, sabe que dei ênfase ao inciso XXXV do art. 5º do texto constitucional exatamente no sentido de propiciar ao administrado cada vez mais defesa contra as arbitrariedades do Poder, contra os atos de autoridade descabidos do Poder. É claro, nunca vi construção alguma que procurasse proteger o Estado, armar uma paliçada para defender o Estado dos indivíduos.

Realmente, o que acontece normalmente é se procurar armar a paliçada defensiva dos administrados, quer dizer, o Estado de Direito exatamente procura armar uma paliçada para defesa dos indivíduos contra o Estado. A recíproca nunca foi verdadeira, nem poderia ser! O Estado tem todas as armas na mão. O ato é estatal, o Conselho de Contribuintes está dentro do Estado. Como nós poderíamos pensar que essa abertura que se procurou dar à amplitude de jurisdição da "mera ameaça de lesão" – e sempre falei, enfaticamente, que a ameaça de lesão de direito já seria suficiente para levar o indivíduo ao Poder Judiciário –, resultasse em pensar que o indivíduo está conseguindo ameaçar o Estado? Bem, esta é a segunda razão.

São duas razões, basicamente. E, então, chega-se, no parecer, à conclusão de que a Administração sempre pode rever seus atos por via judicial, uma vez que a jurisdição está assegurada a todos, e a ela, também, a amplitude jurisdicional. Assim, poderia pedir ao Judiciário que reveja ato que ela própria praticou.

Lendo a edição nova do livro do professor Celso Antônio (que, diga-se de passagem, saiu antes deste parecer), o ilustre Professor já colocava os limites à anulação, à invalidação (o Professor chama de "invalidação", como eu também), pela própria Administração, de seus atos, os atos ampliativos de direito, em que condições se poderia anulá-los, condições bem limitadas. E o professor Celso Antônio colocava, taxativamente, que, evidentemente, a chamada "coisa julgada administrativa" – que não é coisa julgada no sentido constitucional do inciso XXXVI do art. 5º, porque o indivíduo sempre poderá socorrer-se do Judiciário – é realmente o que fecha completamente a possibilidade de o Estado – como se diz naquela célebre frase latina – *venire contra factum proprio*. Quer dizer, o Estado não pode vir contra seus próprios fatos. Se ele, Estado, assim resolveu, e resolveu litigiosamente, não pode procurar desconstituir o ato que resolveu litigiosamente.

Então, note-se o seguinte: entendo absolutamente inadequadas todas as citações feitas no parecer (os autores utilizados o foram inadequadamente, nem sequer são referidas as obras de que foram retiradas as citações). Diante disso – que já seria o suficiente –, vale dizer, executado este parecer, posto em eficácia este parecer, acabamos com a garantia constitucional do devido processo legal nos processos administrativos. Temos o devido processo legal que vai começar a não ser cumprido por decisão autoritária administrativa, decisão absolutamente contra a lei. Mas não só contra a lei: contra a Constituição, porque afronta não só o processo administrativo legalmente instituído, mas a Constituição, o devido processo legal, como constitucionalmente concebido.

Hoje sai uma portaria que disciplina, no âmbito da Procuradoria-Geral da Fazenda Nacional, a submissão de decisões dos Conselhos de Contribuintes, da Câmara Superior de Recursos Fiscais, à apreciação do Judiciário. No art. 2º praticamente está tudo compreendido, porque está dito o seguinte: "As decisões dos Conselhos podem ser submetidas à apreciação do Judiciário desde que *expressa ou implicitamente* afastem a aplicabilidade de leis ou decretos e *cumulativa ou alternativamente* versem sobre valores até 50 milhões de Reais, *cuidem de matéria de relevância temática* **[relevância temática, vejam bem!]** e, finalmente, *possam causar grave lesão ao patrimônio público*". Agora, é necessário perguntar: grave lesão jurídica ao patrimônio público? Ou grave lesão aos cofres públicos, grave lesão ao abastecimento ilícito dos cofres públicos e a interesse secundário da Administração?

Vejam, é desrespeito à cidadania, é desrespeito à Constituição, é desrespeito aos procuradores, que agora têm que se submeter a esta portaria, a uma portaria, que é ato sub-sublegal, porque o parecer normativo era um ato administrativo e, agora, esta portaria está filiada ao parecer normativo; portanto, é ato sub-sublegal. E os dignos Procuradores vão estar submetidos a isso; ou, então, não serão promovidos em carreira etc. Enfim, para mim, é afronta à cidadania.

E, aqui, acabo, pedindo desculpas, porque passei cinco minutos do meu tempo. Mas, realmente, já que estamos em um Congresso de Direito Tributário, não poderia deixar de mencionar mais essa afronta que, diga-se de passagem, dia a dia é feita justamente às garantias fundamentais do cidadão, e do contribuinte em especial.

Muito obrigada! *(Palmas)*

PRESIDENTE DA MESA (PROF. JOSÉ HENRIQUE LONGO) – Agradeço as palavras da professora Lúcia, muito oportunas neste momento em que é introduzida essa portaria do Ministro da Fazenda, que realmente surpreende, pela audácia de não acatar decisões do Conselho de Contribuintes, o que parece que vai se tornar um novo recurso de ofício, cujo valor de alçada passa a ser de 50 milhões. Das decisões da DRJ favoráveis ao contribuinte acima de 500 mil Reais obrigatoriamente deve ser reapreciada a questão pelo Conselho de Contribuintes. E agora o Judiciário, causas que envolvam valores acima de 50 milhões de Reais.

Dando seguimento, o professor Eduardo Bottallo falará sobre "O Estado Julgador – Exercício da Ampla Defesa e Princípio da Publicidade – Decadência e Prescrição".

PROF. EDUARDO DOMINGOS BOTTALLO – Boa tarde aos Congressistas! Cumprimento a Mesa e reitero a honra e a satisfação que tenho em participar deste Congresso e, sobretudo, deste debate, que trata de assunto a cujo estudo me dedico já há muito tempo mas que, a meu ver, sob alguns ângulos ainda precisa ser "descoberto" pela comunidade jurídica.

Sinto-me confortado em falar depois da professora Lúcia Figueiredo, cuja manifestação, na verdade, tem meu integral apoio.

Eu me proponho a submeter aos presentes algumas idéias relacionadas com aspectos tópicos do processo administrativo tributário, dentro da premissa de que o principal fruto que os Congressistas buscam em eventos como este é tomar contato com idéias que possam ser discutidas, debatidas e, eventualmente, até descartadas – o que é alternativa também de indiscutíveis méritos, já que o descarte, quando precedido de adequada reflexão, ajuda a conhecer melhor o objeto de nosso estudo.

De modo mais específico, proponho-me a pôr em relevo algumas características bem próprias do processo administrativo, não raro mascaradas – quando não distorcidas – pela *prática*.

Muitos dos presentes são advogados militantes, e tenho quase certeza de que já passaram pela experiência que, a seguir, relatarei.

O cliente traz ao escritório um auto de infração ou uma notificação de lançamento, e ouve do advogado o seguinte: "Vamos fazer uma defesa administrativa, mas não pela expectativa de ganhar o caso, já que, no processo administrativo, a Fazenda é, ao mesmo tempo, parte e julgadora e, portanto, não se pode ter muita esperança de que as nossas razões sejam acolhidas. De qualquer forma, fazer a defesa administrativa quando menos com o objetivo de ganhar tempo e de obter, no entretempo, certidões negativas".

O sentido – digamos assim – de "menosprezo" ao processo administrativo é corriqueiro; mas, quando bem analisado, revela-se injusto e, ademais, assentado em "falsas verdades".

A primeira delas é uma equivocada conseqüência extraída do princípio da universalidade da jurisdição, objeto do art. 5º, XXXV, da CF. O raciocínio é este: se, pela Constituição, nenhuma ameaça ou lesão a direito pode ser excluída da apreciação do Poder Judiciário, então, o processo administrativo não passa de mera alternativa facultativa. Isso faz com que não só os agentes públicos encarem o processo administrativo com desdém – o que, aliás, a professora Lúcia bem demonstrou –, como os próprios contribuintes também assim o façam. Em uma palavra: Fazenda e contribuintes não dão ao processo administrativo a importância constitucional que ele tem e merece.

O certo, entretanto, é que, sem prejuízo da garantia da universalidade da jurisdição, a organização do contencioso administrativo expressa imposição constitucional ao Poder Público. Não há possibilidade de o Poder Público, Federal, Estadual, Municipal ou Distrital, afastar a organização desse contencioso.

Tal afirmação, a meu ver, encontra claro fundamento em quatro importantes princípios da nossa Lei Maior: o *direito de petição*, o *devido processo legal*, o *da legalidade* (ou, melhor, *da juridicidade*) e o *da proporcionalidade*.

O *direito de petição* legitima o contribuinte a dirigir-se à autoridade administrativa para reclamar de qualquer ato que possa ferir seus direitos – inclusive, como não poderia deixar de ser, os atos de imposição tributária.

No Brasil, como se sabe, convivem perto de 6.000 sistemas tributários, compreendendo o da União, os dos Estados e do Distrito Federal e, ainda, os municipais. Pois bem, é razoável supor que grande cópia de Municípios espalhados pelo território nacional possam não ter editado leis que organizem o processo administrativo. Isso não significa que, neles, inexista o contencioso. Como foi dito, qualquer cidadão tem o direito de dirigir-se a uma autoridade e pedir a essa autoridade que reexamine um ato que possa ferir seus direitos, independentemente de normas infraconstitucionais que assim o determinem. Esse é, pois, o primeiro alicerce constitucional do processo administrativo: o que legitima o administrado/contribuinte a reclamar de exigências tributárias perante o próprio Poder Executivo.

O segundo alicerce, já examinado pela professora Lúcia Figueiredo, é o princípio do *devido processo legal*, a estruturar esse processo e estabelecer seus fundamentos. O princípio do devido processo legal indica a estrutura mínima que esse contencioso deve adotar.

O terceiro alicerce é o controle da *juridicidade* (muito bem colocado pela professora Lúcia), muito mais amplo que o mero controle da legalidade. Ou, se quisermos, o controle da legalidade, desde que se trate de leis constitucionais. Portanto, o exame da constitucionalidade das leis não pode ficar fora do âmbito desse contencioso.

O quarto alicerce é o princípio da *proporcionalidade*, do qual decorre a atitude que se espera que o Estado tome no contencioso administrativo: apreciar as questões submetidas a julgamento e decidi-las levando em conta a adequação entre as possíveis imposições feitas aos administrados e os objetivos que, por meio delas, pretenda alcançar.

Então, o tema inicial que submeto à reflexão dos presentes é o de que a organização do contencioso administrativo expressa imperativo do sistema constitucional brasileiro – ou, em outras palavras, é exigência que a Constituição impõe ao Poder Público, indicando, desde logo, as linhas básicas a que ele deve obedecer em termos de estrutura, conduta e objetivos a serem alcançados.

O segundo tema a ser aqui brevemente analisado está ligado à correta compreensão da idéia de que, no processo administrativo, o julgador e a parte credora se confundem numa só pessoa.

Na verdade, o Estado-julgador não se confunde com o Estado-credor. Dentro do contencioso administrativo o Estado-credor é só parte – e, como tal, coloca-se em posição de absoluta igualdade com o contribuinte. Quem vai solucionar o conflito que contrapõe, de um lado, o Estado-credor e, de outro lado, o contribuinte é o Estado-julgador. É certo que Estado-credor e Estado-julgador integram a mesma estrutura administrativa; mas as funções são diferentes – e, por conseguinte, o exercício de cada uma delas leva a conseqüências diversas.

O julgador administrativo não é agente arrecadador; seu compromisso é com a ordem jurídica. A Lei 9.784/1999, que dispõe sobre o processo administrativo no âmbito da União, traduzindo adequadamente o espírito da Constituição, declara, de modo expresso, a diretriz a ser nele obedecida: "atuação segundo a lei e o Direito". E é curioso que, no texto da lei, a expressão "Direito" está grafada com letra minúscula. Por óbvio que não se trata de erro de imprensa, mas sim do reconhecimento de que, em essência, o julgador administrativo está investido de ampla competência para apreciar as questões que lhe são submetidas não apenas sob o prisma da lei, mas sim da ordem jurídica como um todo (o "Direito").

Portanto, não se pode desdenhar da autonomia e independência do julgador tributário, no processo administrativo.

O exercício desta função não se compraz com o ponto de vista – que alguns defendem – segundo o qual os julgadores de segunda instância, em órgãos de composição paritária (onde figuram representantes dos contribuintes e representantes da Fazenda), ali estejam para tutelar os interesses da "facção" de onde provêm.

A meu ver, o espírito dessa composição paritária deve ser o mesmo que existe no Judiciário com relação aos chamados "quintos". O advogado, quando entra no tribunal pelo "quinto", não está lá para defender a Advocacia; ele está lá para julgar os processos de acordo com a visão que o exercício da Advocacia lhe deu, mas seu compromisso é com a ordem jurídica, e apenas com ela. O mesmo pode ser dito em relação aos juízes originários do Ministério Público.

Voltando os olhos ao processo administrativo, se fosse o caso de reconhecer, nos representantes fazendários e de contribuintes, compromissos com uma ou outra parte, então, melhor seria eliminar esse tipo de representação.

Pelos mesmos motivos, entendo ser totalmente incompatível com o exercício da função do julgador administrativo a existência de recursos hierárquicos. Os recursos hierárquicos são cabíveis apenas quando se trata da prática de atos discricionários; jamais para atos vinculados – sendo esta a natureza das decisões proferidas pelos órgãos administrativos de julgamento em matéria tributária.

Aí estão, pois, em síntese bastante sumária, as razões que me ocorrem a respeito do segundo ponto que me propus a abordar em tema de processo administrativo tributário.

O terceiro ponto diz respeito à possibilidade de se verificar, no curso do processo administrativo, a prescrição intercorrente.

A matéria é muito polêmica. Autorizadas opiniões – entre as quais a do professor Eurico de Santi – entendem que, em razão da suspensividade do crédito tributário, determinada pelo art. 151, III, do CTN, não se pode falar em prescrição intercorrente na pendência do processo administrativo tributário (v., neste sentido, "Inexistência de 'prescrição intercorrente' no direito tributário positivo", in *Direito Tributário, Homenagem a Alcides Jorge Costa*, vol. II, 2003, pp. 850-854).

Com a devida licença, eu me sinto levado a discordar desse ponto de vista.

A prescrição intercorrente ocorre pelo não-exercício de atos de impulsão do processo por parte de quem tem o dever institucional de fazê-lo. Ora, o processo administrativo está sujeito ao chamado "princípio da oficialidade". Quer dizer, ele deve andar *ex officio*. A inobservância desse dever não encontra qualquer tipo de remição no art. 151, III, do CTN.

Cabe, portanto, à Administração Pública assegurar que o processo possa chegar ao seu desfecho (a solução da lide). Se ela deixa de fazê-lo pelo prazo previsto no art. 174 do CTN sem que, a tanto, existam óbices ou impedimentos *jurídicos*, então, não vejo por que a prescrição intercorrente não deva ser reconhecida.

Com estas breves considerações encerro minha participação, fazendo uma exortação em prol do reconhecimento da importância constitucional bem como da valiosa utilidade prática do processo administrativo, em geral, e, em particular, do processo administrativo tributário.

Muito obrigado! *(Palmas)*

PRESIDENTE DA MESA (PROF. JOSÉ HENRIQUE LONGO) – Agradeço as palavras do professor Eduardo Bottallo, que nos apresentou três pontos importantíssimos relativos ao processo administrativo tributário, e com certeza pensaremos a respeito.

Passo a palavra à professora Maria Leonor Leite Vieira, cuja exposição seria na data de ontem, mas foi trocada com a do professor Paulo Conrado. A professora Maria Leonor falará sobre "Penhora *On-Line* na Garantia de Débitos Fiscais".

PROFA. MARIA LEONOR LEITE VIEIRA – Dr. José Henrique Longo, quero registrar, aqui, a honra de estar participando desta Mesa, pela envergadura dos professores aqui presentes – usando a sua expressão –, e por ouvir algumas coisas que falam justamente aos nossos ouvidos, participantes que somos, Dr. José Henrique Longo, Dra. Eliana Bertachini e eu, de um órgão administrativo, participante que fui do Conselho de Contribuintes (hoje temos lá o Dr. José Henrique) e defensora também, como a Dra. Lúcia e o Dr. Eduardo Bottallo, pelo menos que já se pronunciaram até agora, da manutenção do contencioso administrativo tributário, que realmente responde de modo bastante equânime, imparcial, sob meu ponto de vista, aos anseios de contribuintes e da Fazenda, se respeitadas forem as leis.

Anotei, durante a exposição da professora Lúcia Valle Figueiredo, que é recorrente a afronta aos direitos e garantias constitucionais fundamentais. Vou até ampliar um pouquinho mais: os direitos fundamentais, que estão na Constituição, da defesa da cidadania. E isso é bem mais amplo que qualquer outra coisa. Como disse o Dr. Eduardo Bottallo, no procedimento administrativo não são formados esses conselhos, esses órgãos administrativos para defesa do credor, da Fazenda, do sujeito ativo, mas sim para defesa do Direito, para colocar em termos adequados, para examinar em termos imparciais aquela exigência feita por inexatidão ou por inadequação do contribuinte, por omissão do contribuinte, seja lá por que razão, para colocá-la nos estritos termos da lei.

Todos nós já estudamos – o professor Eduardo acabou de citar o professor Eurico, num belo trabalho sobre o lançamento, também o professor Estevão falou sobre o lançamento –, trabalhamos com isso a todo instante, afinal de contas, todos que trabalhamos com direito tributário trabalhamos com lançamento, e verificamos que a exigência do crédito tributário, quando, por omissão ou por inexatidão, vem lá iniciada por um auto de infração, não pode significar, não significa em instante algum (ouvimos agora vários princípios que bem demonstram isso), crédito, não significa crédito neste sentido: se lavrado o auto de infração o crédito existe; se existe, ele tem que permanecer, tem que ser exigido.

Parece-me que é esse o pensamento, Dra. Lúcia, e é por isso que chegam a essas portarias milagrosas e assustadoras, e frustrantes por um lado, para nós que participamos desses conselhos, frustrantes por outro, como advogados. Mas, como diz o Dr. Eduardo, é mais uma chave, mais uma porta aberta para que os advogados trabalhem, e mais um trabalho para quem participa desses órgãos.

Aqui também, nesta chamada "penhora *on-line*", eu fui estudar esse assunto, que estava chamando bastante a minha atenção quando aceitei a incumbência de falar sobre o tema. Pensei: o que será "penhora *on-line*"? Como é que vamos traduzir isso? Penhora em tempo real, em linguagem moderna; penhora aqui e agora, em dinheiro. E é preciso ter muita parcimônia para que se faça a "penhora aqui e agora em dinheiro", é preciso muito cuidado para que seja feita essa penhora tão imediata.

Aí vem caminhando essa idéia da penhora *on-line* (e fui fazer a pesquisa de onde saía isso) em cima de um convênio formado em maio/2002, um convênio firmado entre o Banco Central e o TST, e que pode receber a adesão dos TRTs. E esse convênio permanece assim, mantém essas letras. Fui ver, então, como é que isso estava andando na Justiça Trabalhista. Está andando a passos largos.

Em meu primeiro encontro com essa penhora *on-line* eu estava no escritório de um amigo nosso, que hoje, por acaso, não está aqui no Congresso. Ele recebeu um telefonema assustado da mulher, dizendo que a conta bancária estava bloqueada, e falou: "Mas como a conta bancária está bloqueada?". Fazer um cheque não podia, para pagar, porque era uma conta conjunta, dele e da mulher. Ele disse: "Como, o que acontece?". E saiu, desesperado, do escritório para ajudar a mulher dele, para ver por que a conta estava bloqueada. E a conta estava bloqueada – ele foi descobrir, e no outro dia me contou – porque havia uma ordem judicial que impedia qualquer movimento naquela conta (conjunta, repito). Essa história aconteceu no começo deste ano. Em 1991 ele tinha saído de uma empresa, da qual tinha sido sócio, e foi movida uma reclamação trabalhista contra a empresa. Em 1991 ele já tinha saído da empresa. Foi andando a tal reclamação trabalhista, e ele foi então surpreendido. Como não se procurou mais ninguém para ver quem era sócio da tal empresa, que já nem existia mais, não se pesquisou nada, e ele nunca tinha recebido nada, porque nem sócio era mais, nunca tinha recebido nada que noticiasse que existia a tal reclamação trabalhista, não encontraram ninguém e encontraram o nome dele, que estava lá na Junta como tendo sido sócio: "É desse que nós vamos penhorar". E bloquearam a conta dele. Aí eu ouvi pela primeira vez a história, e naquele momento inventamos um nome: isso parece uma "penhora *on-line*", "penhora de imediato".

Mas vamos verificar direito o que isso significa. Esse convênio, na Justiça Trabalhista, é com o TST e com os TRTs. E esse convênio foi firmado, então, e os Tribunais têm que indicar quem é o magistrado (só pode ser um magistrado) que responderá perante esse convênio para firmar essas penhoras diretamente nas contas bancárias das empresas ou das pessoas físicas que tiverem alguma reclamação trabalhista, onde nada se fala, absolutamente nada, acerca de legalidade. Não se menciona lei alguma, não se menciona nem de longe, Dra. Lúcia, nada sobre isso. Não há qualquer fundamento legal para isso. E se pode, nesse sistema de solicitação ao Poder Judiciário ("BACEN Jud" é o nome), pedir a penhora imediata, bloqueio ou desbloqueio de contas bancárias; e cada Tribunal deve indicar dois juízes para serem os responsáveis por isso.

A história foi caminhando, e hoje qualquer juiz tem acesso a qualquer conta bancária de qualquer um de nós, se tiver lá alguma reclamação trabalhista correndo contra nós, em qualquer tempo que tenha sido. Com esse cadastramento, então, ele fica autorizado a entrar na conta bancária.

Na Justiça do Trabalho a denominada "penhora *on-line*" é muito utilizada. Ainda que seja instrumento eficaz para o credor, pode haver excessos e arbítrios, porque o sistema informatizado permite apenas que se adentre o sistema e bloqueie os valores que estiverem depositados em conta, seja de pessoa física, seja de pessoa jurídica. Se for de pessoa física, pode ser o dinheiro que está guardado na conta para pagamento de luz, para pagamento de aluguel, para compra de alimentos para a casa, para despesas correntes usuais e normais de qualquer pessoa física. Se for de pessoa jurídica, os recursos podem pagar funcionários, fornecedores, tributos etc., comprometendo flagrantemente o capital de giro e impedindo a atividade produtiva da empresa.

Neste aspecto a legislação é muito clara ao dizer que o faturamento não pode ser penhorado. Por quê? Porque impede o exercício da atividade, o que está na Constituição garantido. E, se impede a continuidade das atividades da empresa, para mim, está ofendendo direitos especificamente colocados na Constituição, por um convênio entre os bancos. E diz mais, também, a lei: se o faturamento for penhorado, ele só pode ser penhorado em casos específicos, e desde que seja nomeado um administrador ou interventor para verificar que contas devem ser pagas, como administrar aquilo.

Especificamente sobre este ponto, na semana passada eu soube, conversando com o professor Pedro Paulo Manus (que é do TRT aqui de São Paulo, um grande estudioso do direito trabalhista), que eles organizaram um grupo no TRT justamente porque as reclamações trabalhistas estão crescendo muito – não por interesse até da reclamação, muitas vezes, mas pela impossibilidade das empresas de pagarem seus débitos trabalhistas. Organizaram um grupo, e há economistas e administradores de empresas no Tribunal que facilitam, que ajudam, que fazem uma análise, não bem como interventores, mas como administradores, como auxiliares daquele que está sendo reclamado, para que administre melhor e parcele os débitos trabalhistas. E assim os débitos vêm sendo pagos. Quer dizer, é uma forma de garantir que o reclamante receba seus valores e que o reclamado pague, se for necessário parceladamente, mas que pague aqueles créditos trabalhistas.

Então, nós verificamos e chegamos à conclusão de que a penhora *on-line* deve ser utilizada com muita parcimônia. Tem uma carga muito grande de subjetivismo do juiz, mas não pode de modo algum ser a primeira fonte de penhora. Penhorar a conta bancária como primeira forma de fazê-lo é uma afronta elementar a tudo. Eu não posso confundir o que hoje em dia estamos chamando de "penhora *on-line*" com penhora em dinheiro. A penhora em dinheiro tem um rito específico, e os Tribunais judiciários têm dito muito isto: a penhora só pode ser feita sobre valor certo, sobre valor disponível. E faturamento de empresa – como a minha conta corrente – não é disponível.

Mais que isso: será que não há uma flagrante ofensa ao sigilo quando pode o juiz, ou funcionário autorizado por ele, adentrar o sistema bancário e verificar as contas correntes? E assim é, Dr. José Henrique. Não é que um juiz entra no sistema... Hoje o sistema disponível está assim: ele entra no sistema e tem dois itens; pode olhar tudo o que tem na sua conta, todos os valores, todas as suas contas bancárias, em 10 bancos; ele pode fazer isso; mas pode também acionar outro botão e simplesmente determinar disparar o bloqueio da conta bancária, sem saber em qual vai cair. E pode cair em todas, pode bloquear todas as contas. Se deve R$ 200.000,00 e numa conta tem R$ 100,00, na outra R$ 20,00, na outra R$ 50,00, na outra R$ 70,00, não interessa. Todas estarão bloqueadas, porque não há também no sistema como fazer assim: preencheu os R$ 200.000,00, parou de bloquear. Não, bloqueia tudo e depois se vai verificar. Aí o advogado será procurado para que entre com mandado de segurança – sei lá qual ação vai ser, não pensei no assunto –, para que verifique o que está acontecendo, para conhecer aqueles dados da penhora.

No direito trabalhista vem sendo assim. E no direito tributário, qual é a pretensão? Há um projeto de lei em tramitação. Já passou pelas Câmaras, por duas Comissões de Exame desse projeto de lei, de proposta de modificação do art. 185 do CTN, que fala na fraude à execução. E a proposta é antecipar essa data de fraude à execução para o momento em que a inscrição da dívida é feita. O projeto caminha com a proposição de mudar, então, o art. 185 do CTN para: "Na hipótese de o devedor, devidamente citado, não pagar nem apresentar bens à penhora no prazo legal e não serem encontrados bens para este fim, o juiz determinará a indisponibilidade dos seus bens e direitos, fazendo as comunicações às repartições que processem registros de transferências de bens, especialmente o registro público de imóveis e as autoridades supervisoras dos mercados bancários e de capitais, a fim de que no âmbito de suas respectivas atribuições façam cumprir a constrição judicial".

A Exposição de Motivos é interessantíssima: "O projeto busca antecipar, do momento do início da execução fiscal para o momento em que o crédito fiscal é inscrito em dívida ativa, a presunção de fraude na alienação ou oneração de bens ou rendas do devedor". A alteração acaba sendo (e isso está disponível, não é segredo algum que eu tenho em mãos, não!) uma pequena compensação à Fazenda Pública pela perda de privilégios que lhe são atribuídos em outras partes do projeto. Decorre da suposição de que o devedor de má-fé se apressa em transferir seus bens para terceiros tão logo o débito seja inscrito. A presunção de má-fé... A presunção hoje está mudada, não é? A presunção, hoje, é o contrário: todos somos criminosos; até que se explique, todos somos culpados...

Tem mais uma frase, mas vou voltar um pouquinho. Vejam só o que diz hoje a Lei 6.830/1980: é que se aquele devedor não tiver bens a execução fica parada até que os localize, até que os encontre. A Fazenda Pública Federal, Estadual ou Municipal encontra meios, tem meios eficazes, com apoio numa máquina administrativa muito organizada, para exercer a arrecadação e a fiscalização; não para prestar o serviço público, que lhe é de rigor.

Observe-se o que acontece com os tais "envelopamentos". São inscritas milhares de dívidas, e quanto ao contribuinte que tiver algum erro na inscrição da dívida (erro de centavos, ou ele tinha de pagar o débito no código 185 e pagou no código 182, sei lá o que aconteceu) a dívida será inscrita, e, se ele quiser se manifestar contra aquela inscrição de dívida, não em objeção de pré-executividade, mas administrativamente, ele fará sua petição, colocará em um envelope, "jogará" na Procuradoria, e lá ficará até que, com milhares de inscrições feitas, os procuradores tenham tempo de verificar aquelas inscrições, o que estava errado e o que não estava.

Isso não suspende a exigibilidade do crédito. O crédito continua, a exigibilidade continua, a execução continua, bens são penhorados. E um dia desses eu tomei conhecimento de um caso em que tinha havido erro na inscrição de dívida: a dívida era de R$ 9.000,00 e tinha sido digitado R$ 900.000,00, citado o contribuinte para pagar em cinco dias ou oferecer bens à penhora. Ele não tinha tal valor. O que iria acontecer, então? Penhorariam as contas bancárias dele? Nem teriam saldo também para pagar tudo isso.

Em face disso, o manejo da penhora *on-line* requer muito cuidado; cuidado que o juiz tem que ter com essa análise, cuidado que a Procuradoria Fiscal (o Dr. Clayton acho que está por aqui, do Estado) tem que ter ao pedir que se faça a penhora *on-line*.

Na semana passada foi publicado num dos jornais de grande circulação de São Paulo que o Tribunal de Justiça determinou, por unanimidade, o desbloqueio de valores depositados em contas correntes de uma empresa paulista. A empresa nomeou à penhora uma máquina de fácil comercialização; em cinco dias, obedeceu à Lei 6.830 e nomeou esse bem. A Procuradoria não aceitou o bem, alegando ser de difícil alienação, e requereu a expedição de ofício ao Banco Central para obter dados das contas bancárias da empresa – isso foi num momento anterior: antes se pedia ao Banco Central que indicasse as contas correntes, e depois se pedia que penhorasse; agora isso se faz automaticamente – e o desbloqueio dessas contas em numerário correspondente à dívida executada. Acertadamente, o Tribunal de Justiça impediu esse bloqueio de contas, porque em matéria tributária não há o convênio. Há, por enquanto, um protocolo com o Banco Central para que isso aconteça.

E essa proposta, esse projeto que caminha, de modificação da lei, diz, ainda, na Exposição de Motivos (isto aqui é bastante interessante): "Em princípio não há perda significativa da segurança jurídica para o contribuinte, considerando que a inscrição não o toma de surpresa". Eu pedia ao Dr. Eduardo Bottallo, agora há pouco, que me explicasse o que significa "não há perda significativa da segurança jurídica". Portanto, há perda, não é? É um raciocínio até literal, linear. Há alguma perda; não há perda significativa, mas alguma perda, pelo menos, eles estão reconhecendo que há. E o Dr. Eduardo Bottallo me deu um exemplo bastante interessante. Disse ele: "Escrever isso, que 'não há perda significativa', colocar esses adjetivos no meio de tudo isso, é como dizer que 'Fulano é basicamente honesto'". *(Risos)* O exemplo é feliz.

E continua, ainda, o projeto: "Antes de chegar ao ponto de ver o seu débito inscrito em dívida ativa, o contribuinte teve à sua disposição longo e completo sistema de contencioso administrativo, ao qual são inerentes vários recursos e até três instâncias administrativas, e também o direito constitucional de apelar ao Judiciário. Após isso, confirmado o débito, é normal haver no âmbito da União e supostamente *(supostamente!)* no da maioria dos Estados e Municípios regras permanentes de parcelamento de débitos".

Então, nós ouvimos tudo isso que a Dra. Lúcia falou, o que o Dr. Eduardo falou, e o que vemos, Dra. Lúcia, é que parece que há uma orquestração de desdém aos direitos plasmados na Constituição. Como eu disse no primeiro dia aqui, Dr. José Henrique, todos nós somos contribuintes. Acho que não há ninguém aqui que não seja contribuinte; todos nós somos contribuintes, de impostos, de taxa de lixo (neste Congresso nem falamos disso), de IPTU, de ISS, de imposto sobre a renda, de IPVA, de qualquer coisa, estamos aí pagando. É preciso que este pensamento realmente esteja bastante acentuado em nosso raciocínio: é a defesa dos direitos – aliás, advogado não sabe defender seu próprio direito; ele sabe defender o direito do seu cliente. Não defesa do seu interesse próprio, mas defesa dos próprios direitos fundamentais estabelecidos na Constituição. Vê-se que há essa necessidade.

É verdade, o mundo está caminhando para essas decisões virtuais. Isso temos de reconhecer, é verdade. É um mecanismo fácil, é um mecanismo interessante, é um mecanismo mais rápido, pode tornar mais rápidas as decisões. Mas essa ... – como é que se fala, nem sei a palavra? – "virtualização" não pode superar esses direitos que estão estabelecidos.

Eu comentava agora há pouco que a Fazenda tem meios legais para encontrar os bens. Hoje há convênios entre as Fazendas Municipal, Estadual e Federal para verificar na declaração de imposto sobre a renda, por exemplo, quais os bens que o contribuinte arrolou. Então se localiza, com a Internet se localiza todo mundo, hoje em dia. A Fazenda tem esses meios eficazes, e não para buscar diretamente a conta corrente, sem saber até por que aquele dinheiro está em conta. Eu vou sugerir a todos aqui – e já no escritório sugeri – que façamos um boletim para todos os clientes, dizendo: "Não tenham conta corrente. Não se pode ter conta corrente".

Pensando nisso, nessa eficácia que o Poder Público tem para fiscalizar e para arrecadar –às vezes com alguns cuidados, é claro, alguns serviços públicos prestados de forma excelente pelo Estado, como aqui em São Paulo temos o Poupatempo e vários outros serviços que são prestados muito bem – eu me lembrei hoje dos precatórios. Os precatórios judiciais não são pagos. Eu não estou falando nem dos precatórios devidos, dos honorários dos advogados, estou falando de outros. E até para pagamento dos precatórios é necessário que seja nomeado um interventor no Município ou no Estado, para poder examinar as contas do Município ou do Estado e pagar a dívida que já está transitada em julgado. E para a penhora, para essa penhora *on-line*, não há nada. Eu falei sobre o faturamento de pessoas jurídicas, de contas correntes de pessoas físicas, e para isso não há nada.

O que se verifica é que a equação está absolutamente despropositada entre o credor e o devedor. E é preciso que tomemos muito cuidado e que estejamos muito atentos a esses "privilégios" que vêm sendo instituídos somente para a Administração, deixando o contribuinte atônito com tudo que está acontecendo. Mas estamos todos atônitos, aqui. Ainda mais estudando também a Ciência do Direito – e é este o propósito, aqui, do Congresso –, ficamos atônitos com tantas coisas que discutimos, e somos surpreendidos a cada dia.

Foi um prazer estar aqui. Eu queria trazer algumas idéias sobre este assunto, que é muito novo, muito recente. E vamos prestar atenção neles, porque os assuntos estão caminhando por aí.

Muito obrigada! *(Palmas)*

PRESIDENTE DA MESA (PROF. JOSÉ HENRIQUE LONGO) – Obrigado, professora Maria Leonor. De fato, assusta esse tema da penhora *on-line*, principalmente para quem já teve algum tipo de experiência, no escritório, dessas penhoras na área trabalhista.

Só para contar um caso rápido, um cliente do nosso escritório sofreu a penhora de determinado valor, parecido com essa situação, de uma empresa de que não mais fazia parte. Como ele tinha verba suficiente em cinco contas bancárias no valor da execução da ação trabalhista, então, a penhora foi de cinco vezes o valor envolvido. Ele levou mais de um ano para desbloquear quatro contas, sem contar aquela última, que efetivamente ele não devia, em função de nem ter exercido a administração naquela pessoa jurídica.

PROFA. MARIA LEONOR LEITE VIEIRA – Dr. José Henrique, só um aparte: isso parece realmente que é para que os contribuintes tenham caixa 2, 3, 4 e 5, porque não podem ter escrituração regular. É um incentivo para isso.

PRESIDENTE DA MESA (PROF. JOSÉ HENRIQUE LONGO) – Agora, sem mais demora, passo a palavra à Dra. Eliana Bertachini, que falará sobre "Processo Administrativo Tributário – Legislação Unificada".

PROFA. ELIANA BERTACHINI – **[Sem correção da Autora]** Dr. José Henrique Longo, Presidente desta Mesa; Dra. Maria Leonor Leite Vieira, Presidente deste Congresso; Dra. Lúcia Valle e Dr. Eduardo Bottallo, integrantes da Mesa; Srs. Congressistas. Primeiro fiquei muito preocupada, depois de falarem os grandes Mestres que compõem a Mesa, sobre como eu, depois, poderia dizer alguma coisa sobre o assunto, que imaginei fosse esgotado por eles, como efetivamente foram absolutamente abrangentes suas manifestações sobre cada tema tratado. Mas agora eu estou agradecendo ter ficado por último, talvez seja a menos apocalíptica.

Fiquei preocupada. Evidentemente, sou participante de um governo, sou funcionária pública, com muita honra, como procuradora e hoje na administração do Tribunal Administrativo do Estado de São Paulo; mas sou contribuinte. E as coisas que ouvi na Mesa nos deixam a todos preocupados. Já conhecia os assuntos, e por isso mesmo mais ainda me preocupo quando vejo que os grandes Mestres, ao nos colocarem esses assuntos, não nos trouxeram qualquer alento ou forma de solução para esses problemas que essas questões nos trazem, e que nos deixam menos garantidos, como todos colocaram. Achei, realmente, que algum deles fosse trazer, aqui, uma solução para tudo isso que nos aflige. Mas também fiquei feliz porque, da minha parte, e no que pretendo falar, não será tão grave assim o que temos por esperar.

A mim foi reservado falar sobre "Processo Administrativo Tributário – Legislação Unificada". *Legislação unificada* que (de imediato eu já coloco para os Senhores, e aqueles que são menos afetos à matéria do ICMS) tem a ver com a reforma tributária: antiga, velha, cansada, me faz lembrar a senhora minha mãe, a quem eu tenho muito afeto, mas que já anda com duas bengalas. E realmente vejo a reforma tributária com tanto carinho, porque passo tanto tempo estudando quanto tempo eu passo conversando com a minha mãe, e tão preocupada quanto me preocupo com a minha mãe, pela sua dificuldade de andar, porque faz 10 anos que falo sobre a mesma reforma tributária e ela não sai, não anda.

Ela me preocupa muito, porque eu a vejo colocada em formas que não parecem atender àquela necessidade real de adequação de uma tributação sobre um momento e sobre uma circunstância atual. Tenta-se reinventar a roda, como se possível fosse, porque se tenta adequar o ICMS a uma situação de mercado e de economia absolutamente diversa, modernizada, do que era aquele processo antigo sobre o qual foram feitos as expectativas e os projetos do ICMS antigo.

Já vi até proposta de mudar o nome e não mudar o tipo, e de incoerentemente mudar o tipo e não mudar o nome, como temos na alínea "h" do art. 155, § 2º, XII, da CF, onde se inseriu uma forma diferenciada de tributação de determinado setor – mais precisamente, combustíveis, lubrificantes e coisas que tais, assemelhadas a produtos derivados de petróleo, inseridos pela Emenda 33 na alínea "h" do § 2º, XII, deste artigo que cuida do ICMS. Mas, passado por um exame rigoroso de técnica tributária, o que ali está desenhado pode ser qualquer coisa, menos ICMS. Então, já vi numa reforma se tentar mudar o tipo mantendo o nome, ou mudar o nome mantendo o tipo. Mas não vejo adequar à nossa necessidade de hoje.

Esta reforma atual, de hoje (não sei se amanhã teremos uma nova proposta de emenda), prevê, sim, uma regulamentação única para o ICMS, literal e textual: "O ICMS terá uma regulamentação única, sendo vedada norma autônoma estadual". Nenhuma norma. Já se discutiu, inclusive em Brasília, que uma decisão de um Conselho de Contribuintes ou de um Tribunal Administrativo – como se chama o nosso Tribunal contencioso no Estado de São Paulo – seria uma norma individual e concreta, e, portanto, não poderíamos mais emiti-la. Portaria, nem pensar! Decreto, nem vamos consultar! Mesmo a consulta poderá ser a uma norma; e, se a Constituição diz que não poder haver norma estadual, não posso ter uma resposta à consulta. Mas está na proposta de reforma.

Ainda diz mais, que a lei complementar deve disciplinar o processo administrativo fiscal. Portanto, se a lei deve disciplinar o processo administrativo fiscal – ainda bem, os Senhores vejam que não sou tão apocalíptica na minha apresentação, porque está mantido o processo administrativo fiscal –, deve ele ter uma regulamentação única. Então, foi este o tema que me foi dado a abordar.

Mas, antes de chegar lá, penso que temos que examinar alguma coisa do processo administrativo fiscal ou tributário. Em primeiro lugar, é lógico (como disse, já, a professora Lúcia Valle), a garantia do processo administrativo está inserta na Constituição, e mais explicitamente a partir da CF de 1988, quando, no inciso XXXV do art. 1º, garante o contraditório e a ampla defesa nos processos judiciais e administrativos. Consagrado que existe, consagrado que deve ter uma conotação de processo com garantia de contraditório e ampla defesa.

O processo administrativo – como estava dizendo a Dra. Maria Leonor, ou o professor Bottallo – é menosprezado ou usado indevidamente como mera forma de postergar ou de protelar aquela exigência que se sabe que vai redundar ou vai terminar numa obrigação a ser cumprida. Mas não se atenta a que esse processo administrativo serve não só ao contribuinte. Ele não é uma garantia só do contribuinte, de ter um meio e um modo de defesa administrativa daquilo que lhe é cobrado; ele é uma garantia do Estado, sim, porque ao Estado também interessa que seus próprios atos sejam submetidos a adequado tratamento e controle de legalidade. Ao Estado não convém uma autuação indevida, para cair no

Judiciário. Ele nada ganha com isso, perde muito: perde o trabalho dos agentes e perde a própria arrecadação. Então, o processo administrativo é garantia do cidadão, mas serve tanto ao contribuinte quanto ao próprio Estado.

É neste ponto, e é por este entendimento que eu tenho do processo administrativo, que me preocupam muito a notícia, o comentário e a questão trazidos pela professora Lúcia. Isto é a contramão da História. Nós, os que trabalhamos com o processo administrativo (Dra. Leonor, como Juíza do Tribunal; Dr. José Henrique, como pertencente ao Conselho), sabemos e queremos revelar a importância desse trabalho. Quando se fala de um julgamento administrativo sempre se apontam erros – como se erros não houvesse na ação de qualquer pessoa, seja do Estado ou do contribuinte. O Estado erra, e o contribuinte erra. E no processo administrativo pode ser que ocorram erros, mas esses erros têm no próprio procedimento estabelecido a forma adequada de serem tratados, de serem consertados, de serem reparados.

O que nós pretendemos é que o processo administrativo seja, sim, valorizado e seja, sim, esclarecido ao contribuinte: você tem aqui a possibilidade de discutir perante a Administração aquilo que lhe está sendo exigido, de uma forma técnica e próxima de quem está exigindo e daquele a quem se exige, para conseguir chegar a um bom termo, se isso está adequado ou não.

Essa é a tendência moderna. Há poucos dias, ou questão de um mês, estivemos reunidos com professores da Universidade de Barcelona que fazem realmente um estudo do contencioso administrativo na Europa e no mundo, e por isso estavam, dessa vez, no Brasil. E trouxeram a notícia de que lá existem câmaras que eu resolvi colocar numa linguagem, em Português, como *de acertamento*, porque, como foi dito pelo professor, "câmaras de acordo entre Estado e contribuinte" pode, aqui, "pegar mal"; e não é acordo, o que nós estávamos fazendo seria um acertamento. Na Europa, sim (dizia o professor, na Alemanha, na Itália), o contribuinte senta-se à mesa da Administração para verificar qual exigência foi feita, dizer se realmente está certa ou está errada, e efetivamente "devo, não nego; tenho que pagar, mas não posso; vou pagar desta ou daquela forma". Essa é a tendência moderna.

Isso sem falar da antiga tendência e da origem do processo administrativo, como é tratado na França, quando se lhe dá uma autoridade suficiente, independente e reconhecida de ser, em alguns países, admitido como a decisão de primeira instância do Judiciário, admitindo-se somente sua contestação perante outro Poder em nível recursal. E aí, sim, reconhecendo, então, a excelência, devido à autoridade que deve ter um julgamento administrativo, por reconhecer que mediante a composição paritária, por membros (...) *(Truncamento da gravação)*

(Truncamento da gravação) (...) governo e por membros representantes da sociedade interessada dos contribuintes, possam esses técnicos, com melhor capacidade, avaliar e decidir sobre aquela exigência lançada de forma compulsória, porque já submetida inclusive a uma certa penalização por uma acusação de cumprimento obrigacional não atendido.

É isso que se espera de um tribunal, e eu entendo e creio que seja até uma pretensão do próprio Judiciário, porque lhe desafoga enormemente a primeira instância de processos e de exames de coisas que, nos seus fatos e nas suas colocações básicas, já foram analisados por técnicos. E porque técnicos, e somente dedicados a essa matéria, têm muito melhor condição de conhecê-la com profundidade que um juiz – muito provavelmente, juízes que até são iniciantes na carreira e que têm inúmeras outras matérias sob sua responsabilidade e necessidade de conhecimento.

É muito difícil, e eu imagino quão complicado não é, hoje, para um juiz novo conseguir acompanhar a legislação tributária. Quando entrei na Faculdade era fácil, eu comprava livros. Não os compro mais. Consulto as leis todo dia pela Internet; já vem "riscadinho" o que foi alterado no dia anterior, e em "azulzinho" o que vale naquele dia. E de repente passei a não fazê-lo mais por dia, faço por hora. "Como é que está o tratamento disso?" "Um momentinho, Sr. Contribuinte, deixe-me verificar... Ah, ainda não foi alterado." É assim. Agora, como podemos pretender que um juiz iniciante, e às vezes numa instância afastada, tenha tudo isso à mão para examinar um caso de absoluta atualidade? Porque quem, longe, vai entrar com mandado de segurança vai justamente alegar a matéria do dia que lhe está sendo prejudicial. Se você tem o técnico, e se sua função é uma função de poder examinar, por que não valorizá-la?

Então, a idéia de levar ao Judiciário essa decisão contrária ao próprio Estado é absolutamente a contramão da História. Nós queremos desafogar o Judiciário do conhecimento inicial, da primeira contestação ou da contestação administrativa dessas próprias incidências. Não vejo razão alguma para que isso não possa acontecer.

Por certo, não tem pretensão o Poder Executivo de alçar as condições e as competências do Poder Judiciário. Nem poderia ter, porque a limitação é constitucional e política. Mas há que se ver também (e há que se ter neste ponto, a que eu gostaria de chamar a atenção) as implicações da autoridade e da validade da atuação administrativa, comparada e simultânea às decisões e ações judiciais.

Admite-se, sim, a cumulatividade, todos sabemos – até porque, falando a uma platéia eminentemente de advogados, os Senhores, melhor que eu, sabem que se usa das duas instâncias –, racionalmente, procurando realmente chegar a uma decisão mais fácil, até que seja numa função protelatória (primeiro aqui e depois ali, para levar a minha causa a mais tempo). E eu não vejo demérito algum. Advogada já fui, de particular; advogada sou ainda, do Estado. E cada um de nós deve, nesta função de advogado, atender à necessidade do nosso cliente, desde que sempre norteada pela moralidade e balizada pela lei, por certo. Mas, que se pode ter um processo administrativo concomitante à mesma discussão judicial, não vejo por que não.

O problema está justamente na interferência e nos reflexos de uma decisão sobre a outra. E aqui se tem que ter também presente que diferentes são, sim, as funções do Poder Executivo, pelos seus órgãos julgadores, a quem se atribui meramente – ainda que com todo respeito e responsabilidade, mas *meramente* – a função jurisdicional, e não o poder jurisdicional, reservado só ao Poder Judiciário pela Carta Constitucional. E na função jurisdicional, sim, temos aquela responsabilidade de, não sendo nem do Estado nem do contribuinte, examinarmos aquele processo e decidirmos nele como julgadores.

Senhores, parece simples, mas é muito complicado. É muito complicado para um agente do Estado que é o lançador, que é o agente fiscal de renda, ou que é o procurador do Estado, de repente se travestir, porque quando julga o processo ele não é nem um, nem outro. Ele não defende o Estado, ele não defende o contribuinte. Sua função é outra.

Eu uma vez falei disso a um colega, quando entrou na Procuradoria e eu estava numa das chefias. "Ah, mas eu acho que neste caso o contribuinte tem razão." Eu disse: "Olhe, fique quieto, isso, aqui dentro, é heresia. Na sua função de procurador, o contribuinte nunca está certo; o Estado está sempre certo". "Mas o Estado, aqui, errou!" "Não, não, não, aqui não errou; aqui o Estado tem que estar certo, porque eu sou procurador e estou investido desse cargo para defender o Estado." Como fica um advogado do contribuinte que vai até o Judiciário e fala: "Excelência, sabe que o Senhor tem razão? Meu cliente errou, ele vai pagar tudinho!". Seu cliente o mata na hora em que sair da Administração. É a mesma coisa que acontece com o procurador, se chegar lá e falar: "Olhe, está errado". Se ele acha realmente, se ele entende que juridicamente aquela posição é errada, ele tem os meios de levar isso à Administração, mediante uma representação e um pedido de que aquilo seja feito.

Outra posição é a dessa pessoa como julgador. Eu não tenho compromisso com ninguém. Meu compromisso é examinar aquele ato e nele verificar a excelência do ato administrativo, nas suas condições perante o ordenamento posto. Já, o Judiciário, quando vai fazer esse exame da mesma causa, tem uma responsabilidade absolutamente mais complicada. A ele é dada a função de prestar a justiça, de declarar a lei. Só que também o Judiciário tem uma certa reserva. Ele pode dizer se o ato está correto ou não, se pode ser executado ou não, se pode ser lançado ou não; mas ele não pode efetivamente lançar, e não pode efetivamente impedir o lançamento, porque isso estaria justamente contra a lei. É obrigação do agente fiscal lançar o tributo. É obrigação do juiz dizer se o lançamento está, ou não está, adequado ao ordenamento jurídico. São coisas distintas e diversas.

Difícil também de aplicar? Difícil também de aplicar; e quando não devidamente aplicado traz para nós, executores dessas ordens, grandes problemas.

Nem se fala, então, quando se pensa numa ação administrativa como uma ação criminal, penal, por representação por crime contra a ordem tributária. E não só as leis se alteram, como a interpretação das leis também. Atualmente, então, estamos sob o entendimento judicial de que o processo penal não pode correr a não ser quando decidido o processo administrativo. Essa é a posição de hoje, porque já as várias fases foram declaradas, inclusive pelo nosso Judiciário: que são independentes, que pode correr a ação penal independentemente do resultado, ou que, como estamos atualmente, depende a ação penal do resultado do processo administrativo. Essa me parece a mais correta (isso na minha opinião), porque, se eu não tenho consignado que aquela infração foi cometida, como posso imputar a essa infração um crime, se realmente ela não existe? Quer dizer, não há que gravar com criminalidade a ação que é considerada inexistente.

Essa é a situação do processo hoje, processo administrativo *versus* judicial. E creio que isso nos leva a realmente entender a importância, para a sociedade, da valorização, pelos Srs. Contribuintes, pelos Srs. Advogados, pelos Srs. do Poder Público e pelos Srs. Julgadores, desta função de julgar administrativamente as exigências lançadas pelo Estado contra a ação não do contribuinte, mas do (eu uso a expressão de um grande colega meu, que já foi meu chefe e me ensinou, então) "sentribuinte", aquele que não está a fim de participar do incremento da renda do Estado.

Eu creio que são uma garantia, sim, tanto a autuação como o processo administrativo tributário, contra a ação predatória daqueles que pretendem continuar na atividade sem cumprir suas obrigações, que são cumpridas por aqueles que são cônscios de seus deveres e que ficam, evidentemente, numa situação prejudicada, pela possibilidade que aqueles têm de alcançar uma condição de mercado, justamente porque não estão cumprindo com suas obrigações.

Nesse cenário todo é que aparece, então, a reforma tributária e nos diz que teremos só uma lei para o ICMS. Dentro dessa lei, um capítulo deverá ser reservado ao processo administrativo tributário. E está o processo administrativo tributário lá lançado, do mesmo modo que corre paralela uma proposta, dos próprios Estados, de uma lei complementar para regulamentar o processo administrativo tributário de forma nacional, ou seja, para União, Estados e Municípios. Seria um "minicódigo" de processo administrativo, onde todo o procedimento, os ritos, todos os atos, seriam regulamentados de forma unânime e equânime para as três áreas de atuação do Estado – União, Estados e Municípios.

Os projetos são semelhantes, tanto o projeto de lei complementar quanto os termos inseridos na lei complementar do

ICMS, que deverá ser, então, aprovada após a reforma, para implementação do imposto na nova forma, no capítulo reservado a processo administrativo.

Diferenças ou coisas tão apocalípticas, não vejo. Um pouco diferente do que temos hoje, sim. Dificuldades? Imensas, porque para sua redação os Senhores imaginam estarmos considerando as mesmas regras para um Município do interior do Piauí e para o Estado de São Paulo ou o Conselho de Contribuintes. Estaremos todos sob uma mesma regra, e aí a dificuldade a partir de notificação, intimação, publicação, ao menos.

Pontos que me preocupam, e só dois deles eu vou colocar. Um, que em um dos artigos está previsto que do processo administrativo será concedida vista, porém não retirada dos autos. E eu fui me debruçar sobre isso para saber da sua possibilidade. Lógico, o Estatuto dos Advogados do Brasil permite a qualquer advogado a retirada dos autos, em qualquer instância administrativa ou judicial, quando na defesa do seu constituinte. Mas eu vejo também que o Estatuto da OAB diz que a retirada não será dada quando o processo contiver documentos que sejam originais de difícil recuperação ou em fase procedimental em que não seja possível a retirada do processo.

Fui também ao moderno Código de Defesa do Contribuinte, que na legislação paulista está inserido pela Lei Complementar 939/2003, e lá se diz que está assegurada ao contribuinte o direito de ampla defesa no âmbito do processo administrativo, mas se diz também que ele tem direito à ciência formal da tramitação e à vista do mesmo na repartição, bem como à extração de cópias, nada se referindo sobre a retirada do processo. Então, parece-me que, ainda que preocupante, a regra da retirada do processo ficará submetida ao Estatuto da OAB e que será concedida dentro da possibilidade, do que contiver o processo, e será negada se os documentos forem os documentos originais e base da acusação.

Em segundo lugar, o que também deveria comentar como excepcional é a lei de duas instâncias, o que é obrigatório (primeira e segunda); não sei, professor Bottallo, nos nossos 5.000 Municípios como é que isso ficaria, porque nenhum dos dois textos exime qualquer dos Poderes Públicos da obrigatoriedade desse contencioso. Não sei... e, nesta regulamentação, duas instâncias, três recursos, impugnação, recurso de matéria e recurso de uniformização.

Mas cria também a possibilidade de, sendo especializado para o ICMS, um pedido de uniformização de entendimento entre Estados. Então, teríamos, sim, um tribunal nacional, a cúpula nacional, não como terceira instância na proposta apresentada (ainda que esta não seja a intenção de muitos), mas como uma instância meramente de solução de divergências, onde diria a corte especializada nacional qual é o entendimento mais apropriado, e esse entendimento passaria a ser válido e vinculante para todos os Estados a partir de então, não alcançando as situações passadas.

São as coisas inovadoras, e era o recado que eu gostaria de deixar: a importância do processo administrativo e, sim, de um movimento em que devemos nos lançar pela sua valorização, porque é interessante e é uma garantia do contribuinte e do próprio Estado – e, portanto, da cidadania e de todos nós, como cidadãos.

Era o que eu tinha a colocar para os Senhores, dentro do que foi solicitado. *(Palmas)*

PRESIDENTE DA MESA (PROF. JOSÉ HENRIQUE LONGO) – Agradeço a exposição da Dra. Eliana, que ressaltou a importância do processo administrativo e as novidades que vêm por aí.

Gostaria de mencionar que há poucas semanas houve em Manaus uma assembléia da Associação Ibero-Americana de Tribunais Fiscais ou Administrativos, em que ficou evidenciada a importância do tribunal administrativo, e que a visão moderna é exatamente essa que a Dra. Eliana ressaltou, no sentido de desafogar o Judiciário e da qualidade dos julgamentos dos tribunais especializados. Na manifestação que eu escutei, lá, de um julgador do Tribunal Espanhol, ele informou que a *Lei General Tributaria*, que entrou em vigor agora, em 1º de julho, estabelece que não incidirão juros de mora se o julgador administrativo não encerrar o processo em um ano. Isso demonstra a importância de não fazer demorar o processo por demais. E ele levantou um número que eu não conheço (há pouco estava falando com a Dra. Eliana, e ela pesquisou e também não conhece): das decisões desses tribunais, apenas 15% vão para revisão judicial, e desses 15% apenas 5% são modificadas. Então, esses dados, desses países-irmãos, são relevantes para reforçar as palavras da Dra. Eliana.

Agora, vamos passar para a parte das respostas, seguindo a mesma ordem em que os palestrantes já expuseram. Eu solicitaria que escolhessem inicialmente duas questões para serem respondidas; e, havendo mais tempo, ao final da primeira rodada seria dada a palavra novamente ao palestrante.

Por favor, Dra. Lúcia.

PROFA. LÚCIA VALLE FIGUEIREDO – Estou tentando escolher. Uma é bastante simples: se cabe ação direta de inconstitucionalidade contra a respectiva portaria. Diria que a portaria é conseqüência do parecer vinculante da Procuradoria-Geral da Fazenda. Caberia ação direta de inconstitucionalidade e, sobretudo, acho que seria até mais adequada a argüição de descumprimento de preceito fundamental. Tenho a impressão de que caberia. Agora, se vale a pena já ir direto para o STF, aí é outro problema. Realmente, não sei se é o momento histórico de ir direto ao Supremo.

A segunda pergunta está difícil para escolher... Ah, tem uma questão que não entendi direito, vou tentar, aqui, entender. É de João Batista Borges, de Campinas. Está dito o seguinte: "Na hipótese de o Judiciário apreciar a decisão proferida pelo Conselho de Contribuintes contrária à Fazenda (portanto, seria apreciar uma decisão à luz desse parecer novo, parece-me que é isso), o lançamento permanece válido até ser atacado em eventuais embargos, em ação futura de execução? Quais os efeitos da decisão apreciadora do recurso da Fazenda?".

Primeiro, vai depender de o Judiciário aceitar esse parecer, que é vinculante para a Procuradoria, ou dizer que não há interesse processual etc. Agora, é claro que vai depender também de qual a decisão liminar do juiz. Se o juiz conceder de início alguma coisa à Fazenda, o lançamento poderia ser restaurado. Mas isso é tão estapafúrdio (não a questão, é estapafúrdio o parecer), que tenho dificuldade de fazer uma montagem mental para ver como seria. Talvez fosse mais fácil montar em face de uma lousa, para ver as hipóteses absurdas que esse parecer contém, numa eventual ação da Fazenda contra uma decisão do Conselho de Contribuintes a validar um lançamento que já existia, uma exoneração dele de acordo com a lei até então vigente. Efetivamente, essa resposta, para mim, é difícil, porque ela é tão cheia de impropriedades processuais – como é que isso vai ser resolvido na prática, à luz da afronta à própria lei (já não estou falando nem de princípios) – que, realmente, fico por aqui.

PRESIDENTE DA MESA (PROF. JOSÉ HENRIQUE LONGO) – Professor Bottallo.

PROF. EDUARDO DOMINGOS BOTTALLO – A professora Priscila Cunha quer saber a respeito da prescrição intercorrente no processo administrativo tributário, citando, como elemento de integração do raciocínio, o dispositivo da Lei 9.784/1999 que determina o arquivamento do processo disciplinar caso fique sem andamento durante três anos.

Como já expus em minha fala, a grande objeção que se faz à possibilidade de ocorrência da prescrição intercorrente no processo administrativo tributário é a que decorreria do art. 151, III, do CTN, segundo o qual as reclamações e os recursos em matéria tributária suspendem a exigibilidade do crédito tributário.

Então, o raciocínio, na aparência, é convincente: se a exigibilidade está suspensa no curso do processo, não há termo inicial para contagem do prazo de prescrição, e, conseqüentemente, não se pode falar em prescrição intercorrente.

Contudo, tenho para mim que a possibilidade da ocorrência da prescrição intercorrente não está ligada à suspensão da exigibilidade do crédito, mas sim à omissão do Estado no dever de promover *ex officio* o andamento do processo administrativo.

Se quisermos ser bem rigorosos no plano dos conceitos, a questão não seria exatamente de prescrição intercorrente, e sim de perempção, no sentido de extinção do processo por abandono por parte daquele que tem o dever de fazer com que tenha normal andamento.

Há outras duas perguntas, aqui, que eu poderia reunir: a) uma diz respeito à validade da notificação por edital de lançamento fiscal sem que tenham sido esgotadas as possibilidades de ocorrer a notificação pessoal do contribuinte; b) a outra relata um caso trazido pelo nosso colega Joaquim Narciso, de Alagoas, bastante peculiar: foi lavrado um auto de infração e o contribuinte não foi notificado; 10 anos depois o auto de infração foi julgado, e o contribuinte está, agora, diante de uma cobrança baseada, como visto, em lançamento do qual ele não tomou conhecimento.

Ambas suscitam a questão do fundamental do *direito ao conhecimento*. E, para responder a elas, vou me valer da associação feita pelo professor Régis Fernandes de Oliveira em artigo muito interessante, cujo título é "O Direito na Bíblia" (*RT* 790/48-55).

O professor Régis identifica a primeira citação no episódio do *Gênesis* em que Deus chama Adão para defender-se do pecado da desobediência, enfatizando, aqui, a natureza verdadeiramente divina do instituto.

E, com efeito, a imagem serve para acentuar a importância do chamado *direito ao conhecimento*. Sem notificação adequada da existência da exigência fiscal não se pode falar em exigibilidade do crédito. E, se este conhecimento não é dado, a tempo e a hora, ao contribuinte, poderá ocorrer decadência ou prescrição em detrimento da Fazenda, dependendo do exame das circunstâncias do caso concreto.

PRESIDENTE DA MESA (PROF. JOSÉ HENRIQUE LONGO) – Dra. Maria Leonor.

PROFA. MARIA LEONOR LEITE VIEIRA – Acho que esse contribuinte ... De Alagoas?

PROF. EDUARDO DOMINGOS BOTTALLO – Alagoas, nosso querido Joaquim. E o pior é que o Joaquim é Fiscal do Estado, hein? Vejam só como ele é fiel ao Direito, não é?

PROFA. MARIA LEONOR LEITE VIEIRA – Acho que esse contribuinte teria, aqui, uns 500 advogados para defendê-lo, todo mundo podia assinar.

PROF. EDUARDO DOMINGOS BOTTALLO – É verdade, essa é fácil.

PROFA. MARIA LEONOR LEITE VIEIRA – Mas eu tenho, Dr. José Henrique, não uma pergunta, e sim um sossego para todos nós. O Dr. Clayton, que mencionei há pouco, Procurador Fiscal, Provedor Fiscal-Chefe do Estado, mandou um esclarecimento e justificando, que é para tranqüilizar a todos nós. Eu vou ler, para não cometer erro algum, Dr. Clayton: "O Estado de São Paulo somente requer penhora *on-line* em execuções fiscais onde não haja embargos pendentes de julgamento, normalmente relativos a débitos declarados e não-pagos, com ao menos dois ou três anos de atraso no pagamento, chegando muitas vezes, nesses processos que são examinados, a mais de 10 anos". E observa, finalmente, que "os requerimentos da Fazenda são dirigidos somente às pessoas jurídicas após realizados vários leilões de bens penhorados cujos resultados não forem negativos".

Aí eu pergunto, Dr. Clayton: o IPVA, por enquanto, não tem execução, não tem nada? As que estavam andando já pararam, já interromperam, porque aí seria pessoa física? *(Manifestação fora do microfone)* Ah, o Senhor se referiu aos débitos de ICMS. Perfeito. *(Manifestação fora do microfone)* Diretamente contra o contribuinte, e não contra o eventual responsável. Perfeito, o que demandaria realmente uma outra série de investigações.

E outra coisa, Dr. José Henrique: eu só queria chamar a atenção e comentar com os Senhores que na próxima revista *Dialética Processual* (sai uma nesta semana, mas é na próxima) sairá um artigo do Dr. Eduardo Bin, um grande estudioso da matéria tributária, relativo à penhora *on-line*. Deve sair na revista *Dialética Processual* 21, na próxima edição.

PRESIDENTE DA MESA (PROF. JOSÉ HENRIQUE LONGO) – Quero registrar meus cumprimentos aos palestrantes pelas brilhantes exposições, e também aos membros da organização do Congresso.

Tem mais uma pergunta? Ah, pois não. Pensei que houvessem concluído.

PROF. EDUARDO DOMINGOS BOTTALLO – Não, é que você formulou duas e eu respondo a três. Agora tem mais uma aí, a quarta.

PRESIDENTE DA MESA (PROF. JOSÉ HENRIQUE LONGO) – Pois não, vamos lá.

PROF. EDUARDO DOMINGOS BOTTALLO – Então, para não deixar sem resposta (o Colega não se identificou), a pergunta é: "A interposição de ação judicial tem o condão de extinguir o processo administrativo desfavorável ao contribuinte?".

Bom, aqui, é uma questão menos polêmica, porque ninguém discute que quando a decisão no processo administrativo é desfavorável ao contribuinte (...) *(Truncamento da gravação)*

PROF. ESTEVÃO HORVATH – *(Truncamento da gravação)* (...) uma vez, até porque o professor Geraldo Ataliba entendia que o direito tributário no Brasil era mais especialmente direito constitucional tributário. E eu acredito que, para juntar com o temário genérico do nosso Congresso, nada melhor que um constitucionalista e um jurista especialista em direito público para nos brindar com esse final com chave de ouro.

O professor Clèmerson é Bacharel em Direito pela UFPR, da qual é Professor Titular também, hoje em dia; Mestre em Ciências Humanas, com especialidade em Direito, pela UFSC, com pós-graduação na Faculdade de Direito da Universidade Católica de Louvain, na Bélgica, na área de Direito Público; Doutor em Direito Constitucional pela PUC/SP; como eu disse, também Professor Titular da UFPR e da UniBrasil; membro do Conselho Editorial de diversas revistas jurídicas; membro do Instituto dos Advogados do Brasil e do Instituto dos Advogados do Paraná; membro consultivo da Sociedade Brasileira de Direito Público; Advogado militante em Curitiba; Procurador do Estado do Paraná; Presidente do Complexo de Ensino Superior do Brasil, entidade mantenedora das Faculdades do Brasil; Professor de diversos Cursos de Especialização; Professor Catedrático das Faculdades de Campo Real; membro catedrático da Academia Brasileira de Direito Constitucional; Consultor *ad hoc* do CAPES; Membro do Conselho Catedrático do Instituto Internacional de Estudos de Direito do Estado.

Mais que tudo, é um Jurista de escol, apesar da sua juventude, e um especialista em direito público, um dos grandes nomes que nós temos na nova geração de direito público no Brasil, como alguns de vocês talvez já saibam e nós vamos passar a perceber todos, a partir deste momento.

O professor Clèmerson nos brindará com a conferência sobre "O Estado Constitucional, Neoconstitucionalismo e Tributação". *(Palmas)*

CONFERÊNCIA

ESTADO CONSTITUCIONAL, NEOCONSTITUCIONALISMO E TRIBUTAÇÃO

PROF. CLÈMERSON MERLIN CLÈVE

1. Introdução

Cumprimento a Mesa, e o faço na pessoa da Dra. Maria Leonor Leite Vieira, a quem agradeço o convite para estar aqui nesta tarde. Cumprimento também o Dr. Aires Barreto, Presidente do Instituto Geraldo Ataliba-IDEPE, e com isso também me reporto aos Senhores, às Senhoras, advogados, advogadas, procuradores, procuradoras e estudantes de Direito. Para mim é não só uma alegria, mas também uma honra estar neste momento a proferir a conferência de encerramento do Congresso Brasileiro de Direito Tributário.

Nesta ocasião, com os cuidados que um estrangeiro deve tomar (e me lembro sempre que o personagem de *O Estrangeiro*, de Albert Camus, não teve uma grande sorte, espero que a minha seja um pouco melhor), imaginei que seria de algum proveito falar algo sobre o estado da arte do direito constitucional, ou seja, para onde caminha o direito constitucional, as mudanças e suas implicações no campo do direito tributário.

É um dado aceito por todos – e isso dizia sempre o grande professor Geraldo Ataliba – que o direito tributário não se faz sem uma interlocução com o direito constitucional. Mais do que isso, poderíamos dizer que o direito tributário é uma espécie de direito constitucional em ação. E o direito tributário tem uma singularidade, por conta do fato de que é exatamente esse direito que cuida dos recursos necessários, via tributação, para a satisfação dos fins, dos objetivos e dos princípios fundamentais da República Federativa do Brasil, os quais se manifestam também por meio da prestação de serviços públicos, e especialmente daqueles concretizadores dos direitos fundamentais na dimensão prestacional.

Não é demais dizer que a Constituição de 1988 define o Estado Brasileiro como um Estado Democrático de Direito. É preciso que tenhamos consciência do que significa essa expressão hoje, eis que a Constituição de 1988 emerge num contexto em que o direito constitucional não era uma disciplina especialmente prestigiada.

Quando a Constituição de 1988 foi promulgada a experiência jurídica brasileira era, ainda, prisioneira do positivismo. Não havia, entre nós, um arsenal teórico, um corpo de categorias funcionais e operacionais que pudessem dar conta, de modo satisfatório, da nova realidade constitucional. Um grande esforço foi gasto pelos constitucionalistas brasileiros para que a Constituição fosse compreendida como norma, uma conquista que outros povos já haviam alcançado e somente nos últimos anos do século XX haveríamos de concretizar.

Em termos de doutrina do direito constitucional e de produção jurisprudencial, talvez o Brasil tenha produzido nesses últimos 16 anos mais do que produziu nos 30 ou 40 anos que antecederam a promulgação da Constituição de 1988. Diante dessa circunstância, o direito constitucional, da mesma maneira que o direito processual, transforma-se numa espécie de língua franca. Ou seja, quem domina um específico ramo do

Direito deve dominar ao mesmo tempo o processo e o direito constitucional.

A Constituição de 1988 apresenta-se como uma novidade. Muitos foram aqueles que não conseguiam enxergar nela uma verdadeira Constituição, porque estava além da simples delimitação das tarefas do Estado. Outros viam na Constituição um ato de imprudência, porque estavam consagradas em seu texto algumas promessas que – apostavam – não seriam cumpridas. E havia aqueles que, com base em determinadas categorias operacionais, fundadas numa teoria tradicional do Direito, não conseguiam mesmo compreendê-la. O combate não foi pequeno, e veio inclusive da esfera governamental, que desde o primeiro momento atacou a Constituição, dizendo que, com ela, seria impossível governar o país.

Passados alguns anos, percebeu-se a necessidade de um deslocamento conceitual, em busca de um arcabouço teórico capaz de dar conta da nova realidade constitucional brasileira. Aproximar a normatividade constitucional da realidade constitucional é o urgente desafio de todos nós, brasileiros. É nesta circunstância que emergem no campo da dogmática constitucional – que é também uma teoria crítica do Direito – as teorias pós-positivistas ou teorias que se inserem no sítio do neoconstitucionalismo.

2. *Neoconstitucionalismos*

Para o neoconstitucionalismo a Constituição deve ser compreendida em função dos princípios constitucionais. Fala-se, então, em direito constitucional *principiológico*, o qual, apesar de não abandonar certa tradição no campo da doutrina jurídica, procura avançar sem deixar de considerar a missão da jurisdição constitucional e a luta pela concretização dos direitos fundamentais.

O neoconstitucionalismo impõe uma renovada visão dos direitos fundamentais. O papel da jurisdição constitucional é ampliado e, paradoxalmente, o controle de constitucionalidade sofre uma verticalização. Essas novas considerações exigem uma compreensão adequada da súmula vinculante e também da coisa julgada, esta que, nesse contexto, passa a ser compreendida não apenas como um fenômeno processual, mas já como um direito fundamental que importa, em certos casos, sua relativização.

O que vem a ser o neoconstitucionalismo, e como se apresenta? O que vem a ser o pós-positivismo? Não há, na verdade, uma teoria neoconstitucional; há *teorias neoconstitucionais*.[1] Se me fosse dado buscar uma metáfora, uma imagem, eu diria que o neoconstitucionalismo é Diana Krall, Duke Ellington, Miles Davis – enfim, é *jazz*, no sentido de que há pessoas que tocam seus instrumentos, e dessa instrumentalização vamos encontrar uma boa música, criativa. E, assim, só essa nova instrumentalização é capaz de dar conta de uma realidade mutante, fragmentada e plural, exigente de novas *démarches* teóricas que o velho positivismo no campo do direito constitucional não consegue, lamentavelmente, satisfazer.

Portanto, o neoconstitucionalismo implica uma renovada visão de um direito constitucional que deve ser adequado a uma sociedade contemporânea, pós-industrial, aberta às transformações que ocorrem de maneira veloz, quebrando a possibilidade de consensos definitivos. As distintas concepções a propósito do que é a *vida digna*, por exemplo, manifestam-se em questões nada fáceis de se resolver, que, ao serem levadas aos tribunais, não poderão ser desconsideradas, como se fazia no contexto do velho positivismo.

O neoconstitucionalismo importa, na verdade, uma renovada visão do direito constitucional que se apóia, especialmente, sobre duas dimensões: normativa e metodológica. A primeira implica uma abertura do direito positivo *a montante* e *a jusante*.

1. Cf., por todos, Miguel Carbonell (org.), *Neoconstitucionalismo(s)*, Madri, Trotta, 2003.

A abertura a montante exige (i) a necessidade de incorporação do Direito Internacional ao nosso cotidiano; (ii) a possível emergência de um Direito aberto à supranacionalidade; e (iii) eventualmente, a possibilidade de falarmos de um núcleo irredutível capaz de se apresentar como uma espécie de Constituição Mundial. Ao lado dessa dimensão normativa tem-se, a jusante, a abertura do Direito para a sociedade, em função das parcerias, do Direito concertado, da participação. Trata-se de um Direito aberto aos valores, vinculado de certa maneira com a Ética. Isso não significa um retorno ao jusnaturalismo, mas apenas uma abertura por meio dos princípios constitucionais.

O fortalecimento da jurisdição e o redimensionamento do seu papel na seara constitucional fazem parte das exigências dessa nova normatividade. Se antes, com o Estado de Direito, os direitos fundamentais eram compreendidos nos termos do que definia o legislador, hoje, com o Estado Constitucional, a lei é compreendida nos termos dos direitos fundamentais. A liberdade de conformação legislativa do legislador sofreu compressão a tal ponto que, através do manejo dos parâmetros constitucionais, pode-se restringir, controlar e inclusive censurar a omissão do legislador. Trata-se de uma mudança operacional no campo do Direito, sem precedentes.

Na dimensão metodológica, o Direito muda não porque a idéia de subsunção deve ser abandonada. O Direito é formado por regras e princípios, sendo certo que aquelas operam no campo da subsunção, bem fundado pelos teóricos do positivismo. Mas com os princípios é diferente, pois operam no terreno da otimização, especialmente na circunstância de colisões. A natureza compromissória da Constituição de 1988 e o fato de a sociedade brasileira ser notadamente fragmentada e plural possibilitam a emergência das colisões. Se é certo que estas podem ser resolvidas por meio do legislador, manifestando sua liberdade de conformação legislativa, não é menos certo que também o Judiciário as enfrentará. Neste caso não através do raciocínio subsuntivo, mas da ponderação. E essa implica, na verdade, mensuração de peso, exige argumentação e um adequado manejo do princípio da proporcionalidade, na sua tríplice dimensão: adequação, necessidade e proporcionalidade em sentido estrito.

A compreensão da Constituição e do Direito como sistema de regras e princípios possibilita certa plasticidade do direito constitucional. E isso traz a preocupação com a segurança jurídica, que será tratada logo a seguir. O importante, entretanto, é perceber a passagem de um paradigma, conhecido como *paradigma do sujeito* ou *paradigma da consciência*, para um outro, que chamamos de *paradigma da linguagem*. Nesse significativo momento, o Direito, que era compreendido como um objeto – e, como tal, era exterior ao sujeito cognoscente –, passa a ser compreendido como algo que só tem sentido no campo da linguagem: é a linguagem que faz o objeto, e sem ela não há objeto.

Por conta dessa circunstância, a segurança jurídica não decorre mais apenas das características intrínsecas ao Direito, ao sistema normativo ou às próprias categorias jurídicas, e sim de uma bem-fundada teoria da argumentação. Não houve uma superação de Kelsen, mas uma transposição de sua teoria: se o papel da Ciência Jurídica era definir uma moldura, e dentro dessa moldura qualquer solução seria aceitável, hoje nenhuma solução é aceitável sem argumentação. Uma carga argumentativa capaz de convencer, e não somente a autoridade, é imprescindível para justificar a legitimidade do discurso. A segurança jurídica, portanto, está no rigor da argumentação e da motivação, e não apenas na esfera do objeto do Direito, que, fragmentado, sequer conforma um sistema. No campo da linguagem só se faz sistema por meio da atuação do operador jurídico.

Portanto, se no campo da subsunção ainda valem as *démarches* do positivismo, no campo da ponderação, da compreensão da Constituição como um conjunto também de princípios, são inevitáveis os ensinamentos, por exemplo, de Robert Alexy,[2] de Ronald Dworkin[3] e de Martín Borowski.[4] Como no Brasil tem-se entendido que há ponderação mesmo quando nos pólos da relação tensionada estão princípios fundamentais e bens coletivos, difundiu-se uma aproximação maior a Alexy que a Dworkin, pois este entende que só há ponderação entre direitos fundamentais (em particular os individuais). Isso precisa ser levado em conta quando se está tratando de questões intrinsecamente ligadas à tributação.

Resumindo, o neoconstitucionalismo não é uma teoria, é um movimento. Aliás, melhor do que um movimento: é um momento, que implica um deslocamento das *démarches* teóricas. E, por não se tratar de uma superação do positivismo, mas sim da adição da técnica da ponderação, falamos de pós-positivismo não como uma "outra coisa", e sim como "algo mais", na linha daquilo que têm definido, por exemplo, a Suprema Corte dos Estados Unidos, a Corte Constitucional Alemã e, mais recentemente, o STF no Brasil.

3. *Estrutura dos direitos fundamentais no neoconstitucionalismo*

Há algum tempo atrás se aprendia a resumir os direitos fundamentais aos direitos de defesa. Ou seja, a idéia – que é válida, embora parcialmente apenas – era que os direitos protegem situações de vantagem dos particulares ou bens definidos em face da atuação do Estado. Portanto, os direitos fundamentais eram direitos de garantia, estariam no campo daquilo que Luigi Ferrajoli chama de *garantismo*.[5]

2. *Teoría de los Derechos Fundamentales*, Madri, Centro de Estudios Constitucionales, 1997.

3. *Los Derechos en Serio*, Madri, Ariel, 1989.

4. *La Estructura de los Derechos Fundamentales*, Bogotá, Universidad Externado de Colombia, 2003.

5. *Derecho y Razón – Teoría del Garantismo Penal*, Madri, Trotta, 1998; e *Epistemología Jurídica y galantismo*, México, Fontamara, 2004.

Com o surgimento dos direitos sociais imaginou-se que os direitos são (i) direitos de defesa, e nesse caso implicam para o Poder Público um dever de abstenção, como é o caso das garantias constitucionais em matéria tributária; ou (ii) direitos prestacionais, que estariam a exigir do Poder Público uma ação positiva. Os primeiros direitos não teriam custos, diferenciando-se por isso dos segundos, que implicariam, de alguma maneira, interferência na lei orçamentária.

Hoje se aprende que os direitos prestacionais não constituem meras normas programáticas. Eles são direitos fundamentais dotados da mesma exigibilidade que os demais. Nessa circunstância, aquela velha classificação das normas em normas de eficácia plena, de eficácia contida, de eficácia limitada,[6] que é plenamente válida para o campo da constituição orgânica, para o campo da definição das competências, não guarda maior sentido para o campo dos direitos fundamentais. Os direitos fundamentais, hoje, substanciam verdadeiros *feixes de posições jurídicas jusfundamentais*,[7] pois cada direito fundamental apresenta ao mesmo tempo, embora em diferentes graus, dimensões positivas e de defesa.

Para exemplificar, alude-se ao mais elementar dos direitos, o direito à liberdade de locomoção. Este exige do Poder Público abstenção para que seu titular possa exercê-lo, mas esta é apenas uma das dimensões desse direito. Ninguém desconhece que numa sociedade urbanizada, com cidades do tamanho de São Paulo, a liberdade de locomoção não é nada sem a existência de um serviço público de transporte coletivo, sem a existência, ao mesmo tempo, de uma ação estatal voltada para permitir a liberdade de trânsito e de locomoção das pessoas, inclusive das pessoas que não têm renda suficiente para isso. Então,

6. José Afonso da Silva, *Aplicabilidade das Normas Constitucionais*, 2ª ed., São Paulo, Ed. RT, 1982. [6ª ed., 3ª tir, São Paulo, Malheiros Editores, 2004]

7. Cf. Alexy, *Teoría ...*, ob. cit.

esse direito guarda uma dimensão negativa e uma dimensão positiva: exige do Poder Público omissão e ação. O direito à propriedade também implica, por um lado, omissão do Poder Público mas, por outro, implica um dever de prestação para proteção dos indivíduos. Quer dizer, o Estado precisa ter instituições, como é o caso da Polícia, criar um Código Penal e tipificar delitos, sob pena de o direito à propriedade não ser nada mais que mera menção numa folha de papel. Portanto, esses direitos se apresentam como *feixes de posições jurídicas jusfundamentais*.

É preciso compreender os direitos fundamentais não apenas como regras, mas também como princípios – o que significa dizer que, para sua exigibilidade definitiva, podem impor o manejo da ponderação. O direito à intimidade, por exemplo, só pode ser compreendido ao lado da liberdade de informação. Assim também o direito à vida em relação a alguns princípios vinculadores da atuação do Poder Público. Ou seja, os direitos se apresentam *prima facie* na Constituição, e sua definição (seu aspecto definitivo) é resultado de um juízo de ponderação que precisa ser exercitado pelo operador jurídico.

Num primeiro momento, a ponderação demanda a concordância prática, uma tentativa de harmonização – na linha do que diziam Celso Bastos,[8] Konrad Hesse[9] e Friederich Müller.[10] É certo, porém, que a ponderação pode – observado o princípio da proporcionalidade – levar ao sacrifício de um direito *numa determinada circunstância*. Mesmo aí não há que se falar na invalidade do direito afastado, pois em outra circunstância pode ele prevalecer. Não se trata de hierarquia, incompatível com a unidade hierárquico-normativa na Constituição, mas sim de *condicionalidade hierárquica* operada pelo juiz no momento em que precisa resolver uma colisão que se apresenta em um caso concreto.

Na hipótese de colisão, por exemplo, entre o direito à saúde e a liberdade religiosa, pergunta-se: até que ponto pode ser alguém compelido a sofrer um tipo de intervenção, especialmente implicando transfusão sangüínea, se essa pessoa professa uma religião (liberdade religiosa) que não admite isso? A solução será alcançada à luz da ponderação e do princípio da proporcionalidade, levando-se em consideração as peculiaridades do caso. O fato de o paciente estar no livre gozo da sua consciência, por exemplo, vai certamente influenciar a decisão judicial. Esses direitos fundamentais precisam ser compreendidos como princípios; caso contrário – se compreendidos como regras – as colisões ficam sem solução adequada.

Convém lembrar que todos os direitos fundamentais demandam custos, razão pela qual estão equivocadas as teorias que procuram retirar a legitimidade da atuação do Poder Judiciário naquilo que se refere aos direitos prestacionais. Existe um autor festejado nos Estados Unidos, Cass Sustein,[11] que trata do tema e mostra que tanto os direitos fundamentais prestacionais como os direitos de defesa *custam*; ambos precisam de dotação orçamentária. Seja para manutenção de instituições como a polícia e o Poder Judiciário, seja para efetivação de políticas públicas. Nos dois casos há custos. Não há razão alguma, inclusive para o Judiciário, que justifique a opção de satisfazer direitos em razão do tipo de custo que implicam. Com mais razão num país como o nosso, onde é comum ouvir que o juiz não pode determinar a satisfação de um direito fundamental prestacional, mas admite-se que, por meio de

8. Sobre a "cedência recíproca", cf. Celso Ribeiro Bastos, *Curso de Direito Constitucional*, 11ª ed., São Paulo, Saraiva, 1989, p. 99.

9. *Escritos de Derecho Constitucional*, 2ª ed., Madri, Centro de Estudios Constitucionales, 1992, e *Elementos de Direito Constitucional da República da Alemanha*, Porto Alegre, Sérgio Antônio Fabris Editor, 1998.

10. *Discours de la Mèthode Juridique*, Paris, Presses Universitaires de France, 1996.

11. Cass R. Sustein e Stephen Holmes, *The Cost of Rights: why Liberty Depends on Taxes*, Nova York, W. W. Norton & Co., 1999.

um mero ato despido de legitimidade democrática, um órgão, conselho, ou comitê do Poder Executivo ligado ao Banco Central pode decidir o manejo das taxas dos juros, resultando, numa penada, no aumento da dívida pública brasileira em alguns bilhões de Reais.

É bom ressaltar que os direitos prestacionais não são panacéias. O Judiciário vai manejá-los observando alguns princípios, como a proteção do mínimo existencial; a proteção da confiança; a vedação do retrocesso histórico; a proibição da proteção insuficiente; e a tutela do núcleo essencial. Aliás, no campo dos direitos prestacionais, o princípio da proporcionalidade se apresenta exatamente como princípio da vedação da proteção insuficiente.

Estabelecidos esses parâmetros da renovada compreensão dos direitos fundamentais, partimos para a terceira análise, que diz respeito, já, à jurisdição constitucional.

4. Jurisdição constitucional

No Estado Constitucional assume particular relevo a jurisdição constitucional. Esta desempenha um papel que se apresenta extremamente fortalecido nas sociedades ocidentais. Depois da II Guerra Mundial manifestou-se uma forte tendência para a criação dos tribunais constitucionais. Emergem num primeiro momento os Tribunais Constitucionais da Itália, da Alemanha e da França (esta, com o Conselho Constitucional, que exerce um controle meramente preventivo). Após a democratização dos países peninsulares europeus, uma segunda manifestação desta tendência pode ser percebida, particularmente, em Portugal, na Espanha e na Grécia. Finalmente, depois da queda do Muro de Berlim, a tendência da criação dos tribunais constitucionais atingiu os países do Leste Europeu.

No século XIX, como a nossa sociedade não era fragmentada e mutante como a atual, o legislador conseguia de certa maneira prever o que aconteceria, e com isso regulava matérias estabelecendo pautas condensadas em códigos. Tal período pode ser chamado de *século do legislador*. Já o século XX, com a superação do Estado Mínimo e a emergência do Estado de Bem-Estar Social, pode ser chamado de *século do administrador*. Diante disso, a atuação do Poder Executivo foi cada vez mais exigida para implementação de políticas públicas. Se isso é verdade, então o século XXI pode ser chamado de *século da jurisdição*, ou do Judiciário, pois nunca o juiz exerceu um papel tão proeminente nas sociedades ocidentais. E como haverá de atuar o Poder Judiciário, particularmente no exercício da função jurisdicional? É aqui que exsurge o velho problema do ativismo judicial ou da autocontenção judicial.

Há no Brasil uma idéia, muitas vezes equivocada, de que o ativismo judicial implica uma posição progressista e a autocontenção judicial uma posição conservadora. Na história da Suprema Corte Norte-Americana podem ser identificados períodos de autocontenção judicial que originaram um avanço do Estado de Bem-Estar Social – como aconteceu, por exemplo, no contexto do período Roosevelt, em que a Suprema Corte, em função de uma renovada interpretação da Constituição, superou a era Lockner. Em outros momentos o ativismo judicial foi de alguma maneira fundamental para a defesa dos direitos civis.

Ora, no caso brasileiro é preciso dizer que o STF tem exercido um papel que já passou por momentos mais importantes que o atual. Tenho sempre dito aos meus alunos da Faculdade de Direito – e isso vale para o exercício da jurisdição – que a Faculdade de Direito tem, basicamente, dois papéis a cumprir: o primeiro deles é o papel de produzir e reproduzir o conhecimento, oferecer um conhecimento sólido para os alunos; e o segundo é o papel de sensibilização. Mas, se não for possível fazer as duas coisas ao mesmo tempo, que a Faculdade cumpra o papel de sensibilizar seus alunos, porque alunos sensíveis vão atrás do conhecimento. E digo isso lembrando a história da Suprema Corte Americana. Três momentos da Suprema Corte marcaram de maneira indelével a história constitucional norte-americana: (i) com o juiz Marshall, (ii) a passagem da era Roosevelt (Holmes) e (iii) com o juiz Warren. Os juízes Marshall e Warren, que não eram propriamente eruditos em matéria constitucional, tinham grande sensibilidade e produziram a mudança na compreensão da Constituição que redundou em importantíssima renovação daquele direito constitucional. Por outro lado, Story foi um erudito, mas possivelmente só os iniciados o conhecem, eis que não deixou uma marca indelével na história constitucional americana enquanto juiz, senão como jurista erudito. Portanto, a sensibilidade é algo extremamente importante no contexto da jurisdição constitucional.

Pois bem, o papel da jurisdição constitucional no contexto do neoconstitucionalismo é de extremada significação. E o que tem ocorrido no Direito Brasileiro? No que diz respeito à tutela dos direitos fundamentais e ao controle de constitucionalidade, houve a passagem de um modelo de controle difuso-incidental para um modelo de convivência com o controle concentrado-principal. Depois da Constituição de 1988 o modelo de convivência permaneceu, todavia com supremacia do controle concentrado-principal. Com a ação direta de inconstitucionalidade, com a ação declaratória de constitucionalidade criada pela Emenda Constitucional 3, com a ação direta de inconstitucionalidade por omissão e com a criação da argüição de descumprimento de preceito fundamental, já prevista na Constituição desde o início, mas regulamentada por meio de lei ordinária,[12] o controle de constitucionalidade passa a sofrer uma verticalização, ou seja, a compressão da jurisdição constitucional difusa e a primazia da jurisdição constitucional concentrada, exercitada pelo STF.

A concentração de poderes em um tribunal que dê a última palavra no controle de constitucionalidade é uma tendência mundial que tem sua gênese nas transformações ocorridas no trânsito do paradigma do sujeito para o paradigma da linguagem. Quando se admite um Direito principiológico que implica ponderação, mais dúctil, como diz Gustavo Zagrebelsky,[13] e quando se percebe que a segurança jurídica não decorre apenas do Direito enquanto objeto, mas sim da argumentação, em síntese, quando se abre todo o sistema jurídico, é preciso ter um mecanismo de fechamento que garanta alguma segurança jurídica. Hoje não é mais possível sustentar um mecanismo de fechamento baseado na delimitação e a regulação estrita das categorias jurídicas. A complexidade social atingiu um ponto em que o fechamento vai ocorrer notadamente em função da última palavra a ser dada pelo órgão de cúpula do Poder Judiciário. Eis a razão da presente verticalização do Judiciário Brasileiro.

Seguindo essa tendência, foi ampliada a legitimação da ação direta de inconstitucionalidade depois da Constituição de 1988, em que pese à auto-restrição do STF na exigência de pertinência temática para os legitimados ativos que não os universais. Neste ponto convém lembrar que o STF vem amenizando esse entendimento. Outro sintoma da verticalização é encontrado na atribuição de efeito vinculante às decisões do STF em sede de ação declaratória de constitucionalidade (previsão da Emenda Constitucional 3) ou de ação direta de inconstitucionalidade (em virtude da Lei 9.868/1999[14]).

O efeito vinculante é algo que está além da coisa julgada e da eficácia *erga omnes*, pois permite, na circunstância de descumprimento da decisão judicial por um

12. Lei 9.868, de 10.11.1999.

13. *El Derecho Dúctil*, Madri, Trotta, 1998.

14. Cumpre lembrar que a Lei 9.868/1999 regulamentou a ação declaratória de constitucionalidade e conferiu à ação direta de inconstitucionalidade, onde não havia previsão constitucional, a produção de efeitos vinculantes na sentença procedente ou improcedente. Cf. art. 28, parágrafo único, da lei.

órgão jurisdicional inferior, algo mais que o manejo dos recursos processualmente admitidos: possibilita o aforamento direto, no STF, da reclamação, inclusive com pedido de liminar. Ou seja, a reclamação passa, nesse contexto, a ostentar condição de verdadeira ação constitucional que visa à preservação da autoridade do julgado ou à preservação da competência do órgão de cúpula do Judiciário Brasileiro no exercício da jurisdição constitucional. Nessa linha explica-se a idéia da modelagem dos efeitos da decisão. Foi entendido até muito recentemente que o controle de constitucionalidade implicava um juízo declaratório de reconhecimento de uma patologia preexistente. A conseqüência disso é que a declaração da inconstitucionalidade implicava, inexoravelmente, produção de efeitos *ex tunc*. Com isso aplicava-se a teoria da nulidade dos atos inconstitucionais, e não da anulabilidade. Mas acontece que no Brasil a inconstitucionalidade em tese pode ser declarada a qualquer momento, e – dado o fato, já anunciado, de que a sociedade, hoje, é mais complexa, plural e fragmentada – é muito possível que uma lei que nasceu constitucional tenha transitado para um estado de inconstitucionalidade em virtude da mudança das circunstâncias fáticas. É muito possível, por outro lado, que a declaração de inconstitucionalidade de uma lei crie uma situação de injustiça muito mais grave que a própria manutenção da inconstitucionalidade – como, por exemplo, a hipótese daquele cidadão que faz um concurso público e é investido em cargo criado por lei inconstitucional e que, 20 anos depois, vê, para sua surpresa e sofrimento, a declaração de inconstitucionalidade da lei.

Para que a declaração de inconstitucionalidade não faça *tábula rasa* do que aconteceu no tempo pretérito, a melhor doutrina brasileira já estabelecia uma distinção entre a eficácia no plano normativo e a eficácia no plano das relações concretas. A declaração de inconstitucionalidade produz efeitos *ex tunc* no plano normativo, mas não desconstitui necessariamente os atos praticados, as situações jurídicas de vantagem emergidas sob a sua égide. Essas situações precisariam sofrer um processo de desconstituição à luz do devido processo legal – o que enseja a seguinte ponderação: de um lado o princípio constitucional da nulidade dos atos inconstitucionais, e de outro lado os direitos e situações que foram consolidadas e a idéia de segurança jurídica. E dessa ponderação emergiria a regra a regular o caso concreto.

Mais recentemente, as Leis 9.868/1999 e 9.882/1999 passaram a permitir no Brasil a manipulação dos efeitos da decisão no plano do processo abstrato. Ressalta-se: a decisão é declaratória no que diz respeito ao reconhecimento da inconstitucionalidade, mas é constitutiva no plano da definição dos efeitos. Portanto, por economia processual, com a aprovação de dois terços dos seus membros, pode o STF manejar os efeitos da decisão para (i) declarar a inconstitucionalidade com eficácia apenas *ex nunc*; (ii) com eficácia *ex tunc*; ou (iii) com eficácia retrooperante até determinado momento – não necessariamente até o início da produção de efeitos pela lei ou a data da promulgação.[15] Pode, inclusive, se for o caso, (iv) declarar a inconstitucionalidade sem pronúncia da nulidade, dando prazo para que o legislador promova a promulgação de uma nova lei para evitar eventual situação de lacuna jurídica, que poderia ser mais grave. Um exemplo disso pode ser extraído da lei do salário mínimo: mesmo sendo manifestamente inconstitucional, se declarada a inconstitucionalidade, como fica o trabalhador? O que é mais grave: não termos salário mínimo algum ou mantermos esse ridículo salário mínimo? Essas questões não são simples, e diante de uma sociedade heterogênea os consensos são possíveis desde que provisórios e superáveis.

É preciso lembrar, ainda, outra importante manifestação de verticalização do controle de constitucionalidade na jurisdição nacional, que está presente na Propos-

15. Art. 27 da Lei 9.868/1999.

ta de Emenda Constitucional 29.[16] Esta, ao tratar da Reforma do Poder Judiciário, prevê a criação da súmula impeditiva de recurso para o STJ e para o TST, além da súmula vinculante para o STF.

Sempre estive entre aqueles que não admitiam a súmula vinculante. Mas, estudando o modo como está prevista essa súmula vinculante do STF à luz deste processo que estamos vivendo ultimamente, não fico tão alarmado. Note-se que a declaração de inconstitucionalidade com eficácia vinculante, assim como a declaração de constitucionalidade, exige maioria absoluta; e a súmula vinculante exige, após reiteradas decisões, dois terços dos membros da Corte. Além disso, afasta-se o perigo de congelamento das interpretações com a possibilidade de os legitimados ativos da ação direta de inconstitucionalidade, além de outros legitimados que serão previstos em lei infraconstitucional, postularem a mudança da súmula, seu cancelamento ou um novo posicionamento do STF a respeito da matéria. Com isso, tem-se a possibilidade do fechamento necessário para uma certa segurança jurídica e, ao mesmo tempo, a plasticidade que impossibilita uma calcificação do desenvolvimento do Direito.

Tenho dito que o inimigo hoje, na reforma do Judiciário, não é a súmula vinculante, mas sim os poderes (não a idéia) do Conselho Nacional da Magistratura, pois ele pode implicar uma intervenção permanente nos Judiciários dos Estados. Tratando-se da atuação do constituinte, o que espanta no Brasil é a falta de criatividade. Apanhando as emendas constitucionais (já são mais de 40), bem se vê que todas elas têm caminhado para um processo vertiginoso de concentração de poderes nas mãos da União e de amesquinhamento da Federação.

16. Este texto é decorrente de conferência realizada antes da promulgação da Emenda Constitucional 45/2004, que acrescentou o art. 103-A ao texto constitucional, positivando o mecanismo de atribuição de efeito vinculante às súmulas do STF.

Ainda no campo da jurisdição constitucional, novas técnicas de decisão que não eram conhecidas antes foram recepcionadas, tais como (i) declaração de inconstitucionalidade sem pronúncia de nulidade; (ii) interpretação conforme; (iii) declaração de inconstitucionalidade sem redução de texto; (iv) declaração de inconstitucionalidade com efeitos retrooperantes parciais; e (v) declaração de inconstitucionalidade com eficácia *ex nunc*. E, aqui, importa tratar de matéria tributária, propriamente.

5. Tributação, neoconstitucionalismo e jurisdição constitucional

O manejo dos efeitos da decisão em matéria tributária com inspiração na realidade de outros países é preocupante no Brasil, pois nossa realidade é diferente. Na jurisprudência dos Estados Unidos e da Espanha, mesmo nas hipóteses de inconstitucionalidade, não há, salvo circunstâncias excepcionais, a possibilidade da repetição do indébito. E a idéia básica é de que aqueles que pagaram os tributos receberam, de qualquer modo, benefícios na qualidade de cidadãos. Ou seja, o equívoco de uma lei inconstitucional de vez em quando é, na verdade, um ônus que deve ser pago pelo cidadão que vive em uma sociedade. Essa teoria tem algum sentido nos Estados Unidos, e pode ser que tenha algum sentido na Espanha, porque as inconstitucionalidades de leis tributárias nesses países são mínimas. Lá os números são insignificantes.

Tudo se passa de maneira diferente em nosso país. Aqui existe uma sucessão de inconstitucionalidades em matéria tributária, muitas vezes assumidas pela Administração Pública. A sociedade brasileira, que experimentou no seu Estado todo tipo de vicissitudes, como clientelismo e compadrio, convive ainda com uma Administração pouco transparente, onde os que o haveriam de gerir tomam-no como propriedade. E Ruy Cirne Lima já dizia que a gestão do Estado é a gestão daquele que não tem a propriedade.

Ainda ontem, em um Congresso de Procuradores do Estado em Belém do Pará, eu soube que determinado Estado da Federação teve uma lei declarada inconstitucional pelo STF, com eficácia *erga omnes*, com efeitos *ex tunc* e, mais do que isso, com efeito vinculante, e que continua a arrecadar o tributo, porque os incautos continuam pagando. Portanto, muitas vezes a Administração Fazendária sabe que a lei é inconstitucional e pratica a inconstitucionalidade, porque o número daqueles que vão ao Judiciário nem sempre é tão grande, e este risco da inconstitucionalidade no Brasil é um risco que vale a pena correr.

No Brasil, aceitar a tese da eficácia *ex nunc* da declaração da inconstitucionalidade de lei de matéria tributária é uma temeridade, e, portanto, é preciso vigilância, para que nunca se aceite que o Poder Judiciário adote, sem o filtro necessário, teorias ou jurisprudências estrangeiras.

O perfil do controle de inconstitucionalidade concentrando poderes no STF mostra-se também com a criação da argüição de descumprimento de preceito fundamental, uma ação constitucional que, sempre de maneira subsidiária, se presta não apenas para combater atos legislativos, mas também atos concretos; atos legislativos municipais ou estaduais, inclusive anteriores à Constituição; e se presta igualmente para combater omissão inconstitucional. Creio que a argüição de descumprimento de preceito fundamental, se devidamente manejada, pode trazer uma grande contribuição para o direito tributário brasileiro.

É fácil constatar que o Estado Brasileiro tem passado, nos últimos anos, por um processo de mudança impressionante. São muitas reformas constitucionais, que alteraram o perfil do mercado brasileiro, que flexibilizaram a proteção da empresa brasileira no mercado nacional, permitindo um maior fluxo no comércio internacional e uma benfazeja presença, entre nós, das empresas multinacionais. Outras reformas importantíssimas ocorreram, como a reforma administrativa da Emenda Constitucional 19, que procurou mudar a concepção da administração burocrática para uma administração gerencial; a polêmica reforma previdenciária prevista na Emenda Constitucional 20 e na Emenda Constitucional 41. Importa notar que, mesmo com a emergência daquilo que alguns têm chamado de *Estado Regulador*, os princípios e objetivos fundamentais da República Federativa do Brasil continuam os mesmos – dentre os quais aqueles previstos no art. 3º da CF, da construção de uma sociedade livre, justa, solidária.

Pois bem, é nesse contexto que se apresenta um assunto que tem sido muitas vezes mal-compreendido em nosso país. A Constituição Brasileira é dirigente, mas não como a Constituição Portuguesa de 1976. Esta apresentava um projeto fechado, que implicava a coletivização dos meios de produção. Canotilho,[17] que foi o grande arauto da Constituição Dirigente, muda de opinião ao afirmar que a Constituição hoje deve ser mais um mecanismo neutro, processualizado, dessubstancializado, e, portanto, deve ter uma pretensão mais modesta. E Canotilho tem toda razão quando fala de Portugal, especialmente por estar seu país no contexto da União Européia. No Brasil a Constituição Dirigente nunca foi como a Constituição Portuguesa, pois sempre admitiu um projeto pluralista e aberto, e nunca exigiu a coletivização dos meios de produção. Não há um único caminho para se concretizar o compromisso com a construção de uma sociedade livre, justa e solidária entre nós. O que mudou com as últimas reformas constitucionais foi a parte instrumental da Constituição, mas não ela mesma, como pretendem alguns.

Em razão da transformação dos instrumentos de ação, o Estado muitas vezes se retira da exploração direta das atividades econômicas. Haverá de atuar, entretanto, (i) de maneira subsidiária (o conceito de *subsidiariedade* está na Constituição, quando fala da ordem econômica); (ii) pres-

17. *Constituição Dirigente e Vinculação do Legislador*, Coimbra, Coimbra Editora, 1982.

tando os serviços públicos (aqui ele não intervém, tão-somente cumpre uma tarefa que é sua); (iii) como agente regulador, reprimindo o abuso do poder econômico e induzindo a atividade econômica na busca da satisfação dos objetivos da República Federativa do Brasil (o caminho estabelecido para a iniciativa privada deve ser de livre adesão, pois o planejamento – diz a Constituição – é indicativo, e não obrigatório, a não ser para o setor público); e, finalmente, (iv) estabelecendo a disciplina da atividade privada.

Ao se tratar do Estado Regulador, exsurge a questão da eficácia horizontal dos direitos fundamentais. Sempre vigorou a idéia de que os direitos fundamentais vinculam apenas o Poder Público (eficácia vertical), mas os direitos fundamentais, inclusive prestacionais, em alguma medida vinculam também a iniciativa privada. A Constituição de 1988 estabeleceu uma certa tensão entre a autonomia privada e a autonomia pública, mas uma tensão que não significa necessariamente a prevalência sempre da autonomia pública sobre a autonomia privada, porque em certas circunstâncias são os direitos fundamentais que devem ser respeitados, e não o que poderíamos chamar de *interesse público secundário*, constituindo a proteção deles o verdadeiro interesse público a ser preservado.

Dito isso, não é demais reiterar que a Constituição de 1988, com suas reformas, sofre mutação quanto aos instrumentos à disposição do Estado, mas os fins do Estado continuam os mesmos: desenvolvimento nacional, erradicação da pobreza e criação de uma sociedade livre, justa e solidária. E aqui está a importância da tributação, num dos pólos, e no outro o trabalho de redistribuição. A Constituição, nessa circunstância, continua com seu núcleo identitário de compromisso com a construção de um mundo novo.

É por isso que é preocupante o desenvolvimento de uma realidade constitucional que está em desacordo com a normatividade constitucional, como se vê na preponderância das políticas de crescentes superávits primários em detrimento da construção de portos, estradas, habitação e escolas. O Governo destina uma enorme parcela dos recursos públicos para o pagamento das dívidas públicas; no entanto, sequer os juros são liquidados. Com o rolamento das dívidas, o Estado é pressionado a buscar superávit primário, e assim atua no limite da inconseqüência com a edição de leis para extrair do campo da economia recursos que satisfaçam esse compromisso. A adesão a essa política no plano nacional repete-se no plano estadual. Os Estados aderem a essa trilha inconseqüente, muitas vezes por meio de inconstitucionalidades, para buscar extrair recursos para o pagamento de precatórios, dívida pública, e para minimamente cuidar da satisfação das exigências constitucionais e da prestação dos serviços públicos.

Quase chega o ponto de se adotar o conceito de "inconstitucionalidade útil", com inequívoca agressão ao Estado Democrático de Direito. O que deve ser buscado sempre é previsibilidade, proteção da confiança, boa-fé e transparência. O compromisso da Administração Fazendária só pode ser com os interesses do país, para o quê o retorno a patamares razoáveis de arrecadação é imprescindível, pois 37% do PIB de receitas tributárias constitui uma fronteira que não pode, evidentemente, ser mantida.

6. Conclusão

Eventos como este são importantes para que deixemos clara uma mensagem – mais pedagógica que propriamente científica – no sentido de que este país precisa de mais produção, mais emprego, mais empreendimentos e menos expropriação por parte do Estado.

Concluo. A falta de racionalidade do sistema tributário brasileiro, muitas vezes decorrente da pressão antes mencionada, desafia mudança urgente no plano normativo. Mas, enquanto a reforma tributária não vem, espera-se que o Judiciário cumpra seu papel de guardião da Constituição e, em particular, dos direitos fundamentais. Se pudesse sintetizar o confuso quadro nacional do momento, usaria as felizes palavras de Fernando Pessoa:

"Nada sou, nada posso, nada sigo.
"Trago por ilusão meu ser comigo.
"Não compreendo o compreender.
"Nem sei se hei de ser,
"sendo nada o que serei."

Obrigado! *(Palmas)*

SESSÃO DE ENCERRAMENTO

PRESIDENTE DO CONGRESSO (PROFA. MARIA LEONOR LEITE VIEIRA) – Professor Clèmerson, não foi à toa, não foi por nada, não foi pelo fato de seu nome ter sido indicado tantas vezes para participar deste Congresso, que o Senhor foi convidado. Foi justamente pela sua capacidade, pela sua facilidade de expressão e pela participação efetiva que o Senhor tem trazido a todos os congressos, a todos os conclaves, no país todo, como disse o professor Estevão há pouco, sendo tão jovem e trazendo tanta contribuição para nós. Isso realmente nos enriquece, isso nos provoca mais um pouco.

Nós conversávamos, no dia da abertura deste Congresso, que ficaríamos três dias aqui, fechados, para estudarmos o Direito, fazermos um mergulho no Direito. Fomos conclamados a isso todos os dias, desde a primeira conferência, com o professor Paulo de Barros Carvalho, o professor Souto, o professor Roque, e encerrando, agora, com o professor Clèmerson.

Encerrando este Congresso, espero, em nome de toda a diretoria do IDEPE, todas as Comissões, todos os trabalhos que desenvolvemos, que as idéias aqui trocadas e aqui provocadas frutifiquem em cada um de nós, para que possamos exercer as várias funções que exercemos, como diz Weber, os vários papéis que temos de exercer na vida: o papel de cidadão contribuinte, o papel de cidadão operador do Direito.

Que possamos sair daqui mais enriquecidos, mais conscientes intelectualmente, e que essa sensibilidade, que também chamou a atenção do professor Clèmerson, seja produtiva. Que consigamos seguir esses passos que foram dados aqui. É só o início de uma troca, ou o interesse do IDEPE justamente de fazer essa troca de idéias, com todos os Congressistas, com todos os Professores, para que possamos, neste abraço comum, tentar uma sociedade mais justa, mais propensa à defesa da própria cidadania, como é o título deste Congresso: *direitos e garantias fundamentais*.

Passo a palavra ao professor Aires, para prosseguir no encerramento dos trabalhos. Muito obrigada! *(Palmas)*

PRESIDENTE DO IGA/IDEPE (PROF. AIRES FERNANDINO BARRETO) – Rapidamente, eu gostaria de lhes dizer – agradecendo a presença de todos – que o IDEPE não só não é uma empresa, como sequer tem uma empresa a organizar os próprios eventos. O que se realiza, o que se tem de positivo (e, eventualmente, até de algumas falhas), decorre da circunstância de que o IDEPE funciona em razão do trabalho abnegado dos seus Diretores, discípulos todos de Ataliba, que fazem este Congresso em sua homenagem. E o fazem com muito carinho, com muita dedicação.

É claro – Ana Maria sabe disso – que todos somos discípulos de Geraldo, mas que o Congresso só tem frutos mercê da colaboração abnegada, também, de uma plêiade enorme de professores. São tantos, que eu não teria como nomear a todos. Mas quero referir, se me dão licença, nesta Mesa, o professor Roque Carrazza, o professor Eugênio Doin Vieira. Quero referir, na platéia, Elizabeth Nazar Carrazza, Anna Emília Cordelli Alves, Betina Grupenmacher, Mary Elbe Queiroz, Maria Rita Ferragut – e tantas outras pessoas que colaboram efetivamente. São os maiores nomes do direito tributário, a colaborar desinteressadamente, anualmente, para o sucesso que possa vir a obter este evento.

Mas eu dizia que o IDEPE, no dia-a-dia, funciona em função de um grupo pequeno de pessoas; funciona em função do trabalho do seu Vice-Presidente, professor Eduardo, Bottallo; da dedicação do professor Estevão Horvath; da atuação do professor Paulo Ayres Barreto; daquilo que faz, dedicadamente, José Eduardo Soares de Melo. Ao lado deles, porém, num trabalho incessante, constante, diuturno, de muitas horas, furtadas ao convívio familiar e até às suas atuações no campo profissional, nós temos aquela figura que foi a Presidente do nosso congresso, Dra. Maria Leonor Leite Vieira, a quem queremos prestar nossa homenagem, nosso reconhecimento, oferecendo a ela, em nome de todos, um singelo presente. *(Palmas)*

Com isso, devolvo à professora Maria Leonor Leite Vieira a presidência dos trabalhos.

PRESIDENTE DO CONGRESSO (PROFA. MARIA LEONOR LEITE VIEIRA) – Não tem devolução, não, Dr. Aires. Só tem meu muito obrigada! Muito obrigada a todos! O congresso conseguiu chegar até aqui pelo trabalho de todos, pela colaboração de todas as Comissões, pela colaboração especial da Comissão Executiva, Dr. Estevão, Dr. Paulo Ayres, Dra. Maria Rita Ferragut. Eles, sim, Dr. Aires, trabalharam incessantemente para isso.

Eu não sei encerrar os trabalhos do Congresso. Só sei passar a palavra ao Dr. Eugênio Doin, para que ele o faça, agradecendo realmente, do fundo do meu coração, a todos. Muito obrigada! *(Palmas)*

PROF. EUGÊNIO DOIN VIEIRA – Pois as rãs queriam um rei. Grande e próspero era o banhado, que vinha desde a curva litorânea, em lua minguante, do Oceano Atlântico, até muito além da linha virtual das Tordesilhas. Mas elas queriam um rei, e por querê-lo dirigiram-se ao todo-poderoso Zeus, senhor e criador de todas as coisas. Formularam seu pedido, e no mesmo instante, da mais alta árvore que margeava o banhado, desabou com estrépito sobre elas um robusto ramo de árvore.

Após o susto inicial reconheceram que era o rei que haviam pedido. Festejaram. Alegraram-se. O rei era tranqüilo, competente, culto, poliglota, sociólogo, estudioso. E tiveram um primeiro período muito feliz. Felicidade *real*. Mas houve um segundo período, e elas começaram a achar que o rei era omisso demais, muito tranqüilo, muito acomodado, muito conciliador. E queriam alguém agitado como elas, saltitante como elas, cheio de idéias novas como elas.

E lá foram novamente na direção do Zeus todo-poderoso. Formularam seu pleito, e nesse mesmo instante desceu dos céus, em vôo de mergulho, um robusto grou. Todos nós sabemos o que é um grou: uma ave pernalta, de grande porte, caracterizada por um apêndice cultrirrostro. Bom, cultrirrostro nós não sabemos o que é, mas podemos nos abeberar do mestre Aurélio ou do Dr. Houaiss, e eles nos dirão que cultrirrostro é aquele que tem um bico sólido, avantajado, e cujas arestas cortam como facas.

Assim era o novo rei. E tinha outra característica: gostava muito de rãs. Mas não gostava delas no sentido bíblico, nem no platônico, nem no sexual, nem no fraterno. *(Risos)* Gostava delas no sentido gastronômico. Era um apreciador de rãs. E, como tal, assim que se acomodou no trono, com quatro ou cinco fortes bicadas devorou todo um conjunto de velhas rãs aposentadas e inativas, aquelas chamadas "pé-na-cova". *(Risos)* Mais um segundo, dirigiu-se a um grupo de jovens intelectuais, sapos e sapinhos, que cultivavam no banhado um teatro e alguns periódicos. De uma só bicada cultrirrostra devorou-lhes os canhenhos, as anotações e os *press-releases*. E eles ficaram meditando se não convinha revisarem um pouco suas idéias, para sobreviverem ao novo regime. Logo a seguir, a ave endereçou seu bico forte, desenvolvido e cultrirrostro na direção de um grupo respeitável de rãs austeras, que no banhado exerciam atividade judicante. Elas imediatamente votaram a favor. *(Risos)* E assim se estabeleceu a nova ordem no banhado.

Como o rei gostava de viajar, encomendou logo no exterior um par de asas maiores, mais possantes. Assim, como ele também apreciava fazer negócios, poderia fazer negócios da China na China. *(Risos)* Poderia visitar pequenos banhados próximos e neles se gabar sem ser chamado de gabão. Poderia promover torneios de futebol – futebol era a paixão dos batráquios – nos terrenos vizinhos e lá comparecer para, nos estádios, colher o aplauso daqueles que tinham ido lá para aplaudir os "Ronaldos" e "Ronaldinhos".

Entrementes, valia observar um grupo de luzidas e gordas rãs que exercitavam a usura no banhado e que esfregavam as mãos, muito satisfeitas.

Diante desse panorama, não havia o que reclamar. O rei tinha até direito a eminência parda, e a súditos e vassalos, que generosamente contribuíam, de forma compulsória, para as burras imperiais, as quais logo se repletaram, graças inclusive à competência de seu tesoureiro, especialista em auto-arrecadação. *(Risos)*

Mas as rãs têm algo muito semelhante com a espécie humana. É a insatisfação permanente, o desejo de mudar. E logo se começou a notar que algumas rãs operárias mais modestas cuidadosamente escondiam seu direito adquirido. Outras queriam proteger seu ato jurídico perfeito. Uma jia cabeluda do Nordeste rompeu com o rei e levantou sua voz. Foi logo acompanhada por um jovem intelectual do Sul e por um robusto anuro das terras rurais. Em pouco tempo se agravava a manifestação de desagrado. Não demorou muito, e lá foram elas novamente à presença de Zeus, em marcha batida. Pareciam ACM e seus áulicos, com documentos debaixo do braço, a caminho do TCU. *(Risos)*

Todos nós sabemos o que é o infinito. O infinito é aquele lugar onde as paralelas se encontram. Infinita era a paciência de Zeus, o criador de todas as coisas – não fosse ele criador de todas as coisas. E ele as ouviu, pacientemente. Elas disseram: "Não era nada disso que nós esperávamos; pensávamos numa coisa e está acontecendo outra. Claro que nós queríamos participar do banquete do Poder, mas como convivas, e não como o prato principal! *(Risos)* É preciso uma providência urgente, se não o brejo corre risco".

Zeus escutou-as. Quando terminaram, assumiu um ar professoral e, dedo em riste, exclamou: "Vocês não têm nenhuma razão! São eternas descontentes. Pediram um rei, lhes dei um rei pacato, aquietado, brilhante, culto, poliglota, doutor *honoris causa – honoris causa* mesmo! *(Risos)* Vocês, depois de um período de felicidade *real*, já não queriam mais esse rei. Substituí por outro, a gosto de vocês: atarracado, saltitante, cheio de idéias novas e de práticas antigas. *(Risos)* E vocês de repente já não estão mais satisfeitas. Estão precisando ouvir as catilinárias do professor José Artur Lima Gonçalves e aprender que quem está errado são vocês, e que é a planície que molda o governo, e não o príncipe que vai modelar o povo. Porque o povo é que é todo o poder. Quando se compenetrarem disso, quando evoluírem, compreendendo que é a evolução das partes que faz o aprimoramento do todo, vocês terão alcançado seus objetivos. Tratem de trabalhar, tratem de progredir, tratem de evoluir, e vocês alcançarão seus propósitos, e vocês serão felizes. Agora, raspem-se daqui! Vão para suas tocas, cumpram suas obrigações!".

E assim deu por encerradas a audiência e a fábula, assinada, antes do seu *aggiornamento*, pelo fabulista grego Esopo.

* * *

XVIII Congresso Brasileiro de Direito Tributário!

Eu já vinha advertindo há muito, aos meus amigos participantes do sexo masculino, do risco dessa expansão mais perigosa que a da velha China: a expansão das mulheres! *(Risos)* Não foi uma, foram várias vezes. Neste Congresso, em apenas um momento tivemos uma mulher no seu comando, e já faz 10 anos. De repente, nós não temos um presidente. Temos uma presidenta! Uma tradição milenar que se formou nas cavernas trogloditas, que se consolidou na Idade Média, que se manifestou até em muitas das constituições atuais... De repente se põe tudo isso em jogo! Em função de quê? Precisamos estar alertas. Precisamos nos defender! *(Risos)*

Srs. Congressistas, ouvimos palestras extraordinárias. Acabamos de ouvir, inclusive, agora, uma belíssima lição, que nos empolgou e que justificou o esforço da nossa permanência. Agora, vamos ao final do Congresso. É hora de falarmos, como sempre, mais com a emoção e mais com o coração. De agradecermos à Leonor Leite Vieira, que tem esta atenuante de ser minha parenta; à Comissão Científica, presidida por Eduardo Domingos Bottallo; à Comissão Executiva, dirigida por esse incansável Estevão Horvath; à Comissão dos Trabalhos, comandada por Paulo Ayres Barreto. Agradecer a este invulnerável Aires Fernandino Barreto, Presidente do IDEPE; e ao pessoal de apoio logístico, aqueles que, na discrição e na sombra, permitiram este êxito do nosso Congresso. Que é muito mais que uma reunião de 550 pessoas; que é, hoje, quase um mito, uma legenda, tem sua personalidade própria.

Evidente que é um encantamento ouvir nossos conferencistas: Paulo de Barros Carvalho, hoje não mais brasileiro, internacional; já conquistou a Itália e avançou à velha China, e veio aqui e nos deu 32 provas do seu talento. *(Risos)* Roque Antonio Carrazza, esse menino-prodígio; faz 30 anos que ele é menino-prodígio, *(risos)* e cada dia mais nos envolve e mais nos encanta. José Souto Maior Borges, esse faquir indiano que o Nordeste nos manda, *(risos)* que com sua flauta mágica enfeitiça e encanta a serpente naja da nossa curiosidade intelectual.

Ouvimos hoje, pela primeira vez, Clèmerson Merlin Clève. Tem ele uma primeira qualidade: é um conservador. Preserva uma espécie em extinção, que é o acento grave, hoje reservado apenas para a crase, mas que ele conserva no seu nome e no seu sobrenome. *(Risos)* Não fosse um auditório tão respeitável, eu diria: que menino bom! Falou – e ouvi com prazer – sobre a vida digna. Falou sobre a alternância entre a interpretação da norma e a sensibilidade, colocando a segunda acima da primeira – o que é, para nós, profundamente grato e enriquecedor.

Às vezes eu penso que esse Zeus que nos dirige, neste grande banhado brasileiro, até mesmo nos momentos de sofrimento tem sua sabedoria. Fomos pessoalmente atingidos, faz já anos, por uma cruel cassação de direitos políticos. Foi muito doloroso. Mas, se não fosse assim, como teríamos tido oportunidade de viver quase como irmãos com esses "galáticos" do direito tributário brasileiro que participam do nosso Congresso, que vêm da PUC, que vêm da USP, e que encantam nosso ouvido e nosso intelecto com suas exposições de Mestres consumados? Eu me sinto feliz dentro deste panorama de dificuldades.

Fazemos questão de ressaltar o trabalho desses jovens autores, professores iniciantes, que escreveram suas teses, que vieram discuti-las aqui como gente grande, como maduros, que preparam a geração que há de suceder aos atuais. Também os palestrantes das Mesas de Debates, todos eles.

Mas o mais importante de todos é a nossa planície. São esses que valorizam o Congresso com sua presença, com sua vibração. É o incansável Régis Pereira Lima, em seu décimo-oitavo congresso: sistematicamente é o primeiro a chegar, e infelizmente também é o primeiro a sair. Gente que vem de lugares que eram pontinhos no mapa, perdidos, e que hoje são pontos de luz no nosso coração. Imaginem, vêm de Jaguariaíva, vêm de Cascavel, de Jaraguá do Sul, de Campina do Monte Alegre, de Ipojuca; falar de São Paulo, de Curitiba, do Rio de Janeiro, isso não é vantagem alguma.

Sabem os Colegas que há 80 representantes da Secretaria da Fazenda de São Paulo neste Congresso? Mas, mais do que isso, há 23 representantes da Secretaria de Finanças do Rio Grande do Norte, *(palmas)* que é um Estado distante, lá em cima do mapa. Quinze Estados estão aqui. Tem gente que vem de Lauro de Freitas; duvido que muitos saibam onde fica Lauro de Freitas, os baianos sabem. Tem gente que vem de Votuporanga. Porque os que vêm aos Congressos do IDEPE são como os que vão a Belém: tomou açaí, ficou. *(Risos)* Os que vêm aqui, voltam. Voltam porque este encontro não é apenas uma tertúlia intelectual fria; é um conclave em que os corações acabam se apaixonando, especialmente quando vêem os Mestres do Direito se empolgar e falar na importância que têm os valores e a axiologia na produção e na aplicação da fria norma.

Eu queria fazer uma referência especial à graça efetiva das mulheres, e pedir-lhes que não abandonem seu papel principal, *(risos)* que é o de enfeitar esta vida humana com sua graça, com seu charme, com seu talento, com sua intuição. Deixem um pouco de espaço para nós! *(Risos)*

Há que haver um pouco de emoção neste momento. É fundamental nossa homenagem àqueles que antes de nós partiram para onde a vida se eterniza, e lá constroem os congressos de Direito, de Ética e de Justiça. Aos que acreditam, como eu, no intercâmbio entre esses dois planos de vida com certeza não é difícil aceitar que muitos deles estão por aqui, atraídos por esta vibração de um conjunto de forças que eles construíram, que eles idealizaram, que eles estimularam...

Ao pronunciar o nome de cada um deles, queremos como que envolvê-los numa vibração que é quase uma prece, numa homenagem aos que se foram, mas que ficaram na nossa melhor lembrança: Geraldo Ataliba, Alfredo Augusto Becker, Aliomar Baleeiro, Amílcar de Araújo Falcão, Antônio Sampaio Dória, Célio de Freitas Batalha, Cléber Giardino, Fábio Fannuchi, Francisco Octávio de Almeida Prado, Gilberto de Ulhôa Canto, Pérsio Oliveira Lima, Rubens Gomes de Sousa. A eles a nossa vibração, a nossa homenagem, o nosso carinho reverente!

Quem somos nós, Congressistas? Homens comuns do povo? Não, absolutamente! Nós somos, quer queiramos ou não, uma elite privilegiada. Privilegiada no nível cultural, privilegiada na situação social, e que por isso mesmo tem compromissos diante da nacionalidade. Quando estamos aqui, participamos de uma tertúlia de alto nível jurídico, mas também de um momento de emoção, de assunção de responsabilidades. O mundo de hoje, mais do que nunca, é instigante, desafiador, paradoxal, em permanente ebulição, numa explosão tecnológica que não sabemos para onde nos vai levar. Temos que estar à altura do momento que a vida nos dá, porque somos cidadãos do mundo, porque estamos integrados nele.

Não falamos apenas do Direito. Temos falado, aqui, no fim da "guerra fria" e do equilíbrio de forças, na globalização e no neo-imperialismo, nas leis de mercado e na hegemonia cruel do financeiro, na evolução tecnológica, na nanotecnologia, nas comunicações, no poder da mídia escravagista. Falamos no esvaziamento do conceito de *soberania nacional*, na debilitação dos grandes organismos internacionais, no exsurgimento da força armada como argumento maior, na *pax romana*, no extermínio sistemático de povos e etnias, tolerado como recurso e institucionalizado como norma.

Mas neste momento, cidadãos do mundo, homens do Direito, Congressistas deste XVIII Congresso, queremos falar também de coisas mais alegres, e positivas e sadias. Falar de amor e de esperança, de otimismo e de confiança. Falar de dignidade humana e de imortalidade, de espiritualidade e de fé, de fraternidade e de felicidade.

Meus Colegas congressistas, existe nos rincões do Himalaia, a 7.000m de altura, nas divisas entre o Tibete e a Índia, um pequeno país chamado Butão. Tão pequeno que não tem representação na ONU; por ele fala a lendária Índia. Tem 50.000km^2. Os jovens do Butão saíram pelo mundo, os mais bem-dotados de inteligência e de personalidade, em busca de conhecimentos novos. Visitaram Oxford e Cambridge, cursaram Los Angeles e Berkeley, compareceram a Boston e a Massachussets, e voltaram para sua terra. Logo a seguir, noticiam recentemente os jornais, propuseram novos índices e coeficientes para medir o desenvolvimento nacional. Ao invés do PIB clássico, a FIB/felicidade interna bruta; ao invés da renda *per capita*, a *felicitas per corde*, a felicidade por coração – numa recolocação de valores maravilhosa, num momento em que o mundo se empolga com os encantamentos do material, do tecnológico, e esquece o espiritual, a sensação, a axiologia. Que lição bela nos dá o Butão, e nós a trazemos aqui aos nossos amigos, aos nossos Colegas congressistas.

Por isso, falemos, sim, de esperança e de otimismo. Pequenas coisas que nos alegram a vida. Falemos dos ipês engalanados na primavera, que alcatifam o chão com tapetes de ouro. Falemos das pitangueiras do caminho dos juristas na Avenida Sumaré, que estão carregadas de pequeninas jóias vermelhas. Falemos do milagre da maternidade, da renovação do encantamento no riso das crianças, da maravilha dos filhos e dos netos. Falemos da Natureza, que se engalanou ainda ontem, naquela festa maravilhosa em que a Lua, num gesto tipicamente feminino, se escondeu, tímida, para ser mais notada pelos homens. Falemos dos gestos de amor e de carinho, de renúncia e dedicação, que denunciam nossa origem divina e nossa destinação imortal. Falemos da certeza de que a renovação e o progresso não virão de cima, mas resultarão do nosso esforço pessoal, do somatório da nossa evolução individual, gerando o aperfeiçoamento do conjunto.

Nós somos o sal da Terra e o fermento do Mundo, a quem muito foi dado. Vamos partir, não vamos dispersar. No milagre que supera o entendimento humano, estaremos distanciados fisicamente, mas juntos em emoção e espírito. E, na quietude das noites, no labor das manhãs de trabalho, seremos, cada um de nós, pequenos fachos de luz que hão de bruxulear por todo este país-continente, significando que estamos atentos, que estamos alertas, como chamas votivas. Constelação maravilhosa, em que nós seremos essa poeira de estrelas, mas em que contaremos também com astros de primeira grandeza: com Canopus, Altair, Antares, Lira, representados pelos nossos Mestres maiores. E – compondo assim esse Caminho de Santiago, que há de iluminar os nossos dias e os nossos destinos – permaneceremos certos de que somos centelhas da Divindade, criados à sua imagem e semelhança, predestinados à glória da evolução continuada.

Que cada um saia daqui com uma série de conhecimentos novos, de dúvidas renovadas, mas sobretudo com muita esperança no coração, para prosseguir na sua jornada, para realizar seu trabalho individual. E nos reencontraremos no próximo ano, em 26, 27 e 28 de outubro, possivelmente neste mesmo local, para festejarmos o primeiro decênio da partida para a Pátria da Eternidade daquele que é o nosso patrono, o nosso paraninfo e o nosso inspirador. Há um compromisso de todos para que retornem aqui. Agora, de coração leve e de alma erguida, vamos nos despedir, prosseguindo nessa maravilhosa experiência que é a vida humana.

A mim me encarregam, com muita honra para mim, de declarar encerrados estes trabalhos. É o que faço neste momento, abraçando carinhosamente a todos.

Muito obrigado! *(Palmas prolongadas)*

[Ouve-se a canção *Amizade Sincera*, de Renato Teixeira, com o autor e Dominguinhos]

ASPECTOS DA NÃO-CUMULATIVIDADE DA CONTRIBUIÇÃO PARA O PIS/PASEP E DA COFINS

CIRO CARDOSO BRASILEIRO BORGES
(cirocbb@lacazmartins.com.br)

1. Introdução. 2. As regras de não-cumulatividade: 2.1 Os vícios semânticos da ambigüidade e da vaguidade – 2.2 Aplicabilidade e eficácia das normas constitucionais – 2.3 Cumulatividade e "efeito cascata". 3. As sistemáticas de não-cumulatividade: 3.1 IPI-Não-cumulatividade – 3.2 ICMS-Não-cumulatividade – 3.3 Imposto de competência tributária residual da União – 3.4 Contribuição para o PIS/PASEP-Receitas-Não-cumulatividade – 3.5 COFINS-Receitas-Não-cumulatividade. 4. As regras-matrizes de incidência da contribuição para o PIS/PASEP e da COFINS e a permissão constitucional para a instituição de diferenciação de alíquotas ou bases de cálculo em razão da atividade econômica ou da utilização intensiva de mão-de-obra: 4.1 Contribuição para o PIS/PASEP-Receitas-Cumulatividade e COFINS-Receitas-Cumulatividade – 4.2 Contribuição para o PIS/PASEP-Receitas-Não-cumulatividade e COFINS-Receitas-Não-cumulatividade – 4.3 Contribuição para o PIS/PASEP-Importação e COFINS-Importação. 5. As regras de não-cumulatividade da contribuição para o PIS/PASEP e da COFINS e a permissão constitucional para a instituição das respectivas sistemáticas em razão dos setores de atividade econômica: 5.1 Contribuição para o PIS/PASEP-Receitas-Cumulatividade e COFINS-Receitas-Cumulatividade – 5.2 Contribuição para o PIS/PASEP-Receitas-Não-cumulatividade e COFINS-Receitas-Não-cumulatividade – 5.3 Contribuição para o PIS/PASEP-Importação e COFINS-Importação. 6. Conclusões.

1. Introdução

O presente estudo tem por objeto as regras e respectivas sistemáticas de não-cumulatividade eventualmente associadas às regras-matrizes de incidência da contribuição para o PIS/PASEP e da COFINS, observando-se, em cada uma das hipóteses, a existência, ou não, de previsão no texto constitucional propriamente da regra de não-cumulatividade da qual decorre aquele tratamento jurídico-tributário diferenciado.

Com esse objetivo, serão evidenciados todos os momentos em que há referências às regras de não-cumulatividade no texto constitucional, apontando suas peculiaridades e respectivas sistemáticas de não-cumulatividade, bem como identificando se as mesmas representam normas jurídicas de *status* constitucional ou se estão previstas em nível legal.

Demonstrar-se-á que as referências às regras de não-cumulatividade constantes do texto constitucional não conduzem a uma mesma significação, resultado de interpretação, o que se dá por força dos inconvenientes da linguagem desformalizada. Daí a importância de destacar, mesmo que *en passant*, a contaminação dessas referências às regras de não-cumulatividade pelos vícios semânticos da ambigüidade e da vaguidade.

Com o mesmo propósito, as referências às regras de não-cumulatividade constantes do texto constitucional serão submetidas à classificação doutrinária das normas constitucionais quanto à sua aplicabilidade e à sua eficácia – o que, acredita-se, trará relevantes contribuições para as conclusões deste estudo.

Tendo-se como tema central a não-cumulatividade, cumprirá previamente analisar seu pressuposto – qual seja, o fenômeno da cumulatividade –, oportunidade em que também restarão demonstradas sua distinção e sua relação com o conhecido "efeito cascata".

Fixadas essas premissas, serão analisadas seis das diversas regras-matrizes de incidência da contribuição para o PIS/PASEP e da COFINS e a relação destas com as permissões constitucionais para a instituição de diferenciação de alíquotas ou bases de cálculo em razão da atividade econômica ou da utilização intensiva de mão-de-obra, bem como para a instituição das respectivas sistemáticas de não-cumulatividade em razão dos setores de atividade econômica.

2. *As regras de não-cumulatividade*

Em quatro oportunidades são verificadas no texto constitucional *referências* às regras de não-cumulatividade, consoante art. 153, § 3º, II; art. 154, I; art. 155, § 2º, I e II, "a" e "b"; e art. 195, § 12, da CF, que estão associadas, respectivamente, aos regimes jurídico-tributários do IPI-Não-cumulatividade, do imposto de competência tributária residual da União, do ICMS-Não-cumulatividade e da COFINS-Receitas-Não-cumulatividade.

Dentre esses tributos, nota-se excetuadas a contribuição para o PIS/PASEP-Receitas-Não-cumulatividade, a contribuição para o PIS/PASEP-Importação e a COFINS-Importação. É que, de acordo com as premissas desenvolvidas ao longo deste estudo, a referência à regra de não-cumulatividade constante do art. 195, § 12, da CF não as alcança.

Neste momento, cumpre atentar para a circunstância de que essas referências às regras de não-cumulatividade integrantes de regimes jurídico-tributários, na forma como estão dispostas no texto constitucional, não são idênticas umas em relação às outras, podendo haver algumas semelhanças, porém, que não implicam a equiparação das respectivas sistemáticas de não-cumulatividade.

2.1 *Os vícios semânticos da ambigüidade e da vaguidade*

Para demonstrar a contaminação das referências às regras de não-cumulatividade constantes do texto constitucional pelos vícios semânticos da *ambigüidade* e da *vaguidade*, torna-se pressuposto explicitar o que representam esses dois inconvenientes no âmbito da linguagem técnica, que é a linguagem do direito positivo.[1]

Adotando-se as lições de Ricardo A. Guibourg, Alejandro M. Ghigliani e Ricardo V. Guarinoni,[2] tem-se que a ambigüidade, também denominada de "polissemia", consiste na atribuição de mais de um significado a uma só palavra ou expressão; enquanto a vaguidade corresponde à falta de precisão no significado de uma palavra ou expressão.

Nada impede, todavia, que uma palavra ou expressão seja ao mesmo tempo ambígua e vaga, a propósito do quê verifique-se Alf Ross: "Deve-se recordar, em especial, que a maioria das palavras são ambíguas, e que todas as palavras são vagas, isto é, que seu campo de referência é indefinido, pois consistem num núcleo ou zona central e um nebuloso círculo exterior de incerteza; e que o significado preciso de uma palavra numa situação específica é sempre em função da unidade total ou entidade: a expressão como tal, o contexto e a situação".[3]

1. Paulo de Barros Carvalho, *Curso de Direito Tributário*, 14ª ed., São Paulo, Saraiva, 2002, pp. 6-7.

2. *Introducción al Conocimiento Científico*, Buenos Aires, EUDEBA, 1985, pp. 47-50.

3. *Direito e Justiça*, São Paulo, EDIPRO, 2000, p. 164.

Daí a afirmação de que todas as palavras ou expressões são vagas e potencialmente ambíguas. Esses vícios semânticos, inconvenientes próprios da linguagem desformalizada, estão presentes no seio da linguagem do direito positivo e têm o condão de impedir que o processo de construção de sentido – isto é, o processo de interpretação – alcance a univocidade de sentido, consistente em uma mesma significação.

2.2 *Aplicabilidade e eficácia das normas constitucionais*

Os temas da aplicabilidade e da eficácia das normas constitucionais, no presente estudo, seguirão a classificação da doutrina constitucionalista, especificamente a perfilhada por José Afonso da Silva, que as distingue entre objetos integrantes de três classes, quais sejam: das *normas constitucionais de aplicabilidade direta, imediata e integral e de eficácia plena*; das *normas constitucionais de aplicabilidade direta, imediata e não integral e de eficácia contida*; e das *normas constitucionais de aplicabilidade indireta, mediata e reduzida e de eficácia limitada.*

Respectivamente em relação a essas três classes, discorre José Afonso da Silva: "Na primeira categoria incluem-se todas as normas que, desde a entrada em vigor da Constituição, produzem todos os seus efeitos essenciais (ou têm a possibilidade de produzi-los), todos os objetivos visados pelo legislador constituinte, porque este criou, desde logo, uma normatividade para isso suficiente, incidindo direta e imediatamente sobre a matéria que lhes constitui objeto. O segundo grupo também se constitui de normas que incidem imediatamente e produzem (ou podem produzir) todos os efeitos queridos, mas prevêem meios ou conceitos que permitem manter sua eficácia contida em certos limites, dadas certas circunstâncias. Ao contrário, as normas do terceiro grupo são todas as que não produzem, com a simples entrada em vigor, todos os seus efeitos essenciais, porque o legislador constituinte, por qualquer motivo, não estabeleceu, sobre a matéria, uma normatividade para isso bastante, deixando essa tarefa ao legislador ordinário ou a outro órgão do Estado".[4]

Conforme se percebe, as normas constitucionais de aplicabilidade direta, imediata e integral e de eficácia plena estão aptas a irradiar seus *efeitos essenciais* independente e indiferentemente de qualquer previsão legal no mesmo sentido ou em modo contrário – que, neste último caso, seria inconstitucional. Isto porque o respectivo dispositivo evidencia suficiente e satisfatoriamente as peculiaridades para a concretização desses efeitos essenciais.

As normas constitucionais de aplicabilidade direta, imediata e não integral e de eficácia contida estão aptas a irradiar seus efeitos essenciais independente porém não indiferentemente de qualquer previsão legal no mesmo sentido ou em modo contrário. É que o âmbito de irradiação dos efeitos das normas constitucionais integrantes dessa classe é reduzível ou restringível por atividade do legislador infraconstitucional. Neste caso, o respectivo dispositivo, além de evidenciar suficiente e satisfatoriamente as peculiaridades para a concretização dos efeitos essenciais, aponta um campo de irradiação desses efeitos reduzível ou restringível.

Já as normas constitucionais de aplicabilidade indireta, mediata e reduzida e de eficácia limitada não estão aptas a irradiar seus efeitos essenciais sem que haja previsão legal dispondo nesse sentido. O respectivo dispositivo não evidencia suficiente e satisfatoriamente as peculiaridades para a concretização de seus efeitos essenciais, carecendo, portanto, de que o legislador infraconstitucional o faça.

2.3 *Cumulatividade e "efeito cascata"*

Também é pressuposto para tratar sobre o tema da não-cumulatividade explicitar

4. *Aplicabilidade das Normas Constitucionais*, 6ª ed., São Paulo, Malheiros Editores, 2004, pp. 82-83.

o fenômeno da *cumulatividade* e sua distinção e relação com o conhecido *efeito cascata*, levando-se em consideração tanto o plano jurídico quanto o plano econômico sobre os quais eventualmente se projetem.

Não obstante a cumulatividade irradiar também efeitos econômicos, o presente estudo tem a pretensão de tratá-la do ponto de vista estritamente jurídico, em homenagem à *pureza do Direito*.[5]

Estabelece-se, pois, a idéia de *cumulatividade* como correspondente a *cumulatividade de incidências tributárias*, seja em decorrência de uma mesma regra-matriz de incidência tributária, seja devido a regras-matrizes de incidência tributária diversas; isto, porém, considerando cada uma dessas regras-matrizes de incidência tributária como denotação de *unidade mínima e irredutível de significação do deôntico*, conforme preleção de Paulo de Barros Carvalho.[6]

Por exemplo, o fenômeno da cumulatividade de incidências tributárias pode ocorrer com a combinação das regras-matrizes de incidência do ICMS-Operação mercantil interna, do ICMS-Operação mercantil interestadual e do ICMS-Importação, entre si ou entre umas e outras, as quais, ressalte-se, simplesmente na hipótese de terem alíquotas diferenciadas, se revelam distintas.

Cumpre esclarecer que a cumulatividade de incidências tributárias nada tem a ver com a *bitributação*, esta vedada no ordenamento jurídico brasileiro em face da delimitação exaustiva das competências tributárias, que não permite a exigência de tributos sobre um mesmo fato jurídico por entidades tributantes diversas; enquanto aquela, circunscrita a uma mesma entidade tributante, é admitida em algumas hipóteses, analisadas adiante.

5. Hans Kelsen, *Teoria Pura do Direito*, 5ª ed., trad. de João Baptista Machado, São Paulo, Martins Fontes, 1996, pp. 1-2.

6. *Direito Tributário: Fundamentos Jurídicos da Incidência*, 2ª ed., São Paulo, Saraiva, 1999, p. 18.

Também não há que se cogitar de *bis in idem*, que recai sobre um mesmo fato jurídico, delimitado no tempo e no espaço, enquanto a cumulatividade de incidências tributárias tem por objeto fatos jurídicos distintos.

O fenômeno da *cumulatividade de incidências tributárias*, para fins deste estudo, somente pode ocorrer havendo a possibilidade de uma incidência tributária *posterior* – esta, sim, apta a ser predicada de cumulativa, em relação à possibilidade de uma incidência tributária *anterior*, a qual, considerada isoladamente, jamais poderá receber o predicado da cumulatividade.

Em outras palavras, a cumulatividade pode acontecer apenas sobre uma possível incidência tributária posterior, tendo em vista uma possível incidência tributária anterior. Não se cogita de cumulatividade de incidências tributárias sem que haja, pelo menos, duas possíveis incidências tributárias – obviamente, uma posterior em relação a uma anterior.

A cumulatividade, então, inexoravelmente, pressupõe a possibilidade de uma primeira incidência tributária, *anterior*, para que uma outra possível incidência tributária, *posterior* – seja ela a segunda, a terceira, a quarta etc. –, possa vir a ser qualificada de *cumulativa*.

Não há, portanto, cumulatividade sem que haja a possibilidade, ao menos, de uma segunda incidência tributária, isto é, na hipótese em que há apenas uma e isolada possível incidência tributária. O fenômeno da cumulatividade, desta forma, exige possíveis incidências tributárias.

Perceba-se que a circunstância de a cumulatividade estar associada à *possibilidade de incidências tributárias* lhe outorga caráter evidentemente jurídico, pertencendo à realidade do direito positivo; o que não impede, por outro lado, que a cumulatividade produza também efeitos econômicos, até porque sua efetiva ocorrência inevitavelmente os produziria.

As regras de não-cumulatividade, então, ao pretenderem afastar a cumulatividade de incidências tributárias, estão situadas no plano jurídico, e, por isso, devem ser observadas pelo aplicador do Direito. Por conseguinte, as respectivas sistemáticas de não-cumulatividade, também integrantes do direito positivo, implicam direitos e deveres entre contribuintes e entidade tributante.

O "efeito cascata" decorre de incidências tributárias, daí falar-se em "efeitos da tributação em cascata"; porém situa-se no plano econômico, não havendo proteção do direito positivo diretamente em relação a essa repercussão econômica. As regras de não-cumulatividade têm em vista afastar diretamente a cumulatividade, que se localiza no plano jurídico, e apenas indiretamente o "efeito cascata", situado no plano econômico.

Dito de outro modo, as regras de não-cumulatividade visam a combater diretamente o fenômeno da cumulatividade de incidências tributárias, que sucede no âmbito do direito positivo, e apenas indiretamente os "efeitos da tributação em cascata", correspondentes à repercussão de cunho econômico.

Tratando sobre o propósito da regra de não-cumulatividade sob o contexto do ICM, confiram-se Geraldo Ataliba e Cléber Giardino: "A proposta que ganhou livre trânsito no Brasil foi a de que o preceito relativo à não-cumulatividade deveria atribuir ao ICM idoneidade para evitar o que se convencionou chamar de 'incidência em cascata'. Essa expressão ('incidência em cascata'), de conteúdo nitidamente não-jurídico, significaria, à sua vez, o fenômeno da pluralidade de incidências tributárias sucessivas sobre algo que, economicamente, se considera o mesmo valor de base, trazendo, como conseqüência – em matéria de tributos ditos 'indiretos' –, o alardeado efeito econômico da sobreoneração dos preços dos produtos (consideração importante no plano da elaboração constitucional, levada na devida conta por Ulhôa Canto e Gomes de Sousa). No plano jurídico da exegese, nenhuma relevância possui".[7]

A depender da intensidade da repercussão econômica própria do "efeito cascata", este pode sofrer restrição da *regra da vedação de utilização de tributo com efeito de confisco*, prevista no art. 150, IV, da CF – que não é, no entanto, objeto do presente estudo.

Fixadas estas premissas, passa-se à verificação das sistemáticas de não-cumulatividade vigentes no ordenamento jurídico brasileiro, seja por imposição, seja por mera autorização do texto constitucional.

3. As sistemáticas de não-cumulatividade

As sistemáticas de não-cumulatividade podem ou não decorrer de regras de não-cumulatividade constantes do texto constitucional, dependendo, ainda, sua funcionalidade ou operacionalização, na hipótese de haver a respectiva previsão constitucional, da forma como as regras de não-cumulatividade foram postas pelo legislador constituinte.

A partir de então, será demonstrada a diversidade de sistemáticas de não-cumulatividade já instituídas e que podem ser instituídas no ordenamento jurídico brasileiro, com ou sem fundamento de validade em regras de não-cumulatividade constantes do texto constitucional, identificando-se, por conseguinte, o *status* constitucional ou o caráter legal propriamente da regra de não-cumulatividade analisada.

As sistemáticas de não-cumulatividade a serem abordadas neste estudo envolvem o IPI-Não-cumulatividade, o ICMS-Não-cumulatividade, o imposto de competência tributária residual da União, a contribuição para o PIS/PASEP-Receitas-Não-cumulatividade e a COFINS-Receitas-Não-cumulatividade – o que ocorrerá já nos subitens seguintes.

7. "ICM – Abatimento constitucional – Princípio da não-cumulatividade", *RDTributário* 29-30/113, São Paulo, Ed. RT, 1984.

A razão de a contribuição para o PIS/PASEP-Importação e a COFINS-Importação não serem objeto de análise sob o aspecto da regra de não-cumulatividade é a mesma do IPI-Importação e do ICMS-Importação, regras-matrizes de incidência tributária autônomas que correspondem a uma possível primeira incidência tributária e que nunca poderão ser consideradas como cumulativas, o que é pressuposto para a não-cumulatividade.

Daí que, em atenção à premissa estabelecida, de que apenas a segunda ou posterior possível incidência tributária tem a aptidão de ser predicada de "cumulativa", não há como analisar regra de não-cumulatividade associada ao IPI-Importação, ao ICMS-Importação, à contribuição para o PIS/PASEP-Importação e à COFINS-Importação.

Justifica-se, então, a terminologia adotada no presente estudo devido à circunstância de que o IPI-Importação e o ICMS-Importação jamais poderiam ser denominados, respectivamente, de "IPI-Cumulatividade" e de "ICMS-Cumulatividade" – o que, inevitavelmente, também exclui as denominações "IPI-Não-cumulatividade" e "ICMS-Não-cumulatividade". É que estas duas últimas expressões são incompatíveis com aquelas duas primeiras, bem como com quaisquer outras regras-matrizes de incidência tributária que não tenham a aptidão de ser cumulativas.

3.1 IPI-Não-cumulatividade

A sistemática de não-cumulatividade associada ao IPI-Não-cumulatividade decorre de regra *expressa* de não-cumulatividade, constante do art. 153, IV, e § 3º, II, da CF, onde suas peculiaridades e seu âmbito de irradiação de efeitos essenciais estão explicitados, *in verbis*:

"Art. 153. Compete à União instituir impostos sobre: (...) IV – produtos industrializados; (...).

"(...).

"§ 3º. O imposto previsto no inciso IV: (...) II – será não-cumulativo, compensando-se o que for devido em cada operação com o montante cobrado nas anteriores; (...)."

O dispositivo transcrito determina que a sistemática de não-cumulatividade recai sobre *operações mercantis com produtos industrializados no estabelecimento de saída*, sendo permitido que o contribuinte, ao calcular o valor do tributo a ser recolhido perante os cofres públicos, efetue abatimento do montante devido ao mesmo título nas respectivas operações anteriores.

Como se percebe, o legislador constituinte não se limitou a fazer mera *referência* à regra de não-cumulatividade, dispondo com precisão os termos em que a mesma deve ser observada, bem como sobre a funcionalidade e a operacionalização da sistemática de não-cumulatividade. Daí tratar-se o dispositivo em comento de norma constitucional de aplicabilidade direta, imediata e integral e de eficácia plena.

A sistemática de não-cumulatividade associada ao IPI-Não-cumulatividade, portanto, independentemente de também estar veiculada na Lei 4.502/1964, emana diretamente do art. 153, IV, e § 3º, II, da CF, sob todos os seus aspectos, por força da respectiva regra de não-cumulatividade ali consagrada.

3.2 ICMS-Não-cumulatividade

A sistemática de não-cumulatividade associada ao ICMS-Não-cumulatividade, por sua vez, decorre de regra *expressa* de não-cumulatividade, constante do art. 155, II, e § 2º, I e II, "a" e "b", da CF, com peculiaridades e âmbito de irradiação de efeitos essenciais também explícitos, na forma transcrita a seguir:

"Art. 155. Compete aos Estados e ao Distrito Federal instituir impostos sobre: (...) II – operações relativas à circulação de mercadorias e sobre prestações de serviços de transporte interestadual e intermunicipal e de comunicação, ainda que as operações e as prestações se iniciem no exterior; (...).

"(...).

"§ 2º. O imposto previsto no inciso II atenderá ao seguinte: I – será não-cumulativo, compensando-se o que for devido em cada operação relativa à circulação de mercadorias ou prestação de serviços com o montante cobrado nas anteriores pelo mesmo ou outro Estado ou pelo Distrito Federal; II – a isenção ou não-incidência, salvo determinação em contrário da legislação: a) não implicará crédito para compensação com o montante devido nas operações ou prestações seguintes; b) acarretará a anulação do crédito relativo às operações anteriores; (...)."

Dentre as hipóteses que alberga, o dispositivo transcrito determina que a sistemática de não-cumulatividade recai sobre *operações mercantis que impliquem transferência de titularidade de mercadorias*, sendo permitido que o contribuinte, ao calcular o valor do tributo a ser recolhido perante os cofres públicos, efetue abatimento do montante devido ao mesmo título nas respectivas operações anteriores.

Aqui também, como se percebe, o legislador constituinte não se limitou a fazer mera referência à regra de não-cumulatividade, explicitando com precisão os termos em que a mesma deve ser observada, bem como sobre a funcionalidade e a operacionalização da sistemática de não-cumulatividade.

A disposição de lei em sentido contrário, no entanto, nas hipóteses de isenção ou de não-incidência, tem o condão de conceder os direitos à geração e ao aproveitamento do crédito por parte do contribuinte, que em regra são vedados. Daí tratar-se o dispositivo em comento de norma constitucional de aplicabilidade direta, imediata e não integral e de eficácia contida.

Desta forma, a sistemática de não-cumulatividade associada ao ICMS-Não-cumulatividade, independentemente de também estar prevista na Lei Complementar 87/1996, emana diretamente do art. 155, II, e § 2º, I e II, "a" e "b", da CF, por força da respectiva regra de não-cumulatividade ali consagrada.

3.3 Imposto de competência tributária residual da União

A sistemática de não-cumulatividade associada ao imposto de competência tributária residual da União não decorre de regra de não-cumulatividade prevista no texto constitucional, posto que o art. 154, I, da CF, reproduzido a seguir, lhe faz mera referência, cujas peculiaridades e âmbito de irradiação de efeitos essenciais dependem necessariamente de explicitação pela respectiva lei de instituição do tributo: "Art. 154. A União poderá instituir: I – mediante lei complementar, impostos não previstos no artigo anterior, desde que sejam não-cumulativos e não tenham fato gerador ou base de cálculo próprios dos discriminados nesta Constituição; (...)".

Perceba-se e repita-se que o dispositivo transcrito traz mera *referência* à regra de não-cumulatividade, sem, contudo, explicitar as peculiaridades e o âmbito de irradiação de seus efeitos essenciais – o que impede a funcionalidade e a operacionalização da respectiva sistemática de não-cumulatividade.

As peculiaridades e o âmbito de irradiação de efeitos dessa sistemática de não-cumulatividade, então, passam a depender do que a lei de instituição do mencionado imposto venha a dispor sobre o assunto, não havendo ingerências de caráter constitucional sobre, por exemplo, o que gera e o que não gera direito a crédito, o que integra e o que não integra a base de cálculo para fins de apuração do tributo, em que momento há e em que momento não há cumulatividade de incidências tributárias.

É que trata-se o dispositivo em comento de norma constitucional de aplicabilidade indireta, mediata e reduzida e de eficácia limitada, que imprescinde da produção de lei complementar para que a sistemática de não-cumulatividade associada ao imposto de competência tributária residual da União se torne funcional e possa ser operacionalizada.

3.4 Contribuição para o PIS/PASEP-Receitas-Não-cumulatividade

A sistemática de não-cumulatividade associada à contribuição para o PIS/PASEP-Receitas-Não-cumulatividade não decorre de regra de não-cumulatividade constante do texto constitucional, inexistindo dispositivo que explicite as respectivas peculiaridades e o âmbito de irradiação de seus efeitos essenciais.

Saliente-se que, de acordo com disposições expressas constantes do art. 1º da Lei 9.715/1998 e do art. 1º da Lei 9.718/1998, o fundamento de validade específico da contribuição para o PIS/PASEP-Receitas corresponde ao art. 239 e não ao art. 195, I, "b", da CF – restando inaplicável, portanto, o quanto disposto no art. 195, § 12, que faz mera referência à regra de não-cumulatividade para os tributos instituídos com base no art. 195, I, "b", e IV, da CF.

A ausência de referência à regra de não-cumulatividade no texto constitucional, entretanto, não impede a instituição de sistemática de não-cumulatividade em relação à contribuição para o PIS/PASEP-Receitas-Não-cumulatividade, devendo para tanto ser observado, porém, dentre outras variáveis integrantes de seu regime jurídico-tributário, o art. 150, II, da CF, *in verbis*: "Art. 150. Sem prejuízo de outras garantias asseguradas ao contribuinte, é vedado à União, aos Estados, ao Distrito Federal e aos Municípios: (...) II – instituir tratamento desigual entre contribuintes que se encontrem em situação equivalente, proibida qualquer distinção em razão de ocupação profissional ou função por eles exercida, independentemente da denominação jurídica dos rendimentos, títulos ou direitos; (...)".

O dispositivo transcrito veicula o *princípio da não-discriminação tributária entre contribuintes que se encontrem em situações equivalentes*, aplicável indistintamente a todos os tributos no ordenamento jurídico brasileiro. Daí que a instituição de sistemática de não-cumulatividade no caso da contribuição para o PIS/PASEP-Receitas-Não-cumulatividade, desde que observado o preceito do art. 150, II, da CF, consideradas também outras variáveis integrantes de seu regime jurídico-tributário, não encontra obstáculos.

As peculiaridades e o âmbito de irradiação de efeitos da sistemática de não-cumulatividade da contribuição para o PIS/PASEP-Receitas-Não-cumulatividade, portanto, passam a depender do que a lei venha a dispor sobre a matéria, não havendo ingerências de caráter constitucional sobre, por exemplo, o que gera e o que não gera direito a crédito, o que integra e o que não integra a base de cálculo para fins de apuração do tributo, em que momento há e em que momento não há cumulatividade de incidências tributárias.

3.5 COFINS-Receitas-Não-cumulatividade

A sistemática de não-cumulatividade associada à COFINS-Receitas-Não-cumulatividade não decorre de regra de não-cumulatividade constante do texto constitucional, posto que lhe faz mera referência o art. 195, § 12, da CF, aplicável em relação aos tributos instituídos com base no respectivo art. 195, I, "b", e IV, transcrito a seguir:

"Art. 195. A Seguridade Social será financiada por toda a sociedade, de forma direta e indireta, nos termos da lei, mediante recursos provenientes dos orçamentos da União, dos Estados, do Distrito Federal e dos Municípios, e das seguintes contribuições sociais: I – do empregador, da empresa e da entidade a ela equiparada na forma da lei, incidentes sobre: (...) b) a receita ou o faturamento; (...) IV – do importador de bens ou serviços do exterior, ou de quem a lei a ele equiparar.

"(...).

"§ 12. A lei definirá os setores de atividade econômica para os quais as contribuições incidentes na forma dos incisos I, 'b'; e IV do *caput*, serão não-cumulativas."

É cediço que a COFINS-Receitas, conforme se verifica do art. 1º da Lei Complementar 70/1991 e do art. 1º da Lei 9.718/1998, tem seu fundamento de validade específico no art. 195, I, "b", da CF, sendo-lhe aplicável, portanto, o respectivo art. 195, § 12, que veicula mera referência à regra de não-cumulatividade.

Ocorre que essa mera *referência* à regra de não-cumulatividade, constante do art. 195, § 12, da CF, como se percebe, não explicita as peculiaridades e o âmbito de irradiação de efeitos essenciais da sistemática de não-cumulatividade do tributo em questão, havendo a necessidade de produção de lei para tanto, que, inclusive, é exigência expressa constante desse dispositivo constitucional.

Diferentemente do que sucede com as regras de não-cumulatividade do IPI-Não-cumulatividade e do ICMS-Não-cumulatividade, expressamente previstas no texto constitucional e que explicitam as respectivas peculiaridades e âmbitos de irradiação de efeitos essenciais de modo a permitir que o aplicador do Direito identifique e afaste a cumulatividade de incidências tributárias, no caso tanto do imposto de competência tributária residual da União quanto na hipótese da COFINS-Receitas-Não-cumulatividade essas meras referências à regra de não-cumulatividade não têm o condão de predeterminar suas respectivas sistemáticas de não-cumulatividade.

A sistemática de não-cumulatividade da COFINS-Receitas-Não-cumulatividade, então, por não decorrer de regra de não-cumulatividade constante do texto constitucional que explicite o que gera e o que não gera direito a crédito, o que integra e o que não integra a base de cálculo para fins de apuração do tributo, em que momento há e em que momento não há cumulatividade de incidências tributárias, fica dependendo do que a respectiva lei de instituição venha a dispor sobre o assunto.

Trata-se, à evidência, de norma constitucional de aplicabilidade indireta, mediata e reduzida e de eficácia limitada, que imprescinde de lei que veicule regra de não-cumulatividade definidora da sistemática de não-cumulatividade, explicitando a forma como será afastado o fenômeno da cumulatividade de incidências tributárias.

A necessidade de lei para que seja observada a sistemática de não-cumulatividade, consoante será demonstrado, também decorre da contaminação do art. 195, § 12, da CF pelos vícios semânticos da ambigüidade e da vaguidade, tendo em vista que as referências à regra de não-cumulatividade no texto constitucional não conduzem a uma mesma significação, resultado de interpretação.

4. As regras-matrizes de incidência da contribuição para o PIS/PASEP e da COFINS e a permissão constitucional para a instituição de diferenciação de alíquotas ou bases de cálculo em razão da atividade econômica ou da utilização intensiva de mão-de-obra

As sistemáticas de não-cumulatividade, decorrentes ou não de regras de não-cumulatividade previstas no texto constitucional, estão sempre associadas a regras-matrizes de incidência tributária. Assim sucede em relação ao IPI-Não-cumulatividade, ao ICMS-Não-cumulatividade, ao imposto de competência tributária residual da União, à contribuição para o PIS/PASEP-Receitas-Não-cumulatividade e à COFINS-Receitas-Não-cumulatividade.

Os direitos a crédito gerados com o propósito de afastar a cumulatividade de incidências tributárias são aproveitados apenas na apuração do montante de tributo a ser recolhido perante os cofres públicos quando da segunda ou posterior incidência tributária. No entanto, ressalte-se que, de acordo com entendimento dominante na doutrina, as regras-matrizes de incidência tributária e as regras de não-cumulatividade não se confundem, tratando-se, portanto, de normas jurídicas diversas.

A necessidade de relembrar esses aspectos do direito tributário justifica-se com a finalidade de conhecer exatamente o que determina o art. 195, I, "a", "b" e "c", e § 9º, da CF, *in verbis*:

"Art. 195. A Seguridade Social será financiada por toda a sociedade, de forma direta e indireta, nos termos da lei, mediante recursos provenientes dos orçamentos da União, dos Estados, do Distrito Federal e dos Municípios, e das seguintes contribuições sociais: I – do empregador, da empresa e da entidade a ela equiparada na forma da lei, incidentes sobre: a) a folha de salários e demais rendimentos do trabalho pagos ou creditados, a qualquer título, à pessoa física que lhe preste serviço, mesmo sem vínculo empregatício; b) a receita ou o faturamento; c) o lucro; (...).

"(...).

"§ 9º. As contribuições sociais previstas no inciso I deste artigo poderão ter alíquotas ou bases de cálculo diferenciadas, em razão da atividade econômica ou da utilização intensiva de mão-de-obra."

Como se percebe, os critérios da *atividade econômica* e da *utilização intensiva de mão-de-obra* servem como limitação para a instituição de *alíquotas ou bases de cálculo diferenciadas* – o que guarda correspondência tão-somente com a regra-matriz de incidência tributária, nada estabelecendo em relação às sistemáticas de não-cumulatividade eventualmente associadas com os respectivos tributos.

Feitas essas considerações, cumpre verificar eventual extensão de efeitos do dispositivo constitucional transcrito sobre seis das diversas regras-matrizes de incidência da contribuição para o PIS/PASEP e da COFINS atualmente vigentes no ordenamento jurídico brasileiro – isto considerando que cada uma delas, sendo formadas, por exemplo, de diferentes bases de cálculo e/ou alíquotas, denotam *unidade mínima e irredutível de significação do deôntico*, conforme, repita-se, os ensinamentos de Paulo de Barros Carvalho.[8]

8. *Direito Tributário: ...*, cit., 2ª ed., p. 18.

As seis regras-matrizes de incidência tributária a serem analisadas adiante correspondem à contribuição para o PIS/PASEP-Receitas-Cumulatividade, à COFINS-Receitas-Cumulatividade, à contribuição para o PIS/PASEP-Receitas-Não-cumulatividade, à COFINS-Receitas-Não-cumulatividade, à contribuição para o PIS/PASEP-Importação e à COFINS-Importação.

4.1 Contribuição para o PIS/PASEP-Receitas-Cumulatividade e COFINS-Receitas-Cumulatividade

Saliente-se, de logo, que sob as denominações "contribuição para o PIS/PASEP-Receitas-Cumulatividade" e "COFINS-Receitas-Cumulatividade" se quer referir as respectivas regras-matrizes de incidência tributária de que tratam a Lei 9.715/1998 e a Lei 9.718/1998.

Importa, ainda, destacar que a limitação para a instituição de alíquotas ou bases de cálculo diferenciadas, em consonância com o critério da atividade econômica ou da utilização intensiva de mão-de-obra, a que se refere o art. 195, § 9º, da CF, é aplicável tão-somente às *contribuições sociais previstas no inciso I deste artigo*.

Considerando, então, diante do já exposto, que a contribuição para o PIS/PASEP-Receitas-Cumulatividade tem fundamento de validade no art. 239 da CF, resta concluir não haver obrigatoriedade de observância do critério da atividade econômica ou da utilização intensiva de mão-de-obra para que seja possível a instituição de alíquotas ou bases de cálculo diferenciadas para esse tributo – devendo, no entanto, ser respeitado o princípio da não-discriminação tributária entre contribuintes que se encontrem em situações equivalentes, previsto no art. 150, II, da CF.

Já com relação à COFINS-Receitas-Cumulatividade, cujo fundamento de validade é o art. 195, I, "b", da CF, a instituição de alíquotas ou bases de cálculo diferenciadas fica circunscrita à observância do critério da atividade econômica ou da utilização intensiva de mão-de-obra, nos termos do art. 195, § 9º, da Constituição Federal. Isto significa que a alteração da regra-matriz de incidência desse tributo consistente no estabelecimento de alíquotas ou bases de cálculo diferenciadas deve necessariamente utilizar o critério da atividade econômica ou da utilização intensiva de mão-de-obra, sob pena de inconstitucionalidade.

4.2 Contribuição para o PIS/PASEP-Receitas-Não-cumulatividade e COFINS-Receitas-Não-cumulatividade

Já sob as denominações "contribuição para o PIS/PASEP-Receitas-Não-cumulatividade" e "COFINS-Receitas-Não-cumulatividade" se quer referir as respectivas regras-matrizes de incidência tributária de que tratam a Lei 10.637/2002 e a Lei 10.833/2003.

De acordo com o mesmo argumento exposto acima – de que a limitação para a instituição de alíquotas ou bases de cálculo diferenciadas, em consonância com o critério da atividade econômica ou da utilização intensiva de mão-de-obra, a que se refere o art. 195, § 9º, da CF é aplicável tão-somente às *contribuições sociais previstas no inciso I deste artigo* –, outras não são as conclusões em relação aos tributos em epígrafe.

A contribuição para o PIS/PASEP-Receitas-Não-cumulatividade, cujo fundamento de validade é o art. 239 da CF, não deve observância ao critério da atividade econômica ou da utilização intensiva de mão-de-obra para que seja possível a instituição de alíquotas ou bases de cálculo diferenciadas no âmbito de sua regra-matriz de incidência – devendo, no entanto, ser respeitado o princípio da não-discriminação tributária entre contribuintes que se encontrem em situações equivalentes, previsto no art. 150, II, da CF.

No que toca à COFINS-Receitas-Não-cumulatividade, tendo fundamento de validade no art. 195, I, "b", da CF, a alteração de sua regra-matriz de incidência para fins de instituição de alíquotas ou bases de cálculo diferenciadas fica circunscrita à observância do critério da atividade econômica ou da utilização intensiva de mão-de-obra, nos termos do art. 195, § 9º, da CF.

4.3 Contribuição para o PIS/PASEP-Importação e COFINS-Importação

E sob as denominações "Contribuição para o PIS/PASEP-Importação" e "COFINS-Importação" se quer referir As respectivas regras-matrizes de incidência tributária de que trata a Lei 10.865/2004.

Repita-se o argumento de que a limitação para a instituição de alíquotas ou bases de cálculo diferenciadas, em consonância com o critério da atividade econômica ou da utilização intensiva de mão-de-obra, a que se refere o art. 195, § 9º, da CF, é aplicável tão-somente às *contribuições sociais previstas no inciso I deste artigo*.

Daí decorre que tanto a contribuição para o PIS/PASEP-Importação quanto a COFINS-Importação – cujos fundamentos de validade correspondem, respectivamente, ao art. 149, § 2º, II, e ao art. 195, IV, da CF, conforme entendimento já manifestado por este autor[9] – não se submetem à observância do critério da atividade econômica ou da utilização intensiva de mão-de-obra para que seja possível a instituição de alíquotas ou bases de cálculo diferenciadas nos âmbitos de suas regras-matrizes de incidência – devendo, no entanto, ser respeitado o princípio da não-discriminação tributária entre contribuintes que se encontrem em situações equivalentes, previsto no art. 150, II, da CF.

9. Ciro Cardoso Brasileiro Borges, "Fundamentos de validade e regimes jurídico-tributários da contribuição para o PIS/PASEP-Importação e da COFINS-Importação, veiculadas pela Lei 10.865/2004", *Revista Dialética de Direito Tributário* 108/29-31, São Paulo, Dialética, 2004.

5. *As regras de não-cumulatividade da contribuição para o PIS/PASEP e da COFINS e a permissão constitucional para a instituição das respectivas sistemáticas em razão dos setores de atividade econômica*

Já foi exposto que as sistemáticas de não-cumulatividade nem sempre decorrem de regras de não-cumulatividade constantes do texto constitucional, posto que ora estão expressamente previstas e explícitas suas peculiaridades e o âmbito de irradiação de seus efeitos essenciais, ora são apenas objeto de mera *referência*, ora sequer são objeto de referência. Essas circunstâncias, no entanto, não prejudicam ou impedem a instituição de sistemáticas de não-cumulatividade.

No caso das regras-matrizes de incidência da contribuição para o PIS/PASEP e da COFINS, o ponto central de discussão sobre suas sistemáticas de não-cumulatividade gira em torno do art. 195, § 12, que, por força de remissão expressa, é aplicável aos tributos instituídos com base no art. 195, I, "b", e IV, da CF.

Os tributos cujos fundamentos de validade estão compreendidos no art. 195, I, "b", e IV, da CF são exatamente a COFINS-Receitas-Cumulatividade, a COFINS-Receitas-Não-cumulatividade, em relação ao primeiro fundamento de validade, e a COFINS-Importação, em relação ao segundo fundamento de validade.

Isto considerando, de acordo com o já exposto, que a contribuição para o PIS/PASEP-Receitas-Cumulatividade, a contribuição para o PIS/PASEP-Receitas-Não-cumulatividade e a contribuição para o PIS/PASEP-Importação têm fundamento de validade as duas primeiras no art. 239, e a terceira no art. 149, § 2º, II, da CF.

Relembrados, portanto, os fundamentos de validade desses tributos, cumpre analisar as sistemáticas de não-cumulatividade eventualmente associadas às referidas seis regras-matrizes de incidência tributária, objeto central do presente estudo – o que se faz a partir do próximo subitem.

5.1 Contribuição para o PIS/PASEP-Receitas-Cumulatividade e COFINS-Receitas-Cumulatividade

Não há sistemáticas de não-cumulatividade nas hipóteses da *contribuição para o PIS/PASEP-Receitas-Cumulatividade* e da *COFINS-Receitas-Cumulatividade*, o que já é denunciado pelas próprias denominações atribuídas a esses tributos neste estudo, tendo em vista que o legislador infraconstitucional assim não optou.

Mantiveram-se vigentes e revogadas apenas parcialmente, então, as regras-matrizes de incidência tributária de que se tratam a Lei 9.715/1998 e a Lei 9.718/1998, em face das novas regras-matrizes de incidência tributária e sistemáticas de não-cumulatividade veiculadas pela Lei 10.637/2002 e pela Lei 10.833/2003.

Ademais – relembre-se –, a contribuição para o PIS/PASEP-Receitas-Cumulatividade tem como fundamento de validade o art. 239 da CF, não lhe sendo aplicável o art. 195, § 12, referente apenas aos tributos instituídos com base no art. 195, I, "b", e IV, da CF.

5.2 Contribuição para o PIS/PASEP-Receitas-Não-cumulatividade e COFINS-Receitas-Não-cumulatividade

Restou consignado no subitem anterior que as sistemáticas de não-cumulatividade da *contribuição para o PIS/PASEP-Receitas-Não-cumulatividade* e da *COFINS-Receitas-Não-cumulatividade* foram instituídas, respectivamente, pela Lei 10.637/2002 e pela Lei 10.833/2003.

Porém, no que toca especificamente à sistemática de não-cumulatividade da contribuição para o PIS/PASEP-Receitas-Não-cumulatividade, sua instituição não decorreu de regra de não-cumulatividade constante do texto constitucional.

Reitere-se que a contribuição para o PIS/PASEP-Receitas-Não-cumulatividade tem como fundamento de validade o art.

239 da CF, não lhe sendo aplicável o art. 195, § 12, que se projeta apenas sobre os tributos instituídos com base no art. 195, I, "b", e IV, da CF.

O limite que se impõe contra a sistemática de não-cumulatividade da contribuição para o PIS/PASEP-Receitas-Não-cumulatividade, conforme já exposto, é a observância ao princípio da não-discriminação tributária entre contribuintes que se encontrem em situações equivalentes, previsto no art. 150, II, da CF.

Já em relação à COFINS-Receitas-Não-cumulatividade, que tem por fundamento de validade o art. 195, I, "b", é inquestionável a aplicabilidade do art. 195, § 12, da CF; no entanto, sua sistemática de não-cumulatividade não decorre de regra de não-cumulatividade constante do texto constitucional, posto que este último dispositivo constitucional não explicita suas peculiaridades e o âmbito de irradiação de seus efeitos essenciais, fazendo-lhes mera referência.

Cumpre, então, verificar até que ponto essa referência à regra de não-cumulatividade constante do art. 195, § 12, da CF predetermina a respectiva sistemática de não-cumulatividade quando de sua instituição por lei. O dispositivo constitucional em questão estabelece que a lei definirá os *setores de atividade econômica* em que deverá ser observada a sistemática de não-cumulatividade.

Perceba-se que o legislador constituinte derivado não explicitou o conteúdo semântico da regra de não-cumulatividade, apenas exigindo que, independentemente do formato em que venha a ser instituída, na forma da lei, a respectiva sistemática de não-cumulatividade, o critério a ser utilizado para a diferenciação do tratamento jurídico-tributário seja o dos *setores de atividade econômica*.

À evidência, o legislador constituinte derivado estabeleceu que o único critério apto para selecionar as hipóteses em que poderá ser instituída a sistemática de não-cumulatividade, com inevitável diferenciação de tratamento jurídico-tributário entre contribuintes, corresponde ao dos setores de atividade econômica.

Daí que a sistemática de não-cumulatividade não pode ser instituída de modo a ser aplicável para um grupo de contribuintes e não para outro grupo de contribuintes, todos integrantes de um mesmo setor de atividade econômica, sob pena de incorrer em flagrante inconstitucionalidade.

Ademais, o art. 195, § 12, da CF é expresso no sentido de ser imprescindível a superveniência de *lei* para que haja sistemática de não-cumulatividade – o que também se torna necessário em face da não-explicitação, no texto constitucional, de critérios que permitam identificar as peculiaridades e o âmbito de irradiação de efeitos essenciais da sistemática de não-cumulatividade que se pretende instituir, de modo a restar detalhada a forma como será afastado o fenômeno da cumulatividade de incidências tributárias.

Por isso – resta concluir –, o dispositivo em questão veicula norma constitucional de aplicabilidade indireta, mediata e reduzida e de eficácia limitada. Tratando sobre a matéria, mas não exatamente sobre o dispositivo constitucional em comento, confira-se José Afonso da Silva: "Trata-se, como desde logo se vê, de prescrições constitucionais de eficácia limitada, pois não regulam direta e imediatamente a matéria referente às entidades e órgãos mencionados; o constituinte preferiu incumbir dessa tarefa o legislador ordinário (a lei indicará ..., regulará ..., a lei disporá ...)".[10]

Perceba-se que no caso do art. 195, § 12, da CF –norma constitucional de aplicabilidade indireta, mediata e reduzida e de eficácia limitada – o conhecimento sobre as peculiaridades e a irradiação de efeitos essenciais da sistemática de não-cumulatividade, em face dos vícios semânticos da ambigüidade e da vaguidade, também demanda previsão legal.

10. *Aplicabilidade ...*, cit., 6ª ed., p. 83.

É que a mera referência à regra de não-cumulatividade, além de não permitir a depreensão da forma como se darão a operacionalização e a funcionalidade da sistemática de não-cumulatividade, não autoriza o uso de analogias, nem sua equiparação em relação a outras sistemáticas de não-cumulatividade.

Visualiza-se, então, o vício semântico da *ambigüidade*, posto que as quatro referências à regra de não-cumulatividade constantes do texto constitucional não conduzem a uma mesma significação, resultado da interpretação – o que decorre, conforme já assinalado, dos inconvenientes da linguagem técnica, própria da linguagem do direito positivo, que é desformalizada.

E nos diferentes momentos em que há referências no texto constitucional sobre a *não-cumulatividade*, por não conduzirem à univocidade de sentido, também não há autorização constitucional para o aplicador do Direito se valer de analogias, nem para estabelecer equiparações entre as sistemáticas de não-cumulatividade.

Do mesmo modo, a referência à regra de não-cumulatividade constante do art. 195, § 12, da CF também incorre no vício semântico da *vaguidade*, posto que depende de lei que estabeleça as peculiaridades e os efeitos essenciais da respectiva sistemática de não-cumulatividade, somente com o quê se torna possível afastar eventual cumulatividade de incidências tributárias.

Já foi exposto não haver cumulatividade de incidências tributárias na hipótese de uma única e isolada possível incidência tributária, não havendo, portanto, que se falar em regra de não-cumulatividade associada ao IPI-Importação e ao ICMS-Importação. Daí restar inaplicável a referência à regra de não-cumulatividade constante do art. 195, § 12, da CF em relação à COFINS-Importação, que tem por fundamento de validade seu art. 195, IV – o que será tratado com maior profundidade no próximo subitem.

No entanto, nada impede a visualização do fenômeno da cumulatividade de incidências tributárias em relação à COFINS-Receitas, cujo fundamento de validade é o art. 195, I, "b", da CF, e que tem na proposição-hipótese de sua regra-matriz de incidência a *totalidade de receitas auferidas pela pessoa jurídica*. Demonstre-se.

Há cumulatividade de incidências tributárias, por exemplo, quando ao menos duas pessoas jurídicas são compelidas ao recolhimento da COFINS-Receitas em face, a primeira delas, da receita que aufere e utiliza na satisfação de custos e despesas, pagando ou creditando os respectivos valores em favor de outra pessoa jurídica, a segunda delas, que, por sua vez, ao auferir essa receita proveniente dos custos e despesas representados para a primeira pessoa jurídica, também recolhe COFINS-Receitas. Perceba-se que essa receita, em diferentes momentos, é auferida e submetida a incidências tributárias, denotando, assim, o fenômeno da cumulatividade.

Daí, por exemplo, tendo-se em vista o propósito de afastar a cumulatividade de incidências tributárias, ser coerente a vedação do direito ao desconto de créditos em relação ao valor da *mão-de-obra paga a pessoa física*, nos termos do art. 3º, § 2º, I, da Lei 10.833/2003, hipótese em que não há, ao menos, duas possíveis incidências tributárias da COFINS-Receitas que possibilitem a configuração do fenômeno da cumulatividade.

Não obstante a possibilidade de visualização da cumulatividade de incidências tributárias no caso da COFINS-Receitas, o legislador constituinte derivado não informou o meio adequado para seu afastamento, não explicitando as peculiaridades e o âmbito de irradiação dos efeitos essenciais da regra de não-cumulatividade, fazendo-lhe mera referência no art. 195, § 12, da CF e reservando ao legislador infraconstitucional a competência para tanto.

Constata-se, então, que o art. 195, § 12, da CF não veicula regra de não-cumulatividade, a qual somente integra o ordenamento jurídico quando de sua instituição por lei. O referido dispositivo constitucional faz mera referência à regra de não-cumulatividade para fins de explicitar o critério a ser utilizado na seleção das hipóteses em que a sistemática de não-cumulatividade será aplicável e, por exclusão, as hipóteses em que esse tratamento jurídico-tributário diferenciado não será aplicável.

Daí revelar o art. 195, § 12, da CF norma de competência que condiciona a instituição de sistemática de não-cumulatividade à observância de critério correspondente aos setores de atividade econômica, sem o quê resta descumprido o preceito constitucional. Sob este aspecto, confiram-se os ensinamentos de José Afonso da Silva: "Temos que partir, aqui, daquela premissa já tantas vezes enunciada: não há norma constitucional alguma destituída de eficácia. Todas elas irradiam efeitos jurídicos, importando sempre uma inovação da ordem jurídica preexistente à entrada em vigor da Constituição a que aderem e à nova ordenação instaurada. O que se pode admitir é que a eficácia de certas normas constitucionais não se manifesta na plenitude dos efeitos jurídicos pretendidos pelo constituinte enquanto não se emitir uma normação jurídica ordinária ou complementar executória, prevista ou requerida".[11]

Em síntese, o art. 195, § 12, da CF determina que o ato de instituição da sistemática de não-cumulatividade pelo legislador infraconstitucional deve obedecer ao critério do setor de atividade econômica; porém não explicita as peculiaridades da sistemática de não-cumulatividade e o âmbito de irradiação de seus efeitos essenciais, imprescindindo de lei.

Diante de todo o exposto, tem-se que a regra de não-cumulatividade da COFINS-Receitas-Não-cumulatividade consiste naquela prevista nos termos da lei, não havendo ingerências constitucionais, por exemplo, sobre o que gera e o que não gera direito a crédito, o que integra e o que não integra a base de cálculo para fins de apuração do tributo, em que momento há e em que momento não há cumulatividade de incidências tributárias.

As peculiaridades e os âmbitos de irradiação dos efeitos essenciais da sistemática de não-cumulatividade em questão, portanto, dependem do que a respectiva lei de instituição venha a dispor sobre a matéria – o que não significa estar ao legislador infraconstitucional permitido cometer arbitrariedades, posto subsistirem os deveres de observância do critério do setor de atividade econômica e do princípio da não-discriminação tributária entre contribuintes que se encontrem em situações equivalentes, disposto no art. 150, II, da CF.

Por fim, observando-se, agora, o plano da legalidade, é reforçada a vaguidade presente nas regras de não-cumulatividade associadas às regras-matrizes de incidência da contribuição para o PIS/PASEP-Receitas-Não-cumulatividade e da COFINS-Receitas-Não-cumulatividade, especificamente no art. 3º da Lei 10.637/2002 e no art. 3º da Lei 10.833/2003, posto que tais dispositivos não veiculam uma *definição conotativa* da regra de não-cumulatividade, descrevendo-se o gênero da classe de que fazem parte suas espécies, limitando-se a apontar *definições denotativas* da regra de não-cumulatividade, ao indicar apenas algumas espécies integrantes da respectiva classe.[12]

Daí extrair-se a conclusão de que o próprio legislador infraconstitucional, diferentemente do que fez o legislador constituinte em relação ao IPI-Não-cumulatividade e ao ICMS-Não-cumulatividade, diante do vício semântico da vaguidade, encontra dificuldades para estabelecer a conotação da regra de não-cumulatividade relacionada ao fato jurídico da *totalidade de receitas auferidas pelas pessoas jurídicas.*

A título de ilustração, lembre-se o quanto dispôs o revogado art. 3º, § 2º, III, da Lei 9.718/1998, *in verbis*: "§ 2º. Para fins de determinação da base de cálculo das

11. *Aplicabilidade ...*, cit., 6ª ed., pp. 81-82.

12. R. A. Guibourg, A. M. Ghigliani e R. V. Guarinoni, *Introducción ...*, cit., pp. 41-42 e 57-58.

contribuições a que se refere o art. 2º, excluem-se da receita bruta: (...) III – os valores que, computados como receita, tenha sido transferidos para outra pessoa jurídica, observadas normas regulamentadoras expedidas pelo Poder Executivo".

Nessa ocasião, perceba-se, o legislador infraconstitucional não se reservou a mera referência e positivou expressamente conotação da regra de não-cumulatividade – o que, no entanto, não foi seguido, posteriormente, pelo legislador constituinte derivado, quando da produção da Emenda Constitucional 42/2003, nem pelo legislador infraconstitucional, no que toca às produções da Lei 10.637/2002 e da Lei 10.833/2003.

5.3 Contribuição para o PIS/PASEP-Importação e COFINS-Importação

As *contribuições* para o *PIS/PASEP-Importação* e para a *COFINS-Importação*, conforme já exposto, têm fundamento de validade, respectivamente, no art. 149, § 2º, II, e no art. 195, IV, da CF. Daí constatar-se já restar inaplicável o disposto no art. 195, § 12, da CF relativamente à contribuição para o PIS/PASEP-Importação.

Sem prejuízo desse argumento, no entanto, cumpre ressaltar que a contribuição para o PIS/PASEP-Importação e a COFINS-Importação jamais poderiam ser predicadas de tributos cujos regimes jurídico-tributários comportam sistemáticas de não-cumulatividade. Explique-se.

Não-cumulatividade pressupõe cumulatividade de incidências tributárias, consoante já exposto. Tendo em vista que a contribuição para o PIS/PASEP-Importação e a COFINS-Importação correspondem sempre a uma única e isolada possível incidência tributária, não há como se configurar o fenômeno da cumulatividade de incidências tributárias, a ser afastado mediante aplicação de regra de não-cumulatividade.

A cumulatividade de incidências tributárias somente pode ocorrer, pelo menos, a partir de uma segunda possível incidência tributária, momento em que se verificaria a configuração de incidências tributárias cumulativas – isto é, mais de uma incidência tributária, a segunda cumulativa em relação à primeira.

A contribuição para o PIS/PASEP-Importação e a COFINS-Importação, por terem *ciclos de incidências tributárias monofásicos*, não teriam a aptidão de receber os predicados da cumulatividade e da não-cumulatividade, consoante se verifica da ementa integrante do acórdão proferido no RE 258.470-3, cujo relator foi o ministro Moreira Alves, em julgamento unânime da 1ª Turma do STF (*DJU* 12.5.2000), *in verbis*:

"Contribuição social – Constitucionalidade do art. 1º, I, da Lei Complementar n. 84/1996.

"(...).

"Nessa decisão está ínsita a inexistência de violação, pela contribuição social em causa, da exigência da não-cumulatividade, porquanto essa exigência – e é este, aliás, o sentido constitucional da não-cumulatividade tributária – só pode dizer respeito à técnica de tributação que afasta a cumulatividade em impostos como o ICMS e o IPI – e cumulatividade que, evidentemente, não ocorre em contribuição dessa natureza, cujo ciclo de incidência é monofásico –, uma vez que a não-cumulatividade no sentido de sobreposição de incidências tributárias já está prevista, em caráter exaustivo, na parte final do mesmo dispositivo da Carta Magna, que proíbe nova incidência sobre fato gerador ou base de cálculo próprios dos impostos discriminados nesta Constituição."

O acórdão versa acerca de contribuição social devida por empresas e pessoas jurídicas, inclusive cooperativas, incidente sobre as remunerações ou retribuições pagas ou creditadas em favor dos segurados empresários, trabalhadores autônomos, avulsos e demais pessoas físicas, pelos serviços que esses prestem àquelas, sem vínculo empregatício.

A instituição do tributo em questão teve por fundamento de validade o art. 195, § 4º, da CF, que, por força de remissão expressa, exige observância ao quanto disposto no art. 154, I, que trata da competência tributária residual da União, onde está presente a exigência de que o tributo a ser instituído seja *não-cumulativo*.

Consoante se verifica do acórdão transcrito, restou consignado que a referência à regra de não-cumulatividade constante do art. 154, I, da CF trata-se de exigência que "só pode dizer respeito à técnica de tributação que afasta a cumulatividade em impostos como o ICMS e o IPI, (...) que, evidentemente, não ocorre em contribuição dessa natureza, cujo ciclo de incidência é monofásico".

Daí não haver que se cogitar de cumulatividade de incidências tributárias nas hipóteses da contribuição para o PIS/PASEP-Importação e da COFINS-Importação, as quais, em face de seus ciclos de incidências tributárias monofásicos, são incompatíveis com sistemáticas de não-cumulatividade, próprias de tributos cujos ciclos de incidências tributárias são plurifásicos.

E, nos termos das premissas estabelecidas neste estudo, portanto, o art. 195, § 12, da CF revela nítida *impropriedade* ao prever a possibilidade de instituição de sistemática de não-cumulatividade em relação a tributo que tenha fundamento de validade no inciso IV do mesmo dispositivo constitucional, cujo ciclo de incidência é monofásico.

Por outro lado, observe-se que os créditos a que se refere o art. 15 da Lei 10.865/2004, consoante disposição constante de seu próprio *caput*, somente podem ser aproveitados quando da apuração dos montantes a serem recolhidos perante os cofres públicos a título de contribuição para o PIS/PASEP-Receitas-Não-cumulatividade e de COFINS-Receitas-Não-cumulatividade – o que corrobora o posicionamento aqui sustentado.

É que esse momento de apuração dos valores devidos a título de contribuição para o PIS/PASEP-Receitas-Não-cumulatividade e de COFINS-Receitas-Não-cumulatividade corresponde a uma segunda possível incidência tributária, momento a partir do qual se torna possível a configuração do fenômeno da cumulatividade de incidências tributárias.

6. Conclusões

O fenômeno da cumulatividade de incidências tributárias somente pode ocorrer havendo a possibilidade de, pelo menos, duas incidências tributárias, sendo uma posterior – esta, sim, apta a ser predicada de cumulativa – e outra anterior, a qual, considerada isoladamente, jamais poderá receber o predicado da cumulatividade. Daí que não-cumulatividade pressupõe cumulatividade de incidências tributárias possíveis.

A sistemática de não-cumulatividade associada à regra-matriz de incidência da contribuição para o PIS/PASEP-Receitas-Não-cumulatividade, cujo fundamento de validade corresponde ao art. 239 da CF, não decorre de regra de não-cumulatividade constante do texto constitucional – o que não configura obstáculo para sua instituição no plano da legalidade, devendo, para tanto, ser observado o princípio da não-discriminação tributária entre contribuintes que se encontrem em situações equivalentes, previsto no art. 150, II, da CF.

A sistemática de não-cumulatividade associada à regra-matriz de incidência da COFINS-Receitas-Não-cumulatividade, cujo fundamento de validade corresponde ao art. 195, I, "b", da CF, não decorre de regra de não-cumulatividade constante do texto constitucional, já que o § 12 desse mesmo dispositivo lhe faz mera referência – o que não significa estar ao legislador infraconstitucional permitido cometer arbitrariedades quando de sua instituição, posto subsistirem os deveres de observância do critério do setor de atividade econômica e do princípio da não-discriminação tributária entre contribuintes que se encontrem em situações equivalentes, disposto no art. 150, II, da CF.

As contribuições para o PIS/PASEP-Importação e a COFINS-Importação, por terem ciclos de incidências tributárias monofásicos, não têm a aptidão de receber os predicados da cumulatividade e da não-cumulatividade, manifestando-se incompatíveis, pois, com sistemáticas de não-cumulatividade, próprias de tributos cujos ciclos de incidências tributárias são plurifásicos. Ratifica esse entendimento o art. 15, *caput*, da Lei 10.865/2004, que denuncia que os créditos ali referidos somente podem ser aproveitados quando da apuração dos montantes a serem recolhidos perante os cofres públicos a título de contribuição para o PIS/PASEP-Receitas-Não-cumulatividade e de COFINS-Receitas-Não-cumulatividade.

PRINCÍPIO DA TERRITORIALIDADE DA LEI TRIBUTÁRIA E O ISS

(Sobre a Lei Complementar 116/2003 e os Potenciais Conflitos Intermunicipais)[1]

DÉBORA SOTTO

1. Introdução. 2. O princípio federativo e a autonomia dos Municípios. 3. O princípio da territorialidade e o exercício das competências tributárias pelos entes políticos. 4. A competência tributária municipal e as normas gerais de direito tributário veiculadas por lei complementar nacional – Limites e problemas. 5. Regra-matriz de incidência tributária – Hipótese de incidência – Critério espacial. 6. A regra-matriz de incidência tributária do ISS e a Lei Complementar 116/2003 – Inovações em relação ao Decreto-lei 406/1968 e à Lei Complementar 56/1987. 7. O critério espacial da hipótese de incidência do ISS: a norma-padrão constitucional, o Decreto-lei 406/1968 e a jurisprudência consolidada no STJ. 8. O critério espacial da regra-matriz de incidência tributária do ISS conforme a Lei Complementar 116/2003. 9. A atribuição da responsabilidade pelo crédito tributário a terceira pessoa (art. 6º da Lei Complementar 116/2003). 10. Conclusões.

1. Introdução

A Lei Complementar 116, editada em 31.7.2003 em substituição ao Decreto-lei 406/1968, veio a lume com a difícil incumbência de pacificar os crescentes conflitos de competência entre os Municípios Brasileiros em torno da arrecadação do ISS, em complemento às alterações do texto constitucional perpetradas com essa mesma finalidade pelo constituinte derivado por meio da Emenda Constitucional 37/2002. Por meio do novel diploma o legislador

1. Resumo: *1.* O Município Brasileiro é entidade político-administrativa de terceiro grau, integrante da Federação, e dotada de autonomia política, administrativa e financeira, compreendendo esta última a garantia constitucional oferecida ao Município de decretar e arrecadar os tributos de sua competência e aplicar suas rendas sem tutela ou dependência de qualquer outro Poder, prestando contas e publicando balancetes nos prazos fixados em lei (CF, art. 30, III). *2.* O tema da competência tributária no Brasil é exclusivamente constitucional. Dentre os princípios constitucionais tributários a que o legislador infraconstitucional está adstrito inclui-se o princípio da territorialidade da tributação, segundo o qual o poder vinculante de uma lei enseja os efeitos jurídicos de estilo até os limites geográficos da pessoa política que a editou. *3.* Os critérios componentes da regra-matriz de incidência de todos tributos já estão implicitamente contidos no texto constitucional. Por força do princípio da territorialidade, o critério espacial "possível" de um tributo compõe-se de todas as localidades em que seja fisicamente possível a ocorrência do fato jurídico tributário, *exceto* as situadas fora do território do ente tributante. *4.* Aos Municípios Brasileiros foi atribuída a competência para instituir, dentre outros tributos, o imposto sobre serviços de qualquer natureza, definidos em lei complementar, conforme o art. 156, III, da CF de 1988. *5.* A lei complementar de que trata o inciso III, *in fine*, do art. 156, por força do confronto com as disposições dos incisos I, II e III do art. 146 da CF, só pode dispor sobre limitações constitucionais ao exercício dessa competência tributária ou sobre possíveis conflitos de competência entre os Municípios ou dos Municípios com outros entes tributantes. *6.* O critério espacial da hipótese de incidência do ISS tem especial relevância porque, juntamente com o

complementar não apenas fixou novas regras para a determinação do local em que se reputam prestados os serviços, a serem necessariamente observadas pelas leis ordinárias municipais instituidoras do ISS, como facultou aos Municípios a substituição tributária do prestador pelo tomador de serviços, como medida de combate à evasão fiscal. Interpretar essas importantes inovações à luz das diretrizes constitucionais da autonomia municipal, princípio da ter-

critério material, concorre para a repartição do imposto entre os diversos Municípios e o Distrito Federal. *7.* A própria Constituição Federal, através da conjugação do critério material (claramente enunciado no inciso III do art. 156) e do princípio da territorialidade, indica que o critério espacial do ISS é o local da efetiva prestação de serviço, compreendido como o local em que o serviço se consuma, produzindo todos os efeitos que lhe são próprios. *8.* Incumbe ao legislador complementar impor critérios precisos para a delimitação do local da efetiva prestação de serviços, visando a prevenir possíveis conflitos de competência entre os Municípios, conforme prescrevem os arts. 146, I, e 156, III, da CF. *9.* A alínea "a" do art. 12 do Decreto-lei 406/1968, diploma recepcionado pela Constituição Federal de 1988 com *status* de lei complementar, adotou como critério para determinação do local da prestação do serviço o "estabelecimento" do prestador, ou, na falta deste, seu domicílio, excetuando os serviços de construção civil e de exploração de rodovia (acrescido à Lista de Serviços tributáveis pela Lei Complementar 100/1999), para os quais fixaram-se como local da prestação do serviço, respectivamente, o local da obra e a localização da parcela da estrada explorada. *10.* A 1ª Seção do STJ, no intuito de pacificar a jurisprudência acerca da interpretação do art. 12, "a", do Decreto-lei 406/1968, decidiu, em sede de embargos de divergência, que o ISS é devido, de fato, no local em que os serviços forem prestados (EREsp 130.792-CE, rel. ministro Ari Pargendler, rela. para acórdão ministra Nancy Andrighi, j. 7.4.2000, *DJU* 12.6.2000). Para alguns estudiosos, o STJ teria reafirmado a validade da alínea "a" do art. 12 do Decreto-lei 406/1968, tomando como devido o ISS no Município em que o prestador disponha de um mínimo de estrutura, caracterizadora de "estabelecimento prestador". Já, para outros doutrinadores o STJ teria negado validade à alínea "a" do art. 12 do Decreto-lei 406/1968, sem no entanto declarar sua inconstitucionalidade, admitindo que o ISS é devido no local em que o serviço tenha sido prestado, independentemente da existência de estabelecimento prestador. *11.* A Lei Complementar 116/2003, editada em substituição ao Decreto-lei 406/1968, dispõe, no *caput* do art. 3º, que, como regra geral, considera-se prestado o serviço e devido o imposto no local do estabelecimento prestador, ou, na falta deste, no local do domicílio do prestador. Diversamente do Decreto-lei 406/1968, o art. 4º da Lei Complementar 116/2003 explicitou adotar uma acepção subjetiva de "estabelecimento", compreendido como a unidade de bens, economicamente organizada, utilizada para a prestação do serviço, de caráter permanente ou provisório, que não se confunde com sede, filial, ou outras formas do gênero. Nos incisos I a XXII e §§ 1º a 3º do art. 3º, o legislador complementar abriu exceções à regra geral do "local do estabelecimento prestador", fixando três regras especiais: regra do local da execução do serviço; regra do local do estabelecimento ou, na falta deste, do domicílio do tomador; regra do local em que se situam as pessoas ou bens, móveis ou imóveis, corpóreos ou incorpóreos, relacionados, mediata ou imediatamente, à prestação de serviços. *12.* Em sua linguagem pouco precisa e no esforço de conferir efetividade e acatamento às suas disposições, o legislador complementar desdobrou em quatro regras diversas o que, na verdade, constitui um único critério espacial: o local em que a prestação de serviços é de fato executada, ultimada, exaurida, produzindo os efeitos almejados pelas partes envolvidas. Trata-se da interpretação mais adequada, pois harmoniza os preceitos da Lei Complementar 116/2003 e das leis ordinárias municipais oportunamente editadas com as diretrizes constitucionais da norma-padrão constitucional de incidência, princípio da territorialidade, federalismo, autonomia municipal e isonomia das pessoas políticas. *13.* A Lei Complementar 116/2003, ao prever em seu art. 6º a atribuição da "responsabilidade" pelo crédito tributário de ISS ao tomador ou ao intermediário de serviços expressamente arrolados em seu § 2º, tratou, na verdade, de substituição tributária: espécie de sujeição passiva tributária posta por norma jurídica de cunho administrativo-fiscal, na qual o substituto, enquanto sujeito passivo de uma relação jurídica de natureza administrativa, é obrigado a entregar ao Estado dinheiro recebido ou retido do contribuinte, funcionando, assim, como um mero agente arrecadador. *14.* O legislador ordinário municipal é livre para instituir modalidades de substituição tributária conforme sua conveniência e oportunidade, inclusive para serviços outros que não os expressamente previstos no § 2º do art. 6º da Lei Complementar 116/2003. *15.* Se observado o critério espacial possível do ISS, apontado pela Constituição da República, a liberdade dos Municípios para instituir outras hipóteses de substituição tributária além das previstas no § 2º do art. 6º da Lei Complementar 116/2003 não enseja a produção de conflitos intermunicipais quanto à arrecadação do ISS, uma vez que a relação jurídica de cunho administrativo-fiscal entre Município e substituto só se instala se existir obrigação tributária entre o Município e o substituído.

ritorialidade e norma-padrão de incidência do ISS, de maneira a firmar critérios capazes de resolver potenciais conflitos intermunicipais quanto à arrecadação do ISS, são os objetivos do presente trabalho.

2. *O princípio federativo e a autonomia dos Municípios*

O Estado Brasileiro é um Estado Federativo. Trata-se de uma forma peculiar de Estado, nascida com a Constituição Norte-Americana de 1787, a qual, em oposição à forma dos Estados ditos "Unitários", caracteriza-se pela existência de outros entes políticos além da União Federal, os chamados "Estados Federados", dotados de autonomia política, administrativa e financeira em relação à União.

Por força de norma constitucional, cada um dos entes federativos é dotado de competências executivas e legislativas. A partilha de competências entre União e Estados deve ser tão harmoniosa quanto possível, de forma a impedir a prevalência de um ente político sobre os demais. Em outras palavras, deve haver autonomia recíproca entre os entes federativos, e não o predomínio de uns sobre os demais.

Como resultado da repartição constitucional de atribuições, tem-se – como bem aponta Celso Ribeiro Bastos[2] – a incidência de duas ordens jurídicas diferentes sobre o mesmo território, cada uma atuando no âmbito específico de suas competências.

São componentes do Estado Federal Brasileiro: a União, os Estados, o Distrito Federal e os Municípios – conforme dicção expressa do art. 18 da CF de 1988. A inclusão do Município na estrutura da Federação é peculiar ao ordenamento jurídico brasileiro, visto que nos demais países os Municípios são tidos como entidades meramente administrativas.

De fato, a Constituição da República, em mais de uma oportunidade (arts. 1º e 18 da CF de 1988), proclamou que os Municípios de fato integram a estrutura do Estado Federal Brasileiro. Não é por outra razão que o art. 34, VII, "c", da Carta Magna autoriza a medida excepcionalíssima da intervenção da União nos Estados especialmente para assegurar a observância do princípio constitucional da autonomia municipal.

A "autonomia", em contraponto à "soberania", não é um poder originário, exclusivo e absoluto, mas sim uma prerrogativa política, concedida e limitada pela Constituição Federal – é o direito subjetivo público de organizar o próprio governo e prover a própria Administração dentro dos limites constitucionalmente traçados. Segundo José Afonso da Silva, significa a "capacidade ou poder de gerir os próprios negócios, dentro de um círculo prefixado por entidade superior".[3]

Como bem ressalta Hely Lopes Meirelles,[4] há duas ordens de atribuições municipais. Uma, de origem constitucional, que perfaz o "direito mínimo" do Município perante a União Federal e o Estado-membro – direito mínimo, este, imutável e irredutível por qualquer lei ou Poder. Outra, de origem legal, que compreende concessões estaduais alteráveis, redutíveis ou revogáveis a qualquer tempo e que compõem o "direito máximo" do Município.

Esse "direito mínimo" municipal compreende, dentre outros, os seguintes poderes enumerados: poder de auto-organização; poder de autogoverno; poder normativo próprio ou de autolegislação; e poder de auto-administração. O livre exercício dessas atribuições é direito público subjetivo do Município, tutelado processualmente perante qualquer um que o obste ou embarace.

Na sistemática constitucional brasileira presentemente em vigor, os Municípios, portanto, são autônomos em termos políticos, administrativos e financeiros.

2. *Curso de Direito Constitucional*, 19ª ed., p. 282.

3. *Curso de Direito Constitucional Positivo*, 19ª ed., p. 623.

4. *Direito Municipal Brasileiro*, 13ª ed., p. 91.

A autonomia política compreende o poder de auto-organização municipal (capacidade de elaborar a própria lei orgânica), a eletividade do prefeito, vice-prefeito e vereadores (garantia do *self-government*) e o poder de legislar sobre os assuntos especificados nos arts. 29 e 30, I, II, III, IV, VIII e IX, da CF, além da competência comum para dispor sobre as atividades enumeradas no art. 23 da CF, juntamente com a União, Estados e Distrito Federal, nos termos da lei complementar federal de que trata o parágrafo único do mesmo artigo.

A autonomia administrativa compreende a administração própria, sem interferência dos demais entes federativos, dos assuntos de interesse local – entendidos como aqueles em que predomina o interesse do Município sobre o do Estado ou da União –, a organização dos serviços públicos locais e a ordenação do território público local.

Finalmente, a autonomia financeira compreende a garantia constitucional oferecida ao Município de decretar e arrecadar os tributos de sua competência e aplicar suas rendas sem tutela ou dependência de qualquer outro Poder, prestando contas e publicando balancetes nos prazos fixados em lei (CF, art. 30, III).

Como bem observa o professor Roque Antonio Carrazza: "As competências municipais, maiormente quanto à decretação e arrecadação dos tributos, à aplicação de suas rendas, à organização dos serviços públicos locais etc., não são delegadas pelos Estados ou pela União, mas são tão *originárias* quanto as competências estaduais ou federais. É a Constituição do país que diretamente as outorgou. Assim, não é lícito nem à União, nem aos Estados, tolher ou mesmo disciplinar o exercício das atribuições dos Municípios".[5]

Desse modo, reconheça-se ou não aos Municípios o *status* de ente federativo, é unânime na doutrina o entendimento de que o Município Brasileiro é entidade autônoma, pessoa política e sujeito de direito público interno, titular de competências que não podem ser invadidas ou modificadas pelas outras pessoas políticas, sob pena de inconstitucionalidade.

3. O princípio da territorialidade e o exercício das competências tributárias pelos entes políticos

Segundo José Afonso da Silva,[6] é pressuposto da autonomia das entidades federativas e ponto nuclear da noção de Estado Federal a repartição de competências, entendidas como "diversas modalidades de poder de que se servem os órgãos ou entidades estatais para realizar suas funções".[7]

A Constituição Federal de 1988 estruturou um sistema que combina competências exclusivas, privativas e principiológicas com competências comuns e concorrentes. Ao mesmo tempo em que seguiu a técnica da enumeração dos poderes da União (arts. 21 e 22), com poderes remanescentes (ou residuais) para os Estados (art. 25, § 1º) e poderes definidos indicativamente para os Municípios (art. 30), incluiu possibilidades de delegação (art. 22, parágrafo único), áreas comuns com atuação paralela da União, Estados, Distrito Federal e Municípios (art. 23) e áreas concorrentes entre União e Estados, com competência da União para estabelecer normas gerais, deferindo-se aos Estados e Municípios a competência suplementar.

As competências podem ser classificadas em *materiais* (exclusivas ou comuns) e *legislativas* (exclusivas, privativas, concorrentes e suplementares).

Como bem define Paulo de Barros Carvalho, competência legislativa é "a aptidão de que são dotadas as pessoas políticas para expedir regras jurídicas, *inovando* o ordenamento positivo"[8] – o que, em face do

5. *Curso de Direito Constitucional Tributário*, 19ª ed., p. 165.

6. *Curso* ..., cit., 19ª ed., p. 479.
7. *Curso* ..., cit., 19ª ed., p. 481.
8. *Curso de Direito Tributário*, 14ª ed., p. 210.

princípio da legalidade (CF, art. 5º, II), só pode ocorrer por meio da edição de leis em sentido lato.

A competência tributária, enquanto "faculdade potencial que a Constituição confere a determinadas pessoas (as pessoas jurídicas de direito público), para que, por meio de lei, tributem",[9] inclui-se entre as competências legislativas dos entes políticos.

As normas constitucionais de competência tributária são normas de estrutura: não prescrevem comportamentos humanos (a exemplo do que fazem as normas de conduta), mas regulam os procedimentos por meio dos quais outras normas jurídicas são produzidas, modificadas ou extintas. São "normas sobre normas", cujo destinatário é o legislador. Por outro lado, os titulares da competência tributária são as pessoas políticas – União, Estados, Distrito Federal e Municípios –, porque só estas têm Poder Legislativo com representação própria; daí não gozarem os Territórios de competência tributária.

Na enumeração das competências tributárias, a técnica de repartição utilizada pelo constituinte foi a da "enumeração das competências das entidades federativas", cumulada com a reserva da competência residual para a União.[10]

Disso resulta que o tema da competência tributária, no Brasil, é exclusivamente constitucional: como afirma o professor Roque Antonio Carraza,[11] a Constituição esgotou o assunto, de maneira que a legislação infraconstitucional não pode agregar ou subtrair nada de substancialmente novo. Assim, o exercício da competência tributária pelo legislador não é ilimitado: deve observar as regras e os princípios constitucionais.

9. Roque Antonio Carrazza, *Curso* ..., cit., 19ª ed., p. 439.
10. José Afonso da Silva, *Curso* ..., cit., 19ª ed., p. 480.
11. *Curso* ..., cit., 19ª ed., p. 444.

Dentre os princípios constitucionais tributários a que o legislador está adstrito, interessa-nos examinar, mais detidamente, o *princípio da territorialidade da tributação.*

Segundo o professor Paulo de Barros Carvalho, não se trata de princípio explícito, mas sim decorrente de importantes diretrizes do sistema, dentre elas o pacto federativo e a discriminação constitucional de competências. Significa que "o poder vinculante de uma lei ensejará os efeitos jurídicos de estilo até os limites geográficos da pessoa política que a editou".[12]

Assim, por força do princípio da territorialidade da tributação, lei municipal que instituir um tributo em determinado Município não poderá irradiar efeitos sobre fatos ocorridos em outros Municípios, sob pena de flagrante inconstitucionalidade.

4. A competência tributária municipal e as normas gerais de direito tributário veiculadas por lei complementar nacional – Limites e problemas

A Constituição Federal de 1988 conferiu aos Municípios, em seu art. 145, competência para instituir os impostos taxativamente explicitados no art. 156, taxas de poder de polícia e de serviços públicos por eles prestados e contribuições de melhoria, decorrentes das obras públicas que realizarem. Pelo § 1º primeiro do art. 149, renumerado pela Emenda Constitucional 33/2001, conferiu-se aos Municípios competência para instituir contribuição a ser cobrada de seus servidores para o custeio de sistemas de previdência e assistência social em benefício dos mesmos. Pela Emenda Constitucional 39/2002, por fim, o constituinte derivado conferiu aos Municípios a competência para instituir contribuição para o custeio do serviço de iluminação pública, facultando ainda a cobrança da mesma na fatura do consumo de energia elétrica.

12. *Curso* ..., cit., 14ª ed., p. 161.

O art. 156, por sua vez, especificou taxativamente os impostos que compete aos Municípios instituir: imposto sobre a propriedade predial e territorial urbana; imposto sobre a transmissão *inter vivos*, a qualquer título, por ato oneroso, de bens imóveis, por natureza ou acessão física, e de direitos reais sobre imóveis, exceto os de garantia, bem como cessão de direitos à sua aquisição; e, finalmente, o imposto sobre serviços de qualquer natureza (ISS).

O ISS, segundo a redação conferida ao inciso III do art. 156 pela Emenda Constitucional 3/1993, abrange os serviços não compreendidos no art. 155, II (tributados pelo ICMS, de competência dos Estados), e definidos em lei complementar.

Segundo a lição precisa do professor Roque Antonio Carrazza: "A Constituição, ao discriminar as competências tributárias, estabeleceu – ainda que, por vezes, de modo implícito e com uma certa margem de liberdade para o legislador – a *norma-padrão de incidência* (o *arquétipo*, a *regra-matriz*) de cada exação. Noutros termos, ela apontou a *hipótese de incidência possível*, o *sujeito ativo possível*, o *sujeito passivo possível*, a *base de cálculo possível* e a *alíquota possível* das várias espécies e subespécies de tributos. Em síntese, o legislador, ao exercitar a competência tributária, deverá ser fiel à *norma-padrão de incidência* do tributo, pré-traçada na Constituição".[13]

Assim, a exemplo do que ocorre com os demais tributos, se a norma-padrão de incidência do ISS já está definida na Constituição Federal e se o conteúdo do mínimo necessário desse tributo – a prestação de "serviços de qualquer natureza" – pode ser deduzido diretamente do texto constitucional, cumpre determinar qual seria, então, a função da lei complementar de que trata o inciso III do art. 156.

Se o Município, se não ente federativo, é pessoa política dotada de ampla autonomia, a quem asseguradas a decretação e arrecadação dos tributos de sua competência (art. 30, III), temos que o campo de incidência do ISS não pode ser alterado ou anulado por uma lei complementar, sob pena de inconstitucionalidade, passível de correção judicial. Explicamos.

A Constituição Federal de 1988 prescreve, em seu art. 146 (com alterações da Emenda Constitucional 42/2003), que cabe à lei complementar: I – dispor sobre conflitos de competência; II – regular as limitações constitucionais ao poder de tributar; III – estabelecer normas gerais em matéria de legislação tributária, especialmente sobre: a) definição de tributos e de suas espécies, bem como, em relação aos impostos discriminados nesta Constituição, a dos respectivos fatos geradores, bases de cálculo e contribuintes; b) obrigação, lançamento, crédito, prescrição e decadência tributários; c) adequado tratamento tributário ao ato cooperativo praticado pelas sociedades cooperativas; d) definição de tratamento diferenciado e favorecido para as microempresas e para as empresas de pequeno porte, inclusive regimes especiais ou simplificados no caso do imposto previsto no art. 155, II, das contribuições previstas no art. 195, I, e §§ 12 e 13, e da contribuição a que se refere o art. 239.

Para a correta interpretação desse artigo, deve-se ter em mente que o Brasil é um Estado Federativo (art. 1º), que Estados, Municípios e Distrito Federal gozam de ampla autonomia política, administrativa e financeira (arts. 18, 25, 29, 30 e 32) e que têm competência concorrente para legislar sobre matéria tributária (art. 24, I) – matéria, esta, na qual a União Federal tem competência para estabelecer apenas "normas gerais". "Gerais" por valerem para todas as pessoas políticas, inclusive a União, e por estabelecerem apenas diretrizes, sem abarcar assuntos de peculiar interesse das demais pessoas políticas.

A redação conferida ao art. 146 da CF foi resultado de um trabalho político que buscou impor a prevalência da corrente doutrinária defendida pelos tributaristas

13. *Curso* ..., cit., 19ª ed., p. 449.

mais tradicionais, comumente denominada de "corrente tricotômica".

Essa corrente, por meio de uma interpretação puramente literal do § 1º do art. 18 da CF de 1967,[14] reconhecia três funções para a lei complementar de que hoje trata o art. 146 da Carta de 1988: emitir normas gerais de direito tributário; dispor sobre conflitos de competência entre as pessoas tributantes; e regular as limitações constitucionais ao poder de tributar.

Contrapunha-se à chamada "corrente dicotômica", a qual, por meio de uma interpretação sistemática do mesmo dispositivo, defendia que a lei complementar em questão tinha apenas uma única finalidade: veicular normas gerais de direito tributário – estas, sim, com duas funções distintas: dispor sobre conflitos de competência e regular as limitações constitucionais ao poder de tributar. Como bem destaca Maria do Rosário Esteves,[15] essa corrente é impropriamente conhecida como "dicotômica", porque seus adeptos reconhecem a existência de apenas uma finalidade para a lei complementar, e não duas, como a denominação faz crer.

Temos para nós que a corrente que melhor se coaduna com os primados do federalismo e da autonomia das pessoas políticas é a corrente "dicotômica", pois, como observou o professor Paulo de Barros Carvalho,[16] a não-especificação, pela corrente tricotômica, do conteúdo das normas gerais de direito tributário significa conferir verdadeiro "cheque em branco" ao legislador da União, em detrimento da isonomia das pessoas políticas.

Assim, a inserção do art. 146 na Carta de 1988 é o resultado da pressão política exercida pelos defensores da corrente tricotômica, objetivando firmar as "normas gerais de direito tributário" como instrumento de livre intromissão da União nos interesse dos demais entes políticos, à revelia dos primados da isonomia das pessoas constitucionais, do federalismo e da autonomia dos Municípios.

É preciso, portanto, interpretar o art. 146 da CF de maneira a harmonizá-lo com os demais preceitos constitucionais, determinando de maneira precisa o alcance das "normas gerais de direito tributário", para preservar as competências tributárias que a Carta tão minuciosamente repartiu entre os entes políticos. Desse modo, a compreensão que se deve ter do papel a ser cumprido pelas "normas gerais de direito tributário" no sistema constitucional de 1988 é a de que são "normas gerais" apenas aquelas que dispõem sobre conflitos de competência e regulam as limitações constitucionais ao poder de tributar. As atribuições constantes do art. 146, III, só poderão ser exercidas pelo legislador complementar para realização de uma dentre essas duas funções possíveis, e não para modificar a "norma-padrão de incidência" dos tributos.

Na síntese do professor Roque Antonio Carrazza: "Estamos certos de andar bem avisados sustentando que a Constituição delimitou as competências tributárias das pessoas políticas. A lei complementar apenas pode facilitar a compreensão das normas constitucionais pertinentes. Mal comparando, podemos dizer que, aqui, a lei complementar funciona, em relação à Carta Magna, como o regulamento em relação à lei, estabelecendo os *pormenores normativos* que vão ensejar a correta aplicação da regra superior. Deveras, o art. 146 da CF, se interpretado sistematicamente, não dá margem a dúvidas: a competência para editar normas gerais em matéria de legislação tributária desautoriza a União a descer ao detalhe, isto é, a ocupar-se com peculiaridades da tributação de cada pessoa política. Entender o assunto de outra forma poderia desconjuntar os princípios

14. "§ 1º. Lei complementar estabelecerá normas gerais de direito tributário, disporá sobre conflitos de competência nessa matéria entre a União, os Estados, o Distrito Federal e os Municípios e regulará as limitações constitucionais ao poder de tributar."

15. *Normas Gerais do Direito Tributário*, p. 97.

16. *Curso* ..., cit., 14ª ed., p. 198.

federativo, da autonomia municipal e da autonomia distrital. Portanto, somos da opinião que a lei complementar em exame só poderá veicular normas gerais em matéria de legislação tributária, as quais ou disporão sobre conflitos de competência em matéria tributária, ou regularão as 'limitações constitucionais ao poder de tributar'".[17]

No mesmo sentido a opinião de Geraldo Ataliba: "Ao contrário do que pensa a maioria, a lei complementar tributária não é sempre necessária. Sua função é excepcional: só tem cabimento em caso de conflito ou quando necessária a regular alguma limitação constitucional ao poder de tributar. Fora desses dois casos, o legislador ordinário municipal é livre para criar e disciplinar o ISS, somente contido pelo próprio texto constitucional".[18]

Desse modo, com base em uma interpretação sistemática da Constituição Federal, é forçoso concluir que a lei complementar de que trata o inciso III, *in fine*, do art. 156 só pode dispor sobre: conflitos de competência entre o ISS e outros tributos federais e estaduais; conflitos que podem advir do exercício da competência tributária do Município em relação a outro; e, finalmente, limitações constitucionais ao exercício dessa competência tributária específica.

É por essa razão que a Lista de Serviços tributáveis pelos Municípios, veiculada pelo Decreto-lei 406/1968, com redação determinada pela Lei Complementar 56/1987 e, agora, pela Lei Complementar 116/2003, não pode ser, em hipótese alguma, "taxativa". Afirmar o contrário significaria esvaziar a competência tributária dos Municípios, privilegiando a União Federal em detrimento do primado da autonomia municipal.

A Lista de Serviços que acompanha a legislação complementar é apenas sugestiva, podendo ser levada em conta, ou não, pela Câmara de Vereadores de cada Município ao instituir o ISS. Desse modo, os serviços não contidos na Lista podem perfeitamente ser tributados, desde que se subsumam ao conceito constitucional de "serviço de qualquer natureza".

Infelizmente, não é esta a posição adotada pela jurisprudência. Como decorrência do predomínio da corrente tricotômica, consagrou-se o entendimento jurisprudencial de que a Lista de Serviços é, de fato, taxativa,[19] comportando, porém, "interpretação extensiva".

É o que explica Bernardo Ribeiro de Moraes, em sua obra clássica *Doutrina e Prática do Imposto sobre Serviços*: "O legislador ordinário municipal, ao definir a hipótese de incidência do ISS, deve obedecer à lei complementar, inclusive nela se fundamentando para escolher os serviços alcançáveis pelo imposto. Nessa missão, o legislador ordinário é livre. Poderá transladar para a lei ordinária todas as atividades que constam da Lista de Serviços baixada por lei complementar, como poderá aceitar apenas algumas ou nenhuma delas. Todavia, tendo em vista os termos constitucionais de discriminação de rendas, uma regra é indiscutível: a Lista de Serviços do legislador ordinário municipal pode ser *igual* ou *menor* que a Lista baixada por lei complementar, mas jamais poderá ser maior, abrangendo mais serviços do que os previstos na legislação complementar".[20]

E, em outro trecho: "Não resta a menor dúvida de que a Lista de Serviços baixada por lei complementar tem caráter de lista taxativa, de lista que contém o rol integral dos serviços alcançados pelo ISS. (...). Embora taxativa, limitativa, a Lista de Serviços admite interpretação extensiva para as diversas atividades que enuncia.

17. *Curso* ..., cit., 19ª ed., p. 805.

18. "ISS – Competência tributária e, eminentemente, legislativa – Matéria constitucional, função das normas gerais de Direito", *RDTributário* 35/68-93 (p. 78).

19. Nesse sentido manifestou-se o Pleno do STF nos RE 71.777-SP (*RTJ* 70/121) e 77.183-SP (*RTJ* 73/490).

20. *Doutrina e Prática do Imposto sobre Serviços*, pp. 156-157.

Cada item da Lista de Serviços abrange certas atividades, ali contidas de forma genérica, sem caráter específico rigoroso".[21]

Do mesmo modo que a lei complementar não poderia definir taxativamente os "serviços de qualquer natureza", não poderia o legislador complementar definir o aspecto espacial da exação à revelia do aspecto espacial possível, indicado pela norma-padrão de incidência do ISS constante da Constituição Federal.

Como bem observa o professor Roque Antonio Carrazza,[22] a Constituição Federal de 1988 adotou um critério territorial de repartição de competências tributárias (princípio da territorialidade), o qual exige que "a única lei tributável aplicável seja a da pessoa política em cujo território o fato imponível ocorreu". Desse modo, para evitar possíveis conflitos de competência entre Municípios, o legislador complementar só pode estabelecer que o ISS é devido no território do Município em que o serviço for efetivamente prestado. Desenvolveremos melhor esta idéia nos itens seguintes.

5. Regra-matriz de incidência tributária – Hipótese de incidência – Critério espacial

Como já referido acima, a Constituição Federal, via de regra, não institui tributo – apenas reparte a competência tributária entre as pessoas políticas e desenha a norma-padrão de incidência dos tributos, indicando os critérios ou elementos possíveis que devem ser respeitados pelo legislador ordinário. É pelo exercício das competências tributárias pelos entes políticos, através dos respectivos procedimentos legislativos, que se editam as leis instituidoras dos tributos. A partir dos textos de lei, o intérprete ou operador do Direito constrói a norma jurídica geral e abstrata que define a incidência fiscal.

Como explica o professor Paulo de Barros Carvalho,[23] o texto, compreendido como plano de expressão, suporte físico de significações, é o único e exclusivo dado objetivo para os aplicadores do Direito. Partindo da literalidade textual, em que identifica e apreende os enunciados e suas significações, o intérprete associa e compara os signos jurídicos para formar estruturas lógicas completas de significação deôntico-jurídica: juízos hipotético-condicionais, que possuem em seu antecedente a descrição de um fato, e em seu conseqüente a prescrição da instalação de uma determinada relação jurídica.

As normas jurídicas são, precisamente, esses juízos hipotético-condicionais plenos de sentido construídos pelo intérprete a partir do texto legal.

À norma jurídica geral e abstrata que define a incidência fiscal denominamos "regra-matriz de incidência tributária". Como toda norma jurídica, é composta por hipótese à qual é imputada uma conseqüência, e ambas contêm referências a elementos identificativos, ou critérios.

Na sistematização proposta pelo professor Paulo de Barros Carvalho[24] encontramos na hipótese da regra-matriz de incidência três critérios: material, temporal e espacial; e no conseqüente dois critérios: pessoal e quantitativo.

O conseqüente da regra-matriz de incidência contém a prescrição de direitos e obrigações para as pessoas físicas ou jurídicas envolvidas no acontecimento do fato jurídico tributário. Em outras palavras, fornece os critérios para a identificação da relação jurídica de cunho obrigacional que se instaura tão logo concretizado o fato.

O critério pessoal contém a especificação dos sujeitos ativo e passivo da relação jurídica tributária. O critério quantitativo, responsável pela definição da dívida tributária, é composto por base de cál-

21. *Doutrina e Prática* ..., cit., pp. 110-111.
22. *Curso* ..., cit., 19ª ed., p. 855.
23. *Curso* ..., cit., 14ª ed., Capítulo IV.
24. *Curso* ..., cit., 14ª ed., p. 236.

culo (padrão ou unidade de referência que possibilita a quantificação da grandeza financeira do fato jurídico tributário) e alíquota (fator que é conjugado à base de cálculo para obtenção do *quantum debeatur*).

A hipótese tributária, por sua vez, contém a descrição de um fato juridicamente relevante, ou seja, relaciona os elementos que um determinado acontecimento social deve apresentar para ser considerado "fato jurídico tributário".

O primeiro elemento ou critério identificador é o critério material: referência a um comportamento de pessoas, físicas ou jurídicas, condicionado por circunstâncias de espaço e tempo. É expresso por um verbo pessoal e de predicação incompleta, reclamando, assim, a presença obrigatória de um complemento. O critério temporal, por sua vez, revela o marco de tempo em que se dá por ocorrido o fato jurídico tributário e em que se instala a relação jurídica tributária. Finalmente, o critério espacial demarca o local em que se dá por ocorrido o fato jurídico tributário. Pode corresponder à menção de um determinado local específico para a ocorrência do fato típico; à alusão a áreas específicas; ou, finalmente, coincidir com o âmbito de validade territorial da lei. Frise-se que o critério espacial não se confunde com o campo de validade da lei; são entidades ontologicamente distintas, mas que podem, eventualmente, coincidir.

Como já mencionado acima, a Constituição Federal, ao repartir entre os entes políticos a competência tributária, delimitou o campo de atuação e a margem de deliberação do legislador ordinário, indicando-lhe os critérios ou elementos possíveis de serem adotados na instituição dos tributos.

Assim, quanto à eleição do critério espacial, a Constituição, por meio do princípio da territorialidade, impôs ao legislador ordinário a observância do seu próprio âmbito territorial de competência. Desse modo, compõem o critério espacial "possível" de um tributo todas as localidades em que seja fisicamente possível a ocorrência do fato jurídico tributário, *exceto* as localidades situadas fora do território do ente tributante.

Daí afirmar Geraldo Ataliba que a determinação do aspecto espacial da hipótese de incidência está presa ao âmbito de competência do legislador ordinário: "A lei municipal só tem eficácia no território do Município; a lei estadual só no próprio estado. Só a lei federal tem abrangência nacional".[25] No mesmo sentido a opinião de Betina Treiger Grupenmacher, em artigo específico sobre a matéria publicado no *Repertório IOB de Jurisprudência*.[26]

6. A regra-matriz de incidência tributária do ISS e a Lei Complementar 116/2003 – Inovações em relação ao Decreto-lei 406/1968 e à Lei Complementar 56/1987

O critério material da hipótese da regra-matriz de incidência do ISS é "prestar serviço de qualquer natureza" não compreendido no art. 155, II, da CF. Conforme a precisa definição de Roque Antonio Carrazza,[27] significa prestar uma utilidade, material ou imaterial, a terceiro, com conteúdo econômico, sob regime de direito privado – ou seja, em caráter negocial.

Tanto o Decreto-lei 406/1968 quanto a Lei Complementar 116/2003, que o revogou parcialmente, prevêem como critério material do ISS a prestação de serviço constante de Lista anexa. Ambas as leis excluem a incidência do ICMS sobre serviços constantes das Listas anexas, ainda que aliados ao fornecimento de mercadorias. A Lei Complementar 116/2003 dispõe, ainda, que o ISS incide sobre serviços prestados mediante a utilização de bens e serviços públicos explorados economicamen-

25. *Hipótese de Incidência Tributária*, 6ª ed., pp. 104-105.

26. "Imposto sobre serviços e o princípio da territorialidade da lei", *IOB – Repertório de Jurisprudência: Tributário, Constitucional e Administrativo* 9/214-221.

27. *Curso* ..., cit., 19ª ed., p. 851.

te mediante autorização, permissão ou concessão, com o pagamento de tarifa, preço ou pedágio pelo usuário final do serviço.

O art. 2º da Lei Complementar 116/2003, utilizando-se da permissão contida no art. 156, § 3º, II, da CF, excluiu do campo de incidência do ISS as exportações de serviços, esclarecendo no parágrafo único que sofrem a incidência do ISS os serviços desenvolvidos no Brasil cujo resultado aqui se verifique, embora sejam remunerados por residente no exterior.

A exemplo do que já ocorria no Decreto-lei 406/1968, o inciso II do art. 2º da Lei Complementar 116/2003 também excluiu do campo de incidência do ISS a prestação de serviços em relação de emprego, dos trabalhadores avulsos, dos diretores e membros de conselho consultivo ou de conselho fiscal de sociedades e fundações, bem como dos sócios-gerentes ou gerentes-delegados.

Por fim, prevenindo possíveis conflitos com a União Federal – ente político competente para instituir o imposto sobre operações financeiras, de câmbio, crédito e títulos –, o inciso III do art. 2º da Lei Complementar 116/2003 excluiu expressamente do campo de incidência do ISS o valor intermediado no mercado de títulos e valores mobiliários, o valor dos depósitos bancários, o principal, juros e acréscimos moratórios relativos a operações de crédito realizadas por instituições financeiras.

O critério temporal da hipótese de incidência do ISS – como explica Aires Fernandino Barreto[28] – é o momento em que o serviço é efetivamente prestado, e não o momento em que se celebra o negócio jurídico do qual decorre a prestação ou em que é efetuado o pagamento do preço do serviço.

Deixaremos para analisar o critério espacial da hipótese de incidência após verificar, brevemente, quais são os critérios pessoal e quantitativo do conseqüente da regra-matriz do ISS.

28. *ISS na Constituição e na Lei*, p. 247.

Sujeito ativo do ISS é o Município (ou Distrito Federal) em cujo território se realiza a prestação de serviços. Sujeito passivo é o prestador do serviço (Decreto-lei 406/1968, art. 10, e Lei Complementar 116/2003, art. 5º), pois é ele quem manifesta capacidade contributiva pelo acontecimento do fato jurídico tributário. Há, de fato, a exigência constitucional implícita, decorrente do princípio da capacidade contributiva, de que seja o prestador, e não o tomador de serviços, o sujeito passivo da relação jurídica tributária.

Quanto aos critérios quantitativos do conseqüente da regra-matriz de incidência do ISS, temos como base de cálculo o preço do serviço, ou seja, a receita auferida pelo prestador como contrapartida pela prestação do serviço; e como alíquota um percentual incidente sobre essa receita, fixado em um mínimo de 2% pela Emenda Constitucional 37/2002 e um máximo de 5% pela Lei Complementar 116/2003 (corroborando disposição anterior da Lei Complementar 100/1999).

7. O critério espacial da hipótese de incidência do ISS: a norma-padrão constitucional, o Decreto-lei 406/1968 e a jurisprudência consolidada no STJ

O critério espacial da hipótese de incidência do ISS tem especial relevância porque, juntamente com o critério material, concorre para a repartição do imposto entre os diversos Municípios e o Distrito Federal. Sua definição, precisa e conforme aos ditames da Constituição Federal, incumbe ao legislador complementar, como medida necessária e imprescindível para a prevenção de conflitos de competência entre as Municipalidades.

Nas palavras de Aires Fernandino Barreto: "Perante o nosso direito positivo, existirão tantos impostos sobre serviços quantos forem os Municípios que os tiverem instituído, além do Distrito Federal. (...). Conseqüentemente, só não ocorrerá pluralidade de incidência mercê da limitação imposta pela Constituição decorrente da atuação, também, do critério territorial, por força do qual o âmbito de eficácia da lei de cada Município (vale o mesmo para o Distrito Federal) embora aparentemente igual, é contido nos limites do território respectivo".[29]

Dadas as peculiaridades da atividade de prestação de serviços, o ISS é tributo especialmente propenso a suscitar conflitos de competência entre Municípios.

Numerosos são os prestadores de serviço, pessoas físicas ou pessoas jurídicas, que prestam serviços em Municípios outros além daquele em que estão estabelecidos ou domiciliados. Nesses casos, urge definir quem é o Município autorizado a tributar – o Município de estabelecimento do prestador, ou o Município em que a prestação de serviços efetivamente ocorreu.

Por força do princípio da segurança jurídica, a solução desse conflito não pode ser deixada a cargo nem dos Municípios interessados, nem do Poder Judiciário. É tarefa que incumbe ao legislador complementar desempenhar, conforme prescrevem o art. 146, I, e o art. 156, III, da CF.

Citando novamente o professor Aires Fernandino Barreto,[30] temos que a própria Constituição circunscreveu o perímetro de eficácia das leis ao território de cada um dos entes tributantes que receberam idêntica competência tributária. É este o conteúdo do princípio da territorialidade, a ser respeitado pelo legislador ordinário, sob pena de inconstitucionalidade. Em seu aspecto negativo, o princípio inibe a validade das leis do ente político para além dos limites do seu território; em seu aspecto positivo, afirma a exclusividade das normas jurídicas que o ente político editar, dentro do seu âmbito territorial.

Retomando idéias já expostas nos itens anteriores, verifica-se que a própria Constituição Federal indica qual deva ser o critério espacial do ISS, através da conjugação do critério material (claramente enunciado no inciso III do art. 156) e do princípio da territorialidade.

De fato, o critério espacial do ISS só pode ser o local da efetiva prestação de serviço, ou seja, o local em que o serviço se consuma, produzindo todos os efeitos que lhe são próprios.

Conseqüentemente, só será apto a tributar aquele Município em que o fato jurídico tributário tenha se manifestado em sua completude, reunindo todos os três elementos descritivos da hipótese de incidência tributária: material, temporal e espacial. Para todos os demais Municípios da Federação aquele acontecimento não será "fato jurídico tributário", mas mero evento, desprovido de relevância jurídica porque ausente o critério espacial descrito na hipótese de incidência do tributo.

Ao legislador complementar caberia atuar justamente na definição do local em que se tem por efetivamente consumado o serviço, uma vez que os possíveis conflitos de competência entre Municípios decorrem, na verdade, das peculiaridades e especificidades das atividades dos prestadores de serviço, as quais geram certa dificuldade na determinação precisa não apenas do local como também do momento em que os serviços foram ultimados.

O Decreto-lei 406/1968, com *status* de lei complementar, tratou do critério espacial do ISS em seu art. 12, "a", "b" e "c". A alínea "a" do art. 12 do Decreto-lei 406/1968 adotou como critério para determinação do local da prestação do serviço o "estabelecimento" do prestador, ou, na falta deste, seu domicílio, excetuando os serviços de construção civil (alínea "b") e de exploração de rodovia (alínea "c" – serviço acrescido à lista de serviços tributáveis pela Lei Complementar 100/1999), para os quais fixou como local da prestação do serviço, respectivamente, o local da obra e a localização da parcela da estrada explorada.

Embora inicialmente a doutrina e a jurisprudência majoritárias tenham se firmado no sentido de que o ISS é devido no

29. *ISS* ..., cit., p. 254.
30. *ISS* ..., cit., p. 258.

Município em que se localiza o estabelecimento prestador mesmo quando os serviços tenham sido executados em Município diverso – acatando, desse modo, a constitucionalidade da alínea "a" do art. 12 do Decreto-lei 406/1968 –, uma corrente minoritária de juristas, dentre eles Aires Fernandino Barreto, Geraldo Ataliba e Roque Carrazza, posicionou-se no sentido de que a lei complementar seria, nesse ponto, inconstitucional, por desrespeitar o princípio da territorialidade.

Após inúmeros julgados conflitantes acerca da matéria, em que algumas decisões concluíam que o ISS é devido no local do estabelecimento prestador, como prescrito na alínea "a" do art. 12 do Decreto-lei 406/1968, e outras defendiam que o ISS é devido sempre no lugar em que os serviços foram prestados, não reconhecendo validade à alínea "a" do art. 12 do Decreto-lei 406/1968, a 1ª Seção do STJ decidiu, em sede de embargos de divergência, que o ISS é devido, de fato, no local em que os serviços forem prestados (EREsp 130.792-CE, rel. ministro Ari Pargendler, relatora para o acórdão ministra Nancy Andrighi, j. 7.4.2000, *DJU* 12.6.2000[31]).

Entretanto, permaneceu polêmico, entre os doutrinadores, o real alcance do posicionamento do STJ.

Para alguns estudiosos o STJ teria reafirmado a validade da alínea "a" do art. 12 do Decreto-lei 406/1968, tomando como devido o ISS no Município em que o prestador disponha de um mínimo de estrutura, caracterizadora de "estabelecimento prestador". Já, para outros doutrinadores o STJ teria negado validade à alínea "a" do art. 12 do Decreto-lei 406/1968, sem, no entanto, declarar sua inconstitucionalidade, admitindo que o ISS é devido no local em que o serviço tenha sido prestado, independentemente da existência de estabelecimento prestador.

Dentre os doutrinadores que defendem que o STJ reafirmou a validade da alínea "a" do art. 12 do Decreto-lei 406/1968 destaca-se o Professor da Universidade Federal do Paraná, Marçal Justen Filho.

Buscando conciliar a norma complementar com a Constituição Federal, esse autor propõe, em artigo publicado na *Revista Dialética de Direito Tributário*,[32] que a solução para a polêmica doutrinária residiria na adequada interpretação da expressão "estabelecimento". Observa que o conceito de "estabelecimento" não pertence ao direito tributário, mas ao direito comercial, em que é pacífico o entendimento de que o estabelecimento mercantil, enquanto conjunto de bens corpóreos e incorpóreos de que se vale o empresário para o exercício de sua atividade, não se confunde com o imóvel, nem exige a presença deste.

Sustenta que o Decreto-lei 406/1968 teria encampado o conceito de "estabelecimento" do direito comercial, pois o art. 12 teria subjetivado a expressão, atribuindo-lhe a condição de "prestador" de serviço. Desse modo, o que definiria o local da prestação do serviço para fins de incidência do ISS seria "a existência de uma unidade de bens, economicamente organizada, utilizada para a prestação do serviço",[33] e não a "sede" da pessoa jurídica.

O mesmo autor reconhece, entretanto, que ficaram pendentes de solução a prestação de serviço pessoal da pessoa física, que ocorre de modo desvinculado de um "estabelecimento", e a prestação de serviços intermunicipais.

31. Ementa do acórdão: "Embargos de divergência – ISS – Competência – Local da prestação de serviço – Precedentes. I – Para fins de incidência do ISS (imposto sobre serviços) importa o local onde foi concretizado o fato gerador, como critério de fixação de competência do Município arrecadador e exigibilidade do crédito tributário, ainda que se releve o teor do art. 12, alínea 'a', do Decreto-lei n. 406/1968. II – Embargos rejeitados".

32. Marçal Justen Filho, "ISS no tempo e no espaço", *Revista Dialética de Direito Tributário* 2/53-69, São Paulo, Dialética, 1995.

33. "ISS no tempo e no espaço", *Revista Dialética de Direito Tributário* 2/65.

É precisamente esta a crítica que Aires Fernandino Barreto[34] faz à tentativa de validação da alínea "a" do art. 12 do Decreto-lei 406/1968. Afirma que tal posição doutrinária confere um indevido caráter restritivo e restrito à interpretação do STJ, sem alcançar serviços outros nos quais a prestação não exige nenhuma estrutura, instalação ou atuação do prestador no Município em que estão os tomadores dos serviços. Para esse autor, a alínea "a" do art. 12 do Decreto-lei 406/1968 seria inconstitucional, por violar o princípio da territorialidade, de maneira que o critério espacial do ISS, dedutível da própria Constituição Federal, seria o local em que se ultima a prestação de serviço, independentemente do local da sede, domicílio ou estabelecimento do prestador.

Nesse mesmo sentido a posição de Roque Antonio Carrazza: "(...) não só no caso da construção civil, sempre o ISS é devido no Município em cujo território a prestação de serviço se deu: isso a despeito do que dispõe o art. 12 do Decreto-lei 406, de 1968, que não se sobrepõe a nenhuma norma constitucional. (...). A meu ver a questão poderia ser resolvida em termos constitucionais. A Constituição quer que o ISS seja devido sempre no território, no Município onde aprestação de serviços se deu".[35]

Hugo de Brito Machado,[36] por sua vez, adotou posição um tanto distinta, defendendo intransigentemente a validade da alínea "a" do art. 12 do Decreto-lei 406/1968, por acreditar que o posicionamento adotado pelo STJ iria ensejar o surgimento de graves conflitos de competência. Em suas próprias palavras: "Adotado o critério do egrégio STJ, ressurge o interminável conflito existente antes do Decreto-lei 406/1968. Para piorar a situação, inúmeros Municípios estão a legislar de forma diametralmente oposta ao art. 12 do Decreto-lei 406/1968, adotando a interpretação dada pelo colendo STJ. Alguns chegam ao extremo de determinar a retenção na fonte do ISS relativo a serviços efetivamente prestados em vários Municípios porém pagos em seu território, por empresa nele sediada. Como se vê, a situação enseja o surgimento de graves conflitos de competência".[37]

Afirma o referido autor que a dificuldade em solucionar conflitos de competência pertinentes ao ISS residiria no fato de que a prestação de serviços tem caráter indiscutivelmente imaterial, nem sempre vinculado a limites territoriais – o que impossibilitaria a delimitação precisa do Município em cujo território o serviço foi efetivamente prestado. Defende que o legislador complementar, ciente dessas dificuldades, ao editar o Decreto-lei 406/1968, teria considerado, por *ficção jurídica*, que o serviço é sempre prestado no local onde o prestador é estabelecido. Desse modo, descaberia aferir no caso concreto se o serviço foi, ou não, efetivamente realizado no local do estabelecimento prestador. Por isso, o STJ teria incorrido em grave equívoco: a pretexto de evitar práticas fraudulentas, invalidou norma que resolvia satisfatoriamente o conflito de competência entre Municípios, gerando grande insegurança jurídica.

Se a crítica de Hugo de Brito Machado é absolutamente precisa quanto à repercussão dos julgados do STJ – que de fato acabaram por acirrar significativamente a guerra fiscal entre Municípios, com evidente prejuízo para a segurança jurídica –, sua defesa intransigente do Decreto-lei 406/1968 não se sustenta.

Temos para nós que a Constituição Federal de 1988 realmente indicou como único critério espacial possível do ISS o local em que a prestação de serviços se exaure. A indicação é implícita, certamente, mas não por isso menos vinculante. Ainda que a determinação desse local seja pro-

34. *ISS* ..., cit., p. 278.

35. "Imposto sobre serviços", *RDTributário* 48/201-220 (pp. 210-211).

36. "Local da ocorrência do fato gerador do ISS", *Revista Dialética de Direito Tributário* 58/45-53.

37. "Local da ocorrência do fato gerador do ISS", *Revista Dialética de Direito Tributário* 58/45.

blemática em termos práticos, tal circunstância não autoriza a adoção de ficção jurídica em franca desconformidade com as diretrizes constitucionais.

Sem adentrar a polêmica acerca da força vinculante das decisões dos Tribunais Superiores, se a jurisprudência dominante do STJ não logrou pacificar os conflitos de competência entre os Municípios acerca do ISS quando ainda vigente o Decreto-lei 406/1968 é porque esta tarefa só pode ser desempenhada satisfatoriamente por seu destinatário original: o legislador complementar.

Resta-nos, agora, investigar se a Lei Complementar 116, de 31.7.2003, publicada no *DOU* em 1.8.2003 e entrada plenamente em vigor no exercício de 2004 (em decorrência do princípio constitucional tributário da anterioridade), contribuiu para dirimir tais conflitos com eficiência e de maneira conforme aos ditames constitucionais.

8. O critério espacial da regra-matriz de incidência tributária do ISS conforme a Lei Complementar 116/2003

A Lei Complementar 116/2003 dispõe, no *caput* do art. 3º, que, como regra geral, considera-se prestado o serviço e devido o imposto no *local do estabelecimento prestador*, ou, na falta deste, no *local do domicílio do prestador*.

O art. 4º, por sua vez, dispõe que se considera *estabelecimento prestador* o local onde o contribuinte desenvolva a atividade de prestar serviços, de modo permanente ou temporário, e que configure unidade econômica ou profissional, sendo irrelevantes para caracterizá-lo as denominações de "sede", "filial", "agência", "posto de atendimento", "sucursal", "escritório de representação ou contato", ou quaisquer outras que venham a ser utilizadas.

Nos incisos I a XXII e §§ 1º e 2º do art. 3º o legislador complementar abriu as seguintes exceções à regra geral do "local do estabelecimento prestador":

1) Serviços em que o critério espacial é o *local da execução do serviço*:

• serviços de varrição, coleta, remoção, incineração, tratamento, reciclagem, separação e destinação final de lixo, rejeitos e outros resíduos quaisquer;

• serviços de limpeza, manutenção e conservação de vias e logradouros públicos, imóveis, chaminés, piscinas, parques, jardins e congêneres;

• serviços de decoração e jardinagem, inclusive corte e poda de árvores;

• serviços de controle e tratamento do efluente de qualquer natureza e de agentes físicos, químicos e biológicos;

• serviços de florestamento, reflorestamento, semeadura, adubação e congêneres;

• serviços de escoramento, contenção de encostas e congêneres;

• serviços de limpeza e dragagem de rios, portos, canais, baías, lagos, lagoas, represas, açudes e congêneres;

• serviços de armazenamento, depósito, carga, descarga, arrumação e guarda de bens de qualquer espécie;

• serviços de diversão, lazer, entretenimento e congêneres;

• serviços de transporte de natureza municipal;

• serviços portuários, aeroportuários, ferroportuários, de terminais rodoviários, ferroviários e metroviários.

2) Serviços em que o critério espacial é o *local do estabelecimento* ou, na falta deste, *do domicílio do tomador*:

• qualquer serviço proveniente do exterior do país ou cuja prestação se tenha iniciado no exterior do país – nesse caso específico também é considerado critério espacial o local do estabelecimento ou domicílio do intermediário do serviço;

• serviços de fornecimento de mão-de-obra, mesmo em caráter temporário, inclusive de empregados ou trabalhadores, avulsos ou temporários, contratados pelo prestador de serviço.

3) Serviços em que o critério espacial é o *local em que se situam as pessoas ou bens*, móveis ou imóveis, corpóreos ou incorpóreos, envolvidos, mediata ou imediatamente, na prestação de serviços:

• serviços de cessão de andaimes, palcos, coberturas e outras estruturas de uso temporário;

• serviços de execução, por administração, empreitada ou subempreitada, de obras de construção civil, hidráulica ou elétrica e de outras obras semelhantes, inclusive sondagem, perfuração de poços, escavação, drenagem e irrigação, terraplenagem, pavimentação, concretagem e a instalação e montagem de produtos, peças e equipamentos (exceto o fornecimento de mercadorias produzidas pelo prestador de serviços fora do local da prestação dos serviços, que fica sujeito ao ICMS) e serviços de acompanhamento e fiscalização da execução de obras de engenharia, arquitetura e urbanismo;

• serviços de demolição;

• serviços de reparação, conservação e reforma de edifícios, estradas, pontes, portos e congêneres (exceto o fornecimento de mercadorias produzidas pelo prestador dos serviços fora do local da prestação dos serviços, que fica sujeito ao ICMS);

• serviços de guarda e estacionamento de veículos terrestres automotores, de aeronaves e de embarcações;

• serviços de vigilância, segurança ou monitoramento de bens e pessoas;

• serviços de planejamento, organização e administração de feiras, exposições, congressos e congêneres.

No § 3º do art. 3º o legislador complementar fixou os critérios espaciais de alguns dos *serviços que, por sua natureza, são executados em mais de um Município*:

• serviços de locação, sublocação, arrendamento, direito de passagem ou permissão de uso, compartilhado ou não, de ferrovia, rodovia, postes, cabos, dutos e condutos de qualquer natureza – critério espacial: local em que se situam os bens envolvidos, mediata ou imediatamente, na prestação de serviços, quais sejam, a extensão de ferrovia, rodovia, postes, cabos, dutos e condutos de qualquer natureza;

• serviços de exploração de rodovia mediante cobrança de preço ou pedágio dos usuários, envolvendo execução de serviços de conservação, manutenção, melhoramentos para adequação de capacidade e segurança de trânsito, operação, monitoração, assistência aos usuários e outros serviços definidos em contratos, atos de concessão ou de permissão ou em normas oficiais – critério espacial: local em que se situam os bens envolvidos, mediata ou imediatamente, na prestação de serviços, qual seja, a extensão de rodovia explorada;

• serviços executados em águas marítimas, *exceto* os serviços portuários, ferroportuários, utilização de porto, movimentação de passageiros, reboque de embarcações, rebocador escoteiro, atracação, desatracação, serviços de praticagem, capatazia, armazenagem de qualquer natureza, serviços acessórios, movimentação de mercadorias, serviços de apoio marítimo, de movimentação ao largo, serviços de armadores, estiva, conferência, logística e congêneres – critério espacial: regral geral, local do estabelecimento do prestador de serviços.

Da síntese supra-exposta depreende-se que o legislador complementar, *aparentemente*, fixou quatro distintos critérios espaciais para o ISS: um critério geral e três critérios especiais, aplicáveis aos serviços expressamente arrolados nos incisos e parágrafos do art. 3º da Lei Complementar 116/2003.

O critério geral, a exemplo do que fixara o Decreto-lei 406/1968, é o do local do estabelecimento prestador. Entretanto, diversamente do Decreto-lei 406/1968, o legislador complementar explicitou o que entende por *estabelecimento prestador*: local onde o contribuinte desenvolva a atividade de prestar serviços, de modo permanente ou temporário, e que configure unidade econômica ou profissional, sendo irrelevantes para caracterizá-lo as denominações de "sede", "filial", "agência", "posto de atendimento", "sucursal", "escritório de representação ou contato" ou quaisquer outras que venham a ser utilizadas (art. 4º da Lei Complementar 116/2003).

Trata-se precisamente da acepção subjetiva de *estabelecimento*, defendida, dentre outros, por Marçal Justen Filho, e de que já tratamos no item 7, supra: unidade de bens, economicamente organizada, utilizada para a prestação do serviço, de caráter permanente ou provisório, que não se confunde com sede, filial, ou outras formas do gênero. Acepção, esta, ademais, que se coaduna perfeitamente com o conceito de *estabelecimento* posto pelo novo Código Civil Brasileiro.[38]

Os critérios especiais, por sua vez, são, respectivamente, o local da execução dos serviços, o local do estabelecimento ou domicílio do tomador de serviços e o local em que se situam as pessoas ou bens, móveis ou imóveis, corpóreos ou incorpóreos, envolvidos, mediata ou imediatamente, na prestação de serviços.

Cumpre, nesse ponto, investigar se esses quatro diferentes critérios postos pelo legislador complementar não representariam, na verdade, maneiras diferentes de exprimir um mesmo e único critério espacial.

As minúcias de regulamentação contidas na redação da Lei Complementar 116/2003 exprimem, indubitavelmente, o firme propósito do legislador complementar de regular os possíveis conflitos de competência entre Municípios acerca do ISS, *conciliando* as regras postas pelo antigo Decreto-lei 406/1968 com o entendimento jurisprudencial firmado pelo STJ e os ensinamentos da doutrina, para, assim, pôr termo, definitivamente, à já infindável guerra fiscal entre Municipalidades vizinhas.

O legislador complementar, em sua linguagem pouco precisa e no esforço de conferir efetividade e acatamento às suas disposições, desdobrou em quatro regras diversas o que, na verdade, constitui um *único* critério espacial.

De fato, se os serviços são de natureza tal que não possam ser realizados sem equipamentos específicos e um determinado número de funcionários, só se poderá ter como concretizada a prestação de serviços no local em que se situar aquela unidade de bens economicamente organizada a que se refere a regra geral do "estabelecimento prestador" do *caput* do art. 3º da Lei Complementar 116/2003.

O local de "execução" dos serviços, por outro lado, não pode ser outro senão aquele em que a utilidade material ou imaterial almejada pelas partes se concretiza, produzindo os efeitos esperados.

No caso do fornecimento de mão-de-obra, por sua vez, a utilidade almejada pelo tomador só se concretiza no local em que os trabalhadores, cedidos pelo prestador, efetivamente são postos à sua disposição para realizar as tarefas que lhes forem designadas.

Quanto à prestação de serviço que envolva, mediata ou imediatamente, certas pessoas ou bens específicos, também só se poderá ter como concretizado o fato jurídico tributário no local em que estiverem situadas aquelas pessoas ou bens, pois é ali que se concretizam os efeitos visados por prestador e tomador.

Em suma, tanto a regra geral quanto as três regras "especiais" da Lei Complementar 116/2003 traduzem um único critério espacial: o local em que a prestação de serviços é de fato executada, ultimada, exaurida, produzindo os efeitos almejados pelas partes envolvidas.

Trata-se da interpretação mais adequada, pois harmoniza os preceitos da lei complementar e das leis ordinárias municipais oportunamente editadas com as diretrizes constitucionais acima apontadas: norma-padrão constitucional de incidência, princípio da territorialidade, federalismo, autonomia municipal e isonomia das pessoas

38. "Art. 1.142. Considera-se estabelecimento todo complexo de bens organizado, para exercício da empresa, por empresário, ou por sociedade empresária."

políticas. Ademais, coaduna-se com a jurisprudência consolidada do STJ.

9. A atribuição da responsabilidade pelo crédito tributário a terceira pessoa (art. 6º da Lei Complementar 116/2003)

A Lei Complementar 116/2003 previu, em seu art. 6º, a atribuição da responsabilidade pelo crédito tributário de ISS a terceira pessoa, vinculada ao fato gerador da respectiva obrigação, excluindo a responsabilidade do contribuinte ou atribuindo-a a este em caráter supletivo, inclusive quanto aos acréscimos legais e à multa. Os §§ 1º e 2º delimitam essa responsabilidade, subjetiva e objetivamente. Segundo esses dispositivos legais, *responsável* é a pessoa jurídica tomadora ou intermediária dos serviços descritos nos subitens 3.05, 7.02, 7.04, 7.05, 7.09, 7.10, 7.12, 7.14, 7.15, 7.16, 7.17, 7.19, 11.02, 17.05 e 17.10 da Lista anexa, ou a pessoa física ou jurídica tomadora ou intermediária de serviços prestados total ou parcialmente no exterior (§ 2º). Essa responsabilidade implica a obrigação pelo recolhimento integral do ISS devido, multa e acréscimos legais, independentemente de ter sido efetuada sua retenção na fonte (§ 1º).

A doutrina nacional diverge quanto ao grau de liberdade de que dispõe o legislador infraconstitucional para eleger o sujeito passivo da relação jurídica tributária.

Para o professor Paulo de Barros Carvalho[39] a Constituição Federal não aponta quem deva ser o sujeito passivo das obrigações tributárias, cabendo ao legislador elegê-lo, com relativa margem de liberdade – respeitando, evidentemente, a competência tributária e a demarcação do fato jurídico tributário.

Já, para Roque Antonio Carrazza, Aires Fernandino Barreto e Renato Lopes Becho o sujeito passivo da exação não pode ser outro senão aquele que a Constituição Federal indica por meio de parâmetros precisos, ainda que contidos implicitamente no texto constitucional. Como já indicamos nos itens acima, é esta a posição por nós adotada.

O CTN, entretanto, em seu art. 121, utiliza a expressão "sujeito passivo" em sentido diverso.

Para o legislador complementar, *sujeito passivo* é o sujeito de direitos de quem se exige o cumprimento da prestação de uma relação jurídica. Adotando a classificação proposta pela doutrina tradicional, prescreve que o *sujeito passivo* pode assumir a função de *contribuinte* ou de *responsável*.

"Contribuinte", na linguagem do Código Tributário Nacional, é o sujeito passivo que tem relação pessoal e direta com o fato jurídico tributário; "responsável", por sua vez, é o sujeito de direitos que, sem revestir a condição de contribuinte, ocupa a posição de sujeito passivo de uma relação jurídica em decorrência de expressa disposição de lei; segundo a doutrina tradicional, a responsabilidade subdivide-se em responsabilidade propriamente dita e responsabilidade por substituição.

Na verdade, como bem explica Luís César Souza de Queiroz,[40] somente é sujeito passivo da relação jurídica tributária o *contribuinte*, pois este é o único sujeito de direito que é objeto de identificação pelo critério pessoal passivo do conseqüente da norma impositiva de imposto, na qualidade de titular da riqueza pessoal descrita pelo aspecto material do antecedente da regra-matriz. Se o *sujeito passivo* for outra pessoa, tratar-se-á de relação jurídica prescrita por norma de natureza diversa da regra-matriz de incidência tributária.

Na interessante sistematização proposta pelo autor supramencionado, a norma que dispõe sobre a responsabilidade tributária pode apresentar-se de duas formas: norma primária principal não-tributária ou norma primária punitiva.

39. *Curso ...*, cit., 14ª ed., pp. 315-317.

40. *Sujeição Passiva Tributária*, p. 230.

A responsabilidade decorre de uma norma principal de natureza administrativo-fiscal nos casos previstos nos arts. 131, II e III, e 132, *caput*, do CTN, em que há a sub-rogação subjetiva de todos os direitos e deveres do contribuinte para o responsável. Todos os demais casos de responsabilidade previstos no Código Tributário Nacional (arts. 130, 131, I, 132, parágrafo único, 133, 134, 135, 136 e 137) decorrem de norma primária de natureza punitiva administrativo-fiscal.

Quanto à *substituição*, Luís César Souza de Queiroz[41] explica que se trata de conceito inconfundível com os conceitos de *contribuinte* e *responsável*.

Para esse autor, a norma que dispõe sobre a substituição tributária tem natureza meramente administrativa: visa a agilizar a arrecadação, acelerar a disponibilidade dos recursos e facilitar a fiscalização de contribuintes extremamente pulverizados, evitando a evasão fiscal ilícita. Na substituição a relação jurídica entre contribuinte e Estado é uma relação jurídico-formal de natureza tributária, enquanto que a relação jurídica entre Estado e substituto é uma relação jurídico-formal de natureza administrativo-fiscal, em que o substituto é obrigado a entregar ao Estado dinheiro recebido ou retido do contribuinte, funcionando, assim, como mero agente arrecadador.

Dessas considerações depreende-se que a "responsabilidade" de que trata o art. 6º da Lei Complementar 116/2003 é, na verdade, modalidade de substituição tributária, em que o tomador de serviços, na qualidade de agente arrecadador do Município, fica obrigado a recolher aos cofres públicos o ISS incidente sobre a prestação de serviços, descontando-o do pagamento devido ao prestador em retribuição aos serviços prestados. Trata-se de um encargo de natureza administrativo-fiscal que visa, como já mencionado acima, a combater a evasão fiscal e otimizar a fiscalização e a arrecadação dos tributos.

41. *Sujeição* ..., cit., pp. 194 e ss.

Cumpre, nesse ponto, questionar se antes da "autorização" contida no art. 6º da Lei Complementar 116/2003 os Municípios estariam impedidos de instituir, para os tributos de sua competência, hipóteses de substituição tributária.

O questionamento é pertinente, pois numerosos Municípios – inclusive o Município de São Paulo – já haviam instituído a retenção na fonte do ISS incidente sobre determinados tipos de serviço por meio de lei ordinária antes do advento da Lei Complementar 116/2003.

Do mesmo modo, cumpre questionar se após o advento da Lei Complementar 116/2003 é vedado aos Municípios instituir a substituição tributária sobre serviços outros que não os expressamente arrolados no § 2º do art. 6º.

Tome-se, por exemplo, o serviço de demolição. Segundo a Lei Complementar 116/2003, é um serviço em que o ISS é devido "no local da obra" (art. 3º, IV) e que poderá ser submetido ao regime de substituição tributária (art. 6º, § 2º, II).

Se uma construtora, sediada no Município "A", contrata a demolição de imóvel localizado no Município "B", a ser executada por empresa demolidora sediada no Município "C", e os Município "A", "B" e "C" impõem, todos os três, aos tomadores de serviço a obrigação de retenção na fonte do ISS incidente sobre serviços de demolição, temos que a construtora deverá promover o recolhimento do ISS aos cofres do Município "B", pois, conforme o critério espacial do ISS e o princípio constitucional da territorialidade, é no âmbito territorial desse último Município que ocorreu a efetiva prestação de serviços.

Como a interpretação sistemática coaduna-se com o sentido literal dos dispositivos da Lei Complementar 116/2003, se situação semelhante se produzir na prática, dificilmente ocorrerão conflitos de competência entre os Municípios envolvidos.

Tome-se, agora, o serviço de análise e desenvolvimento de sistemas. Trata-se de serviço devido "no local do estabelecimento prestador" (Lei Complementar 116/2003, art. 3º, *caput*), e não especificado no § 2º do art. 6º da Lei Complementar 116/2003.

Tenhamos em mente a seguinte situação hipotética: a empresa "X", situada no Município "A", contrata os serviços de uma empresa de computação sediada no Município "B" para desenvolver sistemas de computação numa outra empresa "Y", situada no Município "C". Apenas os Municípios "A" e "C" impõem a retenção na fonte para os tomadores do serviço de análise e desenvolvimento de sistemas. Para qual dos três Municípios – e por quem – deverá ser promovido o recolhimento do ISS? A solução do problema depende da análise do caso concreto.

Se a empresa de computação tiver deslocado provisoriamente pessoal e equipamentos para o Município "C", para ali desenvolver o sistema na sede da empresa "Y", de maneira a configurar a unidade econômica autônoma a que se refere o art. 4º da Lei Complementar 116/2003, temos que a empresa "X", na qualidade de tomadora, é quem deverá promover o recolhimento do tributo ao Município "C". Caso contrário o tributo deverá ser recolhido ao Município "B", pela própria empresa de computação, pois é no âmbito territorial dessa Municipalidade que se efetuou a efetiva prestação de serviço – ou, na linguagem do legislador, encontra-se instalado o "estabelecimento prestador".

Em ambas as hipóteses a solução para o aparente conflito de competências é apontada mais pelo princípio da territorialidade e pelo critério espacial da norma-padrão de incidência do ISS (o local da efetiva prestação de serviços) que pela literal interpretação dos dispositivos da Lei Complementar 116/2003.

Na prática, entretanto, a ampla liberdade do legislador municipal para estabelecer hipóteses diversas de substituição tributária, somada à interpretação literal dos dispositivos da lei complementar pelas Administrações Municipais, poderia ensejar numerosos conflitos de competência, com evidente prejuízo para a segurança das relações. Explicamos.

Se o Município "B" desconsiderar o deslocamento de pessoal e equipamentos da empresa de computação ao Município "C" e impugnar a substituição tributária, por falta de expressa "autorização" do art. 6º, § 2º, da Lei Complementar 116/2003, é possível que a empresa de computação se veja constrangida a pagar o ISS ao Município "B", apesar de o mesmo tributo já ter sido retido na fonte pela empresa "X" e recolhido aos cofres do Município "C".

Sob esse prisma, a vinculação do legislador ordinário às disposições taxativas do legislador complementar mostrar-se-ia, em tese, um instrumento útil para a prevenção de conflitos de competência quanto ao ISS, encontrando respaldo, portanto, no art. 146 da CF.

Entretanto, a opção do legislador complementar por enumerar taxativamente os serviços que devem se submeter à substituição tributária mostra-se insuficiente para o cumprimento do desiderato constitucional. Explicamos.

Os serviços enumerados no § 2º do art. 6º submetem-se a diferentes regras de definição do critério espacial. Os serviços especificados nos itens, 7.09, 7.10, 7.12, 7.16 e 7.17 sujeitam-se à regra do local da execução do serviço. Os itens 3.05, 7.04, 7.05, 7.19, 11.02 e 17.10 sujeitam-se à regra do local de situação dos bens ou domicílio das pessoas envolvidas mediata ou mediatamente na prestação do serviço. Por fim, o item 17.05 e os serviços prestados por pessoa jurídica sediada no exterior sujeitam-se à regra do local estabelecimento tomador.

A questão que se coloca é: por que apenas alguns dos serviços submetidos às regras especiais de determinação do critério espacial do ISS sujeitam-se à substituição tributária? Por que o legislador complementar não estendeu o regime especial de arrecadação a todos os serviços que não se submetem à regra geral do local do estabelecimento prestador? Por que o serviço de transporte, especificado no item 16.01 da Lista anexa, emblemático na dificuldade prática de determinação do local da efetiva prestação, não foi incluído no rol do § 2º?

Se as justificativas para a instituição do regime de substituição tributária são a necessidade de combater a evasão fiscal e a dificuldade em arrecadar e fiscalizar o tributo, dada a pulverização dos prestadores, o lógico seria – frise-se, dentro da sistemática adotada pelo legislador complementar – permitir a substituição tributária para todos os serviços que se submetem às regras especiais de enunciação do critério espacial, uma vez que os serviços submetidos à regra geral do estabelecimento prestador não oferecem, em tese, maiores dificuldades na fiscalização. Porém, à vista dos serviços arrolados no § 2º, a escolha do legislador complementar parece ter sido meramente arbitrária.

Não obstante as evidentes dificuldades práticas que o tema suscita, temos para nós que a substituição tributária é matéria de livre disposição pelo legislador ordinário, independentemente de prévia disposição de lei complementar. Por isso, a "autorização" contida no art. 6º da Lei Complementar 116/2003 mostra-se desnecessária, e o rol de serviços contido no seu § 2º meramente exemplificativo.

Mesmo entre os adeptos da teoria tricotômica é possível sustentar a redundância das disposições da Lei Complementar 116/2003, pois é entendimento majoritário da doutrina que a substituição tributária já se encontra prevista pelo legislador complementar, de forma implícita, nos arts. 121, parágrafo único, II, e 128 do CTN.

Por outro lado, há que se observar que na substituição tributária a relação jurídica de cunho administrativo-fiscal entre Município e substituto só se instala *se existir obrigação tributária entre o Município e o substituído*. Se o fato descrito na hipótese de incidência do ISS se realizar fora do âmbito territorial do Município não se opera a subsunção do fato à regra-matriz de incidência do ISS. Inexistindo o *fato jurídico tributário*, mas sim um mero evento, não se instala a relação jurídica tributária entre o Município e o prestador do serviço, nem a relação jurídica de cunho administrativo-fiscal entre o Município e o tomador de serviços. A solução para o potencial conflito intermunicipal reside, novamente, no critério espacial possível do ISS, apontado pela Constituição da República.

Desse modo, é forçoso concluir que quanto à instituição do regime de substituição tributária os Municípios não estão adstritos às estritas disposições da Lei Complementar 116/2003, mas sim às diretrizes constitucionais da autonomia municipal e dos limites ao poder de tributar – dentre eles, a observância da norma-padrão constitucional de incidência e do princípio da territorialidade.

Assim, dentro dos parâmetros estritamente constitucionais, os Municípios são livres para regular o sistema de arrecadação dos tributos de sua competência, desde que as disposições legais editadas não impliquem a arrecadação de tributos devidos, na verdade, a outras Municipalidades.

O art. 6º da Lei Complementar 116/2003 é, portanto, simplesmente indicativo, porque apenas declara uma prerrogativa concedida aos Municípios pela Constituição Federal. Conseqüentemente, o rol de serviços elencado em seu § 2º não é taxativo, mas sim meramente exemplificativo, podendo ser ampliado pelos Municípios, se conveniente e oportuno for.

10. Conclusões

Considerando:

(i) que o Município Brasileiro é entidade político-administrativa de terceiro grau, integrante da Federação, e dotada de autonomia política, administrativa e financeira, compreendendo esta última a garantia constitucional oferecida ao Município de decretar e arrecadar os tributos de sua competência e aplicar suas rendas sem tutela ou dependência de qualquer outro Poder, prestando contas e publicando balancetes nos prazos fixados em lei (CF, art. 30, III);

(ii) que o tema da competência tributária no Brasil é exclusivamente constitucional;

(iii) que dentre os princípios constitucionais tributários a que o legislador infraconstitucional está adstrito inclui-se o princípio da territorialidade da tributação, segundo o qual o poder vinculante de uma lei enseja os efeitos jurídicos de estilo até os limites geográficos da pessoa política que a editou;

(iv) que os critérios componentes da regra-matriz de incidência de todos tributos já estão implicitamente contidos no texto constitucional;

(v) que, por força do princípio da territorialidade, o critério espacial "possível" de um tributo compõe-se de todas as localidades em que seja fisicamente possível a ocorrência do fato jurídico tributário, *exceto* as situadas fora do território do ente tributante;

(vi) que aos Municípios Brasileiros foi atribuída a competência para instituir, dentre outros tributos, o imposto sobre serviços de qualquer natureza, definidos em lei complementar, conforme o art. 156, III, da CF de 1988;

(vii) que a lei complementar de que trata o inciso III, *in fine*, do art. 156, por força do confronto com as disposições dos incisos I, II e III do art. 146 da CF, só pode dispor sobre limitações constitucionais ao exercício dessa competência tributária ou sobre possíveis conflitos de competência entre os Municípios ou dos Municípios com outros entes tributantes;

(viii) que o critério espacial da hipótese de incidência do ISS tem especial relevância, porque, juntamente com o critério material, concorre para a repartição do imposto entre os diversos Municípios e o Distrito Federal,

conclui-se que:

10.1 A própria Constituição Federal, através da conjugação do critério material (claramente enunciado no inciso III do art. 156) e do princípio da territorialidade, indica que o critério espacial do ISS é o local da efetiva prestação de serviço, compreendido como o local em que o serviço se consuma, produzindo todos os efeitos que lhe são próprios.

10.2 Incumbe ao legislador complementar impor critérios precisos para a delimitação do local da efetiva prestação de serviços, visando a prevenir possíveis conflitos de competência entre os Municípios, conforme prescrevem os arts. 146, I, e 156, III, da CF.

10.3 A alínea "a" do art. 12 do Decreto-lei 406/1968 – diploma recepcionado pela Constituição Federal de 1988 com *status* de lei complementar – adotou como critério para determinação do local da prestação do serviço o "estabelecimento" do prestador, ou, na falta deste, seu domicílio, excetuando os serviços de construção civil e de exploração de rodovia (acrescido à Lista de Serviços tributáveis pela Lei Complementar 100/1999), para os quais fixou como local da prestação do serviço, respectivamente, o local da obra e a localização da parcela da estrada explorada.

10.4 A 1ª Seção do STJ, no intuito de pacificar a jurisprudência acerca da interpretação do art. 12, "a", do Decreto-lei 406/1968 decidiu, em sede de embargos de divergência, que o ISS é devido, de fato, no local em que os serviços forem prestados (EREsp 130.792-CE, rel. ministro Ari Pargendler, relatora para acórdão ministra Nancy Andrighi, j. 7.4.2000, *DJU* 12.6.2000). Para alguns estudiosos o STJ teria reafirmado a validade da alínea "a" do art. 12 do Decreto-lei 406/1968, tomando como devido o ISS no Município em que o prestador disponha de um mínimo de estrutura, caracterizadora de *estabelecimento prestador*. Já, para outros doutrinadores o STJ teria negado validade à alínea "a" do art. 12 do Decreto-lei 406/1968, sem, no entanto, declarar sua inconstitucionalidade, admitindo que o ISS é devido no local em que o serviço tenha sido prestado, independentemente da existência de estabelecimento prestador.

10.5 A Lei Complementar 116/2003, editada em substituição ao Decreto-lei 406/1968, dispõe, no *caput* do art. 3º, que, como regra geral, considera-se prestado o serviço e devido o imposto no local do estabelecimento prestador, ou, na falta deste, no local do domicílio do prestador. Diversamente do Decreto-lei 406/1968, o art. 4º da Lei Complementar 116/2003 explicitou adotar uma acepção subjetiva de "estabelecimento", compreendido como a unidade de bens, economicamente organizada, utilizada para a prestação do serviço, de caráter permanente ou provisório, que não se confunde com sede, filial, ou outras formas do gênero. Nos incisos I a XXII e §§ 1º a 3º do art. 3º o legislador complementar abriu exceções à regra geral do *local do estabelecimento prestador*, fixando três regras especiais: regra do local da execução do serviço; regra do local do estabelecimento ou, na falta deste, do domicílio do tomador; regra do local em que se situam as pessoas ou bens, móveis ou imóveis, corpóreos ou incorpóreos, relacionados, mediata ou imediatamente, à prestação de serviços.

10.6 Em sua linguagem pouco precisa, e no esforço de conferir efetividade e acatamento às suas disposições, o legislador complementar desdobrou em quatro regras diversas o que, na verdade, constitui um único critério espacial: o local em que a prestação de serviços é de fato executada, ultimada, exaurida, produzindo os efeitos almejados pelas partes envolvidas. Trata-se da interpretação mais adequada, pois harmoniza os preceitos da Lei Complementar 116/2003 e das leis ordinárias municipais oportunamente editadas com as diretrizes constitucionais da norma-padrão constitucional de incidência, princípio da territorialidade, federalismo, autonomia municipal e isonomia das pessoas políticas.

10.7 A Lei Complementar 116/2003, ao prever, em seu art. 6º, a atribuição da "responsabilidade" pelo crédito tributário de ISS ao tomador ou ao intermediário de serviços expressamente arrolados em seu § 2º, tratou, na verdade, de substituição tributária: espécie de sujeição passiva tributária posta por norma jurídica de cunho administrativo-fiscal, na qual o substituto, enquanto sujeito passivo de uma relação jurídica de natureza administrativa, é obrigado a entregar ao Estado dinheiro recebido ou retido do contribuinte, funcionando, assim, como mero agente arrecadador.

10.8 O legislador ordinário municipal é livre para instituir modalidades de substituição tributária conforme sua conveniência e oportunidade, inclusive para serviços outros que não os expressamente previstos no § 2º do art. 6º da Lei Complementar 116/2003.

10.9 Se observado o critério espacial possível do ISS, apontado pela Constituição da República, a liberdade dos Municípios para instituir outras hipóteses de substituição tributária além das previstas no § 2º do art. 6º da Lei Complementar 116/2003 não enseja a produção de conflitos intermunicipais quanto à arrecadação do ISS, uma vez que a relação jurídica de cunho administrativo-fiscal entre Município e substituto só se instala se existir obrigação tributária entre o Município e o substituído.

Bibliografia

ATALIBA, Geraldo. *Hipótese de Incidência Tributária.* 6ª ed. São Paulo, Malheiros Editores, 2000.

————. "ISS – Competência tributária e, eminentemente, legislativa – Matéria constitucional, função das normas gerais de Direito". *RDTributário* 35/68-93. Ano 10. São Paulo, Ed. RT, janeiro-março/1986.

BARRETO, Aires Fernandino. *ISS na Constituição e na Lei.* São Paulo, Dialética, 2003.

BASTOS, Celso Ribeiro. *Curso de Direito Constitucional.* 19ª ed. São Paulo, Saraiva, 1998.

BECHO, Renato Lopes. *Sujeição Passiva e Responsabilidade Tributária*. São Paulo, Dialética, 2000.

CARRAZZA, Roque Antonio. *Curso de Direito Constitucional Tributário*. 19ª ed. São Paulo, Malheiros Editores, 2003.

——————. "Imposto sobre serviços". *RDTributário* 48/201-220. Ano 13. São Paulo, Ed. RT, abril-junho/1990.

CARVALHO, Paulo de Barros. *Curso de Direito Tributário*. 14ª ed. São Paulo, Saraiva, 2002.

ESTEVES, Maria do Rosário. *Normas Gerais do Direito Tributário*. São Paulo, Max Limonad, 1997.

GRUPENMACHER, Betina Treiger. "Imposto sobre serviços e o princípio da territorialidade da lei". *IOB – Repertório de Jurisprudência: Tributário, Constitucional e Administrativo* 9/214-221. São Paulo, IOB, maio/1996.

——————. *Tratados Internacionais em Matéria Tributária e Ordem Interna*. São Paulo, Dialética, 1999.

JUSTEN FILHO, Marçal. "ISS no tempo e no espaço". *Revista Dialética de Direito Tributário* 2/53-69. São Paulo, Dialética, 1995.

MACHADO, Hugo de Brito. "Local da ocorrência do fato gerador do ISS". *Revista Dialética de Direito Tributário* 58/45-53. São Paulo, Dialética, julho/2000.

MEIRELLES, Hely Lopes. *Direito Municipal Brasileiro*. 13ª ed. São Paulo, Malheiros Editores, 2003.

MELO, José Eduardo Soares de. *ISS – Aspectos Teóricos e Práticos*. 3ª ed. São Paulo, Dialética, 2003.

MORAES, Bernardo Ribeiro de. *Doutrina e Prática do Imposto sobre Serviços*. São Paulo, Ed. RT, 1975.

QUEIROZ, Luís César Souza de. *Sujeição Passiva Tributária*. Rio de Janeiro, Forense, 1999.

SILVA, José Afonso da. *Curso de Direito Constitucional Positivo*. 19ª ed. São Paulo, Malheiros Editores, 2001.

PIS E COFINS
Aspectos Constitucionais da Não-Cumulatividade

Estevão Gross Neto

1. Introdução. 2. Aplicabilidade das normas constitucionais. 3. O princípio da não-cumulatividade das contribuições sociais: interpretação do art. 195, § 12, da CF. 4. A eficácia da norma constitucional que veicula o princípio da não-cumulatividade. 5. Eficácia do art. 195, § 12, da CF. 6. Aplicabilidade ao PIS. 7. O princípio da isonomia. 8. Resumo e conclusões.

1. Introdução

A contribuição ao Programa de Integração Social/PIS foi instituída pela Lei Complementar 7, de 7.7.1970, e expressamente recepcionada pelo art. 239 da CF de 1988. A base de cálculo dessa contribuição social – após as alterações efetuadas pelas Leis 9.715/1998 e 9.718/1998 – é a receita bruta mensal da pessoa jurídica.

Por sua vez, a Contribuição para o Financiamento da Seguridade Social/COFINS foi instituída pela Lei Complementar 70, de 30.12.1991, tendo como fundamento de validade o art. 195, I, da CF de 1988. Assim como a contribuição ao PIS, a base de cálculo da COFINS – após as alterações promovidas pela Lei 9.718/1998 – é a receita bruta mensal da pessoa jurídica.[1]

Note-se que, embora a base de cálculo de tais contribuições sociais tenha passado por algumas alterações desde sua instituição, tais contribuições sempre foram cumulativas – ou seja, sua incidência não dava direito ao crédito em operação posterior. Assim, tais contribuições incidiam *em cascata*,[2] onerando indistintamente todas as etapas da cadeia produtiva, sem que houvesse qualquer dispositivo constitucional

1. Neste trabalho não é nossa intenção abordar a constitucionalidade da alteração da base de cálculo da contribuição ao PIS e da COFINS para receita bruta, efetuada pela Lei 9.718/1998, "constitucionalizada" pela Emenda Constitucional 20/1998 e mantida pelas Leis 10.637/2002 e 10.833/2003. Com efeito, acerca da majoração da base de cálculo das referidas contribuições sociais para receita bruta, discute-se: (i) qual o sentido do termo "faturamento", empregado pela Constituição Federal de 1988, quando da publicação da Lei 9.718/1998; (ii) se tal termo poderia ser equiparado a receita bruta e se isso poderia ser feito por lei ordinária; (iii) se lei ordinária inconstitucional poderia ser convalidada com a alteração da Constituição; e (iv) se medida provisória (depois convertida em lei) poderia regulamentar artigo constitucional alterado por emenda constitucional de dezembro/1998. Para maiores informações sobre esse tema, v. Luís Eduardo Schoueri e Antônio Carlos Fleischmann Alves (in Valdir de Oliveira Rocha (coord.), *Grandes Questões Atuais de Direito Tributário*, vol. 4, São Paulo, Dialética, 2000), Roque Antonio Carrazza e Eduardo Bottallo ("Contribuições para a COFINS, a Lei 9.718/1998 e a Emenda Constitucional 20/1998", *RDTributário* 75/226 e ss.) e Paulo de Barros Carvalho ("COFINS – A Lei 9.718/1998 e a Emenda Constitucional 20/1998", *RDTributário* 75/177 e ss.).

2. Cléber Giardino e Geraldo Ataliba destacam que essa expressão, de conteúdo nitidamente não-jurídico, significaria, à sua vez, o fenômeno da pluralidade de incidências tributárias sucessivas sobre algo que, economicamente, se considera o mesmo valor de base, trazendo, como conseqüência – em matéria de tributos ditos "indiretos" –, o alardeado efeito econômico da sobreoneração dos preços dos produtos ("ICM – Abatimento constitucional – Princípio constitucional da não-cumulatividade", *RDTributário* 29-30/113).

dispondo que tais tributos seriam não-cumulativos.

Assim foi até que o Governo Federal, atendendo aos apelos de grande parte do empresariado, editou a Medida Provisória 66, em 30.8.2002 (convertida na Lei 10.637, de 30.12.2002), bem como a Medida Provisória 135, em 31.10.2003 (convertida na Lei 10.833, de 30.12.2003), que instituíram a cobrança não-cumulativa da contribuição ao PIS e da COFINS, respectivamente. Com isso, tais leis possibilitaram ao contribuinte se aproveitar dos créditos da contribuição ao PIS e da COFINS incidentes nas operações anteriores para compensar com o montante devido relativamente a esses tributos.

Cumpre observar, ainda, que as Leis 10.637/2002 e 10.833/2003 mantiveram a sistemática cumulativa da contribuição ao PIS e da COFINS para determinados contribuintes, seja em razão da sua sistemática peculiar de tributação (SIMPLES, lucro presumido etc.), seja em razão da natureza de suas atividades (instituições financeiras, empresas de telecomunicações, jornalísticas etc.).

Todavia, ao instituir a sistemática não-cumulativa dessas contribuições, o Governo Federal viu-se obrigado a majorar suas alíquotas, a fim de compensar a redução da carga tributária advinda da adoção da não-cumulatividade e, por conseguinte, reequilibrar a arrecadação. Com isso, as alíquotas do PIS e da COFINS foram majoradas de 0,65% para 1,65% e de 3% para 7,6%, respectivamente. Pelos cálculos da Secretaria da Receita Federal, tal majoração de alíquotas não aumentaria a carga tributária, mas apenas manteria a arrecadação no mesmo patamar de então.

Assim, em síntese, tais leis (i) criaram uma sistemática geral de tributação pelo PIS e pela COFINS, não-cumulativa e com alíquotas majoradas (1,65% e 7,6%, respectivamente); e (ii) mantiveram uma sistemática excepcional para algumas empresas, mantendo a já existente sistemática cumulativa com as alíquotas anteriores (0,65% de PIS e 3% de COFINS). Portanto, a regra geral passou a ser a sistemática não-cumulativa – que, aliás, era o que reclamava grande parte da sociedade –, sendo a sistemática cumulativa a regra excepcional.

Ocorre que a instituição da sistemática não-cumulativa com a majoração de alíquotas trouxe graves desequilíbrios na distribuição do ônus tributário. Isso porque alguns setores de atividade econômica – que não foram mantidos na sistemática cumulativa – foram prejudicados com a majoração da alíquota sem o correspondente benefício da redução da carga tributária advinda da não-cumulatividade. São setores que utilizam insumos em pequena escala e não revendem mercadorias, mas cuja atividade principal é a prestação de serviços, com intensa utilização de mão-de-obra. Para tais setores, que têm a maior parte dos seus custos representados por salários e encargos não geradores de créditos do PIS e da COFINS, a adoção da sistemática não-cumulativa (com alíquotas maiores) resultou no incremento da carga tributária.

Não obstante tal distorção, com a edição das Leis 10.637/2002 e 10.833/2003 ter-se-ia encerrado a discussão atinente à não-cumulatividade de tais contribuições sociais, uma vez que estariam atendidos os reclamos da sociedade e, finalmente, instituída a não-cumulatividade (regra geral, repetimos) desses tributos. Eventuais ajustes poderiam ser feitos por novas leis ordinárias.

Mas em 31.12.2003 adveio a Emenda Constitucional 42, que, entre outros, incluiu o § 12 no art. 195 da CF de 1988, de forma a determinar a aplicação do princípio constitucional da não-cumulatividade às contribuições sociais incidentes sobre a receita ou o faturamento, *in verbis*:

"§ 12. A lei definirá os setores de atividade econômica para os quais as contribuições incidentes na forma dos incisos I, 'b'; e IV do *caput*, serão não-cumulativas".

'§ 13. Aplica-se o disposto no § 12 inclusive na hipótese de substituição gradual, total ou parcial, da contribuição incidente na forma do inciso I, 'a', pela incidente sobre a receita ou o faturamento."

Dessa forma, com a edição da Emenda Constitucional 42/2003 a não-cumulatividade das contribuições sociais sobre a receita ou o faturamento foi erigida a princípio constitucional.

Note-se que, à primeira vista, o dispositivo transcrito parece indicar que a não-cumulatividade do PIS e da COFINS deixou de ser regra geral e passou a ser regime excepcional, aplicando-se apenas àqueles contribuintes que a lei determinar – o que poderia levar à conclusão de que, se a lei nada determinar, a não-cumulatividade de tais contribuições passa a ser mera recomendação constitucional, sem qualquer aplicabilidade.

Feitas essas considerações introdutórias, analisaremos, a seguir, a norma inserida no texto constitucional pelo § 12 do art. 195, sua eficácia e amplitude, à luz das lições de hermenêutica constitucional e do entendimento que se vem adotando acerca do princípio constitucional da não-cumulatividade.

2. *Aplicabilidade das normas constitucionais*

O primeiro aspecto a ser analisado diz respeito à eficácia da norma[3] contida no art. 195, § 12, da CF de 1988 e sua relação com a legislação infraconstitucional. É que se, por um lado, tal dispositivo foi inserido no texto constitucional para ser aplicado e reger situações concretas (ter eficácia), por outro, o mesmo poderá depender de meios que tornem efetivas sua aplicação e a irradiação de seus efeitos.

Quando falamos em "eficácia" não estamos nos referindo à *eficácia social*[4] (efetividade) da norma, que é a produção concreta de seus efeitos entre os indivíduos de uma sociedade.[5] A eficácia que procuramos analisar diz respeito à *eficácia técnica* da norma, ou seja, a possibilidade abstrata de a norma jurídica irradiar seus efeitos, uma vez realizados os fatos nela previstos. Para tanto, como destaca Paulo de Barros Carvalho,[6] é necessário que a norma válida possua todas as normas regulamentares necessárias para sua aplicação e/ou que existam plenas condições materiais para que ocorra a incidência jurídica.

No mesmo sentido, Tércio Sampaio Ferraz Jr. esclarece que as normas têm três funções eficaciais: função de bloqueio (impedir determinados comportamentos), função de programa (visa à realização de um objetivo programático) e função de resguardo (assegurar a realização de um comportamento). Todavia, nem todas as normas exercem, simultaneamente, a mesma função com a mesma intensidade. Uma função deverá preponderar – sendo, por isso, denominada de *função primária*. Com isso, esse jurista conclui que, "para a concretização de uma função eficacial *primária*, a norma pode ou não depender de outras nor-

3. Quando menciono a "norma contida no art. 195, § 12, da CF de 1988" refiro-me à norma no sentido empregado por José Afonso da Silva, para o qual "norma" seria uma simples regra, entendida como "uma proposição lingüística destinada a dirigir, direta ou indiretamente, a ação humana" (*Aplicabilidade das Normas Constitucionais*, 5ª ed., São Paulo, Malheiros Editores, 2001, p. 44). É que outros autores definem "norma" de outra maneira, mais ou menos ampla. Nesse sentido, para Paulo de Barros Carvalho, *norma jurídica* é "uma estrutura categorial construída, epistemologicamente, pelo intérprete, a partir das significações que a leitura do texto do direito positivo desperta em seu espírito"; destacando, ainda, que, por essa razão, muitas vezes a leitura de um único artigo não basta para a elaboração de uma norma jurídica ("Isenções tributárias do IPI, em face do princípio da não-cumulatividade", *Revista Dialética de Direito Tributário* 33/144-145).

4. Tércio Sampaio Ferraz Jr. observa que "eficácia social" não é sinônimo de "observância normativa". Esta é a obediência dos indivíduos aos ditames da norma, enquanto aquela é a característica de uma norma de gerar efeitos por encontrar na realidade condições adequadas para tanto (*Introdução ao Estudo do Direito – Técnica, Decisão, Dominação*, 2ª ed., São Paulo, Atlas, 1996, p. 198).

5. Paulo de Barros Carvalho, *Direito Tributário – Fundamentos Jurídicos da Incidência*, 2ª ed., São Paulo, Saraiva, 1999, p. 55.

6. *Direito Tributário – ...*, cit., 2ª ed., p. 54.

mas ou, delas prescindindo, pode admitir, no entanto, uma restrição por meio de uma futura norma que lhe reduza a eficácia".[7]

Pois bem. Com base nesse conceito de *eficácia*, José Afonso da Silva[8] classifica as normas constitucionais em *normas constitucionais de eficácia plena e aplicabilidade direta, imediata e integral*; *normas constitucionais de eficácia contida e aplicabilidade direta e imediata, mas possivelmente não-integral*; e *normas constitucionais de eficácia limitada*.

Normas constitucionais de eficácia plena[9] seriam aquelas cujo sentido é de tal forma preciso e completo, que permite a geração de seus efeitos jurídicos essenciais[10] sem necessidade de integração com normas infraconstitucionais que lhes completem ou esclareçam o sentido. Em outras palavras, são "aquelas que produzem, desde o momento da sua promulgação, todos os seus efeitos essenciais, isto é, todos os objetivos especialmente visados pelo legislador constituinte, porque este criou, desde logo, uma normatividade para isso suficiente, incidindo direta e imediatamente sobre a matéria que lhes constitui objeto".[11]

Por outro lado, *normas de eficácia contida* seriam aquelas cujo sentido também é suficientemente preciso e completo a ponto de permitir a imediata irradiação de efeitos jurídicos sem sua necessária integração com normas infraconstitucionais – respeitada, todavia, a competência expressa do legislador infraconstitucional para lhes reduzir o campo de atuação. José Afonso da Silva esclarece que tais normas "são aquelas em que o legislador constituinte regulou suficientemente os interesses relativos a determinada matéria, mas deixou margem à atuação restritiva por parte da competência discricionária do Poder Público, nos termos que a lei estabelecer ou nos termos de conceitos gerais nela enunciados".[12]

De acordo com essa classificação, tanto as normas de eficácia plena quanto as normas de eficácia contida seriam normas completas, possuindo todos os elementos e requisitos para sua incidência imediata. Por tal razão, tais normas não necessitariam de normas complementares para sua imediata aplicação. As normas de eficácia contida, todavia, podem ter seus efeitos limitados por norma infraconstitucional, por força de previsão no próprio texto constitucional. No entanto, enquanto não forem publicadas as normas que restringem os efeitos da norma de eficácia contida, esta será plenamente aplicável, produzindo seus efeitos de forma ilimitada, sem as restrições delegadas à legislação infraconstitucional.

Por fim, *normas constitucionais de eficácia limitada* seriam aquelas que não disciplinaram a matéria nelas tratada de forma precisa e completa, razão pela qual necessitam de legislação infraconstitucional que lhes complete e regule o que foi nelas disposto. De acordo com José Afonso da Silva, tais normas compreenderiam as normas constitucionais de princípio institutivo e as de princípio programático.

Normas de princípio institutivo seriam aquelas que prevêem a criação ou instituição de determinado órgão ou entidade, traçando-lhes apenas linhas gerais, mas dependentes de legislação infraconstitucional que regule as atividades, o funcionamento,

7. Tércio Sampaio Ferraz Jr., *Introdução ao Estudo do Direito* – ..., cit., 2ª ed., pp. 199-200.

8. *Aplicabilidade* ..., cit., 5ª ed., 2001.

9. Para J. H. Meirelles Teixeira tais normas se revestem de eficácia plena e imediata por regularem direta, plena e imediatamente as matérias, situações ou comportamentos de que cogitam (*Curso de Direito Constitucional*, revisto e atualizado por Maria Garcia, 1ª ed., Rio de Janeiro, Forense Universitária, 1991, p. 299).

10. Nesse sentido, convém ressaltar que as normas de eficácia plena não tratam de situações ou comportamentos de forma exaustiva e total, já que sempre haverá a possibilidade de novas aplicações e novos desenvolvimentos para toda a norma. Assim, basta apenas que as normas de eficácia plena possam, desde logo, gerar efeitos no que diz respeito aos seus objetivos essenciais, conforme destaca J. H. Meirelles Teixeira (*Curso* ..., cit., 1ª ed., p. 320).

11. J. H. Meirelles Teixeira, *Curso* ..., cit., 1ª ed., p. 317.

12. *Aplicabilidade* ..., cit., 5ª ed., p. 116.

a organização, cargos e a dinâmica interna de tal órgão, indicando "uma legislação futura que lhes complete a eficácia e lhes dê efetiva aplicação".[13] Tais normas podem ser impositivas (impõem ao legislador que produza tais leis) ou facultativas (atribuem ao legislador a faculdade de produzir determinadas leis sobre certas matérias). Com relação às normas impositivas, José Afonso da Silva[14] destaca que, (i) se as mesmas são confirmativas de uma situação jurídica preexistente, esta permanece até que nova lei integrativa seja editada impondo alterações à sistemática preexistente; (ii) se as mesmas traçam esquemas novos, distintos dos previstos nas normas então vigentes, as mesmas revogam tais normas, e a nova situação somente terá eficácia com a publicação de nova lei que integre a matéria; e (iii) se tais normas traçam esquemas distintos dos então vigentes, tem-se também a invalidação das normas existentes, e a nova situação somente terá eficácia com a publicação de nova lei que integre a matéria.

Normas de princípio programático, por fim, seriam aquelas em que o legislador constitucional traça linhas gerais pelas quais os órgãos estatais deverão se orientar para realizar os fins estatais do bem comum e da justiça social. Tais normas "envolvem um conteúdo social e objetivam a interferência do Estado na ordem econômica, mediante prestações positivas, a fim de propiciar a realização do bem comum, através da democracia social",[15] podendo ou não mencionar uma legislação futura.

De todo modo, cumpre, aqui, uma observação. A eficácia de uma norma, na acepção utilizada por José Afonso da Silva, só pode ser apurada após sua interpretação. Isso porque as normas constitucionais são meros suportes físicos das normas propriamente ditas, que surgem apenas com a atividade intelectual do intérprete de lhes decompor, atribuir significados e *construir* o sentido.[16] Em outras palavras, cabe ao intérprete analisar o texto (enunciado lingüístico) da Constituição e dele construir uma norma (significação), para então verificar se a mesma possui eficácia plena, contida ou limitada.

3. O princípio da não-cumulatividade das contribuições sociais: interpretação do art. 195, § 12, da CF

A interpretação de uma norma jurídica – entendida como uma atividade intelectual do sujeito cognoscente através da qual este, partindo de um texto de direito positivo, constrói uma norma jurídica propriamente dita – é tarefa que percorre três subsistemas jurídicos.[17] No primeiro deles o intérprete analisa o sistema da literalidade textual, captando os sinais gráficos que o compõem por meio de seus órgãos sensoriais. Em seguida, o intérprete adentra o sistema de significações proposicionais, atribuindo um significado aos signos de forma a compor frases prescritivas. Por fim, o intérprete contextualiza os enunciados prescritivos obtidos, de forma a produzir as normas jurídicas (unidades mínimas e irredutíveis de significação do deôntico), ingressando, assim, no subsistema das formações normativas. Visto isso, ainda que de forma extremamente sucinta – e a matéria, por sua complexidade, poderia ser analisada à extenuação –, passo à interpretação do art. 195, § 12, da CF de 1988.

O princípio da não-cumulatividade de que trata o art. 195, § 12, já se encontrava na CF de 1988 no que tange ao imposto sobre produtos industrializados/IPI,[18] ao imposto sobre operações relativas à circulação de mercadorias e serviços/ICMS[19] e

13. José Afonso da Silva, *Aplicabilidade ...*, cit., 5ª ed., 123.

14. *Aplicabilidade ...*, cit., 5ª ed., p. 132.

15. José Afonso da Silva, *Aplicabilidade ...*, cit., 5ª ed., p. 125.

16. Cf. Paulo de Barros Carvalho, *Direito Tributário – ...*, cit., 2ª ed., pp. 57 e ss.

17. Como esclarece Paulo de Barros Carvalho, tais separações são de cunho meramente epistemológico (*Direito Tributário – ...*, cit., 2ª ed., p. 58).

18. CF de 1988, art. 153, § 3º, II.

19. CF de 1988, art. 155, § 2º, I e II.

aos impostos de competência residual da União Federal.[20] Seu significado era dado pela própria Constituição como sendo a possibilidade de compensação do que for devido em cada operação com o montante cobrado nas anteriores.[21]

Esse é, a nosso ver, o exato sentido do art. 195, § 12, da CF de 1988.[22] Em outras palavras, a não-cumulatividade de que trata o art. 195, § 12, ainda que não tenha sido expressamente definida pelo legislador constitucional, é a mesma prevista nos arts. 153, § 3º, II, 154 e 155, § 2º, I e II, da CF de 1988. Isso porque, por se tratar de instituto de natureza constitucional cuja definição já se encontrava no próprio texto da Constituição, por um princípio de economia legislativa, desnecessária seria sua definição pelo legislador – pela terceira vez no mesmo documento. Ademais, o intérprete deve observar que "as normas constitucionais devem sempre ser consideradas como coesas e mutuamente imbricadas",[23] consagrando, em sua atividade exegética, o princípio da unidade da Constituição,[24] de forma a evitar contradições entre as normas constitucionais e buscar sempre sua harmonização e integração num todo unitário e coerente.

Com isso, independentemente do tributo ao qual esse princípio constitucional se aplique,[25] o mesmo revela um claro direito de abatimento que o contribuinte tem em relação ao tributo que incide sobre as entradas de mercadorias, matérias-primas e insumos em geral. Esse direito é exercido contra o imposto devido sobre as saídas tributadas promovidas pelo contribuinte. Assim, o contribuinte está obrigado a recolher apenas a diferença entre os créditos e os débitos.

Com efeito, ao determinar que a não-cumulatividade é a possibilidade de compensação (ou abatimento) do montante devido em cada operação com o montante cobrado nas anteriores, a Constituição, de imediato, já tratou de delimitar o âmbito da não-cumulatividade. É que há diversos métodos pelos quais se pode estabelecer a não-cumulatividade de um tributo,[26] dentre os quais citamos o método em que o tributo incide apenas sobre o valor agregado e o método em que o tributo incide sobre todo o valor da operação mas se permite o abatimento do montante relativo às operações anteriores. No caso brasileiro o constituinte fez questão de determinar que a não-cumulatividade seria realizada pelo sistema de abatimentos,[27] razão pela qual não é

20. CF de 1988, art. 154, I.

21. Arts. 153, § 3º, II, e 155, § 2º, I e II, da CF de 1988.

22. Lembramos, aqui, as lições de Celso Ribeiro Bastos, que, ao analisar os instrumentos de hermenêutica constitucional, destaca que "a termos idênticos, utilizados por diferentes normas, se deve atribuir o mesmo significado, salvo raríssimas exceções, quando se trate de situações diversas, embora o vocábulo utilizado seja o mesmo" (*Hermenêutica e Interpretação Constitucional*, 2ª ed., São Paulo, Celso Bastos Editora, 1999, p. 116). Nesse caso, não nos parece de forma alguma que o vocábulo empregado nos arts. 153, § 3º, II, 154 e 155, § 2º, I e II, da CF de 1988 trate de situação diversa daquela tratada no art. 195, § 12, da CF de 1988.

23. Celso Ribeiro Bastos, *Hermenêutica ...*, cit., 2ª ed., p. 103.

24. J. J. Gomes Canotilho, *Direito Constitucional*, 5ª ed., Coimbra, Almedina, 1991, pp. 232-233.

25. O próprio STF já decidiu que os impostos de competência residual da União Federal encontram-se sujeitos à mesma não-cumulatividade interna (técnica de arrecadação concretizada mediante abatimento ou compensação do que for devido em cada operação com o montante do tributo cobrado nas operações anteriores) aplicável ao IPI e ao ICMS. Nesse sentido, v. 1ª T., RE 258.470-3-RS, rel. ministro Moreira Alves, j. 21.3.2000, DJU 12.5.2000.

26. Conforme destacam Geraldo Ataliba e Cléber Giardino, in *RDTributário* 29/112.

27. A esse respeito, cf. trecho do voto proferido pelo ministro relator Nélson Jobim no RE 350446-PR, julgado em 18.12.2002 pela 2ª Turma e publicado em 6.6.2003:

"Há duas formas de se chegar à não-cumulatividade. A primeira, tributando-se somente o valor agregado em cada elo da cadeia produtiva. A segunda fórmula se compõe de dois momentos: a) fazer incidir a alíquota do tributo sobre o valor total em todos e cada um dos elos da cadeia produtiva; e b) assegurar o abatimento no elo subseqüente.

"No Brasil, por conveniência, adotou-se a segunda fórmula. Em ambas as fórmulas o objetivo é evitar a cumulação."

correto dizer-se que tais tributos incidem sobre o valor agregado.[28] Pelo contrário, tais tributos (não-cumulativos) têm como base de cálculo o valor total da operação, devendo o montante relativo às operações anteriores ser compensado/abatido do montante devido.[29]

A determinação constitucional de que a não-cumulatividade implica direito de abatimento (ou compensação), e não tributação apenas do valor agregado, tem grande relevância prática. É que, muitas vezes, o contribuinte, no exercício de suas atividades comerciais, adquire bens já tributados que não são revendidos (como a energia elétrica ou os bens de produção), e, portanto, não há valor agregado tributável. Nesses casos, fosse o princípio da não-cumulatividade baseado no valor agregado, o crédito tributário relativo a tais bens não poderia ser aproveitado pelo contribuinte. Não obstante, por implicar um direito de compensação do tributo incidente em cada operação com o cobrado nas operações posteriores, tal crédito deve ser devidamente contabilizado pelo contribuinte, a fim de ser compensado com futuras saídas tributáveis.

Nesse sentido, José Eduardo Soares de Melo e Luiz Fernando Lippo assim se pronunciam: "Pouco importa, no nosso pensar, que a mercadoria ou o produto adquirido não sirva para posterior comercialização ou industrialização. O comando constitucional não distingue quais as mercadorias, produtos ou serviços que autorizam o creditamento, descabendo, nesse sentido, a qualquer comando infraconstitucional proceder à distinção. Tratando-se de mercadoria, produto ou serviço adquirido de comerciante ou industrial, é o quanto basta para autorizar o creditamento. Bem por isto que a doutrina e a jurisprudência já firmaram o entendimento que bens adquiridos para integrar o ativo fixo, por exemplo, por se tratar de produtos, autorizam o crédito do ICMS".[30]

Portanto, o princípio da não-cumulatividade independe de que, a cada período de apuração, haja saídas tributadas, ou de que o montante do tributo das saídas seja superior ao das entradas. Independe, ainda, de que todas ou algumas saídas sejam conduzidas por base de cálculo (valor da operação) superior à da entrada. Independe, também, de que "os créditos provenham da mesma mercadoria (ou bem) ou do mesmo serviço. Basta que existam créditos provenientes de operações ou prestações anteriores".[31]

Por fim, há que se salientar que o princípio da não-cumulatividade presente na Constituição de 1988 reflete a existência de duas regras jurídicas:[32] (i) uma relativa à incidência do tributo não-cumulativo – e que, por isso, é denominada de *regra-matriz de incidência tributária* –, que deverá prever como base de cálculo o valor total da operação; e (ii) outra relativa à não-cumulatividade – e que, por isso, pode ser denominada de *regra-matriz da não-cumulatividade* (ou do direito ao crédito). Vale destacar que a regra da não-cumulatividade não está contida na regra-matriz de incidência tributária, já que não afeta o critério material, pessoal ou quantitativo, mas se refere apenas ao direito (e utilização) do crédito.

28. Nesse sentido, v. Cléber Giardino ("O ICM e o princípio da não-cumulatividade", *RDTributário* 25-26), Gilberto de Ulhôa Canto ("ICM – Não-cumulatividade – Abatimento constitucional", *RDTributário* 29-30), Geraldo Ataliba (com Cléber Giardino, "ICM – Linhas mestras constitucionais – O diferimento", *RDTributário* 23-24).

29. Nesse sentido, v. Gilberto de Ulhôa Canto, "ICM – Não-cumulatividade – Abatimento constitucional", *RDTributário* 29-30/202.

30. *A Não-Cumulatividade Tributária (ICMS, IPI, ISS, PIS e COFINS)*, 2ª ed., São Paulo, Dialética, 2004, p. 137.

31. Roque Antonio Carrazza, *ICMS*, 4ª ed., São Paulo, Malheiros Editores, 1998, p. 176.

32. Nesse sentido, v. Paulo de Barros Carvalho, "Isenções tributárias do IPI, em face do princípio da não-cumulatividade", *Revista Dialética de Direito Tributário* 33/146.

4. A eficácia da norma constitucional que veicula o princípio da não-cumulatividade

Visto que a não-cumulatividade consagra um *direito*, que o contribuinte detém contra o Estado, de efetuar a compensação (ou abatimento) do tributo incidente nas operações anteriores com aquele devido nas operações por ele efetuadas, cumpre destacar que, em regra, a norma constitucional que veicula esse princípio é de eficácia plena e aplicabilidade direta e imediata.[33] Isso porque, como analisado anteriormente, tal matéria foi regulada pelo legislador constitucional de forma completa e precisa em seus aspectos essenciais, razão pela qual a mesma pode irradiar seus efeitos jurídicos de imediato, sem a necessidade de complementação por legislação infraconstitucional. Em outras palavras, a norma constitucional que consagra o princípio da não-cumulatividade é dotada de normatividade suficiente para produzir, desde logo, os efeitos essenciais visados, sem a dependência de integração por norma infraconstitucional.[34]

Cabe destacar, ainda, que, por ser norma constitucional de eficácia plena, o princípio constitucional da não-cumulatividade não comporta limitações ou restrições por parte das normas infraconstitucionais. Isso é um aspecto de suma relevância, uma vez que toda a atividade do legislador infraconstitucional, no tocante aos tributos não-cumulativos, deverá seguir as diretrizes constitucionais, sem poder restringir esse instituto, sob pena de violação à própria Constituição. As únicas hipóteses em que o legislador constitucional admitiu restrições ao princípio da não-cumulatividade estão previstas no art. 155, § 2º, II, "a" e "b"", relativos ao ICMS, a saber: "§ 2º. O imposto previsto no inciso II **[ICMS]** atenderá ao seguinte: (...) II – a isenção ou não-incidência, salvo determinação em contrário da legislação: a) não implicará crédito para compensação com o montante devido nas operações ou prestações seguintes; b) acarretará a anulação do crédito relativo às operações anteriores".

Em todos os demais dispositivos constitucionais que tratam do princípio da não-cumulatividade, como no caso dos arts. 153, § 3º, II (não-cumulatividade do IPI), 154, I (não-cumulatividade dos impostos de competência residual na União) e, agora, art. 195, § 12, não há qualquer restrição imposta pelo legislador constitucional. Assim, a única conclusão a que se pode chegar é que o princípio constitucional da não-cumulatividade não admite limitação pelo legislador infraconstitucional, salvo as exceções expressamente previstas na própria Constituição Federal.

Nesse sentido, confira-se a opinião de Roque Antonio Carrazza,[35] que confirma que o princípio constitucional da não-cumulatividade não comporta restrição infraconstitucional:[36]

"Diante de tudo o que escrevemos, temos que indisputável que o *princípio da não-cumulatividade* não é uma criação legal, mas, sim, *constitucional*. Decorresse de lei, poderia ser reduzido ou, até, suprimido, a qualquer tempo, pelo legislador. Como, porém, deflui da Constituição, à lei não é dado interferir em seu significado, conteúdo ou alcance.

"Realmente, não há nada, no plano legal ou infralegal, que possa afetar o direito constitucional ao crédito do ICMS.

33. No mesmo sentido, v. José Eduardo Soares de Melo e Luiz Francisco Lippo (*A Não-Cumulatividade Tributária* ..., 2ª ed., p. 107) e Geraldo Ataliba e Cléber Giardino (in *RDTributário* 29-30/125).

34. Cf. J. H. Meirelles Teixeira, *Curso* ..., cit., 1ª ed., p. 319.

35. *ICMS*, 9ª ed., São Paulo, Malheiros Editores, p. 278.

36. No mesmo sentido, v. José Eduardo Soares de Melo e Luiz Francisco Lippo (*A Não-Cumulatividade Tributária* ..., 2ª ed., p. 128), Paulo de Barros Carvalho ("Isenções tributárias do IPI, em face do princípio da não-cumulatividade", *Revista Dialética de Direito Tributário* 33/162-163) e Pedro Guilherme Accorsi Lunardelli ("A não-cumulatividade do ICMS – Uma visão crítica da posição do STF", *Revista Dialética de Direito Tributário* 103/125 e ss.).

"Esse direito nasce de fatos constitucionalmente prefixados (operações ou prestações passíveis de ICMS).

"Assim, a cada operação ou prestação é garantida, pela Lei Maior, uma dedução (abatimento), correspondente aos montantes de ICMS cobráveis nas operações ou prestações anteriores.

"A Lei Suprema, como vimos, atribui uma garantia inexorável ao contribuinte de ICMS: a garantia de fruir da não-cumulatividade sem outras reservas ou condições além das expressamente contempladas nos já mencionados incisos I e II do § 2º do art. 155 da CF.

"Quando – sob qualquer pretexto – a ele se nega a faculdade constitucional de abater (sempre que presentes os requisitos para tanto), nega-se-lhe um direito público subjetivo, oponível ao próprio Estado."

O STF, aliás, já reconheceu que, não sendo hipótese de exceção constitucional expressa ao princípio da não-cumulatividade, não cabe qualquer restrição a esse princípio pelo legislador infraconstitucional:

"Constitucional – Tributário – IPI – Isenção incidente sobre insumos – Direito de crédito – Princípio da não-cumulatividade – Ofensa não caracterizada.

"Não ocorre ofensa à Constituição Federal (art. 153, § 3º, II) quando o contribuinte do IPI credita-se do valor do tributo incidente sobre insumos adquiridos sob o regime de isenção.

"Recurso não conhecido."[37]

"ICMS – Princípio da não-cumulatividade – Mercadoria usada – Base de incidência menor – Proibição de crédito – Inconstitucionalidade. Conflita com o princípio da não-cumulatividade norma vedadora da compensação do valor recolhido na operação anterior. O fato de ter-se a diminuição valorativa da base de incidência não autoriza, sob o ângulo constitucional, tal proibição. Os preceitos das alíneas 'a' e 'b' do inciso II do § 2º do art. 155 da CF somente têm pertinência em caso de isenção ou não-incidência, no que voltadas à totalidade do tributo, institutos inconfundíveis com o benefício fiscal em questão."[38]

Portanto, o princípio constitucional da não-cumulatividade é absoluto, uma vez que não pode ser limitado por legislação infraconstitucional.

Ora, como visto acima, a Emenda Constitucional 42/2003 determinou a aplicação do princípio da não-cumulatividade às contribuições sociais incidentes sobre a receita ou o faturamento, observado que a competência para determinar os setores de atividade econômica aos quais tal princípio é aplicável foi atribuída ao legislador infraconstitucional. Portanto, o legislador constitucional não autorizou qualquer limitação à não-cumulatividade das contribuições sociais incidentes sobre a receita ou o faturamento, devendo a mesma ser absoluta, sem quaisquer restrições que lhe mutilem os efeitos jurídicos. Em outras palavras, a Emenda Constitucional 42/2903 assegurou aos contribuintes escolhidos pelo legislador infraconstitucional o direito ao *crédito integral* da contribuição social sobre receita ou faturamento cobrada nas etapas anteriores da cadeia produtiva.

Aliás, essa conclusão fica ainda mais clara ao intérprete com a adoção da chamada *interpretação sistemática*[39] da Cons-

37. "Dessa forma, sem que haja norma de estatura maior em tal sentido, porquanto o princípio da não-cumulatividade é constitucional, impossível é concluir-se pelo alijamento, em si, do crédito" (trecho do voto proferido pelo ministro Marco Aurélio Mello nos autos do RE 212.484-2-RS, Tribunal Pleno, rel. ministro Ilmar Galvão, relator para o acórdão ministro Nélson Jobim, j. 5.3.1998, *DJU* 27.11.1998, p. 22, *Ement.* 01933-04, p. 00725, *RTJ* 167-02/698).

38. Plenário, RE 161.031-0-MG.

39. A respeito da *interpretação sistemática* da Constituição, o constitucionalista Luís Roberto Barroso assim destaca: "No centro do sistema, irradiando-se por todo o ordenamento, encontra-se a Constituição, principal elemento de sua unidade, porque a ela se reconduzem todas as normas no âmbito do Estado. A Constituição, em si, em sua dimensão interna, constitui um sistema. Essa idéia de unidade

tituição Federal de 1988, com a análise de todas as normas constitucionais de uma forma integrada e coerente, integrantes de um mesmo todo. Com efeito, tal análise demonstra claramente que *apenas nas hipóteses expressamente previstas pelo legislador constitucional (como no art. 155, § 2º, II, "a" e "b") é que o princípio da não-cumulatividade comportaria restrições pelo legislador infraconstitucional.*[40]

Portanto, dúvida não resta de que a norma constitucional que institui o princípio da não-cumulatividade tem eficácia plena e aplicabilidade imediata, não podendo ser limitada pelo legislador infraconstitucional.

5. *Eficácia do art. 195, § 12, da CF*

À luz do que destacamos acima sobre a aplicabilidade das normas constitucionais, uma análise apressada poderia levar à conclusão de que a norma inserta no art. 195, § 12, é uma norma de eficácia *limitada*. Aliás, é isso que a interpretação literal do artigo parece demonstrar. Isso porque a norma faz referência expressa à lei, a qual deverá definir os beneficiários do princípio da não-cumulatividade. Em outras palavras, a primeira impressão é que o art. 195, § 12, da CF de 1988 atribuiu ao legislador ordinário competência para escolher os beneficiários da não-cumulatividade das contribuições sociais incidentes sobre a receita ou o faturamento, em razão do seu setor de atividade econômica. Sendo assim, o art. 195, § 12, não é uma norma com sentido completo, ou seja, a matéria nele regulada (não-cumulatividade das contribuições sociais incidentes sobre o faturamento ou a receita) necessita de complementação infraconstitucional para que adquira plena eficácia – o que o caracteriza como uma norma de eficácia limitada. Assim, a geração de efeitos do art. 195, § 12, depende necessariamente de lei que escolha os beneficiários da não-cumulatividade.

Ora, se a norma constitucional atribui à lei a competência para escolher os contribuintes aos quais a não-cumulatividade será aplicada, pressupõe-se que todos os outros serão tributados pela sistemática cumulativa – o que contradiz as Leis 10.637/2002 e 10.833/2003, que, como dito, estabeleceram a não-cumulatividade como regra geral, e não excepcional. E, mais que isso, se não houver lei ordinária que diga a quem a não-cumulatividade se aplica, não haverá beneficiários da não-cumulatividade do PIS e da COFINS, já que a norma é de eficácia limitada.

Ocorre que, como analisei no início deste trabalho, o princípio da não-cumulatividade é uma norma completa, cujo conteúdo se encontra na própria Constituição, e que é apto a gerar efeitos sem a necessidade de norma infraconstitucional que lhe complete e determine o alcance. Tanto que seus efeitos não podem ser mutilados por normas infraconstitucionais, salvo as hipóteses expressamente previstas na Constituição. E, de mais a mais, a não-cumulatividade é muito mais uma garantia do contribuinte, ou um limite objetivo que se presta à realização de certos valores,[41] que uma norma de princípio institutivo ou progra-

interna da Lei Fundamental cunha um princípio específico, derivado da interpretação sistemática, que é o princípio da unidade da Constituição (...). A Constituição interpreta-se como um todo harmônico, onde nenhum dispositivo deve ser considerado isoladamente. Mesmo as regras que regem situações específicas, particulares, devem ser interpretadas de forma que não se choquem com o plano geral da Carta. Além dessa unidade interna, a Constituição é responsável pela unidade externa do sistema" (*Interpretação e Aplicação da Constituição*, São Paulo, Saraiva, 1996, p. 128).

40. Paulo de Barros Carvalho destaca, em brilhante artigo, que pretender estender as limitações constitucionais à não-cumulatividade do ICMS ao IPI seria como aplicar as exceções constitucionais ao princípio da anterioridade (IPI, II, IOF e IE) a todos os impostos ("Isenções tributárias do IPI, em face do princípio da não-cumulatividade", *Revista Dialética de Direito Tributário* 33).

41. Cf. Paulo de Barros Carvalho, "Isenções tributárias do IPI, em face do princípio da não-cumulatividade", *Revista Dialética de Direito Tributário* 33/156.

mático, como são as normas de eficácia limitada.

Com isso, entendemos que a não-cumulatividade prevista no art. 195, § 12, é uma norma de sentido completo, dotada de normatividade suficiente para atingir seus efeitos essenciais, sem depender de normas infraconstitucionais que lhe completem o sentido. Assim, se inexistir norma infraconstitucional que disponha sobre o universo de contribuintes para os quais a não-cumulatividade não se aplica, entendemos que a mesma beneficia a todos, indistintamente.

E nem poderia ser diferente, se considerarmos a relevância desse princípio dentro do sistema tributário nacional, que busca minimizar o impacto tributário sobre as atividades produtivas, desonerar o custo de vida e realizar certos valores como a igualdade e a capacidade contributiva. Como destaca José Eduardo Soares de Melo, "no âmbito estreito de tributos como ICMS, IPI, onde o gravame tributário é normalmente incorporado no preço em cada etapa, até atingir o consumidor final dos bens e serviços, é induvidoso que sem o respeito à não-cumulatividade os primados da igualdade e da capacidade contributiva serão violados".[42]

Nesse diapasão, entendemos que o art. 195, § 12, é uma *norma constitucional de eficácia contida*. Quer isso dizer que tal norma é completa naquilo que regula e produz efeitos desde logo, podendo, todavia, ter seus efeitos limitados pelo legislador infraconstitucional. Com isso, a nosso ver, o princípio da não-cumulatividade das contribuições sociais incidentes sobre a receita ou o faturamento é desde logo aplicável a todo o universo de contribuintes desses tributos, cabendo apenas a edição de lei[43] que porventura limite os destinatários do princípio da não-cumulatividade do PIS e da COFINS. Caso tal lei não seja editada, tal princípio poderá ser aplicado indistintamente.[44] A nosso ver, essa é a única interpretação que se coaduna com o sistema tributário constitucional e com a importância do princípio constitucional da não-cumulatividade, cuja *máxima eficácia* deve ser buscada pelo intérprete. Não fosse assim, sua aplicabilidade ficaria dependente da edição das leis de que trata o art. 195, § 12, sendo mera recomendação constitucional, sem qualquer aplicabilidade.

Com efeito, constitucionalistas de renome[45] têm enfatizado que um dos princípios que devem nortear a interpretação do texto constitucional é o princípio da efetividade, da maior efetividade possível ou da máxima eficiência (Canotilho), que busca conferir às normas constitucionais a maior eficácia possível, a fim de facilitar a concretização de seus objetivos. A esse respeito, Celso Ribeiro Bastos assim esclarece: "O postulado é válido na medida em que por meio dele se entenda que não se pode empobrecer a Constituição. O que efetivamente significa que este axioma é o banimento da idéia de que um artigo ou parte dele possa ser considerado sem efeito algum, o que equivaleria a desconsiderá-lo mesmo. Na verdade, neste ponto, acaba por ser um reforço do postulado da unidade da Constituição. Não se pode esvaziar por completo o conteúdo de um artigo, qualquer que seja, pois isto representaria uma forma de violação da Constituição".[46]

Cumpre observar, por fim, que o fato de a norma prevista no art. 195, § 12, ser

42. José Eduardo Soares de Melo e Luiz Francisco Lippo, *A Não-Cumulatividade Tributária* ..., 2ª ed., p. 116.

43. Diante da existência de tais leis (Leis 10.637/2002 e 10.833/2003), tal entendimento perde relevância prática.

44. Tal aplicação, por óbvio, deverá gerar iniqüidades na repartição da carga tributária, violando os princípios da isonomia e da capacidade contributiva (v. itens 1 e 7). Por essa razão, os prejudicados poderão socorrer-se do Poder Judiciário para fazer valer seus direitos.

45. Luís Roberto Barroso (*Interpretação* ..., cit., pp. 218 e ss.) , Celso Ribeiro Bastos (*Hermenêutica* ..., cit., 2ª ed., pp. 104 e ss.), J. J. Gomes Canotilho (*Direito Constitucional*, 5ª ed., p. 233), J. H. Meirelles Teixeira (*Curso* ..., cit., 1ª ed., pp. 275 e ss.).

46. *Hermenêutica* ..., cit., 2ª ed., p. 105.

de eficácia contida não significa que o legislador infraconstitucional poderá limitar a abrangência da não-cumulatividade como bem entender. Na verdade, *o cerne da não-cumulatividade – qual seja, o direito do contribuinte de compensar o montante devido de PIS e COFINS com aquele incidente nas operações anteriores – é absoluto e não pode ser alterado de forma alguma. A única limitação cabível, que o constituinte deixou a cargo do legislador ordinário, refere-se à exclusão de determinados contribuintes do universo da sistemática não-cumulativa.*

Portanto, o art. 195, § 12, da CF de 1988 atribui ao legislador infraconstitucional uma competência limitada e restrita, que se esgota na definição dos setores de atividade econômica que serão tributados por sistemática cumulativa do PIS e da COFINS, não dispondo de poderes absolutos para fatiar a não-cumulatividade como bem entender.

6. Aplicabilidade ao PIS

Ressalte-se, ainda, que a Emenda Constitucional 42/2003, muito embora tenha alterado o art. 195, é perfeitamente aplicável à contribuição ao PIS. Isso porque, de acordo com o § 12 do art. 195, incluído pela Emenda Constitucional 42/2003, a não-cumulatividade aplicar-se-á às contribuições incidentes *na forma* dos incisos I, "b", e IV do *caput.*

Ora, a contribuição ao PIS é uma contribuição incidente na forma do inciso I, "b", do art. 195, uma vez que também incide sobre o faturamento (ou receita), nos mesmos moldes da COFINS, e tem a receita de sua arrecadação destina ao financiamento da Seguridade Social (seguro-desemprego), nos termos do art. 239, *caput*, da CF de 1988.[47] Portanto, a Emenda Constitucional 42/2003 deve ser interpretada como se aplicando a toda e qualquer contribuição social incidente sobre a receita ou faturamento, ainda que seu fundamento constitucional não seja o art. 195, I, "b", da CF de 1988.

7. O princípio da isonomia

Por fim, entendemos ser de substancial relevância uma análise, ainda que superficial, da distinção a ser feita pelo legislador infraconstitucional entre os contribuintes do PIS e da COFINS sujeitos à sistemática da não-cumulatividade e aqueles que serão excluídos dessa sistemática de apuração.

O princípio constitucional da não-cumulatividade – aplicável, anteriormente à Emenda Constitucional 42/2003, apenas ao IPI, ICMS e impostos residuais – era de aplicação universal, beneficiando todos os contribuintes desses tributos, sem distinção da sua natureza, sua capacidade produtiva, seu tamanho ou o setor de atividade econômica em que atuavam.

Ocorre que, como destacamos, as contribuições sociais sobre a receita ou faturamento têm um universo de contribuintes bastante amplo, alcançando contribuintes com as mais diversas características, tamanhos, capacidade produtiva e setores econômicos. Com isso, a adoção de uma sistemática não-cumulativa acaba gerando algumas distorções, uma vez que, se boa parte dos contribuintes do PIS e COFINS tem produção em cadeia, outra parte considerável não tem cadeia produtiva, como é o

47. E, de mais a mais, o STF já decidiu que as regras previstas no art. 195 da CF se aplicam à contribuição ao PIS:

"Constitucional – Tributário – Contribuição social – PIS-PASEP – Princípio da anterioridade nonagesimal – Medida provisória: reedição.

"I – Princípio da anterioridade nonagesimal – CF, art. 195, § 6º – Contagem do prazo de 90 dias – Medida provisória convertida em lei – Conta-se o prazo de 90 dias a partir da veiculação da primeira medida provisória.

"II – Inconstitucionalidade da disposição inscrita no art. 15 da Medida Provisória n. 1.212, de 28.11.1995 – 'aplicando-se aos fatos geradores ocorridos a partir de 1º de outubro de 1995' –, e de igual disposição inscrita nas medidas provisórias reeditadas e na Lei n. 9.715, de 25.11.1998, art. 18. (...)" (Plenário, RE 232.896-PA, rel. ministro Carlos Velloso, j. 2.8.1999, *DJU* 1.10.1999).

caso dos prestadores de serviços. Para estes, conforme destacamos anteriormente, a maior parte dos custos se refere a mão-de-obra e outras despesas que não dão direito ao crédito do tributo (já que não houve incidência na etapa anterior). Assim, para o setor de serviços a adoção de uma sistemática não-cumulativa não traz qualquer vantagem financeira.

Pelo contrário. Como se verificou na prática com as Leis 10.637/2002 e 10.833/2003, a adoção de uma sistemática não-cumulativa pode ser muito prejudicial para alguns setores, que, sem se beneficiarem dessa sistemática, poderão sofrer um aumento da carga tributária, com o aumento da alíquota de tais contribuições.

Para corrigir tais distorções, o legislador constituinte derivado, ao elaborar a Emenda Constitucional 42/2003, deixou implícita a existência de duas sistemáticas de apuração do PIS e da COFINS: uma não-cumulativa e outra cumulativa (em relação à qual caberá ao legislador ordinário indicar o universo de contribuintes, tomando como base seu *setor de atividade econômica*). Ligada as essas duas sistemáticas existe a disposição do art. 195, § 9º, que prevê que as contribuições do empregador, da empresa ou entidade a ela equiparada poderão ter alíquotas ou bases de cálculo diferenciadas, em razão da atividade econômica ou da utilização intensiva de mão-de-obra.[48]

Portanto, a Constituição de 1988 já admitia a atividade econômica ou a utilização intensiva de mão-de-obra como um critério para justificar a tributação diferenciada do PIS e da COFINS. E nem poderia ser diferente, já que um dos pilares básicos do ordenamento jurídico brasileiro é o princípio da igualdade,[49] que se reflete no princípio da igualdade tributária.[50] E a igualdade não é apenas a proibição de se instituir tratamentos distintos entre aqueles que estão na mesma situação, mas é também a obrigatoriedade de se instituir tratamento distinto para aqueles que estão em situações distintas.

Nesse sentido, Celso Antônio Bandeira de Mello[51] destaca que o tratamento diferenciado, para ser isonômico, deve ser analisado sob três prismas: (i) o fator de desigualação; (ii) a correlação lógica existente entre o fator de desigualação e o tratamento jurídico diferenciado; e (iii) a consonância dessa correlação lógica com o sistema constitucional.

Com relação ao primeiro aspecto, esse autor destaca que o fator de desigualação eleito pela lei não pode ser tão específico a ponto de individualizar "no presente e definitivamente, de modo absoluto, um sujeito a ser colhido pelo regime peculiar", como também há que residir necessariamente na pessoa, coisa ou situação a ser discriminada.

Com relação ao segundo aspecto, referido autor destaca que o tratamento jurídico diferenciado deve guardar correlação com o critério discriminatório, sendo que se considera "agredida a igualdade quando o fator diferencial adotado para qualificar os atingidos pela regra não guarda relação de pertinência lógica com a inclusão ou exclusão no benefício deferido ou com a inserção ou arredamento do gravame imposto".[52] Em outras palavras, deve haver razoabilidade e proporcionalidade entre o tratamento diferenciado e o critério discriminatório.

48. Parágrafo inserido pela Emenda Constitucional 20, de 15.12.1998.

49. CF de 1988, art. 5º.

50. "Art. 150. Sem prejuízo de outras garantias asseguradas ao contribuinte, é vedado à União, aos Estados, ao Distrito Federal e aos Municípios: (...) II – instituir tratamento desigual entre contribuintes que se encontrem em situação equivalente, proibida qualquer distinção em razão de ocupação profissional ou função por eles exercida, independentemente da denominação jurídica dos rendimentos, títulos ou direitos."

51. *O Conteúdo Jurídico do Princípio da Igualdade*, 3ª ed., 5ª tir., São Paulo, Malheiros Editores, 1998, p. 21.

52. *O Conteúdo Jurídico* ..., 3ª ed., 5ª tir., p. 38.

Ademais, o tratamento diferenciado deve ter como objetivo o prestígio de uma finalidade constitucional, ou seja, "as vantagens calçadas em alguma peculiaridade distintiva hão de ser conferidas prestigiando situações conotadas positivamente ou, quando menos, compatíveis com os interesses acolhidos no sistema constitucional".[53]

Ora, no caso em questão é imperativo que tais requisitos sejam observados, de modo que o critério de desigualação não individualize apenas um contribuinte e seja uma característica, ela própria, encontrada nos contribuintes escolhidos pelo legislador. Com base nessas considerações, entendemos que o critério escolhido para justificar a escolha da sistemática cumulativa poderia ser o fato de o contribuinte pertencer ao setor de serviços (setor de atividade econômica, conforme previsto no art. 195, § 12, da CF), tendo em vista que é nesse setor que se verifica a utilização da mão-de-obra de forma mais intensiva (art. 195, § 9º).

Da mesma forma, entendemos que a o legislador infraconstitucional deve observar a relação lógica entre o tratamento diferenciado e o critério de desigualação. Também nesse ponto entendemos que o fato de os contribuintes pertencerem ao setor de serviços (em que a utilização de mão-de-obra se dá de forma mais intensiva) justificaria a adoção da sistemática cumulativa, por tudo o que foi dito a respeito de suas cadeias produtivas e impossibilidade de utilização de créditos do PIS e da COFINS sobre os pagamentos com mão-de-obra.

Por fim, o tratamento diferenciado encontra fundamento constitucional seja no princípio da capacidade contributiva, seja no art. 195, § 9º, que prevê que as contribuições do empregador, da empresa ou entidade a ela equiparada poderão ter alíquotas ou bases de cálculo diferenciadas, em razão da atividade econômica ou da utilização intensiva de mão-de-obra, seja no art. 195, § 12, que dispõe que o setor de atividade econômica será o critério de discrímen a ser considerado pelo legislador na determinação dos contribuintes sujeitos à sistemática cumulativa.

53. *O Conteúdo Jurídico* ..., 3ª ed., 5ª tir., p. 42.

8. Resumo e conclusões

8.1 O art. 195, § 12, da CF, inserido pela Emenda Constitucional 42/2003, elevou a não-cumulatividade das contribuições sociais incidentes sobre a receita ou faturamento à categoria de princípio constitucional.

8.2 O sentido e a eficácia desse dispositivo constitucional devem ser analisados e buscados pelo intérprete tendo em vista determinados princípios de hermenêutica constitucional, como os princípios da unidade e da maior efetividade possível.

8.3 À luz de tais princípios, entendemos que a não-cumulatividade de que trata o art. 195, § 12, é a mesma prevista nos arts. 153, § 3º, II, 154 e 155, § 2º, I e II, podendo ser definida como o direito do contribuinte de compensar o montante devido em cada operação com o montante incidente sobre as operações anteriores.

8.4 Por caracterizar um direito ao abatimento do montante cobrado nas operações anteriores, a não-cumulatividade não limita o aproveitamento dos créditos à posterior saída da mercadoria (ou serviço) tributada, mas garante que todos os créditos serão utilizados ainda que os bens adquiridos não sejam futuramente comercializados.

8.5 Da mesma forma, a não-cumulatividade de que trata o art. 195, § 12, é absoluta (salvo no que diz respeito ao universo de contribuintes aos quais a mesma se aplica), não podendo ser limitada em seus aspectos essenciais pelo legislador infraconstitucional, por ausência de autorização constitucional nesse sentido. Em outras palavras, o legislador infraconstitucional não pode limitar o direito ao aproveitamento de *todo e qualquer* crédito do PIS e da

COFINS, sob pena de inconstitucionalidade.

8.6 A nosso ver, o art. 195, § 12, da CF encerra uma norma de *eficácia contida*, no sentido de que sua aplicabilidade é imediata, beneficiando a *todos* os contribuintes do PIS e da COFINS. Todavia, o legislador infraconstitucional pode editar lei excluindo determinados contribuintes dessa sistemática, por expressa disposição do texto constitucional.

8.7 Todavia, o legislador infraconstitucional carece de competência para efetuar limitações materiais ao direito, dos contribuintes, de se aproveitarem de modo absoluto dos créditos do PIS e COFINS. A única restrição cabível ao legislador infraconstitucional refere-se, como dito, ao universo de contribuintes sujeitos ao princípio da não-cumulatividade.

8.8 Muito embora o fundamento de validade da contribuição ao PIS esteja no art. 239 da CF, entendemos que a não-cumulatividade também se aplica ao mesmo, já que esse tributo também incide sobre a receita ou faturamento e tem sua receita destinada ao financiamento da Seguridade Social, além de se sujeitar às mesmas regras aplicáveis às demais contribuições sociais.

8.9 Por fim, entendemos que o legislador infraconstitucional, ao determinar os contribuintes sujeitos ao PIS e à COFINS de acordo com a sistemática cumulativa (excepcional), deverá observar os princípios da isonomia e da capacidade contributiva, de forma a manter sistemáticas distintas para contribuintes que efetivamente se encontrem em situações distintas, com base no setor de atividade econômica em que atuam. A nosso ver, a escolha do universo de contribuintes sujeitos à sistemática cumulativa deverá recair sobre o setor de serviços, posto ser o setor em que se verifica utilização da mão-de-obra de forma mais intensiva. Tal é, a nosso ver, a escolha que mais se coaduna com os princípios da isonomia e da capacidade contributiva.

INCIDÊNCIA DAS CONTRIBUIÇÕES SOCIAIS SOBRE A IMPORTAÇÃO DE PRODUTOS ESTRANGEIROS – REFLEXO NO COMÉRCIO EXTERIOR

GRACE CHRISTHINE DE OLIVEIRA GOSSON

1. Colocação do problema e indicação do cenário. 2. Fundamentos de validade das contribuições sociais sobre a importação. 3. A equalização dos produtos importados aos nacionais e a tributação sobre a importação como forma de proteção do comércio nacional. 4. O GATT e o princípio da não-discriminação. 5. A Lei 10.865/2004: violação do princípio da não-discriminação no comércio exterior. 6. Conclusões. 7. Resumo final das idéias principais da tese.

1. Colocação do problema e indicação do cenário

A tessitura de um trabalho científico pressupõe a colocação do problema a ser desdobrado e a indicação do cenário, a fim de se estabelecer as premissas dentro das quais o raciocínio será desenvolvido, e a realização de um corte epistemológico, cuja finalidade é a de reduzir as complexidades e dar o necessário desdobramento ao assunto a ser investigado.

Com isso, tomaremos como primeira premissa a de que o direito positivo consiste em um sistema de regras válidas EM um determinado país, disciplinando condutas humanas, e cujos elementos são as normas jurídicas extraídas a partir dos enunciados prescritivos contidos nos textos legais.

Ao analisar o texto legal, o cientista do Direito estabelece seu objeto, adota o sistema de referência e escolhe o aspecto material a ser trabalhado, em meio a tantos outros possíveis. Isso explica uma possível tomada de posição distinta de dois cientistas do Direito que se disponham a emitir proposições sobre um mesmo campo de investigação. Ambas as proposições podem ser verdadeiras, conforme o sistema de referência adotado.

Iniciaremos o trabalho tomando como referência o sistema constitucional tributário brasileiro vigente, especificamente no que toca à inclusão de novos enunciados prescritivos carregados de normas jurídicas, que o legislador denominou vulgarmente de "reforma tributária".

Sob o pretexto de reduzir a carga fiscal suportada pelos contribuintes e diminuir as complexidades do atual sistema tributário brasileiro, veio a lume a Emenda Constitucional 42/2003, que, entre outras alterações, incluiu o inciso IV ao art. 195 e o inciso II ao § 2º do art. 149, ambos da CF, autorizando o legislador infraconstitucional a instituir contribuições sociais sobre a importação de produtos estrangeiros e serviços provenientes do exterior.

Abalizada nestes dispositivos constitucionais e fundamentada na equalização do tratamento tributário entre os produtos e serviços nacionais e os estrangeiros importados, em 29.1.2004 foi editada a Medida Provisória 164, posteriormente convertida na Lei 10.865, de 30.4.2004, já recentemente alterada pela Lei 10.925, de 23.7.2004, que instituiu a cobrança da COFINS e do PIS sobre a importação de bens estrangeiros e de serviços prestados no exterior.

Aludidas incidências, ao invés de dar cumprimento ao propósito para o qual foram instituídas, a nosso ver, demonstram tratamento tributário discriminatório – e, por conseguinte, violam princípio expresso no tratado internacional do GATT.[1]

Sobreleve-se que o Direito Brasileiro incorporou o princípio da não-discriminação como forma de respeitar os valores consagrados pela ordem internacional e propiciar um sistema tributário eqüitativo em relação aos bens e serviços que por aqui ingressam.

Pautado numa interpretação do princípio da não-discriminação à luz da Constituição Brasileira e guiado pelos propósitos de incentivo ao comércio exterior, ditados pelo Direito Internacional, pretende o presente trabalho fazer uma análise da incidência das contribuições sociais sobre a importação de produtos estrangeiros e verificar a compatibilidade destas normas jurídicas com o aludido princípio, trazido no seio do tratado internacional do GATT, para, ao final, apontar uma possível violação.

Ressalte-se que nos limitaremos a tratar da incidência das contribuições sociais sobre a importação de produtos, não sendo objeto deste trabalho a incidência de referidas contribuições sobre os serviços.

Eis o nosso problema e o cenário diante do qual nos ateremos, daqui para a frente.

2. *Fundamentos de validade das contribuições sociais sobre a importação*

Um exame mais acurado dessas contribuições revela que o único aspecto comum com o PIS e a COFINS, já conhecidos, é a terminologia. Na verdade, as espécies instituídas pela Lei 10.865/2004, apesar de ostentar a denominação de PIS e de COFINS sobre a importação, referem-se a tributos totalmente distintos, novos, amparados, inclusive, em dispositivos constitucionais diversos.

Muito embora essa confusão terminológica tenha sido criada pelo legislador e venha sendo objeto de imprecisões[2] jurídicas e de discussões na doutrina especializada, o que mais impressiona na instituição do PIS e da COFINS sobre a importação é a flagrante sobretaxação tributária sobre os produtos importados e serviços provenientes do exterior.

Todavia, antes mesmo de apontar uma possível violação do princípio internacional da não-discriminação, mister discorrer acerca dos fundamentos de validade de referidas contribuições sobre a importação.

O art. 1º da Lei 10.865/2004 indica os fundamentos de validade do PIS-Importação e da COFINS-Importação.

A primeira das contribuições sociais, em princípio destinada ao financiamento do Programa de Integração Nacional, e por isso mesmo denominada de PIS-Importação, foi instituída com base no art. 149, § 2º, II, da CF:

"Art. 149. Compete exclusivamente à União instituir contribuições sociais, de intervenção no domínio econômico e de interesse das categorias profissionais ou econômicas, como instrumento de sua atuação nas respectivas áreas, observado o disposto nos arts. 146, III, e 150, I e III, e sem prejuízo do previsto no art. 195, § 6º, relativamente às contribuições a que alude o dispositivo.

"(...).

"§ 2º. As contribuições sociais e de intervenção no domínio econômico de que trata o *caput* deste artigo: (...) II – incidirão também sobre a *importação de produtos estrangeiros ou serviços*" (grifos acrescidos).

Eis, portanto, o fundamento de validade do PIS-Importação.

1. General Agreement on Tariffs and Trade.

2. A esse despeito já alertava Alf Ross, para quem as palavras são ambíguas e podem ser utilizadas com dois ou mais sentidos, cabendo ao cientista do Direito tentar eliminar estes vícios de linguagem (*Sobre el Derecho y la Justicia*, pp. 79-82).

A segunda contribuição, *a priori* reservada ao financiamento da Seguridade Social e incidente sobre o faturamento, nominada de COFINS-Importação, encontra sustentáculo no art. 195, IV, do Texto Maior: "Art. 195. A Seguridade Social será financiada por toda a sociedade, de forma direta e indireta, nos termos da lei, mediante recursos provenientes dos orçamentos da União, dos Estados, do Distrito Federal e dos Municípios, e das seguintes contribuições sociais: (...) IV – *do importador de bens ou serviços do exterior, ou de quem a lei a ele equiparar*" (grifos acrescidos).

Aqui reside o fundamento de validade da COFINS-Importação.

Paulo de Barros Carvalho, seguindo os passos de Alfredo Augusto Becker,[3] ensina que a natureza jurídica do tributo resta denunciada pela análise conjunta do critério material da norma jurídica tributária com sua base de cálculo.

Tem, pois, a base de cálculo, entre outras funções, a de ser "índice seguro para identificar o genuíno critério material da hipótese, ofertando-nos instrumento sólido e eficiente para confirmar, infirmar ou afirmar o enunciado da lei, surpreendendo o núcleo lídimo da incidência jurídica".[4]

Volvendo às contribuições sociais sobre a importação, é possível identificar no veículo introdutor[5] (Lei 10.865/2004) quatro normas jurídicas de incidência tributária, quais sejam: (i) a incidência do PIS sobre a importação de produtos estrangeiros; (ii) a incidência do PIS sobre a prestação de serviços provenientes do exterior; (iii) a incidência da COFINS sobre a importação de produtos estrangeiros; e, por fim, (iv) a incidência da COFINS sobre a prestação de serviços provenientes do exterior.

O critério material é a descrição objetiva do fato contido na hipótese, responsável pelo fornecimento da estrutura do núcleo da possibilidade de incidência tributária, e é representado em termos lingüísticos por um verbo e seu complemento. Paulo de Barros Carvalho alerta para a confusão feita por inúmeros juristas quando, na tentativa de discorrer sobre o critério material – que se constitui como um dos elementos da hipótese –, acabam por desenvolver a integralidade do antecedente normativo, "definindo a parte pelo todo".[6] Portanto, o critério material vem destituído de qualquer referência a tempo e lugar, contando tão-somente com o comportamento de uma pessoa – física ou jurídica – que fará irromper a obrigação tributária de pagar o tributo.[7]

A partir da prescrição contida no art. 3º da Lei 10.865/2004 se infere que os núcleos das contribuições sociais sobre a importação decorrem da junção dos verbos *importar* e *prestar*, com seus complementos *bens estrangeiros* e *serviços provenientes do exterior*. Da leitura do dispositivo extraem-se, desde logo, quatro núcleos de contribuições sobre as importações, que encerram, um, uma obrigação de dar, que

3. Elucidativo é o escólio de Alfredo Augusto Becker ao afirmar que "o critério de investigação da natureza jurídica do tributo, que se demonstrará ser o único verdadeiramente objetivo e jurídico, parte da base de cálculo para chegar ao conceito de tributo. Este só poderá ter uma única base de cálculo" (*Teoria Geral do Direito Tributário*, 3ª ed., p. 373).

4. Paulo de Barros Carvalho, *Curso de Direito Tributário*, 15ª ed., pp. 330-331.

5. Tárek Moysés Moussallem define o conceito de *veículo introdutor* como "a norma sobre a produção jurídica que descreve, em seu antecedente, um agente competente e o procedimento prescrito pelo ordenamento para a produção normativa e, em seu conseqüente, prescreve a *obrigação* de todos respeitarem as disposições inseridas pelo próprio veículo introdutor, no sistema do direito positivo" (grifos do original) (*Fontes do Direito Tributário*, p. 138).

6. *Curso* ..., cit., 15ª ed., p. 253.

7. "Dessa abstração emerge o encontro de expressões genéricas designativas de comportamentos de pessoas, sejam aquelas que encerram um fazer, um dar ou, simplesmente, um ser (estado). Teremos, por exemplo, 'vender mercadorias', 'industrializar produtos', 'ser proprietário de bem imóvel', 'auferir rendas', 'prestar serviços', 'construir estradas', 'pavimentar ruas' etc. Esse núcleo, ao qual nos referimos, será formado, invariavelmente, por um verbo, seguido de seu complemento" (Paulo de Barros Carvalho, *Teoria da Norma Tributária*, p. 125).

consiste nas operações relativas à importação de bens estrangeiros; e, dois, uma operação de fazer, que envolve a prestação de serviços provenientes do exterior.

Tratando-se da base de cálculo das contribuições sobre a importação, o art. 7º da lei instituidora previu, quando incidente sobre a importação de bens, o valor aduaneiro utilizado como base para o cálculo do imposto de importação, acrescido do valor do ICMS incidente no instante do desembaraço aduaneiro e do valor das próprias contribuições.

Dispensando maiores incursões nessa seara – que, a propósito de ser inarredável sua relevância, não tem espaço nesse estudo –, o legislador infraconstitucional acabou por criar um novo conceito para "valor aduaneiro", exclusivo para os efeitos desta lei, utilizado como base de cálculo das contribuições sobre a importação de produtos estrangeiros.

Em relação à base de cálculo das contribuições sociais incidentes na prestação de serviços o legislador elegeu "o valor pago, creditado, entregue, emprestado ou remetido para o exterior, antes da retenção do imposto de renda, acrescido do imposto sobre serviços de qualquer natureza – ISS e do valor das próprias contribuições".[8]

A diversidade de fundamentos de validade e a junção dos critérios acima identificados denunciam estarmos efetivamente diante de figuras tributárias inéditas, em nada coincidentes com as contribuições do PIS e da COFINS antes mesmo instituídas.

PIS-Importação e COFINS-Importação são novas contribuições sociais.

3. A equalização dos produtos importados aos nacionais e a tributação sobre a importação como forma de proteção do comércio nacional

O século XX foi marcado por intenso progresso tecnológico, crescimento populacional, redução das distâncias através dos meios de comunicação e de transporte, aumento do tráfego internacional de pessoas e de coisas, massificação das práticas e dos direitos e maior capacidade de produção.

Aliado a isto, verificou-se um contínuo crescimento no comércio internacional, o que gerou a redução das barreiras tarifárias ao comércio de produtos internacionais e a criação de organismos de regulação, cuja função foi a de regularizar referidas trocas internacionais.

As trocas internacionais passaram a ser incentivadas pelos governos dos Estados e ganharam papel bastante relevante no cenário mundial, à medida que proporcionaram, sobretudo aos países em desenvolvimento, crescimento econômico e bem-estar aos povos, através do ingresso de divisas obtidas com as exportações, de financiamentos externos e de empréstimos e investimentos na produção.

De outro lado, os grandes interesses mundiais – como a telecomunicação e o meio ambiente – não se encontram circunscritos ao domínio de um único Estado, mas de uma diversidade de países, com interesses difusos sobre esses recursos.

O certo é que essa ampliação nas relações econômicas internacionais vem-se processando de forma irreversível. Os Estados não dispõem de todos os recursos necessários à sua produção – o que os faz aceitar de outro Estado a elaboração de bens que se processe ou que não consigam produzir em quantidade e qualidade suficientes para o consumo da população.

Por outro lado, essa efusiva liberdade nas trocas propicia uma diminuição do protecionismo estatal, favorece o contágio dos problemas econômicos vividos por outros Estados e fragiliza a economia interna. Impõe-se a fixação de formas de proteção comercial.

Se, por um lado, a exportação é a principal fonte de divisas de um país, proporcionando riquezas ao Estado por meio do ingresso de capital, por outro lado, a impor-

8. Art. 7º, II, da Lei 10.865/2004.

tação desregrada debilita a economia do Estado, na medida em que fomenta a aquisição de bens estrangeiros e estagna a indústria nacional.

Nestas circunstâncias, prepondera a necessidade de criar alguns mecanismos que permitam a promoção do desenvolvimento de atividades industriais e protejam a economia interna da concorrência estrangeira. Essa proteção fundamenta-se, sobretudo, na incidência de tributos sobre a importação de produtos similares aos produzidos internamente, como forma de impulsionar e proteger a indústria interna.

As tarifas aduaneiras, como alternativas à utilização de políticas monetária e fiscal restritivas do comércio, têm-se mostrado bastante eficazes no disciplinamento do comércio externo. A utilização dessas tarifas alfandegárias tem o propósito de impulsionar a produção, criar novos empregos e defender a economia interna.

A instituição do PIS e da COFINS sobre a importação encontra justificativa na promoção da isonomia entre os produtos e serviços importados e os nacionais, os quais já são sujeitos à tributação por referidas contribuições. É a dicção da Exposição de Motivos da Medida Provisória 164/2004, antecessora da Lei 10.865/2004, *in verbis*:

"2. As contribuições sociais ora instituídas dão tratamento isonômico entre a tributação dos bens produzidos e serviços prestados no pís, que sofrem a incidência da cntribuição para o PIS/ASEP e da Contribuição para o Financiamento da Seguridade Social (COFINS), e os bens e serviços importados de residentes ou domiciliados no exterior, que passam a ser tributados às mesmas alíquotas dessas contribuições.

"(...).

"12. Por fim, justifica-se a edição de medida provisória diante da relevância e urgência em equalizar, mediante tratamento isonômico, principalmente após a instituição da contribuição para o PIS/PASEP e da COFINS não-cumulativa e da Emenda Constitucional n. 49, de 2003, a tributação dos bens e serviços produzidos no país com os importados de residentes ou domiciliados no exterior, sob pena de prejudicar a produção nacional, favorecendo as importações pela vantagem comparativa proporcionada pela não-incidência hoje existente, prejudicando o nível de emprego e a geração de renda no país."

O exercício do poder de polícia sobre o comércio exterior justifica a utilização da atividade tributária aduaneira com fins de extrafiscalidade.

Entretanto, imprescindível a utilização dos meios adequados ao atendimento desse fim – e não nos parece que esta seja a função das contribuições sociais, cujas finalidades são o custeio das metas firmadas na Ordem Social – Título VIII da Constituição Federal de 1988 (art. 149) – e o financiamento da Seguridade Social (art. 195), consubstanciada no conjunto de ações públicas destinadas a assegurar os direitos da população à saúde, à previdência e à assistência social.

Se fossem as contribuições o instrumento mais pertinente à equalização da tributação dos bens e serviços produzidos no país com os importados de residentes ou domiciliados no exterior, ela deveria ser efetivada por uma contribuição de intervenção no domínio econômico, nunca através de contribuições sociais.

Ademais, situações há em que inexiste produto similar nacional, ou em que referidos produtos não estão disponíveis no mercado àquela época, ou, ainda, em que haja elevação ou diminuição nos preços desses produtos – ocasiões em que não há o que equalizar.

Sobreleve-se, ainda, que, embora seja a equalização a justificativa para a instituição das contribuições sobre a importação, estamos a tratar de figuras tributárias distintas do PIS e da COFINS já conhecidos. Desse modo, se existe diferença no trato dos produtos e serviços nacionais e estrangeiros em face da incidência do PIS e da COFINS aos nacionais, com a aplicação do

PIS-Importação e da COFINS-Importação essa distinção persiste, em razão de tratarem de tributos diversos.

O mecanismo adequado à equalização do tratamento tributário do produto estrangeiro ao nacional é, sem sombra de dúvidas, o imposto de importação. Este, sim, mantém a flexibilidade necessária às alterações no cenário mundial, através da possibilidade facilitada de alteração das alíquotas – propriedade que não detêm as contribuições sociais sobre a importação.

Estamos convencidos de que, sob o pretexto de equalizar o tratamento tributário prestado aos bens e serviços produzidos internamente com aqueles advindos do comércio exterior, o que se alcançou foi um considerável aumento da arrecadação das contribuições sociais e uma violenta pressão tributária sobre alguns setores específicos da economia.

Ainda assim, há de salientar que aludidas imposições tributárias ocultam a verdadeira natureza jurídica de imposto federal, pondo em xeque o princípio federativo, à medida que se deixa de repartir o produto da arrecadação com Estados e Municípios, bem como se invade a competência constitucional conferida a estes entes da Federação.

4. O GATT e o princípio da não-discriminação

O Acordo Geral sobre Tarifas Aduaneiras e Comércio – o GATT – foi criado em 1947, em Genebra, e representou um marco na liberdade das transações comerciais. Baseou-se na eliminação de barreiras ao comércio internacional, com a exclusão de todos os obstáculos impostos aos produtos estrangeiros, e se firmou como mecanismo destinado a fomentar o intercâmbio internacional de mercadorias.

Entre seus 38 artigos, previu a criação de uma organização multilateral no âmbito internacional, cuja função seria a de administrar os interesses dos países signatários. Todavia, a Organização Mundial do Comércio/OMC só veio a ser efetivamente implementada em 1995, em decorrência da assinatura da Ata Final que Incorpora os Resultados das Negociações Comerciais Multilaterais da Rodada Uruguai.[9]

O GATT consiste, pois, em um tratado internacional multilateral cuja finalidade é a regulação das condutas comerciais, econômicas e tarifárias dos países signatários na realização das trocas internacionais. Está assentado basicamente em dois princípios, quais sejam: a cláusula de Nação mais favorecida e a cláusula do tratamento nacional interno ou princípio da não-discriminação, cujo intuito é justamente o de reduzir as barreiras comerciais e qualquer outra espécie de protecionismo.

Uma dessas regras, a não-discriminação, consubstancia-se na exigência de que os Estados signatários equiparem o tratamento prestado aos seus produtos nacionais aos produtos importados estrangeiros dos outros países contratantes.

Isso não significa dizer que referido tratado internacional conceda diretamente isenções a tributo interno ou crie, modifique ou extinga as exações tributárias já incidentes sobre os produtos nacionais e importados, embora a redação do item I do art. III utilize a expressão "serão isentos". Interpretação mais apressada concluiria nesse sentido.

Entretanto, não é o que efetivamente estabelece o dispositivo. Realizando uma interpretação sistemática deste artigo, conclui-se que o Acordo GATT quis, na verdade, primar pela equalização no tratamento prestado aos produtos nacionais e estrangeiros, de modo que a sobretaxação aos produtos importados não viesse a colocá-los em uma situação comercialmente mais gravosa. Desse modo, exige-se que qualquer benefício tributário concedido direta

9. Hoje se utiliza a expressão "Acordo GATT" para se referir ao Resultado das Negociações Comerciais Multilaterais da Rodada Uruguai, assinado em Marrakesh, em 12.4.1994 – distinguindo, portanto, do GATT de 1947.

ou indiretamente aos nacionais deverá ser estendido aos similares estrangeiros.

É, no dizer expressivo de Heleno Tôrres, "um critério de interpretação axiológica necessária à aplicação das normas jurídicas tributárias sobre operações que envolvam produtos de procedência de um dos demais países integrantes do GATT, prevalecendo sobre o Direito interno sempre que houver a aplicação de norma jurídica tributária interna aos países signatários, quando essa norma deverá respeitar o 'princípio da igualdade de tratamento tributário' ou do 'tratamento nacional', tal como previsto".[10]

Sendo assim interpretado, o princípio da não-discriminação, estatuído no Acordo GATT, não põe em xeque a independência legislativa dos países signatários, ou seja, não interfere na distribuição constitucional de competências e poderes para criar leis em matéria tributária, devendo tal critério ser adotado quando for verificado que o produto nacional recebe tratamento mais favorecido que aquele proveniente de outros países contratantes.

Aludido princípio vem sendo gradativamente apreendido pela doutrina no mundo, e os cuidados quanto à aplicação da não-discriminação nas relações comerciais internacionais têm crescido consideravelmente, como valor intrínseco à própria soberania tributária dos Estados.

Caracteriza-se como um preceito vinculante, para os Estados que o considerem, quanto à criação ou aplicação de normas tributárias mais gravosas aos produtos importados de outros Estados; e isso denuncia seu caráter de instrumento na equalização do tratamento fiscal prestado aos produtos estrangeiros importados e aos produtos similares nacionais, eliminando as desigualdades de tratamento tributário.

Em princípio, não obriga os Estados não-contratantes. Todavia, entendemos que deve ser observado quanto aos demais Estados não-signatários, uma vez que se afigura como um vetor do atual comércio exterior, para eliminação das barreiras do comércio internacional e melhor aproveitamento dos recursos disponíveis em cada país.

Importa esclarecer que o tratamento discriminatório corresponde, proporcionalmente, ao tratamento antiisonômico, decorrente da aplicação do princípio da isonomia, que estabelece ser proibido aos entes federativos a instituição de tratamento desigual a contribuintes que se encontrem em situação de equivalência.

Em termos lógicos, se considerarmos o princípio da isonomia como uma proposição proibitiva de prestar tratamento desigual, implica dizer que é permitido omiti-la.[11] Portanto, se a isonomia proíbe tratamento desigual a contribuintes em situação de equivalência, de outro lado, permite instituir a desigualdade entre desiguais. Neste asserto se resume o conteúdo jurídico do princípio da isonomia.

Resta, entretanto, estabelecer qual o critério legítimo para se efetivar essa discriminação, sem que essa diferença de tratamento viole a isonomia. Celso Antônio Bandeira de Mello leciona que deve haver uma *correlação lógica entre o critério de discrímen e a desequiparação procedida*: "a discriminação não pode ser gratuita ou fortuita. Impende que exista uma adequação racional entre o tratamento diferenciado construído e a razão diferencial que lhe serviu de supedâneo. Segue-se que, se o fator diferencial não guardar conexão lógica com a disparidade de tratamentos jurídicos dispensados, a distinção estabelecida afronta o princípio da isonomia".[12]

10. *Principio de Não-Discriminação Tributária na Constituição e no GATT e a Prevalência dos Tratados Internacionais em Matéria Tributária*, PUC/SP, p. 7.

11. Lourival Vilanova, *As Estruturas Lógicas e o Sistema de Direito Positivo*, p. 221.

12. *O Conteúdo Jurídico do Princípio da Igualdade*, 3ª ed., 11ª tir., p. 39.

Destarte, para que um critério de discriminação possa conviver harmonicamente com o princípio da isonomia, é necessário que subsistam caracteres distintivos entre as pessoas sujeitas à mesma norma jurídica. Em matéria tributária o discrímen há de ser capaz de revelar maior capacidade contributiva.

Quanto à não-discriminação, qualifica-se como tratamento discriminatório a aplicação de condições mais gravosas a relações jurídicas em situação de equivalência, ou de iguais condições para relações distintas.

No Brasil o único critério admitido pela Constituição Federal de 1988 para distinguir o tratamento fiscal entre contribuintes é o da capacidade contributiva, estabelecido no art. 145, § 1º, que dispõe que "(...) os impostos terão caráter pessoal e serão graduados segundo a capacidade econômica do contribuinte".

Dito de outra maneira, somente com o perfilhamento desse referencial é que autorizou o constituinte a diferenciação de tratamento. Portanto, o legislador, ao exercitar a competência atribuída constitucionalmente e instituir qualquer tributo ou benefício fiscal, não pode se descurar dos critérios de discrímen apropriados a se efetivar uma discriminação justa, que leve em conta as diretrizes constitucionais.

Em razão da eleição constitucional de somente este critério de distinção de tratamento, a indicação de tratamento mais gravoso ao produto estrangeiro, como forma de exercitar uma política tributária aduaneira, só poderá ser utilizada nos exíguos casos em que a Constituição Federal autorizar, isto é, para as hipóteses do art. 153, § 1º, das contribuições de intervenção no domínio econômico ou nos casos de aplicação do princípio da seletividade.

Entretanto, a aplicação de tratamento mais gravoso deve ser precedida da instituição de critérios precisos que admitam essa diferenciação. Não são todas as relações jurídicas com não-residentes que estampam essa condição perante os residentes. A aplicação desregrada da extrafiscalidade agravante pode gerar discriminações injustificadas, reduzindo, por conseguinte, a aplicação do princípio da uniformidade de tratamento tributário.

Destarte, a aplicação do princípio da não-discriminação no sistema constitucional brasileiro é decorrência da adoção do princípio da capacidade contributiva. Desse modo, a eleição de critério baseado efetivamente em características distintivas, que mantivesse a correlação lógica com a desequiparação procedida, e indicativa de maior capacidade contributiva, não implicaria tratamento antiisonômico e, por conseqüência, discriminatório.

Trilhando nessa esteira, se compararmos as contribuições sociais incidentes sobre os produtos nacionais e os estrangeiros, considerando seus respectivos fatos jurídicos "importar" e "auferir receita bruta", em princípio poderíamos considerar esta característica distintiva como fator de discrímen válido para a imposição de tratamento tributário diverso.

No entanto, a nosso ver, este não é um elemento de discriminação adequado para se efetivar a distinção. Isso porque a aferição da discriminação deve estabelecer-se entre a relação jurídica de comercialização de um produto nacional e a relação jurídica de comercialização de um produto estrangeiro – o que, nesse caso, não explicaria a imposição de tributação mais gravosa.

As relações de comercialização de produtos nacionais não demonstram maior capacidade contributiva que as relações de comercialização de produtos estrangeiros.

Um dos problemas advindos da aplicação das convenções internacionais diz respeito a possível descumprimento voluntário por parte de um dos Estados contratantes. A transgressão pode ser implícita ou explícita às cláusulas de uma convenção internacional, seja em razão da aplicação do Direito interno, sem que se observe as normas convencionais, seja através da edição de regras tributárias conflitantes com o disposto na convenção.

Nestes casos, verifica-se a real intenção do Estado contratante de não dar aplicabilidade à norma da convenção internacional, numa clara violação ao princípio *pacta sunt servanda*.

No Brasil vigora a regra de sobreposição dos tratados internacionais à legislação interna infraconstitucional, o que vem a ser ratificado pelo art. 98 do CTN. Desse modo, o descumprimento dos tratados internacionais não se caracteriza pela existência de conflito da norma internacional com o Direito interno, mas simplesmente por uma violação do Estado em matéria de Direito Internacional.

Destarte, havendo descumprimento voluntário de convenção internacional em matéria tributária, cujo objetivo seja a eliminação, prevenção ou redução da pluritributação internacional, a conseqüência será a interrupção da execução da convenção, ou, em outras palavras, a denúncia tácita por parte do Estado signatário que deu causa à interrupção.

Mister recordar que o Acordo GATT, firmado em 1994, após a Rodada Uruguai, consiste em uma convenção internacional multilateral. Assim, estando alçada a esta condição, está sujeita ao mesmo tratamento dos demais instrumentos internacionais, e, uma vez verificado o descumprimento voluntário de qualquer de suas normas, caracterizada estará a denúncia tácita por parte do Estado inadimplente.

5. A Lei 10.865/2004: violação do princípio da não-discriminação no comércio exterior

Estando a par do conteúdo jurídico do princípio da não-discriminação e dos elementos necessários à seleção dos critérios de discriminação, resta-nos saber se a Lei 10.865/2004, ao estender as contribuições sociais do PIS e da COFINS às importações de produtos estrangeiros e prestação de serviços provenientes do exterior, conferiu tratamento discriminatório aos produtos internacionais, desrespeitando, por conseguinte, princípio inserto no tratado internacional do GATT.

A primeira ilação que se pode fazer a respeito é que o legislador infraconstitucional, ao instituir a cobrança de referidas contribuições, sob o fundamento de equalizar, mediante tratamento isonômico, a tributação dos bens e serviços produzidos no País com os importados de residentes ou domiciliados no exterior, sob pena de prejudicar a produção nacional, favorecendo as importações, não atentou para o fato de que a Constituição Federal de 1988 impõe limites à utilização dos tributos como meio de exercício do poder de polícia.

Já foi afirmado alhures que o exercício do poder de polícia sobre o comércio exterior, através da utilização da atividade tributária aduaneira com fins de extrafiscalidade, com a aplicação de tratamento mais gravoso ao produto estrangeiro, só terá embasamento jurídico quando autorizado pela Constituição Federal, isto é, nos casos do art. 153, § 1º, das contribuições de intervenção no domínio econômico e para a aplicação do princípio da seletividade.

Noutras palavras, o legislador infraconstitucional só foi autorizado pela Carta Magna a conceder tratamento mais gravoso ao produto estrangeiro se for para atender a tais fins. Neste caso, os referenciais apontados constitucionalmente para se efetivar a discriminação das alíquotas e das bases de cálculo não foram observados, de modo que a instituição das contribuições sobre a importação deflagrou tratamento discriminatório, à medida que impôs ao produto estrangeiro os tributos aduaneiros e as citadas contribuições.

Outro questão que merece ser melhor vislumbrada diz respeito à base de cálculo e às alíquotas estabelecidas pela lei para as contribuições sociais sobre a importação.

Se se partir da premissa adotada pelo legislador – a nosso ver, falsa – de que a instituição das contribuições sociais sobre a importação teria o condão de promover a isonomia entre os produtos e serviços estrangeiros e nacionais, este argumento esbarraria em dois problemas: um, a base de cálculo eleita; dois, as alíquotas a serem aplicadas aos produtos estrangeiros.

Já afirmamos que, embora intitulados pelos mesmos nomes que as contribuições sociais incidentes sobre a produção nacional, numa grande confusão terminológica, o PIS-Importação e a COFINS-Importação, ainda que se tratasse dos mesmos tributos daqueles que levam seu nome, ainda assim teriam bases de cálculo distintas, o que oneraria ainda mais o produto estrangeiro, confirmando o tratamento discriminatório.

Já foi dito que a base de cálculo das contribuições sociais sobre a importação de produtos estrangeiros eleita pela Lei 10.865/2004 é o valor aduaneiro que serve ou serviria de base de cálculo do imposto de importação, acrescido do valor do ICMS incidente no instante do desembaraço aduaneiro e do valor das próprias contribuições.

Em que pese a ter a Constituição Federal estabelecido o valor aduaneiro como a base de cálculo das contribuições sociais sobre a importação, o art. 7º da Lei 10.865/2004, que instituiu o PIS e a COFINS sobre a importação, elegeu base distinta, incluindo outras exações como o ICMS, o ISS e as próprias contribuições, estas calculadas *por dentro*.

A conseqüência que se visualiza é uma inconstitucionalidade flagrante em relação a este dispositivo da Lei 10.865/2004 e a exigência de tributo sobre tributo, cuja distorção resulta na inclusão de valores que não integram os fatos geradores das aludidas contribuições.

Em relação às alíquotas, ao PIS-Importação e à COFINS-Importação foram aplicados respectivamente os percentuais de 1,65% e 7,6%. Em determinadas situações um produto nacional que mantém correlação com outro similar estrangeiro importado é gravado com PIS e COFINS cumulativos, o que significa que recolhe as contribuições com alíquotas de 0,65% e 3%, respectivamente – o que, invariavelmente, onera o produto estrangeiro, caracterizando mais um tratamento discriminatório.

Com o que ficou assentado acima, já se pode ultimar que a Lei 10.865/2004, no que diz respeito à instituição das contribuições sociais sobre a importação, viola o princípio da não-discriminação do comércio exterior e, por conseqüência, desrespeita o princípio *pacta sunt servanda*, segundo o qual legislação interna não pode legitimar violação de tratado internacional.

Por derradeiro, a observância do princípio da não-discriminação resguarda a consecução de valores internacionais de grande importância, como a segurança jurídica internacional e a justiça tributária – e, por isso mesmo, não pode ser violado.

6. Conclusões

Diante dos argumentos expostos, podem ser assentadas as seguintes proposições conclusivas:

6.1 As espécies tributárias instituídas pela Lei 10.865/2004, apesar de ostentarem a denominação de "PIS" e de "COFINS" sobre a importação, referem-se a figuras tributárias completamente distintas, novas, com fundamentos de validade, materialidade e base de cálculos diversos daquelas já conhecidas.

6.2 Embora tenham surgido com o propósito da equalizar a tributação entre produtos nacionais e estrangeiros, as contribuições sociais sobre a importação não são meios adequados à proteção do mercado interno e ocultam o verdadeiro propósito do Governo – qual seja, o aumento da arrecadação tributária e a afluência da integralidade do produto da arrecadação aos cofres federais.

6.3 A aplicação de tratamento mais gravoso ao produto estrangeiro, como forma de exercitar uma política tributária aduaneira, só poderá ser realizada nos exíguos casos em que a Constituição Federal autorizar, isto é, para as hipóteses do art. 153, §

1º, das contribuições de intervenção no domínio econômico ou nos casos de aplicação do princípio da seletividade. Por esta razão, o instrumento mais adequado à proteção do mercado interno e à equalização do tratamento tributário do produto estrangeiro ao nacional é o imposto de importação.

6.4 O princípio da não-discriminação, um dos pilares em que se assenta o GATT, consubstanciado na exigência de equiparação de tratamento tributário dos produtos estrangeiros aos nacionais, corresponde no Brasil à aplicação do princípio constitucional da isonomia, para o quê só se justifica a distinção de tratamento fiscal se levada em consideração a capacidade contributiva do contribuinte – o que, em outras palavras, significa a proibição de instituir tratamento desigual a contribuintes em situação de equivalência e a permissão de desigualar os desiguais.

6.5 A instituição das contribuições sobre a importação deflagrou tratamento discriminatório, uma vez que estabeleceu ao produto estrangeiro tratamento mais gravoso que ao produto nacional, na medida em que impôs, além dos tributos aduaneiros – cuja função é a proteção do mercado interno –, as contribuições sociais sobre a importação.

6.6 Mesmo que tomássemos a falsa premissa do legislador e entendêssemos que tratam-se as contribuições sobre a importação das mesmas espécies tributárias impostas ao produto nacional, ainda assim haveria tratamento discriminatório, pelos seguintes motivos: (i) foi eleita base de cálculo distinta da base do PIS e da COFINS sobre produtos nacionais, uma vez que incluiu outras exações, como o ICMS, o ISS e as próprias contribuições, estas calculadas por dentro; (ii) as alíquotas do PIS-Importação e da COFINS-Importação aplicadas aos produtos estrangeiros são de 1,65% e 7,6%, ao passo que alguns produtos nacionais são gravados pela sistemática cumulativa, com respectivas alíquotas de 0,65% e 3%, onerando mais o produto estrangeiro.

6.7 A prestação de tratamento discriminatório ao produto estrangeiro fere um dos princípios contidos no tratado internacional do GATT, caracteriza o descumprimento voluntário de convenção internacional e resulta na interrupção da execução do instrumento, assinalando uma denúncia tácita por parte do Estado inadimplente.

7. Resumo final das idéias principais da tese

A necessidade de se realizar uma redução na carga fiscal suportada pelos contribuintes e de minimizar as complexidades do sistema tributário brasileiro impulsionou o nascimento da Emenda Constitucional 42/2003, que, entre suas alterações, inseriu alguns dispositivos na Constituição Federal de 1988 autorizando a instituição de contribuições sociais sobre a importação de produtos estrangeiros e serviços provenientes do exterior.

Baseada nestes enunciados prescritivos veio a lume a Lei 10.865/2004, conversão da Medida Provisória 164/2004, e recentemente alterada pela Lei 10.925/2004, instituindo a cobrança da COFINS e do PIS sobre a importação de bens estrangeiros e de serviços prestados no exterior.

O objetivo do presente trabalho é fazer uma análise da incidência dessas contribuições sociais em paralelo com o intento do tratado internacional do GATT, acordo multilateral ratificado pelo Brasil, especialmente no que toca ao princípio da não-discriminação, um de seus sustentáculos.

Uma vez alocado o problema e indicado o cenário diante do qual o mesmo fora desenvolvido, avaliamos os fundamentos de validade de cada uma das contribuições sociais incidentes sobre a importação, indicados no art. 1º da Lei 10.865/2004, concluindo ser o art. 149, § 2º, II, o fundamento de validade do PIS-Importação, e o art. 195, IV, ambos da CF, o fundamento de validade da COFINS-Importação e, ao final, constatando que as contribuições sociais sobre a importação em nada coincidem com as contribuições do PIS e da COFINS anteriormente instituídas – tratando-se, por conseguinte, de novas figuras tributárias, totalmente distintas.

A partir de então, buscamos o motivo pelo qual estas contribuições foram instituídas sobre a importação. Para tanto, analisamos a Exposição de Motivos da Medida Provisória 164/2004, que justifica a instituição de mencionadas contribuições na promoção da isonomia entre os produtos e serviços importados e os nacionais através da equalização dos tributos aplicados.

Todavia, discordamos dessa prática à medida que o exercício do poder de polícia sobre o comércio exterior por meio da utilização da atividade tributária aduaneira com fins de extrafiscalidade e para a proteção do mercado interno encontra obstáculos na própria Constituição Federal, que só permite a aplicação de tratamento mais gravoso ao produto estrangeiro nos casos excepcionalmente enumerados.

Ademais, imprescindível a utilização dos meios adequados ao atendimento desse fim, e não nos parece que esta seja a função das contribuições sociais, cujas finalidades são o custeio das metas firmadas na Ordem Social – Título VIII da Constituição Federal de 1988 (art. 149) – e o financiamento da Seguridade Social (art. 195).

Cremos que o mecanismo adequado à equalização do tratamento tributário do produto estrangeiro ao nacional é o imposto de importação, que mantém a flexibilidade necessária às alterações no cenário mundial, através da possibilidade facilitada de alteração das alíquotas.

Sob o pretexto de equalizar o tratamento tributário entre bens e serviços estrangeiros aos nacionais, o que se alcançou foi um considerável aumento da arrecadação das contribuições sociais e a ocultação da verdadeira natureza jurídica de imposto federal.

O princípio da não-discriminação, um dos pilares em que se assenta o GATT, consubstancia-se na exigência de que os Estados signatários desse tratado internacional equiparem o tratamento prestado aos seus produtos nacionais aos produtos estrangeiros importados dos outros países contratantes.

O tratamento discriminatório corresponde, proporcionalmente, ao tratamento antiisonômico, decorrente da aplicação de condições mais gravosas a relações jurídicas em situação de equivalência ou de iguais condições para relações distintas.

No Brasil o único critério admitido pela Constituição Federal de 1988 para distinguir o tratamento fiscal entre contribuintes é o da capacidade contributiva, estabelecido no art. 145, § 1º.

Portanto, a prestação de tratamento discriminatório ao produto estrangeiro fere um dos princípios contidos no tratado internacional do GATT, caracteriza o descumprimento voluntário de convenção internacional e resulta na interrupção da execução do instrumento, assinalando uma denúncia tácita por parte do Estado inadimplente.

A instituição das contribuições sobre a importação deflagrou tratamento discriminatório, uma vez que estabeleceu ao produto estrangeiro tratamento mais gravoso que ao produto nacional, à medida que impôs, além dos tributos aduaneiros, cuja função é a proteção do mercado interno, as contribuições sociais sobre a importação.

Mesmo que tomássemos a falsa premissa do legislador e entendêssemos que tratam-se as contribuições sobre a importação das mesmas espécies tributária impostas ao produto nacional, ainda assim haveria tratamento discriminatório, pela eleição de bases de cálculo distintas e pela indicação de alíquotas maiores.

Por fim, o princípio da não-discriminação tem como escopo a consecução de valores internacionais de grande importância, como a segurança jurídica internacional e a justiça tributária.

Referências bibliográficas

ATALIBA, Geraldo. *Hipótese de Incidência Tributária*. 5ª ed. São Paulo, Malheiros Editores, 1999.

BECKER, Alfredo Augusto. *Teoria Geral do Direito Tributário*. 3ª ed. São Paulo, Lejus, 2002.

CARRAZZA, Roque Antônio. *Curso de Direito Constitucional Tributário*. 19ª ed. São Paulo, Malheiros Editores, 2003.

CARVALHO, Paulo de Barros. *Curso de Direito Tributário*. 15ª ed. São Paulo, Saraiva, 2003.

——————. *Fundamentos Jurídicos da Incidência*. 2ª ed. São Paulo, Saraiva, 1999.

——————. "IPI: comentários sobre as regras gerais de interpretação da tabela MBM/SH (TIPI/TAB)". *Revista Dialética de Direito Tributário*. São Paulo, Dialética, 1996 (pp. 42-60).

——————. *Teoria da Norma Tributária*. São Paulo, Max Limonad, 1999.

ECHAVE, Delia Teresa, URQUIJO, Maria Eugenia, e GUIBOURG, Ricardo A. *Lógica, Proposición y Norma*. Buenos Aires, Editorial Astrea, 2002.

GUIBOURG, Ricardo A., ECHAVE, Delia Teresa, e URQUIJO, Maria Eugenia. *Lógica, Proposición y Norma*. Buenos Aires, Editorial Astrea, 2002.

KELSEN, Hans. *Teoria Pura do Direito*. 6ª ed., trad. de João Batista Machado. São Paulo, Martins Fontes, 1999.

MAZZUOLI, Valério de Oliveira. *Tratados Internacionais*. São Paulo, Juarez de Oliveira, 2001.

MOUSSALLEM, Tárek Moysés. *Fontes do Direito Tributário*. São Paulo, Max Limonad, 2001.

PIRES, Adílson Rodrigues. *Práticas Abusivas no Comércio Internacional*. Rio de Janeiro, Forense, 2001.

ROSS, Alf. *Sobre el Derecho y la Justicia*. Trad. de Genaro Carrió. Buenos Aires, Eudeba, 1963.

SANTI, Eurico Marcos Diniz de. *Lançamento Tributário*. São Paulo, Max Limonad, 2001.

TÔRRES, Heleno Taveira. "Capital estrangeiro e princípio da não-discriminação tributária no Direito interno e nas convenções internacionais". *Revista Dialética de Direito Tributário* 87/33-53. São Paulo, Dialética, 2002.

——————. *Pluritributação Internacional sobre as Rendas de Empresas*. 2ª ed. São Paulo, Ed. RT, 2001.

——————. "Tratados e convenções em matéria tributária e o federalismo fiscal brasileiro". *Revista Dialética de Direito Tributário*. São Paulo, Dialética, 2002 (pp. 34-49).

URQUIJO, Maria Eugenia, ECHAVE, Delia Teresa, e GUIBOURG, Ricardo A. *Lógica, Proposición y Norma*. Buenos Aires, Editorial Astrea, 2002.

VILANOVA, Lourival. *As Estruturas Lógicas e o Sistema de Direito Positivo*. São Paulo, Ed. RT, 1997.

——————. *Causalidade e Relação no Direito*. 4ª ed. São Paulo, Ed. RT, 2000.

WITTGENSTEIN, Ludwig. *Tractatus Logico-Philosophicus*. Trad. de Luís Henrique Lopes dos Santos. São Paulo, EDUSP, 1994.

XAVIER, Alberto. *Direito Tributário Internacional do Brasil*. 6ª ed. Rio de Janeiro, Forense, 2004.

INCIDÊNCIA DE CONTRIBUIÇÕES SOCIAIS NA IMPORTAÇÃO: ALGUMAS REFLEXÕES

LEONARDO FURTADO LOUBET

1. Breve intróito. 2. As contribuições no sistema jurídico brasileiro. 3. Fundamento de validade das contribuições ao PIS/PASEP-Importação e à COFINS-Importação. 4. A disciplina da Lei federal 10.865/2004 no que toca à base de cálculo das contribuições. 5. Síntese das idéias e conclusões.

1. Breve intróito

O cenário jurídico brasileiro é preocupante. Em pouco mais de 15 anos de existência, o sistema tributário nacional, encartado no Capítulo I do Título VI da Carta Constitucional, passou por nada menos que nove emendas, que promoveram profundas modificações no arcabouço normativo idealizado em 1988. O produto da Assembléia Nacional Constituinte já está se tornando irreconhecível – e, com isso, o valor segurança jurídica vai sendo esquecido, sendo deixado de lado, como se não fosse esse o fundamento axiológico de todo o Direito. Se é verdade que a segurança jurídica é um princípio fluido, subjetivo, de difícil demarcação, nem por isso se pode refutá-lo, e negar sua existência no sistema.[1] Não que haja um direito ao *sistema tributário originário*, assegurado por cláusula pétrea e inatingível via emenda; mas o que se busca chamar atenção aqui é para que mesmo as reformas haverão de encontrar limites – contrapeso, esse, que só o Poder Judiciário pode exercer com primazia.

Geraldo Ataliba, do alto de sua autoridade intelectual, já denunciava nos idos de 1967, em tese que lhe valeu o grau de Livre-Docente pela PUC/SP, o equívoco manifesto em se alterar a todo instante o sistema no plano constitucional sem que se permita, ao menos, verificar sua operacionalidade, corrigindo suas eventuais falhas no âmbito da legislação ordinária. Em discurso rigoroso, no qual criticava duramente a Emenda Constitucional 18/1965, o insigne Mestre parece estar se referindo à ordem jurídica de hoje, ao verberar o seguinte, *in verbis*: "Errou redondamente – por açodo e espírito superficial – o legislador ao atribuir ao sistema os males e defeitos encontradiços em sua atuação. Ao invés de corrigir as distorções práticas, preferiu modificar o próprio sistema. (...). Em lugar de editar leis ordinárias assegurando mais eficientemente a correta observância dos princípios informadores do sistema – para, então, verificar se ele presta ou não –, alterou-lhe os próprios fundamentos, dando impressão pouco lisonjeira de sua prudência política e ponderação jurídica".[2]

De fato, a cada dia que passa a experiência demonstra que fatores de ordem social, política e econômica influenciam decisivamente a inserção de novas regras no sistema, sem que haja uma preocupação com o destinatário da norma e com a harmonia do ordenamento. Aliás, uma medi-

1. A subjetividade não é exclusividade do princípio da segurança jurídica; muito pelo contrário, é ínsita a todo o Direito, pois, enquanto objeto cultural, é construído de acordo com a carga axiológica do legislador e conforme a variante valorativa do intérprete.

2. *Sistema Constitucional Tributário Brasileiro*, São Paulo, Ed. RT, 1968, p. XII.

tação singela permite enxergar que nos últimos tempos o que tem motivado as autoridades competentes à alteração da ordem tributária é unicamente a pressão econômica – como se o contribuinte brasileiro ainda fosse capaz de suportar o aumento do fardo tributário –, sem que se perceba, em contrapartida, melhoria nos serviços públicos.

Um quadro que bem espelha essa tendência se vê nas chamadas *contribuições*, que nos tempos atuais têm servido de instrumento eficaz para que a União Federal aumente a arrecadação, em especial porque essa categoria jurídica ainda é fonte de inúmeras divergências científicas – o que impacta nos vacilos jurisprudenciais –, de modo que o legislador federal se sente confortável em lançar mão dessa figura, vez que não enfrenta uma barreira dogmática homogênea, aproveitando essa atmosfera de dúvida para dar continuidade a seus desatinos. Nesse particular, vale chamar a atenção para o fato de que as autoridades públicas não se furtam em assumir publicamente que as contribuições são a válvula-de-escape que a União Federal encontrou para excluir determinadas verbas do repasse constitucional aos demais entes políticos, em franco desprezo ao pacto federativo.[3]

E, assim, o legislador, em intervalos de tempo cada vez mais reduzidos, introduz novos elementos no conjunto normativo, desfigurando o sistema tributário e ocasionando um verdadeiro estado de insegurança jurídica, em sentido diametralmente oposto aos alicerces constitucionais. Daí a importância de se voltar os olhos com detença ao estudo das contribuições, de sorte a checar se o órgão legislativo vem utilizando validamente essa competência, sob pena de se resvalar para o terreno perigoso do arbítrio.

Em tempos em que a discussão em torno da carga tributária encontra-se tão em voga, é tentador direcionar o discurso sob essa perspectiva, pondo a exame os impactos econômicos que a tributação gera no setor produtivo. Com efeito, é estreme de dúvida que o Direito é um fenômeno complexo e que abre leque a uma série de possibilidades investigativas. Em razão disso é que se pode analisá-lo, por exemplo, sob o ângulo da Sociologia Jurídica, da Política do Direito ou da Axiologia Jurídica. Todos são métodos especulativos legítimos, que buscam respostas a seus respectivos campos de averiguação – motivo por que não há de se cogitar de hierarquia entre as ciências.

Mas somente a Dogmática Jurídica ou Ciência do Direito *stricto sensu* permitirá conhecer o Direito como ele é, desvendando como se passa o inter-relacionamento entre normas, revelando o Direito *hic et nunc*. Destarte, a missão daquele que se propõe a estudar o direito positivo assumindo essa postura é empregar uma linguagem descritiva do arcabouço normativo despido de aspectos sociológicos, políticos ou econômicos, firmando compromisso exclusivamente com o dado jurídico. Sobre trazer à tona as nuanças do enredo normativo, atitude científica assim embasada goza da prerrogativa de ser classificada como estritamente jurídica, permanecendo alheia às influências de outra ordem.

Pois bem, firmada a trilha metodológica a ser percorrida, quadra registrar que mais uma dessas reformulações por que passou o sistema tributário adveio com a promulgação da Emenda Constitucional 42, de 19.12.2003, que criou a possibilidade de contribuições sociais e de intervenção no domínio econômico incidirem sobre a importação de produtos estrangeiros ou serviços – o que foi logo concretizado pela Medida Provisória 164, de 29.1.2004, e seu posterior veículo de conversão, a Lei federal 10.865, de 30.4.2004, que instituíram as contribuições ao PIS/PASEP-Importação e à COFINS-Importação.

Delineado esse panorama, cumpre esclarecer que o presente trabalho tem por finalidade empreender exame acerca da novel legislação tributária, testando-lhe

3. À exceção da CIDE-Combustíveis, como se depreende do art. 159, III, da CF de 1988.

seus fundamentos de validade e buscando destacar seus principais aspectos, propondo, assim, algumas reflexões à comunidade jurídica sobre mais essas contribuições. Para tanto, procurar-se-á divisar o altiplano constitucional da plataforma da legislação ordinária, bem como analisar a importação de produtos segregada analiticamente da importação de serviços, tendo em vista as conseqüências decisivas que adiante se tentará demonstrar no que toca à validade dessas exações. Antes, porém, quadra passar em revista, mesmo que brevemente, o estudo da natureza jurídica das contribuições, notadamente porque o regime jurídico aplicável a essas categorias jurídicas irá servir de esteio às conclusões a que se pretende chegar.

2. As contribuições no sistema jurídico brasileiro

A idéia embrionária de custeio da Previdência Social surgiu com a Constituição de 1934, mas foi só com a Carta Magna de 1946 que as contribuições sociais aparecem expressamente previstas; e desde aquela época vêm gerando constantes embates na seara doutrinária e jurisprudencial, tendo em vista suas peculiaridades tipológicas e seus pressupostos de instituição. Logo que surgiram, essas figuras do direito positivo foram recebidas como de natureza tributária, entendimento que prevaleceu até o advento da Emenda Constitucional 8, de 14.4.1977, sendo que a partir daí o STF passou a negar-lhes a característica de tributo.[4] Foi só com a promulgação da Constituição Federal de 1988 que as contribuições sociais *readquiriram* sua condição tributária.[5]

Falar sobre contribuições implica recordar a temática da classificação das espécies tributárias – o que gera divergências científicas, não havendo consenso entre os doutos a respeito de se saber quantos *tipos* o sistema constitucional tributário comporta. De um lado, uma tríade de Mestres do quilate de Geraldo Ataliba,[6] Paulo de Barros Carvalho[7] e Roque Antonio Carrazza[8] sustentam que só há três espécies tributárias, sendo certo que as contribuições em si consideradas não constituem uma espécie autônoma, podendo assumir a feição ora de impostos, ora de taxas. De outro, uma gama cada vez maior de juristas, em especial da nova geração – tais como Eurico Marcos Diniz de Santi[9] e Márcio Severo Marques[10] – defende que as contribuições podem ser vistas sob uma perspectiva própria, vale dizer, de espécie tributária, porquanto o sistema constitucional vigente assim o permite.

A grande celeuma gira em torno de se identificar qual critério lógico-científico pode ser escolhido para se engendrar uma classificação das espécies tributárias. É interessante observar que aqueles que se inclinam pela classificação tripartida das imposições tributárias não negam a existência das contribuições, apenas entendem que elas podem ser acomodadas como impostos ou como taxas. O professor Paulo de Barros Carvalho, por exemplo, afirma que o motivo para refutar as contribuições como espécies autônomas justifica-se tendo em vista que, para se arquitetar uma classificação logicamente bem- estruturada, os critérios classificatórios deverão ser *simétricos*, o que não se constataria na classificação quinária, que misturaria critérios internos e externos à regra-matriz de incidência.

4. Pleno, RE 86.595, rel. ministro Xavier de Albuquerque, *RTJ* 87/271.

5. Pleno, RE 146.733, rel. ministro Moreira Alves, *RTJ* 143/685.

6. *Hipótese de Incidência Tributária*, 6ª ed., São Paulo, Malheiros Editores, 2002.

7. *Curso de Direito Tributário*, 15ª ed., São Paulo, Saraiva, 2003.

8. *Curso de Direito Constitucional Tributário*, 18ª ed., São Paulo, Malheiros Editores, 2002.

9. "As classificações no sistema tributário brasileiro", *Justiça Tributária: 1º Congresso Internacional de Direito Tributário*, São Paulo, Max Limonad, 1998.

10. *Classificação Constitucional dos Tributos*, São Paulo, Max Limonad, 2000.

Daí o motivo por que esse ilustre juspublicista tece os seguintes comentários sobre a classificação das espécies tributárias levando em conta somente uma atuosidade estatal na hipótese, como concebida por Geraldo Ataliba: "O interesse científico dessa classificação está no seu ponto de partida: o exame das unidades normativas, visualizadas na conjugação do suposto (hipótese de incidência) e da base de cálculo (que está na conseqüência da norma), mantendo plena harmonia com a diretriz constitucional que consagra a tipologia tributária no Direito Brasileiro. Convém aduzir, entretanto, que a acolhemos com a seguinte latitude: os tributos podem ser vinculados a uma atuação do Estado – taxas e contribuições de melhoria – e não-vinculados – impostos. As outras *contribuições*, por revestirem ora o caráter de tributos vinculados, ora o de impostos, não constituem categoria à parte, pelo quê hão de subsumir-se numa das espécies enumeradas".[11]

Já os que empunham a bandeira de cinco espécies tributárias alegam que as contribuições são tributos que recebem uma qualificação constitucional da finalidade da exação.[12] Nesse sentido, as contribuições seriam tributos marcados especialmente pela previsão de norma de estrutura que impõe a destinação legal específica do produto da arrecadação como condição impostergável ao exercício da competência legislativa. Nesse sentir, as contribuições seriam tributos inseridos no corpo da Constituição Federal que exigem, quando de sua instituição pelos entes competentes, a previsão legal do desígnio da exação e, em conseqüência, da destinação do produto arrecado àquela finalidade preestabelecida pelo ordenamento.

Eurico Marcos Diniz de Santi denomina essa classificação de "extrínseca", vez que não tirada propriamente do interior da regra-matriz, mas que nem por isso poderia ser deixada de lado no exame das prescrições constitucionais. São essas suas palavras:

"Ocorre que, em nosso entender, a classificação intrínseca dos tributos não esgota o repertório de variáveis do sistema constitucional tributário vigente. (...). Isolamos, basicamente, duas variáveis: a destinação legal e a restituibilidade. Ambas são extrínsecas à estrutura da norma tributária. (...). Entretanto, não obstante serem estranhas à intimidade estrutural da regra-matriz de incidência tributária, não deixam de ser jurídicas, pois fundam-se em critérios eminentemente jurídicos: a 'existência' de normas sobre destinação e restituição.

"É a partir desses critérios que fundamos a classificação extrínseca dos tributos, que, sobre ser jurídica, é necessária, pois as classificações no Direito não são meramente úteis ou inúteis. (...). Com efeito, três são, *a priori*, os critérios diferenciadores que convivem, concomitantemente, no âmago constitucional: o primeiro e indiscutível é a vinculação, ou não, de uma atividade estatal no desenho da hipótese tributária; o segundo, a previsão do destino legal do tributo; o terceiro, a previsão legal da restituição."[13]

Como se vê, esse é um tema que ainda está longe de receber voz unânime dos estudiosos. Em relação a uma coisa, porém, todos estão acordes: não será o *nomen iuris* utilizado pelo legislador que irá servir de critério para reconhecimento da exação analisada – aliás, em consonância com a prescrição do inciso I do art. 4º do CTN –, e sim o exame da regra-matriz, sobretudo a hipótese de incidência e a base de cálculo, de modo a se poder confrontar com o fundamento de validade invocado pelo legislador e se definir se o tributo guarda compatibilidade, ou não, com o sistema.

11. Paulo de Barros Carvalho, *Curso* ..., cit., 15ª ed., pp. 35-36.

12. Paulo Roberto Lyrio Pimenta, "Contribuição para o custeio do serviço de iluminação pública", *Revista Dialética de Direito Tributário* 95/100.

13. Eurico Marcos Diniz de Santi, "As classificações no sistema tributário brasileiro", *Justiça Tributária:* ..., cit., pp. 138-139.

Nos apertados limites deste trabalho, relegando-se propositadamente a discussão em vista de se firmar quantas espécies tributárias há no sistema jurídico brasileiro para outra ocasião, e limitando-se a acenar para o quadro de possibilidades que o assunto fornece, o que importa é que mesmo aqueles que sustentam a existência de apenas três tipos de tributos o fazem por convicção metodológica, não fechando os olhos às contribuições, de modo que exsurge iniludível que essa competência constitucional só será legitimamente exercida quando houver previsão da finalidade do tributo, ou seja, a destinação legal do produto da arrecadação.[14] Por outro lado, vale lembrar que os juristas que se inclinam a acolher cinco espécies tributárias também não negam o critério intrínseco de identificação de determinada exação a partir do binômio hipótese de incidência/base de cálculo. Por ora, mantenham-se na retentiva essas informações, que serão fundamentais às conclusões adiante lançadas quanto à incidência de contribuições sociais nas importações.

3. Fundamento de validade das contribuições ao PIS/PASEP-Importação e à COFINS-Importação

Situada a importância do tema no momento histórico por que passa a sociedade brasileira no que se refere às constantes inovações legislativas em matéria tributária e, mais, talhadas breves linhas sobre as contribuições no ordenamento jurídico vigente, é chegada a hora de ingressar no domínio das prescrições constitucionais para se perquirir as novéis figuras impositivas.

O art. 149 da CF estabelece que "compete exclusivamente à União instituir contribuições sociais, de intervenção no domínio econômico e de interesse das categorias profissionais ou econômicas, como instrumento de sua atuação nas respectivas áreas, observado o disposto nos arts. 146, III, e 150, I e III, e sem prejuízo do previsto no art. 195, § 6º, relativamente às contribuições a que alude o dispositivo". Já, o § 2º desse mesmo dispositivo, com as alterações levadas a cabo pela Emenda Constitucional 42, de 19.12.2003, prescreve que "as contribuições sociais e de intervenção no domínio econômico de que trata o *caput* deste artigo: (...) II – incidirão também sobre a importação de produtos estrangeiros ou serviços; III – poderão ter alíquotas: a) *ad valorem*, tendo por base o faturamento, a receita bruta ou o valor da operação e, no caso de importação, o valor aduaneiro". Por derradeiro, o art. 195, com as inovações trazidas pela mesma Emenda Constitucional 42/2003, dispõe que "a Seguridade Social será financiada por toda a sociedade, de forma direta e indireta, nos termos da lei, mediante recursos provenientes dos orçamentos da União, dos Estados, do Distrito Federal e dos Municípios, e das seguintes contribuições sociais: (...) IV – do importador de bens ou serviços do exterior, ou de quem a lei a ele equiparar".

Uma primeira premissa que se deve estabelecer é que essas contribuições, apesar de se utilizarem do mesmo *nomen iuris*, nada têm que ver com o PIS/PASEP e a COFINS incidentes sobre a receita, sendo válida a invocação, mais uma vez, da advertência do art. 4º, I, do CTN no sentido de que não é a alcunha forjada pelo legislador que irá marcar a natureza de determinada categoria jurídico-tributária. Ricardo Mariz de Oliveira encontra uma única explicação a essa opção política, qual seja, a possibilidade de compensação desses tributos com as "verdadeiras" contribuições ao PIS/PASEP e à COFINS – o que de alguma forma justificaria a aposição desses signos.[15] De toda sorte, fica, aqui, registrada a impropriedade terminológica.

14. Que não se confunde com a gerência dos recursos arrecadados, cujo interesse é da Ciência das Finanças.

15. "Contribuição social sobre importação de bens e serviços – Breves notas", *Seminário PIS e COFINS. Thomson IOB*, p. 17.

Outro ponto para o qual vale a pena chamar a atenção diz de perto com a circunstância de que o poder reformador alterou dois artigos da Carta Fundamental para autorizar essas contribuições (arts. 149 e 195), como que pretendendo deixar claro que cada uma dessas exações – o PIS/PASEP-Importação e a COFINS-Importação – teria fundamentos de validade distintos e seguiria regimes jurídicos também diversos. Tanto que a própria Lei federal 10.865/2004, ao instituir esses tributos no art. 1º, dá a entender, pela sua redação, que o PIS/PASEP-Importação buscaria fundamento de validade no art. 149, § 2º, II, enquanto a COFINS-Importação encontraria alicerce no art. 195, IV, todos da CF.

O tema já está sendo motivo de alguns trabalhos científicos de vanguarda que, no seu conjunto, por certo irão contribuir à melhor compreensão da matéria. Ciro Cardoso Brasileiro Borges, por exemplo, em alentado estudo publicado recentemente, no qual analisa essas novas figuras tributárias, defende a tese de que, se o art. 149, § 2º, II, da CF refere-se à "importação de produtos estrangeiros ou serviços", e se o art. 195, IV, utiliza-se da expressão "importador de bens ou serviços do exterior", uma vez que o legislador ordinário guardou sintonia com a linguagem constitucional ao prescrever a incidência do PIS/PASEP-Importação na "importação de produtos estrangeiros ou serviços" e da COFINS-Importação "devida pelo importador de bens estrangeiros ou serviços do exterior", é porque está reforçada a idéia de que os fundamentos de validade são distintos, razão pela qual afirma que em relação ao PIS/PASEP-Importação está prevista a materialidade constitucionalmente, ao passo que em relação à COFINS-Importação só há notas acerca da sujeição passiva.[16]

Entretanto, pautando-se pelo espírito aberto que deve imperar nos embates acadêmicos, dessa conclusão aqui não se comunga. Com efeito, quer parecer que não será a linguagem técnica do legislador que irá permitir a construção de sentido da inteligência sistêmica. Com isso se quer dizer que não será pelo fato de o legislador ordinário ter repetido a comunicação constitucional que se estará autorizado a afirmar que o PIS/PASEP-Importação segue a sorte do art. 149, § 2º, II, e a COFINS-Importação o norte do art. 195, IV, em especial porque, mesmo no âmbito constitucional, a solução não aponta nesse sentido. O grande problema gira em torno da previsão genérica do art. 149 em confronto com o detalhamento dado pelo art. 195, isso sem fazer referência à dificuldade de enquadramento do PIS/PASEP-Receitas nas previsões constitucionais, ou seja, se essa contribuição teria sido simplesmente recepcionada pelo art. 239 ou se, ao revés, deveria ser interpretada em conjunto com os dispositivos dos arts. 149 e 195 da CF de 1988.

Em esforço exegético inclina-se por adotar neste estudo a interpretação segundo a qual o art. 149 da Carta Constitucional é a cláusula nuclear que há de servir de fundamento às contribuições, sendo certo que a disciplina específica do art. 195 no que toca às contribuições sociais não infirma a regra geral estipulada naquele primeiro dispositivo. Assim, tanto o PIS/PASEP quanto a COFINS incidentes sobre a receita buscam fundamento de validade nos arts. 149 e 195; da mesma maneira, também as contribuições ao PIS/PASEP-Importação e à COFINS-Importação encontram amparo nos arts. 149, § 2º, II e III, e 195, IV, do Texto Fundamental.

Ricardo Mariz de Oliveira também se posiciona nessa vertente, ao proclamar que, "tendo em vista que as contribuições sociais do *caput* do art. 149 também abrangem as destinadas à Seguridade Social, é claro que o inciso II do seu § 2º abarca a nova fonte de financiamento desse setor público inserida no inciso IV do art. 195,

16. Ciro Cardoso Brasileiro Borges, "Fundamentos de validade e regimes jurídico-tributários da contribuição ao PIS/PASEP-Importação e da COFINS-Importação, veiculadas pela Lei 10.865/2004", *Revista Dialética de Direito Tributário* 108/30.

vindo juntamente com ela".[17] Gabriel Lacerda Troianelli, embora chegue a sustentar que o inciso IV do art. 195 criaria apenas uma nova sujeição passiva – o que permitiria, por exemplo, a instituição de contribuição sobre a renda do importador –, acaba por concluir que o fundamento do PIS/PASEP-Importação e da COFINS-Importação é duplo, vale dizer, ambas contribuições buscam sustento nos arts. 149, § 2º, II e III, e 195, IV, da Carta da República.[18]

Destarte, delimitado que os fundamentos de validade dessas contribuições são tanto o art. 149, § 2º, II e III, quanto o art. 195, IV, da Carta Maior, cabe investigar os desdobramentos jurídicos que esse entendimento pode suscitar.

Um aspecto que é de inevitável abordagem no trato da matéria diz respeito à necessidade, ou não, de lei complementar para o aperfeiçoamento das contribuições. Diz-se "para o aperfeiçoamento" exatamente para se afastar da concepção que vislumbraria na lei complementar o veículo introdutor apropriado para efetivamente *instituir* esse tipo de tributo – o que, de resto, já foi rechaçado pelo STF. Não. O que aqui se busca apontar é o mandamento contido no art. 149 da Carta Constitucional, que salienta que a competência para instituição de contribuições deverá observar "o disposto no art. 146, III". E o art. 146, III, dispõe que cabe à lei complementar estabelecer "normas gerais" em matéria de legislação tributária. De fora parte o infindável problema sobre o que seriam essas normas gerais, o fato é que o próprio constituinte deu alguns indícios ao incumbir à lei complementar a "definição de tributos e de suas espécies" (art. 146, III, "a").

Ora, ainda que se admita que o veículo legislativo apropriado para introduzir contribuições no sistema efetivamente não seja a lei complementar, parece iniludível que a competência só poderá ser exercida por lei ordinária com observância das normas gerais dispostas em lei complementar. E uma das funções dessa lei complementar é exatamente dar a definição de "tributos e de suas espécies". Note-se que a fraseologia constitucional refere-se a "tributos" como gênero e às "espécies" como elementos dessa classe, de modo que a inexistência de uma lei complementar que dê as linhas gerais sobre o assunto compromete o exercício dessa competência.

Nesse particular, vale frisar que o Código Tributário Nacional não serve para preencher esse papel. De fato, das prescrições do Código Tributário Nacional não se infere a disciplina das contribuições, mormente das contribuições sociais sobre importação. E aqueles que adotam a classificação quinária dos tributos, exatamente por entenderem que as contribuições são uma espécie tributária, não podem negar que a ausência de lei complementar que discipline a matéria dificulta – se não impossibilita – o exercício dessa competência. Daí a importância da observação no sentido de que a falta de normas gerais sobre contribuições ocasiona uma ineficácia técnico-sintática entre a competência delineada constitucionalmente e o patamar da legislação ordinária – vale dizer, há um vazio entre esses dois pólos, a reclamar a existência de lei complementar para promover o elo entre eles.

É certo que exegese nessa direção pode ser tomada como extremada ou em descompasso com a jurisprudência do STF. Todavia, o compromisso daquele que se propõe a fazer Ciência é unicamente o exame do arcabouço normativo, buscando arrumar em linguagem descritiva as construções de sentido que os enunciados prescritivos do sistema permitem. Caso contrário a opção seria simplesmente ignorar, seria comodamente fechar os olhos à exigência contida no art. 146, III, "a", da CF, pois lá está estampado, às claras, que a institui-

17. "Contribuição social sobre importação de bens e serviços – Breves notas", *Seminário PIS e COFINS* ..., cit., p. 13.

18. "A inconstitucionalidade parcial das contribuições criadas pela Medida Provisória 164 – PIS-Importação e COFINS-Importação", *Revista Dialética de Direito Tributário* 103/63-64.

ção de contribuições deve observar as normas gerais a serem dispostas em lei complementar que *defina* os tributos e suas espécies. O verbo "definir", aqui, é muito forte. Pressupõe uma lei que evidencie, que torne mais límpidas ainda, as competências impositivas já plasmadas na Constituição, exatamente como forma de tornar mais severa a invocação, por parte do legislador ordinário, de um poder de que eventualmente se julgue titular.

Vale esclarecer que o raciocínio aqui desenvolvido não está a afirmar que a competência impositiva será definida pela lei complementar; muito pelo contrário, a competência legiferante está disposta no domínio das previsões constitucionais, apenas com a ressalva imposta pelo próprio constituinte de que é necessária uma lei complementar que *defina* as espécies tributárias – o que, pelo que se sabe, ainda não se notou quanto às contribuições sociais.

Ciro Cardoso Brasileiro Borges adota o mesmo viés interpretativo ao afirmar: "Não havendo, no ordenamento jurídico vigente, lei complementar que veicule normas gerais em matéria tributária especificamente referentes às contribuições sociais, definindo-as e estabelecendo seus parâmetros, inclusive, já que o Código Tributário Nacional não o faz, a instituição das mesmas não pode se dar por lei ordinária, em não havendo previsão constitucional sobre o critério material da hipótese de incidência ou acerca da base de cálculo. (...). Também não pode ser ignorada a remissão expressa do art. 149, *caput*, com relação ao artigo 146, inciso III, da CF, que determina a submissão das contribuições sociais, *mutatis mutandis*, ao quanto disposto neste último dispositivo".[19]

Insta registrar que esse também é o convencimento do ministro Marco Aurélio, apesar de ser voto vencido na Excelsa Corte, pois, de acordo com esse jurisprudente, "a instituição de qualquer contribuição, além das previstas no art. 195, inciso I, pressupõe lei complementar que defina os respectivos parâmetros, e o Código Tributário Nacional é silente sobre essa espécie de contribuição, não havendo sido editada, até aqui, a lei complementar exigida e a partir da qual poderia atuar o legislador ordinário".[20]

Assim, uma vez que não há, no sistema, lei complementar veiculando normas gerais sobre a *espécie* contribuições, a única conclusão possível é que a Lei federal 10.865/2004, que instituiu as contribuições ao PIS/PASEP-Importação e à COFINS-Importação, por se tratar de lei ordinária, padece do vício da inconstitucionalidade sob o prisma formal.

Sobremais, há também outro óbice a ser assinalado em relação às contribuições em exame: firmando-se o entendimento de que o fundamento de validade das contribuições ao PIS/PASEP-Importação e à COFINS-Importação está também no art. 149, § 2º, II e III, e, além disso, uma vez que o próprio legislador ordinário invocou esse dispositivo para exercer sua competência para instituição de contribuições sociais incidentes sobre a importação (art. 1º da Lei federal 10.865/2004), cumpre opor a garantia encartada nas alíneas "b" e "c" do inciso III do art. 150 da CF, que protege os contribuintes contra investidas dos entes políticos no que toca à cobrança de tributos "no mesmo exercício financeiro em que haja sido publicada a lei que os instituiu ou aumentou" e "antes de decorridos 90 dias da data em que haja sido publicada a lei que os instituiu ou aumentou, observado o disposto na alínea 'b'".

Note-se que o art. 149 do Texto Constitucional é expresso em exigir a observância do art. 150, I e III, que servem de baluarte aos princípios da legalidade, da irretroatividade e da anterioridade. Outrossim, não se percebe no rol das exceções ao princí-

19. "Fundamentos de validade e regimes jurídico-tributários da contribuição para o PIS/PASEP-Importação e da COFINS-Importação, veiculadas pela Lei 10.865/2004", *Revista Dialética de Direito Tributário* 108/32.

20. RE 218.061-5-SP, *DJU* 8.9.2000, p. 782.

pio da anterioridade instituídas no § 1º do art. 150 as contribuições sociais, de modo que o PIS/PASEP-Importação e a COFINS-Importação não poderiam ser exigidos no exercício financeiro corrente, mas apenas no próximo.

Poder-se-ia objetar que o § 6º do art. 195 da CF prescreve a anterioridade nonagesimal como regra aplicável às contribuições sociais, estando essas figuras apartadas da regra geral da anterioridade. Contudo, foi o próprio constituinte quem inseriu a previsão da incidência dessas contribuições na disciplina do art. 149 – motivo por que, não havendo ressalva quanto à anterioridade, o regime jurídico a ser seguido deve pautar-se pelo valor que esse princípio visa a preservar, de modo que a cobrança do tributo no mesmo exercício financeiro em que foi instituída a exação carece de validade. Ademais, pressupor, nesse caso, uma antinomia de normas onde o próprio poder reformador não fez distinção refoge a uma interpretação razoável, o que implica ratificar a proposição de que as contribuições ao PIS/PASEP-Importação e à COFINS-Importação não podem ser exigidas no mesmo exercício financeiro em que veio à luz a lei que as inaugurou no sistema jurídico brasileiro.

Pois bem, superada a análise de forma dessas contribuições, cabe, a esta altura, adentrar o terreno da matéria, propriamente dita, que essas normas vieram disciplinar.

Em primeiro lugar, cumpre observar – apesar de esse não ser um dado propriamente dogmático – que o que motivou o legislador a prescrever a incidência dessas exações foi um pretenso equilíbrio entre os produtos nacionais e importados, inclusive como ficou registrado na Exposição de Motivos da Medida Provisória 164/2004, em que o legislador fez inscrever que "as contribuições sociais ora instituídas dão tratamento isonômico entre a tributação dos bens produzidos e serviços prestados no país, que sofrem a incidência da contribuição para o PIS-PASEP e da Contribuição para o Financiamento da Seguridade Social (COFINS), e os bens e serviços importados de residentes ou domiciliados no exterior, que passam a ser tributados às mesmas alíquotas dessas contribuições".

Ora, como muito bem exposto por Hugo de Brito Machado Segundo e Raquel Cavalcanti Ramos Machado, "os produtos importados não estão na mesma situação dos produtos nacionais, eis que os primeiros submetem-se ao *imposto de importação*, e os segundos não – o que, de saída, já mostra o despropósito da pretendida 'equalização' através da incidência de contribuições. Por outro lado, nem todos os produtos nacionais se submetem à COFINS e ao PIS pelas alíquotas de 7,6% e 1,65%: alguns são onerados pelas alíquotas de 3% e 0,65%".[21] Por aí já se vê que o cientista – infelizmente – não deve levar em conta as *intenções* manifestadas pelo legislador, pois no mais das vezes uma reflexão atilada causa surpresa quanto à verdadeira *mens legis*. Aliás, se o tributo tivesse por finalidade efetivamente equilibrar as mercadorias segundo sua origem, melhor seria falar em contribuição de intervenção no domínio econômico/CIDE, e não em contribuição social. Por esse motivo André Porto Prade salientou que "não há dúvida de que, também no caso vertente, seu propósito **[da União]** foi mais fiscal que extrafiscal".[22]

Deixando-se de lado esses problemas de ordem de política tributária, que reiteradamente emergem, quadra retomar a linha metodológica fixada no início, buscando conhecer o fenômeno normativo analisado. Para tanto, por opção metodológica, é interessante divisar a incidência das contribuições à importação de produtos da incidência no que se refere aos serviços, sobretudo tendo em mira as conclusões que se pretende lançar.

21. "Breves anotações sobre a incidência do PIS e da COFINS na importação", *Revista Dialética de Direito Tributário* 108/80.

22. "PIS e COFINS sobre importação: aspectos controversos da Lei 10.865/2004", *Revista Dialética de Direito Tributário* 108/9.

A letra do art. 149, § 2º, II, estabelece que esses tributos incidirão sobre "produtos estrangeiros", ao passo que o art. 195, IV, prevê que a exação recaia sobre "bens do exterior". Ricardo Mariz de Oliveira, apoiado no conceito privado de "bens" – que na esfera tributária fica protegido em razão da proibição de se alterar os conceitos privados para se ampliar o campo das competências impositivas, tal qual posto no art. 110 do CTN –, vislumbra uma distinção entre essas previsões constitucionais. Para esse jurista o termo "bem", conforme colocado nos arts. 82 e 83 do CC, englobaria os bens incorpóreos, como os direitos de patente, de modo que o legislador ordinário não teria exaurido a competência outorgada pelo inciso IV do art. 195 da CF de 1988.[23] Assim sendo, restaria evidenciado que o signo "bem" teria irradiação semântica maior que o vocábulo "produto".

Todavia, guardando coerência com a premissa firmada de que o fundamento de validade do PIS/PASEP-Importação e da COFINS-Importação está na conjugação do art. 149, § 2º, II e III, com o art. 195, IV, da Carta da República, não se pode aceitar a interpretação isolada do termo "bem", tal qual disposto no inciso IV do art. 195. Isso porque o próprio constituinte adotou como grandeza dimensível das contribuições o "valor aduaneiro" (art. 149, § 2º, III, "a") – grandeza, essa, que não teria como ser aplicada a bens incorpóreos se esse fosse o intento do poder reformador. Note-se que a invocação do art. 110 do CTN nesse patamar não procede, vez que se está tratando de exegese exclusivamente no plano constitucional.

Dito isso, cabe perscrutar uma forma de encaixe dessas contribuições no quadro das competências impositivas das pessoas políticas. Para esse mister, exsurge imprescindível a retomada das lições do professor Paulo de Barros Carvalho acerca da identificação da natureza jurídica de um determinado tributo. São essas suas palavras:

"Não é suficiente a descrição hipotética do fato jurídico tributário para que conheçamos a planta fundamental do tributo. É preciso que examinemos, antes de mais nada por imposição hierárquica, a base de cálculo, a fim de que a natureza particular do gravame se apresente na complexidade de seu esquematismo formal. (...).

"E foi para este fim, qual seja, a imediata verificação da entidade, enquanto tributo, que o constituinte fez inserir a base de cálculo na compostura do tipo tributário. O cotejo entre as duas realidades tributárias denunciará, logo no primeiro instante, a exigência de um imposto, de uma taxa ou de uma contribuição de melhoria, aplicando-se, subseqüentemente, as várias espécies de cada qual. (...). Finalizemos para dizer que, no Direito Brasileiro, o tipo tributário se acha integrado pela associação lógica e harmônica da hipótese de incidência e da base de cálculo. O binômio, adequadamente identificado, com revelar a natureza própria do tributo que investigamos, tem a excelsa virtude de nos proteger da linguagem imprecisa do legislador."[24]

Transportando essas precisas advertências ao objeto de estudo do presente trabalho, salta aos olhos que a hipótese normativa das contribuições em referência – isto é, a conduta humana disciplinada pelo Direito posto apta a fazer irromper um liame tributário por força da imputação deôntica – é *importar bens ou produtos*. Já, a ordem de grandeza que terá o condão de dimensionar a intensidade do comportamento regulado, colocada no tópico sintático da base de cálculo situada no conseqüente da norma jurídica bimembre, será o *valor aduaneiro*.

Isoladamente considerados os critérios da regra-matriz dessas contribuições, percebe-se profunda semelhança – para não dizer "identidade" – com a norma-padrão de incidência do imposto sobre importação,

23. "Contribuição social sobre importação de bens e serviços – Breves notas", *Seminário PIS e COFINS* ..., cit., p. 20.

24. *Curso* ..., cit., 15ª ed., pp. 27-29.

porquanto também esse tributo pressupõe um ato de importação de produtos, cuja base de cálculo é o valor aduaneiro.

Forte nessas considerações, revela-se possível afirmar que as contribuições ao PIS/PASEP-Importação e à COFINS-Importação quanto a produtos importados podem ser vislumbradas como adicionais do imposto sobre importação – o que, via de regra, não gera maiores conseqüências, vez que esse imposto está compreendido dentro da competência legislativa da União Federal.

Situação bem diferente diz respeito às contribuições sociais incidentes sobre importação de serviços. De fato, é princípio estrutural de toda a pirâmide jurídica brasileira o pacto federativo, que, inclusive, foi erigido à condição de cláusula pétrea (art. 60, § 4º, I), cujos desdobramentos ao longo do texto da Constituição Federal permitem sacar algumas conclusões importantes à compreensão do enredo normativo. Dentre esses desdobramentos está claramente a rigidez da distribuição das competências impositivas, que serve de baliza ao exercício desse poder pelos entes tributantes, de modo a não permitir que um sujeito de direito constitucional interno invada a competência de outro – o que prejudicaria sobremaneira a harmonia que deve inspirar a Federação.

Geraldo Ataliba, em clássica obra, bem destacou que o sistema constitucional tributário brasileiro, sobre ser extenso e complexo, é o mais rígido se tomado em relação ao Direito Comparado, pois o constituinte desenhou cuidadosamente as competências, formando um produto pronto e acabado em relação ao qual o legislador ordinário nada tem a inovar.[25] Exatamente em função disso é que se destaca dentre os princípios constitucionais tributários, como de maior relevo, o princípio da rigidez do sistema, sendo marca típica da disciplina brasileira. O vocábulo "rigidez", aqui, é tomado enquanto distribuição explícita de competências impositivas, e não propriamente como um ato de engessamento do sistema constitucional tributário. Seus principais objetivos são, pois, evitar a bitributação, assegurar a autonomia das pessoas políticas e obstar aos conflitos de competência em matéria tributária.

Destarte, releva salientar que a base escolhida pelo poder reformador para incidência de contribuições sociais na importação de serviços já foi deferida a outro ente federativo – vale dizer, a grandeza referente ao *valor* dos serviços é de competência dos Municípios, como se constata do inciso III do art. 156 da Carta Fundamental. Noutras palavras, a rígida distribuição de competências entre as pessoas políticas plasmada no Texto Constitucional levou em conta uma série de grandezas aptas a revelar a capacidade contributiva dos particulares – donde se diz que são fatos-signos presuntivos de riqueza –, razão pela qual uma dimensão tributária atribuída a um ente não pode ser, *pari passu*, também conferida a outro.

Discorrendo a respeito da importância que a base de cálculo assume na compostura da regra-matriz, exatamente por servir de critério seguro para identificação do tributo analisado, tendo em vista a função comparativa de confirmar, afirmar ou infirmar o critério material da hipótese, Paulo de Barros Carvalho assim se manifesta:

"Essas ponderações nos conduzem, também, a perceber a razão pela qual, *havendo discordância entre a hipótese de incidência e a base de cálculo, esta última deva prevalecer*, em face de hospedar aspectos estruturais do fato previsto no antecedente da norma, ao passo que o suposto apenas a ele se refere, muitas vezes até de maneira obscura e imprecisa. (...).

"Buscando a síntese, nunca é demais salientar a importância da base de cálculo, na complexidade de sua regulação normativa, tendo em vista a boa compreensão da regra-matriz de incidência, pelo quê se

25. *Sistema Constitucional Tributário Brasileiro*, São Paulo, Ed. RT, 1968, *passim*.

recomenda a atenção especial do intérprete na formação de seu juízo descritivo sobre os enunciados do direito positivo. E essa advertência vale também e principalmente ao legislador, sempre que manipula enunciados no interior da regra-matriz do tributo. *Tratando-se de tema sobremodo delicado, qualquer deslize que pratique na conexão dos preceitos sobre a base de cálculo pode refletir na desfiguração da incidência pretendida.*"[26]

Portanto, cumpre assinalar que a grandeza escolhida pelo poder constituinte derivado na instituição das contribuições sociais incidentes sobre importação de serviços esbarra na competência já deferida aos Municípios, de modo que a Emenda Constitucional, nesse particular, padece de invalidade. Trilhando o mesmo entendimento, Hugo de Brito Machado Segundo e Raquel Cavalcanti Ramos Machado sustentam que, "nesse ponto, a incidência sobre os 'serviços importados' mostra-se também inválida, pois invade o âmbito constitucional de incidência do ISS. Com efeito, sabe-se que determinado fato econômico possui um limite de tributação, ultrapassado o qual se viola o princípio da capacidade contributiva. A tributação pelo PIS e pela COFINS do serviço importado reduz a capacidade de tributação desse mesmo fato pelo ISS".[27]

Uma contestação que certamente viria de encontro a essa afirmação refere-se ao fato de que o tributo onera o importador dos serviços, e não propriamente o prestador; além do quê, tendo em vista tratar-se de contribuição, eventual objeção estaria superada em virtude de se configurar outro tributo.

Contudo, não é essa a construção de sentido que se faz nessas breves reflexões em torno da rigidez na distribuição das competências outorgadas aos entes tributantes. Isto porque, sobre impedir conflitos entre as pessoas políticas no campo da tributação, em última análise essa é uma garantia concedida ao cidadão de ter a segurança, de antemão, de saber quais tributos oneram sua atividade. E a verdadeira dimensão do gravame, como se viu, será captada pela base de cálculo da exação, que no caso das contribuições sociais sobre importação de serviços pauta-se pelo valor dos serviços prestados – o que está compreendido na competência municipal. Ademais, repita-se, não será o *nomen iuris* "contribuição" que irá alterar a rigidez das competências impositivas – o que implica afirmar que nem mesmo por contribuição um ente pode invadir a competência de outro.

Assim, a Emenda Constitucional 42/2003 revela-se inconstitucional quanto à incidência de contribuições sociais sobre importação de serviços, por afrontar o rol de garantias individuais e a rígida discriminação das competências tributárias dos Municípios. É certo que essa última conclusão pode causar espécie; contudo, tem a virtude de proporcionar a reflexão sobre os limites do exercício da competência no que se refere às contribuições.

4. A disciplina da Lei federal 10.865/2004 no que toca à base de cálculo das contribuições

Supostamente dando cabo à competência constitucionalmente conferida pela Emenda Constitucional 42/2003, o legislador ordinário veiculou na Lei 10.865/2004 o seguinte, quanto à base de cálculo: "Art. 7º. A base de cálculo será: I – o valor aduaneiro, assim entendido, para os efeitos desta Lei, o valor que servir ou que serviria de base para o cálculo do imposto de importação, acrescido do valor do imposto sobre operações relativas à circulação de mercadorias e sobre prestação de serviços de transporte interestadual e intermunicipal e de comunicação – ICMS incidente no desembaraço aduaneiro e do valor das pró-

26. *Direito Tributário – Fundamentos Jurídicos da Incidência*, 2ª ed., São Paulo, Saraiva, 1999, pp. 173-179.

27. "Breves anotações sobre a incidência do PIS e da COFINS na importação", *Revista Dialética de Direito Tributário* 108/81.

prias contribuições, na hipótese do inciso I do *caput* do art. 3º desta Lei; ou II – o valor pago, creditado, entregue, empregado ou remetido para o exterior, antes da retenção do imposto de renda, acrescido do imposto sobre serviços de qualquer natureza – ISS e do valor das próprias contribuições, na hipótese do inciso II do *caput* do art. 3º desta lei".

A mera leitura desse enunciado legal já permite perceber que o legislador, sorrateiramente, pretendeu arquitetar manobra que pudesse ampliar a base de cálculo das contribuições, ao dispor que a base seria o valor aduaneiro – o que, em tese, amoldar-se-ia ao contexto constitucional; mas, logo após, acabou por denunciar-se ao estabelecer que o valor aduaneiro, para os efeitos específicos da lei, seria o valor que serviu ou serviria para o cômputo do imposto de importação, acrescido do ICMS e do valor das próprias contribuições ao PIS/PASEP-Importação e à COFINS-Importação.

Ora, expediente desse jaez, com revelar uma incompatibilidade com a ordem constitucional, demonstra profundo desrespeito ao cidadão, na medida em que o legislador brasileiro busca, reiteradamente (e não apenas nessa lei), escapar da rigidez constitucional, tentado burlar seus parâmetros para alterar a natureza das coisas e, com isso, aumentar a arrecadação. Noutras palavras, se o constituinte prescreveu que a base de cálculo será o *valor aduaneiro*, não é lícito que o legislador arvore-se em transmudar essa expressão de grandeza para incluir também outros tributos. A esse respeito há um precedente lapidar do STF em que o eminente ministro Luiz Gallotti, ao analisar situação análoga, proclamou que, "se a lei pudesse chamar de compra o que não é compra, *de importação o que não é importação*, de exportação o que não é exportação, de renda o que não é renda, ruiria todo o sistema tributário inscrito na Constituição. Ainda há poucos dias, numa carta ao eminente ministro Prado Kelly, a propósito de um discurso seu sobre Mílton Campos, eu lembrava a frase de Napoleão: 'Tenho um amo implacável, que é a natureza das coisas'".[28]

Logo, nos exatos limites previstos na Constituição Federal, o tributo só pode gravar o valor aduaneiro, que nada mais é que o valor da operação acrescido do frete e do seguro, e não esse montante somado ainda com outros tributos, tais como o ICMS, o ISS e as próprias contribuições sociais incidentes na importação.

Para melhor compreensão da matéria, faz-se mister situar os procedimentos de importação, ainda que sucintamente, no contexto histórico das relações internacionais. Logo após a II Guerra Mundial vários países decidiram regular as relações econômicas internacionais, não só com o objetivo de melhorar a qualidade de vida de seus cidadãos mas, sobretudo, por entenderem que grande parte das divergências políticas entre os Estados soberanos tinha por base os problemas econômicos. Daí que, em 1946, como forma de impulsionar as transações internacionais e evitar políticas protecionistas, foram iniciadas as negociações tarifárias entre os países, que resultaram no GATT/Acordo Geral sobre Tarifas e Comércio, Acordo que disciplina as operações transnacionais até os dias de hoje.

O que importa é que pelo Decreto Legislativo 9, de 8.5.1981, o Congresso Nacional aprovou o texto para implementação do art. VII do GATT, que trata do valor aduaneiro, sendo certo que, através do Decreto Presidencial 92.930, de 16.7.1986, o Presidente da República ratificou o Acordo, incorporando ao sistema jurídico brasileiro as normas internacionais que versam sobre o assunto. Outrossim, através do Decreto Legislativo 30, de 15.12.1994, o Congresso Nacional aprovou a ata final que incorpora os resultados da "Rodada Uruguai de Negociações Comerciais Multilaterais do GATT", o que serviu de base à promulgação do Decreto do Presidente da Repú-

28. RE 71.758, *RTJ* 66/165.

blica 1.355, de 30.12.1994, que ratificou o ajuste e introduziu na ordem jurídica brasileira as normas sobre valor aduaneiro. E essas normas, ao disciplinarem o valor aduaneiro, prescrevem que somente serão admitidos na composição do cálculo os custos com transporte, carga e descarga portuárias e seguro, não aceitando a incidência de outros tributos nessa grandeza.

Registre-se que o próprio legislador, tratando do imposto de importação, já cuidou de definir o que seja "valor aduaneiro" no Decreto 4.543/2002, que veiculou o Regulamento Aduaneiro, inclusive fazendo referência ao GATT, ao prescrever o seguinte:

"Art. 75. A base de cálculo do imposto é: I – quando a alíquota for *ad valorem*, o valor aduaneiro apurado segundo as normas do art. VII do Acordo Geral sobre Tarifas e Comércios – GATT 1994; e II – quando a alíquota for específica, a quantidade de mercadoria expressa na unidade de medida estabelecida.

"(...).

"Art. 77. Integram o valor aduaneiro, independentemente do método de valoração utilizado: I – o custo de transporte da mercadoria importada até o porto ou o aeroporto alfandegado de descarga ou o ponto de fronteira alfandegado onde devam ser cumpridas as formalidades de entrada no território aduaneiro; II – os gastos relativos à carga, à descarga e ao manuseio, associados ao transporte de mercadoria importada, até a chegada aos locais referidos no inciso I; e III – o custo do seguro da mercadoria durante as operações referidas nos incisos I e II."

Portanto, *valor aduaneiro* não é valor da transação, do frete e do seguro acrescido de ICMS, para o caso de mercadorias, e de ISS, para os serviços, somados o PIS/PASEP-Importação e a COFINS-Importação. Resta claro que o constituinte reformador não quis abranger outras expressões de grandeza na imposição do gravame, mas apenas aquele valor denominado "aduaneiro". Nesse particular, o "cálculo por dentro" – vale dizer, o cômputo do valor das próprias contribuições ao PIS/PASEP-Importação e à COFINS-Importação para se apurar a base de cálculo das contribuições – entremostra-se, às claras, inconstitucional, dado que a Carta da República não autoriza tal expediente.

Vale a pena lembrar, aqui, uma prescrição fundamental que norteia todo o sistema tributário nacional no plano infraconstitucional, qual seja, o mandamento do art. 110 do CTN, segundo o qual "a lei tributária não pode alterar a definição, o conteúdo e o alcance de institutos, conceitos e formas de direito privado, utilizados, expressa ou implicitamente, pela Constituição Federal, pelas Constituições dos Estados, ou pelas Leis Orgânicas do Distrito Federal ou dos Municípios, para definir ou limitar competências tributárias".

É exatamente o caso. Ora, a Constituição utilizou, inegavelmente, o *valor aduaneiro* como dimensão apta a sofrer a incidência das contribuições sociais sobre importações; todavia, o legislador ordinário acabou por estender esse conceito para ampliar sua competência impositiva, ao estabelecer que, "para os efeitos desta Lei", o valor aduaneiro admitiria outras figuras estranhas na sua composição – o que esbarra no limite objetivo traçado pelo art. 110 do CTN. Destarte, fica patente que o art. 7º da Lei federal 10.865/2004, sobre incorrer no vício da inconstitucionalidade, adentra também o terreno da ilegalidade, percorrendo sentido diametralmente oposto ao enunciado do art. 110 do CTN.

Ajunte-se que o sistema veda esse tipo de prática não apenas nas questões tributárias. De fato, o parágrafo único do art. 59 da CF é enfático em estabelecer que "lei complementar disporá sobre a elaboração, redação, alteração e consolidação das leis". De fora parte a discussão em torno da existência, ou não, de hierarquia material entre lei complementar e lei ordinária, a verdade é que, pelo menos sob o ponto de vista formal, fica difícil não admitir o escalonamento entre as normas do sistema, tal qual exsurge do texto constitucional.

E esse veículo normativo exigido pelo constituinte veio à tona através da Lei Complementar 95, de 26.2.1998, que disciplinou o processo de elaboração, redação, alteração e consolidação das leis. Pois bem, o art. 11 da Lei Complementar 95/1998 disciplina a forma com que as leis serão produzidas, exatamente para se preservar o conteúdo da mensagem prescritiva transmitida. Com efeito, infere-se desse enunciado legal que: "Art. 11. As disposições normativas serão redigidas com clareza, precisão e ordem lógica, observadas, para esse propósito, as seguintes normas: I – para a obtenção de clareza: a) usar as palavras e as expressões em seu sentido comum, salvo quando a norma versar sobre assunto técnico, hipótese em que se empregará a nomenclatura própria da área em que se esteja legislando".

Assim, tratando-se de *assunto técnico*, o legislador está compelido a empregar a "nomenclatura própria da área em que se esteja legislando", de sorte que não é dado à lei ordinária alterar a acepção semântica do vocábulo para ampliar-lhe o sentido e o alcance. Aliás, é interessante refletir que, via de regra, disposição desse jaez seria até mesmo dispensável caso o legislador estivesse habituado a respeitar os limites constitucionais, pois o poder político não pode, por exemplo, chamar de "renda" o que não é renda, de "mercadoria" o que não é mercadoria, nem de "serviço" o que não é serviço, dado que isso implicaria a completa subversão da repartição da competência tributária – razão pela qual, seguindo o mesmo raciocínio, a lei não pode dizer que é "valor aduaneiro" aquilo que efetivamente não é.

Para finalizar de vez a questão, cabe registrar que a própria Lei federal 10.865/2004 estabelece, no art. 20, § 1º, que "as contribuições sujeitam-se às normas relativas ao processo administrativo fiscal de determinação e exigência do crédito tributário e de consulta de que trata o Decreto n. 70.235, de 6 de março de 1972, bem como, no que couber, às disposições da legislação do imposto de renda, *do imposto de importação, especialmente quanto à valoração aduaneira*, e da contribuição para o PIS/PASEP e da COFINS". Ora, aqui se vê que o próprio legislador cuidou de reparar, no art. 20, o deslize que cometera no art. 7º, na medida em que ele próprio determinou a observância das normas sobre valoração aduaneira aplicáveis ao imposto de importação – que, como se apontou anteriormente, só englobam o valor da operação, do transporte, da carga e do seguro (art. 77 do Decreto 4.543/2002) – e nunca o valor dos tributos incidentes na importação.

Esse o entendimento também de Ricardo Conceição Souza e Maristela Miglioli Sabbag.[29] Vale registrar, outrossim, que os vícios apontados na apuração da base de cálculo já estão sendo acolhidos pelo Poder Judiciário.[30]

Portanto, sob qualquer prisma por que se vislumbre a *vexata quaestio*, parece iniludível que a base de cálculo eleita pelo legislador da Lei federal 10.865/2004 é inconstitucional e ilegal, por incluir no seu cômputo outras grandezas não autorizadas pela Carta da República.

5. Síntese das idéias e conclusões

Como advertido no início do trabalho, este estudo teve como principal objetivo propor algumas reflexões à comunidade jurídica a respeito das recém-criadas contribuições sociais incidentes na importação. O assunto é polêmico, de modo que muito mais poderia ser falado – como, por exemplo, a compensação dos créditos dessas contribuições com os valores devidos em razão das contribuições incidentes sobre a

29. "Os limites do legislador quanto à estruturação da base de cálculo. Uma análise objetiva das contribuições – PIS e COFINS incidentes na importação", *Revista Dialética de Direito Tributário* 105/82.

30. TRF-3ª Região, 3ª T., AI 2004.03.00.031194-0, rel. desembargador federal Márcio Moraes, j. 30.6.2004.

receita, além de muitos outros pontos que poderiam ser explorados. Contudo, quer-se crer que essa é uma tarefa reservada a trabalho de maior fôlego.

Ao longo do texto se procurou demonstrar que as constantes alterações legislativas prejudicam a racionalidade e a operacionalidade do sistema, o que causa preocupação, vez que os desatinos do legislador parecem não ter freio. Daí a importância de se ter em mente que mesmo as reformas constitucionais haverão de encontrar limites – contrapeso institucional, esse, que só o Poder Judiciário, sobretudo o STF, pode cumprir com desenvoltura. E o instrumental de que se tem valido o legislador federal para dar continuidade a seus desmandos apóia-se especialmente nas *contribuições*, que, exatamente por se tratar de figura ainda não muito bem assimilada pela doutrina e, por corolário, pela jurisprudência, permite, em contrapartida, a invocação, a todo instante, dessa competência por parte do órgão legislativo sem que tenha que transpor uma barreira dogmática coesa.

Em que pese à divergência entre as correntes tripartite e quinária das espécies tributárias, o fato é que nenhuma delas nega o binômio hipótese de incidência/base de cálculo como critério jurídico seguro à identificação da natureza de determinado tributo, razão pela qual o *nomen iuris* utilizado pelo legislador não deve ser levado em conta para esse mister, inclusive em conformidade com a prescrição do inciso I do art. 4º do CTN. Em razão disso é que se pode atestar que as contribuições ao PIS/PASEP-Importação e à COFINS-Importação nada têm que ver com os tributos homônimos incidentes sobre a receita.

Muito se tem discutido sobre o fundamento de validade das contribuições sociais. Neste estudo inclinou-se por adotar a concepção de que o fundamento de validade das contribuições ao PIS/PASEP-Importação e à COFINS-Importação encontra-se na conjunção dos arts. 149, § 2º, II e III, e 195, IV, todos da CF.

Conseqüência inarredável dessa premissa é que as novéis contribuições, por sentirem a ausência de normas gerais que *definam* as espécies tributárias veiculadas por lei complementar, sofrem os efeitos do fenômeno da ineficácia técnico-sintática, de modo que a instituição direta dessas contribuições por lei ordinária incorre no vício da inconstitucionalidade sob o ângulo formal.

Outrossim, tendo em vista que as contribuições sociais incidentes sobre a importação de bens e serviços vão buscar esteio constitucional no art. 149, resta concluir que à exação disciplinada por esse dispositivo aplica-se a garantia do princípio da anterioridade, previsto nas alíneas "b" e "c" do inciso III do art. 150 do Texto Fundamental, vez que não excluída pelo § 1º do mesmo artigo – motivo por que essas contribuições não poderiam ser exigidas no exercício financeiro corrente.

Depurando-se os critérios da regra-matriz de incidência das contribuições sociais incidentes sobre importação de produtos, é possível identificá-las e enquadrá-las como adicionais do imposto sobre importação, haja vista a similitude das respectivas hipóteses de incidência e das bases de cálculo, cuja dimensão é o *valor aduaneiro*.

Já, no que se refere às contribuições sociais incidentes sobre importação de serviços, em virtude da construção de sentido empregada à rigidez da distribuição das competências impositivas entre os entes federados e das garantias individuais do contribuinte, quer parecer que a Emenda Constitucional 42/2003 esbarra no vício da inconstitucionalidade, porquanto onera grandeza atribuída aos Municípios – vale dizer, o *valor dos serviços*.

Por derradeiro, quanto à disciplina levada a cabo pela Lei federal 10.865/2004 no que toca à base de cálculo das contribuições em exame, cabe assinalar que o expediente normativo também incorreu em inconstitucionalidade, pois o legislador pretendeu ampliar a irradiação semântica do signo "valor aduaneiro", para abarcar outras expressões estranhas a essa grandeza, tais como o ICMS, o ISS e as próprias contribuições ao PIS/PASEP-Importação e à COFINS-Importação, de sorte que, sobre afrontar o mandamento do art. 149, § 2º, III, da CF, agride de igual maneira os limites objetivos traçados pelo art. 110 do CTN e pela alínea "a" do inciso I do art. 11 da Lei Complementar 95/1998.

De posse de todas essas informações, entremostra-se possível sacar as seguintes conclusões sintéticas:

5.1 O fundamento de validade das contribuições ao PIS/PASEP-Importação e à COFINS-Importação encontra-se na conjugação dos arts. 149, § 2º, II e III, e 195, IV, da CF.

5.2 O art. 149 da CF exige a observância ao mandamento do art. 146, III, que, por sua vez, prescreve competir à lei complementar veicular normas gerais em matéria tributária – que, dentre outras coisas, tem por finalidade *definir* as espécies tributárias, sendo certo que, na ausência desse veículo normativo, ocorre o fenômeno da ineficácia técnico-sintática, razão pela qual a Lei federal 10.865/2004, que instituiu as contribuições sociais sobre importação, incorre no vício da inconstitucionalidade sob o prisma formal, por se tratar de lei ordinária.

5.3 Uma vez que a previsão da incidência de contribuições sociais sobre importação de produtos e serviços está capitulada na disciplina do art. 149 da CF e, mais, tendo em vista que esse dispositivo faz expressa remissão ao enunciado do art. 150, III, cabe concluir que às contribuições sociais em foco aplica-se o princípio da anterioridade, sobretudo porque não excepcionado pelo § 1º do mesmo art. 150 – de modo que esses tributos não poderiam ser exigidos no exercício financeiro corrente, mas somente no seguinte.

5.4 Dissecando os critérios da regra-matriz de incidência das contribuições ao PIS/PASEP-Importação e à COFINS-Importação incidentes sobre importação de produtos revela-se possível identificá-las e enquadrá-las como adicionais do imposto sobre importação, tendo em vista a similitude das hipóteses de incidência e das correspondentes bases de cálculo, cuja expressão de grandeza é o *valor aduaneiro*.

5.5 No que toca às contribuições sociais incidentes sobre importação de serviços, em razão da rigidez da distribuição das competências impositivas entre os entes federados e das garantias fundamentais dos indivíduos, quer parecer que a Emenda Constitucional 42/2003 adentrou o terreno da inconstitucionalidade, na medida em que onerou grandeza atribuída aos Municípios – isto é, o *valor dos serviços*.

5.6 O art. 7º da Lei federal 10.865/2004 também carece de validade jurídica, pois no regramento da base de cálculo das contribuições aqui analisadas o legislador pretendeu alargar o campo semântico da expressão "valor aduaneiro", incluindo indevidamente o ICMS, o ISS e as próprias contribuições ao PIS/PASEP-Importação e à COFINS-Importação no cômputo dos tributos, em clara afronta ao art. 149, § 2º, III, da CF e aos arts. 110 do CTN e 11, I, "a", da Lei Complementar 95/1998.

INSTITUTO GERALDO ATALIBA – IDEPE
Instituto Internacional de Direito Público e Empresarial
PRESIDENTE: AIRES FERNANDINO BARRETO

XIX CONGRESSO BRASILEIRO DE DIREITO TRIBUTÁRIO
Homenagem a Geraldo Ataliba

26, 27 e 28 de outubro de 2005

PRESIDENTE DO CONGRESSO
PROF. GERALDO ATALIBA (*in memoriam*)

CONFERENCISTAS CONVIDADOS
MIN. CARLOS MARIO VELLOSO – PROF. AIRES F. BARRETO – PROF. JOSÉ EDUARDO SOARES DE MELO

PALESTRANTES
AIRES F. BARRETO – ALCIDES JORGE COSTA – EDUARDO DOMINGOS BOTTALLO – ESTEVÃO HORVATH – JOSÉ ARTUR LIMA GONÇALVES – JOSÉ EDUARDO SOARES DE MELO – JOSÉ SOUTO MAIOR BORGES – LÚCIA VALLE FIGUEIREDO – MARIA LEONOR LEITE VIEIRA – MISABEL DE ABREU MACHADO DERZI – OSÍRIS DE AZEVEDO LOPES FILHO – PAULO AYRES BARRETO – PAULO DE BARROS CARVALHO – ROQUE ANTONIO CARRAZZA – SACHA CALMON NAVARRO COELHO

Temário

– República e Constituição: preservação de seus princípios – Emenda Constitucional: limites; Direitos do contribuinte e da Administração Pública; Princípio da inviolabilidade.

– Emenda Constitucional n. 45 – Súmulas vinculantes; Repercussão no âmbito tributário; Princípio da celeridade no processo administrativo e judicial.

– Lei Complementar n. 118/2005 – Responsabilidade tributária; Crédito tributário: preferência e parcelamento; Indisponibilidade de bens; Prescrição.

– PIS e COFINS – Não cumulatividade: restrições

– ISS – Serviços controvertidos; Serviços provenientes do exterior; Local da prestação; Conflitos entre IPI – ICMS – IOF e taxas.

– Execução fiscal – A inclusão do administrado como executado; Penhora *on line*; Exceção de pré-executividade.

– Tributação das telecomunicações.

– Crimes tributários – Pendência do processo administrativo; Suspensão da prescrição; Autonomia do Ministério Público em face da recente jurisprudência do STF.

– Tributação das sociedades cooperativas.

– ICMS – Incentivos fiscais sem a aprovação do CONFAZ: crédito do adquirente; Importação: alcance da incidência, Estado competente e base de cálculo.

– Tributação e tutela do meio ambiente.

– Processo administrativo e judicial – Depósito recursal e Medida Cautelar de Depósito, em face do STF e do STJ; Coisa julgada administrativa.

– Tarifas – Contribuições para o serviço de iluminação.
– Imposto sobre a renda – Generalidade, universalidade e progressividade.

Temas

– Responsabilidade tributária

– Prescrição e a Lei Complementar n. 118/2005

– ISS: serviços controvertidos

– Tributação e tutela do meio ambiente

– Os chamados "créditos inidôneos" no IPI e no ICMS

GRÁFICA PAYM
Tel. (011) 4392-3344
paym@terra.com.br